园区运营管理服务一体化信息平台

WinSoft
Company Introduce

公司简介

上海微音软件有限公司成立于2002年，是一家长期致力于房地产信息化的专业软件公司，至今已设立了北京、广州分公司和成都、武汉、南京、福州、南昌等服务中心，客户遍布全国二十几个省市。

微音软件国内领先的不动产管理信息平台，融合产业园区、办公楼宇、商业中心、住宅公寓、专业市场、商务酒店、公众物业等多种业态，从而实现了地产资源、客户资源和企业资源的充分共享与集团化管理。

微音软件的成功案例包括跨国公司、软件园、保税区和机场、知名房产开发商，还包括国内最大的体育场、证券交易中心，已经成为国内最有竞争力的房地产软件供应商。

微音公司先后获得“中国最具价值商业地产软件奖”、“年度最佳信息技术服务商”、“中国知名物业管理系统十佳品牌”、中国物业管理协会“优秀品牌企业”等荣誉。

一、概述

园区管理服务系统可以归结为内部管理和企业服务两条主线。

1. 企业服务平台雏形：

建立内外有别的企业服务中心平台框架，针对园内以及园外企业所关心的不同内容进行企业服务平台的建设和完善。

2. 决策分析及领导查询系统雏形：

从“人、财、物”三个基本要素出发，以数据和图形说话，为园区领导及各层次管理层提供各个方面了解园区实际运行状况的最直观、最形象、最新的第一手资料。同时通过决策分析系统辅助为决策层随时改变经营策略以适应快速变化的市场提供了重要的数据支撑。

二、运作目标

从“降低实施风险”和“优化实施过程”两个基本角度出发，我们针对于园区管理服务系统的运作建议:就本系统的开发和实施，应该采取“总体规划、循序渐进、分阶段实施”过程，从而确保目标的实现。

三、微音系统特点及优势

1. 系统框架的完整性与全面性，基本涵盖园区综合信息管理各层次的应用。

2. 建立了空间数据的采集标准、作业规范、监理查错、入库、动态更新机制，建立了开发区日常管理数据、空间数据（包括地形数据、地下管线数据、规划成果、地籍数据、房产数据）的生产、管理和服务的规范化流程和质量保证体系。

3.数据库的完整性与先进性。建立包括多比例尺基础地形、地下管线、规划成果、地籍数据、房产数据在内的无缝的海量空间数据库，通过空间数据引擎实现所有要素在关系数据库中的管理。

4.多功能的无缝连接。实现了图、表、文一体化，地、房、人一体化，地下、地上一体化管理和服务的无缝集成。

5.提供包括园区用户管理、规划方案电子审批、地下管线规划综合、选址分析、拆迁分析、用地分析、景观仿真等在内的具有一定辅助决策分析的功能。

6.采用先进的体系结构、面向对象的软件分析设计方法和主流软件平台，具有强大灵活的自适应和扩展能力，具有高度的稳定性和安全性。

7.整个信息化建设总体规划、分布实施，具有高度的数据整合、业务整合、功能整合的能力和特点。有效地满足了优化政府资源、提高服务质量和提升管理水平的要求。

微音软件在成功实施国内多个大型园区信息化项目之后，在园区物业管理软件的基础上作了重大变革，即利用微音软件强大的技术开发力量和强大的技术支撑平台，为园区企业提供一体化信息化管理解决方案，建立园区协作业务平台标准，将信息化管理深入到园区管理的方方面面，最大限度的为园区解决信息化管理方面的需求。

1.帮助园区在信息化方面建立统一的组织架构和业务权限机制平台化的应用能够涵盖企业核心业务和管理系统，包括HR（人力资源管理）、CRM（客户关系管理）、资源管理、项目管理、财务管理、物业管理、ＯＡ、决策分析等，也可以包括行业的特殊应用。

2.建立统一的工作流、协同、调度和共享机制各业务系统，通过业务平台整合起来，通过协同的业务平台为枢纽，形成一个紧密联系的整体，获得协同、互动、整体的效益。

3.建立统一的应用部署、运行、升级和管理机制

四、价值体现

1.帮助园区建立真正意义上的协同化平台；

2.帮助园区各业务系统在标准化的前提下实现高效运转。

五、微音特色

1.行业专注：10年房地产行业专业耕耘，拥有上千家房地产开发商、综合商业中心及专业市场、写字楼、大型园区和住宅的成功案例！

2.快捷定制：独有的强大二次开发平台，快速满足企业的业务发展、组织结构调整和流程再造；

3.优质服务：遍布全国的服务中心，可提供五星级的顾问实施、支持、培训、个性化定制等服务；

根据微音软件的经验，项目实施及其管理是影响项目成功的关键因素。我们为保证用户的利益，规范服务行为，提高服务质量，结合数百个项目实施经验，总结制定出了一套合理完善的项目实施管理办法，为客户提供不同星级的服务，以保证项目按进度、高质量的完成！

六、公司近期经典案例

上海外高桥保税区、 北京航港大通关基地、 大连软件园、 上海金桥加工区、 苏州工业园区、 北京首发物流枢纽园区、中信天津工业园等。

最新产品介绍 >>>

Nuance XT9 移动接口

Nuance T9®产品线加入了 XT9 Smart Input：它是一个多模式的文字输入解决方案，可以支持市场中多模式的输入方式。为中高端设备提供灵活、可扩展性的输入解决方案，包括一个附加的升级功能，可以支持几乎所有的设备无论是否使用智能输入。

Nuance VSuite - 完美的语音应用方案

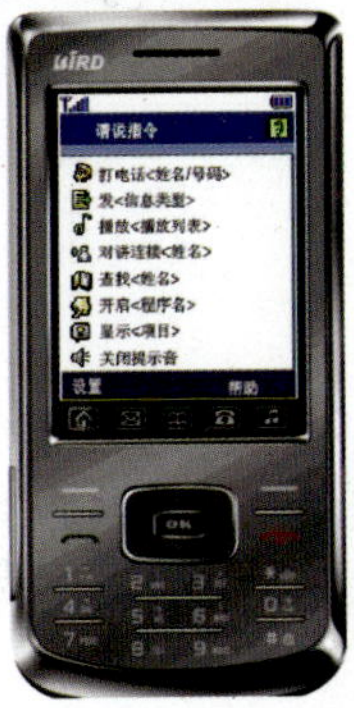

Nuance VSuite让你享受由语音技术带来便捷的移动设备解决方案. 例如快速拨号，读写短信， 开启手机程序等； 而手机不必提前接受训练，完全改进了用户体验、发现和数据服务的应用。

Nuance T9 Write

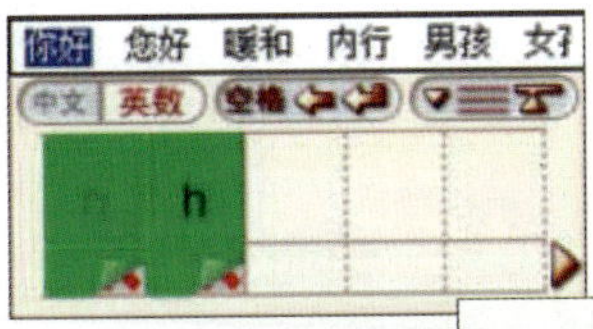

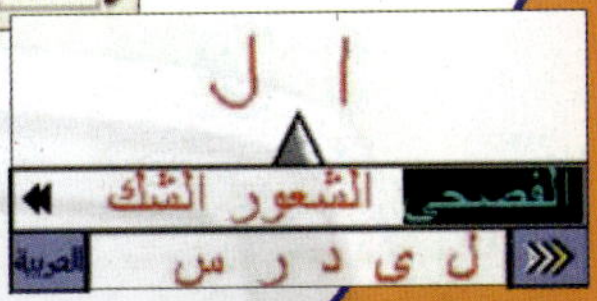

T9Write拥有卓越的手写识别功能，在你写入的同时，可以预测接下来要写入的词语，将输入长词的时间缩短了一半。通过将行业内领先的手写及智能文字输入技术相融合，呈现给你一种前所未有的新型用户体验。

Nuance T9 Output

T9 Output是一套具有先进的多语种文字转译、文本编辑器及字体库的软件套装，可支持复杂的语种，例如阿拉伯语，孟加拉语，汉语，波斯、希伯来语、北印度语、日语、埃纳德语、马拉地语、泰米尔语，泰卢固语，泰语， Oriya和乌尔都语等。

Nuance T9 Nav

T9 Nav是一个简单、功能强大的移动设备搜索及线上浏览工具。用户可以直接执行手机各项设定，应用程式及远营商线上内容。此项创新的软件是源用T9技术开发完成的，T9技术是定义在手机输入文本的标准方式。

Nuance通讯公司北京办事处
地址：北京市朝阳区东三环中路7号财富中心写字楼A810室
邮编：100020
电话：+86-10-58262500 电传：+86-10-65309750

Nuance通讯公司上海办事处
地址：上海市浦东新区张杨路500号华润时代广场17层
邮编：200122
电话：+86-21-51782777 电传：+86-21-51782963

信息化 随身化
沃·商务
精彩在沃

中国开发区信息化建设报告

（2009—2010）

中国信息化推进联盟 编

CFIP
中国信息化推进联盟

中国环球文化出版社
CHINA GLOBAL CULTURE PUBLISHING HOUSE

《中国开发区信息化建设报告（2009-2010）》

主　　编：中国信息化推进联盟
出　　版：中国环球文化出版社
设计制作：北京精信成文化咨询有限公司
承　　印：北京聚源德印刷有限公司
开　　本：889mm × 1194mm　1/16
印　　张：19.25
字　　数：250 千字
版　　次：2010 年 3 月　第 1 版
印　　次：2010 年 3 月　第 1 次印刷
书　　号：ISBN 978-988-18938-1-9
定　　价：220.00 元

编辑说明

改革开放30年以来，我国开发区在信息化时代大潮中应运而生，它既是对外开放的窗口，又是经济发展的前沿阵地。近年来，开发区以信息网络设施建设为基础，推进电子政务应用为重点，信息资源开发利用为核心，积极开展信息网络服务，加强信息化建设，推动开发区发展，提升政府服务质量，竭力为投资者创造优质的创业环境。在党的十七大报告中，在加快稳定经济发展方式，推动产业结构优化升级战略任务时，提出了大力推进信息化与工业化融合，促进工业由大到强的崭新命题，这更为我国开发区信息化建设指明了发展方向。

开发区作为我国新型工业化的重要载体，如何在我国实践"两化融合"的关键时期，提升信息化发展水平，促进开发区投资环境优化与产业升级，是摆在每个开发区面前的重要任务。中国信息化推进联盟根据各方要求编辑《中国开发区信息化建设报告》，旨在为了加强开发区在转型升级中对推进信息化工作的认识，总结和展示开发区信息化建设取得的最新成果，便于各相关单位间的经验交流与学习借鉴，为在优化投资环境与功能拓展，促进产业升级等多方面的信息化建设经验提供一个良好的交流平台，切实推进开发区信息化与产业及区域管理服务融合发展。

本书主要内容分五部分：1．"环境规划篇"汇集了近期国家重点区域发展规划，有助于大家深入领会我国发展的政策动向；2．"建设交流篇"收集了我国部分重点开发区和相关服务单位在信息化建设成就方面的精彩文章，从不同侧面展示了我国开发区信息化建设事业的辉煌与美好远景；3．"政策指导篇"收编了我国政府及相关主管部门最新颁布的有关开发区和信息化建设的政策法规，内容丰富，颇具参考价值；4．"应用推荐篇"精选了国内外知名IT企业的有关开发区信息化解决方案，在推荐开发区信息化建设必不可少的优秀产品和技术的同时，从应用剖析的角度深入探讨我国开发区信息化建设的成功之道；5．"附录"里按分类方式刊登了我国国家级开发区、省级开发区、保税区、边境经济合作区、高新技术产业开发区、出口加工区、物流园区、工业园区、旅游度假区、投资区、贸易区的名单，可直接了解各省市开发区的基本情况。

在本书编辑过程中，我们得到了主管部门、有关部委信息中心以及相关企事业单位的关注和支持；在出版过程中，还得到了北京精信成文化咨询有限公司的鼎力相助，在此一并鸣谢！

由于时间紧迫，水平有限，有些材料来源于互联网，书中疏漏与不足在所难免，敬请各界读者批评、指正。中国信息化推进联盟将继续做好各项工作，为不断提高国家信息化整体水平、促进经济全面持续发展、构建和谐社会做出积极贡献！

中国信息化推进联盟

《中国开发区信息化建设报告》编辑部

二零一零年三月

《中国开发区信息化建设报告（2009-2010）》

编　委　会

目 录

※ 环境规划篇 ※

※ 建设交流篇 ※

目录

※ 政策指导篇 ※

目 录

※ 应用推荐篇 ※

※ 附　　录 ※

环境规划篇

珠江三角洲地区改革发展规划纲要（2008～2020 年）

前言

珠江三角洲地区是我国改革开放的先行地区，是我国重要的经济中心区域，在全国经济社会发展和改革开放大局中具有突出的带动作用和举足轻重的战略地位。改革开放以来，在党中央、国务院的正确领导下，珠江三角洲地区锐意改革，率先开放，开拓进取，实现了经济社会发展的历史性跨越，为全国改革开放和社会主义现代化建设做出了重大贡献。当前，国内外经济形势发生深刻变化，珠江三角洲地区正处在经济结构转型和发展方式转变的关键时期，进一步的发展既面临严峻挑战，也孕育着重大机遇。在改革开放 30 周年之际，从国家战略全局和长远发展出发，为促进珠江三角洲地区增创新优势，更上一层楼，进一步发挥对全国的辐射带动作用和先行示范作用，特制定珠江三角洲地区改革发展规划纲要。

本规划纲要的规划范围是，以广东省的广州、深圳、珠海、佛山、江门、东莞、中山、惠州和肇庆市为主体，辐射泛珠江三角洲区域，并将与港澳紧密合作的相关内容纳入规划。规划期至 2020 年。

本规划纲要是指导珠江三角洲地区当前和今后一个时期改革发展的行动纲领和编制相关专项规划的依据。

一、加快珠江三角洲地区改革发展的重要意义

（一）30 年改革发展的成就

改革开放 30 年来，珠江三角洲地区充分发挥改革“试验田”的作用，率先在全国推行以市场为取向的改革，较早地建立起社会主义市场经济体制框架，成为全国市场化程度最高、市场体系最完备的地区；依托毗邻港澳的区位优势，抓住国际产业转移和要素重组的历史机遇，率先建立开放型经济体系，成为我国外向度最高的经济区域和对外开放的重要窗口；带动广东省由落后的农业大省转变为我国位列第一的经济大省，经济总量先后超过亚洲“四小龙”的新加坡、香港和台湾，奠定了建立世界制造业基地的雄厚基础，成为推动我国经济社会发展的强大引擎；人口和经济要素高度聚集，城镇化水平快速提高，基础设施比较完备，形成了一批富有时代气息又具岭南特色的现代化城市，成为我国三大城镇密集地区之一；城乡居民收入水平大幅提高，覆盖城乡的社会保障体系初步形成，教育、科技、文化、卫生、体育等各项社会事业迅速发展，公共服务体系基本建立。珠江三角洲地区已经站在了一个新的更高的历史起点上。珠江三角洲地区改革发展的巨大成就雄辩地证明，发展是硬道理，改革开放是发展中国特色社会主义、实现中华民族伟大复兴的必由之路。

（二）面临的挑战和机遇

在经济全球化和区域经济一体化深入发展，尤其是当前国际金融危机不断扩散蔓延和对实体经济的影响日益加深的背景下，珠江三角洲地区的发展受到严重冲击，国际金融危机的影响与尚未解决的结构性矛盾交织在一起，外需急剧减少与部分行业产能过剩交织在一起，原材料价格大幅波动与较高的国际市场依存度交织在一起，经济运行困难加大，深层次矛盾和问题进一步显现。主要是：产业层次总体偏低，产品附加值不高，贸易结构不够合理，创新能力不足，整体竞争力不强；土地开发强度过高，能源资源保障能力较弱，环境污染问题比较突出，资源环境约束凸显，传统发展模式难以持续；城乡和区域发展仍不平衡，生产力布局不尽合理，空间利用效率不高；社会事业发展相对滞后，人力资源开发水平、公共服务水平和文化软实力有待进一步提高；行政管理体制、社会管理体制等方面的改革任务仍然繁重，改革攻坚难度越来越大。另一方面，珠江三角洲地区也面临着重大机遇：国际产业向亚太地区转移的趋势不会改变，亚洲区域经济合作与交流方兴未艾，中国-东盟自由贸易区进程加快；我国仍处在重要战略机遇期，工业化、信息化、城镇化、市场化、国际化深入发展，粤港澳三地经济加快融合，经济发展具有很强的后劲；特别是经过改革开放 30 年发展，珠江三角洲地区积累了雄厚的物质基础，经济实力、区域竞争力显著增强，这些都为珠江三角洲地区加快改革发展提供了有利条件和广阔空间。

（三）重要意义

在新形势下，推进珠江三角洲地区加快改革发展，充分发挥自身优势，着力解决突出问题，变压力为动力，化挑战为机遇，把国际金融危机带来的不利影响降到最低程度，加快推动经济社会又好又快发展，既是该地区

转变经济发展方式的必然选择，也是我国当前保持经济增长的迫切要求和实现科学发展的战略需要。加快珠江三角洲地区的改革发展，有利于推进珠江三角洲地区经济结构战略性调整，增强经济发展的动力和活力；有利于提高我国的综合实力、国际竞争力和抵御国际风险的能力，更好地参与国际经济合作与竞争；有利于辐射和带动环珠江三角洲和泛珠江三角洲区域的经济发展，促进形成优势互补、良性互动的区域经济发展新格局；有利于贯彻“一国两制”方针，保持港澳地区长期繁荣稳定；有利于深化体制机制创新，为建立实现科学发展的体制机制探索新路径、提供新经验。

二、总体要求和发展目标

（一）指导思想

高举中国特色社会主义伟大旗帜，以邓小平理论和“三个代表”重要思想为指导，深入贯彻落实科学发展观，进一步解放思想，坚持改革开放，努力争当实践科学发展观的排头兵。着力构建现代产业体系，加快发展方式转变，率先建立资源节约型和环境友好型社会；着力推进科技进步，增强自主创新能力，率先建立创新型区域；着力解决民生突出问题，促进城乡区域协调发展，率先构建社会主义和谐社会；着力深化体制改革，勇于推进体制机制创新，率先建立完善的社会主义市场经济体制；着力加强与港澳合作，扩大对内对外开放，率先建立更加开放的经济体系。要把解决当前问题与谋划长远发展结合起来，保持珠江三角洲地区经济平稳较快发展，为保持港澳地区长期繁荣稳定提供有力支撑，为我国改革开放和社会主义现代化建设做出新的更大贡献，率先建成全面小康社会和基本实现现代化。

（二）战略定位

--探索科学发展模式试验区。赋予珠江三角洲地区发展更大的自主权，支持率先探索经济发展方式转变、城乡区域协调发展、和谐社会建设的新途径、新举措，走出一条生产发展、生活富裕、生态良好的文明发展道路，为全国科学发展提供示范。

--深化改革先行区。继续承担全国改革“试验田”的历史使命，大胆探索，先行先试，全面推进经济体制、政治体制、文化体制、社会体制改革，在重要领域和关键环节率先取得突破，为实现科学发展提供强大动力，为发展中国特色社会主义创造新鲜经验。

--扩大开放的重要国际门户。坚持“一国两制”方针，推进与港澳紧密合作、融合发展，共同打造亚太地区最具活力和国际竞争力的城市群。创新国际区域合作机制，全面提升经济国际化水平，完善内外联动、互利共赢、安全高效的开放型经济体系。

--世界先进制造业和现代服务业基地。坚持高端发展的战略取向，建设自主创新新高地，打造若干规模和水平居世界前列的先进制造产业基地，培育一批具有国际竞争力的世界级企业和品牌，发展与香港国际金融中心相配套的现代服务业体系，建设与港澳地区错位发展的国际航运、物流、贸易、会展、旅游和创新中心。

--全国重要的经济中心。综合实力居全国经济区前列，辐射带动能力进一步增强，形成以珠江三角洲为中心的资源互补、产业关联、梯度发展的多层次产业圈，建设成为带动环珠江三角洲和泛珠江三角洲区域发展的龙头，成为带动全国发展更为强大的引擎。

（三）发展目标

当前和今后一段时间，必须充分估计形势的严峻性和复杂性，坚定信心，迎难而上，把保持经济平稳较快发展作为首要任务，抓紧落实中央关于扩大内需的各项部署。要结合珠江三角洲地区的实际，大力改善民生和启动最终消费需求，大力拉动民间投资，大力促进外贸出口，形成促进经济增长的合力。

到 2012 年，率先建成全面小康社会，初步形成科学发展的体制机制，产业结构明显升级，自主创新能力明显增强，生态环境明显优化，人民生活明显改善，区域城乡差距明显缩小，区域一体化格局初步形成，粤港澳经济进一步融合发展。人均地区生产总值达到 80000 元，服务业增加值比重达到 53%；城乡居民人均收入比 2007 年显著增长，平均期望寿命达到 78 岁，社会保障体系覆盖城乡，人人享有基本公共服务；城镇化水平达到 80% 以上；每新增亿元地区生产总值所需新增建设用地量下降，单位生产总值能耗与世界先进水平的差距明显缩小，环境质量进一步改善。

到 2020 年，率先基本实现现代化，基本建立完善的社会主义市场经济体制，形成以现代服务业和先进制造业为主的产业结构，形成具有世界先进水平的科技创新能力，形成全体人民和谐相处的局面，形成粤港澳三地分工合作、优势互补、全球最具核心竞争力的大都市圈之一。人均地区生产总值达到 135000 元，服务业增加值比重达到60%；城乡居民收入水平比2012年翻一番，合理有序的收入分配格局基本形成；平均期望寿命达到80岁，实现全社会更高水平的社会保障；城镇化水平达到 85%左右，单位生产总值能耗和环境质量达到或接近世界先进水平。

三、构建现代产业体系

促进信息化与工业化相融合，优先发展现代服务业，加快发展先进制造业，大力发展高技术产业，改造提升优势传统产业，积极发展现代农业，建设以现代服务业和先进制造业双轮驱动的主体产业群，形成产业结构高级化、产业发展集聚化、产业竞争力高端化的现代产业体系。

（一）优先发展现代服务业

支持珠江三角洲地区与港澳地区在现代服务业领域的深度合作，重点发展金融业、会展业、物流业、信息服务业、科技服务业、商务服务业、外包服务业、文化创意产业、总部经济和旅游业，全面提升服务业发展水平。支持广州市、深圳市建设区域金融中心，构建多层次的资本市场体系和多样化、比较完善的金融综合服务体系。支持符合条件的优质企业上市融资，扩大直接融资比重。培育具有国际竞争力的金融控股集团，尽快在深圳证券交易所推出创业板、完善代办股份转让系统，支持建设广东金融高新技术服务区。大力发展金融后台服务产业，建设辐射亚太地区的现代金融产业后援服务基地。发展一批具有国际影响力的专业会展，扩大中国（广州）进出口商品交易会、中国（深圳）国际高新技术成果交易会、中国（珠海）国际航空航天博览会、中国（广州）中小企业博览会、中国（深圳）国际文化产业博览交易会的国际影响力，打造世界一流的会展品牌。推进白云空港、宝安空港、广州港、深圳港等一批枢纽型现代物流园区建设，完善与现代物流业相匹配的基础设施，带动广东建设世界一流的物流中心。建设以珠江三角洲地区为中心的南方物流信息交换中枢，进一步确立珠江三角洲地区的国际电子商务中心地位。着力发展外包服务业，到2012年，培育2-3个国家级国际服务外包基地城市，形成较为完整的国际服务业外包产业链。支持发展研究设计、营销策划、工程咨询、中介服务等第三方专业服务机构，促进科技服务业和商务服务业发展。加快发展人力资源服务业，扶持一批立足本地、辐射全国、具有国际竞争力的人力资源服务机构，促进人力资源合理流动和有效配置。培育一批创意产业集群，加快建设珠江三角洲国家级软件和动漫产业基地。大力发展总部经济，鼓励国内外大型企业以及有影响力的中介服务机构在珠江三角洲地区设立总部或分支机构。建设全国旅游综合改革示范区，建成亚太地区具有重要影响力的国际旅游目的地和游客集散地。到2020年，现代服务业增加值占服务业增加值的比重超过60%。

（二）加快发展先进制造业

充分利用现有基础和港口条件，重点发展资金技术密集、关联度高、带动性强的现代装备、汽车、钢铁、石化、船舶制造等产业，坚持走新型工业化道路。加快发展装备制造业，在核电设备、风电设备、输变电重大装备、数控机床及系统、海洋工程设备5个关键领域实现突破，形成世界级重大成套和技术装备制造产业基地。加快发展以自主品牌和自主技术为主的汽车产业集群，打造 2-3 家产值超千亿元的特大型汽车制造企业，建设国际汽车制造基地。发展大功率中低速柴油机等船舶关键配套装备，打造产能千万吨级的世界级大型修造船基地和具有现代化技术水平的海洋工程装备制造基地。以宝钢重组韶钢、广钢为契机，建设现代化的千万吨级湛江钢铁基地。集约发展石化产业，集中力量在深水港口条件好、环境承载能力相对较大的沿海地区，依托条件较好的现有企业，高标准建设 2-3 个千万吨级炼油、百万吨级乙烯炼化一体化工程，力争形成世界先进水平的特大型石油化工产业基地。支持发展通用飞机制造产业，壮大新能源汽车产业。大力培育精细化工、医药等产业，提升规模和水平，形成新的经济增长点。到2020年，先进制造业增加值占工业增加值的比重超过50%。近期，要适度控制新增产能，加快结构调整，为长远发展奠定基础。

（三）大力发展高技术产业

坚持全面提升与重点突破相结合，突出自主创新和产业集聚，培育壮大新兴产业，建成全球重要的高技术产业带。着力发展高端产业和产业链高端环节，加快提升高技术产业核心竞争力。引导生产要素向优势地区、产业基地和产业园区集聚，促进形成产业特色鲜明、配套体系完备的高技术产业群。重点发展电子信息、生物、新材料、环保、新能源、海洋等产业。电子信息领域重点发展软件及集成电路设计、新型平板显示、半导体照明、新一代宽带无线移动通信、下一代互联网、数字家庭等产业，促进数字视听产品转型升级，提升通信设备在全球的竞争优势，建设现代信息产业基地。生物领域重点加强干细胞、转基因、生物信息等关键技术和重要产品研制，大力发展生物医学、生物育种等产业。新材料领域重点发展新型电子材料、特种功能材料、环境友好材料和高性能结构材料等。环保领域着力发展环保技术与装备、环境服务产业等。新能源领域重点发展风能、太阳能等清洁能源。海洋领域重点发展海洋生物、海洋资源综合利用等。围绕重点领域实施高技术产业化重大专项，加大对高技术产业化项目的支持力度。推进高新技术产业开发区“二次创业”，重点加快广州科学城（北区）和深圳高新技术产业带建设，加快科研、标准化与科技成果产业化三同步步伐，把广州、深圳国家高新技术产业开发区建设成为全国领先的科技园区。到 2012 年，培育形成 3-5 个产值规模超千亿元的新兴产业群，重点打造 3-5 家销售收入达千亿元、具有全球影响力的跨国企业。到 2020 年，高技术制造业增加值占工业增加值的比重达 30%。

（四）改造提升优势传统产业

实施改造提升、名牌带动、以质取胜、转型升级战略，做优家用电器、纺织服装、轻工食品、建材、造纸、中药等优势传统产业，提高产业集中度，提升产品质量，增强整体竞争力。积极采用高新技术、先进适用技术和现代管理技术改造提升优势传统产业，推动产业链条向高附加值的两端延伸。以提高产业链配套能力、增加产品附加值为重点，加大研发投入，强化工艺设计，提高技术装备水平，大力发展环保、节能、高附加值产品，推动优势传统产业向品牌效益型转变。加快优势传统产业组织结构调整，打造一批具有知名品牌的龙头企业。发挥龙头企业、名牌产品和驰名商标的带动作用，打造佛山家电和建材、东莞服装、中山灯饰、江门造纸等具有国际影响力的区域品牌，做大做强产业集群。提高优势出口产品的技术含量和附加值，提高自主品牌出口产品比重。提高产业准入门槛，促进资源型低端产业逐步退出，淘汰落后产业和落后生产能力。

（五）积极发展现代农业

按照高产、优质、高效、生态、安全的要求，加快转变农业发展方式，优化农业产业结构，建立具有岭南特色的都市型、外向型现代农业产业体系，率先实现农业现代化。稳定粮食面积，建设标准农田，实施优质稻产业工程，确保现有粮食生产能力不下降、粮食安全保障能力不降低。加强蔬菜、水产和畜禽等鲜活农产品基地建设，突破农产品保鲜加工和流通瓶颈，建设具有国际竞争力的园艺产业带和农产品现代物流体系。加强基本农田保护区建设，改造水利灌溉设施，加强良种繁育和动植物防疫等基础设施建设，不断优化农业设施装备结构，健全农业社会化服务体系。推进农业科技创新和成果转化，提高科技对农业的贡献率，高标准建成若干个国家级现代农业园区。完善农村集体土地股份合作制，推进农业产业化、规模化、集约化经营，提高劳动生产率和土地产出率。全力推进农业标准化，建立健全“从田头到餐桌”的农产品及食品良好生产规范、质量安全监督管理体系及产品可追溯制度。强化农业支持保护体系，增强农业抗风险能力。加强农业国际合作，拓展珠江三角洲外向型农业的广度和深度，增强国际竞争力和可持续发展能力。

（六）提升企业整体竞争力

通过淘汰一批落后企业，转移一批劳动密集型企业，提升一批优势企业，培育一批潜力企业，推动企业组织结构调整。大力推进企业信息化，切实提高企业管理水平。当前，要综合运用各种有效手段，帮助困难企业渡过难关，同时鼓励和支持优势企业围绕主业实施行业并购和重组，形成一批拥有自主知识产权和世界级品牌、具有国际竞争力的大企业。发挥大企业在产业链中的核心作用，带动中小企业发展，形成以大企业为龙头、中小企业专业化配套的协作体系。到 2012 年，年主营业务收入超百亿元企业达到 100 家以上，其中超千亿元企业 8 家左右，世界名牌产品数量翻一番。到 2020 年，年主营业务收入超千亿元企业达到 20 家左右，世界名牌产品达到 20 个左右。

四、提高自主创新能力

完善自主创新的体制机制和政策环境，构建以企业为主体、以市场为导向、产学研结合的开放型区域创新体系，率先建成全国创新型区域，成为亚太地区重要的创新中心和成果转化基地，全面提升国际竞争力。

（一）推进核心技术的创新和转化

围绕现代产业发展的需求，着力抓好关键领域的引进消化吸收再创新和集成创新，积极推进原始创新，加快创新成果转化，实现产业技术跨越式发展。重点开展电子信息、生物与新医药、先进制造、新材料、节能与新能源、环保与资源综合利用、现代农业等关键领域的自主创新，掌握一批行业核心和共性技术。实施产业前沿技术重大攻关计划，开展关键领域联合科技攻关，实施节能减排与可再生能源、创新药物的筛选与评价、下一代互联网、新一代移动通信等自主创新重大专项，支持产学研合作和区域联合承担国家重大科技专项。加强大学科技园、科技成果孵化器和中试基地建设，新建一批创新成果产业化基地，组织实施高技术产业化示范工程，支持国家重大创新成果在珠江三角洲地区转化。大力发展技术评估、产权交易、成果转化等科技中介服务机构，构建技术转移平台，促进创新成果转化。力争到2012年，年发明专利申请量达600件/百万人口，在一些重点领域自主创新接近或达到世界先进水平。到2020年，基本实现由“广东制造”向“广东创造”转变。

（二）强化企业自主创新主体地位

引导创新要素向企业集聚，鼓励企业加大研发投入，强化本土企业在自主创新中的主体地位。支持探索促进自主创新的政策举措，鼓励率先建立和完善增强企业自主创新能力的政策体系。完善企业自主创新激励机制，全面落实企业研发费用税前加计扣除等自主创新优惠政策，加大创新产品的政府采购力度。支持企业与全国高等院校、科研院所共建高水平的技术研发机构和人才培养机构，组建企业技术中心，共同承担国家重大科技项目。加强行业公共技术平台和创新服务体系建设，为企业自主创新提供公共服务支撑。培育一批创新能力强、经济效益好的创新型企业，重点支持打造50家国家级和10家世界领先的创新型龙头企业。

（三）构建开放型的区域创新体系

加强区域合作与国际合作，完善区域创新布局，加强创新能力建设，构建开放融合、布局合理、支撑有力的区域创新体系。深化粤港澳科技合作，建立联合创新区，支持联合开展科技攻关和共建创新平台。规划建设深港创新圈，加强穗港产学研合作，加快国家创新型城市建设，形成以广州-深圳-香港为主轴的区域创新布局。支持广州国家级开发区开展创新发展模式试验。实施企业国际合作创新试点，鼓励企业设立境外研发机构，积极承接跨国公司研发中心转移。完善创新平台的运行管理机制，建立健全科研设备和科技信息开放共享制度，强化创新平台的公共服务功能。加快建设深圳国家高技术产业创新中心、华南新药创制中心、广州国际生物岛等重大创新平台。到2012年，建成具有现代运行管理机制的国家重点实验室、工程中心、工程实验室等100家创新平台。到2020年，形成较为完善的区域性国际化创新体系。

（四）深化国家与地方创新联动机制

国家有关部门与广东省联合开展自主创新综合试验，积极推进协调管理、考核评价、科技体制等方面的体制机制改革，促进国家与地方创新资源的高效配置和综合集成，上下联动凝聚创新合力。设立省部产学研合作重大科技项目，实施“产学研合作综合示范企业”行动计划和省部企业科技特派员行动计划。支持国家重点高校、科研院所与珠江三角洲地区联合，组建100个左右省部产学研技术创新联盟，共建一批高水平的研究型大学、科研机构、重大创新平台和省部产学研合作示范基地。支持在珠江三角洲地区布局建设国家重大科技基础设施、重要科研机构和重大创新能力项目，积极推进中国科学院与广东省自主创新战略合作，加快建设散裂中子源、南方深海海洋科技创新基地、中科院广州生命健康研究院、中国华南超级计算中心、中科院广州工业技术研究院、中科院深圳先进技术研究院等共建项目。

（五）加强自主创新环境建设

加强自主创新投入、知识产权保护、人才等支撑体系建设。优化整合财政资源，加大财政投入。完善创新创业融资环境，积极发展知识产权质押、租赁融资和创业投资，探索组建服务自主创新的新型金融组织，开展科技保险试点。实施知识产权和技术标准战略，加大知识产权保护和应用力度，支持开展行业、国家和国际标准的制订工作。支持开展工业设计人员等职业能力评价认证体系试点。创新人才引进、培养、评价、任用、表彰激励和服务保障机制，实施高端人才引进计划和培养工程，发挥“中国留学人员广州科技交流会”等人才引进平台的作用，建设一支高层次、国际化的优秀人才队伍。到2012年，研究与发展经费支出占地区生产总值的比重达2.5%，研发人员总量达28万人左右。到2020年，形成要素完备、支撑有力、开放包容的自主创新环境。

五、推进基础设施现代化

按照统筹规划、合理布局、适度超前、安全可靠的原则，紧紧抓住当前扩大内需的战略机遇，加快交通、能源、水利和信息基础设施建设，推进区域基础设施一体化发展，提高保障水平，实现基础设施现代化。

（一）建设开放的现代综合交通运输体系

大力推进交通基础设施建设，形成网络完善、布局合理、运行高效、与港澳及环珠江三角洲地区紧密相连的一体化综合交通运输体系，使珠江三角洲地区成为亚太地区最开放、最便捷、最高效、最安全的客流和物流中心。尽快建成珠江三角洲城际轨道交通网络，完善区内铁路、高速公路和区域快速干线网络，增强珠江口东西两岸的交通联系。重点建设环珠江三角洲地区高速公路、中山至深圳跨珠江口通道、港珠澳大桥、深港东部通道、广深港高速铁路、沿海铁路、贵州至广州铁路、南宁至广州铁路，以及广州、深圳、佛山、东莞城市轨道交通等重大项目。加强城市公共交通基础设施及广州、深圳、珠海等交通枢纽建设，完善区域公交网络。提高珠江三角洲高等级内河航道网的现代化水平，有效整合珠江口港口资源，完善广州、深圳、珠海港的现代化功能，形成与香港港口分工明确、优势互补、共同发展的珠江三角洲港口群体。加快广州白云国际机场扩建，巩固其中心辐射地位并提高国际竞争力，扩容改造深圳宝安机场，提升其服务水平，将其发展为大型骨干机场。加强珠江三角洲民航机场与港澳机场的合作，构筑优势互补、共同发展的机场体系。到2012年，珠江三角洲高速公路通车里程达3000公里，轨道交通运营里程达1100公里，港口货物吞吐能力达9亿吨，集装箱吞吐能力达4700万标箱，民航机场吞吐能力达8000万人次；到2020年，轨道交通运营里程达2200公里，港口货物吞吐能力达14亿吨，集装箱吞吐能力达7200万标箱，民航机场吞吐能力达1.5亿人次。

（二）构建清洁安全可靠的能源保障体系

统筹区域内外能源基础设施建设，以电力建设为中心，构建开放、多元、清洁、安全、经济的能源保障体系，满足珠江三角洲地区经济社会发展需要。加快开展前期工作，规模化发展核电，延伸核电产业链，推进核电自主化，把广东建成我国重要的核电基地和核电装备基地。优化发展火电，在沿海沿江建设一批环保型骨干电厂，在珠江三角洲区内负荷中心建设支撑电源，统筹推进区域热电冷联供和清洁发电示范工程。合理配置广东省内电源和“西电东送”外区电源，确保电网安全稳定运行。进一步完善珠江三角洲电网和跨区域输电通道，构建电力安全体系及应急处置体系，提高电网抗灾害能力和电力减灾应急能力。在符合国家重点油气项目战略规划布局的前提下，加快油气基础设施建设及LNG接收站建设，统筹推进油气管网一体化，建设区域石油流通枢纽和交易中心。稳步推进能源储备工程，建设石油储备基地和大型煤炭中转基地。加强国内外能源合作，多渠道开拓能源资源。积极开发新能源和可再生能源，重点建设风力发电场和太阳能利用工程。到2020年，建成供应能力强、结构优、效率高的现代能源保障体系。

（三）建设人水和谐的水利工程体系

加快推进水利基础设施建设，完善水利防灾减灾工程体系，优化水资源配置，强化水资源保护和水污染治理，确保防洪安全、饮水安全、粮食安全和生态安全，建立现代化水利支撑保障体系。重点推进北江乐昌峡、湾头、大藤峡水利枢纽建设，实施景丰联围、江新联围、中顺大围等重要江海堤围加固达标工程以及防洪排涝工程，加快病险水库除险加固。继续实施珠江河口整治工程，统筹协调珠江流域防洪工程标准，完善防洪防潮抗旱指挥系统和防御超标准洪水预案建设。建立省部合作珠江三角洲中小尺度气象灾害监测预警中心。继续加强江河治理和水生态保护的基础设施建设，加快水文、水资源和水环境实时监控系统建设。建立合理高效的水资源配置和供水安全保障体系，重点推进广州西江引水、珠海竹银水源等水资源调蓄工程建设，加强珠江流域水资源统一管理，实施西江上游骨干水库和东江三大水库的联合调度，保障珠江三角洲及港澳地区的供水安全。加强农业、工业和生活节水工作，提高水资源利用效率。到2020年，广州、深圳市市区防洪防潮能力达到200年一遇，其他地级市市区达到100年一遇，县城达到50年一遇，重要堤围达到50－100年一遇；供水水源保证率大中城市达97%以上，一般城镇达90%以上，水源水质均达到水功能区水质目标。

（四）构建便捷高效的信息网络体系

按照构建“数字珠江三角洲”的总体要求，突破区划、部门、行业界限和体制性障碍，加大信息基础设施建设力度，加快部署新一代移动通信网络，分区域、按步骤推进无线宽带城市群建设，构建“随时随地随需”的珠江三角洲信息网络。统筹信息网络规划、建设和管理，率先推进电信网、互联网和广播电视网 “三网融合”，促进网络资源共享和互联互通。建设南方现代物流公共信息平台，率先发展“物联网”，推进基础通信网、应用网和射频感应网的融合。建设政府信息资源共享平台，构建信息安全保障体系。统筹珠江三角洲基础地理信息资源的开发利用。到2012年，互联网普及率和家庭宽带普及率分别达90%和65%以上，无线宽带人口覆盖率达60%左右。到2020年，珠江三角洲地区进入全球信息化先进水平行列。

六、统筹城乡发展

按照城乡规划一体化、产业布局一体化、基础设施建设一体化、公共服务一体化的总体要求，着力推进社会主义新农村建设，完善和提升城市功能，率先形成城乡一体化发展新格局。

（一）提高城乡规划和建设管理水平

切实加强统筹城乡的规划布局，建设与经济发展水平相适应的现代化城乡示范区，打造具有岭南特色的宜居城乡。建立以主体功能区规划为基础，国民经济和社会发展规划、土地利用规划及城乡规划相互衔接的规划体系。合理划定功能分区，明确具体功能定位，改变城乡居民区与工业、农业区交相混杂的状况，优化城乡建设空间布局。按照一体化的要求，统筹编制城乡规划，加强配套设施建设，改善农村人居环境。因地制宜改造城中村、拆除空心村、合并小型村，加快推进城乡新社区建设。加强城乡非农产业空间布局的统一规划，优化农村产业结构，统筹城乡产业发展。探索城乡统一规划、统一建设、统一管理的新机制，提高城乡规划建设管理水平。提高规划制定的公开性、透明性和群众参与度，推进规划编制和实施的法制化进程。

（二）加强农村基础设施建设

提高城乡基础设施建设一体化水平，着力加强农村基础设施建设。大力推进农村饮水安全工程，提高农村供水保证率和质量安全水平。提高农村公路建设等级和标准，健全农村公路管护机制，完善农村路网体系，加快农村出行公交化步伐，2020年建成覆盖城乡、方便快捷的公交客运网络。加快农村现代物流基础设施建设，鼓励城市商贸流通企业向农村延伸，健全城乡连锁经营体系。推进建设农村清洁、经济的能源体系，进一步健全城乡统一供电网络，推广农村沼气、生物质清洁燃料、太阳能等可再生能源技术，实现农村居民普遍用上清洁经济能源目标。实施农村清洁工程，加快建设农村垃圾、污水集中处理系统，实现农村废弃物和人畜粪便无害化处理，改善农村卫生条件和人居环境。

（三）促进城乡基本公共服务均等化

统筹教育、卫生、文化、社会保障等公共资源在城乡之间的均衡配置，把社会事业建设的重点放在农村。全面提高财政保障农村公共事业水平，加快建立城乡统一的公共服务制度，健全以常住人口为目标人群的公共服务体系，率先实现基本公共服务均等化。完善农村义务教育经费保障机制，严把农村教师准入关，建立教师退出机制，提高农村教育师资水平，促进城乡义务教育均衡发展。加强面向农村的职业教育培训。加强农村医疗卫生基础设施建设，全面改善农村预防保健和医疗救治条件，完善新型农村合作医疗制度，着力构建城乡一体的公共卫生服务体系、医疗服务体系、医疗保障体系和药品供应保障体系。加强农民工权益保护，逐步实现农民工子女就学、公共卫生等公共服务与城镇居民享有同等待遇。统筹城乡就业，加快建立城乡一体的人力资源市场和公平竞争的就业制度。加快建立与经济社会发展水平相适应、城乡统筹的社会保障体系。健全农村养老保险制度，切实做好被征地农民的就业培训和社会保障工作。大力发展农村社会福利和慈善事业，建立制度相对统一、待遇标准有别的城乡居民最低生活保障制度，逐步提高最低生活保障标准和补助水平，完善农村五保供养、灾民和孤儿救助政策，全面提高社会福利整体水平。大力推进农村公共文化设施建设，以社区和乡村基层文化设施为基础，完善城乡公共文化服务体系。加强农村基层组织建设，提高城乡社会管理一体化水平。

（四）建立以城带乡、以工补农新机制

建立健全财政、金融等支农政策体系，完善城乡对口支援机制，逐步形成以城带乡、以工补农新机制。完善财政支农保障机制，实现各级财政支农投入增长幅度高于经常性收入增长幅度。调整政府投资、土地出让收益和耕地占用税新增收入使用结构，大幅度提高用于"三农"的比例。加快发展适合农村特点的新型金融机构（组织）和以服务农村为主的地区性金融机构，推进农村信贷担保机制和农村信用体系建设，扩大政策性农业保险覆盖面，积极支持开展水稻、生猪、渔业、森林保险。到2020年建成资本充足、运行安全、功能完善的农村金融体系。加强城市对农村教育、医疗卫生、文化等领域的对口支援，增强城市对农村、二三产业对农业的带动作用。

七、促进区域协调发展

按照主体功能区定位，优化珠江三角洲地区空间布局， 以广州、深圳为中心，以珠江口东岸、西岸为重点，推进珠江三角洲地区区域经济一体化，带动环珠江三角洲地区加快发展，形成资源要素优化配置、地区优势充分发挥的协调发展新格局。

（一）发挥中心城市的辐射带动作用

广州市要充分发挥省会城市的优势，增强高端要素集聚、科技创新、文化引领和综合服务功能，进一步优化功能分区和产业布局，建成珠江三角洲地区一小时城市圈的核心。优先发展高端服务业，加快建设先进制造业基地，大力提高自主创新能力，率先建立现代产业体系。增强文化软实力，提升城市综合竞争力，强化国家中心城市、综合性门户城市和区域文化教育中心的地位，提高辐射带动能力。强化广州佛山同城效应，携领珠江三角洲地区打造布局合理、功能完善、联系紧密的城市群。将广州建设成为广东宜居城乡的"首善之区"，建成面向世界、服务全国的国际大都市。深圳市要继续发挥经济特区的窗口、试验田和示范区作用，增强科技

研发、高端服务功能，强化全国经济中心城市和国家创新型城市的地位，建设中国特色社会主义示范市和国际化城市。

（二）优化珠江口东岸地区功能布局

以深圳市为核心，以东莞、惠州市为节点的珠江口东岸地区，要优化人口结构，提高土地利用效率，提升城市综合服务水平，促进要素集聚和集约化发展，增强自主创新能力，面向世界大力推进国际化，面向全国以服务创造发展的新空间，提高核心竞争力和辐射带动能力。着力建设深圳通讯设备、生物工程、新材料、新能源汽车等先进制造业和高技术产业基地。加快东莞加工制造业转型升级，建设松山湖科技产业园区。积极培育惠州临港基础产业，建设石化产业基地。珠江口东岸地区要加快发展电子信息高端产品制造业，打造全球电子信息产业基地。大力发展金融、商务会展、物流、科技服务、文化创意等现代服务业，推进产业结构优化升级，构建区域服务和创新中心。

（三）提升珠江口西岸地区发展水平

以珠海市为核心，以佛山、江门、中山、肇庆市为节点的珠江口西岸地区，要提高产业和人口集聚能力，增强要素集聚和生产服务功能，优化城镇体系和产业布局。珠海要充分发挥经济特区和区位优势，加快交通基础设施建设，尽快形成珠江口西岸交通枢纽，增强高端要素聚集发展功能和创新发展能力，提升核心竞争力，提高发展带动能力，建成现代化区域中心城市和生态文明的新特区，争创科学发展示范市。加快建设珠海高栏港工业区、海洋工程装备制造基地、航空产业园区和国际商务休闲旅游度假区。重点发展佛山机械装备、新型平板显示产业集聚区和金融服务区，中山临港装备制造、精细化工和健康产业基地，江门先进制造业重点发展区，肇庆传统优势产业转型升级集聚区。珠江口西岸地区要规模化发展先进制造业，大力发展生产性服务业，做大做强主导产业，打造若干具有国际竞争力的产业集群，形成新的经济增长极。

（四）推进珠江三角洲区域经济一体化

珠江三角洲地区九市要打破行政体制障碍，遵循政府推动、市场主导，资源共享、优势互补，协调发展、互利共赢的原则，创新合作机制，优化资源配置。要制定珠江三角洲地区一体化发展规划。探索建立有利于促进一体化发展的行政管理体制、财政体制和考核奖惩机制。在省政府的统一领导和协调下，建立有关城市之间、部门之间、企业之间及社会广泛参与的多层次合作机制。以广州佛山同城化为示范，以交通基础设施一体化为切入点， 积极稳妥地构建城市规划统筹协调、基础设施共建共享、产业发展合作共赢、公共事务协作管理的一体化发展格局，提升整体竞争力。推进城市规划一体化，优化珠江三角洲城市群的空间结构布局。加快建设珠江三角洲城际快速轨道交通系统，推进高速公路电子联网收费，撤除普通公路收费站，减少高速公路收费站，建立统一的综合交通运输体系。统筹推进能源基础设施一体化，形成统一的天然气输送网络和成品油管道网络，实现区域内油、气、电同网同价。统筹规划信息基础网络，统一信息交换标准和规范，共建共享公共信息数据库。统筹跨行政区的产业发展规划，构建错位发展、互补互促的区域产业发展格局，推进产业协同发展。协同构建区域环境监测预警体系，建立区域联防协作机制，实现区内空气和水污染联防联治。加强社会公共事务管理协作，推进区域教育、卫生、医疗、社会保障、就业等基本公共服务均等化。到 2012 年，基本实现基础设施一体化，初步实现区域经济一体化。到 2020 年，实现区域经济一体化和基本公共服务均等化。

（五）带动环珠江三角洲地区加快发展

环珠江三角洲地区是指粤东、粤西、粤北及周边省、区的相邻地区。要充分发挥珠江三角洲地区的辐射、服务和带动功能，促进要素流动和产业转移，形成梯度发展、分工合理的多层次产业群和优势互补、互利共赢的产业协作体系。加强基础设施建设，完善港口运输系统，形成贯通珠江三角洲地区、连接周边地区的高速公路、铁路通道。推动珠江三角洲地区劳动密集型产业梯度转移。加快建设粤东、粤西地区石化、钢铁、船舶制造、能源生产基地，形成沿海重化产业带，培育粤北地区成为珠江三角洲地区先进制造业的配套基地。健全珠江三角洲地区对粤东、粤西、粤北地区的挂钩帮扶机制，创新帮扶方式，促进产业和劳动力“双转移”，重点扶持主导产业集聚发展的产业转移示范园区，形成产业集群，在有条件的产业转移园区设立封闭管理的海关特殊监管区域或保税监管场所。加快粤东、粤西、粤北地区农村人口向城镇转移，扩大区域中心城市规模，在粤东、粤西、粤北地区培育新的经济增长极。

八、加强资源节约和环境保护

实行最严格的耕地保护制度和节约用地制度，提高资源节约集约利用水平，切实加强环境保护和生态建设，增强区域可持续发展能力，率先建立资源节约型和环境友好型社会。

（一）节约集约利用土地

严格执行土地利用总体规划和年度计划，切实落实耕地和基本农田保护目标。统筹建设占用和补充耕地规模，积极整理开发部分低效园地山坡地补充耕地，加大土地整理复垦力度，严格实行耕地占补平衡。积极探索耕地保护严、建设占地少、用地效率高的科学发展道路，创新土地管理方式，建设国家节约集约用地试点示范区。支持加大闲置土地处置力度，盘活存量建设用地。有效保护河口和海岸湿地，合理有序将围填海造地和滩涂资源用于非农建设，减少对现有耕地的占用。加强土地需求调控，实行更严格的区域土地供应政策、土地使用标准和市场准入标准，实行差别化供地政策，积极推进工业园区按照产业集聚、布局合理、用地集约的原则进行提升改造，推进交通基础设施、城乡建设用地集约化。探索用地审批制度改革，简化程序，强化监督。探索建立土地收益调节机制，利用经济手段提高土地利用集约化水平。

（二）大力发展循环经济

坚持开发节约并重、节约优先，按照减量化、再利用、资源化的原则，大力推进节能节水节材，加强资源综合利用，全面推行清洁生产，形成低投入、低消耗、低排放和高效率的经济发展方式。落实节能减排目标责任制，严格实施新建项目节能评估和审查制度。抓好重点用能单位节能管理，加快工业、建筑、交通等领域的节能降耗技术改造，到 2020 年单位地区生产总值能耗下降到 0.57 吨标准煤。鼓励发展符合国家政策的资源综合利用项目，推动垃圾发电、余热利用发电等工程建设。加强用电需求侧管理，建立节电管理长效机制。实行用水总量控制和定额管理，到 2020 年，工业用水重复率达到 80%。建设城镇再生水利用系统。制定清洁生产推行规划，指导和督促企业推行清洁生产。制定循环经济推进规划，积极探索有利于资源节约和循环经济发展的地方性价格、财政政策，建成一批符合循环经济发展要求的工业园区，形成资源高效利用、循环利用的产业链。鼓励生产和使用节能节水节材产品、可再生产品和节能环保汽车，形成健康文明、节约资源的生产和消费模式。

（三）加大污染防治力度

坚持预防为主、综合治理的方针，提高环境管理水平，创新环境管理机制，切实解决危害人民群众身体健康和影响经济社会发展的突出问题。采取严格有力措施，降低污染物排放总量。科学规划产业布局，避免产业转移中的污染扩散。引导工业企业进园区，废水集中处理。加快规划和建设城镇污水处理设施和配套管网，强化对已建成设施的运营监管。加快规划和建设城镇垃圾处理设施，完善垃圾收运体系。加强省界水质监督监测和入河排污口监督管理。加强水环境管理，着力加强粤港澳合作，共同改善珠江三角洲整体水质，减少整体水污染量，提升污水处理水平。加强饮用水源地建设和保护，确保饮用水安全。陆海统筹，控制近岸海域污染。建立健全大气复合型污染监测和防治体系，着力解决大气灰霾问题。积极治理农业面源污染，重点控制禽畜、水产养殖污染。加强固体废物处理处置，有效控制并加强治理持久性有机污染物、重金属等对土壤的污染，改善耕地质量，确保农业生产安全。制定更严格的区域环境标准，统筹环保基础设施建设，鼓励环境管理体制机制创新和先行先试，充分利用价格、财政、金融等经济手段，率先建立政府、企业、公民各负其责、高效运行的环境管理机制。到 2012 年，城镇污水处理率达到 80%左右，城镇生活垃圾无害化处理率达到 85%左右，工业废水排放达标率达到 90%；到 2020 年，城镇污水处理率达到 90%以上，城镇生活垃圾无害化处理率达到 100%，工业废水排放完全达标。

（四）加强生态环境保护

优化区域生态安全格局，构筑以珠江水系、沿海重要绿化带和北部连绵山体为主要框架的区域生态安全体系。保护重要与敏感生态功能区，加强自然保护区和湿地保护工程建设，修复河口和近岸海域生态系统，加强沿海防护林、红树林工程和沿江防护林工程建设，加强森林经营，提高森林质量和功能，维持生态系统结构的完整性。加强珠江流域水源涵养林建设和保护，综合治理水土流失。推进城市景观林、城区公共绿地、环城绿带建设，促进城乡绿化一体化，加快建成沿公路和铁路的绿化带，维护农田保护区、农田林网等绿色开敞空间，形成网络化的区域生态廊道。实施生态保护分级控制，探索建立流域、区域统筹的生态补偿机制。到 2020 年，城市人均公园绿地面积达到 15 平方米，建成生态公益林 90 万公顷，建成自然保护区 82 个。

九、加快社会事业发展

以改善民生为重点，大力发展各项社会事业，切实做到全体人民学有所教、劳有所得、病有所医、老有所养、住有所居，打造全国高水平、高品质社会事业发展示范区，促进人的全面发展，实现人民幸福安康、社会和谐进步。

（一）优先发展教育

--优化基础教育结构。合理配置义务教育办学资源，逐步解决常住人口子女平等接受义务教育问题。从实际情况出发，由地方财政统筹考虑，逐步实现普及学前到高中阶段教育。以中等职业教育为重点，大力发展职业教育，率先实现农村中等职业教育免费。推进校企合作，建设集约化职业教育培训基地，面向更大区域配置职业技术教育资源，把珠江三角洲地区建设成为我国南方重要的职业技术教育基地。高等教育普及化水平进一步提高，显著提升高校科技创新与服务能力。

--以新的思维和机制推动高等教育发展上水平。支持港澳名牌高校在珠江三角洲地区合作举办高等教育机构，放宽与境外机构合作办学权限，鼓励开展全方位、宽领域、多形式的智力引进和人才培养合作，优化人才培养结构。加大对国家重点建设大学支持力度，到 2020 年，重点引进 3-5 所国外知名大学到广州、深圳、珠海等城市合作举办高等教育机构，建成 1－2 所国内一流、国际先进的高水平大学。

--争创国家教育综合改革示范区。制定中长期教育发展纲要，率先探索多种形式的办学模式和运作方式。改革应试教育模式，全面实施素质教育。积极开展教学改革和教师队伍建设改革试验，深化人才培养模式改革，探寻符合人类文明成果传承规律的教育方式。扩大高等教育办学自主权，推进高等学校治理模式改革。积极探索完善以政府投入为主，多渠道筹措教育经费的教育经费保障机制。

（二）完善医疗卫生服务

--提高公共卫生和医疗服务水平。加强疾病预防控制、妇幼保健、精神卫生、职业卫生等公共卫生机构建设。加强重大疾病防控、医疗救治和卫生监督体系建设，提高突发公共卫生事件应急处置能力。大力发展城乡基层医疗卫生服务体系，提高医疗卫生服务水平，切实解决人民群众看病就医问题。深入开展爱国卫生运动，普及国家卫生镇。到 2012 年，率先建立覆盖城乡居民的基本医疗卫生制度；到 2020 年，实现城乡居民人人享有优质的医疗卫生服务。

--优化配置医疗卫生资源。统筹规划和使用大型医疗设备、检验仪器，启动门急诊病历“一本通”和医疗机构医学检验、医学影像检查结果互认，考虑实际服务人口等因素合理确定大型医疗设备配置数量。推动医疗卫生资源向农村基层、城市社区倾斜。统筹高层次医学人才和面向基层的实用卫生人才的培养与引进。充分发挥中医药在预防保健医疗服务中的独特优势，加快基层医疗卫生机构中医科、中药房的标准化、规范化建设，率先建立健全中医“治未病”预防保健服务网络。

--推进医疗卫生机构管理体制和运行机制改革。开展公立医院改革试点，破除以药补医模式，完善公立医院经济补偿机制。积极促进非公医疗卫生机构发展，形成投资主体多元化、投资方式多样化的办医体制。探索政事分开、管办分开、医药分开、营利性和非营利性分开的实现形式，在医药卫生体制改革中发挥试验区作用。

（三）健全住房保障体系

--大力推进保障性住房建设。落实廉租住房、经济适用住房建设用地划拨、税费减免等优惠政策，加大政府投入力度，增强廉租住房对低收入住房困难人口的保障作用。

--完善住房货币分配和政策性租赁机制。建立住房货币补贴标准与住房市场价格、居民收入水平等相适应的动态调整机制。完善住房公积金制度，适当提高住房公积金在工资总额中的比例，发挥公积金在住房保障方面的作用，增强职工住房支付能力。推行政策性租赁住房制度，满足新就业职工、中低收入住房困难家庭和符合规定条件的暂住人员的基本住房需求。

（四）完善就业和社会保障体系

--加快完善促进就业的政策体系和服务体系。落实促进就业的各类优惠政策，统筹城乡和省内外各类群体劳动者就业。强化农村劳动者职业技能培训，提高其转移就业能力，把珠江三角洲地区打造成为全国农村劳动者转移就业职业技能培训示范区。着力提升劳动者职业技能素质，建设全国一流的职业技能开发评价示范基地。完善创业扶持政策，健全创业服务体系，加强创业培训，构建全国性的创业带动就业孵化基地。全面实行劳动合同制度和集体合同制度，健全劳动保障监察体系和劳动争议调解仲裁机制，依法维护劳动者合法权益。强化安全生产监督管理，加强职业病防治。

--完善覆盖城乡惠及全民的社会保障网。建立健全养老保险制度体系，扩大城镇基本养老保险范围，逐步做实基本养老保险个人账户，实现养老保险省级统筹。建立新型农村养老保险制度。尽快实现养老保险关系无障碍转移。到 2012 年，城镇户籍从业人员参保率达到 95%以上、外来务工人员参保率达到 80%以上，农村养老保险参保率达到 60%以上，其中，被征地农民参保率达到 90%以上。建立健全统筹城乡、保障基本医疗、满足多层次需要的医疗保障体系，实现全民医保。深化失业保险制度改革，扩大工伤保险和生育保险覆盖面。大力推动所有用人单位依法为农民工办理参加工伤保险，建设国家级工伤康复基地。逐步建立覆盖城乡退休人员的社会化管理服务体系。完善以最低生活保障为基础的社会救助体系，加强社会福利、优抚安置和救灾应急保障机制。建立健全社会保障待遇调整机制，逐步提高社会保障水平。到 2020 年，建成比较完善、保障有力的社会保障体系。

（五）建设和谐文化

--提升公民文明素质。创新社会主义核心价值教育模式，使社会主义核心价值体系融入国民教育和精神文明建设全过程。弘扬中华优秀传统文化和岭南特色文化，培育创业、创新、诚信精神，打造具有时代特征的新时期广东人精神，促进物质文明和精神文明共同发展。以增强诚信意识为重点，加强社会公德、职业道德、家庭美德和个人品德建设。建设学习型社会，形成热爱学习、崇尚知识的良好氛围。

--建立覆盖城乡的公共文化服务体系。实施基础文化设施覆盖工程，构建完善的市、县（市、区）、乡镇（街道）、行政村（社区）四级公共文化设施网络，到 2012 年，基层文化建设各项主要指标达到全国领先水平，建成城市“十分钟文化圈”和农村“十里文化圈”，确保城乡群众能够免费享受各种公益性文化服务。创新公共文化服务方式，加快建立健全文化信息资源共享网络服务体系，推进公共文化流动服务工程建设，打造全国性的公共文化建设示范区。积极挖掘、抢救文化遗产资源，有效保护并传承具有历史和科学价值的文化遗产。到 2020 年，形成服务优质、覆盖全社会的公共文化服务体系。

--推进文化创新。深化文化体制改革，积极推进国有经营性文化单位转企改制，建立和完善文化产业竞争机制，培育多元化、市场化的生产和消费空间，形成富有活力的文化产品生产和服务经营机制。实施高端文化人才引进工程，激励优秀文化产品创作，打造优秀文化艺术品牌，不断推进先进文化发展，形成积极向上、特色鲜明、结构优化、科技含量高的文化产业体系，更好地满足人民群众多层次、多方面、多样化的精神文化需求。到 2020 年，文化产业增加值占地区生产总值的 8%。

十、再创体制机制新优势

继续发挥珠江三角洲地区特别是经济特区的“试验田”和示范区作用，以行政管理体制改革为突破口，深化经济体制和社会管理体制改革，健全民主法制，在重要领域和关键环节先行先试，率先建立完善的社会主义市场经济体制，为科学发展提供强大动力。

（一）创新行政管理体制

--根据建立中国特色社会主义行政管理体制的总体要求，按照经济调节、市场监管、社会管理和公共服务的基本定位，遵循精简、统一、效能的改革方向，着力转变职能、理顺关系、优化结构，充分发挥市场在资源配置中的基础性作用，努力建设服务政府、责任政府、法制政府和廉洁政府。全面推进政企、政资、政事、政府与市场中介组织分开。凡是能够由市场机制调节的事，坚决放给市场；凡是应由企业自主决策的事，一律交还企业；凡是能够由社会组织解决的事，积极移交社会组织管理；凡是应由政府承担的职责，要切实履行好。政府要把精力集中到落实国家宏观调控的政策措施，改善发展环境，推动经济发展，促进就业和社会保障，加强市场监管，规范市场秩序，加快社会事业发展，切实保护生态环境等方面上来。增强处置突发公共事件和社会治安综合治理的能力。按照财力与事权相匹配的原则，科学配置地方各级政府的财力，增强市（地）、县（市）政府提供公共服务的能力。进一步理顺和明确垂直管理部门与地方政府权责关系。制定各项配套措施，完善各级政府主要职责的考核、审计和问责制度。

--进一步优化政府组织体系和运行机制。支持深圳市等地按照决策权、执行权、监督权既相互制约又相互协调的要求，在政府机构设置中率先探索实行职能有机统一的大部门体制，条件成熟时在珠江三角洲地区及全省推行。选择部分有条件的地方推行机构编制科学化、规范化、法制化管理试点，探索机构编制管理与财政预算、组织人事管理的配合制约机制，合理配置行政事业编制。适应经济社会发展需要，选择有条件的地方合理调整行政区划。试行省直管县体制，进一步扩大县级政府经济社会管理权限。积极推进乡镇机构改革。按照强镇扩权的原则，对具备一定人口规模和经济实力的中心镇赋予部分县级经济社会管理权限；对与县级政府驻地联系紧密的乡镇，在条件成熟时转为县级政府的派出机构；对规模较大和城镇化水平较高的特大型乡镇，整合设立地级市的市辖区。创新乡镇事业站所管理体制，构建新型农业社会化服务体系。

--改进政府管理和服务方式。深化行政审批制度改革，继续清理和调整行政审批项目，进一步减少和规范行政审批。支持中山市开展创新审批方式改革试点。改进企业登记方式，试行告知承诺制。推进行政事业性收费改革，减少收费项目，率先在珠江三角洲地区实行审批管理“零收费”制度。建立和完善跨部门统一互联的电子政务平台，积极推行网上办公和政务处理。完善行政监督制度，加快推进省、市、县和镇级电子监察系统的四级联网。推进政务公开，完善政府信息发布制度，充分发挥政务信息对经济社会活动和人民群众生产生活服务的引导作用。强化行政规划和行政指导，扩大委托购买服务和合约式管理，推行现代行政管理方式，降低管理成本，提高工作效率。实现政府管理方式向规范有序、公开透明、便民高效的根本转变。

--按照责权利相统一的要求，构建专业管理相对集中、综合管理重心下移的城市管理体制。整合行政执法资源，建立综合行政执法体系，减少行政执法层次，避免政出多门。建立政府内部相关领域信息共享和联动工作机制。健全行政执法争议协调机制，完善行政执法责任制、评议考核制和责任追究制。深化城市公用事业改革，建立多元化的投资机制和规范高效的运营机制，逐步放开公用事业的建设和运营市场。创新公用事业监管模式，构建政府、公众和社会三方共同参与、有机结合的监管评价体系。

（二）深化经济体制改革

--农村经济体制改革。稳定和完善农村基本经营制度，现有土地承包关系要保持稳定并长久不变，制定实施相关配套政策。培育农民新型合作组织，大力发展农民专业合作组织，发展多元化的农业社会化服务体系。积极推进集体林权制度改革，确立农民经营主体地位。积极培育和发展农村土地承包经营权流转市场，支持有条件的地方发展多种形式的规模经营。全力推进农村土地确权登记发证工作，做好农村各类土地登记资料的收集、整理、共享和汇交管理，提供农村土地登记结果查询服务。继续深化征地制度改革，逐步缩小征地范围，完善征地补偿机制，依法征收农村集体土地，按照同地同价原则及时足额给农村集体组织和农民合理补偿，解决好被征地农民就业、住房、社会保障。加快推动农村集体建设用地使用权流转，逐步实现集体建设用地与国有土地同地同价，建立城乡统一的土地市场。创新宅基地管理制度，严格宅基地管理，依法保障农户宅基地用益物权。开展城镇建设用地增加与农村建设用地减少挂钩试点，优化土地利用结构和布局。健全农业投入保障机制。建立政府引导、多方投入的村级公益事业建设新机制，制定村级公益事业建设“一事一议”财政奖补办法。重构农村信用基础，开辟农村金融服务新路子。支持惠州、佛山、中山等市开展统筹城乡发展综合改革试点。

--财政和投资体制改革。按照基本公共服务均等化和主体功能区建设的要求，完善公共财政体系。探索建立财政预算编制、预算执行和监督审查既相互制衡又相互协调的财政管理体制。健全财力与事权相匹配的体制，理顺各级财政收入分配关系。调整财政支出结构，重点向有利于促进基本公共服务均等化的领域倾斜。增加体现主体功能区的因素，健全转移支付办法。改革财政资金分配办法，建立和完善通过制度健全、公开透明方式取得财政资金的机制。完善投资项目管理，扩大地方投资项目审批核准权限。完善政府投资管理制度，规范政府投资行为，开展政府投资项目公示试点。

--金融改革与创新。允许在金融改革与创新方面先行先试，建立金融改革创新综合试验区。支持符合条件的企业发行企业债券。培育股权投资机构。建立创业投资引导基金，发展创业投资。创新中小企业融资模式，积极建立中小企业信用担保基金和区域性再担保机构，发展小额贷款公司和中小企业投资公司。稳步推进金融业综合经营试点。稳妥开展和创新人民币外汇衍生产品交易，便利各类经济主体汇率风险管理。研究开放短期出口信用保险市场，扩大出口信用保险的覆盖面，支持外向型企业做大做强。在国家外汇管理改革的框架下，深化境外投资外汇管理改革，选择有条件的企业开展国际贸易人民币结算试点。健全内部控制和风险防范机制，加强金融监管，防范和化解金融风险。

--企业体制改革。借鉴先进国家国有企业治理经验，创新国有资产运营和监管模式。完善国有资本有进有退、合理流动的机制，加快国有经济布局和结构调整，积极推进国有企业公司制股份制改革，大力发展混合所有制经济，促进国有企业整体改制上市，进一步增强国有经济活力、控制力和影响力。积极推动国有资产向关键领域、支柱产业和先导产业集中。建立现代企业制度，完善法人治理结构。改革和完善国有企业经营管理人才选拔任用制度，建立职业经理人市场。建立健全国有企业风险管理体系。探索发展多种形式的新型集体经济。运用资本转让、股权结构调整、企业整合和其他有效形式，推进集体企业改革。大力发展民营经济，放宽非公有制企业的投资领域和行业限制，合理引导进入金融服务、公用事业、基础设施建设等领域。鼓励非公有制企业自身改革，建立现代法人治理结构，做大做强。

--完善市场环境。加快推进电、油、气、水、矿产等资源性产品及要素价格改革，建立反映市场供求状况、资源稀缺程度和环境损害成本的价格形成机制。改革土地供给制度，完善经营性用地土地使用权的招标、拍卖和挂牌制度，强化市场机制对配置土地资源的基础性作用。进一步打破行政性垄断和地区封锁，推进市场一体化。推进水务管理体制改革。完善行政执法、行业自律、舆论监督、群众参与相结合的市场监管体系。创新市场监管模式，健全行政执法与司法相衔接的监管机制。规范市场经济秩序，健全产品质量监管机制。加快社会信用体系建设，建立和完善以组织机构代码和身份证号码等为基础的实名制信用信息体系。建立健全企业信用警示、惩戒以及信用预警机制，营造诚实守信的社会环境。探索适度开放信用服务市场。清理、完善现有政策法规。规范市场经济秩序，建立稳定规范的政策和法制环境。

（三）推进社会管理体制改革

--完善社会管理制度，创新社会管理方式。借鉴发达国家和地区的先进经验，不断完善公共治理结构。推进基层社会管理体制改革，理顺政府与城乡自治组织的关系。整合社会管理资源，增强基层自治功能。完善社区管理体制，构建社区公共资源共享机制和综合治理机制。创新治安管理与城市管理、市场管理、行业管理等有机结合的新模式。率先全面完成事业单位分类改革。采取政府直接提供、政府委托社会组织提供和政府购买等方式，形成多元化的公共服务供给模式。鼓励社会组织和企业参与提供公共服务，提高公共服务的能力和效率。积极培育志愿服务队伍。简化社会组织注册登记办法。支持珠海等市开展社会管理综合改革试点。

--调节收入分配。调整国民收入分配结构，逐步提高居民收入所占比重，提高劳动报酬在初次分配中的比重。建立最低工资标准与经济发展及物价增长相适应的联动机制。建立健全工资集体协商、最低工资、工资支付保障、工资指导线和企业薪酬调查等制度，着力提高低收入劳动者的工资水平，逐步提高企事业离退休人员收入水平。增加城乡居民尤其是农村居民的财产性和转移性收入。建立和完善确保农民收入持续增长的长效机制。加大对收入分配的调节力度，逐步缩小社会不同阶层收入差距。

--推进户籍管理制度改革。实行城乡居民户口统一登记管理制度。改革和调整户口迁移政策，逐步将外来人口纳入本地社会管理。推动流动人口服务和管理体制创新，放宽中小城市落户条件，使在城镇稳定就业和居住的农民有序转变为城镇居民。适应产业转型升级要求，完善中级以上技能流动就业人员户口准入政策。探索和完善流动人口积分制管理办法，引导流动人口融入所在城市。全面推行居住证及“一证通”制度，加强流动人口管理与服务。完善境外在粤人员登记管理制度。

（四）推进民主法制建设

--着力构建法治政府。坚持依法行政，规范执法行为，严格按照法定权限和法定程序办事，维护法律权威。树立有权必有责、用权受监督、侵权须赔偿、违法受追究的法制观念，强化公务员法制和责任意识，全面落实行政执法责任制。加快推进政务公开，提高执法效能，强化执法监督，探索建立科学、严谨的法治评价体系。推进司法公开，保证司法公正，加强司法救助和法律援助。探索改进立法方式，建立法规规章多元起草机制，探索从制度上完善立法起草、咨询论证程序的有效途径。建立健全立法听证会等扩大公民有序政治参与的制度和机制。建立立法后评估和法规规章定期清理制度。

--推进决策科学化、民主化。完善重大决策的规则和程序。健全重大事项集体决策、专家咨询、公众参与和决策评估等制度。建立决策反馈纠偏机制和责任追究制度。完善人大代表、政协委员监督与参政、议政制度和联系选民制度。健全重大决策征求民主党派和无党派人士意见的规则与程序，使之制度化、规范化。扩大公民有序的政治参与，引导公民依法行使权力和履行义务。加强新闻舆论监督，充分发挥互联网的监督作用。加强科学决策程序的研究和制定，保障公民的知情权、表达权、参与权和监督权等合法权益。健全和发展基层民主制度，保证城乡居民享有更多更切实的民主权利。

（五）充分发挥经济特区的改革开放先行作用

经济特区是全国改革开放的一面旗帜。在新的历史时期，经济特区要继续发扬敢为人先、大胆探索、改革创新的精神，勇当深化改革开放、再创体制机制新优势的先锋，在推进珠江三角洲地区和全国的改革开放中发挥窗口、试验、示范和带动作用，在解放思想、改革开放、落实科学发展观和构建社会主义和谐社会等方面走在前列。经济特区特别是深圳综合配套改革试验区，要制定综合配套改革总体方案，有序推进改革，允许在攻克改革难题上先行先试，率先在一些重点领域和关键环节取得新突破。

十一、构建开放合作新格局

进一步发挥“窗口”作用，以粤港澳合作、泛珠江三角洲区域合作、中国-东盟合作为重要平台，大力推进对内对外开放，全面加强与世界主要经济体的经贸关系，积极主动参与国际分工，率先建立全方位、多层次、宽领域、高水平的开放型经济新格局。

（一）提升开放型经济水平

--创新对外贸易发展方式。发挥在全国的龙头带动和示范作用，优化进出口结构，坚持以质取胜，加快推进对外贸易从货物贸易为主向货物贸易与服务贸易并重转变。积极推动外贸经营模式的转变，运用全球资源，延伸产业的国际链条，发展高端贸易。鼓励加工贸易延伸产业链，扶持一批有规模、有优势的加工贸易企业从贴牌生产、委托设计向自主品牌转型，增强设计研发能力和品牌营销能力，增加内销业务，支持建设全国加工贸易转型升级示范区。科学规划、合理设立海关特殊监管区和保税业务监管网点，支持珠江三角洲地区保税加工业和保税物流业可持续健康发展，在制定全国海关特殊监管区域规划中，统筹考虑设立白云空港综合保税区问题。大力发展金融、软件、文化等服务贸易，建立一批国际服务外包基地。率先实行符合国际惯例的质量、安全、环境、技术、劳工等标准，加快“电子口岸”建设，实现海关查验、检验等方面的规范化、国际化、便利化。服务贸易占进出口总额的比重 2012 年达 20%，到 2020 年达 40%以上。

--提高利用外资水平。积极吸引世界 500 强企业和全球行业龙头企业投资，严格限制低水平、高污染、高能耗的外资项目进入。引导外资投向高新技术产业、现代服务业以及研发、营运中心等，推动能源、交通、环保、物流、旅游等领域国际合作。积极开展金融、教育、医疗、文化等领域中外合资、合作试点。积极引导和鼓励海外优秀人才前来创业、投资。实现利用外资从资金为主提升到以先进技术、管理经验和高素质人才为主，从制造业为主向制造业与服务业并重的转变。

--加快实施“走出去”战略。鼓励有条件的企业在国外建立生产基地、营销中心、研发机构和经贸合作区，开展境外资源合作开发、国际劳务合作、国际工程承包；购并国外掌握关键技术的中小企业、研发机构和营销网络。完善支持企业“走出去”的总体协调机制，在资金筹措、外汇审核、人员进出、货物通关、检验检疫、项目管理等方面建立便捷高效的境内支撑体系，在领事保护、风险防范、信息沟通、政府协调等方面建立境外服务体系。到 2020 年，形成 10 个年销售收入超 200 亿美元的本土跨国公司。

--努力构建规范化、国际化的营商环境。合理利用国际惯例与规则，积极参与国际规则、标准的制定，主动建立与其相适应的体制机制。强化合约精神、法治观念和商业信用意识，建立完善的法制、透明稳定的商业制度和规范的商业纠纷解决机制，培育熟悉国际规则的金融、法律、会计等方面专业人才队伍。在企业设立、经营许可、人才招聘、产权登记和跨境交易等方面提供便利、高效的服务，保护投资者权益，与港澳共建全球营商环境最佳的地区之一。

--积极防范国际经济风险。建立对国际经济风险的预警机制和防范机制，主动应对和防范国际经济风险。健全跨境资金流动监控和预警机制。积极防范由国际金融创新与合作、跨国产业并购、国际产业技术标准调整、国际贸易争端、汇率变动、国际能源资源价格波动等带来的风险。

（二）推进与港澳更紧密合作

--推进重大基础设施对接。本着互惠互补的原则，加强与港澳的协调合作，充分发挥彼此的优势，支持与港澳在城市规划、轨道交通网络、信息网络、能源基础网络、城市供水等方面进行对接。加快建设广深港客运专线，尽快开工建设港珠澳大桥、深圳东部过境高速公路和与香港西部通道相衔接的高速公路等基础设施，积极推进莲塘/香园围口岸规划与建设，积极推进深港空港合作等项目。支持港口、码头、机场等基础设施建设、运营和管理等方面的合作。支持共同规划实施环珠江口地区的“湾区”重点行动计划。积极开展与港澳海关合作，深化口岸通关业务改革，探索监管结果互认共享机制，加强在打击走私、知识产权保护方面的合作。支持广东省与港澳地区人员往来便利化，优化“144 小时便利免签证”。

--加强产业合作。全力支持在珠江三角洲地区的港澳加工贸易企业延伸产业链条，向现代服务业和先进制造业发展，实现转型升级。同时支持劳动密集企业顺利过渡，并协助港资企业拓展内地市场，以增加应对外部环境急剧变化的能力。深化落实内地与港澳更紧密经贸关系安排（CEPA）力度，做好对港澳的先行先试工作。

支持粤港澳合作发展服务业，巩固香港作为国际金融、贸易、航运、物流、高增值服务中心和澳门作为世界旅游休闲中心的地位。坚持上下游错位发展，加强与港澳金融业的合作。支持港澳地区银行人民币业务稳健发展，开展对港澳地区贸易项下使用人民币计价、结算试点。鼓励共同发展国际物流产业、会展产业、文化产业和旅游业。加大开展银行、证券、保险、评估、会计、法律、教育、医疗等领域从业资格互认工作力度，为服务业的发展创造条件。支持珠江三角洲地区企业到香港上市融资。支持科技创新合作，建立港深、港穗、珠澳创新合作机制。规划建设广州南沙新区、深圳前后海地区、深港边界区、珠海横琴新区、珠澳跨境合作区等合作区域，作为加强与港澳服务业、高新技术产业等方面合作的载体。鼓励粤港澳三地优势互补，联手参与国际竞争。

--共建优质生活圈。鼓励在教育、医疗、社会保障、文化、应急管理、知识产权保护等方面开展合作，为港澳人员到内地工作和生活提供便利。推动专业技能人才培训的合作。完善粤港澳三地传染病疫情信息通报与联防联控、突发公共卫生事件应急合作机制和食品、农产品卫生事件互通协查机制。支持建立劳动关系协调合作机制。共同建立绿色大珠江三角洲地区优质生活圈。鼓励建立污染联防联治机制，开展治理环境污染、共建跨境生态保护区、保护水库集水区。支持粤港共同研究合作发展清洁能源及可再生能源，实施清洁生产等方面的合作，建设具有经济效益的区域能源供应销售网络。确保输港澳农副产品和供水的优质安全。支持粤港澳合作推行清洁能源政策，逐步实现统一采用优于全国其他地区的汽车燃料、船舶燃油与排放标准，力争改善珠江三角洲地区空气质量。支持发展珠江三角洲区域的循环经济产业，鼓励粤港澳开展物料回收、循环再用、转废为能的合作，研究废物管理合作模式。

--创新合作方式。加强与港澳协调沟通，推动经济和社会发展的合作。支持粤港澳三地在中央有关部门指导下，扩大就合作事宜进行自主协商的范围。鼓励在协商一致的前提下，与港澳共同编制区域合作规划。完善粤港、粤澳行政首长联席会议机制，增强联席会议推动合作的实际效用。坚持市场为主、政府引导的原则，进一步发挥企业和社会组织的作用，鼓励学术界、工商界建立多形式的交流合作机制。

（三）提升对台经贸合作水平

依托珠江三角洲地区现有台资企业，进一步扩大对台经贸合作，拓展合作领域。支持建立多种交流机制，加大协会、商会等民间交流力度，鼓励开展经贸洽谈、合作论坛和商务考察。加强与台湾在经贸、高新技术、先进制造、现代农业、旅游、科技创新、教育、医疗、社保、文化等领域合作。加强海峡西岸农业合作，推进珠海金湾台湾农民创业园和佛山海峡西岸农业合作实验区建设。积极为台商创造良好的营商和生活环境，鼓励开办台商子弟学校和建立相关的医疗、工伤保险机制。鼓励粤东地区利用地缘、人文相通的优势，发展对台贸易，提升对台经贸合作水平。

（四）深化泛珠江三角洲区域合作

将泛珠江三角洲区域合作纳入全国区域协调发展总体战略，继续深化合作，促进东中西部地区优势互补、良性互动、协调发展。加强指导协调，不断完善合作机制和合作规划，创新合作模式，探索设立合作项目专责小组等方式，确保合作取得实效。促进资金、技术、人才、信息、资源等要素的便捷流动，推进产业区域合作。加快省际通道建设，构筑以珠江三角洲地区为核心向周边地区辐射的综合交通网络。继续实施以“西电东送”为重点的能源合作，完善输电网络建设。推进生态环境建设、加强保护水源和污染防治的合作。开展科技、人才、知识产权保护、旅游等方面的合作，建设区域技术、人力资源、无障碍旅游区等合作平台。加快信息基础设施建设，推动电子商务合作。主动消除行政壁垒，建立企业信用信息共享机制、联合执法机制、维权联动机制和检测结果互认制度，支持加快形成公平开放、规范统一的大市场。

（五）加强与东盟等国际经济区域的合作

开展与国际经济区域和新兴市场多层次、多方式、多领域的合作，构建多元化的国际经贸合作格局。在中国一东盟自由贸易区框架协议下，支持与东盟国家有关机构建立对话协调机制和友好省州、城市关系，鼓励开展民间对话交流，举行经贸洽谈会，扩大文化交流。支持与新加坡等东盟先进国家加强经济、技术、园区管理、人才培训等多方面的合作。鼓励资金技术优势企业到东盟国家开展资源开发、产品营销、基础设施建设、农产品种植加工和水产品养殖加工等方面的合作，鼓励优势产业向东盟国家发展，扩大对东盟的进出口贸易。鼓励与东盟开展旅游合作，建立旅游便利签证合作机制。扩大与欧盟、北美自由贸易区在经济、技术、人才、贸易等方面的合作，大力开拓印度、俄罗斯、巴西和中东地区等新兴市场，加强与澳大利亚、新西兰以及南美、非洲各国的经贸合作，开创多元化的国际经贸合作局面。充分利用中国（广州）进出口商品交易会、中国（广州）

中小企业博览会、中国（深圳）国际高新技术成果交易会、广东国际咨询会、友好省州及城市等合作平台，推动更高层次的对外开放与交流。

十二、规划实施的保障机制

要充分认识推进珠江三角洲地区改革发展的重大意义，切实加强对规划实施的组织领导，完善规划实施机制，保障规划顺利实施。

（一）加强组织领导

广东省和国务院有关部门要切实加强对规划纲要实施的组织领导，制定实施方案，明确工作分工，完善工作机制，落实工作责任。要在国家有关部门的指导下，编制有关重点领域的专项规划。要按照本规划纲要确定的功能定位和发展重点，抓紧推进相关项目的组织实施。要从解决当前最紧迫、最突出、最重大的问题入手，实化措施，为规划纲要的顺利实施奠定基础。在规划纲要的实施过程中，要注意研究新情况，解决新问题，总结新经验，重大问题要及时向国务院报告。

（二）加强统筹协调

国务院有关部门要结合各自职能，加强对规划纲要实施的指导。要依据本规划纲要的要求，制定本部门支持珠江三角洲地区改革发展的具体政策措施，在有关规划编制、政策实施、项目安排、体制创新等方面给予积极支持，并做好组织协调工作。要加强部门之间的沟通和协调，指导和帮助地方解决规划纲要实施过程中遇到的问题。

（三）加强监督检查

国家发展改革委要会同有关部门加强对本纲要实施情况的跟踪分析，做好各项工作和政策措施落实的督促检查工作。会同广东省人民政府定期组织开展规划实施情况的评估，并将实施情况向国务院报告。完善社会监督机制，鼓励公众积极参与规划的实施和监督。

推进新时期、新阶段珠江三角洲地区的改革发展，使命光荣，任务艰巨，责任重大。要以实施规划纲要为契机，动员广大人民群众，振奋精神，解放思想，开拓进取，奋力拼博，推动珠江三角洲地区在全国改革开放和社会主义现代化建设新的伟大历史征程中，开创新局面，建立新业绩，铸造新辉煌。

国家发展和改革委员会

二〇〇八年十二月

江苏沿海地区发展规划

序言：江苏沿海地区处于我国沿海、长江和陇海兰新线三大生产力布局主轴线的交汇区域，包括连云港、盐城和南通三市所辖全部行政区域，陆域面积 3.25 万平方公里，海岸线长 954 公里。2008 年末总人口 1964 万人，地区生产总值 4863 亿元，人均地区生产总值 24760 元，高于全国平均水平。

江苏沿海地区区位优势独特，土地后备资源丰富，在提升长江三角洲地区整体实力、促进全国区域协调发展中具有重要战略地位。为更好地贯彻落实科学发展观，推动这一地区又好又快发展，增强服务带动中西部地区发展的能力，完善全国沿海经济布局，特制定江苏沿海地区发展规划。

本规划是指导这一地区今后一段时期发展的纲领性文件和编制相关规划的重要依据。规划期为 2009--2020 年。

第一章 发展基础与重大意义

第一节 发展条件

独特的区位优势。江苏沿海地区是长江三角洲(以下简称长三角)的重要组成部分，南部毗邻我国最大的经济中心上海，北部连接环渤海地区，东与东北亚隔海相望，西连新亚欧大陆桥和长江黄金水道，是陇海兰新沿线地区出海通道的战略要冲。

专栏 1：新亚欧大陆桥简介

新亚欧大陆桥又称第二亚欧大陆桥，从中国东海岸的连云港到欧洲西海岸的荷兰鹿特丹，全长 10870 公里，其中中国境内 4131 公里，沿线涉及江苏、山东、山西、安徽、河南、陕西、甘肃、宁夏、青海、新疆 10 个省区，面积 377.1 万平方公里，人口 4.55 亿，经济规模 9.32 万亿元，分别占全国的 39.3%、34.4%、37.3%；东向日本、朝鲜、韩国等国家；西经中亚、西亚、俄罗斯、东欧、中欧、西欧等 40 多个国家和地区。所经过国家和地区的面积 3970 万平方公里，占世界陆地面积的 26.6%；居住人口 22 亿，占世界人口的 36%。

与西伯利亚大陆桥相比，新亚欧大陆桥具有明显优势，地理位置和气候条件优越，运输距离短，辐射面广，对亚太地区吸引力大。新亚欧大陆桥的发展，为沿线国家和亚欧两大洲经济贸易交流提供了一条便捷的大通道，对形成陆桥经济走廊、扩大亚太地区与欧洲的经贸合作、促进亚欧经济的发展与繁荣，具有重要意义。

良好的资源条件。拥有约占全国 1／4 的海域滩涂湿地和百万亩低产盐田，生物多样性丰富，土地后备资源得天独厚；岸线资源优良，具备在淤泥性海岸建设深水海港的技术条件，连云港港可布局建设 30 万吨级航道和码头；海洋资源和风力资源丰富，旅游资源独特；地势平坦，水系发达；区域开发适宜性较好，空间开发潜力较大。

丰富的人力资源。拥有各类人才 133.2 万人，占总人口的比重达 6.8%；基础教育和职业教育较为发达，高中阶段毛入学率达 93%，职业技术教育在校生超过 32 万人；拥有高等院校 14 所，在校大学生 16.7 万人；劳动力素质总体较高。

较好的产业基础。农业开发历史悠久，生产条件优越，产业化和规模化经营水平较高，是黄淮海平原和江淮地区国家粮食主产区的重要组成部分；工业呈现加速发展态势，纺织、机械、汽车、医药、化工等产业具有一定的规模和配套能力，区域产业分工格局初步形成；服务业发展水平逐步提升，现代物流等生产性服务业处于加速发展阶段，生活性服务业发展模式不断创新。

较完善的基础设施。作为全国主要港口的连云港港和南通港辐射带动能力不断增强，南通、盐城和连云港三个机场的运输能力快速增长，新长铁路、沿海高速公路、苏通大桥等相继建成通车，区域综合交通体系初步形成；能源结构逐步优化、供给充足；水利设施较为完善，水资源供给和防洪保安能力显著增强。

第二节 发展机遇和挑战

随着经济全球化和区域经济一体化的深入发展，国际间产业转移和区域间经济合作不断深化，为江苏沿海地区加快发展提供了有利条件。同时，国家区域发展总体战略以及相关政策措施的深入实施，为江苏沿海地区发展提供了新的机遇，赋予了新的使命，注入了新的活力和动力。

长三角地区经济一体化进程加快。长三角地区地理上连为一体，经济发展和市场体系的内在联系十分紧密，多层次区域合作机制逐步形成。《国务院关于进一步推进长江三角洲地区改革开放和经济社会发展的指导意见》（国发〔2008〕30 号），把江苏沿海地区全部纳入长三角区域范围，该地区发展条件和政策环境更加有利，将进一步促进生产要素合理流动和优化配置，加快与长三角核心区的对接和融合。

国家西部大开发和中部崛起战略深入实施。随着中西部地区经济发展和对外开放步伐的加快，与东部沿海地区深化合作的内在需求进一步增强，对江苏沿海地区出海通道等基础设施建设和对外开放水平提升提出了新要求；中西部地区的崛起，将为江苏沿海地区提供更为广阔的市场空间，为产业发展提供有力支撑。

国际区域合作不断深化。随着我国积极参与和推动国际区域经济合作，江苏沿海地区与新亚欧大陆桥沿线国家以及东北亚各国的经济联系将更加紧密，为本区域充分利用两个市场两种资源、提升对外开放水平、强化新亚欧大陆桥东方桥头堡的地位和作用创造了新机遇。

全球经济面临新一轮调整。我国具有发展实体经济的良好基础和广阔市场前景，随着国际金融资本加速向实体经济转移，江苏沿海地区面临承接国际产业转移的新机遇；同时，随着我国扩大内需各项政策的推进，将有利于这一区域发挥区位和资源优势，强化以内需为主导的产业发展。

与此同时，江苏沿海地区加快发展也面临着较为严峻的挑战和压力。一是发展模式需要创新。面对国际金融危机给我国经济发展带来的冲击和影响，加快发展不能沿袭传统的工业化模式，必须转变发展方式，优化产业结构，走新型工业化道路。二是港口功能和城市带动能力需要提升。中心城市实力不强，主要港口服务功能不够健全，对区域发展的辐射带动作用没有得到有效发挥。三是科技创新能力需要加强。自主创新品牌和自主知识产权数量不多，高级专业技术人才相对缺乏，集聚科技、人才资源的能力较弱，对沿海地区产业发展的支撑作用有待提高。四是体制机制需要进一步改革创新。目前的体制机制还不适应加快发展的要求，在行政管理、城乡统筹、区域合作、土地资源开发、环境保护等方面要加大改革创新力度。

第三节 重大意义

在新形势下，加快江苏沿海地区发展事关全局，具有重大战略意义。

有利于长三角地区产业优化升级和整体实力提升。加快江苏沿海地区发展，将有效缓解长三角地区土地资源紧张状况，拓展新的发展空间，优化调整区域产业布局，推动产业升级，促进区域协调发展，进一步增强长三角地区整体实力和竞争力，更好地应对国际金融危机的冲击和影响。

有利于完善全国沿海地区生产力布局。加快江苏沿海地区发展，提升经济发展水平，将进一步增强长三角与环渤海地区的经济联系，促进两大区域在更高平台上开展合作，生产要素在更大范围内合理流动，经济在更深层次上实现对接融合，进一步完善沿海地区经济布局，形成全国沿海地区共同发展、互动并进的新局面。

有利于促进中西部地区发展。加快江苏沿海地区发展，充分发挥陇海兰新沿线地区出海通道的作用，将进一步促进中西部地区与东部沿海地区的经济交流，增强互动效应，为中西部地区提升对外开放水平、承接国际资本转移、参与国际分工合作创造更加有利的条件，促进中西部地区加快发展。

有利于强化我国与新亚欧大陆桥沿线及东北亚地区的合作。加快江苏沿海地区发展，增强新亚欧大陆桥东方桥头堡作用，将进一步加强我国与欧洲、中亚、东北亚国家之间的沟通和联系，促进国际合作与交流，实现共同发展和共同繁荣。

第二章 总体要求与发展目标

第一节 指导思想与原则

江苏沿海地区发展的指导思想是：高举中国特色社会主义伟大旗帜，以邓小平理论和“三个代表”重要思想为指导，深入贯彻落实科学发展观，进一步解放思想、抢抓机遇、深化改革、扩大开放，充分发挥江苏沿海地区区位独特、土地后备资源丰富等比较优势，把加快建设新亚欧大陆桥东方桥头堡和促进海域滩涂资源合理开发利用作为发展重点，统筹城市与农村、陆地与海洋、经济与社会发展，着力优化空间布局，推进区域一体化发展，着力转变发展方式，建设资源节约型和环境友好型社会，着力保障和改善民生，加快构建社会主义和谐社会，着力加强区域合作，增强新亚欧大陆桥东方桥头堡的辐射带动作用，不断提高综合实力和竞争力，努力将江苏沿海地区建设成为我国东部地区重要的经济增长极，在区域协调发展和对外开放中发挥更大作用。

江苏沿海地区发展的原则是：

坚持科学布局，促进集聚发展。优化空间开发格局，选择发展基础好、资源环境承载力强的地区，推进集中集聚开发，促进港口、产业、城镇互动发展。依托现有大中城市，注重提升功能，推进城镇集聚发展；依托省级以上开发区，优化产业布局，形成产业集群；依托深水港口，实施节点开发，集中发展临港产业。

坚持合理分工，促进一体化发展。根据资源条件和现有基础，加强区域内部资源整合，合理确定各地功能定位和主导产业，强化产业间的分工协作；统筹区域重大基础设施建设，提高共建共享、互联互通水平；加强行政管理和政策对接，形成统一市场体系，促进生产要素合理流动和优化配置。

坚持保护环境，促进可持续发展。在发展理念上高度重视环境保护，充分考虑资源环境承载力，推进可持续发展；在空间布局上明确保护范围，划定重要生态功能区域；在开发建设上提高环境准入标准，推进清洁生产，发展循环经济，加强污染治理和生态建设；在管理上加强环境保护执法力度，严格落实环境保护政策和措施。

坚持开放合作，促进共同发展。进一步提高对外开放水平，积极参与国际产业分工与合作，在更高层次上承接国际产业转移；加强与周边地区、泛长三角地区、中西部地区、新亚欧大陆桥沿线国家及东北亚地区的合作，创新区域与国际合作机制，在合作共赢中谋求新的发展。

第二节 战略定位

立足沿海，依托长三角，服务中西部，面向东北亚，建设我国重要的综合交通枢纽，沿海新型的工业基地，重要的土地后备资源开发区，生态环境优美、人民生活富足的宜居区，成为我国东部地区重要的经济增长极和辐射带动能力强的新亚欧大陆桥东方桥头堡。

我国重要的综合交通枢纽。以连云港港为核心，联合南通港、盐城港共同建设沿海港口群，综合发展陆路交通和航空业；大力发展国际航运和现代物流，进一步提高综合服务能力，服务中西部地区和长江中上游地区的经济发展，成为我国重要的综合交通枢纽、陇海兰新沿线地区最便捷的出海通道和对外开放窗口，逐步形成亚欧之间重要的国际交通枢纽。

专栏 2：新亚欧大陆桥沿线合作情况

近年来，新亚欧大陆桥沿线合作不断加强，连云港相继与甘肃、新疆、河南、陕西等陇海兰新沿线地区签订了跨区域合作协议，推动与中西部地区开展多层次、多渠道、多领域的合作。

物流合作。港口集团在山西侯马等多个地区合资建设集装箱场站，组织两地货物对流运输。口岸船、货代理单位在中西部多个城市设立办事处。港口每年进出的铁矿砂、氧化铝、铝锭、化肥、煤炭、化工原料、钢铁、粮食、农副产品等大宗货物主要来自中西部地区。

铁路系统合作。连云港相继开通了至郑州、西安、成都、西宁等地的集装箱“五定”班列，1997 年开通了至阿拉山口过境集装箱“五定”班列，2007 年延伸到莫斯科，实现了真正意义上的欧亚贯通。在货源组织方面，对外成功开发了日本、韩国和东南亚地区的大陆桥货源市场，对内开发了中西部重要城市的东西行上下桥货源，为中西部地区打通了重要的双向进出口通道。目前利用新亚欧大陆桥开展过境运输的国家和地区有 20 多个，运输的主要品种有机械设备、汽车及配件、矿产品、农副产品等十多个大类。2008 年，新亚欧大陆桥经由连云港口岸发送的过境集装箱运量 6.4 万标箱，同比增长 8%，占新亚欧大陆桥总运量的比重达 40%。

口岸单位合作。连云港海关、连云港检验检疫局分别和内地 10 多个重要城市的对口单位开展了进口货物转关、转检业务，中西部地区进出口企业可在当地海关、检验检疫局办理出口货物验放手续，口岸海关、检验检疫局直接放行。

我国沿海新型的工业基地。依托深水港口资源，优先发展石化、造船等临港产业；立足现有产业基础，加快发展现代纺织、新型装备制造、新材料、新医药等优势产业，提高高技术产业比重，推进传统产业全面升级，建设具有较强国际竞争力的新型工业基地。

我国重要的土地后备资源开发区。立足沿海海域滩涂资源丰富的独特优势，科学规划土地资源，积极探立足沿海海域滩涂资源丰富的索有效的开发方式，合理划分农业、建设和生态用地空间，增强粮食安全保障能力，创新土地利用管理机制，推进土地节约集约利用，进一步拓展长三角发展空间。

生态环境优美、人民生活富足的宜居区。充分利用滨海临江、区域生态环境良好的优势，大力推进生态城镇建设，进一步优化人居环境，形成人与自然和谐相处的良好局面；积极发展社会事业，不断增强公共服务能力，提高城乡居民生活水平和质量，打造成为经济繁荣、社会和谐、生态良好的沿海宜居地区。

专栏 3：江苏沿海滩涂资源开发潜力

中国工程院牵头组织 20 多位院士和有关专家经过一年多的深入研究，形成了“江苏省沿海地区综合开发战略研究”报告。该研究成果提出：江苏沿海地区海域滩涂资源丰富，且每年仍以 2 万多亩的速度淤涨，是我国不可多得的土地后备资源，特别是盐城沿海和南通北部沿海地区更具备大规模围填的条件。近期可在盐城射阳河口至南通东灶港之间的大丰、东台、如东、启东海岸和琼港外的辐射沙洲等地进行围填，形成 270 万亩左右的土地后备资源；远期可在东沙、条子泥、腰沙等浅滩沙洲进行围填，可形成 700 万亩土地后备资源。

第三节 发展目标

到 2012 年，人均地区生产总值超过 40000 元，产业发展基础更加坚实，先进制造业比重持续上升，城镇化率达到 55%左右，人民生活水平和生活质量普遍提高，基本公共服务能力大为增强，城乡就业更加充分，社会保障体系基本覆盖城乡，环境质量不断改善，重要生态功能区占国土面积的比重达到 15%，单位地区生产总值能耗下降和主要污染物排放量削减达到国家控制要求，整体上实现全面建设小康社会目标。

到 2020 年，人均地区生产总值达到或高于东部地区平均水平，产业结构进一步优化，服务业比重大幅上升，人民生活更加富足，享有相对均等的基本公共服务，覆盖城乡的社会保障体系基本建成，城镇化率达到 65%左右，生态环境良好，到规划末期或更长一些时间初步实现现代化。

第三章 空间布局

第一节 空间结构

根据资源环境承载能力、开发密度和发展潜力，结合区域总体功能定位，进一步调整优化空间布局，适度扩大城镇空间和农业生产空间，合理布局农村居住空间，保障生态空间，实现国土空间的集约利用和有效保护。

城镇空间。包括城镇建设空间、工矿空间、交通空间和其它建设空间。合理确定城镇建设和产业发展空间，有序扩大中心城市和县城镇空间，充分利用盐田和海域滩涂拓展临港城镇和产业发展空间，加强存量建设用地的调整和改造，整合零散的工业用地，提高建设用地开发效益，增加城镇绿化空间和生态休闲空间。

农村空间。包括农村居住空间和农业生产空间。切实保护耕地资源特别是基本农田，保障粮食安全；合理利用渔业、林业、畜牧业生产空间，加强农村土地复垦整理，综合开发利用海域滩涂资源，拓展农业发展空间；优化调整农村居民点，合理布局居住空间。

生态空间。包括林地、草地、湿地和盐田等。清晰界定自然保护区、水源保护区、海洋生态保护区等重要生态功能区的范围，明确保护要求，加强维护修复；加强与城市、产业空间相衔接的生态廊道建设，规划永久性绿色开敞空间，提高生态空间布局的合理性。

第二节 开发布局

以连云港、盐城和南通三市的市区为极点，促进生产要素集聚，注重发展高技术产业，提升服务业发展水平，加快推进城市化进程，提升对周边地区的辐射带动能力；以沿海地区主要交通运输通道为轴线，加快沿线城镇发展，进一步强化腹地产业优势，构建产业和城镇带；以临近深水海港的区域为节点，加快布局临港产业，建设临港工业集中区和物流园区，培育和壮大临海城镇；以三极为中心，以产业和城镇带为依托，以沿海节点为支撑，促进互动并进，形成“三极、一带、多节点”的空间布局框架。

“三极”。重点加快连云港、盐城和南通三个中心城市建设，扩大城市规模，加强中心城市之间以及与周边地区的联系，增强辐射带动作用；以开发区为依托，以大企业、大项目为载体，坚持走新型工业化道路，不断提升产业层次；进一步增强现代城市功能，提升对外开放水平，成为外资进入陇海兰新沿线地区的集聚扩散区，积极承接国际资本与先进技术，并逐步扩散到内陆腹地。

“一带”。依托沿海高速公路、沿海铁路、通榆河等主要交通通道，促进产业集聚，重点发展新能源、汽车、新型装备、新材料、现代纺织、新兴海洋等优势产业，提升现代农业发展水平，加快现代物流、研发设计、金融商务等生产性服务业发展步伐，形成功能清晰、各具特色的沿海产业和城镇带。

“多节点”。以连云港港为核心，连云港徐圩港区、南通洋口港区和吕四港区、盐城大丰港区、滨海港区、射阳港区，以及灌河口港区为重要节点，根据各自比较优势，合理分工，错位发展，集中布局建设临港产业，发展临海重要城镇，促进人口集聚，推进港口、产业、城镇联动开发，构建海洋型经济发展新格局，成为提升沿海地区整体发展水平的支撑点。

第四章 重大基础设施建设

本着适度超前的原则，进一步加快交通、水利、能源等重大基础设施规划和建设步伐，推进一体化发展，提高保障能力。

第一节 沿海港口群建设

发挥港口资源丰富的优势，加快以连云港港为核心的沿海港口群建设，壮大港口实力，提升服务功能，发挥连接南北、沟通东西的桥梁作用，建设我国重要的综合交通枢纽，成为辐射带动能力强的新亚欧大陆桥东方桥头堡。

完善港口体系。连云港港是国家沿海主要港口及区域性中心港口，江苏沿海港口群的核心，我国综合运输体系的重要枢纽，是上海国际航运中心北翼重要组成部分，要加快深水航道建设，开辟新港区，大力发展集装箱干线运输，增强港口功能，拓展服务领域，提升为中西部地区服务的能力；南通港是国家沿海主要港口，上海国际航运中心北翼重要组成部分，要充分发挥沟通江海的特殊区位优势，大力推进江海联运，加强与长江中上游港口的合作，建设能源、原材料综合性物流加工基地，增强对长江中上游地区的服务功能；盐城港是区域性重要港口，是上海国际航运中心的喂给港和连云港港的组合港。按照建设国际航运中心的要求，进一步明确各港区的功能定位，加强分工协作，以临港产业项目为依托，加快港区建设，增强对腹地经济发展的服务带动作用。

扩大港口能力。推进连云港港 30 万吨级深水航道建设，尽快启动徐圩、赣榆港区进港航道建设，并根据产业发展需要及时浚深；积极推进灌河口、滨海和射阳河口航道整治工程，推进大丰港区、洋口港区深水航道升级前期研究论证工作。加快连云港区大堤作业区 10 万吨级以上集装箱泊位建设，尽快论证确定原油、矿石等大型专业化深水泊位布局，推动煤炭下水港建设，推进赣榆港区深水泊位和灌河港区万吨级以上泊位建设；加快洋口港区10万吨级以上泊位建设，推进吕四港区建设，做好腰沙、冷家沙建港条件的研究论证，开发建设启海、通海港区，提升沿江港口群在区域发展中的带动能力；加快大丰港区建设，逐步成为综合性港区，推进滨海港区10万吨级深水码头建设，支持大丰港区、滨海港区、射阳港区发展能源、石化等临港产业，促进港口更好地为地方经济发展服务。提高远洋运输能力，开辟和加密集装箱远洋干线航线航班，积极引进国内外知名航运公司，加强联合协作，逐步形成覆盖全球的国际航运网络。

提升服务功能。大力发展港口物流，拓展保税、国际贸易、金融保险、信息咨询等功能。加快建设连云港航运交易市场，提高连云港口岸查验单位级别和查验设施水平，开设两翼港区一类口岸，建设电子数据交换(EDI)信息管理系统，完善口岸“大通关”体系。加强与陇海兰新沿线及苏北其他地区的跨区域口岸协作，在主要城市建设具有综合物流集散功能的内陆“无水港”，拓展“属地申报，口岸验放”和检验检疫直通放行业务，延伸口岸功能，逐步扩大通关适用范围。积极推进连云港至莫斯科国际班列西延，实现新亚欧大陆桥全线贯通，简化进出境货物通关、转关和过境手续，提升通关贸易便利化水平，吸引新亚欧大陆桥沿线更多货物选择连云港口岸通关。

专栏4：江苏沿海港口总体发展格局

1．连云港港。由连云、赣榆、徐圩、前三岛和灌河5大港区组成。连云港区规划为以集装箱和大宗散货运输为主，兼顾客运和散、杂货运输的综合性港区，是服务中西部地区的重要枢纽港区。徐圩、赣榆港区依托临港工业起步，逐步发展成为为腹地经济发展和后方临港工业服务的综合性港区，同时徐圩港区承担中西部地区能源等重要物资出海口功能。前三岛港区规划以石油运输为主。灌河港区以散杂货和化工品运输为主，兼顾船舶修造。

2．南通港。由11个港区组成。其中2个在沿海地区，分别为洋口港区和吕四港区；9个在长江沿岸，分别为如皋港区、天生港区、南通港区、任港港区、狼山港区、富民港区、江海港区、通海港区和启海港区。洋口港区利用烂沙洋深槽建设深水航道，未来可满足20万吨级海轮乘潮通航，规划建设以原材料、煤炭、石油化工、液体化工等散货运输为主，并兼顾集装箱运输的综合性港区，主要为临港工业开发服务，远期发展大宗散货中转及油品运输。吕四港区主要为临港开发区和产业开发服务，兼顾为周边地区发展服务。

3．盐城港。形成以大丰港区为主，滨海港区、射阳港区、响水港区共同发展的总体格局。大丰港区规划为以通用散杂货、石油化工和集装箱运输为主的综合性公用港区，兼顾能源、石化等临港工业开发功能。滨海港区规划为以服务后方临港工业开发为主的港区，近期主要为能源产业服务，以煤炭和大宗散货运输为主，远期逐步发展部分公用货物运输功能。射阳港区规划为以散杂货、化工品和集装箱运输为主的综合性港区，逐步发展临港工业和现代物流。响水港区以承担散杂货和化工品运输为主。

第二节 综合交通体系

铁路大通道建设。围绕连接长三角和环渤海、加强与中西部地区交流联系的目标，强化区域对外通道建设，优化路网结构，提高路网质量。加快建设沿海铁路大通道，重点建设黄岛至连云港至盐城、南通至上海铁路，实施新长铁路盐城至南通段复线电气化扩能改造，构建大能力铁路通道；加快陇海铁路客运专线建设，实施连徐线电气化扩能改造，进一步强化陆桥铁路大通道能力；新建宿州至淮安至连云港铁路；实施宁启铁路复线电气化工程，新建南通至启东铁路，强化沿江铁路通道，进一步完善区域铁路网络；根据连云港徐圩、南通洋口、盐城大丰等港区发展需要，规划建设相关港口铁路支线。到2020年，形成“两纵三横”干线为骨架的铁路网络，总规模达到1100公里。

广域航空通道建设。优化整合机场资源，发挥整体优势，提升服务能力。扩建连云港白塔埠机场并提升为国家一类开放口岸，根据发展需要规划迁建新机场，实施军民分设，建设服务苏北鲁南地区、面向亚太的区域性国际航空港；盐城机场继续发挥开放口岸优势，新辟货运功能，增强联系日本、韩国的国际运能，建设区域性支线机场；南通机场要加强与上海的合作，加快航空口岸对外开放，进一步加强运输服务能力，做好配套服务，加入上海国际航空枢纽网。

航道网建设。加快干线航道建设，扩大水运中转能力。以连云港港疏港航道为重点，加快连申线、盐河、灌河等骨干航道建设，推进淮河入海航道、通扬运河、刘大线等港口集疏运航道建设，打通连徐水运通道；加快实施长江口航道整治三期工程，逐步推进-12.5米深水航道向上延伸，增强沿海地区对长江中上游地区的辐射作用。到2020年，形成以“一纵四横”干线为骨架的水运通道网络，总规模达到1920公里。

高等级公路网建设。进一步增强过江通道能力，重点建设崇启和崇海过江通道。加快推进国道和省道干线公路网改扩建工程，实现高等级公路与沿海港口和产业集中区直接连接，建设贯通南北的临海高等级公路，提高临海地区公路技术等级和路网整体效率。到2020年，形成以“三纵六横”干线为骨架的沿海地区公路网络。

专栏5：江苏沿海地区综合交通体系

“两纵三横”铁路建设。规划总规模达到1100公里左右，其中新建770公里，既有线复线电气化扩能改造330公里。“两纵”是指沿海铁路和新长铁路，“三横”是指陇海铁路通道、宿淮连铁路和宁启铁路。

航空机场建设。连云港机场，提升为国家一类口岸。盐城南洋机场和南通兴东机场，是地区航线网络的重要节点，主要服务城市辖区产生的直接航空客货需求和通过对临近航空市场腹地聚集和辐射产生的间接航空客货需求。

“一纵四横”内河干线航道建设。规划总规模达到1920公里。“一纵”是指连申线(三级航道)。“四横”是指连云港港疏港航道及盐河(三级航道)、灌河(三级航道)、刘大线(四级航道)、通扬运河(三级航道)。规划建设洋口、射阳、滨海等港区疏港航道。

“三纵六横”公路建设。规划总规模达到3018公里，其中高速公路1024公里，干线公路1994公里。“三纵”是指沿海高速公路、G204、临海高等级公路；“六横”是指连徐高速公路、徐宿淮盐高速公路、江海启高速公路、宁启高速公路、G310、G328和S211。规划建设联系沿海港口、城镇和产业集中区等重要节点的高等级公路网络。

综合交通运输信息系统建设。利用现代信息技术，建立跨交通方式、跨行政地域的信息共享机制，加强政府信息公开，有效连接运输企业和运输枢纽，搭建通畅的信息渠道，促进跨部门业务合作，鼓励第三方开发，形成综合运输服务信息化平台。

第三节 水　　利

江苏沿海地区处于长江、淮河、沂沭泗流域下游，水资源条件相对较好，骨干水利工程体系基本形成。水利建设的重点是保障沿海开发的淡水资源供给，提升防洪排涝和防台防潮能力。

强化水资源供给。立足扩大长江引水，实现三河输水、三区供水，继续完善和扩大京杭运河--淮沭新河供水线、泰州引江河--通榆河供水线的供水规模，规划新辟临海引江供水线，形成三条南北纵向的引江骨干供水线，适当调整供水范围，加强向北调供水区、东引供水区、沿江供水区等三大供水区的供水能力，保障沿海开发水资源供给。近期完成通榆河北延送水工程，抓紧实施泰东河拓浚工程和南水北调一期里下河水源调整工程，完善蔷薇河清水通道工程，积极实施泰州引江河二期工程，开辟沿海港区供水线路。利用沿海滩涂、洼地建设平原水库，改善沿海地区水生态环境。严格水资源论证和取水管理，通过用水总量控制和用水定额管理，大力推进节水型社会建设。加强饮用水源地和引调水沿线的水资源保护，确保城乡供水安全。

提高防洪保安能力。巩固完善流域性防洪工程体系，实施入海水道二期工程，近期完成沂沭泗洪水东调南下新沂河、新沭河扩大工程。巩固加强海堤防台防潮能力，完成重点海堤达标建设工程，并根据海域滩涂开发需要适时外移海堤和沿海挡潮港闸。提高区域排涝标准，抓紧实施里下河、射阳河、黄沙港、新洋港、斗龙港整治工程，拓浚改造川东港、竹港，整治沂北沂南和江海区域骨干河道，扩大排水入海入江出路。加快城市防洪排涝工程体系建设，新建港区、临港城镇和产业集中区要同步规划建设防洪排涝工程。加强入海河口治导线管理，保证入海河道的泄洪排涝能力。

第四节 能源和电网

加快新能源项目建设。重点推进大丰、东台、如东、灌云等陆地风电项目和沿海滩涂海上风电开发，建设千万千瓦级风电基地。到2020年，风电装机总量达到1000万千瓦，其中陆地300万千瓦，近海700万千瓦。加快推进田湾核电扩建项目前期工作。强化如东、射阳等秸秆发电项目的示范效应。到2020年，秸秆发电装机容量达到40万千瓦，建设一批生物质能成型燃料、生物质集中燃气等示范工程。推广适宜农村地区的太阳能、风能等产品和技术，形成清洁、经济的农村能源体系。到2020年，在农村(包括县城)医院、卫生院、养老院、寄宿制学校建设一批太阳能热水工程。

建设长三角能源供应储备基地。优化大型燃煤电源项目布局，优先安排“上大压小”、调整电源结构的电源点建设。推进盐城沿海以风电、生物质发电等为主的能源基地建设，加快南通如东液化天然气(LNG)项目建设，继续开展连云港等液化天然气(LNG)项目前期工作，适时在连云港、南通等沿海地区规划布局油气储备基地，规划建设日照至仪征原油管道及连云港支线。改善煤炭运输条件，结合燃煤电源项目布局，建设大型储煤基地。

完善输变电网络。建设可靠性高、结构清晰、供电能力强的地区输电网和配电网。加强沿海输电网络和过江输电通道建设，加快实施升压沿海输电工程，规划建设 500 千伏变电站 11 座，新增北电南送能力 1000 万千瓦左右。到 2020 年，过江输电能力接近 2000 万千瓦。

第五章 产业发展

依托连云港、盐城、南通三市产业基础和比较优势，实施错位发展，建立区域产业分工体系，切实转变经济发展方式，加快推进产业优化升级，形成以现代农业为基础、先进制造业为主体、生产性服务业为支撑的产业协调发展新格局。

第一节 现代农业

大力发展高产、优质、高效、生态、安全的现代农业，实现由传统农业向现代农业的转变，走具有中国特色农业现代化道路，建成国家重要的商品粮基地、农产品生产加工和出口基地、农业观光休闲基地。

着力优化农业结构。稳定粮食生产，做强棉花、油菜、蚕桑、啤酒大麦等特色优势产业。加强耕地保护，利用海域滩涂围填增加耕地资源，稳定粮食种植面积，提高粮食生产能力，重点支持盐城等地建立优质商品粮棉生产基地和长三角农副产品供应基地。坚持区域化、规模化、标准化连片种植，建设双低油菜生产基地。以市场为导向，积极发展设施农业和园艺业。建立健全农产品质量安全体系，提高无公害、绿色和有机农产品比重，创建沿海生态农业品牌。充分发挥国有农场在调整农业结构、发展现代农业中的作用。到 2020 年，粮食播种面积保持 2800 万亩，总产量达到 1200 万吨。

大力发展海洋渔业。实施水产良种工程，建设沿海鱼蟹虾贝藻及海珍品良种基地；发展设施渔业，推进百万亩生态鱼池改造和规模连片高效特色标准化池塘建设，提高现代渔业综合生产能力；积极开展海洋牧场建设，增殖水生生物资源，保护水生生态环境，促进渔业可持续发展；加强水产品生产加工基地建设，培植骨干加工企业，延长产业链；加快渔港建设，促进沿海观光休闲渔业发展，进一步拓展海洋渔业发展空间。建设水产品供给、休闲旅游为一体的现代渔业基地。

加快建设农产品加工产业基地。围绕优势特色农产品，鼓励发展精深加工，提高农产品附加值和综合利用水平。积极发展食品工业，打造一批农业产业化国家级和省级重点龙头企业、全国农产品加工示范基地和创业基地、农产品加工研发分中心，支持有条件的地区建设农产品加工园区；依托南通、射阳、东海等外向型农业综合开发区，大力发展出口农业。

积极发展农村新型合作组织。创新农户与龙头企业的利益联结机制，大力发展产加销一体型和农村专业服务型的农民合作经济组织，努力使农民在农产品生产、加工、流通等增值环节获得更多收益。引导农民整合生产要素，鼓励建立土地股份合作社，积极探索在更大范围、更高层次上组建农民专业合作社联合社，提高市场竞争力。

第二节 先进制造业

坚持走新型工业化道路，积极推进清洁生产和循环经济的发展模式，发展技术含量高、附加值高的临港产业、优势产业和新兴产业，不断增强产业竞争力，建成长三角乃至东部沿海地区重要的新型工业基地。

积极发展临港产业。适应快速增长的市场需求，利用沿海地区较好的区位和资源条件，合理布局石化、钢铁、车船、粮油加工等临港产业。依托沿海深水港口，结合周边市场需求，按照国家有关产业政策，适时在江苏沿海地区规划布局石化项目，注重发展市场需求大的高附加值石化深加工产品。加快调整钢铁产业空间布局，促进淘汰落后产能，推进企业重组，引导沿江及内陆地区，特别是城市钢铁企业向连云港转移，重点发展满足沿海先进制造业基地所需的钢铁产品。提升汽车和船舶产业发展水平，重点发展乘用车和远洋运输船舶，形成车船零部件研发制造基地，支持盐城发展大中型客车和专用车，建设汽车试验场，支持南通发展具有国际竞争力的船舶制造产业，加强研发设计，建成世界一流的船舶修造产业基地。利用国际大宗农产品中转和仓储条件，积极发展粮油加工业，提高精深加工水平。

加快发展优势和新兴产业。立足现有产业基础，增强自主创新能力，加快提升优势产业，积极拓展新兴产业。加快发展工程材料、复合材料、功能性高分子材料等，建设国家级碳纤维生产基地。重点提升机械设备、电力设备、机床、集装箱等产业规模和档次，创造条件发展大型整机装备产业。运用高新技术和先进适用技术改造提升纺织工业，努力形成名牌和规模效应。实施科技兴海战略，大力发展海洋经济，积极发展海洋化工，形成盐碱联合开发、盐化和石化相协调的发展格局。培育全国重要的医药龙头企业，重点发展具有自主知识产权的创新药。

第三节 新能源产业

鼓励发展可再生能源和清洁能源，优化能源产业布局，改善能源结构，形成以风电和核电为主体、生物质能发电为补充的新能源产业体系。风电近期以陆地风电为主，同时加快海上风电技术攻关，远期重点发展近海风电；核电以田湾核电为基础，扩大规模；生物质能发电重点推进秸秆资源综合利用，积极开展滩涂非粮食生物质燃料发电的前期研究，发展清洁高效的生物质气化技术。支持江苏省与中国科学院在能源动力研究方面的合作，促进技术成果转化，建设清洁能源创新产业园。鼓励发展新能源装备制造业，提高零部件研发设计和生产加工能力；优化太阳能光伏电池及原材料制造业发展，提高自主创新能力。支持设立沿海新能源产业发展基金，促进新能源产业发展。到2020年，建设成为国家重要的新能源基地和新能源装备制造基地，新能源发电(含核电)装机占江苏沿海地区的比重提高到40%左右。

第四节 服务业

现代物流业。利用港口、机场等交通枢纽和重要节点，建立物流信息平台，加强与国内外物流企业合作，大力发展第三方物流，培育现代物流企业集团，把江苏沿海地区建设成为现代物流基地，形成高效便捷低成本的物流体系。

研发和设计。促进制造业向产业链上游延伸，依托科研机构和大型企业，在有条件的地方建设工业研发设计平台，大力引进和集聚海内外研发机构和工业设计企业，形成一批与产业发展相配套的工业研发设计服务中心，提高自主创新能力。

金融和商务。积极发展地方金融，加快引进各类金融机构，着力培育金融市场，支持符合条件的企业发行企业债券和上市，支持股权投资企业和创业投资企业发展，建立支持中小企业发展的融资平台。加大电子商务基础性和关键性领域的研发，完善数字认证、在线支付、物流配送等支撑配套服务体系，培育面向中小企业的电子商务平台。加快连云港国际商务中心建设，完善商务服务功能，设立服务陇海兰新沿线地区的技术交易市场、非上市公司产权交易中心、中小企业融资服务市场、进出口市场和信息中心，积极发展信息咨询、中介代理、会展交易等商务服务，提升国际会展功能，打造区域性和国家级会展品牌。

居民服务业。建立政府扶持、市场运作的现代社区服务发展机制，完善社区服务设施，形成广覆盖、多层次、社会化的服务体系。加快发展家政服务，积极推进公益性服务的市场化，培育新的社区服务增长点。推进农村社区建设，搭建公共服务平台，加快完善农村生产生活服务体系。

旅游业。发挥江苏沿海地区海洋、湿地、文化等旅游资源丰富的优势，科学规划和整合开发旅游资源，择优布局重点旅游度假区、生态旅游示范区，培育我国东部旅游新基地、国内乃至东北亚地区的重要旅游目的地和生态休闲旅游带。打造特色旅游城市，将连云港建成国际知名的海滨旅游城市和国内著名的旅游目的地，将盐城建成我国东部沿海重要的旅游城市和湿地生态旅游地，将南通建成我国独具特色的“江海旅游”门户城市和历史文化名城。创造条件在南通、连云港等地引进发展邮轮经济，以连云港为基地开发日韩海上旅游航线；充分挖掘日本、韩国等重要入境旅游客源地的潜力，加强与周边地区及东北亚的旅游合作，建立健全区域旅游合作机制。

第六章 城乡发展

按照城乡一体化发展的总体要求，走新型城镇化道路，加快推进社会主义新农村建设，大力发展社会事业，提高基本公共服务均等化水平，形成城乡统筹发展的新局面。

第一节 推进城乡统筹

加快城乡一体化发展步伐，促进公共资源在城乡之间均衡配置，生产要素在城乡之间自由流动，形成以工促农、以城带乡、城乡互动的长效机制。

推进城乡发展规划一体化。建立统筹城乡的规划体系，促进各级各类规划的相互衔接和协调，优化区域空间布局；探索统一规划、统一管理的新机制，提高规划制定的公开性、透明性和群众参与度，加快规划实施的法制化进程。

推进城乡基础设施一体化。统筹城乡交通、市政公用、水利、电力、电信、环保等重大基础设施建设，推进城乡道路、供水排水管网和污水处理设施有效衔接，加快城乡公交一体化，加强农村环卫设施建设，逐步实行城乡垃圾统一收集处理，促进城乡基础设施共建共享。

推进城乡公共服务一体化。统筹规划、合理布局城乡科技教育、医疗卫生、文化体育等社会事业，加大对农村公共服务投入，加强农村社区服务设施建设，鼓励城市优质社会事业资源进入农村，使农村居民享受到与城市居民均等的公共服务。

推进城乡就业社保一体化。统筹管理城乡人力资源，营造公平就业环境；加快建设城乡一体的社会保障体系，不断完善农村养老、医疗等社会保障制度，全面落实被征地农民基本生活保障，逐步实现城乡社会保障制度并轨。

第二节 提升城镇发展水平

发展壮大中心城市。连云港以建设连接长三角与环渤海的国际性海港城市为目标，盐城以建设我国沿海地区现代化工商城市为目标，南通以建设长三角北翼经济中心为目标，加快中心城市建设，强化在区域发展中的辐射带动作用。到2020年，把连云港、盐城、南通建成经济实力较强的特大城市，在全国沿海城市中的地位明显提高。

提升县(市)城镇发展水平。加快县(市)城镇发展，培育和壮大区域化、专业化的特色产业，壮大县域经济实力，增强为产业发展的服务支撑能力。到2020年，努力把江苏沿海地区有条件的县(市)城镇建成中等以上城市。

加快培育小城镇。临港小城镇是沿海港口建设、产业发展和人口集聚的重要依托，围绕形成中小城市的目标，统一规划，合理布局，加快临港产业发展，促进人口集聚，有序扩大城镇规模。加强具有特殊地形地貌、传统文化特色的小城镇保护和利用，发展旅游等特色产业，强化独有的自然和文化特色。

第三节 加强新农村建设

按照“生产发展、生活宽裕、乡风文明、村容整洁、管理民主”的要求，切实推进农村改革与发展，促进农民持续增收、农村持续繁荣，形成城乡经济一体化新格局。

深化农村体制改革。稳定和完善农村基本经营制度，赋予农民更加充分而有保障的土地承包经营权，赋予双层经营体制新的活力；健全严格规范的农村土地管理制度，在保障农民权益的前提下，按照依法自愿有偿原则，推进土地承包经营权流转，发展多种形式的土地适度规模经营，引导城市企业、资金、人才进入农村，加快农业集约化经营步伐；积极推进集体林权制度改革，确立农民经营主体地位；建立现代农村金融制度，积极培育新型农村合作金融组织，有序扩大农业保险，扩大只贷不存的民间合作金融组织试点，引导更多信贷资金和社会资金投向农村。探索设立国家东部沿海地区现代农业和新农村建设示范区。

加强农村居民点建设。强化规划的导向作用，合理确定村庄、社区的布局和数量，促进农民集中居住。结合海域滩涂围填开发，规划建设新的农村居民点。加强村庄形态设计，突出村庄地方特色，重视生态环境和历史文化遗存的保护。加强公共设施建设，提高行政村客运班车通达率，积极做好区域供水，保障农村饮用水安全。提高农村社区服务中心管理服务水平，改善农村文化体育设施条件，实现有线电视和宽带上网村村通，推进农村清洁工程建设，全面改善农村生活条件和人居环境。

努力提高农民收入。加快建立农民增收长效机制和利益分享机制，持续增加农民收入。开展农业实用科技和技能培训，培养有文化、懂技术、会经营的新型农民，提高农业劳动生产率，增加农业经营收入。加强农民就业技能培训和创业培训，提高农村劳动力综合素质，促进向非农产业转移，增加工资性收入。

第四节 发展社会事业

提高公共服务和产品的供给能力，加强教育文化、科技人才、医疗卫生、就业和社会保障等公共服务建设，优化公共产品配置，推进基本公共服务均等化。

积极发展教育文化事业。坚持教育优先发展，提高教育现代化水平。以农村义务教育为重点，加大对薄弱学校的改造力度，推进义务教育均衡发展，高水平高质量普及九年义务教育。以农村职业教育为重点，大力发展中等职业教育，逐步实行免费中等职业教育。进一步提高高中阶段教育普及水平和质量，加强职业教育基础能力建设，深化职业教育培养模式改革，完善职业教育培训体系，建立高水平的职业院校和公共实训基地。稳步发展高等教育，着力提高教育质量，优化人才培养结构，提升高校科研创新与服务能力。积极发展公益性文化事业，建设一批功能实用、覆盖面广的文化事业重大基础设施，推进乡镇综合文化站建设，加快建设覆盖城乡的公共文化服务体系。注重城乡文化资源的保护利用，加强南通历史文化名城保护。全面实施全民健身计划，以社区为重点加强公共体育设施建设，增强居民身体素质。

提高科技发展水平。全面整合区域科技资源，加快建设技术创新体系和创新服务体系，提升自主创新能力。加强区域科技创新平台建设，建立技术转化的公共服务平台和中介服务机构；支持设立企业技术开发中心、工程(技术)研究中心、国家重点实验室和博士后科研工作站，建立健全自主创新激励机制，培育创新型企业，推动企业成为技术创新主体；围绕沿海产业发展，着力抓好关键领域技术的引进消化和吸收再创新，加快创新成果转化；建立健全科研设备和科技信息开放共享制度，完善为中小企业技术创新服务的公共信息平台和网络系统，加快培育科技中介服务市场，强化创新平台的公共服务功能；充分发挥高新技术产业园区在产业集聚和创新载体方面的作用，协同推进原始创新和集成创新；营造鼓励自主创新的政策环境，推动形成市场化、专业化的创新服务体系；加大知识产权保护力度，加强知识产权的集成、运营和管理；加大对共性技术研发、引进技术消化吸收再创新的投入。

加强公共卫生和医疗服务体系建设。完善城乡医疗卫生服务体系，加强疾病预防控制，健全公共卫生体系，做好农村卫生工作，实现人人享有基本医疗卫生服务。大力推进农村卫生发展，形成县乡两级、乡村一体、防治结合的农村卫生服务网络。积极发展社区卫生服务，建立社区卫生服务机构与预防保健机构、医院的合理分工协作关系，形成以社区卫生服务为基础的新型城市医疗服务网络。建立健全突发公共卫生事件应急机制，提高应急处置能力。

提高社会保障水平。加快建立覆盖城乡居民的以基本养老、基本医疗、最低生活保障制度为重点的社会保障体系。不断扩大城镇社会保险覆盖面，推进基本养老保险省级统筹，加快新型农村养老保险制度建设，逐步提高农村居民的参保率，努力提高新型农村合作医疗补偿标准。完善城乡居民最低生活保障制度，做到保障水平与经济发展相适应。加快社会保障服务中心建设，不断提高社会保障服务水平。健全廉租房和经济适用房制度，解决城市低收入人群住房困难。逐步建立健全以最低生活保障为基础，以教育救助、医疗救助、住房救助、司法救助相配套的社会救助体系。

完善就业政策体系和外来人口服务与管理。全面落实促进就业的各项优惠政策，鼓励自谋职业和自主创业，加强职业技能培训，着力提升劳动者职业技能和综合素质，加大人力资源市场建设，健全统一规范的劳动用工制度和就业管理服务网络，加快建设覆盖城乡劳动者的就业、失业登记制度。加强对外来人口的服务和管理，为外来务工人员子女提供同等受教育机会，完善和落实国家有关农民工的政策，切实维护农民工的合法权益。

第七章 海域滩涂资源开发

发挥江苏沿海滩涂资源丰富的优势，选择合适的区域进行适度围填开发，形成大规模的土地后备资源，有效拓展发展空间。

第一节 依法科学围填海域滩涂

依法科学编制海域滩涂围填开发规划，根据海域滩涂资源和近岸海洋条件，进一步深化研究沿岸海洋物理环境的变化趋势，在不破坏生态环境、不改变辐射沙洲总体动力格局、不影响深水航道的前提下，依法合理确定围填的范围、时序。近期重点对海岸潮间带和潮下带滩涂、高程在理论基准面 2 米以上的海域滩涂进行围填开发。到 2020 年，规划围填 270 万亩海域滩涂。

第二节 高效利用围填的土地资源

对围填形成的土地资源，探索新的开发模式，促进土地集约高效利用。统筹考虑产业开发、城镇建设、农业生产和生态保护，合理确定建设用地、农业用地和生态用地的比例，其中农业用地、生态用地、建设用地分别占围填面积的 60%、20%和 20%左右。海域滩涂围填利用以综合开发为方向，优先用于发展现代农业、耕地占补平衡和生态保护与建设，适度用于临港产业发展。

对农业用地实施规模化开发，发展种植业和养殖业，建设国家大型商品粮棉基地，培育发展海水灌溉农作物，增加农业供给能力，开展非粮食生物燃料植物的规模化种植。对生态用地重点用于自然保护 区、天然湿地、沿海防风林、护岸林草建设，维护生态平衡。对建设用地要科学规划、集约利用，集中布局城镇、港口和大型临港产业，提高投资强度和产出效率。在推进风电项目建设过程中，可采用与农业开发、生态建设兼顾相容的方式，提高土地资源利用率。

第三节 建立海域滩涂围填开发新机制

探索建立统一规划、分步实施、属地管理、市场运作的海域滩涂围填开发新机制。编制沿海滩涂围填开发总体规划，确定各区域功能，明确开发时序，做好有关补偿安置工作，分步有序推进。建立协调机制，强化属地管理，按围填面积的一定比例用于补充耕地占补平衡。建立多元化投融资机制，以政府资金为引导，以社会资金为主体，采取市场化经营模式，加快海域滩涂围填。鼓励江苏其他地区投资参与海域滩涂围填，可按一定比例用于其耕地占补平衡。

第八章 生态建设与环境保护

实施严格的环境保护政策，加强区域生态环境共同建设、共同保护和共同治理，推进重要生态功能区建设，有效控制环境污染和生态破坏，大力发展循环经济，提高环境支撑能力，努力建设环境友好型社会。

第一节 加强生态建设

依据生态服务功能定位和生态敏感度，加快92个重要生态功能区建设，构建“四纵五横”的生态廊道，强化生物多样性保护，维护生态系统稳定，确保区域生态安全。

专栏6：重要生态功能区

重要生态功能区是指具有保障饮水安全、维护生物多样性及区域生态平衡作用的区域，是构筑生态安全屏障的国土空间。江苏沿海地区重点建设自然保护区、森林公园、风景名胜区、饮用水源保护区、洪水调蓄区、水源涵养区、重要渔业水域、重要湿地、清水通道维护区、生态公益林、水产种质资源保护区、海洋特别保护区等12大类、92个重要生态功能区。6个自然保护区。包括盐城湿地珍禽国家级自然保护区、大丰麋鹿国家级自然保护区、启东长江口北支湿地省级自然保护区、云台山省级自然保护区、中华鲟自然保护区、沿海防护林和滩涂保护区(海安)。

10个森林公园。包括云台山森林公园、锦屏山森林公园、华都森林公园、东台黄海森林公园、射阳海滨森林公园、大丰林海森林公园、石湖森林公园、伊芦山森林公园、大南森林公园、狼山森林公园。

9个风景名胜区。包括云台山风景名胜区、大伊山风景名胜区、大纵湖风景名胜区、九龙口风景名胜区、濠河风景名胜区、老洪港风景名胜区、苏通大桥北桥头公园风景名胜区、石港风景名胜区、江海风景名胜区。

11个饮用水源保护区。包括蔷薇河饮用水源保护区、横沟水库饮用水源保护区、叮当河饮用水源保护区、古泊善后河饮用水源保护区、南六塘河饮用水源保护区、蟒蛇河饮用水源保护区、射阳县饮用水源保护区、阜宁县饮用水源保护区、启东市饮用水源保护区、海门市饮用水源保护区、南通市西北片饮用水源保护区。

7个洪水调蓄区。包括石梁河水库洪水调蓄区2个、西双湖洪水调蓄区1个、新沂河洪水调蓄区2个和淮河入海水道洪水调蓄区2个。

7个水源涵养区。包括安峰山水源涵养区、马陵山水源涵养区、李埝水源涵养区、房山水源涵养区、塔山水源涵养区、神龙泉水源涵养区、西塘河水源涵养区。

4个重要渔业水域。包括启东市重要渔业水域、通州近海岸渔业水域、如东县北部重要渔业水域、如东县南部重要渔业水域。

8个重要湿地。包括临洪河重要湿地、灌云县东滩重要湿地、武障河重要湿地、马家荡重要湿地、里下河重要湿地、长江(通州市)重要湿地、沿海滩涂重要湿地(盐城)、长江(海门市)重要湿地。

15个清水通道维护区。包括通榆河清水通道维护区7个、新洋港清水通道维护区、泰东河清水通道维护区、新通扬通榆运河清水通道维护区、海门市清水通道维护区、如海运河清水通道维护区、焦港清水通道维护区、拉马河清水通道维护区、立新河清水通道维护区。

5个生态公益林。包括大夹山生态公益林区、怀仁山生态公益林区、沿江堤防生态公益林区、江海堤防生态公益林区、沿海生态公益林区。

2个水产种质资源保护区。包括海州湾中国对虾国家级水产种质资源保护区、蒋家沙竹根沙泥螺文蛤国家级水产种质资源保护区。

8个海洋特别保护区。包括连云港海州湾海湾生态与自然遗迹国家级海洋特别保护区、海门蛎岈山牡蛎礁国家级海洋特别保护区、盐城麻菜桁和外磕脚领海基点海洋特别保护区、废黄河三角洲侵蚀性滨海湿地特别保护区、竹根沙海洋特别保护区、东沙海洋特别保护区、顾园沙海洋特别保护区、灌河口滨海湿地特别保护区。

自然保护区建设。加强盐城珍禽和大丰麋鹿国家级自然保护区、启东长江口北支河口湿地和云台山省级自然保护区建设，按照国家法律法规对自然保护区实施优化布局和严格管理。加大对国家级自然保护区的生态补偿，将盐城市列为国家生态补偿试点地区。加强野生动物疫源疫病监测防控体系建设。

生态廊道建设。在现有沿海防护林体系基础上，以重要生态功能保护区和海堤公路、河流湿地为主构建“四纵五横”的生态廊道网络。“四纵”包括新海堤、老海堤、沿海高速和通榆河廊道，“五横”包括石梁河水库--新沭河--临洪河口、黄河故道、苏北灌溉总渠、新洋港--大纵湖、长江口北支生态廊道。在城镇和产业密集区周围建设开敞式的绿色生态空间，在交通主干道两侧建设防护隔离林带，在临港产业园区周边建设生态隔离区。

饮用水源地保护。建立以长江、洪泽湖和京杭运河为主水源，以引江河--新通扬河--泰东河--通榆河、洪泽湖--淮沭新河--蔷薇河--新沭河、京杭运河--淮沭新河及沿江自引供水线等为水源网络干线，以沿海地区集中式饮用水源地和备用水源地为节点的饮用水源安全网络。严格水源地保护，一级保护区内禁止一切与保护水源无关的活动，二级保护区禁止新建、改扩建排放污染物的建设项目。加强清水通道建设，强化沿岸现有排污口整治，确保河流水质达到水功能区划要求，2012 年前取缔清水通道沿线的全部排污口，禁止布局污染项目。

滩涂湿地保护。编制湿地保护规划，建立湿地管理信息系统，建设湿地保护示范基地。建立黄河故道重要湿地生态保护区，做好灌河、新沂河、临洪河等重要入海河口湿地及大纵湖、九龙口、马家荡等内陆湖荡湿地的保护工作，推进滨海湿地海洋特殊保护区建设，形成我国东部最集中、规模最大、最具观赏价值和生态价值的湿地景观区。

海洋渔业保护与生态修复。合理调整海洋禁渔区，完善禁渔期制度。实施重点海域生态环境恢复工程，保护海洋鱼类重点产卵场、索饵场及洄游通道。针对重要渔业水域和保护目标建立水产种质资源保护区和繁殖保护区，建设多功能人工鱼礁群，开展主要经济生物资源种群恢复与增殖，实施大规模人工增殖放流。

第二节 强化污染治理

工业污染治理。贯彻落实主要污染物减排计划，控制增量，调整存量，确保完成减排目标。加大对排污企业的监管力度，严格执行总量控制和排污许可证制度，关闭不能稳定达标排放的企业，确保工业污染源稳定达标排放。加快工业企业向环保基础设施齐全的工业园区集中，实现污染集中治理。积极推进生态工业园区建设，加快污水处理厂及其配套污水管网建设，推进集中供热，加强工业和危险固体废弃物的安全处置。到 2012 年，工业废水排放达标率稳定在 95%以上，开发区和工业集中区污水集中处理率、工业和危险固体废弃物安全处置率接近 100%，所有开发区实现集中供热。

生活污染治理。加快城镇污水处理厂及管网建设，基本消除生活污水直接排放；积极推进城镇垃圾收运体系和无害化处理设施建设，推广垃圾分类收集、运输和资源化综合利用。大力实施农村环境综合整治，完成县乡河道和村庄河塘疏浚，推进农村户用沼气池建设，积极推广农村生活污水处理技术，推行“组保洁、村收集、镇转运、县处理”的城乡生活垃圾一体化处理模式。到 2012 年基本实现农村生活垃圾集中收集、无害化处置。到 2020 年，城镇污水处理率、生活垃圾无害化处理率分别达到 95%和接近 100%，农村生活污水处理率达到 20%以上。

农业污染综合治理。加强土壤污染防治，全面推广测土配方施肥和生物农药等综合防治技术，实施农田氮磷流失“生态拦截”工程，提高肥料利用率；加强农业废弃物综合利用，推广使用自分解农膜，加强废膜回收利用，积极推广秸秆还田等综合利用技术；合理确定畜禽养殖总量和区域布局，实施集约化、生态化养殖；严格控制海水养殖规模，改进养殖方式。到 2020 年，化学农药和化学氮肥使用量分别削减 40%和 30%，畜禽粪便处理率提高到 85%，秸秆综合利用率提高到 90%，农业面源主要污染物总氮、总磷入河量削减 60%以上。

流域及海洋污染控制。对于污染严重的重点入海河流，制定实施水环境综合整治达标方案，加快污染治理步伐，到 2012 年基本达到水环境功能区划的要求；加强对新沂河、淮河入海水道等尾水通道的环境管理，建立上下游组织协调机制，积极推进跨区域生态补偿机制试点；规划建设南通尾水入海排放通道，加强尾水通道的生态化建设， 减少入海污染物总量；实施“海陆兼顾”的总量控制制度，强化对沿海重化工业的环境风险防范，加强对主要入海河流流域、河口及陆域排污口的监控管理，严格控制排海污染物总量。加强中小河流治理和生态修复。

严把环境准入门槛。提高产业项目环境准入标准，严格控制高耗能、高排放产业发展，防止产业梯度转移带来的污染转移；严格控制排放含氮、磷污染物的项目；建设项目必须与开发园区产业定位相符合，并满足污染物总量控制的要求。

加强环境监管。严格执行开发建设项目环境影响评价、“三同时”和水土保持方案报告制度；完善区域污染联防机制，推进区域环境保护基础设施共建共享和污染综合整治；推进环境监控和预警体系建设，加强对重点企业、开发园区、入海河口污染排放的在线监测，完善生物多样性和生态安全的监管网络；强化海洋灾害监测预警、防灾减灾体系建设，加强海洋环境监测及海洋灾害预警，提高海洋环境突发事件的防御和应急响应能力，防范赤潮等海洋环境灾害；加强环境信息披露，健全社会公众参与和监督机制；逐步推进排污权交易，建立市场化运行机制；强化对近岸海域功能区和生态功能区的管理，加强环境保护法制建设。

第三节 大力发展循环经济

按照“减量化、再利用、资源化”的总体要求，大力推进节能、节水、节材、节地，加大资源回收利用，提高资源利用效率，从根本上降低资源的消耗，从源头上减少废弃物的产生，把江苏沿海地区建设成为全国重要的循环经济产业带。

以国家级和省级开发区为载体，明确产业发展方向，按照产业链优化项目选择和空间布局，形成产业集群。大力开发和推广应用节能 和资源综合利用新技术、新工艺。推进行业、企业和园区发展循环经济，形成企业之间、产业之间的资源利用循环链。全面推进重点企业清洁生产，加快重点行业绿色制造，在能源、化工、船舶、造纸、粮油加工等行业建设一批“零排放”试点示范项目，完成对化工、印染等重点行业强制性清洁生产审核，在有条件的地方建设国家级循环经济示范园区。推进各种废旧资源回收和循环利用，建立可再生资源回收、加工和利用系统。到2020年，工业用水重复利用率达到98%，工业固体废弃物综合利用率接近100%。建立城市生活垃圾分类、回收、再造系统，推广城市及区域中水回用系统，强化建筑节能等新技术应用。大力推广能效标识产品、节能节水认证产品、环保产品、有机产品、良好农业规范认证产品，完善绿色产品标识制度，倡导公众绿色消费。

第九章 保障措施

进一步深化改革，扩大开放，加快体制机制创新，将政府宏观调控与市场配置资源的基础性作用相结合，将自身努力与国家政策支持相结合，确保规划目标的顺利实现。

第一节 深化体制改革

深化行政管理体制改革。加快政府职能转变，进一步强化经济调节、市场监管、社会管理和公共服务职能，构建责任政府、服务政府和法治政府。创新政府管理模式，加快行政审批制度改革，减少和规范行政审批。推进政府机构改革，优化政府管理层次，完善政绩考核制度，提高行政运行效率。加快省直管县改革，进一步扩大县(市)经济管理权限。赋予一定人口规模和经济实力的中心镇部分县级经济社会管理权限。深化事业单位改革，推进社会事业管理体制创新。完善公共财政体系，规范财政转移支付，调整县乡税收分配关系，强化乡镇公共服务职能，增强基层政府提供公共服务的能力。

加快市场一体化进程。健全统一开放、竞争有序的现代市场体系，发展各类生产要素市场和商品市场，促进生产要素合理流动和资源优化配置；建设区域投融资平台，积极引进国内外战略投资参与江苏沿海地区发展；建立区域信用平台与体系，加快政务诚信、商务诚信、社会诚信建设，营造诚实守信的社会环境；建立区域质量互认制度，完善市场监督体系，规范市场秩序；积极推进行业协会改革，培育以企业为主体的新型行业协会，鼓励行业协会开展区域合作。

建立生态建设和环境保护新机制。实施最严格的环境保护制度，落实污染减排考核和责任追究制度，实行环境保护“一票否决”和问责制。积极探索并建立生态补偿机制，加大对自然保护区等重要生态功能区的生态补偿。完善水资源保护制度，明晰跨界水质保护责任，加大对下游受污染地区的补偿与赔付。完善环境容量和排污总量倒逼机制，做到增产不增污。加强产业政策、环境准入和污染物排放标准的约束机制，从源头防止环境污染和生态破坏。建立污染物减排的激励机制，加大对下游受污染地区的补偿与赔付。

创建良好的法制环境。大力推进依法行政，加强政府法制建设。全面贯彻实施《政府信息公开条例》，推进政务公开。建立健全决策权、执行权、监督权既相互制约又相互协调的权力结构和运行机制，健全程序规则和问责机制，推进行政执法责任制，加强行政监察。

第二节 扩大开放合作

大力发展开放型经济。实施“引进来”与“走出去”相结合的对外开放战略，优化利用外资结构，发挥外资对产业升级和技术扩散的促进作用，积极承接国际产业转移，重点引进高技术产业和先进制造业项目，扩大服务外包；着力提高利用外资质量，注重引进先进技术、管理经验和智力资源；支持跨国公司在江苏沿海地区设立总部、研发中心和专业服务机构；鼓励企业与国际跨国公司进行合作配套，促进形成产业集群；积极利用国际金融组织贷款、外国政府贷款、国际产业投资基金，为江苏沿海地区发展提供资金支持；鼓励和支持有实力的企业到境外投资，扩大对外承包工程和劳务合作。

强化与长三角其他地区的互动。进一步加强与上海、苏南等地区重大基础设施的衔接，积极开展产业合作，建立长三角地区农副产品供应基地，承接上海、苏南等地区的产业转移，推动长三角地区产业　优化升级，促进互动发展。进一步加强与苏北其他地区的合作，服务和带动苏北腹地经济发展，提升外向型经济发展水平。积极推进泛长三角区域合作。

加强对中西部地区的服务带动。充分利用新亚欧大陆桥出海通道便捷的交通条件和不断增强的服务功能，进一步扩大与中西部地区在产业、科技、人才、信息等领域的交流与合作，增强辐射带动作用。

密切与环渤海地区的联系。积极发挥承南启北的作用，加强与环渤海地区的沟通，推进技术、项目、人才的交流，促进产业分工与协作，加强连云港与青岛、日照之间的港口合作以及其他基础设施对接。

加强国际合作。深化与新亚欧大陆桥沿线和日韩等东北亚国家的经济贸易合作，举办沿线国家和地区经济合作论坛，促进互利共赢。推动建立沿线国家共同参与的高层次协调机制，定期磋商解决重大问题，进一步推动经贸合作与交流。

第三节 加强政策支持

对外开放政策。支持在有条件的地区设立海关特殊监管区域，加快连云港出口加工区等各类海关特殊监管区功能叠加和整合；支持有条件的省级经济开发区和高新技术开发区升格为国家级开发区；探索设立国家东中西区域合作示范区，鼓励在促进跨区域生产要素共享、推进重大基础设施对接、加强产业合作等方面先行先试，创新合作模式，完善合作机制，为实现区域合作发展探索新路径。

投融资政策。支持江苏沿海地区重大基础设施建设，在重大产业布局及项目审核等方面给予必要支持；依法减免海域使用金；促进海洋科技成果转化，建立科技兴海多元化资金投入机制；加大商品粮基地、农产品加工基地建设投入力度；条件成熟时支持设立地方性银行，鼓励国内外金融企业在江苏沿海地区设立分支机构；探索发展股权投资基金，设立政府创业投资引导基金，引导支持创业型企业发展，扩大企业融资规模。

资源开发与管理政策。实施科技兴海战略，完善成果转化和人才培养机制，推动江苏沿海地区海洋经济加快发展；支持海域滩涂资源开发，在新增建设用地土地有偿使用费的安排上，对符合条件的海域滩涂开发予以支持，新增耕地可用于全省耕地占补平衡；支持低产盐田用途调整；支持土地管理改革，开展多种模式的征地安置试点，开展农村集体建设用地流转及土地收益分配、增强政府对土地供应调控等方面的改革试验，探索农用地转用和土地征收方案一次报批、分期分批组织实施，实行城乡建设用地增减挂钩政策，推动农村建设用地向城镇集中。

人才保障政策。加大连云港等地高校海洋学科建设和海洋产业人才培养力度，支持有条件的高校增设海洋专业。支持江苏沿海地区引进国内外优质教育资源，与本地各类高等院校开展合作办学和科学研究，培养适应发展需要的各类人才。完善为江苏沿海开发提供人才支持的工作机制，探索建立政府、社会、用人单位和个人多元化的人才开发投入体系。依托高新技术开发区、科技企业孵化器等平台，鼓励留学归国人员到江苏沿海地区创业。支持开展专业技术和职业技能培训，形成一批支撑产业发展的高技术、实用型人才队伍。

第四节 做好组织实施

国务院有关部门要结合各自职能，. 加强对规划实施的指导，依据本规划要求，制定支持江苏沿海地区发展的具体政策措施，指导江苏省编制有关重点领域的专项规划。江苏省人民政府要强化组织领导，明确工作分工，完善工作机制，落实工作责任，按照本规划确定的战略定位、空间布局、发展重点，抓紧推进规划的组织实施；建立完善苏南等发达地区与沿海地区的对口支援制度，强化南北开发园区共建，促进全省区域协调发展。沿海三市要制定具体的行动方案，调整相关规划，组织重大项目建设，落实规划提出的各项任务和措施，确保规划目标的实现。

加强区域间和部门间的协商与沟通。沿海三市要建立必要的区域发展协调机制，协商解决跨市域的重大问题，共同推进事关区域发展的重大项目，研究提出促进区域一体化发展的政策建议；江苏省人民政府要给予必要的指导和协调，做好与长三角其他区域的沟通协调；要建立陇海兰新沿线地区发展协调机制，进一步完善提升现有合作机制；国务院有关部门之间要加强沟通，帮助地方解决规划实施中遇到的重大问题。

进一步完善公众参与和民主监督机制，做好规划及相关信息的公开工作，保障区域居民通过法定程序和渠道参与规划的实施和监督。国家发展改革委要会同有关部门加强对规划实施情况的跟踪分析和督促检查，会同江苏省人民政府定期组织开展规划实施情况评估，并将实施情况向国务院报告。

国家发展和改革委员会

二○○九年六月

关中—天水经济区发展规划

关中—天水经济区（以下简称经济区）包括陕西省西安、铜川、宝鸡、咸阳、渭南、杨凌、商洛（部分区县 ）和甘肃省天水所辖行政区域，面积 7.98 万平方公里，2007 年末总人口为 2842 万人，直接辐射区域包括陕西省陕南的汉中、安康，陕北的延安、榆林，甘肃省的平凉、庆阳和陇南地区。

经济区地处亚欧大陆桥中心，处于承东启西、联接南北的战略要地，是我国西部地区经济基础好、自然条件优越、人文历史深厚、发展潜力较大的地区。加快经济区建设与发展，有利于增强区域经济实力，形成支撑和带动西部地区加快发展的重要增长极；有利于深化体制机制创新，为统筹科技资源改革探索新路径、提供新经验；有利于构建开放合作的新格局，推动西北地区经济振兴；有利于深入实施西部大开发战略，建设大西安、带动大关中、引领大西北；有利于应对当前国际金融危机的影响，承接东中部地区产业转移，促进区域协调发展。

本规划依据党的十七大精神和《中华人民共和国国民经济和社会发展第十一个五年规划纲要》、《西部大开发“十一五”规划》编制，规划期为 2009—2020 年。

第一章 发展基础

改革开放三十年来，特别是西部大开发战略实施以来，经济区经济社会发展取得显著成就，进入了快速发展阶段。随着国际国内经济形势的变化，经济区发展面临新的历史机遇与挑战。

第一节 发展现状

（一）经济稳步增长。2000 年至 2007 年，经济区地区生产总值年均增长 13%，2007 年达到 3765 亿元，占西北地区的 28.6%；地方财政收入年均增长 15%，2007 年达到 189 亿元，占西北地区的 16.3 %。经济增长速度不断加快，运行质量明显提升，发展实力显著增强。人均地区生产总值接近 2000 美元，工业化、城镇化加速推进。

（二）基础设施明显改善。2000 年至 2007 年，共完成全社会固定资产投资 9511 亿元，年均增长 23.4%，相继建成一批国家重大工程项目。区域综合交通设施日趋完善，电力、通信、市政等基础设施保障能力不断增强。

（三）产业发展迈出新步伐。农业基础地位进一步巩固，现代农业快速发展。工业增势强劲，产业结构调整加快，2007 年规模以上工业增加值实现 1271 亿元，占西北地区的 23.8%。商贸旅游业等第三产业不断壮大，所占比重明显高于西部地区平均水平。

（四）社会事业加快发展。基本公共服务逐年改善，教育、卫生、文化事业不断进步，社会保障体系逐步健全。人民生活水平明显提高，2007 年城镇居民人均可支配收入和农民人均纯收入均比 2000 年翻了一番。

第二节 发展优势

战略区位重要。经济区处于我国内陆中心，是亚欧大陆桥的重要支点，多条铁路、公路、航线、管线在此交汇，是全国交通、信息大通道的重要枢纽和西部地区连通东中部地区的重要门户。

科教实力雄厚。拥有 80 多所高等院校、100 多个国家级和省级重点科研院所、100 多万科技人才，2007 年研究与发展经费支出占地区生产总值比重达 2.7%，显著高于全国平均水平，科教综合实力居全国前列。

工业基础良好。拥有国家级和省级开发区 21 个、高新技术产业孵化基地 5 个和大学科技园区 3 个，是国家国防军工基地、综合性高新技术产业基地和重要装备制造业聚集地。

文化积淀深厚。该区域是华夏文明重要发祥地，著名的丝绸之路源头和羲皇故里，也是 13 个王朝古都所在地，拥有大量珍贵的历史文化遗产和丰富的人文自然资源。

城镇带初步形成。西安特大城市对周边地区辐射带动作用明显，区域内城镇化进程不断加快。2007 年底，经济区城镇化率达到 43%以上，西陇海沿线城镇带已具雏形。

第三节 发展机遇

深入推进西部大开发机遇。

西部大开发战略实施以来，经济区的软硬环境已经得到极大改善，产业投资的集聚效应逐步凸显，为跨越式发展奠定了坚实基础。国家坚定不移地继续深入推进西部大开发，必将为经济区跨越式发展带来更多新的机遇。

进一步扩大国内需求机遇。

随着全球经济形势的发展变化，随着我国工业化、城镇化进程加快推进，居民消费结构不断升级，扩大内需成为保持经济增长最重要的推动力。经济区人口密集、市场广阔、需求旺盛、潜力巨大，有利于吸引海内外投资等各类要素在此集聚和重组。

积极承接产业转移机遇。

东部沿海地区要素成本持续上升，加快经济转型和结构升级的需求极为迫切，产业转移动力日趋增强。经济区基础设施比较完善，要素成本优势明显，具备了承接产业转移的有利条件。

加快构建创新型社会机遇。

实施创新型国家战略，为经济区加强科技资源整合，提高自主创新能力带来机遇。经济区科教、人才资源富集，高技术产业快速发展，重要领域科技创新能力位居全国前列，具有成为创新型发展区域的有利条件。

第四节 面临挑战

当前，经济区总体经济实力还有待进一步提升。企业市场竞争力不强，产业集聚度不高。体制机制创新活力不足，非公有制经济发展相对滞后。城乡发展失衡，城乡人民生活水平差距明显。社会事业发展仍较薄弱，基本公共服务、人力资源开发水平亟待提高。水资源总量不足、综合利用水平较低，生态建设和环境保护任务繁重。与周边地区和国际市场的联系不够紧密，对内对外开放力度需要进一步加大。

第二章 总体要求

推进经济区科学发展，必须进一步明确发展的指导思想和原则，找准发展重点，明确发展目标，创新发展模式，提升发展质量，实现经济社会又好又快发展。

第一节 指导思想

高举中国特色社会主义伟大旗帜，以邓小平理论和“三个代表”重要思想为指导，深入贯彻落实科学发展观，进一步解放思想，深化改革，扩大开放，在西部地区实现率先发展。着力转变发展方式，提高区域综合竞争力，率先建成内陆开放型经济区；着力推进自主创新，优化经济结构，率先构建创新型区域；着力统筹城乡改革，加快城镇化进程，率先实现城乡一体化发展；着力改善民生，加强社会事业建设，率先建成基本公共服务均等化示范区。力争用 10 年多一点的时间，把经济区建设成为全国区域协调发展新的重要增长极，实现经济繁荣、山川秀美、人民富裕、社会和谐。

第二节 基本原则

——坚持以人为本，促进和谐发展。努力改善民生，把提高人民生活水平作为一切工作的出发点和落脚点。

——坚持统筹兼顾，注重协调推进。注重城市与农村、人与自然、经济发展与社会进步相协调，实现经济社会可持续发展。

——坚持深化改革，推进体制创新。加快行政管理体制改革和经济体制改革，为发展提供强大动力。

——坚持开放合作，实现互利共赢。积极参与国内外区域分工与合作，寻求合作机遇，拓宽合作领域，在合作中谋求发展。

第三节 战略定位

——全国内陆型经济开发开放战略高地。优化对外开放格局，创新区域合作机制，拓展对外开放空间，提升对外开放水平。

——统筹科技资源改革示范基地。推进科技创新体制改革，加快产学研一体化，统筹军民科技互动发展，促进科教优势向经济优势转化，为建设创新型国家探索新路径。

——全国先进制造业重要基地。以装备制造业和高技术产业为重点，打造航空航天、机械制造等若干规模和水平居世界前列的先进制造业集群，培育一批具有国际竞争力的企业和知名品牌。

——全国现代农业高技术产业基地。以杨凌国家级农业高新技术产业示范区为依托，发展新型农业生产方式，建设现代农业技术推广服务平台。

——彰显华夏文明的历史文化基地。充分发挥历史文化资源集聚优势，建设国际文化交流平台，打造一批具有世界影响的历史文化旅游品牌，展现和弘扬中华优秀传统文化。

第四节 发展目标

——综合经济实力实现新跨越。到2020年，经济总量占西北地区比重超过三分之一，人均地区生产总值翻两番以上，城乡居民收入水平大幅提高，自我发展能力显著增强。

——创新能力有新提升。科技创新能力和综合科技实力居全国领先地位，科技进步对经济增长的贡献率大幅提升。基本建成以西安为中心的统筹科技资源改革示范基地、新材料基地、新能源基地、先进制造业基地、现代农业高技术产业基地。

——基础设施建设有新突破。交通、水利、市政、信息等基础设施得到根本改善，覆盖经济区的综合交通运输网络基本建成，水资源优化配置和管理水平取得明显提高。

——城镇化水平有新提高。实现西（安）咸（阳）经济一体化，形成国际现代化大都市，城镇群集聚发展，城乡统筹取得突破，城镇化率达到60%。

——公共服务达到新水平。努力实现基本公共服务均等化。基本普及高中阶段教育，从业人员平均受教育年限达到12年。建立覆盖城乡居民的基本医疗卫生体系和社会保障体系。

——生态环境建设取得新进展。森林覆盖率达到47%以上，自然湿地保护率达到60%以上；资源消耗和环境污染显著降低，渭河干流达到III类水质，中心城市市区空气中S02和N02含量达到国家二级标准，城镇污水、生活垃圾、工业固体废物基本实现无害化处理。

专栏1：经济社会发展主要指标

指 标 2007年 2012年 2020年

人口（万人） 2842 2940 3100

地区生产总值（亿元） 3765 6600 16400

人均地区生产总值（元） 13200 22500 53000

R&D经费占GDP比重（%） 2.7 4.5 6.0

城镇登记失业率（%） 4.6 4.5 4.5

城镇化率（%） 43 50 60

森林覆盖率（%） 40.6 42.0 47.0

单位地区生产总值能耗下降（%）（与2005年相比） 8.1 21.0 25.0

单位工业增加值用水量（M3/万元） 160 120 100

城镇污水处理率（%） 60 80 90

垃圾无害化处理率（%） 50 75 100

工业固体废物综合利用率（%） 42 75 90

城市绿化覆盖率（%） 39.6 42.0 45.0

主要河流水质 劣V类 V类 III类

第三章 空间布局

根据资源环境承载能力、现有开发强度和发展潜力，科学确定功能分区，优化经济区人口分布、生产力布局、产业结构和城乡布局，促进人与自然和谐发展。

第一节 空间结构

城市地区。按照土地集约、产业集聚、资源集合、人口集中的原则，夯实基础设施，改善投资环境，优化工业布局，提升产业层次，形成较大规模的产业集聚和较高水平的工业园区。适当扩大城市空间，提升城市服务功能，有序承接人口转移。以特大城市为依托，促进大中小城市和小城镇协调发展，形成辐射带动作用强的城市群。

农村地区。稳定基本农田数量，加大关中平原、渭北旱塬、天水川道、商丹盆地耕地保护力度。根据当地农业资源条件，实现种植业、养殖业的良种化、专业化、规模化和基地化。加强闲散用地整合，鼓励低效益用地增容改造和深度开发。结合新农村建设积极推进节地型村镇改造，合理减少农村居住用地，促进农村各项建设节约集约用地。

生态地区。坚持保护优先、适度开发、点状发展，对秦岭北麓、黄土丘陵沟壑水土流失防治区，以及退耕还林、天然林保护等地区，因地制宜发展资源环境可承载的生态旅游等特色产业，加强生态修复和环境保护。对自然保护区、重要水源地、重要湿地等实行强制保护，严格控制人为干扰，禁止各类开发建设活动。

专栏 2：空间结构表

地 区　分 类　面 积（平方公里）

2007 年 2012 年 2020 年

城市地区 中心城区 773 1030 1730

产业集中区 530 583 710

区域交通 550 665 800

发展备用 1667 1320 1067

小 计 3520 3598 4307

占区域面积比重（%） 4.41 4.51 5.40

农村地区 农村居民区 3522 3256 3050

农业地区 54573 54762 54159

小 计 58095 58018 57209

占区域面积比重（%） 72.80 72.70 71.69

生态地区 自然保护区 11240 11240 11240

重要水源地 1383 1383 1383

生态恢复区 5561 5561 5661

小 计 18184 18184 18284

占区域面积比重（%） 22.79 22.79 22.91

合 计 79800 79800 79800

第二节 空间战略

构筑“一核、一轴、三辐射”的空间发展框架体系。

“一核”：即西安（咸阳）大都市，是经济区的核心，对西部和北方内陆地区具有引领和辐射带动作用。

“一轴”：即宝鸡、铜川、渭南、商洛、杨凌、天水等次核心城市作为节点，依托陇海铁路和连霍高速公路，形成西部发达的城市群和产业集聚带。

“三辐射”：即核心城市和次核心城市依托向外放射的交通干线，加强与辐射区域的经济合作，促进生产要素合理流动和优化配置，带动经济区南北两翼发展。以包茂高速公路、西包铁路为轴线，向北辐射带动陕北延安、榆林等地区发展；以福银高速公路、宝鸡至平凉、天水至平凉等高速公路和西安至银川铁路为轴线，向西北辐射带动陇东平凉、庆阳等地区发展；以沪陕、西康、西汉等高速公路和宝成、西康、宁西铁路为依托，向南辐射带动陕南汉中、安康和甘肃陇南等地区发展。

第三节 城镇体系

构建由核心城市、次核心城市、三级城市、重点镇和一般镇五级组成的城镇体系。

——核心城市：加快推进西（安）咸（阳）一体化建设，着力打造西安国际化大都市。2020 年，都市区人口发展到 1000 万人以上，主城区面积控制在 800 平方公里以内。把西安市建设成国家重要的科技研发中心、区域性商贸物流会展中心、区域性金融中心、国际一流旅游目的地以及全国重要的高新技术产业和先进制造业基地。

——次核心城市：宝鸡、铜川、渭南、商洛、杨凌、天水的中心城区。以这些次核心城市为节点，加快人口聚集、产业聚集，构筑较大规模的城市群。支持宝鸡等条件较好的城市率先发展，将宝鸡建成百万人口以上的特大城市、经济区副中心城市。

专栏 3：　次核心城市功能和规模

宝鸡市。主要发展机床制造业、重型汽车制造业、有色金属加工制造业、商贸旅游业。2020 年，城市建成区人口达到 120 万人，面积控制在 130 平方公里，建成区域重要的交通枢纽，国家新材料研发和生产基地，生态园林城市。

铜川市。主要发展能源、建材、农副产品加工业。2020 年，城市建成区人口达到 55 万人，面积控制在 60 平方公里。

渭南市。主要发展机械电子、生物医药、农副产品加工业，适度发展煤化工产业。2020年，城市建成区人口达到75万人，面积控制在80平方公里。

商洛市。主要发展现代材料、现代中药、绿色食品加工以及生态旅游等产业。2020年，基本实现商（州）丹（凤）一体化，城市建成区人口达到50万人，面积控制在68平方公里。

杨凌区。主要发展现代农业示范、现代农业科教和装备制造、生物医药、食品加工与农资等产业。2020年，城市建成区人口达到30万人，面积控制在35平方公里，建成国家农业高新技术产业示范区。

天水市。重点发展机械制造、电工电器、医药食品、现代农业及商贸旅游等产业。2020年，城市建成区人口达到80万人，面积控制在80平方公里。

——三级城市：包括韩城、彬县、蒲城、华阴、礼泉、蔡家坡、洛南、柞水、凤翔、陇州、长武、甘谷、秦安、武山等中小城市。加强城市基础设施建设，改善产业发展基础和条件，促进企业集中布局和配套生产，提高经济发展的集约化水平，大量吸纳周边农村富余人口，打造一批特色鲜明、功能完善、产业配套的中小城市。

——重点镇：靠近中心城市和交通枢纽等基础较好的中心镇，重点发展农副产品加工业、采矿业和旅游业，实施“关中百镇”建设工程和经济综合开发示范镇建设工程，合理安排重点镇建设、农田保护、产业集聚、村庄分布、生态环境等空间布局。

——一般镇：其他建制镇，重点提升面向农业、农村、农民的公共服务和市场服务能力，促进城镇发展。

第四章 构建创新型区域

充分利用科技优势、区位条件和产业基础，统筹各类科技资源，提升自主创新能力，形成具有核心竞争力的区域创新体系，实现关键领域和核心技术的重大创新突破，引导创新要素向企业集聚，形成特色产业集群。

第一节 体系创新

坚持政府引导和市场配置相结合，整合创新资源，聚集创新要素，强化创新功能，建设特色鲜明和优势突出的区域创新体系。支持西安在统筹科技资源、提高自主创新能力方面开展综合配套改革试验。依托高新技术开发区、经济技术开发区、高新技术产业基地、大学科技园区等，大力扶持科技创新型企业，积极承接国家重大科技项目，把各类园区建设成为高新技术研发聚集地、孵化基地和产业化基地。加强重点实验室、工业研究院、工程研究中心和企业技术中心建设。统筹军民结合、军地结合、寓军于民的国防科技创新体系的协调发展。加快建立以企业为主体，以市场为导向，以大专院校、科研院所为支撑，产学研相结合的创新体系。

第二节 技术创新

统筹原始科学创新、关键技术自主创新、重大系统集成创新的协调发展，统筹支持基础研究、高技术创新、知识技术转移转化和规模化产业化的协调发展。不断提高关键核心技术创新、系统集成创新和引进消化吸收再创新能力，在重点领域和核心技术实现突破性进展。大力支持产业技术联盟，搭建公共服务、技术转移和知识产权交易平台，促进科技成果转化为现实生产力和区域核心竞争力。重点推进航空航天、新材料、电子信息、先进制造、现代农业等领域的研发创新和成果转化。在重点领域掌握一批核心技术，拥有一批自主知识产权，造就一批具有国际竞争力的企业。

第三节 环境创新

构建区域创新网络，促进企业之间、企业与高等院校和科研院所之间的信息传递、知识流动和技术转化。大力培育和发展各类科技中介服务机构，鼓励科技中介服务机构面向企业为自主创新和成果转化提供专业化服务。引导各类金融机构重点支持自主创新，改善对中小企业科技创新的金融服务，加快发展创业风险投资。加大财政对竞争前技术和共性技术研发、引进技术消化吸收再创新、初创型科技中小企业的引导性投入。加大知识产权保护力度，加强知识产权的创造、运用和管理。

第四节 人才开发

优化人力资源开发环境，创新人才开发机制，培养和吸引创新型人才。鼓励创新人才通过兼职、定期服务、技术开发、项目引进、科技咨询等方式自由流动，吸引和留住各类人才服务经济区建设。健全人力资源市场体系、人才公共服务体系和人才社会保障体系。改革和完善企业分配激励机制。组织实施一批人才开发重点项目，加大引进高端人才力度。依托高等院校、科研院所和大中型企业，以重大科研项目为载体，加快建设创新型人才培养基地。加强国际合作交流，发展和完善多种形式的科技创新人才国际化培养模式。

第五章 产业发展

以市场为导向，发挥产业优势，促进结构调整，延长产业链条，加强配套分工，推动产业升级，形成产业集群，构筑若干特色优势产业基地。

第一节 航空航天

依托西安阎良国家航空高技术产业基地，重点发展大型运输机、涡桨支线飞机、通用飞机等主干产业，航空发动机及配套产业、机载系统等分支产业，航空关键部件、专用设备、维修业务等配套产业。加快新舟系列飞机产业化、大型飞机零部件生产及服务外包。以西安国家民用航天产业基地为载体，重点培育和发展航天运载动力产业集群、卫星及卫星应用产业集群。

专栏 4：西安阎良国家航空高技术产业基地

阎良航空制造园。重点发展大型运输机、涡桨支线飞机以及大型客机零部件制造。

蒲城通用航空产业园。依托蒲城通用机场和低空空域资源，重点发展通用航空飞行员培训、航空俱乐部等通用航空产业项目。

咸阳空港产业园。重点发展民用飞机维修、定检、大修、客改货、公务机托管、零部件支援、航空物流等项目。

宝鸡航空安全装备产业园。重点发展光纤通信系统、组合导航系统、飞行安全监测系统等。

第二节 装备制造

以西安、咸阳、宝鸡、天水为集中布局区域，加强重点产业集群建设，强化区域整体实力和竞争能力，全面提升重大装备制造水平。重点发展数控机床、汽车、特高压输变电设备、电子及通信设备、工程机械和特种专用设备、太阳能电池等产业。加快企业优化重组和战略性调整，打造一批主业突出、技术领先、管理先进、具有核心竞争力的装备制造企业集团。

专栏 5：　装备制造业

数控机床。重点发展数控精密机床、加工中心、螺杆式空压机研制开发，提高产品可靠性和精度保持性。加快实施宝鸡秦川、天水星火数控机床等项目。

汽车及零部件。重点发展重型商用车、轿车、豪华大客车和重型汽车发动机、变速器等零部件制造，加快实施陕重汽重型商用车、法士特重型汽车变速器、比亚迪轿车等项目。

输变电设备。加快特高压交直流输变电成套设备的研制产业化，实施超高压交直流输变电设备产业化等项目。

电子信息及元器件。重点发展雷达整机、通信、导航、半导体照明设备，电子元器件、电工电器、电子专用材料研制生产，加快实施高亮度LED产业、高纯硅材料加工等项目。

工程机械。重点发展液压挖掘机、推土机、沥青混凝土搅拌设备、摊铺机、液压式山地拖拉机等大型、成套和专用特色产品。

冶金重型装备。重点发展连铸设备、板带冷热连轧成套设备、涂镀层加工成套设备、高速线材精轧机、重型锻压设备。

石油钻采设备。重点发展石油钻机、泥浆泵、螺旋缝埋弧焊管、直缝电阻焊管等产品，加快实施宝鸡石油机械搬迁、石油钢管连续管及套管生产线等项目。

能源化工装备。重点发展煤炭机械装备、煤化工装备、化工机械装备、石油机械装备、电力机械装备、工程机械装备、车辆改装及环保设备制造产业，加快实施宝钛重型化工装备制造等项目。

风力及太阳能发电设备。重点发展现代风力发电设备零部件，加快实施西安船舶设备工业公司大功率风力发电机组产业化、陕柴重工风电设备配套件、天水电气传动所风力发电传动控制系统、商洛太阳能电池等项目。

第三节 资源加工

以宝鸡、渭南、铜川、商洛、天水等地为重点，加快重要矿产资源开发及深加工。宝鸡重点发展铅锌、钛产业，建设钛材料生产和集散基地。渭南重点发展煤炭、化肥、钼精深加工等产业，建设钼产业生产科研基地。铜川重点发展铝加工、建材、陶瓷等产业，建设现代建材基地。商洛重点发展钼、钒等采冶加工和多晶硅等新型材料产业。天水以非金属矿产资源开发利用为重点，大力发展建材产业。依托辐射区内延安、榆林、平凉、庆阳等地的煤炭、石油、天然气资源，促进能源化工产业向资源综合利用延伸。

第四节 文化产业

发挥该地区历史源远流长、文化积淀深厚的优势，积极发掘历史文化遗产，传承和创新秦风唐韵、佛道宗教等历史文化。大力弘扬现代文化，发展广播影视业、新闻出版业、文娱演出业和创意产业。构建一批文化产业基地，壮大一批名牌文化企业，培育陕西作家群、唐乐舞系列、长安画派等现代文化品牌。

专栏6：文化产业园区(基地)

临潼文化产业园区。以华清池、秦始皇陵遗址公园等历史文化遗迹为依托，建设华清池椒园和芙蓉园。

曲江文化旅游产业园区。以盛唐文化为特色，建设西安曲江遗址公园等。

法门寺文化园区。恢复法门寺唐代风格佛教建筑群。

西部影视基地。建设西部影视城，完善西部数字化影视制作基地。

华夏始祖文化园。以黄陵黄帝陵、宝鸡炎帝陵以及天水伏羲庙、卦台山为核心，建设华夏始祖文化园。

第五节 旅游产业

以西安为中心，加快旅游资源整合，大力发展历史人文旅游、自然生态旅游、红色旅游和休闲度假旅游。加强精品旅游景区和精品旅游线路建设，完善配套设施和服务功能，提升旅游资源产业化经营水平。加强旅游管理机制创新，大力发展旅游经济，把经济区建设成为国际一流的旅游目的地。

专栏7：精品旅游线路和旅游景区

一、西安国际旅游都市

以西（安）咸（阳）为中心，打造国际旅游都市。完善城市旅游服务功能，培育世界级旅游精品，增强旅游中心城市的吸引力和辐射功能。

二、精品旅游走廊

西安—宝鸡—天水丝绸之路旅游走廊。

华山—翠华山—太白山、天水—陇南—九寨沟、天竺山—柞水溶洞—牛背梁自然生态旅游走廊。

西安—延安—榆林、庆阳—平凉—延安红色旅游走廊。

西安大慈恩寺—宝鸡法门寺—平凉崆峒山—天水麦积山宗教旅游走廊。

商洛牧护关—商州文化古城—龙驹古寨—金丝峡谷—商南城—三省石旅游走廊。

三、旅游精品区

周秦汉唐文化旅游精品区。以临潼秦兵马俑和秦始皇陵为中心，建设秦文化旅游区；以茂陵、汉阳陵和汉长安城遗址为重点，建设汉文化旅游区；以乾陵、昭陵和唐长安古城为重点，建设唐文化旅游区；以宝鸡西周遗址、天水先秦文化遗迹为支撑，建设周文化旅游区。

华山潼关旅游精品区。建设华山人文自然旅游景区，再现潼关八景。

天水人文自然旅游精品区。伏羲庙、麦积山等古历史文化旅游景区，天水关、街亭古战场等三国古迹旅游景区景点。

宝鸡人文旅游精品区。炎帝陵祠、青铜器博物馆、周原遗址、钓鱼台、周公庙、雍城和秦公大墓遗址等周秦文化旅游景区。

铜川历史文化与自然风光旅游精品区。玉华宫遗址、耀州窑遗址、药王山等。

商丹人文生态旅游精品区。仓颉造字遗址、商邑遗址、金丝峡谷、丹凤红色旅游等。

第六节 现代服务业

大力发展现代物流业，进一步加大物流基础设施建设力度，加快西安国际港务区、咸阳空港产业园、宝鸡陈仓、商洛、天水秦州、麦积等重点物流园区项目建设。充分发挥西安作为国家级物流节点城市的辐射带动作用，积极研究设立西安陆港型综合保税区，着力打造在国内有重要影响的内陆港口岸和亚欧大陆桥上重要的现代物流中心，逐步形成区域一体化的物流新格局。加强城乡商业网点和农副产品交易中心、批发市场建设，培育大型流通骨干企业。加强农村流通基础设施建设。

发展壮大金融、会展业。积极发展各类金融机构，创新融资方式，着力打造西安区域性金融中心。以欧亚经济论坛、中国东西部合作与投资贸易洽谈会、中国杨凌农业高新科技成果博览会、中国国际通用航空大会为龙头，进一步整合会展资源，加快西安世界园艺博览会场馆、杨凌农业展馆等项目建设，完善西安曲江国际会展中心、浐灞国际会议中心等会展平台服务功能，建设以西安为中心的会展经济圈。

第六章 新农村建设

第一节 农业生产

加大基本农田保护力度，稳定播种面积，加强中低产田改造，构建区域性商品粮生产基地。加快农业结构调整，科学确定区域农业发展重点，促进农产品向优势产区集中，建成若干特色农产品产业带。加快建设现代农业示范工程，建立农业标准化示范基地。搞好农田水利设施建设，通过推广旱作节水技术、健全节水机制等措施，建设一批旱作节水灌溉示范区，积极发展雨水集蓄利用、渠道节水改造等工程。积极发展保护性耕作，建设保护性耕作示范区。

专栏 8：四大农业工程

粮食单产提高工程。积极推广优良品种繁育、旱作农业等实用技术，建设优质小麦、高产玉米基地。

果业提质增效工程。实施果树良种苗木繁育、生态果园、果品市场、产业服务与管理体系、灾害防御体系、质量安全体系等项目。

设施蔬菜建设工程。在城市郊区建设设施蔬菜基地。

畜牧业倍增工程。建设生猪、秦川牛、奶畜、家禽等一批标准化养殖示范小区，培育一批畜产品加工企业。

第二节 农业产业化

优化农副产品加工布局，促进农副产品加工聚集区建设。大力提升农业产业化水平，重点发展粮油、果蔬、畜禽、奶制品等深加工业。以培育龙头企业发展带动农产品基地建设，积极培育一批知名品牌和竞争力强的企业。大力发展特色产业，壮大县域经济。加快发展杨凌国家级农业高新技术产业示范区。

专栏 9：杨凌国家级农业高新技术产业示范区

建设成为我国干旱半干旱地区农业科技创新中心、现代农业发展示范辐射高地、城乡一体化表率，着力打造现代农业创新、国际科技合作、现代农业企业孵化、良种繁育、标准化生产、农产品加工、现代物流和休闲农业等示范项目，形成“核心示范—区内带动—区外辐射”的示范推广新格局。

第三节 农业服务

加快构建以公共服务机构为依托、合作经济组织为基础、龙头企业为骨干、其他社会力量为补充，公益服务和经营性服务相结合、专项服务和综合服务相协调的农业社会化服务体系。搞好农业产前、产中、产后服务。加强农业技术推广、疫情疫病防治及农业信息化建设。建立健全农村金融体系，办好村镇银行，加大对“三农”的信贷投入。加快发展“三农”保险，扩大农业保险覆盖面。开拓农村市场，推进农村流通现代化，继续实施“万村千乡”、“农产品批发市场升级改造”等工程。

第四节 城乡一体化

统筹城乡基础设施、公共服务、劳动就业、社会管理等，积极推进农村综合改革，形成城乡互促共进机制。加强村庄规划，改善村容村貌。加快建立以城带乡、以工促农的长效机制，促进城乡一体化发展。引导农民就近转移就业，扶持农民工创业，加大对农村实用人才和农村创业人才的培养力度。加快建设宝鸡—蔡家坡、铜川—富平、渭南—华阴、杨凌—武功—扶风、彬县—长武—旬邑、韩城—蒲城、天水—秦安、礼泉—乾县、商州—丹凤等城乡统筹重点示范区。

第七章 基础设施

加强基础设施建设，构建布局合理、设施先进、畅通便捷、城乡共享的基础设施网络，为加强经济区内部经济联系和扩大对内对外开放奠定坚实基础。

第一节 交通

加强交通运输体系建设，提高综合运输能力。充分发挥各种运输方式的优势，扩大规模、完善网络、优化结构，建设现代化综合交通网络。加快铁路客运专线、煤炭运输通道、关中城市群城际铁路以及西安铁路枢纽建设，构建以西安为中心的发达的铁路网络。加快陕甘两省高速公路网和连接中心城镇及资源富集区、通达县乡（镇）村的道路建设，提高公路等级和通达能力。力争到 2010 年，实现区域内部通道和对外交通干线网络化；到 2020 年，实现区域内所有县（市、区）通高等级公路，通乡（村）公路全部实现水泥或沥青路面，形成以西安为中心的“两环三横四纵六辐射”高速公路网络。进一步强化西安咸阳国际机场枢纽功能，有序建设支线机场。建成覆盖中心城市和重点用户的油气管网系统。

专栏 10：交通建设重点工程

一、公路建设

新建国家高速公路连霍线宝鸡—牛背、沪陕线西安—蓝田—商州、福银高速公路联络线、十堰—天水等线；新建平凉—宝鸡—汉中、咸阳—旬邑、渭南—蒲城—白水—黄龙、府谷—华阴—商州、西安大环线、西咸北环线、合阳—铜川—彬县—凤翔、大荔—铜川—淳化—永寿—岐山、乾县—扶风—凤翔、商州—柞水、丹凤—镇安—宁陕、法门寺—绛帐、太白—凤县、平凉—天水、天水—武都等线。改扩建国家高速公路连霍线潼关—西安—宝鸡、包茂线西安—铜川—黄陵等线。

二、铁路建设

建设郑州—西安—兰州客运专线、西安—汉中—成都铁路快速客运通道、大同—西安铁路、西安—平凉铁路、平凉—天水铁路、黄陵—韩城铁路以及一批铁路支线和专线；西安—合肥铁路复线、西包铁路扩能改造、西康铁路二线、陇海、宝中铁路扩能改造，西安、宝鸡、天水铁路枢纽工程。关中城市群城际客运系统。

三、航空和机场建设

扩建西安咸阳国际机场，新建宝鸡机场，迁建天水机场。

四、管道建设

加快陕北—陇东—关中的石油、天然气管道建设，积极推进建设新疆—西安—广东输气管道以及兰州—天水—宝鸡天然气管道输送工程。

第二节 能源

优化发展火电，加快淘汰小火电机组，优先建设“上大压小”电站项目。鼓励发展热电联产，重点解决地级城市集中供热问题。科学布局煤电基地，采用高效、清洁技术改造现役火电机组。建设好西安灞桥热电厂、渭河发电厂改扩建，秦岭电厂“上大压小”扩建、韩城二电厂二期、蒲城电厂三期。有序开发旬（邑）耀（州）、彬（县）长（武）、麟（游）陇（县）等地煤炭资源。扎实推进彬长、平凉、庆阳煤电一体化等大型燃煤坑口电厂等项目。积极发展新能源和清洁能源。

建设乾县、渭南、宝鸡、西安南等 750 千伏变电站，建成经济区 750 千伏网架。建设陕北、陕南、天水至关中、天水至陇南的 750 千伏输电通道。优化 330 千伏及以下电网结构，实现各级电网协调发展，提高网架运行稳定性。

第三节 水利

坚持节约优先、合理开发、优化配置的原则，加快重点水利工程建设。重点实施一批骨干水源工程、城镇供水工程、大型灌区续建配套节水改造工程、农村饮水安全工程、防洪保安工程和病险水库除险加固工程。加快实施渭河流域重点治理工程，加强渭河流域水资源管理。抓紧推进大中型水库、水源工程前期工作。建立城乡供水安全保障体系和综合防洪减灾体系。强化农业和城乡节水措施，提高水资源利用效率和效益。实施跨流域调水工程，有效缓解水资源瓶颈制约，满足区域经济社会发展的用水需求。

专栏 11：重点水利工程项目

一、渭河流域重点治理工程、泾河流域综合治理工程。

二、“引红济石”、“引汉济渭”、“引洮一期工程向渭河补水”等跨区域调水工程。

三、泾河东庄水库、黑河亭口水库、蓝田李家河水库等水源工程。

四、宝鸡峡、泾惠渠、东雷抽黄等大中型灌区续建配套与节水改造、大型灌排泵站更新改造和小型农田水利设施项目。

五、渭河中游干支流防洪、渭洛河下游治理、农村饮水安全、城镇供水、病险水库除险加固工程。三门峡库区防洪保安工程。

第四节 信息

积极发展第三代移动通信，推动电信基础设施共建共享和业务应用。加快关中—天水干线光缆环形结构网络建设。积极采用光纤接入技术，大力发展用户宽带接入网。推进数字化区域建设，建成有线、地面和卫星三位一体的广播电视传输网络，全面推进数字电视业务发展。

第五节 市政

加快城镇道路、给排水、污水和垃圾处理、集中供热、供气、通信、绿化等基础设施和公共服务设施建设，形成便捷通达的城市道路网络和公共交通体系、配套完善的供排水系统、清洁安全的城市能源供给系统、完善可靠的城市防灾减灾和预警、应急处理系统，努力营造良好的人居环境。加快城市之间公路交通和城市路网的全面对接，加快西安（咸阳）地铁建设，加快核心、次核心城市与三级城市、重点镇间的快速干道建设。

第八章 生态环境

加强生态环境保护与建设，推进资源综合利用，着力建设资源节约型、环境友好型经济区。

第一节 生态建设

强化生态环境保护，加强自然生态和生物多样性保护，建设秦岭北麓、渭北山地生态屏障。巩固退耕还林成果，加大天然林保护、三北防护林保护、水土保持、湿地保护与恢复等工程建设力度。加快推进渭北、天水等黄土高原丘陵沟壑区水土流失综合治理。加强西安、宝鸡、商洛、天水等秦岭山地生态功能区生态环境保护与建设，提高水源涵养能力。加快实施平原绿化、人居生态环境建设工程，积极创建国家环境保护模范城市、生态园林城市、生态示范乡镇、环境优美乡镇，加快建设宜居区域。

第二节 环境保护

坚持预防为主、综合治理，远近结合、标本兼治，着力解决流域水污染、矿区环境污染、大气污染和农村面源污染等突出环境问题。加强饮用水水源地的保护，控制入河污染物排放，加大城镇生活污水和垃圾收运处理设施建设，提高污水处理率和垃圾无害化处理率。积极推进农村环境综合整治加快工业污水处理与再生利用设施及电厂脱硫设施建设，全面实施矿区环境综合整治。严格执行国家大气污染物排放标准，努力改善区域空气环境质量。

第三节 资源节约

坚持开发与节约并重、节约为先原则，大力发展循环经济，建立节能型产业结构，加大节能新产品新技术研发、生产、推广力度。新建、改扩建项目，率先实行国际先进水平的能耗、物耗、水耗等标准，降低单位产出能源资源消耗。提高资源综合利用水平，加快淘汰高耗能、高污染、资源型落后产能。推进韩城、彬长等城市和蒲白、澄合等矿区实施资源型城市转型，搞好铜川资源枯竭城市可持续发展试点，抓好杨凌、韩城以及商丹等循环经济园区试点建设，把经济区建设成为循环经济产业集聚区。

第九章 公共服务

大力发展社会事业，缩小基本公共服务的城乡差别，全面提升公共服务水平，推动和谐社会建设。

第一节 教育

加快发展教育事业，提高教育现代化水平。巩固普及九年义务教育成果，基本普及高中阶段教育。加大农村寄宿制学校建设力度，加强学校标准化和教育信息化建设。大力发展职业教育，以农村中等职业教育为重点，建立一批职业教育培训基地、公共实训基地、农民工培训示范基地和再就业培训基地。稳步发展高等教育，将西安交通大学、西北工业大学、西北农林科技大学、西安电子科技大学等建设成为国内一流、世界知名的高等院校，把西安建设成为我国重要的高等教育和科学研究基地。完善现代国民教育体系，加快学习型社会建设。

第二节 卫生

建立覆盖城乡居民的基本医疗卫生制度，完善公共卫生服务体系、基层医疗服务体系、基本医疗保障体系和药品供应保障体系。重点加强县、乡、村三级卫生服务网络和城市社区卫生服务体系建设。完善疾病预防控制和应急救治体系，提升市级医疗救治能力和应对突发公共卫生事件、重大疫情、重大疾病、新发传染病等的快速应急处置能力。加强县级人民医院、妇幼保健院、中医院以及乡镇卫生院、村卫生室建设。加强人口和计划生育服务体系建设，完善计划生育管理机构和服务网络。

第三节 文化体育

大力保护历史文化遗产和非物质文化遗产。积极发展公益性文化事业，加快博物馆、文化馆、图书馆、乡镇（街道）综合文化站、城镇影剧院、农村文化室等公益性文化设施建设。推进广播电视村村通、文化信息资源共享、农村电影放映、农家书屋等惠农工程，建立完备的城乡公共文化服务体系。加强城乡体育健身场地和设施建设，积极开展丰富多彩的群众体育活动，不断提高人民身体素质和健康水平。

第四节 就业社保

实施更加积极的就业政策，努力提高就业水平。统筹城乡劳动就业，加快建立城乡统一的人力资源市场，规范劳动用工制度。引导、鼓励自主创业和农村劳动力外出就业，鼓励农民就地转移就业，建立健全零就业家庭动态援助工作机制。加快建立城乡统筹的社会保障体系，多渠道筹措社会保障资金，提高保障水平。率先实现区域内社会保障统筹和社会保险关系跨省区转移接续。完善城乡基本养老保险制度、基本医疗保险制度和城镇职工失业保险制度，扩大工伤和生育保险覆盖面。完善社会救助体系，规划建设儿童福利院、敬老院、救助站、残疾人康复中心等社会福利和社会救助服务机构。

第十章 改革开放

进一步解放思想，转变观念，深化改革，扩大开放，完善有利于科学发展、和谐发展的体制机制，把经济区打造成为社会主义市场经济体制建设的先行区域，东西部互动和对外开放的重点区域。

第一节 深化改革

推进国有企业改革和支持非公有制经济发展。深化国有企业公司制、股份制改革，建立健全现代企业制度。加快调整国有经济布局和结构，鼓励、支持和引导非公有制经济发展。落实放宽市场准入的各项政策，积极支持民间资本参与国有企业改革，进入基础设施、公用事业、金融服务和社会事业等领域。充分发挥非公有制经济在调整结构、开拓市场、增加投入、扩大就业中的重要作用。

推进要素市场体系建设。积极培育发展技术市场，促进科技成果转化，保护知识产权。建立统一的人力资源市场和人力资源开发管理机制，促进劳动力在区域内自由流动。建立和完善土地使用权市场，严格管理土地一级市场，完善集体土地征用和补偿制度，建立合法规范的农村土地承包权市场，加强土地储备和有序供给。

推进民生领域改革。加快教育、公共卫生体制改革，促进城乡公共服务发展一体化。深化劳动就业体制改革，努力改善创业和就业环境，缓解就业压力。推进户籍制度改革，逐步取消城乡户籍限制，实行城乡统一的户籍登记管理制度。

推进行政管理体制改革。切实转变政府职能，减少和规范行政审批，提高行政效率。强化社会公共管理和服务，构建责任型政府和服务型政府。深化农村综合改革，着力增强乡镇政府社会管理和公共服务职能。

第二节 扩大开放

推动经济区与东中部地区互动合作，夯实合作基础，创新合作机制，拓展合作领域，增强合作效益。鼓励和引导东中部地区在经济区内共建产业园和设立综合性物流园区，积极承接东中部地区产业转移。优化投资环境，切实保护好各类投资者的合法权益。

加大引进国际产业资本和金融资本力度，提高引进外资质量。支持企业赴境外资本市场上市融资和发行债券，提升企业国际化资本运营能力。提高企业国际竞争力，扩大出口规模，优化外贸结构，拓展航空航天、装备制造、机械电子等领域高附加值产品的国际市场。坚持“引进来”和“走出去”相结合，提高统筹利用国际国内两个市场、两种资源的能力，推动区域对外开放，特别是加大向西开放的力度，拓展向西开放的广度和深度。

第十一章 政策措施

在充分发挥市场配置资源的基础性作用的同时，加大政策支持力度，做好规划组织实施。

第一节 财税政策

加大一般性财政转移支付和基础设施、生态环境、重点项目、产业发展、公共服务等专项转移支付力度。将部分公益性项目的国债转贷资金逐步转为拨款。

在统筹考虑企业承受能力的基础上，适当提高探矿权、采矿权使用费征收标准和矿产资源补偿费费率。建立矿业企业矿区环境治理和生态恢复的责任机制。从2009年起，中央在安排探矿权采矿权使用费和价款支出时，加大对经济区矿产资源开发地区的生态环境治理恢复和发展的投入。

在南水北调中线工程涉及的水源保护地区，对因水源保护造成的地方财政减收增支，中央和省级财政通过一般性转移支付给予一定的补助。

第二节 金融政策

积极引进金融机构，大力发展地方金融机构。整合地方金融资源，积极推动城市商业银行、城市信用合作社合并重组。推动发展新型农村金融机构，探索建立村镇银行和资金互助社。鼓励民营金融机构发展，支持设立小额贷款公司、担保机构和典当公司。

创新融资方式。发展创业投资和股权投资。发展中小民营企业贷款业务、农户小额信贷业务。积极发展企业债、短期融资券和中期票据等债务融资工具。支持经济区内大型市政、城建企业发行节能环保、城市建设特别企业债券。

第三节 投资政策

进一步加大政府投入力度。支持西安统筹科技资源改革示范基地建设，对先进制造业、高技术产业、现代农业高技术产业等基地建设给予必要的扶持。对经济区内公益性及以公益性为主的农村基础设施、生态环保、社会事业等领域的项目建设，逐步加大投入力度，取消或减少县及县以下资金配套。

优先布局重大建设项目。由国家审批或核准的水利、交通、生态环境、特色农业、航空航天、优势能源、矿产资源开发利用和旅游等重点产业项目，优先在经济区布局。支持有市场、有效益的资源就地加工转化。

积极鼓励社会投资。加大招商引资力度，对区外企业特别是东部企业投资经济区特色优势产业、节能环保项目等，在项目审批、核准方面在同等条件下优先考虑，并给予税收、土地等方面的合理优惠。允许和鼓励民间资本在符合国家政策法规的条件下，通过参股、控股、兼并、收购等形式，参与国有企业资产重组。鼓励民间资本以独资或股份制形式成立各种非金融类投资公司。

第四节 土地政策

统筹建设用地计划。国家批准的重点基础设施项目用地计划指标，由国家统筹安排；省重点建设项目用地计划指标，由省在用地年度计划指标中解决。加大土地整理复垦开发力度。统筹使用好新增建设用地土地有偿使用费等各类专项资金，用于土地整理复垦开发，补充耕地数量，提高耕地质量。经济区内开展农村建设用地整理符合城乡建设用地增减挂钩条件的，可在国家下达的周转指标控制下，开展挂钩工作。农村宅基地和村庄整理出的土地，优先用于增加耕地；用于建设用地的，应符合土地利用总体规划，并优先用于新农村建设。

第五节 环保政策

建立资源节约和环境治理的市场机制。建立以生产者为主的责任延伸制度。培育专业化的环保设施建设与运营体系，探索环境容量有偿使用、水权交易、初始排污权有偿使用和排污权交易机制。探索建立有利于循环经济发展的价格政策和税收政策。

第六节 统筹城乡政策

积极探索建立城乡规划建设一体化体制，促进公共资源在城乡之间均衡配置、生产要素在城乡之间自由流动。优化城乡基础设施功能和布局，创新基础设施建设投融资体制。加快建立城乡统一的基本公共服务制度，支持统筹城乡公共服务示范区建设。支持构建城乡一体的基层公共科技服务体系，引导科技要素向农业和农村转移。探索建立有利于统筹城乡发展的行政管理体制，推进城乡社会管理一体化。

国务院有关部门要加强对经济区发展的指导、协调和支持，建立部省级联席会议制度。陕西省、甘肃省人民政府要切实加强组织领导，互相配合，密切协作，及时沟通协调，抓好规划的落实。建立经济区城市间合作机制，共建共享基础设施，促进区域内经济发展和市场一体化。有关部门和地方要适时组织开展规划实施情况评估和修编，针对实施中出现的新情况、新问题，对规划重要内容及时调整，确保规划有效实施。

国家发展和改革委员会
二〇〇九年六月

辽宁沿海经济带发展规划

前　言

辽宁沿海经济带位于我国东北地区，毗邻渤海和黄海，包括大连、丹东、锦州、营口、盘锦、葫芦岛 6 个沿海城市所辖行政区域，陆域面积 5.65 万平方公里，海岸线长 2920 公里，海域面积约 6.8 万平方公里。2008 年末，常住人口约 1800 万人，地区生产总值 6950 亿元，人均地区生产总值 38605 元。辽宁沿海经济带是东北老工业基地振兴和我国面向东北亚开放合作的重要区域，在促进全国区域协调发展和推动形成互利共赢的开放格局中具有重要战略意义。为进一步完善我国沿海经济布局，促进辽宁沿海经济带又好又快发展，充分发挥其对东北等周边地区的辐射带动作用，特制定辽宁沿海经济带发展规划。本规划是指导辽宁沿海经济带今后一个时期发展的纲领性文件和编制相关规划的重要依据。规划期为2009—2020年。

第一章 发展基础与重大意义

第一节 发展优势

辽宁沿海经济带是我国北方沿海发展基础较好的区域，具有诸多的比较优势。区位优势明显。位于环渤海地区重要位置，是东北经济区与京津冀都市圈的结合部，地处东北亚经济圈的关键地带，与日本、韩国、朝鲜隔海邻江相望，邻近俄罗斯、蒙古，是东北地区对外开放的重要门户，是欧亚大陆通往太平洋的重要通道。资源禀赋优良。拥有约2000平方公里的低产或废弃盐田、盐碱地、荒滩和1000多平方公里可利用的滩涂；镁、硼、钼、石油、天然气等资源储量较大；宜港岸线约1000公里，80%以上尚未开发；双台河口、丹东鸭绿江口湿地等国家级和省级自然保护区陆域面积1300多平方公里。工业实力较强。造船、机床、内燃机车、成套设备等装备制造业具有较强的国际竞争力；石化、冶金等原材料工业在国内具有举足轻重的地位，石油、电力等能源工业规模较大；拥有一批国家骨干企业和大量高素质工程技术人员及产业工人。交通体系发达。大连、营口等港口拥有300多个生产性泊位，其中万吨级以上泊位132个，已同160多个国家和地区的300多个港口有贸易往来；依托沈山、哈大等干线铁路，形成了较为完备的疏港和支线铁路运输网络；沈大、沈山、丹大、盘海营等多条高速公路贯穿区内；大连、丹东、锦州3个空港已开辟87条国内航线和46条国际航线。

第二节 机遇与挑战

在经济全球化和区域经济一体化深入发展的大背景下，辽宁沿海经济带发展面临着前所未有的机遇。国家继续深入实施东北地区等老工业基地振兴战略，东北地区步入全面振兴的新阶段，为辽宁沿海经济带加快发展注入新的活力和动力；我国已进入工业化、城镇化快速发展阶段，特别是国家坚持扩大内需的方针，为辽宁沿海经济带发挥优势、加快发展提供广阔空间；国际区域经济合作不断深化，生产要素流动和产业转移日益加快，为辽宁沿海经济带提升开放型经济水平创造有利条件。辽宁沿海经济带进一步发展仍然面临着较为严峻的挑战。整体发展缺乏统筹协调，尚未形成一体化发展格局；产业集聚度不高，结构有待进一步优化；淡水资源严重不足，生态环境压力较大；体制机制尚不完善，对外开放总体水平不高。此外，当前国际金融危机的影响日益显现，调整经济结构、扩大国内需求、保持经济平稳较快增长的压力也在加大。

第三节 战略意义

进一步加快辽宁沿海经济带发展，关系到国家发展全局，具有重要的战略意义。有利于完善我国沿海经济布局。促进辽宁沿海经济带发展，培育和形成新的经济增长极，将提升北方沿海地区发展水平，有效应对当前国际金融危机影响，促进东北地区与环渤海地区相互融合，形成全国沿海地区良性互动、共同发展的新局面。有利于实施国家区域发展总体战略。促进辽宁沿海经济带发展，强化服务和带动功能，将进一步增强辽宁省和东北地区总体经济实力，促进东北老工业基地振兴，推动形成全国区域协调发展的良好格局。有利于更好地参与东北亚区域经济合作。促进辽宁沿海经济带发展，提升辽宁乃至整个东北地区对外开放水平，进一步增强综合实力和国际竞争力，将为加强与东北亚各国的经济技术合作、深化中日韩战略合作伙伴关系和加快东北亚区域经济一体化进程创造条件。

第二章 总体要求

第一节 指导思想

高举中国特色社会主义伟大旗帜，以邓小平理论和“三个代表”重要思想为指导，深入贯彻落实科学发展观，进一步解放思想，进一步深化改革开放，进一步转变发展方式，着力优化空间布局，着力提高自主创新能力，着力改善民生，着力节约资源和保护生态环境，努力实现科学发展、和谐发展、创新发展、一体化发展，率先实现全面振兴东北老工业基地的目标，在振兴东北和促进全国区域协调发展以及对外开放全局中发挥重要作用。

第二节 发展原则

坚持统筹兼顾、协调发展。既要立足当前，又要谋划长远；既要突出重点，又要全面推进；既要加快自身发展，又要加强与周边地区协调互动，努力实现城市农村相互促进、经济社会同步发展。坚持良性互动、共同发展。突破行政区划界限，促进生产要素合理流动和优化配置；统筹区域重大基础设施建设，提高共建共享、互联互通水平，促进区域一体化发展。坚持发挥优势、集约发展。依托资源条件、产业基础和港口优势，以市场为导向，打造特色突出、竞争力强的产业集群，提高集约化规模和水平。坚持保护环境、持续发展。加强生态建设，注重环境保护，提高环境准入标准，开展清洁生产，推进节能减排，加大污染治理力度，实现可持续发展。

第三节 战略定位

立足辽宁，依托环渤海，服务东北，面向东北亚，建设成为东北地区对外开放的重要平台、东北亚重要的国际航运中心、具有国际竞争力的临港产业带、生态环境优美和人民生活富足的宜居区，形成我国沿海地区新的经济增长极。东北地区对外开放的重要平台。充分发挥东北地区出海通道和对外开放门户的作用，创新国际合作机制，全面参与东北亚及其他国际区域经济合作，构建内外联动、互利共赢、安全高效的开放型经济体系，打造富有活力和国际竞争力的沿海开放地带，提升东北地区对外开放水平。东北亚重要的国际航运中心。以大连港为中心，整合沿海港口资源，拓展港口功能，形成错位发展、优势互补的现代港口集群。加强主要港口和集装箱干线港建设，全面提高航运、物流等服务功能，建设完善的航运基础设施和服务体系。具有国际竞争力的临港产业带。依托沿海港口资源，坚持高端发展的战略取向，重点发展先进装备制造业和原材料工业及配套产业，培育一批世界级企业和品牌，打造若干规模和水平居世界前列的产业集群，建设具有较强自主创新能力和国际竞争力的临港产业带。生态环境优美和人民生活富足的宜居区。进一步加强生态建设和环境保护，优化美化人居环境，加快建设生态屏障、绿色空间和生态城镇，实现人与自然和谐相处。大力发展社会事业，增强公共服务能力，大幅度提高城乡居民生活水平和质量，打造文明富裕、安定和谐的宜居区域。

第四节 主要目标

到 2012 年，空间布局和产业结构进一步优化，地区生产总值和财政收入增长速度超过全国沿海地区平均水平，人均地区生产总值超过 50000 元；自主创新能力显著增强，科技进步对经济增长的贡献率大幅提高；大连东北亚国际航运中心基本建成，对外开放水平明显提升；城镇化率提高到 65%；城乡居民收入显著增长，社会保障体系覆盖城乡，基本公共服务能力增强；节能减排取得明显成效，生态环境全面改善，单位地区生产总值能耗和环境质量接近全国先进水平，基本达到全面建设小康社会的总体要求。到 2020 年，形成以先进制造业为主的现代产业体系，一些重要领域的科技创新能力接近世界先进水平，大连东北亚国际航运中心支撑作用明显增强，城镇化率提高到 70%，城乡居民收入比 2012 年翻一番，实现基本公共服务均等化，单位地区生产总值能耗和环境质量达到全国先进水平，初步形成人与自然和谐相处的局面，率先实现更高水平的小康社会目标。

第三章 空间布局

进一步提升大连核心地位，强化大连—营口—盘锦主轴，壮大渤海翼（盘锦—锦州—葫芦岛渤海沿岸）和黄海翼（大连—丹东黄海沿岸及主要岛屿），强化核心、主轴、两翼之间的有机联系，形成“一核、一轴、两翼”的总体布局框架。依据战略定位，充分考虑现有开发强度、资源环境承载能力和发展潜力，因地制宜、发挥优势，培育建设一批发展思路清晰、功能定位准确、产业分工合理、示范带动作用突出的重点区域和产业集群。

第一节 提升核心

进一步增强大连的综合实力，完善服务功能，提升其核心地位和龙头作用，带动区域加快发展，服务东北老工业基地振兴。建设大连大窑湾保税港区，完善航运基础设施和服务体系，努力建设东北亚国际航运中心；拓展物流网络，搭建高效物流平台，建设一批辐射面广、流量大的优势货品及集装箱物流基地，形成一批各具特色的分拨和配送中心，加快构建东北亚国际物流中心；建设星海湾金融商务区，引进和培育高层次金融人才，改善金融业发展环境，吸引和集聚中外金融机构，健全现代金融组织和服务体系，逐步建成区域性金融中心；建设先进装备制造业基地、造船及海洋工程基地、大型石化产业基地、电子信息及软件和服务外包基地，大力发展集成电路、海洋与生物工程等高技术产业集群，构筑具有国际竞争力的现代产业聚集区。

第二节 强化主轴

大连—营口—盘锦主轴是哈大和东北沿海两个一级发展轴线的重要组成部分。强化这一主轴，在支撑东北沿海经济带快速崛起的同时，服务带动哈大经济带优化升级。加快大连长兴岛临港工业区建设，重点发展船舶制造、石油化工、机床、精密仪器仪表等，配套发展航运、物流、商贸等现代服务业，形成临港产业集群。加快营口沿海产业基地建设，重点发展装备制造、电子信息、精细化工、现代物流等产业，逐步建成大型临港生态产业区。加快盘锦辽滨经济区建设，重点发展中小型船舶修造、光电、海洋工程装备制造、合成橡胶等产业。依托沈大交通走廊和大连、营口、盘锦等重点城市，建设好各类国家级、省级开发区。

第三节 壮大两翼

渤海翼。加快锦州滨海新区建设，重点发展石油化工、新材料、制造业、船舶修造等产业，建设锦州湾国家炼化基地和国家石油储备基地。加快盘锦石油装备制造业发展，重点发展石油装备制造与配件、石油高新技术、工程技术服务等相关产业，建成我国具有较强竞争力的石油装备制造业基地。加快葫芦岛北港工业区建设，重点发展石油化工、船舶制造与配套、有色金属、机械加工、医药化工和现代物流等产业。加快培育其他基础好、潜力大的园区发展，推进具备条件的产业园区尽快形成规模。黄海翼。积极培育发展庄河工业园区、花园口经济区、登沙河临港工业区、长山群岛经济区、皮杨陆岛经济区，重点发展沿海临港装备制造、新材料、石化、能源、家居制造、服装服饰、水产品增养殖和加工、旅游、现代物流等产业。进一步发展丹东产业园区，重点发展汽车及汽车零部件、精密轻型装备等装备制造业，制药、精细化工以及电子信息等高新技术产业，旅游、口岸物流等服务业。

专栏 1

辽宁沿海经济带各类开发区国家级开发区：大连经济技术开发区、辽宁大连出口加工区、大连高新技术产业开发区、大连保税区、大连金石滩国家旅游度假区、大连大窑湾保税港区、丹东市边境经济合作区、营口经济技术开发区。省级开发区：辽宁瓦房店炮台经济开发区、辽宁长兴岛经济开发区、大连旅顺经济开发区、大连金州经济开发区、辽宁普兰店经济开发区、大连甘井子工业园区、辽宁丹东东港经济开发区、辽宁丹东前阳经济开发区、辽宁锦州经济开发区、辽宁锦州高新技术产业园区、辽宁锦州沟帮子经济开发区、辽宁营口高新技术产业园区、辽宁营口南楼经济开发区、辽宁营口大石桥经济开发区、辽宁盘锦经济开发区、辽宁葫芦岛经济开发区、辽宁葫芦岛高新技术产业园区、辽宁葫芦岛杨家杖子经济开发区、辽宁葫芦岛八家子经济开发区。

第四章 产业发展

推进产业结构优化升级，做强具有基础优势的先进装备制造业和原材料工业，做大高技术产业，加快发展现代服务业和现代农业，利用信息技术改造提升传统优势产业，提高产品质量，逐步形成以先进制造业为主的现代产业体系。

第一节 做大做强优势工业

壮大先进装备制造业。重点发展资金技术密集、关联度高、带动性强的交通运输设备、通用设备及成套设备制造业，支持大型压缩机、大型重载精密轴承、大型船用曲轴、数控机床及功能部件等产品的研发，在重点领域和关键技术环节实现突破。调整船舶工业结构和布局，大连、葫芦岛重点发展大型、高附加值船舶制造及海洋工程装备等产业；丹东、营口、锦州、盘锦积极发展以修船、中小型专用船舶制造为主的各具特色船舶工业。加快发展以客车及发动机、电力机车为重点的交通运输设备制造业，大连重点发展发动机、城市轨道车辆和大功率交流传动电力机车；丹东、锦州重点发展大中型客车和汽车安全气囊等汽车零部件产业。大连、营口重点发展数控机床、制冷设备、特种轴承基础件等通用设备制造业。盘锦、营口、大连重点发展石油装备、冶金成套装备、风电设备及港口和机场仓储物流装备等大型成套设备。提升原材料工业。石化产业重点发展原油加工、乙烯、合成材料和有机材料，加快发展精细化工产业，培育形成若干高技术含量、高附加值的精细化工产业集群。统筹考虑中俄原油管线建设和俄罗斯及其他地区原油进口因素，结合锦西炼油异地改造，适当扩大葫芦岛等地炼油能力，盘锦、锦州重点发展石化下游深加工和高端石化产品。冶金产业重点发展精品板材、特钢产品和钢材深加工，大连重点发展以不锈钢、轴承钢、工模具钢、齿轮钢、弹簧钢和高合金钢为主的特钢产品；营口重点发展宽厚板、冷(热)轧薄板等；葫芦岛、锦州重点发展有色金属产品生产加工。营口重点发展镁质材料，大连重点发展以化学建材为主的新型建筑材料。发展高技术产业。大连、营口、锦州重点发展集成电路、电力电子器件、半导体照明、应用电子、移动通信等电子信息产品，建设具有国际竞争力的电子信息产业基地；葫芦岛培育电子信息产业基地，承接京津冀地区电子信息产业转移。大连、营口重点发展基因工程制药、疫苗、生物芯片、检验试剂盒、动物药、海洋药、中药饮片及生物医用材料等。以大连新材料产业国家高技术产业基地及中科院大连科技创新园为依托，重点发展膜、信息光电、纳米、金属复合、精细化工等高性能新型材料和复合、节能环保材料；加大丹东硼化工新材料开发和利用，加快发展锦州、营口钛白粉产业。发挥锦州光伏产业优势，发展硅材料，逐步建成多晶硅和硅电池研发生产基地。

第二节 加快发展现代服务业

大力发展面向生产的服务业。依托重要交通通道和运输网络，加快建设大连国际物流中心和营口—盘锦、锦州—葫芦岛、丹东区域性物流中心，支持发展重点物流园区；培育现代物流企业集团，发展第三方物流；加快电子口岸建设，完善物流信息平台，提高对腹地物流服务的能力和水平。积极推进金融创新，健全金融市场体系，推进大连区域性金融中心建设。提高增值电信业务、软件服务、计算机信息系统集成和互联网产业发展水平，加强信息化应用系统建设，建立综合性软件服务公共技术平台和公共信息应用平台，建设城市管理以及适应东北亚国际航运中心发展的信息化系统，重点在大连建设具有国际竞争力的软件开发和服务外包产业基地。扶持和培育技术创新型第三方服务企业。推进服务业标准化。积极发展面向民生的服务业。运用信息技术和现代经营方式改造提升传统商贸业，优化城市各类流通设施和商业网点布局，加快建设和完善农村流通设施和流通网络，支持一批现代大型商贸企业做大做强，发展专业特色市场，积极发展现代流通业态和营销方式，营造便捷、舒适的消费环境。进一步加强滨海、边境、湿地、人文、森林等旅游景区的建设，加强优势旅游资源的开发，积极发展红色旅游和工业、农业观光等特色旅游，整合资源，打造精品旅游线路，提高服务和管理水平，密切与省内、东北和环渤海地区旅游合作，推进旅游一体化发展。积极扶持会展、创意等新兴文化产业发展。依托大连动漫产业优势，打造具有国际影响力的动漫产业集聚区。推进文化事业单位转企改制，形成一批具有市场竞争力的大型文化企业和企业集团。

第三节 大力发展现代农业

全面推进农业结构调整。培育优质专用良种，加快标准粮田建设，推进粮食集约化、专业化生产，建设优质粮食生产基地，稳定和提高粮食综合生产能力。积极发展果品、花卉等特色农业，推进产业化经营，建设特色农产品生产基地。积极推进畜牧饲养和经营方式的转变，大力发展水产养殖和精深加工，推广稻田河蟹生态模式养殖，建设一批规模化、标准化养殖加工基地。继续推进渔业资源增殖放流和海洋牧场建设，扶持壮大远洋渔业。加快建设农产品加工基地。鼓励发展优势农产品精深加工和综合利用，进一步加大研发力度，促进产学研结合，延长农业产业链，提高农产品附加值，打造一批农业产业化国家重点龙头企业和农产品生产加工基地。盘锦、营口、丹东重点发展优质稻米生产加工；大连、丹东重点发展水产品和畜产品生产加工；大连、营口、锦州、葫芦岛重点发展优质水果、设施蔬菜、名特优杂粮、薯类、花卉生产加工；丹东及大连的东部山区重点发展食用菌、中药材、蚕桑等特色农产品生产加工。建立健全农业技术服务和安全防控体系。健全农业技术推广、动植物疫病防控、农业机械化监理鉴定、农产品质量监管及村级服务站点等公共服务机构，建立新型农业社会化服务、技术服务体系和农产品质量安全监督监测体系。鼓励发展多元化的农村社会化服务组织和农民专业合作社，扶持社会力量兴办服务三农的公益性机构和经济实体。

专栏 2

产业发展重点工业。重型装备、制冷设备、石油工程装备、核电及风电等新能源装备、数控机床、特种轴承等重大技术装备产业基地；船舶与船舶配套、汽车及汽车零部件、轨道车辆等交通运输装备产业基地；数字化医疗影像设备产业基地；大型石化产业基地；精品钢材生产基地；有色金属及其合金的研制和生产基地；新型建材基地；新材料、电子信息产品制造、光伏、无水印染等产业基地；集成电路、半导体发光二极管、高密度印刷电路板、移动通信产品等项目。现代服务业。金融商务区；软件开发和服务外包产业基地；物流园区；特色旅游区等。现代农业。增产千亿斤粮食工程；设施农业建设工程；优质水果开发工程；特色产业开发工程；规模化标准化畜牧养殖小区建设工程；水产品健康养殖工程；现代农业公共服务体系建设工程。

第五章 城乡发展

坚持走新型城镇化道路，构建以特大城市为龙头、大城市为主体、中等城市及各类中小城镇有序发展的网络化城镇体系。以发展县域经济为载体，加快社会主义新农村建设，促进城乡之间公共资源均衡分配和生产要素自由流动，加快形成城乡经济社会一体化发展新格局。

第一节 推进城乡统筹统筹

城乡规划建设与管理。优化城乡土地利用，合理规划市县域城镇建设、农田保护、产业集聚、村落分布、生态涵养等空间布局。统一规划城乡基础设施建设，形成城乡衔接的公共交通、供水供电、邮电信息、广播电视网络和生态建设、环境保护一体化发展格局。加强城乡社会管理，改革户籍制度，放宽中小城市落户条件，将在城镇稳定就业和居住的农民有序转变为城镇居民。统筹城乡产业发展。坚持把发展现代农业、繁荣农村经济作为首要任务，优化农村产业结构，发展农村服务业和乡镇企业。引导城市资金、技术、人才、管理等生产要素向农村流动，进一步增强第二、三产业对第一产业的服务带动作用，促进一、二、三产业联动发展。加快构建覆盖城乡、通畅便捷的现代化市场体系。统筹城乡公共服务体系。提高农村公共服务的财政保障能力，逐步推进城乡基本公共服务均等化。建立城乡统一的人力资源市场，完善覆盖城乡的公共就业服务体系，引导农村富余劳动力有序外出就业和就近转移就业，扶持农民工返乡创业。加强农民工权益保护，逐步实现农民工在劳动报酬、子女就学、公共卫生、住房租购等方面与城镇居民享有同等待遇，改善农民工劳动条件。扩大农民工工伤、医疗、养老、失业保险覆盖面。

第二节 提高城镇综合功能

增强中心城市功能。大连要重点拓展航运、金融、研发、物流和信息服务等核心功能，加快建设东北亚国际航运中心、国际物流中心、区域性金融中心和产业聚集区，成为我国北方对外开放的重要门户。丹东要发挥沿海、沿江、沿边的区位优势，进一步拓展商住、旅游、贸易等城市功能，建成我国东北东部地区重要的现代化沿海边境城市。锦州要发挥区域交通枢纽和辽西中心城市的作用，全面提升城市和锦州港服务功能，逐步建成临港产业基地、我国东北西部地区重要的出海口。营口要依托港口和临近腹地的优势，建成东北地区重要的出海通道、环渤海地区重要的临港工业基地和现代化港口城市。盘锦要依托石油等资源优势，推进资源型城市转型，加快发展特色优势产业，加强湿地等生态资源保护，建成我国重要的商品粮生产基地、具有北方水乡特色的石油化工城市和环境宜居的滨海水城。葫芦岛要发挥区位优势，积极承接京津冀都市圈辐射，进一步发展有色金属、电子信息等产业聚集区，建成辽西走廊文化旅游休闲观光带和滨海宜居城市。在拓展城市功能的同时，进一步加强城市基础设施和公共服务设施建设。加强重点城镇建设。依托综合交通通道，加强城镇组群建设，积极培育若干区位优势明显的新兴城镇，增强综合支撑能力和服务功能；加快县城关镇和重点镇发展，推进小城镇发展改革试点工作。重点建设一批有规模、有特色的产业园区，引导资金、技术、人才等生产要素加快向园区聚集。

第三节 推进新农村建设

大力发展县域经济。充分发挥县域经济对农村经济的带动作用。积极培育县域特色优势产业，鼓励发展“一县(市)一业”和“一县(市)一品”。推进优势资源深度开发，形成一批名牌产品，做大做强县域工业企业。以民营经济为主体，大力发展农产品加工业，开发建设一批农产品深加工项目。分类引导乡镇和村庄建设。加强位于城市规划建成区内的乡镇和村庄建设，提高公共服务设施水平，改善人居环境质量，促进与城市的融合。扶持基础较好的乡镇和中心村发展，加大政策支持力度和基础设施投入，进一步提高集聚能力和综合承载能力。引导基础薄弱、人口持续减少乡镇和村庄的居民向城镇和牛心村集聚。因生态环境、地质灾害、移民需要撤并搬迁的乡镇和村庄，加强原址土地整理，合理选择安置区，实行整村推进。注重具有地方特色和历史价值的乡镇、村庄人文环境的延续，重视保护整体风貌。改善农村基础设施。加强农村、农场居民点供排水、交通道路、垃圾处理等基础设施建设，实施农村清洁工程，加大环境整治力度，全面提升村镇、农场居民生活质量。进一步加大江河海堤、渔港、小型水利工程、可再生能源等基础设施建设力度，加强中小河流治理，加大对节水灌溉、人畜饮水、乡村道路、农村沼气、农村水电和草场围栏农村“六小工程”的投入。加快推进信息进村入户，提高信息化服务“三农”的水平。

第六章 社会事业

以解决事关人民群众切身利益的现实问题为出发点，加快发展各项社会事业，逐步推进基本公共服务均等化。

第一节 积极发展教育文化卫生事业

大力发展职业教育，加快推进重点中等职业学校和技工培训集团建设，积极开展形式多样的职业教育培训，增强职业技能培训能力。适应产业发展的需要，培养特色和专业人才。以大连为重点，建设高技能人才培训基地、公共实训基地和继续教育研修基地。巩固和提高九年义务教育，加大对农村义务教育发展的支持力度，促进义务教育均衡发展。全面提升高等教育质量与服务水平，充分发挥大连、锦州等高校优势，加大船舶制造、软件开发、生物工程、金融等领域高层次人才培养力度，提升沿海高校人才培养、科技创新和服务经济社会发展的能力。加快构建覆盖城乡的公共文化服务体系，大力推进文化信息资源共享工程，加强县级图书馆、文化馆、乡镇综合文化站和村文化室等文化基础设施建设。完善公共医疗卫生服务体系。加强疾病预防控制和医疗救治体系建设，努力控制重大传染病，防治职业病、地方病，健全突发公共卫生事件应急体系。积极探索公立医院体制改革，促进非公有制医疗机构发展。构建城市医院和社区卫生服务机构分工协作、双向转诊的新型城市卫生服务体系；建设农村卫生服务体系，健全县乡村三级医疗卫生服务网络，努力实现人人享有基本医疗卫生服务的目标。

第二节 努力扩大就业

拓宽就业渠道，努力扩大就业规模。继续落实就业和再就业各项政策。积极开发公益性就业岗位，加大对自主创业、自谋职业的政策支持力度。加强就业和再就业培训，建立健全职业技能培训体系。完善就业培训政策。实施农村劳动力转移培训阳光工程，进一步提高农村富余劳动力转移就业能力。认真做好高校毕业生、复员军人及城镇新增劳动力的就业工作。加大对就业困难人员特别是零就业家庭的就业援助力度。规范人力资源市场秩序和企业用工行为，依法保障劳动者合法权益。

第三节 提高社会保障水平

加快建立覆盖城乡的社会保障体系，基本实现城镇各类就业人员平等享有社会保障。扩大企业职工基本养老保险覆盖范围，逐步提高企业退休人员基本养老金水平，探索建立新型农村社会养老保险制度。进一步完善城镇职工基本医疗保险制度，妥善解决困难企业退休人员基本医疗保障问题。完善新型农村合作医疗制度，逐步提高农村居民医疗保障水平。推进农民工参加医疗保险和工伤保险，进一步完善失业保险制度。探索社会保险基金保值增值的有效机制。完善城乡最低生活保障制度，逐步提高保障标准。加强城乡低保边缘户救助，建立多层次、广覆盖的城乡社会救助体系。大力发展社会福利和慈善事业，加快社会福利服务设施建设，建立和完善社会福利服务体系。完善以廉租住房、公共租赁住房和经济适用住房为主体的住房保障体系。

第七章 基础设施

统筹规划基础设施建设，完善现代综合交通运输体系、高效清洁稳定的能源保障体系、水资源开发配置和防洪减灾体系、高速安全覆盖城乡的信息网络体系，增强区域发展的支撑能力。

第一节 加快交通运输体系建设

港口。以大连港为核心，整合港口资源，优化港口功能分工，打造现代化港口集群，构筑大连东北亚国际航运中心，形成以大连港、营口港为主要港口，锦州港、丹东港为地区性重要港口，葫芦岛港、盘锦港为一般港口的分层次布局。大连港以远洋干线集装箱运输为主，兼顾近洋和内贸集装箱运输，形成集装箱运输干线港。营口港、锦州港和丹东港以内贸和近洋航线集装箱运输为主，并承担向周边集装箱干线港的喂给运输，形成集装箱运输支线港。煤炭运输系统以锦州港为内蒙古东部地区煤炭下水港，大连港、营口港、丹东港等港口为煤炭接卸港，主要为沿海电厂等企业服务。进口原油运输系统形成以大连港为主、营口港和锦州港为辅的接卸港布局。沿海铁矿石运输形成以大连港和营口港为主，锦州港和丹东港为辅的接卸港布局。散粮运输形成以大连港为主，营口港、锦州港为辅的粮食装船港布局，根据沿海粮食加工工业的布局和发展需要，在大连港、营口港、锦州港和丹东港布局建设粮食接卸设施。铁路。加强连接区域内外的快速铁路通道建设，重点建设北京—沈阳—哈尔滨(大连)、锦州—营口、沈阳—丹东等铁路客运专线，打通东北东部铁路通道和东北西部沿海港口至内蒙古东部地区的煤炭运输通道。加快建设区域内城市轨道交通和各港区疏港铁路，逐步建成现代化的铁路运输系统，实现区域内主要干线的客货分线运输和铁路客运快速化。公路。完善区域内高速公路网络，建设丹东—通化、丹东—海城、庄河—盖州、绥中—凌源、盘锦—阜新、皮口—长兴岛等多条高速公路。加快区域内国省干线改造和农村公路建设。航空。加快推进大连、锦州机场迁建和营口机场前期论证，以及大连周水子国际机场、丹东机场扩建，全面提升机场服务水平，逐步培育形成以大连门户枢纽机场为主，以丹东、锦州等支线机场为辅的民用航空格局。增加连接日本、韩国、俄罗斯远东和欧洲、北美的国际航线航班。完善与国内各主要城市间的干线网络，加大航班密度。积极发展支线航空。

第二节 加强能源设施建设

优化能源结构，增强能源供应能力，提高能源利用效率，鼓励清洁利用能源。加强电源建设，调整火电装机结构，继续推进“上大压小”。积极发展热电联产，建设城市区域大型热电联产工程及县(区)热源工程。加快发展清洁能源和可再生能源，推进大连红沿河二期和葫芦岛徐大堡沿海核电、大连驼山等沿海风电场、丹东蒲石河等抽水蓄能电站等工程建设。加强电网改造和建设，完善电网结构和布局，实施城乡电网改造和建设工程，提高配电网供电能力和技术水平。推进油气基础设施建设，加强辽河油田勘探开发，加快锦州国家石油储备基地、大连液化天然气接收站等大型油气项目建设。

第三节 加快水利设施建设

合理开发与优化配置水资源，加快建设大伙房水库输水、锦凌水库、青山水库等一批水资源调配工程，改造城市、建制镇供水管网，加快研究论证“东水西调”工程建设可行性，提高水资源供给能力。加强防洪体系建设，完善海洋防灾减灾体系，加快实施中朝界河塌岸严重和重点防洪河段防洪、重点河道及重点城市防洪、病险水库除险加固、沿海防潮堤工程，加快辽河河口综合治理，提高防洪防潮能力。加强农村小型水利设施建设，实施农村饮水安全、大中型灌区续建配套与节水改造、涝区治理、农村小水电工程。

第四节 推进信息设施建设

加快以光纤通信为主的智能化、综合化、宽带化、高速化的现代通信网络建设，逐步扩大宽带接入网络的覆盖范围，加快发展下一代互联网络，积极发展新一代移动通信，推动数字电视网络建设。整合网络资源，积极推进电信网、有线电视网和互联网“三网融合”。加强网络信息安全能力建设，建立网络信息安全运行维护管理体系，规范信息服务业的网络信息安全保障制度。完善安全应急通信预案，建立健全与网络规模和业务范围相适应并具有快速反应能力的应急通信系统。

专栏 3

基础设施重点工程

(一)交通码头：大连鲇鱼湾港区、营口仙人岛港区 30 万吨级原油码头，营口鲅鱼圈港区 30 万吨级矿石码头，大连大窑湾港区三期、锦州港二港池集装箱码头工程，锦州港四港池煤炭码头。航道：营口港仙人岛港区、鲅鱼圈港区 25 万吨级航道工程，丹东大东港区 5 万吨级航道工程。铁路：北京—沈阳—哈尔滨(大连)、锦州—营口、沈阳—丹东铁路客运专线，锦州—赤峰铁路，东北东部铁路通道，辽宁沿海港口疏港铁路等。公路：丹东—通化、丹东—海城、庄河—盖州、绥中—凌源、盘锦—阜新、皮口—长兴岛高速公路等。机场：大连周水子国际机场、丹东机场扩建，大连等新机场建设。

(二)能源红沿河二期等沿海核电工程，大连驼山等沿海风电场工程，城市区域大型热电联产工程及县(区)热源工程，绥电二期等高效大容量火电工程，丹东蒲石河等抽水蓄能电站工程，电网改造和建设工程，锦州国家石油储备基地和大连液化天然气接收站工程，秦沈输气等沿海油气管道工程。

(三)水利水资源开发利用：三湾水利枢纽及输水、锦凌水库、青山水库、三道湾水库工程，加快猴山水库、上窝铺水库、夹河水库、半拉山水库、龙头山水库、头道河水库、沙里寨水库，石湖水库、张家堡水库及白石水库尾工工程前期工作。

水资源配置：大伙房水库输水二期一步、大伙房水库输水二期二步、大伙房水库输水应急入连工程，大连、营口、盘锦、锦州市配水管网改造工程，凌海、北镇等重要县镇供水工程。加快观音阁水库输水、龙源供水、引洋入连、铁甲水库供水、“东水西调”工程前期工作。

防洪防潮：锦州、营口、盘锦、葫芦岛、丹东城市防洪工程，盘山闸扩建，白云闸工程，鸭绿江国际界河整治工程，海防堤建设工程，病险水库和病险水闸除险加固工程，庄河、凤城、宽甸、义县、凌海、盖州、兴城、建昌、绥中等县城防洪工程，辽河流域河道综合整治工程，大凌河、小凌河，大洋河、瑷河、六股河、大辽河口、重点中小河流等河道防洪工程。

小型农村水利：农村饮水安全工程，庄河、东风、东港、营口、大洼、盘山、王石等大型灌区续建配套与节水改造工程，中型灌区节水与改造工程，大型灌溉排水泵站更新改造工程，农村小水电工程。

第八章 开放合作

进一步拓展对外开放的广度和深度，全面加强国际国内区域经济合作，着力构建东北地区对外开放的重要平台，加快形成内外联动、互利共赢、安全高效的开放型经济体系。

第一节 提升开放型经济水平

转变对外贸易发展方式。进一步优化出口产品结构，提高汽车及零部件、船舶等机电产品和大型成套设备以及其他高附加值产品的出口比重，扩大高新技术产品出口。推进加工贸易转型升级，提升产业层次和加工深度。大力发展海外工程承包、信息技术、金融保险、国际运输等服务贸易，有序承接国际服务业转移。积极引进造船、机械装备等先进技术和进口关键设备及零部件。加强食品、农产品安全监管，扩大食品、农产品出口。提高利用外资质量和水平。积极吸引外商投资，进一步扩大利用外资规模，引导外资更多地投向高技术产业、现代服务业、先进制造业、基础设施建设和生态环保领域。吸引跨国公司设立地区总部、研发中心、采购中心、培训中心。充分发挥大连国家软件基地的集聚作用，大力引进国内外软件企业。创新利用外资方式，引导和规范外商参与国有企业改组改造。加快实施“走出去”战略。鼓励和规范具备一定规模和条件的机床、造船、钢铁等企业在国外建立生产基地、营销中心、研发机构，开展境外资源合作开发、国际劳务合作、国际工程承包。通过并购国外企业和研发机构，获取关键技术和营销网络。建立健全相关支撑和服务体系，为企业“走出去”创造良好条件。

第二节 扩大与其他国家和地区的经济合作

积极开展与东北亚各国的经贸合作。发挥比较优势，进一步扩大与日本、韩国在经济、技术、人才等方面的合作，不断提高合作水平。大力发展边境互市贸易，巩固发展与俄罗斯、蒙古、朝鲜的经贸关系，不断扩大贸易规模，拓展合作领域。充分利用和完善现有经贸合作机制，进一步创新合作方式，为不断扩大经贸合作创造条件。加强与其他国家和地区的交流合作。积极参与中国—东盟自由贸易区合作，努力拓展优势产品出口市场，探索合作种植和加工橡胶、棕榈油等产品的新途径。充分发挥“新辽经贸理事会”合作机制的作用，加强与新加坡在金融、教育、质检、物流、港口、旅游、环保、交通、新闻出版等领域的双边合作。深化与港澳台地区的经贸合作。继续扩大与欧美等发达国家在技术研发、经济贸易、产品质量安全等方面的合作。

第三节 加强国内区域合作

健全与省内其他区域互动合作机制。加快建立与沈阳经济区、辽宁西北部地区的联合与协作机制，强化沿海与腹地的有效衔接，发挥比较优势，相互促进、互为支撑、共同发展。借助东北亚航运中心和物流中心，促进沈阳经济区向外拓展；借助沈阳经济区雄厚的重化工业基础、较强的研发和配套能力，推进沿海地区加快发展，拓展服务功能。进一步加强辽宁沿海经济带与辽宁西北部地区的通道建设和产业衔接，促进资本、技术等生产要素自由流动与合理配置，在辐射带动辽宁西北部地区加快发展的同时促进自身发展。加强与东北腹地的良性互动。推进连接东北腹地的综合运输通道建设，打造高效便捷的东北中部通道(大连—哈尔滨—佳木斯—同江)、东北东部通道(大连—丹东—图们—抚远)和东北西部通道(锦州—阜新—内蒙古)，密切与东北腹地的联系。加强与长吉图经济区、哈大齐工业走廊的分工协作，推进与内蒙古东部地区的经济合作，加快区域间产业的梯度转移，服务和促进东北腹地经济发展。统筹规划建设以大连大窑湾保税港区为龙头、东北腹地保税物流中心和内陆无水港为节点的东北保税物流网络。加强与国内其他地区的合作。充分发挥港口和产业优势，加强与环渤海地区的京津冀都市圈、山东半岛城市群的合作，促进生产要素合理流动和优化配置，实现合理分工和优势互补。加强与长江三角洲、珠江三角洲等地区的经济联系，积极承接产业转移。

第九章 资源环境

高度重视资源节约、环境保护和生态建设，倍加珍惜水资源和土地等资源，强化渤海环境治理和保护，实行科学合理、严格完善的管理制度，推进资源节约型和环境友好型社会建设，增强区域可持续发展能力。

第一节 节约保护水资源

实行最严格的水资源管理制度，全面实施建设项目水资源论证、取水许可和用水总量控制与定额管理相结合的制度，推进取水、供水、用水等全过程节水，严格水资源有偿使用，形成有利于促进水资源节约保护的水价形成机制。大力推广应用节水新产品、新工艺、新技术。积极开辟多种水源，研究劣质水、微咸水和海水等非常规水资源的开发利用，鼓励有条件的生活小区、工业企业建立中水回用系统。制定电力、石化、钢铁等行业和高耗水企业节约用水的管理办法。加强水资源保护，强化水文水资源设施监督监测，建立水质预报、预警和应急处理制度。加强水功能区和入河排污口监督管理，实现水功能区水质目标要求。严格保护城乡饮用水源地，建立区域供水安全保障体系。实施地下水保护行动计划，遏制地下水超采。

第二节 节约集约利用土地等资源

严格执行土地利用总体规划和年度计划，严格保护基本农田和涉及公共利益、具有特殊功能的林地、湿地。加大土地整理复垦力度，实施土地整理复垦开发重点工程。最大限度地利用矿山废弃地、废弃盐田、重度盐碱地和荒滩。落实耕地占补平衡的法定义务，做到基本农田数量不减少、用途不改变、质量有提高。严格土地用途管制，控制建设用地过快增长，重点用好存量建设用地和未利用地，支持重点发展地区优先使用规划起步区内土地。优化生活用地，提高小城镇和农村的建筑容积率，减少占用耕地。推进征地制度改革，逐步缩小征地范围，完善征地补偿机制。建立和完善土地收购储备制度，进一步规范经营性土地招拍挂出让制度，扩大土地有偿使用范围。依据已批准的土地利用规划和城乡规划，促进土地合理流转。合理开发和保护海岸线资源，严格控制海岸线的使用，按照已批准的海洋功能区划确定的类型区推进岸线开发，保护原生海岸生态系统。统筹协调各涉海产业的用海布局，避免盲目圈占海域。加强海域使用的监督管理，从严控制围填海用海项目。节约、集约使用稀缺的近海海域资源。

第三节 大力节约能源

强化能源节约和高效利用的政策导向，加大节能力度，实现结构节能、技术节能、管理节能。抓好钢铁、煤炭、电力、化工等重点领域高耗能行业和企业的节能降耗，提高低耗能产业在国民经济中的比重。加快信息技术、生物技术和新材料在节能中的运用，加速淘汰落后技术、工艺和设备，重点实施一批节能工程。严格执行居住建筑和公共建筑节能设计标准，推动既有居住建筑供热计量与节能改造，加强机关办公建筑及大型公共建筑节能管理。加大对高耗能企业监督管理力度，加强单位能耗目标考核和固定资产投资项目节能评估，严格耗能项目和产品的市场准入。推行节能产品认证，推广高效节能产品。建立科学的资源节约管理制度，推广和应用资源综合利用产品。

第四节 加强环境保护

推进清洁生产，加大工业污染防治力度，加快开发区和工业集中区的清洁生产审核和环保基础设施建设，制定并实行重点行业资源消耗和排污强度标准，严格实施排污许可证和污染物总量控制制度。淘汰污染严重的落后生产能力，坚决关停排污不达标的企业。大幅减少燃煤电厂二氧化硫排放，强化重化工业的污染治理。提高大中型港口、停港船舶和海上石油平台、海洋工程的废水、废油、垃圾回收与处置设施的配备率，确保达标排放。加强核与辐射监管体系建设。控制与治理农村面源污染，加大畜，禽养殖污染防治力度，减少农业施肥和农药造成的污染。大力实施农村清洁工程，加强城乡饮用水源地污染综合整治。加快规划和建设城乡污水、生活垃圾和危险废物等集中式处理设施，提高处理率。实施渤海环境保护工程和辽河流域、大凌河流域水污染治理工程，加强对近岸海域环境的监测与评价，建立健全海洋赤潮(绿潮)及其他海洋环境突发事件应急管理机制，加强辽河口、大连湾、锦州湾等近岸重点海域污染防治，实现海域功能区水质目标要求。建立重大环境污染事件通报制度，健全环境污染行为联合惩处机制，完善跨界污染防治的协调和处理机制。建立完善减排指标体系和监测体系，落实污染减排考核和责任追究制度，实行环境保护一票否决和问责制。研究推进排污权交易和建立生态环境补偿机制。大力发展循环经济，开展资源综合利用，提高工业固体废物综合利用率。

第五节 推进生态建设

加强水源涵养林、生态公益林、自然保护区、风景名胜区、重要地质遗迹、湿地生态系统和生物物种资源等的保护，以山脉、水系、岸线为骨干，利用林地生态廊道、河流生态廊道和海岸带功能区连通生态源地和生态节点，构建完善的沿海生态网架。加快沿海防护林体系建设，重点建设海岸基干林带和消浪林带。加大沿海地区水土流失治理，强化水土保持监督管护，建设辽河流域等重点河道生态建设、大伙房水库水源区水土保持、水文监测系统建设、地下水超采与海水入侵治理和城乡重要饮用水源地保护工程。加强城镇绿地系统建设。加强生态功能区的保护与管理，切实加大各级自然保护区、风景名胜区的建设管理力度，加强黑脸琵鹭、丹顶鹤等濒危物种及其栖息地保护和管理。加强口岸疫病病情防控，防止有害生物入侵，维护生态安全。加强重要海洋生态系统保护。

专栏 4

沿海地区国家和省级自然保护区国家级自然保护区：

蛇岛老铁山自然保护区、大连斑海豹自然保护区、城山头海滨地貌自然保护区、辽宁仙人洞自然保护区、白石砬子自然保护区、丹东鸭绿江口湿地自然保护区、医巫闾山自然保护区、双台河口自然保护区。省级自然保护区：大连长海海洋珍贵生物自然保护区、锦州义县古生物化石自然保护区、营口玉石岭自然保护区、葫芦岛白狼山自然保护区、葫芦岛虹螺山自然保护区。

第十章保障措施

加大政策支持力度，加快构建有利于科学发展、和谐发展、创新发展、一体化发展的体制机制，提高自主创新和人力资源支撑能力，确保规划顺利实施。

第一节 推进体制机制创新

深化行政管理体制改革。进一步转变政府职能，实现政企分开、政资分开、政事分开以及政府与市场中介组织分开，加快构建责任政府和服务政府。改进政府管理和服务方式，进一步减少和规范行政审批。优化政府组织结构，减少行政层级，理顺职责分工，提高行政效率，降低行政成本，探索适应区域发展需要的行政管理模式。加快完善行政管理法规体系，实行重大行政决策听证、行政决策合法性审查、行政决策责任追究制度。

继续推进国有企业改革和非公有制经济发展。鼓励重点企业跨所有制、跨区域联合重组，促进生产要素向关键领域、支柱产业和新兴产业集中。积极推进国有企业公司制改革，大力发展混合所有制经济，推进国有企业整体改制上市，进一步增强国有经济活力、控制力和影响力。创新国有资产运营和监管模式，完善国有资本有进有退、合理流动的机制。改革和完善国有企业管理人才选拔任用制度，建立职业经理人市场。建立健全国有企业风险管理体系。培育电力市场，推进电力市场化改革。鼓励发展民营经济，逐步提高其在经济总量中的比重。平等保护各类产权，推进各种所有制经济平等竞争和相互促进，增强区域经济活力。推进其他重点领域改革。深化金融体制改革，推进地方中小金融机构和农村金融机构改制、重组和上市。发展产权交易市场，加快建立网络化产权交易平台，尽快形成统一互联、流转顺畅的产权交易体系。创新金融服务体系，完善社会信用体系。加快财政体制改革，按照基本公共服务均等化和主体功能区建设的要求，完善公共财政体系。健全财力与事权相匹配的财政体制，理顺各级财政收入分配关系。调整财政支出结构，重点向有利于促进基本公共服务均等化的领域倾斜。同时，要进一步完善农村经济体制，加快市场体系建设。建立健全区域一体化发展机制。推进区域内交通、能源、水利等基础设施共建共享、互联互通。建立信息资源利用一体化保障机制，统一信息交换规范和标准，促进信息资源的互通共享。加快环境监测治理一体化，共同建设区域内联防预警机制，统一环保标准，实现区域内空气和水污染同步治理。统筹公共事务管理，推进区域基本公共服务均等化。

第二节 提高自主创新能力

构建区域创新体系。完善以企业为主体、市场为导向，产学研相结合的技术创新体系，建设一批重点实验室、工程研究中心和企业技术中心。引导和支持大中型企业建立研发机构，逐步提高研发投入比重。培育一批具有自主知识产权、有较强国际竞争力和辐射带动能力的大型企业集团。建立科研机构与高等院校有机结合的知识创新体系，促进创新要素的集成和整合，建设一批高水平的科技创新基地。完善科技创新服务体系，培育一批具有地方特色的科技企业孵化器、公共技术服务平台和科技中介机构。研究制定鼓励高技术企业和传统企业相互融合的政策措施。营造鼓励自主创新的环境。建立由经济、科技、知识产权等部门共同参与的政策制定协调机制，加快制定和完善有利于促进自主创新的各项政策措施。进一步改善支持创新的投融资环境，鼓励发展创业风险投资，拓宽高新技术企业融资渠道。加大对初创期和成长期创新型企业的引导性投入。健全知识产权保护体系，营造保护自主知识产权的制度环境。

第三节 加强人力资源开发

积极引进海内外高层次人才。实施高端人才引进工程、优秀海外学子辽宁创业计划、高端智力柔性引进计划、科技创新人才集聚地构筑计划，启动紧缺型高技能人才引进计划。依托重点项目、高新技术产业园区、科技企业孵化器、大学科技园、留学人员创业园，积极吸引带技术、带项目、带资金的海外学子创业，集聚海内外高端人才。大力培养高层次人才。培育创新型人才，加快建设高层次企业家队伍和数量充足、结构优化、技艺精湛的高技能人才队伍。加大科技创新人才的培训、选拔和培养力度，实施人才联合培养工程，依托高等院校和科研机构，建立适应发展需要的高技术人才和高层次实用型人才培养基地，构建高素质创新领军人才培养体系。实施农村实用人才带头人素质提升计划。

第四节 加大政策支持力度

在重大项目布局、土地和海域使用等方面给予支持。鼓励地方政府与金融机构合作，创新金融产品。加大对区域内能源、交通、水利和城乡基础设施建设的投资支持力度。在廉租房和棚户区改造、节能减排和民生工程等方面给予支持。加快股权投资机构发展，设立创业投资引导基金。支持有条件的地区设立海关特殊监管区域。增加大连商品交易所交易品种，扩大规模。

第五节 加强规划组织实施

强化组织领导。辽宁省人民政府要制定实施方案，明确工作分工，完善工作机制，落实工作责任，按照本规划确定的功能定位和发展重点，抓紧推进相关项目的组织实施，并做好区域内相关规划的修编和调整。国务院有关部门要根据职能分工，加强指导协调，对规划实施中出现的新情况、新问题要统筹研究，及时提出对策建议。加强监督评估。发展改革委要加强对规划实施情况的跟踪分析和督促检查，组织开展规划实施情况的评估，向国务院报告规划实施情况。完善社会监督机制，拓宽公众参与渠道，引导社会力量参与规划的实施和监督。

国家发展和改革委员会

二〇〇九年七月

中国图们江区域合作开发规划纲要

— 以长吉图为开发开放先导区

前言

为深入贯彻落实科学发展观，在新的历史起点上进一步推进图们江区域改革开放，加快提升我国东北地区沿边开放的水平和质量，依据国务院长期以来关于中国图们江地区开发开放以及参与东北亚区域合作的有关文件精神，并与《东北地区振兴规划》相衔接，编制本规划。

本规划的主要范围是中国图们江区域的核心地区，即吉林省范围内的长春市、吉林市部分区域 和延边州（简称长吉图），同时辐射我国其他参与图们江区域国际合作的辽宁省、黑龙江省和内蒙古自治区等地区，并涉及我方与周边国家合作的相关内容。

规划期自2009年至2020年。本规划是指导中国图们江区域特别是长吉图地区合作开发的行动纲领和编制相关专项规划的依据。

一、重大意义

1992年，在联合国开发计划署的倡导下，中、俄、朝、韩、蒙五国共同启动了图们江区域合作开发项目。16年来，在合作各方的积极推动下，图们江区域合作机制不断健全，合作领域不断拓展，合作方式不断创新，为进一步推进中国图们江区域国际合作以及东北地区的对外开放打下了坚实基础。长吉图地区特别是对外合作前沿地区经济社会加快发展，开发开放取得明显成效，主要表现在：经贸往来日益密切，珲春边境经济合作区、出口加工区、中俄互市贸易区等合作平台不断健全，作用进一步凸显；国际通道建设进展顺利，长春－图们高速公路、珲春－俄罗斯扎鲁比诺港铁路全线贯通，口岸功能不断完善；保障和支撑经济社会发展的基础设施条件大幅改善，一批能源、水利等重大基础设施工程相继竣工，有的已经开始发挥作用；我国参与大图们江区域合作的主体格局初步形成，珲春市与毗邻地区投资、贸易、旅游和过境运输等领域有了实质性进展，边境合作开发与吉林省腹地特别是吉林、长春等地区呈现互动发展态势。实践证明，图们江区域国际合作开发极大地加快了长吉图地区的对外开放进程，极大地改善了这一地区的基础设施环境，极大地提高了这一地区的人民生活水平，极大地促进了这一地区的经济社会全面进步。充分利用现有基础，深入推进长吉图地区开放开发和图们江区域开发合作，具有十分重大的战略意义。

（一）有利于增强我国在图们江区域合作中的综合实力，推动合作开发再上新台阶。经过十几年的开发建设，图们江区域已成为我国参与东北亚地区合作的重要平台。牢牢把握区域经济一体化不断加快的大趋势，统筹国内和国际两个大局，在东北地区加快培育基于图们江、面向东北亚的开放载体，有利于增强我国参与图们江区域合作的综合实力，不断提升合作开发的层次；有利于生产要素跨境流动和优化组合，加强我国与东北亚国家经济互补关系，实现互利共赢，进一步营造东北亚地区和平发展的国际环境。

（二）有利于提升沿边地区的国际合作和对外开放水平，形成我国东北地区新的经济增长极。我国图们江区域与东北亚国家资源禀赋互补性强，经济技术合作的空间广阔，加快发展的潜力巨大。以推进长吉图率先发展为重点，全面推进中国图们江区域合作开发，有利于为深化沿边开放探索经验，增强自我发展能力；发展形成长吉图开发开放先导区，有利于挖掘对外开放合作的潜力，形成具有发展活力的新的增长区域，为全面振兴东北老工业基地和促进区域协调发展发挥促进与支撑作用。

（三）有利于加快沿边地区经济社会发展，推动边疆民族地区繁荣稳定和长治久安。延边朝鲜族自治州是我国最大的朝鲜族人口集中居住地，既沿边又近海，区位优势明显。加快图们江区域的开发开放，有利于作为前沿的延边朝鲜族自治州充分发挥比较优势，创新体制机制，增进民族团结，进一步增强经济实力，大幅度改善人民生活；有利于密切我国与周边邻国的经贸关系，提升开放水平，扩大合作领域，实现兴边富民，构建和谐边疆。

从当前看，加快图们江区域合作开发还面临着一些不利因素，主要有：对外运输道路通而不畅，产业国际竞争力不强，腹地与前沿联动不够，窗口地区经济总量不大，体制机制创新不足等。要充分发挥优势、积极弥补不足，按照长期谋划、内外结合、突出重点、分步实施、务实操作的基本思路，进一步拓展区域合作的范围和领域，不断创新区域合作的模式和机制，着力增强区域合作的活力和实效。

二、总体要求

（一）指导思想。

高举中国特色社会主义伟大旗帜，以邓小平理论和“三个代表”重要思想为指导，深入贯彻落实科学发展观，深化改革开放，以长吉图为开发开放先导区,立足图们江，面向东北亚，服务大东北，全面推进图们江区域合作开发。坚持调整和优化产业布局，构建结构合理、技术升级的特色产业新体系；坚持保护与开发并举，探索资源节约、环境友好的开发新路子；坚持大胆创新和率先示范，建设富有活力、运行高效的我国沿边开放新机制；坚持统筹国内与国际合作，培育优势互补、互利共赢的联动发展新格局，努力建设我国沿边开放开发的先行区和示范区。

（二）战略定位。

— 我国沿边开放开发的重要区域。以长吉图开发开放先导区建设为主体，鼓励在促进沿边地区与内陆腹地优势互补和联动发展、开拓陆海联运国际运输新通道、探索沿边地区跨境经济合作模式等方面先行先试，推动图们江区域合作开发在更高层次上向纵深发展，为全国沿边开放开发提供经验和示范。

— 我国面向东北亚开放的重要门户。适时推进跨境交通运输工程合作建设步伐，尽快打通东北东部铁路和公路大通道，逐步建成我国东北地区新的国际通道。

— 东北亚经济技术合作的重要平台。以珲春边境经济合作区为窗口，依托长吉图产业基地，吸引域外投资者参与调整产业结构和优化产业布局，加强边境区域经济技术合作，推动建设跨境经济合作区，使长吉图区域成为东北亚地区优势互补、内外联动的有效合作载体，为构建更加开放的经贸合作区域创造条件。

— 东北地区新的重要增长极。发挥区位独特、政策集成、环境容量大、资源承载力强的比较优势，做大做强特色优势产业，进一步优化区域产业分工协作，合作建设具有核心竞争力的新型工业和现代服务业、现代农业示范基地，充分发挥长吉图开发开放先导区在吉林省经济社会发展的引擎作用，提升东北地区的整体综合实力。

（三）发展目标。

到 2012 年，珲春市对外开放窗口功能显著提升，延(吉)龙(井)图(们)开放前沿功能进一步完善，长吉的腹地支撑能力进一步提高，区域整体综合实力明显提升。长吉图经济总量在现有基础上力争翻一番，产业结构进一步优化，生态环境更加优良，森林覆盖率保持在 60%以上，基本公共服务体系初步建立，国际合作平台作用凸显，进出口贸易总额大幅度提高，成为我国东北地区经济发展新的亮点。

到 2020 年，中国图们江区域对外开放水平实现重大突破。特色产业体系形成明显竞争优势，科技创新能力达到国内先进水平，森林覆盖率达到 68%，大中城市污水处理率达到 100%，资源环境承载能力基本满足生产发展和生活富裕的要求，对内区域合作关系协调合理，对外综合运输通道全面形成并实现物流便捷畅通，城市功能完备。长吉图地区实现经济总量翻两番以上，基本公共服务体系进一步完善，建成我国东北地区重要的新型工业基地、现代农业示范基地、科技创新基地、现代物流基地和东北亚国际商务服务基地，基本形成我国东北地区经济发展的重要增长极。

三、加快建设长吉图开发开放先导区

建设长吉图开发开放先导区，加速推进长吉图地区一体化进程，并作为一个整体参与国际合作，有利于更好地发挥长吉支撑图们江区域合作开发的直接腹地作用，是我国推进图们江区域开发开放的需要，是实现东北地区等老工业基地全面振兴的需要，是加强东北亚区域各国合作的需要。要按照统筹规划、分步推进的原则，优化空间布局、明确重点任务、加大政策支持，加快先导区建设。

（一）优化空间布局。

统筹推进长吉图开发开放，促进长吉图一体化发展，形成窗口、前沿、腹地有机联结、功能协调、有效互动的空间布局。

1．形成分工明确的区域发展格局。

— 进一步发挥珲春开放窗口作用。研究赋予珲春更加灵活的边境贸易政策，探索双边、多边合作的有效方式；加快珲春俄、日、韩和香港工业园区建设，增强边境经济合作区经济实力；推进与毗邻边境地区基础设施的合作建设，推进投资贸易和人员往来便利化。适度扩大城市规模，提升国际合作竞争力，把珲春开放窗口建设成为集边境区域性出口加工制造、境外资源开发、生产服务、国际物流采购、跨国旅游等多种对外合作形式于一体的特殊经济功能区，成为图们江区域合作开发桥头堡。

— 加快提升延龙图开放前沿功能。以总体规划共制、基础设施共建、产业发展同构、公共事务同管，推进延龙图城市整合进程，强化长吉腹地与窗口之间的纽带传导功能。加快生产要素集聚，打造先进加工制造业、现代物流、旅游及高技术等产业为主体的产业体系；发挥口岸群优势，扩大经贸合作,建设延边国家级经济技术开发区；深化对日、韩、俄科技合作，加快延吉高新技术产业开发区的建设和发展，积极推进其升级为国家级高新区的工作。把延龙图建设成为图们江区域重要的物流节点和国际产业合作服务基地。

— 强化长吉直接腹地支撑能力。发挥科技、人才、产业优势，打造“长东北”新区和吉林北部工业新区，加快建设长吉国家重点开发区域,成为图们江区域的资源要素集聚高地、产业和科技创新高地、国际物流枢纽中心和东北亚国际商务服务基地。长吉地区要发挥支撑图们江区域合作开发的直接腹地作用，有选择地将相关配套产业向前沿和窗口地区转移，支持和鼓励企业利用对外通道开展国际物流业。

2．促进城镇协调发展。

提高长吉图区域城镇化水平，继续巩固长春和吉林两个特大城市核心地位，加快延龙图组合城市向大城市发展，逐步把珲春打造成为大城市，努力把区域内交通轴线的主要节点城市打造成中等城市，分步推进县城镇升级为小城市，因地制宜发展边境贸易、长白山旅游、新能源开发、资源加工、农产品加工等特色产业，加快人口向中心城镇集聚，促进区域内各类城市层次清晰、功能互补、布局合理、协调发展。

（二）加快产业提升。

以提高自主创新能力为支撑，大力推进产业结构升级，建设以现代农业和特色农业为基础、以先进制造业和现代服务业为主体的产业体系。

1． 新型工业。

要加快提升产业层次，培育壮大龙头企业，重点推进各类开发区和县域工业集中区建设，全力打造具有自主创新能力和核心竞争力的汽车、石化、农产品加工、光电子信息、冶金建材、装备制造、生物、新材料等八大新型工业基地。

汽车产业。进一步支持一汽进入世界级跨国公司行列，不断增强具有自主知识产权的整车生产能力，提高整车国产化率，重点推进百万辆汽车增产、专用车基地建设、新能源汽车开发、百户专业化零部件企业集团培育等工程。

石化产业。支持中石油吉化公司积极推进石化产业向原料多元化、产品精深化、产业延伸化发展，建设吉林化学工业循环经济示范园区，突出发展基础化工、化工新材料、配套化学品、化纤纺织、生物化工、天然气化工六大产业，推进吉化千万吨炼油、百万吨乙烯工程建设。

农产品加工业。适度发展玉米深加工，提高产品附加值；农畜产品加工要向终端食品、生物保健品方向延伸，率先建立食品安全体系，争创全国知名品牌；重点开发长白山林特产品及矿泉水特色资源，向绿色食品、有机食品、高档保健品方向延伸，提高产品的国际知名度。

电子信息产业。以长春国家光电子产业基地为龙头，加快提升产业集聚度，培育和发展光显示、激光制造及加工、光电装备制造、汽车电子、电力电子及半导体器件、软件等六大产业。

冶金建材产业。加强矿产资源整合，推动技术进步和产品升级，注重节能降耗和环境保护，建设新型矿产资源综合开发基地。规划建设敦化铁矿项目。

装备制造业。以中国北车集团长客股份公司为龙头，以长春轨道交通装备制造产业园、吉林风电核电装备产业园、长春和延边农机产业园为载体，发展独具特色的装备制造业。

生物产业。充分发挥区内生物医药和现代中药等产业发展优势，实施千亿元医药产业工程。重点建设长春国家生物产业基地、吉林生物高技术产业园区、敦化-延吉现代中药产业带，组织实施生物医药、淀粉化工、生物资源保护及开发利用等生物产业高技术工程。

新材料产业。依托吉林化工循环经济产业园区、长春高新区、吉林经济开发区，加强资源要素整合，提升自主创新能力，大力发展以特种纤维材料、合成树脂与改性材料、合成橡胶材料为重点的新材料产业。

2．现代服务业。

大力提升现代服务业层次，拓宽产业领域，着力发展现代物流、特色旅游、文化创意、服务外包、商务会展以及金融保险业。

总部经济。借助东北亚博览会平台，依托长春南部新城商务区，建设长春•东北亚国际商务区。要围绕打造东北亚总部基地，积极促进国内、国际知名企业设立地区总部，引导省内知名大中企业集团设立研发、采购、营销中心等职能总部。

现代物流业。依托区域综合交通网络，支持一批物流企业做大做强，构筑长春、珲春为两极，吉林、敦化、延吉为重要物流节点，依托珲春-阿尔山、哈尔滨-大连、东部通道等交通干线，西接内蒙、北连绥芬河及满洲里、南通大连及丹东港，形成双向流动的现代物流网络。积极引进和培育物流龙头企业，开展第三方物流，在长吉重点建设汽车、石化、农产品、建材、冶金等专业物流园区，在延龙图和珲春重点建设面向东北亚的国际物流基地。

特色旅游业。充分发挥区域内独特的旅游资源优势，以生态游、民俗游、冰雪游和边境游为主题，以长白山自然保护区、松花湖风景名胜区、净月潭森林公园为重点，突出景区升级改造、旅游资源开发、旅游设施建设，着力培育一批特色突出的高品位旅游景区，深入开发一批吸引力强的知名旅游线路，策划宣传推介一批全国一流的名牌旅游产品，建成融生态、民俗、冰雪于一体的国际知名旅游目的地和国内旅游活动中心，形成特色鲜明的长吉图旅游产业带。

文化创意产业。发挥区域内民族风情和关东历史文化特色，加强文化产业设施和基地建设，打造东北区域动漫及创意产业中心。依托长春、吉林和延边现有的文化创意产业园区，集中力量建设影视、歌舞、汽车文化、出版印刷、艺术品流通、艺术创作、展览等多功能的文化创意产业基地。

服务外包产业。充分发挥区域内高校、科研机构及企业的信息产业人才和研发优势，大力发展软件与信息服务外包，不断扩大对日、韩服务外包，积极开拓欧美市场。鼓励软件企业与高校、科研院所及国际知名软件企业合作，打造软件与信息服务外包产业集群。

商务会展业。大力培育会展主体，完善会展基础设施，健全会展业运行监管机制。积极开展国际合作，引进知名会展企业落户，围绕资源、产业、产品、文化、区位等特色优势，把“中国吉林•东北亚投资贸易博览会”、“中国长春国际汽车博览会”、“中国长春国际农业食品博览交易会”办成全国著名会展品牌。

金融保险业。积极推进地方金融机构改革，整合区域内金融资源，壮大地方金融实力，积极引进国内外各类金融、证券、保险等金融机构，拓展国际金融业务，优化区域内金融生态环境。

3．现代农业。

以扩能力、增收入、强基础、保安全、建制度、重民生为总体要求，实施《吉林省增产百亿斤商品粮能力建设总体规划》，加快灌区改造、沃土培肥、黑土区治理、标准粮田、良种培育和推广、全程农业机械化示范、生产技术集成与普及、病虫草鼠害预防、空中云水利用等项目建设，稳步提高区域内粮食综合生产能力。实施畜牧业攻坚战略，推动畜牧业产品、质量、管理、规模全面升级。推进水产标准化健康养殖，发展特色水产品生产。实施园艺特产创业计划、棚膜蔬菜建设、人参产业振兴计划、北药现代化基地、林业产业化等特色农业发展工程。

4．科技创新。

加大科技投入，加快推进技术创新工程，发展高新技术产业集群，促进科技成果产业化，为产业发展提供强劲支撑和动力。积极发挥省部合作平台的指导作用，依托高校、科研院所及企业，瞄准国际国内高新技术产业发展前沿和方向，针对区域内重点产业关键技术和共性技术，建设和完善产业共性技术研发平台，集中力量、联合攻关，在关键领域和核心技术研发上取得突破。企业要以提升产业竞争力为核心，围绕重点产业和技术优势领域，加强自主创新资源整合，建立自主创新体系及运行机制。建立健全政府支持、市场引导的产学研内在结合机制，完善科技中介服务体系，搭建科技成果转化服务平台，促进科技、人才优势转化为产业和经济优势。重点建设和完善一批科技创新中心、国家工程实验室、国家工程研究中心、国家和省认定企业技术中心、国家合作平台或研发中心，把长吉图建设成为全国重要的创新型区域。

（三）加强基础设施和生态环境建设。

大力提升交通、水利、能源、信息等基础设施的共建共享、互联互通能力与水平，注重生态建设和环境保护，建立长效生态补偿机制和生态环境共治机制，为推动与相邻省区及东北亚国家的开放合作提供强有力的支撑与保障。

1．交通。完善区域内综合交通运输体系，以畅通区域对外通道和省际通道为重点，构建南北纵横、东西贯通、布局合理、衔接顺畅、高效一体的立体交通网络。加快以长春为核心枢纽的哈大客运专线、长吉客运专线、吉林至图们等铁路建设，推进干线扩能改造和连接辽宁、黑龙江两省的省际支线贯通工程。重点建设高速公路及中心城市环线，形成区域高速公路网，加快国省干线公路、旅游公路建设。适时开展长春龙嘉机场二期、延吉机场迁建论证工作，统筹研究吉林机场复航改造事宜。

2．水利。按照确保区域内防洪安全、供水安全和粮食生产需要，统筹该地区水资源的开发、利用、节约、保护及水害防治工作，大力推进水利基础设施建设，重点建设防洪抗旱、供水水源、农田水利三大重点工程。加强松花江、图们江等大江大河和重点城市防洪建设并达到设计防洪标准，加强图们江界河防护，全面完成区域内病险水库除险加固任务。实施中部引松供水等重点城市水源工程，加快农村饮水安全工程建设，加强水源地水土保持及面源污染防治工作。加快实施大型灌区及重点中型灌区的续建配套，努力提高灌区配套率。

3．能源。优化能源结构，积极推进火电、核电、抽水蓄能电站、生物质发电、风电等重大电源项目建设，提高可再生能源比重。启动珲春电厂三期、敦化抽水蓄能电站项目，努力提高区域内能源自给率。加快大中型现代化煤矿建设。加快建设长春－吉林天然气长输管线，规划建设吉林－延边天然气长输管线。加大煤炭、油页岩等资源的地质勘查，建设汪清、农安等大型油页岩加工基地，做好油页岩尾矿的综合利用。

4．信息基础设施和信息服务。加强区域内信息基础设施建设，提高长吉图区域数字化水平。提升骨干电信传输网络、宽带接入网络建设水平，加快第三代移动通信、数字电视、下一代互联网建设。促进区域内信息资源开发利用，加快建设统一的电子政务、新农村综合信息服务平台、信息安全保障数据中心，以及公共数据交换中心，实现电子政务网络的互联互通和资源共享。促进电子商务服务业发展，加强电子商务支撑体系建设，改善电子商务发展环境。

5．生态建设与环境保护。按照产业集聚、布局合理、用地集约、环境友好的原则，积极推进开发区和工业园区提升改造，推进交通基础设施、城乡建设用地集约化。加快区域内城镇和工业集中区污水处理厂建设。支持区域内九台、蛟河、敦化、和龙、汪清和珲春等资源型城市加快转型。加强资源节约与综合利用，大力发展循环经济，推行清洁生产，建立绿色技术支撑体系和节能环保制度。实施长白山天然林保护、松花江流域水污染治理及水体保护、中部黑土地治理工程，进一步提升区域生态承载力和环境容量，构建生态优良、环境优美、人与自然和谐的宜居生态示范区。

（四）推进体制机制创新。

1．理顺政府、市场和企业的关系。充分发挥市场配置资源的基础性作用，加强政府规划和政策引导，发挥好政府的社会管理和公共服务职能。深化行政审批制度改革，减少和规范行政审批，提高行政效率，逐步建立起公正、透明、规范的行政管理体系。设立综合管理机构，强化在制定和实施区域发展规划、统筹产业布局、推进基础设施建设、协调重大问题等方面的协调职能。逐步打破区域行政界限，推动延龙图行政管理一体化，加强对珲春市的支持力度，提升管理层次。鼓励区域间、企业间开展经济技术合作，进一步打破行政性垄断和地区性封锁，加快推进市场一体化。积极推进国有企业改革，促进国有企业整体改制上市，进一步增强国有经济活力、控制力和影响力。大力发展民营经济，鼓励非公有制企业自身改革，建立现代法人治理结构。

2．完善涉外活动管理规制。进一步清理修订完善现有政策和各类法规，建立稳定、规范和可预见的政策环境以及与国际通行做法相适应的法制环境。创新涉外经济和管理机制，提升和完善涉外管理和服务功能，创造良好的商务环境。实施出入境管理改革，简化人员出入境手续。进一步推进“大通关”工程，设立快速通关通道，加快推行海关与企业一对一的无纸化通关模式。区域内进出口货物的检验检疫，实行直通放行和大企业驻厂制度。按照国家有关规定，合理扩大区域内县级及以上政府的投资和贸易管理权限。改革开发区管理体制，增强服务功能。完善吸引外资特别是国外战略投资者参与东北老工业基地调整改造的政策，促进图们江地区产业提升。

四、积极促进长吉图与国内区域联动

在着力推进长吉图开发开放先导区内部联动发展的同时，加强长吉图区域与国内其他区域的经济联系与合作，建立区域性联合推动机制，实现资源优势互补、产业合理分工、基础设施协同共建、区域经济协调发展，全面推动中国图们江区域合作开发。

（一）加强与吉林省其他地区的有机联动。

统筹长吉图区域与吉林省其他地区的协调发展，在对外通道等基础设施建设、产业分工与布局等方面有机联动、合力推进。

加强与吉林省南部的有机联动，共同搞好东北东部通道建设，强化与辽中南城市群和辽宁沿海经济带的联系；共同推进中部引松供水工程，增强长春、四平等城市供水保障能力；推进靖宇核电项目建设，增强长吉图电力保障能力；承接长春、吉林的产业梯度转移和产业链延伸，建设汽车零部件配套基地、现代农业和农产品加工基地；合力推进长白山旅游经济带建设，共同优化旅游线路和旅游服务，壮大长白山旅游经济；共同实施松花湖、白山湖、红石湖“三湖”的水源地保护和天然林保护工程，对长白山生态环境实施一体化保护治理。

加强与吉林省北部的有机联动，共同与北部的德（惠）扶（余）榆（树）和南部的四平市打造沿哈大经济带，形成南北对外通道；加强与黑龙江口岸城市的联系，共同打造东北地区沿边开放格局；依托长吉图的产业辐射和带动，建设农产品加工基地和资源加工基地；协同搞好松花江流域综合治理。

加强与吉林省西部的有机联动。吉林市与松原市共同建设石油化工基地，形成资源开采与加工分工协作、相互融合的区域产业集群；加快吉林省“西电东送”工程进度，积极引进域外一次能源，保障长吉图电力供需平衡，逐步完善主干电网。共同治理松花江流域，加强东北防护林建设和生态治理，打造吉林省西部生态屏障。

（二）加强与东北其他地区的协同互动。

长吉图与东北其他地区的经济联系密切，特别是在沿边对外开放方面，形成了各具特色的国际合作平台。加强产业合作和基础设施对接，进一步发挥各自比较优势，在更大的范围内统筹谋划图们江区域的开发开放，有利于形成分工明确、错位发展、互利共赢、协同推进图们江区域合作开发的新格局。

完善综合交通运输网络是东北地区联动发展的重点和基础。要以运输通道和主要交通枢纽为建设重点，统筹协调铁路、公路、港口、航空各类运输方式，提高综合运输能力，构筑“一横三纵”交通综合通道布局。充分发挥白城-阿尔山、长春-白城、长春-图们铁路通道作用，建设长春－松原－白城－石头井子省际高速公路，形成连接内蒙的横向公路运输通道；建设哈尔滨-大连铁路客运专线、适时改扩建五里坡-拉林河高速公路，形成哈尔滨－长春－大连纵向综合交通通道；建设沈阳-吉林铁路复线和荒岗-草市高速公路，形成东北东部沈阳-吉林—哈尔滨纵向综合运输通道；建设东北东部铁路和小沟岭－新开岭高速公路，形成东部沿边纵向综合运输通道。

加强沿海港与内陆港深度合作。依托南北铁路通道，改善和提升长春铁路货运口岸和吉林站现有基础条件，建设长春内陆港、吉林内陆港，利用海关跨关区快速通关等便捷通关措施将口岸功能向内陆延伸，承接大连港、营口港功能并享受相关政策，实现大连、营口沿海港和长春、吉林内陆港一体化管理。

加强煤炭、油气等能源开发利用与合作。加快石油、天然气基础设施建设，完善油气输送管道网络，研究建立区域石油天然气交易中心。改善煤炭运输条件，积极促进与内蒙古东部地区合作，规划建设大型供煤矿区。建设东北三省一区间超高压输电线路，提高电力运输效益。

统筹推进水利基础设施建设。加强防洪减灾、水资源合理配置和高效利用、饮用水安全保障、水土流失治理和水生态环境保护。加快哈达山水利枢纽等水资源调蓄重点工程建设，加强水资源统一管理，兼顾上下游用水权益，完善流域综合管理体制。

推进区域产业分工协作和优势互补。鼓励重点企业跨区域联合与重组，促进各种要素合理流动，充分发挥哈尔滨、长春、沈阳、大连等中心城市的人才和科技优势，打造东北地区高技术产业高地。

（三）推进与其他省区的深度合作。

我国东部沿海地区具有资金、技术、人才、资源等方面的优势，与图们江区域经济互补性强，加强与这些地区的经济技术合作，对于快速推进图们江区域开发开放，促进我国沿海开放和沿边开放互动十分必要。

发挥政府间交流平台引导作用，以行业协会、商会等中介组织为纽带，以企业项目合作为主体，积极推进与环渤海、长三角、珠三角、北部湾等国内综合经济实力强、开放程度高的地区合作。引进战略投资者和知名品牌，推动与国内大企业集团在基础设施建设、重大产业布局和投融资等领域进行战略合作，重点以省际合作园区为载体，大胆创新合作模式，积极承接产业转移，促进长吉图产业优化升级，全面提升我国参与图们江区域合作开发的整体实力。

积极加强与沿海地区合作，依托现有开发区，共同建设特色产业园区。在长春经济技术开发区重点发展汽车及零部件和现代服务业等产业。在长春高新技术产业开发区重点发展生物医药、光电子信息产业和先进制造业。在长春农安经济开发区重点发展注塑设备及模具、生物工程、农产品深加工、彩印包装等产业。在长春绿园经济开发区重点发展通信电子设备制造业、交通运输设备制造业、黑色金属冶炼、压延加工业、化学原料及化学制品制造业、石油加工炼焦及核燃料加工等产业；与中国北车集团合作共建长春轨道客车产业园，重点发展轨道交通、加工制造和仓储物流等产业。在长春宽城经济开发区重点发展汽车及零部件、农畜产品深加工、医药化工、装备制造和现代服务业等产业。在长春朝阳经济开发区重点发展汽车零部件、光电信息、生物制药等产业。在吉林市开发区重点发展化工、特种纤维及纺织、电子信息、生物制药、航空航天科技等产业，以及证券、担保、风险投资等服务业。与香港中华总商会等机构及企业合作，在珲春边境经济合作区重点发展高新电子制造业、金融业和物流业。

五、大力推进长吉图参与图们江国际区域合作

国际合作是贯穿图们江区域开发开放的主线，是实现大图们江区域共同发展的关键。在新的历史起点上推进长吉图开发开放和图们江区域国际合作，要统筹国际国内两个大局，创新对外开放观念，明确科学发展任务和目标，制定有效政策措施，健全完善协商协调机制，着重解决重大困难和问题，实现新突破新进展，逐步形成全方位、宽领域、多层次、高水平的图们江区域开发与国际合作新格局。

（一）加快建设国际大通道畅通工程。

重点实施综合交通运输基础设施合作项目，构筑贯通东北经济区的国际运输通道，提升长春龙嘉机场通关综合能力，建设国际空港物流通道。

1．跨境基础设施合作项目建设。积极推进珲春口岸国际商品交易中心建设，进一步完善珲春-扎鲁比诺-束草－新泻航线陆海联运。加快沿边重要口岸基础设施建设，进一步增强通关过货能力，提高口岸利用效率和经济效益。

2．国际空港物流通道建设。在长春龙嘉国际机场国航和南航公司两个海关监管库的基础上，完善龙嘉国际机场保税仓库及报关厅的功能，延伸国际空港物流通道功能，增加空港货物吞吐量。完善公共信息系统，以经营航空货物为特色，发挥辐射作用，建设成为东北腹地进出口空地联运中转点和配送中心、东北亚航空物流中心。强化延吉空港国际物流功能。

（二）积极推进跨境经济合作区建设。

充分发挥珲春边境经济合作区在图们江地区开发开放中的作用，尽快形成集投资贸易、出口加工、国际物流等于一体的多功能经济区。积极创造条件，逐步建设跨境经济合作区。在基本建成跨境边境合作区以及图们江区域国际大通道的基础上，探讨在珲春市建立更加开放的经贸合作区域，提高边境地区的开放合作水平。

（三）加强环境领域合作。

利用日、韩、俄等国在生态环境领域的先进技术，加强资源综合利用，发展循环经济，加强图们江区域生态环境综合治理，积极推进跨国自然保护区、跨国湿地等重点地区生态建设和环境保护的国际合作。

（四）加快国际产业合作园区建设。

加强科技合作和产业融合，大力推进新型工业化进程。依托珲春边境经济合作区，加强与周边国家合作，重点发展高新电子、汽车零部件出口加工、纺织服装，以及能源及矿业开发加工、木制品加工、建材和机械装备制造。依托长春高新技术产业开发区，建设长春中俄国家级科技联合研究中心，重点发展光电子、激光、新型功能材料、生物技术研发及产业化、先进制造和信息技术等产业。依托吉林经济开发区，与俄罗斯开展双边合作，重点建设阻隔防爆技术产品、中重型卡车、小型飞机等合作项目。

（五）加强智力、文化和旅游等领域交流与合作。

1．优先推进智力合作。充分发挥区域内教育资源和人才资源优势，积极开展东北亚各国专业教育和人才培训合作，鼓励具有优质教育资源的韩、日大学与吉林大学、东北师范大学、延边大学等合作办学，提高高校的教学、科研和管理水平。推进产学（培训）研合作，增强高校、研究机构与区域内大企业、大财团之间的紧密

联系，鼓励和支持企业设立专项资金，委托高校及培训机构、研究机构开展重点科技攻关、专业咨询、技术推广、专门人才定向培训等，打造图们江区域人才培养高地和各层次人才和技术输出基地。

2．加强对外文化交流。利用中国与周边有关国家的历史文化渊源，在传承各国历史文化传统的前提下，以国家间互办文化年等活动为载体，举办工艺品和书画艺术品展销、文化旅游、歌舞表演、特色餐饮等具有各国特色和风情的、形式多样的文化交流活动。定期分别在中俄双方的吉林省长春市和滨海边疆区符拉迪沃斯托克市（海参崴）举办具有国际影响的文化交流活动，带动人员往来和经济技术合作。

3．推进跨境旅游合作。发挥东北亚各国旅游促进机构的作用，推进与周边国家开展跨国旅游合作。以区域内旅游基础设施建设、陆海空联运航线通畅、旅游市场培育、多语言旅游信息平台开发等为重点，打造图们江区域跨境旅游合作圈。

（六）创新图们江区域国际合作机制。

在现有的大图们倡议合作机制基础上，定期举办东北亚经济合作论坛、图们江区域城市论坛等专业性研讨活动，搭建互信互动的信息交流和人员往来平台。适度扩大我地方政府参与图们江区域合作开发的权限。

六、规划实施保障

要以科学发展观为指导，从统筹东北边疆地区、民族地区加快发展和积极参与东北亚区域合作的战略高度，统筹协调、精心组织、锐意创新、务实推进，采取有效举措，保障规划实施。

（一）加强组织领导。

吉林省要切实做好本规划的落实工作，制定具体实施方案，完善工作机制，落实工作责任；要在国家有关部门的指导下，组织编制有关重点领域的专项规划，按照规划确定的功能定位和发展重点，有序实施有关重大项目和工程。国务院各有关部门要加强沟通和协调，指导和帮助地方解决规划实施过程中遇到的实际困难和重大问题。中国图们江地区开发项目协调小组要进一步发挥指导和协调作用，搞好省部区际关系协调，代表中国政府参与大图们江区域合作开发机制等有关工作，注重研究新情况，提出重要建议，重大问题及时向国务院报告。

（二）强化政策支持。

国务院有关部门要依据本规划要求和本部门职能，在有关专项规划编制、政策措施制定及组织实施、重要生产力布局及重大项目安排、体制机制改革创新等方面给予积极支持。

— 统筹安排区域内新增建设用地计划指标，支持开展城乡建设用地增减挂钩工作，盘活存量闲置土地，增加区域内建设用地增量供给，确保重大项目建设用地。

— 对区域内建设项目的审批、核准、备案，给予优先支持。加大与毗邻地区交通基础设施合作项目建设的支持力度。引导和鼓励各类企业走出去开发利用境外战略资源。将区域内国际合作产业园区建设纳入双边政府间合作支持项目。支持在区域内有条件的地方研究设立海关特殊监管区域。

— 交通基础设施建设、口岸建设专项资金，依据本规划对区域内重点项目、工程或企业给予重点扶持。对外经济技术合作及外贸发展基金，依据资金管理办法规定，在同等条件下对区域内重点项目、工程和企业给予优先考虑。有关图们江地区国际合作项目可按规定程序申报亚洲区域合作专项资金。

— 继续推进区域内资源型城市经济转型工作，在重大项目布局、示范试点安排以及扶贫帮困等方面给予重点倾斜。

— 支持吉林省开展组建图们江合作开发股份银行前期研究工作，条件成熟时按有关程序报批。研究建立图们江区域合作开发信托基金，引进创业投资、股权基金和项目融资机构，鼓励境外金融机构在该区域内设立机构。

— 制定相关政策，创新人才使用机制，优化人才发展环境，加大对图们江区域的人才支持力度，鼓励与发达省份开展人才交流，引进具有国际化视野的高层次经营管理和企业家领军人物及团队；推进人才队伍建设和人力资源市场建设，培养高技能、实用型高级产业人才以及金融、商务、物流等现代服务业紧缺人才。

（三）加强监督检查。

发展改革委要会同有关部门加强对本规划实施情况的跟踪分析，做好各项工作和政策措施落实的督促检查工作，会同吉林省人民政府定期组织开展规划实施情况的评估，并将实施情况向国务院报告。完善社会监督机制，鼓励公众积极参与规划的实施和监督。

推进中国图们江区域合作开发，任务繁重，使命光荣，要进一步坚定信心，增强紧迫感、责任感，以组织实施规划为契机，广泛动员并调动各方面的积极性，解放思想、扩大开放、积极探索、务实推进，不断开创中国图们江区域合作开发的新局面。

国家发展和改革委员会

二〇〇九年八月

横琴总体发展规划

前　言

珠海市横琴岛地处珠江口西岸，与澳门隔河相望，是珠江口一个环境优美、生态良好的海岛。经过多年建设，基本实现了“六通”（桥通、路通、水通、电通、邮通、口岸通），建成了横琴大桥、莲花大桥，设立了国家一类口岸，修建了贯通全岛的环岛公路，接通了供水管道，建成了11万伏变电站，为下一步发展奠定了良好的基础。

充分发挥横琴毗邻港澳的区位优势，抓住《珠江三角洲地区改革发展规划纲要（2008—2020）》赋予珠三角“科学发展、先行先试”的重大机遇，推进与港澳紧密合作发展，对于促进珠江口西岸地区经济发展形成新的增长极，促进澳门经济适度多元发展和港澳地区长期繁荣稳定都具有重要的战略意义。

为加快横琴开发建设，发挥带动珠三角、服务港澳、率先发展的作用，特制定本规划。规划范围为横琴岛，土地总面积106.46平方公里，规划期至2020年。

第一章　横琴开发的重要意义

（一）推进横琴开发，有利于构建粤港澳紧密合作的新载体，为珠三角地区“科学发展、先行先试”创造经验。《珠江三角洲地区改革发展规划纲要（2008-2020年）》赋予珠三角地区“科学发展、先行先试”的使命，鼓励粤港澳三地优势互补，创新区域合作机制，率先建立全方位、多层次、宽领域、高水平的开放型经济新格局，联手参与国际竞争。横琴作为粤港澳紧密合作的新载体，可充分发挥三地在人才、技术、市场和管理体制等方面的优势，促进区域间人员、物资、资金和信息的高效集聚和合理流动，形成新的政策优势和体制创新优势，以政策、体制创新促发展模式创新，为珠三角地区深化改革、扩大开放、探索科学发展模式进行试验和提供示范。

（二）推进横琴开发，有利于促进澳门经济适度多元发展和维护港澳地区长期繁荣稳定。2009年《政府工作报告》要求进一步加强内地与港澳的合作，巩固香港国际金融中心地位，促进澳门经济适度多元发展。以横琴为载体，通过创新合作机制与管理模式，共同打造跨界合作创新区，有利于弥补港澳土地资源有限和劳动力相对短缺的劣势，为逐步改变澳门经济结构比较单一的问题提供新的空间；也有助于粤港澳三地发挥各自优势，克服市场发育程度和相关管理制度的差异，搭建港澳地区技术、人才等优势资源进入内地的新通道。

（三）推进横琴开发，有利于共建珠澳国际都会区，重塑珠海发展新优势、培育珠江口西岸地区新的增长极。《珠江三角洲地区改革发展规划纲要（2008-2020年）》提出，珠江口西岸地区要以珠海市为核心，佛山、江门、中山、肇庆市为节点，进一步提高产业和人口集聚能力，增强要素集聚和生产服务功能，优化城镇体系和产业布局。但西岸地区目前产业集聚水平不高，缺乏发展龙头，珠海和澳门的经济总量和辐射能力与带动西岸地区发展的要求尚有一定差距。加快横琴开发，建设商务服务基地和区域创新平台，有利于吸引更多的国际高端资源集聚，共同培育珠澳国际都会区，形成珠江口西岸地区新的增长极。

第二章　总体要求和发展目标

第一节　指导思想

高举中国特色社会主义伟大旗帜，以邓小平理论和“三个代表”重要思想为指导，深入贯彻落实科学发展观，进一步解放思想，坚持改革开放，大胆探索，先行先试，充分发挥横琴独特的区位优势，推进体制机制创新，突出发展特色，着力形成核心竞争力，着力实现经济社会和生态环境协调发展，着力推进粤港澳紧密合作，为促进珠江口西岸地区经济发展形成新的增长极，促进澳门经济适度多元发展和港澳地区长期繁荣稳定提供有力支撑。

第二节 发展定位

以合作、创新和服务为主题，充分发挥横琴地处粤港澳结合部的优势，推进与港澳紧密合作、融合发展，逐步把横琴建设成为带动珠三角、服务港澳、率先发展的粤港澳紧密合作示范区。

——“一国两制”下探索粤港澳合作新模式的示范区。创新通关模式，以横琴为载体大力推进粤港澳融合发展，聚合珠三角的资源、产业、科技优势与港澳的人才、资金、管理优势，加强三地在经济、社会和环境等方面的合作，率先探索建立合作方式灵活、合作主体多元、合作渠道畅顺的新机制，为推进粤港澳更紧密合作提供示范。

——深化改革开放和科技创新的先行区。在内地与香港、澳门关于建立更紧密经贸关系的安排（CEPA）框架下进一步扩大开放，进一步发挥香港、澳门的自由港优势，大力推进通关制度创新、科学技术创新、管理体制创新和发展模式创新，为港澳人士在横琴就业、居住和自由往来提供便利，大力提升国际化水平，建设高水平的科技创新和产业化基地，在改革开放的重要领域和关键环节率先取得突破，为珠三角“科学发展、先行先试”创造经验。

——促进珠江口西岸地区产业升级发展的新平台。加强珠澳合作，大力吸纳国外和港澳的优质发展资源，打造区域产业高地，通过高技术的转移、扩散和外溢效应，促进珠三角和内地传统产业的技术改造和优化升级。拓展澳门的产业发展和教育科研空间，促进澳门经济适度多元发展。

第三节 目标和任务

（一）发展目标。

经过10到15年的努力，把横琴建设成为连通港澳、区域共建的“开放岛”，经济繁荣、宜居宜业的“活力岛”，知识密集、信息发达的“智能岛”，资源节约、环境友好的“生态岛”。主要发展指标如下：

序号	指标	2015年	2020年
1	总人口（万人）	12	28
2	人均GDP（万元/人）	12	20
3	研发投入占GDP比重（%）	3.5	5
4	万元GDP用水量（立方米）	37	33
5	污水处理率（%）	>90	100
6	城市生活垃圾无害化处理率（%）	100	100
7	绿化覆盖率（%）	47	50

（二）主要任务。

——加强粤港澳在金融服务、产业政策、投融资改革等方面合作，积极探索通关模式，建立多渠道、多形式的交流合作体系；

——以全面实施CEPA框架协议为突破口，打造服务业发展的新优势，建设以高端服务业为主导的现代产业体系；

——以科技创新为核心，培育一批以实用技术和重大产品开发为主业的高技术企业，建设开放型的区域创新体系；

——以跨界交通基础设施建设为重点，推进粤港澳交通一体化发展，构建开放通达的交通运输体系；

——完善信息网络基础设施，构建便捷高效的信息网络体系，以信息化推动现代服务业和高新技术产业的发展；

——完善公共服务和社会保障，创造适宜自主创新、自主创业的综合城市环境，建设优质共享的社会服务体系；

——加强山林、海洋和湿地保护，修复近岸海域生态系统，建设多功能、复合型的自然生态体系；

——加强资源综合利用，全面推行清洁生产，形成低投入、低消耗、低排放和高效率的经济发展方式，建设节能减排的循环经济体系。

第三章 空间布局

第一节 功能分区

依据横琴的发展目标，采用系统推进、滚动开发的空间发展模式，构建科学合理、与产业体系相配套、与资源环境相协调的布局体系，形成各具特色、紧凑发展、紧密关联的“三片、十区”的功能布局。

（一）商务服务片。

位于小横琴山以东、以北沿河地区，大力发展有利于促进产业和人口集聚的商务服务业，形成辐射国内外的服务产业链。

——口岸服务区。位于现有横琴口岸附近，充分利用人员、物资、资金高效流动的优势，同时结合港澳优势，建设亚太地区具有重要影响力的现代服务型口岸地区。

——中心商务区。位于与澳门一河之隔的北山咀地区，主要发展信息服务、外包服务、商务办公等产业，构建国际化的工商支持服务体系，建设珠海乃至珠江口西岸最有吸引力、最具活力、高端商务人才最集中的亮点地区。

——国际居住社区。位于马骝洲水道以南、小横琴山北侧，为岛上人员提供具有国际一流水准的优质生活环境。

（二）休闲旅游片。

位于大横琴山以南，横琴岛南侧的沿海地带，着力打造与港澳联动发展的旅游精品项目和精品线路，建设山水融合、自然与人文共生共荣的休闲度假胜地。

——休闲度假区。位于自然景观资源丰富的大横琴山南部沿海地区，主要发展具有国际水准的度假酒店、影视基地以及海上运动、主题游乐、邮轮码头等休闲项目，促进香港、澳门、珠海的旅游一体化发展，携手打造世界级的“黄金海岸”。

——生态景观区。建设大小横琴山森林公园与二井湾湿地公园。大小横琴山和二井湾湿地是横琴岛的重要生态资源，运用现代科学技术在保护的基础上建设公园，实现自然景观和人文景观的完美结合。

（三）科教研发片。

位于大、小横琴山之间，中心沟两侧，重点发展具有创新引领功能的科教研发和高新技术产业等，打造开放型区域科技创新体系，提升横琴的科技创新能力和水平。

——教学区。位于环岛东路以东、口岸服务区南侧，充分利用港澳国际化专业人才培训资源优势，建立高端专业人才培训基地，突出教育、培训方面的“聚合效应”，与科技研发基地、高新技术产业区共同构建“产学研”综合体。

——综合服务区。位于区位良好的中心沟东部，是横琴岛的综合服务中心，建设服务全岛的行政办公、商业金融、文化体育、教育医疗等公共服务设施。

——文化创意区。位于环境幽静的中心沟中部，大力发展设计业、广告业、传媒业等服务产业，提高传统制造业的文化附加值；积极引进港澳及国际先进的文化创意和管理公司，开发具有国际竞争力的动漫、影视、广告等文化产品。

——科技研发区。位于自然环境优良的中心沟西部，通过集聚科技资源，吸引国内外高科技公司和高端人才，建设高水平研发中心，推进高新技术成果转化和产业化，提升自主创新能力。

——高新技术产业区。位于横琴西北角地势平整的大小芒州，主要发展电子信息、生物制药、新能源、航空零配件等高科技产业，努力建设成为自主创新和科技转化能力强的生态型高新技术产业基地。

第二节 开发强度

（一）建设用地规模。

坚持节约集约利用土地，优化布局，采用地理信息系统（GIS）对用地建设适宜性进行综合评定，加强与珠海市、镇两级土地利用总体规划衔接，并为澳门适度多元发展提供必要的空间。2015 年建设用地规模控制在 12 平方公里；2020 年建设用地规模控制在 28 平方公里，人均建设用地控制在 100 平方米。

各类建设用地规模及比例如下：

表 4-1 建设用地平衡表（2020 年）

序号	用地代码	用地名称			面积（公顷）	占建设用地（%）
1	R	居住用地			590.65	21.09
2	C	公共设施用地			704.63	25.17
		其中	C1	行政办公用地	51.70	1.85
			C2	商业金融业用地	230.35	8.23
			C3	文化娱乐用地	115.08	4.11
			C4	体育用地	150.21	5.36
			C5	医疗卫生用地	8.94	0.32
			C6	教育科研设计用地	144.85	5.17
			C7	文物古迹用地	3.5	0.13
3	M	工业用地			292.79	10.46
4	W	仓储用地			92.09	3.29
5	T	对外交通用地			167.51	5.98
6	S	道路广场用地			415.00	14.82
7	U	市政公用设施用地			101.98	3.64
8	G	绿地			415.85	14.85
		其中	G1	公共绿地	250.09	8.93
			G2	生产防护绿地	165.76	5.92
9	D	特殊用地			19.50	0.70
合计		城镇建设用地			2800.00	100

（二）空间管制。

根据资源环境、工程地质等城市安全条件，结合可持续发展目标，科学划定禁建区、限建区、适建区和已建区四大空间管制区，引导横琴有序开发。

——禁建区。指为维护区域生态安全和自然人文特色，实行严格保护的地区，禁建区包括大小横琴山、二井湾红树林湿地以及磨刀门水道与马骝洲水道交界处的滩涂湿地等，面积为 57.90 平方公里；

——限建区。指为实现规划目标，在规划期内严格限制开发建设的区域，面积为 20.56 平方公里；

——适建区。指根据其用地性质和利用现状，适合在规划期内开发建设的地区，面积为 17.84 平方公里；

——已建区。指现状已经建成的地区，面积为 10.16 平方公里。

表 4-2 “四区”划定表

分区	面积（平方公里）	管制要求
禁建区	57.90	原则上禁止任何建设活动。
限建区	20.56	严格限制开发建设。对选址有特殊要求、确有必要开发建设的，在不突破规划建设用地规模的前提下，可申请对规划布局进行调整。
适建区	17.84	节约集约用地，结合发展目标，科学合理的确定开发模式、规模和强度。
已建区	10.16	综合协调区内功能布局，继续完善配套设施，加强更新改造和

		环境整治。
合计	106.46	——

（三）主要功能区开发强度。

在注重生态环境保护、合理配套城市景观和市政设施的前提下，对各功能区的开发强度实施分类指导和严格控制，将横琴建设成为土地节约、集约、高效利用的示范地区。

表 4-3 开发强度表

序号	主要功能区	建筑密度	限高（米）	绿地率（%）	容积率
1	中心商务	30%	180	35	3.0—4.0
2	综合服务	35%	120	35	2.0—2.5
3	口岸服务、国际居住社区	30%	80	35	1.5—2.0
4	科技研发、文化创意、教学区	25%	50	40	1.2—1.5
5	高新技术产业	30%	50	35	1.2—1.8
6	休闲度假	20%	30	45	0.8—1.2

第三章 产业发展

第一节 产业发展目标

加快转变产业发展方式，优化产业结构，发展以高端服务业为主导的现代产业。深化落实 CEPA，为澳门居民在横琴投资、就业创造条件，促进澳门经济适度多元发展。

——建设珠江口西岸地区的区域创新平台，形成研发设计、文化创意等若干产业集群，实现要素向园区集聚、企业向园区集中。

——建设服务港澳的商务服务和休闲旅游基地，形成一批有影响力的商务企业，接待游客人数大幅度增加。

——到 2020 年，第三产业增加值占地区生产总值的比重超过 75%，达到世界发达国家以服务业为主导的中心城市水平；高技术产业增加值占工业增加值的比重不低于 80%。

第二节 产业发展重点

充分发挥横琴的区位、环境和政策优势，吸引港澳和国际高端人才和服务资源，重点发展商务服务、休闲旅游、科教研发和高新技术等产业。禁止博彩业。

（一）建设粤港澳地区的区域性商务服务基地。

充分利用香港国际金融中心、贸易中心的地位及资讯发达的优势，拓展澳门作为国际性商贸平台的带动效应，鼓励港澳的商务服务优势向横琴拓展，重点发展信息服务、外包服务、商贸服务等产业，将横琴建设成为珠江口西岸地区率先承接港澳服务功能的区域性商务服务基地，为珠江口西岸地区及广大内陆地区发展提供全方位的服务。

1．培育现代信息服务业。

吸引港澳国际资讯服务企业在横琴发展，依托国内信息基础设施和信息产业人才，整合商业化信息产业资源，着力抓好信息数据库建设和规模化产业经营，把横琴建设成促进珠江口西岸地区产业升级、产品推广和澳门建设区域商贸平台的现代信息服务产业基地。

——推进粤港澳区域电子商务合作。大力支持电子商务企业进入横琴，建立多币种商务交易应用服务平台，提供面向珠澳各类企业的第三方电子商务服务，以及面向珠江口西岸地区专业市场、产业园区、产业集群的电子商务平台服务，建设以横琴为中心的珠江口西岸地区物流信息交换中枢和国际电子商务中心。

——加强信息资源开发利用，推进公共基础性数据库建设。加快信息资源开发产业化进程，整合区域网络资源，推动各大电信企业对横琴电信资源的共同开发利用，实现电信基础设施的共建共享。创新信息服务的技术规范和安全机制，提供基础信息网络和重要信息系统安全保障技术服务。鼓励珠海及横琴结合发展实际，统筹国际通信需求，通过建设国际通信专用通道等方式提高国际通信能力，保障国际通信高效、安全、畅通。

2．发展外包服务业。

充分发挥横琴的区位优势，积极发展以电子信息、金融后台服务等为主的外包服务业务，将横琴建设成为澳门、香港第三产业的后台服务基地。

——设立服务外包园区。支持承接港澳金融、物流等行业的后台服务。

——重点建设金融后台服务基地。支持在横琴发展金融后台服务产业，引导和鼓励港澳地区金融机构、国外金融机构，以及内地金融机构在横琴设立各类后台服务机构。

3．发展商贸服务业。

依托港澳，不断完善和壮大横琴商业贸易产业，努力提升服务水平，推动总部经济发展，将横琴打造成为粤港澳的商贸服务基地和服务业合作发展的平台。

——打造商业特色街。建设名牌名店商业街、世界美食街、酒吧茶艺风情街等，鼓励世界名牌服装精品、特色美食、中华老字号餐饮等品牌和连锁企业在横琴落户。

——完善报税、展示、加工、仓储、运输、冷藏、包装、配送、电子商务、保险、国际货代、报关等现代服务功能，为横琴的现代服务产业体系提供有力支持。

（二）建设与港澳配套的国际知名旅游度假基地。

利用香港、澳门对国际高端游客的吸引力，结合横琴海岛型生态景观的资源优势发展休闲度假产业，将横琴打造成为与港澳配套的国际知名休闲旅游胜地；发展高品质度假旅游项目，把粤港澳特色旅游资源串联成“一程多站”的旅游线路，开辟旅游共同市场，增强澳门旅游业对珠江口西岸地区的辐射力。

——整合现有旅游资源，发展高品质休闲度假项目，建设高档度假酒店、疗养中心、游艇俱乐部、滨海游乐、湿地公园等海岛旅游精品，建立合理、完善的旅游产业链，充分挖掘潜力，提升横琴的旅游产业水平。

——加大对旅游业及相关服务产业的政策扶持力度。对旅游建设项目在用地、信贷等方面给予政策支持；搞好旅游配套设施建设，加强旅游市场管理，提高旅游接待能力；促进港珠澳区域旅游一体化，扩大区域和国际间的旅游合作，共同开发旅游市场。

（三）建设珠江口西岸的区域性科教研发平台。

依托港澳科技教育资源优势和内地人才资源，加强粤港澳三地的科技合作与交流，重点发展研发设计、教育培训、文化创意等产业，将横琴建设成为服务港澳、服务全国的区域创新平台，促进澳门传统产业的转型升级，提升珠江口西岸地区的自主创新能力。

1．培育研发设计产业集群。

通过汇聚港澳及国内外优势科技资源，特别是将港澳的商业化研发和广东的基础性研发相结合，构建开放的科技创新体系。着力抓好集成创新和消化吸收再创新，积极推进原始创新，提高面向珠澳优势产业核心技术的创新能力。加快创新成果转化，培育技术市场，促进技术扩散，使横琴成为珠江口西岸地区乃至华南地区重要的技术创新摇篮。

——开展省部联合自主创新综合试验，着力建设横琴省部产学研合作综合示范区。鼓励横琴企业与国内外大学、科研机构联合开展产学研合作，建立产学研技术创新联盟、省部产学研结合示范基地和创新平台；有计划、多渠道地吸引和促进国内外名校、科研院所在横琴进行高新技术项目的研发、中试和产业化，加快产学研一体化和科技创新步伐。实施企业科技特派员启动计划，支持布局建设国家重大科技基础设施、重要科研机构和具有重大创新能力的项目。

——构建开放融合的创新体系，着力引进研发机构。加大引进力度，鼓励国内外科研机构在横琴建立分支机构，鼓励跨国公司和世界500强企业在横琴设立先进制造业高端研发中心或研发总部，加快建设以企业为主体的科技创新体系。充分利用现代信息技术，引进、消化、吸收、再创新先进制造业中的中高端生产环节和生产工艺，促进珠澳制造业的升级改造。

2．开展教育培训。

充分利用香港和澳门国际化专业人才培训资源优势，建立面向粤港澳三地，以高端专业人才、技术人才培训和普通高等教育为主的教育培训园区，开展全方位、宽领域、多形式的智力引进和人才培养合作，优化人才培养结构。

——吸引港澳及内地高校在横琴办学。利用名校品牌资源，汇集名校师资力量，有系统、全方位地培养适宜澳门和珠江口西岸地区产业发展需求的技术人才，为珠江口西岸地区各级政府和社会管理阶层开展高级培训，培养更多更具国际化思维和市场开拓能力的新型管理人才。

——建设虚拟大学园。通过网络连通大学、大学派出机构及研究机构，搭建合作互动平台；创造教育机会，提高培训质量。

3．发展文化创意产业。

促进港澳以及国际文化创意产业与珠江口西岸地区的产业升级需求相结合，以工业设计、会展设计和动漫设计等为重点，吸引港澳及珠三角的文化创意产业人才，培育一批有国际竞争力、有知名品牌和自主知识产权的大企业和一批有增长潜力的中小企业，形成集群效应和规模效应，把横琴建设成为珠江口西岸地区重要的文化创意产业基地。

——打造特色园区，形成统一的区域品牌。整合要素，形成合力，吸引海内外文化公司、设计企业进园发展，扩大横琴文化创意产业的区域品牌影响力。

——打造文化创意产业发展平台体系，提高文化创意产业生产效率和水平。引导政府、企业、高校、科研机构、行业组织等多元投入，共同参与，建设面向社会、资源共享的文化创意产业平台体系，如工业设计平台、辅助设计中心、快速成型中心等。

（四）建设融合港澳优势的国家级高新技术产业基地。

充分利用珠海现有的高校资源及珠海软件园、珠海航空产业园的技术支撑及珠三角的技术力量，依托国内市场需求，吸引港澳及珠三角的知识密集型制造业到横琴扩大生产，重点发展 CEPA 协议中原产于港澳，享受免税政策的电子信息、生物医药、新能源、环保、航空制造等产业，把横琴打造成为珠江口西岸地区融合港澳优势的国家级高新技术产业基地，支持澳门发展技术含量和附加值相对较高的工业，提升珠江口西岸地区的产品附加值。

——吸引国内外高端电子信息、节能环保、航空零配件企业向园区转移集聚。其中，电子信息产业着力建设软件基地和集成电路、IC 设计基地及各类专业孵化器，吸引国内外电子信息领域研发机构入驻；节能环保产业着力发展风能、太阳能、环保技术设备等；航空产业着力发展航空零配件、航空电子等。

——鼓励澳门、香港与内地特别是广东开展生物医药科技合作，打造横琴生物医药产业集群。研发具有高新技术水平的制剂产品、高附加值的原料药和海洋药物，发展医药中间体、基因工程和生物工程制药、工业酶制剂、新型合成与半合成药物等生物制药领域，积极延伸现有医药产业链，向医疗器械、生物制药等高科技环节扩展。

第三节 产业发展策略

（一）加强适应横琴发展需要的高端产业人才体系建设。

加快留学生创业园、博士后科研工作站和创新实践基地建设，吸引港澳及国内外优秀人才和创新团队到横琴创业，采取灵活多样的方式，引进国内外知名专家、拔尖人才和高层次留学人员。建立横琴人才培训体系，充分开发多层次的人力资源，加快培养科技精英、创新人才、高级管理人才和大批高素质劳动力。支持开展工业设计人员等职业能力评价认证体系试点。创新人才引进、培养、评价、任用、表彰激励和服务保障机制，实施高端人才引进计划和培养工程，搭建高端人才聚集的平台，形成人才高地。

（二）积极实施以企业为主体的自主知识产权品牌战略。

加强各类企业技术研发中心建设，鼓励企业加大研发投入。建立和完善增强企业自主创新能力的政策体系，完善企业自主创新激励机制，全面落实企业研发费用税前加计扣除等优惠政策。以自主知识产权品牌带动珠江口西岸地区及澳门优势产业发展，加强科技基础条件平台建设，积极培育开发电子信息、生物工程、生物制药、新能源、航空电子等领域具有自主知识产权和较强市场竞争力的核心技术和产品。将打造以企业为主体的品牌战略和推广“横琴创造”、“横琴设计”的区域特色品牌相结合，创新和推广横琴发展模式，提高区域产业竞争力。实施知识产权和技术标准战略，加大知识产权保护和应用力度，支持参与和开展行业、国家和国际有关标准的制订工作。

（三）建立多层次的产业投融资体系。

拓宽直接融资渠道，建立创业投资引导基金，培育股权投资机构，支持符合条件的横琴开发运营机构和企业在全国银行间市场发行债务融资工具，或直接发行企业债券。创新中小企业融资模式，建立中小企业信用担保机构和区域性再担保机构。鼓励发展小额贷款公司和中小企业投资公司。探索开办和推广知识产权、收益权、收费权和应收账款质押融资，积极发展租赁融资。吸引国际企业参与横琴的投资建设。稳步增加地方财政对横琴产业发展的投入，完善政府对科教研发和高新技术产业的支持机制。

第五章 基础设施

坚持可持续发展和以人为本，加快横琴基础设施建设，建立以公共交通为主导的高标准、现代化的综合交通体系，引导城市空间发展和功能布局优化；以节水、节能及绿色城市为目标，合理利用资源，建立创新型、环保型、节能型的现代化市政公用设施体系，实现城市功能，保障城市安全。

第一节 交通

加强与区域交通基础设施的衔接，完善集疏运和换乘系统，实现与港澳及珠江口西岸地区紧密相连；大力发展公共交通，完善内部交通网络建设，提高岛内交通效率。

（一）对外交通。

1．高速公路。规划建设高速公路，与京港澳高速公路广澳并行线（京珠高速公路）和西部沿海高速公路珠海支线（广珠西线）连接；新建金海高速公路，从横琴口岸向西沿大横琴山北麓，在二井湾南部跨过磨刀门水道，向西连接珠海机场，加强横琴与港澳、珠江口西岸地区的联系。

2．城际轨道。规划建设轨道交通线路连接珠海市区、横琴、珠海机场，与广州—珠海城际等轨道交通有机衔接，并预留与澳门连接的条件。

3．口岸。结合轨道交通车站对现有口岸进行扩容改造，将横琴口岸建设成一个集人流、物流于一体的“大通关”口岸，强化交通枢纽设施建设，实现无缝换乘和便利通关。在横琴岛与内地之间增设特殊口岸区域监管线，同步规划建设边防执勤基础设施。

4．连澳通道。预留建设两个或两个以上连接澳门的交通通道，实现两地人员及物资的畅顺流动；优先考虑在教学区与澳门之间设置便捷通行通道。

（二）内部交通。

1．道路网系统。构筑由主干路、次干路、支路组成的“环网相扣”的城市道路骨架格局。建设“两横一纵一环”的城市主干路网，将各城市组团串接起来，并与城市次干道结合成为环网相扣的道路骨架，同时通过横琴大桥、横琴二桥、莲花大桥和金海大桥实现与区域交通网络的连接。

2．公共交通系统。落实公交优先政策，以轨道交通为骨干，大力发展常规公交，建立起对私家车出行具有竞争力的一体化公共交通体系。加强轨道交通与常规公交衔接，建设横琴口岸换乘枢纽，实现“零距离换乘”。

3．慢行交通系统。以人为本，提倡步行及自行车交通方式，为步行及自行车出行创造安全、便捷和舒适的交通环境。优化完善步行交通系统，建设高品质步行空间；构建自行车廊道系统，发展“自行车+公交”出行模式，鼓励自行车短距离出行。

第二节 能源

按照适度超前的原则，加快电网建设，构建清洁、开放、安全、可靠的电力供应体系。依托省级电网，提高电网受电、供电能力和可靠性，积极开发风能、太阳能等新能源，实现区域内热电冷联供，配套建设完善的地上、地下电力通道系统，形成技术先进、清洁高效、安全可靠、环境友好的现代化城市电网。至 2020 年，横琴本地最大用电负荷保障能力达到 50 万千瓦。

加快燃气设施建设，推进城市燃气化进程，实现燃气气化率 100%。加快输气干线建设，扩大南海天然气就近向横琴及澳门供气，并与广东省天然气主干网连通。加快城市燃气管网设施建设，构建以城市高压、中压二级管网系统为框架的供气网络，城市燃气中压管网以大环小枝、环枝结合的方式敷设，构筑供应充足、储配灵活、配套完善的安全供气体系。

第三节 供排水

坚持“节流、开源”供水理念，统筹考虑节水措施，引入中水回用、雨洪利用、海水淡化等先进技术。以磨刀门水道为主要水源地，在岛外规划建设珠海市南区水厂为主供水水厂，现供水水厂拱北水厂为备用水厂，雨水调蓄池、中心沟水体为备用水源，建立水资源梯级利用、分质供水和循环利用相结合的调配体系，改善居民生活用水质量，并满足经济发展用水需求，努力把横琴建成珠三角节水型城市建设的示范区。至 2020 年用水总量 17 万吨/日，供水普及率达 100%，中水回用率达到 60%。

按照“减量化、资源化、循环化”的原则，建立雨污分流排水体制，鼓励实行污水深度处理、充分利用，努力减少污染物排放量。采用集中与分散适度结合的模式建设污水处理厂，污水经处理后汇入中水管网，实现水资源再利用；采用不同形式的雨水集蓄利用技术，充分集蓄和回用雨水资源。至 2020 年污水处理总量为 11

万吨/日，污水处理率达到100%。

第四节 信息

按照建设“智能岛”的总体要求，加快通信基础设施建设，实现通信网络的宽带化、数字化、综合化和智能化。加快互联网宽带接入能力建设，提高传输速率和网络交换能力，为建设现代信息服务基地奠定基础。统筹信息网络资源，加快推进电信网、互联网和广播电视网“三网融合”。电信企业根据需要建设目标局，并通过协商机制实现通信设施共建共享，形成岛内移动和固定全业务服务的信息网络体系。至2020年，移动电话普及率、互联网普及率和有线电视入户率均达到100%，进入全球信息化先进水平行列。

第五节 综合防灾

坚持“防、抗、避、救相结合”的方针，做好防灾、减灾工作。提高防洪防潮标准，2012年防洪标准达到50年一遇，2020年达到100年一遇。健全蓄滞洪区和雨洪利用设施，建设城市、水上、森林三者相结合的消防体系，加强地震监测预警，完善城市生命线、人防等重点地区的公共设施系统。结合横琴用地布局设置避难场所和避难通道，并配备市政、医疗救助、治安和救灾物资储备等必要设施，增强横琴综合防灾能力，保障人民生命财产安全。

第六节 基础设施发展策略

重点加强与京港澳高速、西部沿海高速、港珠澳大桥、广珠城际轨道延伸线等区域性重大交通基础设施的对接，实现区域交通与城市交通一体化。全面落实公交优先政策，优先保证各类公共交通设施用地需要，积极推广以公共交通为导向的城市开发模式（TOD）；引导合理使用私家车，加强对各种交通方式的综合调控。

促进基础设施建设与运营的市场化。以健全市场规则、完善价格调节体制和运行监督机制为前提，推行基础设施行业特许经营制度；改革投融资机制，推动基础设施建设运营市场化；按照特许经营方式，向社会公开招标，鼓励国内外各类经营主体进行投资建设和经营。

第六章 公共服务设施

按照服务区域、共建共享的理念，丰富服务层次，建立以人为本、层次清晰、布局均衡、方便高效的公共服务体系，满足横琴及更大区域范围的发展需求，为居民提供高质量、国际化水准的公共服务。

第一节 公共服务设施体系

重点发展服务横琴的大型行政、办公、文化、体育、医疗卫生、教育科研及商业等服务设施，同时积极发展服务珠海市以及更大区域范围的高标准商务办公、教育科研及旅游休闲等设施。根据服务范围的不同，将横琴的公共服务设施分为三个等级：第一级为市级公共服务设施，主要服务范围为珠海市及更大区域范围；第二级为分区级公共服务设施，服务范围为整个横琴岛；第三级为片区级公共服务设施，服务范围为岛内各功能片区。

公共服务设施	等级	服务功能
商业金融业服务设施	市级	在横琴东北角设置集商务办公、商业金融等于一体的综合服务设施，面向国际市场，吸引港澳和国际高端服务业入驻。
	分区级	在中心沟东部，设置服务横琴的行政、商业、教育、体育等设施，建设综合服务区。
	片区级	分别在各片区中心位置布置服务该片区的零售、餐饮、超市、金融、邮政等设施，高效满足居民日常生活需求。
行政办公设施	分区级	在综合服务区中部建设横琴管委会办公中心，成为横琴行政办事机构的驻地。
	片区级	分别在各片区中心位置布置服务该片区的物业管理、社区事务受理等设施，满足居民日益增长的生活服务需求。
教育科研设施	市级	在环岛东路以东、横琴口岸以南，以及中心沟西部的科技研发区，安排教育培训、科技研发等功能，提供产学研成果交流、信息咨询等功能设施，显著提升科技创新能力。
	片区级	在各居住区设置中学、小学和幼儿园，为居民提供便捷、高质量的教育服务。

文化体育设施	市级	在中心沟中部设立文化创意区，积极承接港澳创意文化辐射，建立展示粤港澳合作的特色文化窗口。在大横琴山南部设置休闲度假区，为全球游客提供高品质的休闲娱乐及服务。
	分区级	综合服务区中部建设服务横琴的体育设施，建设与现代化城市功能相匹配的城市体育中心。
	片区级	各片区均设置文化站和体育文化设施，创新公共文化服务方式，营造积极向上的文化氛围。
医疗卫生设施	分区级	在综合服务区布置服务全岛的综合医院和疾病控制中心，提供最优良的医疗卫生服务。
	片区级	各片区结合居住布局，高标准设置社区卫生服务中心，保障居民人人享有便捷的医疗卫生服务。

第二节 公共服务设施发展策略

加大地方财政对大型公共服务设施的投资力度。引导人口、资源及产业的集聚，强化公共投资对横琴城市空间结构的引导作用，规范城市空间开发的时空秩序，确保城市空间的合理发展。

实现局部地区公共服务设施的优先发展。近期公共投资的重点是完善中心商务区、口岸服务区、综合服务区和高新技术产业区的公共服务配套设施，保证首期开发的顺利完成，快速聚集人气。

第七章 生态环境

坚持生态优先原则，倡导绿色生活方式，发展循环经济，落实生态功能分区管理，构筑科学合理的生态体系，确保饮水洁净、空气清新、土地干净、食物安全、居住环境优美，将横琴建设成为宜居宜业的生态型示范城市。

第一节 生态空间结构

以森林、海洋、湿地三大生态系统为骨干，充分利用山、海、岛等生态要素，组合、串联各种自然资源和绿色空间，构建“双核、双环、绿楔交织”的城市绿网格局，形成山水与城市均衡渗透、特色与秩序同在、高端产业与高质量生活并重的优美景观，实现“人与自然和谐共生，天人合一”的宜人环境。

——构建大横琴山和小横琴山两个生态绿核。将大小横琴山高程在 50 米以上部分山体进行保护，形成城市的两大“绿核”，发挥核心景观及绿化功能，保持整体生态系统的平衡。

——构建以周边水域和生态防护林组成的两条生态屏障环。建设由十字门水道、马骝洲水道、磨刀门水道及南海海域共同围合而成的蓝色生态屏障环和沿海岸线后退 120 米以上的生态防护林、二井湾湿地组成的绿色生态屏障环，共同维护海岛生态安全，保持生物多样性。

——构建有机分布、网络交织的生态绿楔系统。构建由中心沟形成的“中心生态水廊”，重要交通通道沿线的“绿色交通廊道”和城市功能区之间的“绿化隔离廊道”形成的楔形绿地系统，发挥有机分隔与联系作用，为岛内居民提供广阔的郊野游憩休闲空间，改善城市环境质量和居民生活质量。

第二节 环境功能区划

坚持保护优先、预防为主、防治结合、源头治理与末端治理相结合的原则，科学划定环境功能分区。全年城市空气质量达到Ⅱ级以上标准；水源保护区达到地表水二类水质标准；横琴周边近岸海域，除北边海域即马骝洲水道达到三类海水水质标准，其余海域达到二类海水水质标准；城市生活垃圾无害化处理率达到 100%。

环境功能区划	功能分区	地区	分区执行标准
大气环境	二类空气环境质量功能区	横琴全岛	《环境空气质量标准（GB3095-1996）》二级标准
水环境	饮用水水源保护区	望天台水库、上牛角水库和红旗村水库	《地表水环境质量标准（GB3838-2002）》II 类标准
	景观水功能区	中心沟开发区形成的中央景观水体	《地表水环境质量标准（GB3838-2002）》Ⅳ类标准

	二类近海岸海水功能区	除马骝洲水道之外的横琴周边近岸海域	《海水水质标准（GB3097-1997）》II 类标准
	三类近海岸海水功能区	北边海域即马骝洲水道	《海水水质标准（GB3097-1997）》III类标准
声环境	1 类噪声环境质量功能区	大小横琴山；小横琴山以北的国际居住社区；环岛东路以东、口岸服务区南侧的教学区；二井湾湿地及大横琴山南部沿海地区的休闲度假区	《声环境质量标准（GB 3096-2008）》1 类标准
	2 类噪声环境质量功能区	中心商务区；中心沟两侧的科技研发区、文化创意区和综合服务区；其他居住、商业混杂区	《声环境质量标准（GB 3096-2008）》2 类标准
	3 类噪声环境质量功能区	高新技术产业区和口岸服务区	《声环境质量标准（GB 3096-2008）》3 类标准
	4 类噪声环境质量功能区	城市交通干线道路两侧	《声环境质量标准（GB 3096-2008）》4 类标准

第三节 生态环境建设策略

构筑完善的环境保护体系。加强岸线管理，严禁未经处理向海洋排放污染物、倾倒废弃物，保护海洋环境免受陆源污染；建设突发性重大生态环境监测、监管、预警、预报和应急系统网络，建成与珠海市环境监测一体化的现代化环境监测体系，实现“数字环保”目标；使用安全、节能、可循环利用的绿色建材，建设生态型居住区。进行建筑生态景观设计，推广节能型住宅、中水回用和垃圾分类收集处理，构建舒适、健康、安全、优美的宜居环境；建立环境信息公众参与机制，加大环境保护的教育和宣传力度。

构建以循环经济为主体的生态城市建设模式。用循环经济的理念指导横琴的经济建设和社会发展，以提高资源利用效率为核心，在全社会建立“资源－产品－再生资源”的反馈式流程，发展循环经济型产业，最终实现资源开发、市政服务、工农业生产、商品流转和居家生活领域的废物减量化、再利用和资源化，建立横琴建设和发展的生态经济模式。

第八章 开发管理模式

第一节 开发模式

横琴开发坚持面向世界、优先港澳、政府主导、市场运作的模式。

——面向世界：充分发挥横琴的区位、体制和政策优势，积极吸纳国际优势资源和先进要素，特别是要通过与澳门联合进行招商引资，不断拓展国际市场空间，使横琴成为扩大对外开放的重要窗口和平台。

——优先港澳：在与国际、国内投资者相同条件下，优先考虑港澳投资进入横琴，优先考虑港澳投资机构参与资源配置，大力支持澳门经济适度多元发展和香港现代服务业发展。

——政府主导：充分发挥政府宏观调控职能，制定投资准入条件及政策，强化服务意识，为企业营造良好的投资、经营环境。

——市场运作：横琴的资源配置及使用原则上采用市场化运作。

第二节 管理模式

建立两层机构、一站式服务的管理模式，包括管理委员会（以下简称管委会）和开发运营公司两个层次的管理架构，其中管委会为行政管理机构，承担行政管理职能；开发运营公司为投资建设管理机构，负责招商引资、投资建设等具体事项。

（一）第一个层次：管委会。

管委会是横琴的行政管理机关，是珠海市人民政府的派出机构，经珠海市人民政府授权，对横琴依法行使管理职能。管委会的主要职能是：根据国家法律法规和上级行政部门的授权，负责横琴行政管理和经济管理。根据有关规定和授权，行使相应的行政许可权和其他行政管理权（包括规划、土地自然资源、建设、交通、环保等行政管理权）；任免行政官员、横琴开发运营公司负责人；在权限内对投资项目和进口行使审批权；制定并组织实施横琴经济和社会发展规划；监督检查横琴规划的实施；履行社会管理职能；协调国家口岸联检部门、金融管理部门等在横琴设立的分支机构及其工作；处理横琴内的其他有关事宜。

管委会按照“精简、统一、效能”的原则设立工作机构，横琴外的行政机构一般不在横琴设立分支机构。管委会推行“一站式服务”和“社会服务承诺制”，建立 “全过程、全方位、全天候”的服务体系、“公开、公正、公平”的市场秩序和“科学、规范、透明”的法治环境。

（二）第二个层次：开发运营公司。

采取股份有限公司形式，由珠海市政府所属的投资公司控股，可以吸收中外特别是港澳机构或公司共同出资组建，实行市场化管理。主要功能是基础设施开发、招商引资、物业管理、项目管理、咨询服务、产业开发、风险投资等业务。

第九章 保障措施

第一节 政策支持

在《珠江三角洲地区改革发展规划纲要（2008-2020年）》及CEPA框架下，建立与横琴发展定位相匹配，与港澳自由港政策相适应的粤港澳合作创新机制，促进三地人员、物资、资金和信息的高效集聚和合理流动，特别是为支持澳门经济适度多元发展创造条件。

（一）将横琴纳入珠海经济特区范围。

目前，珠海经济特区范围为香洲区大部分地区，面积约121平方公里。考虑到加快推进横琴发展的需要，将横琴纳入珠海经济特区范围，并按照经济特区有关政策和办法实施管理。

（二）创新通关制度。

1．分线管理。按照既有利于横琴开发和人员、货物、交通运输工具进出方便，又有利于加强查验监管的原则，横琴口岸设置和通关制度实行分线管理。横琴与澳门之间的口岸设定为“一线管理”，承担出入境人员和交通运输工具的出入境边防检查、检疫功能，承担对进出境人员携带的行李物品和交通运输工具载运的货物的重点检查功能，承担对进出横琴货物的备案管理功能，以及承担对枪支弹药、国家秘密文件资料等国家禁止、限制的进出境物品的管理功能。横琴与内地之间设定为“二线管理”，主要承担货物的进出境报关、报检等查验监管功能，并承担对人员携带的行李物品和交通运输工具载运的货物的检查功能。

2．查验监管模式。

（1）人员。对出入境人员及其携带的行李物品，实行现行查验模式。对出入境人员携带的本外币现钞，实行严格的现场查验管理。

（2）交通运输工具。澳门牌照交通运输工具从澳门进出横琴可根据双边协议优先适用原则，由广东省政府根据国务院授权与澳门特区政府签订相关协定，就澳门机动车进出横琴事宜做出规定，且相关车辆仅限在横琴内行驶。

（3）进出境货物。对横琴与澳门之间的进出货物实行备案制，并进行重点检查。对横琴与境内区外之间的进出货物实行报关报检制。横琴内的货物自由流转。

（4）对出入境人员及携带的行李物品、交通运输工具和货物实施检疫。

3．税收政策。岛内企业比照海关特殊监管区域的税收政策执行。

4．外汇管理政策。实行境内一般区域外汇管理政策，但保税货物项下外汇管理比照海关特殊监管区域外汇管理政策执行。

5．完善口岸基础设施和边防设施，加强查验力量。

按照上述原则，有关部门要抓紧会同广东省研究制定具体实施办法和操作细则，并按规定程序报批。此项制度创新仅限在横琴试行，有关部门和广东省要在实践中及时总结经验，完善相关制度和办法。

（三）鼓励金融创新。

鼓励横琴在金融业务、金融机构准入、金融市场、金融产品等方面进行创新，拓展融资渠道。按照有关管理办法设立横琴股权（产业）投资基金。开展金融产品和服务创新试点。开办和推广知识产权、收益权、收费权和应收账款质押融资，大力发展租赁融资，支持符合横琴产业发展规划的行业和企业发展。优化电子支付环境，大力推广非现金支付工具特别是电子支付工具。在加快推进建立统一的法律制度和有效的监管机制背景下，允许横琴金融机构开展综合经营试点。研究开展个人本外币兑换特许业务试点。进一步加强广东与澳门金融管理部门、反洗钱监管部门和司法部门在反洗钱和反恐怖融资领域的政策协调与信息沟通。加强跨境外汇和人民币资金流动监测工作，防范洗钱和恐怖融资犯罪活动的发生，确保横琴外汇资金流动风险可控、有序监管。

（四）实行更加开放的产业和信息化政策。

支持横琴发展现代服务业，鼓励实行更加开放的产业和信息化政策。支持设立服务外包园区，承接澳门、香港金融、物流等行业的后台服务。鼓励创新信息化管理模式，横琴与澳门之间的电信业务采用更优惠的通信资费方案。在 CEPA 总体框架下，允许国内电信运营商与澳门电信运营商合作，经营横琴增值电信业务。

（五）支持进行土地管理制度改革。

支持横琴推进节约集约用地试点工作，创新土地管理方式，增强政府对土地供应的调控能力。根据横琴岛开发进展的需要，国家适当增加广东省新增建设用地指标，由广东省视具体情况进行安排。在不突破规划建设用地规模、不破坏海岸带和海洋生态环境的前提下，可依法适当围填海，用于发展建设。

第二节 组织实施

加强组织协调。国家和广东省有关部门要依据本规划的要求，加强对规划实施的指导和协调，帮助解决规划实施过程中遇到的问题。

加强实施统筹。珠海市是横琴开发的主体，要尽快组建管理机构，明确分工，完善机制，落实责任，将本规划与珠海市土地利用总体规划、城市规划、环境保护规划相衔接，组织实施产业发展、基础设施等专项规划，并按照规划确定的功能定位、空间布局和发展重点，选择和安排建设项目。

第十章 近期建设行动计划

第一节 近期建设规模

根据横琴近期发展的产业配置，采用就业人口测算法，并充分考虑服务澳门方面的居住人口、口岸通勤人口和旅游人口的需要，至 2015 年，人口规模为 12 万人，建设用地规模 12 平方公里。

第二节 近期建设重点

（一）重点建设片区。

1．教学区。在环岛东路以东、口岸服务区南侧、邻十字门水道，充分利用港澳国际化教育资源优势，建立以高端专业人才、技术人才培训和普通高等教育为主的教学区，横琴岛的市政配套建设要充分考虑教学区的需求，在教学区与交通枢纽及主干道间设置足够的绿化隔离带，减轻交通噪声对教学区的影响。

2．中心商务区。在十字门水道和马骝洲水道交汇的北山咀地区，促进商务办公、信息服务、外包服务等生产性服务业的聚集，大力促成区域性中心商务区的形成。

3．口岸服务区。依托横琴口岸，建设口岸服务区，充分利用人流、物流、资金流高效流动的优势，完善现代仓储、配送、运输等功能。

4．综合服务区。在横琴口岸以西，小横琴山南部，建设服务横琴的行政办公、教育医疗、商业金融、文化体育等功能的综合服务区。

5．高新技术产业区。在横琴西北角建设高新技术产业区，主要发展电子信息、生物工程、新能源、航空零配件等高科技产品。

6．休闲度假区。在横琴南部建设休闲度假区，主要布置滨海度假、滨海游乐等旅游功能区。

（二）重点建设设施。

1．交通。接通京港澳高速广澳并行线至莲花大桥；建设广珠城际轨道延伸线，实现横琴与区域轨道交通系统的对接；加强横琴口岸配套设施建设，完善口岸功能；建设环岛路、中心北路、横琴中路等主要干道和先行开发地区的部分道路，搭建城市道路网骨架；建设横琴口岸公交枢纽，初步形成公交网络。

2．能源。建成 220 千伏变电站 1 座，110 千伏变电站 3 座，建成与珠海市域相连的 220 千伏电力通道和横琴本地 110 千伏环网；近期完成横琴陆上首站和横琴门站建设，配套建成输气干线和重点地区中压管线，初步形成安全可靠的能源供应系统。

3．供排水。为保证近期供水安全，在中心北路北侧小横琴山东端新建加压泵站、高位水池各一座，水池容积 1 万立方米，泵站近期规模 5 万吨/日。新建横琴污水处理厂，近期规模为 5 万吨/日，占地面积为 6 公顷。新建雨水调蓄池，一般布局在山脚、绿地和雨水排出口等地势低洼地区，以便于雨水的收集。

4．信息。电信运营商根据需要建设目标局所，并共建共享综合通信设备间、基站等通信设施，形成移动、固话、互联网等全业务服务体系。

5．综合防灾。近期建设普通消防站3座，水上消防站1座，并结合城市绿地和广场设置避难场所和避难通道。

国家发展和改革委员会

二〇〇九年八月

促进中部地区崛起规划

前 言

中部地区包括山西、安徽、江西、河南、湖北、湖南六省，国土面积103万平方公里，2008年实现地区生产总值63188亿元，年末总人口3.6亿人，在我国经济社会发展格局中占有重要地位。为贯彻落实科学发展观，深入推进区域发展总体战略，大力促进中部地区崛起，根据《中共中央国务院关于促进中部地区崛起的若干意见》的精神，编制本规划。规划期为2009—2015年，重大问题展望到2020年。

第一章 规划背景和重大意义

第一节 发展基础

中部地区位于我国内陆腹地，具有承东启西、连南通北的区位优势。区域内人口众多，自然、文化资源丰富，科教基础较好，便捷通达的水陆空交通网络初步形成，具有加快经济社会发展的良好条件。实施促进中部地区崛起战略以来，国家加大政策支持力度，中部六省抢抓机遇加快发展，促进中部地区崛起工作取得了积极成效。

第二节 机遇与挑战

今后5到10年是中部地区加快崛起的关键时期，机遇与挑战并存。在我国积极应对国际金融危机冲击，全面实施保持经济平稳较快发展一揽子计划的大环境下，中部地区加快发展面临着诸多有利条件。同时，中部地区也面临诸多制约长远发展的矛盾和问题："三农"问题突出，工业化水平不高，城镇化水平较低，地区发展不平衡，体制改革尚需深化，生态保护和环境治理任务较重，防灾减灾能力亟待加强。解决上述问题，需要付出长期艰苦的努力。

第三节 重大意义

加快中部地区崛起，有利于发挥中部地区综合优势，克服国际金融危机带来的不利影响；有利于进一步完善促进中部地区崛起的政策体系，加快推进"三个基地、一个枢纽"建设；有利于加快形成区域协调发展新格局，确保实现全面建设小康社会的宏伟目标。

第二章 总体要求和发展目标

第一节 指导思想和原则

高举中国特色社会主义伟大旗帜，以邓小平理论和"三个代表"重要思想为指导，深入贯彻落实科学发展观，着力改革开放，创新体制机制，转变发展方式，提升经济整体实力和竞争力；着力自主创新，调整优化结构，积极承接产业转移，大力推进新型工业化进程；着力优化空间布局，培育城市群增长极，壮大县城和中心镇，积极稳妥地推进城镇化；着力加强农业基础，切实改善农村面貌，加快推进农业现代化，促进城乡一体化发展；着力发展循环经济，节约资源能源，保护生态环境，促进区域可持续发展；着力改善民生，切实扩大就业，促进社会和谐，在发挥承东启西和产业发展优势中崛起，实现中部地区经济社会全面协调可持续发展。

促进中部地区崛起要遵循以下原则：

1．坚持协调发展，重点突破。2．坚持立足当前，筹划长远。3．坚持市场导向，政府调控。

4．坚持机制创新，开放合作。5．坚持民生为本，和谐发展。

第二节 发展目标

到2015年，中部地区崛起要努力实现以下目标：

——经济发展水平显著提高。重点地区开发开放取得成效，“三个基地、一个枢纽”地位进一步提升，经济发展方式明显转变，经济总量占全国的比重进一步提高，人均地区生产总值力争达到全国平均水平，城镇化率提高到48%。

——经济发展活力明显增强。公有制经济不断巩固和发展，非公有制经济加速发展，承接产业转移取得积极成效，自主创新能力显著提高。

——可持续发展能力不断提升。万元地区生产总值能耗累计下降25%，万元工业增加值用水量累计减少30%，单位地区生产总值和固定资产投资新增建设用地消耗量持续下降，耕地保有量保持稳定，大江大河防洪体系基本形成，生态环境质量总体改善。

——和谐社会建设取得新进展。社会主义新农村建设取得显著成效，高中阶段教育基本普及，城乡公共卫生和公共文化服务体系基本建立，城乡就业更加充分，覆盖城乡居民的社会保障体系逐步形成，城乡居民收入年均增长率均超过9%。

到2020年，中部地区现代产业体系基本建立，创新能力显著增强，体制机制更加完善，区域内部发展更加协调，与东西部合作更加紧密，人与自然和谐发展，基本公共服务趋于均等化，城乡一体化发展格局基本形成，整体经济实力大幅提升，对全国经济发展的支撑作用明显增强，全面实现建设小康社会目标。使中部地区成为彰显发展优势、充满发展活力、城乡欣欣向荣、人民安居乐业、社会和谐稳定、生态环境良好，支撑全国发展的重要人口和产业承载地区。

第三章 粮食生产基地建设

以加强粮食生产基地建设为重点，不断提高农业综合生产能力，持续增加农民收入，切实改变农村面貌。

第一节 提高粮食综合生产能力

结合实施《全国新增1000亿斤粮食生产能力规划(2009—2020年)》，着力把中部地区打造成为高产稳产的粮食生产基地，到2020年，力争使中部地区粮食产量达到全国粮食总产量的1/3，切实保障国家粮食安全。

加强粮食生产重大工程建设。调整农业综合开发和土地开发整理等现有专项资金投向，重点向产粮大县倾斜。统筹实施骨干水利、基本农田、粮食科研创新、良种繁育和农技推广、农业机械化、防灾减灾、农业环保、粮食仓储物流等重大工程，建设区域化、规模化、集中连片的国家级商品粮生产基地。

第二节 加快农业结构调整

稳定棉花播种面积，继续支持长江中游“双低”油菜带建设，因地制宜地发展经济作物和特色农产品生产。加快发展畜牧水产业，加强畜禽标准化规模养殖场和良种繁育体系建设，积极发展节粮型畜牧业，建设现代渔业生产基地。

第三节 提升农业产业化经营水平

大力发展农产品深加工，强化质量和品牌建设。扶持农业产业化龙头企业，引导大型和特大型龙头企业向优势农副产品产区集聚，加快培育和发展农民专业合作社，提高农业经营的组织化程度。

第四节 完善农村基础设施

加快实施农村安全饮水工程，提高农民饮用水质量，支持联村供水建设，积极扶持有条件的地区实行城乡供水一体化，到2013年基本解决中部地区农村饮水安全的问题。支持农村公路建设，到2015年，中部地区所有具备条件的建制村通达沥青水泥路。加强农村能源建设，继续实施中西部农村电网完善工程，加快农村小水电代燃料建设，推进无电地区电力建设工程， 2015年前解决无电地区居民用电问题。利用秸秆等农业废弃物资源，积极发展生物质能。发展农村沼气，建设规模化养殖场大中型沼气工程。改善农村人居环境，搞好村庄规划和环境治理，加强村内道路、给排水和垃圾处理设施建设，改善农村环境卫生状况和村容村貌，扩大农村危房改造试点工程。

第四章 能源原材料基地建设

加强重要矿产资源勘查，增强工业产能、布局、结构与资源开发的协调性，巩固和提升中部地区重要能源原材料基地地位。

第一节 推进大型煤炭基地建设

加强山西晋北、晋东、晋中，安徽两淮，河南大型和特大型煤炭基地建设。江西、湖北、湖南做好中、小矿井整合和改造。开发利用煤层气资源，重点实施山西沁水盆地，河南郑州、焦作、鹤壁，安徽两淮煤层气开发利用示范工程，实施淮南高瓦斯高地温高地压煤层群瓦斯综合治理与利用示范工程。支持煤、电、路、港、化工相关产业一体化发展。有序推进煤化工产业化。

第二节 加快电力基地和电网建设

加快国家级和区域级大型火电基地建设步伐，合理规划开发水能资源，积极发展新能源和可再生能源，稳步推进中部地区核电建设。进一步加强三峡水电、山西煤电、安徽煤电等电源基地西电东送能力。加强城乡电网建设与改造。

第三节 大力发展原材料精深加工

优化发展钢铁工业，加快高技术含量和高附加值钢材产品开发和生产，推动武钢、马钢、太钢等大型钢铁企业技术改造和跨区域联合重组。支持江西铜业、铜陵有色等骨干企业实施战略重组，建设全国重要的铜精深加工生产基地。发展铝镁深加工，配套整合氧化铝、电解铝生产能力，合理开发和有效利用铅锌、镁、钛等资源。加强大中型石油化工企业技术改造和改扩建，加快大型氮肥生产基地及大型磷复肥、磷化工生产基地建设。大力提升建材工业水平。

第四节 加强重要矿产资源勘查

加大国家大型煤炭基地的煤炭资源勘查力度，开展江西、湖南等硬岩型铀矿资源勘查，做好长江中下游和山西、河南等省铁矿勘查工作，加强南岭、长江中下游、湘西—鄂西、东秦岭等重要有色金属成矿区带的勘查，积极推进德兴、铜陵、大冶等大中型危机矿山深部和外围找矿工作。

第五章 现代装备制造及高技术产业基地建设

增强自主创新能力，提升装备制造业整体实力和水平。加快发展高技术产业，培育新的经济增长点。促进高新技术和先进适用技术与传统产业融合，推动传统制造业优化升级。

第一节 大力发展装备制造业

发挥重大技术装备、交通设备制造业的优势，增强自主创新、系统集成能力，提升国产零部件配套水平，发展替代进口产品，扩大国内市场占有率。

提高重型机械工业的竞争力。进一步提高机械制造业研发和制造水平，加快结构升级，完善产品系列，扩大产品市场占用率。促进矿山机械、工程机械发展，加快研发关键总成零部件，促进集群化发展。

扩大重大成套装备制造业的国内市场占有率。支持重点汽车企业提升自主研发能力和研发自主品牌汽车。积极发展轨道交通设备制造业。壮大船舶工业实力。

第二节 促进高技术产业发展

组织实施重大科技基础设施工程，建设一批国家重点实验室、国家工程实验室、国家工程(技术)研究中心和国家认定企业技术中心。建设在国内有影响的电子信息产业基地。支持有条件的地区发展信息安全产业，大力发展生物产业，壮大新能源和新材料产业，加快民用航空配套产业基地建设。

第三节 以高新技术和先进适用技术改造传统制造业

发展优质安全食品和绿色食品加工业。提升家用电器制造业国际竞争力，大力开发绿色智能家电产品，培育自主品牌。改造升级传统纺织服装业。发展现代造纸产业。

第六章 综合交通运输枢纽建设

统筹各种交通方式的协调发展，加快构建综合交通体系，强化其综合交通运输枢纽地位。

第一节 建设全国性交通枢纽城市

以郑州、武汉等省会城市为重点，抓紧编制综合交通枢纽规划，优化各种运输方式的规划布局和建设安排。加快建设一批现代综合交通枢纽站场，将郑州、武汉等省会城市建设成为全国性交通枢纽城市。

第二节 加快铁路网建设

以客运专线、城际铁路、区际通道、煤运系统和重要枢纽为建设重点，扩大铁路网总规模，完善路网结构，提高铁路运输能力和服务水平。到 2020 年基本建成连贯东西、沟通南北的铁路运输通道。

加强路网主通道建设。突出“四纵四横”客运专线、区域干线建设和京沪、京广、京九线等电气化改造。加快开发性新线建设。强化煤运通道建设，实施大秦线、朔黄线等煤运通道扩能改造。在长株潭城市群、中原城市群、武汉城市圈等地区规划建设城际客运系统。有条件的大城市适度发展城市轨道交通。

第三节 完善公路干线网络

加快国家高速公路网建设，积极推进省际高速公路和城市群内城际高速公路建设。到2015年，基本建成中部地区国家高速公路网络和区域高速公路通道。

注重路网改善，以国省干线公路建设为重点，提高干线公路技术等级，加强国道改造和干线公路省际断头路建设。

第四节 加快机场建设

进一步提升武汉、长沙、郑州机场在全国的地位，实施太原、南昌、长沙、张家界等机场改扩建工程，合肥机场迁建工程和吕梁、九华山、神农架、宜春等机场新建工程。研究论证武当山机场建设问题。

第五节 提高水运、管道运输能力

以长江干线等高等级航道和主要港口为核心，形成航道干支通畅、港口布局合理、支持保障系统完善的内河水运体系。到2015年，建设和改善高等级航道里程5600公里。

加快成品油、原油管道和天然气管道建设，进一步完善石油、天然气管网系统。建立覆盖中心城市和油气管道主干线沿线部分县级城市的管道网络，实现石油、天然气的网络化、安全化供应。

第六节 推进现代物流设施建设

依托郑州、武汉等全国性和其他区域性物流节点城市，进一步加快现代物流基础设施建设。鼓励大型专业批发市场和物流企业建立物流资源交易平台，统筹建设一批保税物流中心。到2015年，使中部地区形成布局合理、装备先进、配套完善的现代物流服务设施体系。

第七章 重点地区发展

依托综合运输主通道，以资源环境承载能力强、经济社会发展基础好、发展潜力大的地区为开发重点，加快形成“两横两纵”经济带，培育六大集聚人口和产业的城市群。积极推进老工业基地城市振兴和资源型城市转型，支持革命老区、民族地区和贫困地区加快发展。

第一节 构建“两横两纵”经济带

加快构建沿长江经济带、沿陇海经济带、沿京广经济带和沿京九经济带，加强与长三角、珠三角和京津冀等东部发达地区的对接，密切联系成渝、关中—天水等西部重点开发地区，形成支撑中部崛起、促进东中西协调发展的重要区域。

第二节 培育城市群增长极

以发展现代制造业和服务业为重点，突出特色，错位发展，加快武汉、郑州、长沙、合肥、南昌、太原的产业集聚和结构升级，完善城市功能。强化一体化发展机制，加快形成产业和人口高度集聚、充满活力的城市群，成为推动中部地区经济社会加快发展的重要增长极。

第三节 加快老工业基地改造和资源型城市转型

比照实施振兴东北地区等老工业基地政策，支持中部地区老工业基地全面振兴。支持资源型城市加快经济转型，加大深部找矿力度，培育壮大接续替代产业，加强矿区生态环境综合治理，加快棚户区改造，建立资源型城市可持续发展准备金。

第四节 大力促进县域发展

积极发展县域经济，因地制宜地培育和发展各具特色的优势产业，推进省直管县(市)财政体制改革，依法探索省直管县(市)的管理体制。大力加强小城镇建设，以县城和中心镇为重点，引导乡村工业和人口向镇区集聚，促进基础设施和公共服务向农村延伸。

第五节 扶持革命老区、民族地区和贫困地区发展

切实加大对革命老区、民族地区和贫困地区的支持力度，重点扶持吕梁山区、大别山区、井冈山区、赣南山区、武陵山区、太行山区和沿淮低洼易涝区等地区。按照基本公共服务均等化的要求，以农村和基层为重点，以解决突出的民生问题为突破口，在转移支付、建设投资、金融信贷和项目布局等方面加大支持力度。继续比照实施西部大开发政策。坚持开发式扶贫，继续实施以工代赈，因地制宜实施“整村推进、连片开发”，支持扶贫开发龙头企业发展，继续开展易地扶贫搬迁工程。

第六节 支持重点旅游景区发展

加快区域旅游产品结构和布局调整，高起点建设精品旅游区，提高红色旅游重点景区的旅游接待服务能力，加快建设新景区，完善“行、游、住、食、购、娱”等配套体系。建立和完善区域旅游合作机制，整合开发一批旅游精品线路。

第八章 资源节约和环境保护

积极应对气候变化，努力发展循环经济，开展资源节约和综合利用，加大环境污染防治力度，继续实施重点流域和大江大河大湖综合治理，加强防灾减灾体系建设。

第一节 提高资源综合利用和循环经济发展水平

落实最严格的耕地保护制度和最严格的节约用地制度。全面实施用水总量控制与定额管理相结合的用水管理制度。提高矿产资源开采回采率和选矿回收率，加强有色金属、贵金属等共伴生矿产的综合开发利用，加强矿山固体废弃物、尾矿资源和废水利用。推进循环经济试点建设，实施节能减排重点工程，加快淘汰落后产能，遏制高耗能、高排放行业过快增长，推广先进适用的清洁生产技术。全面实施应对气候变化国家方案，努力实现向低碳社会转型。

第二节 加强生态建设与保护

加强重要区域和生态敏感区、生态脆弱区的生态建设与保护。继续实施三峡库区、黄土高原区、武陵山区、丹江口库区及上游地区等重点区域的水土保持工程。加强晋西及晋西北、豫西、桐柏山区、大别山区、皖南山区、伏牛山区、赣南山区、井冈山区、太行山区和湘西等地区小流域综合治理。积极推进大东湖生态水网构建工程建设。加强鄱阳湖、洞庭湖、洪湖等重点湿地恢复与保护。保护和合理利用草地资源。

第三节 加大环境污染防治力度

加强淮河、海河、巢湖、三峡库区、丹江口库区等重点流域水污染防治。积极开展长江中下游、黄河中游、湘江、汉江、鄱阳湖等流域的污染防治规划编制工作。加快城镇污水处理厂及配套管网建设和改造步伐，逐步推行排污权有偿使用和交易制度。加大农村面源污染防治力度。划定饮用水水源保护区范围，实施水源地保护工程。加快大气污染治理，加大重点城市大气污染防治力度。

第四节 加快大江大河大湖整治

进一步做好长江中下游、黄河中下游、淮河、洞庭湖、鄱阳湖、巢湖等大江大河大湖综合治理，完善长江、黄河、淮河流域自然灾害监测预警体系。继续实施长江、黄河、淮河干流及重要支流堤防加固和河道治理。开展洞庭湖、鄱阳湖和巢湖治理，淮河下游洪水出路及重点平原洼地治理等重点工程建设。加强长江、淮河流域的重要行蓄洪区建设。加大病险水库除险加固力度。加强国家重点防洪城市、县级以上城市、重要经济区和人口分布稠密区域防洪工程建设。

第五节 加快南水北调工程建设

进一步完善工程建设机制和制度，加快工程建设步伐。加大南水北调水源区及沿线治污环保力度，加快编制丹江口库区及上游经济社会发展规划，研究开展水污染防治和水土保持规划修编工作，探索建立丹江口库区及上游生态补偿机制。积极做好南水北调中线干线两侧水源保护区的划定和管理工作。

第九章 社会事业发展

积极发展教育、卫生、文化、体育等各项社会事业，加强人口和计划生育工作，努力扩大就业，完善社会保障体系，着力改善民生，促进经济社会协调发展。

第一节 优先发展教育事业

巩固“普九”成果，推进义务教育均衡发展。保证农民工子女与所在城市学生享受同等政策，切实解决好农村留守儿童受教育问题。加快普及高中阶段教育。加强职业教育基础能力建设，重点加快中等职业教育发展并对贫困家庭学生学费实行减免，建立示范性人才培训基地和区域性公共实训基地。大力推进重点学科和高水平大学建设，大力推进高校社会服务和科技成果转化，加大对高教资源相对有限、升学压力相对较大省的支持。

培养高层次创新型科技人才和高技能人才，有针对性地引进一批高层次人才，鼓励和引导城市人才到农村创业，支持农村实用人才和农民工返乡创业兴业。

第二节 繁荣文化体育事业

积极推进公共文化服务体系建设，建设一批重点文化设施，推进实施文化信息资源共享工程、农村电影放映工程、广播电视村村通工程和农家书屋工程。继续开展抢救性文物保护设施建设，积极推进历史文化名城名镇名村、国家文化和自然遗产地保护等工程，加强对非物质文化遗产资源的挖掘、整理和保护。积极推动文化事业单位的转企改制，着力发展以文化创意、影视制作、出版发行、印刷复制、广告、演艺娱乐、文化会展、数字内容和动漫等为重点的文化产业。大力发展体育事业。

第三节 增强基本医疗和公共卫生服务能力

建立健全公共卫生服务网络，促进基本公共卫生服务逐步均等化。加大对区域性和省级医疗中心大型公立医院的支持力度，推进公立医院改革试点。完善重大疾病防控体系和突发公共卫生事件应急机制。健全农村医疗卫生服务网络，完善以社区卫生服务为基础的新型城市医疗卫生服务体系，建立城市医院与社区卫生服务机构的分工协作制度和城市医院对口支援农村医疗卫生的工作制度。稳定低生育水平，稳定和完善现行生育政策。

第四节 千方百计扩大就业

加强就业服务体系建设，完善覆盖城乡的公共就业服务体系。完善就业援助制度，加强职业技能培训体系建设。拓展高校毕业生的就业渠道，规范并支持发展各类专业性职业中介机构和社会化服务组织。继续实施“阳光工程”等就业推进工程，打造一批具有地域特色的专业化劳务输出品牌，加大对返乡农民工创业的扶持力度，鼓励公共基础设施建设工程实行以工代赈。

第五节 提高社会保障水平

进一步完善社会保险制度，扩大覆盖范围，提高统筹层次。继续做好扩大做实养老保险个人账户试点工作，健全基本医疗保障体系，建立工伤保险储备金，解决农民工和被征地农民的社会保障问题，推进新型农村社会养老保险试点。建立健全城乡救助体系，合理确定城乡低保标准和补助水平。全面落实农村五保供养资金，积极推动医疗救助、住房救助以及教育救助覆盖全部低收入家庭，大力发展经济适用房和廉租房。

第十章 体制改革和对外开放

以薄弱环节为突破口，加快改革开放和体制机制创新，增强中部地区发展动力和活力。

第一节 推进体制机制创新

推进行政管理体制改革，着力转变政府职能，建设服务政府、责任政府、法治政府和廉洁政府。继续深化大中型国有企业改革，健全国有资本监督管理体制，加快国有企业股份制改革，鼓励重点行业企业跨所有制、跨地区重组。支持非公有制经济发展，放宽对非公有制企业投资领域和行业的限制，在进出口、用地、投融资、税收、项目审批等方面给予非公有制企业同等待遇。加快公共财政体系建设，健全财力与事权相匹配的财政管理体制，增强地方特别是基层政府提供公共服务的能力。

第二节 支持综合改革试点

积极推进武汉城市圈、长株潭城市群“两型社会”综合配套改革试验区建设。加快推进山西省煤炭工业可持续发展政策措施试点，进一步深化山西、河南等省煤炭资源有偿使用制度改革试点工作。积极开展丹江口库区生态保护综合改革试验。鼓励中部各省结合实际自主开展各类综合改革和专项改革试点。鼓励在重要的生态功能区、江河源头地区探索生态补偿有效途径。

第三节 提高对外开放水平

努力拓展开放平台，增建中部地区科技兴贸创新基地，建立特色农产品出口生产基地，建立一批承接国际服务外包基地。继续支持办好中部地区投资贸易博览会、中国国际机电产业博览会，扩大中部发展论坛影响。积极支持中部地区规划建设一批承接产业转移重点地区，研究制定中部地区承接产业转移的具体政策措施。

扩大具有自主知识产权、自主品牌的产品和服务出口，继续加强“两高一资”产品出口调控。支持企业加快“走出去”。鼓励中部各省建立外派劳务基地。加强中部地区口岸基础设施建设，推进铁路公路水路联运，开辟航空口岸通道，建设电子口岸。

第四节 加强区域经济合作

加强与东西部地区的合作，扩大与京津冀、长三角、珠三角和海峡西岸地区的合作交流，积极推动泛长三角、泛珠三角产业分工与合作，有序承接沿海产业转移，加快皖江城市带承接产业转移示范区建设。提升中部地区与港澳台地区合作层次。深化中部地区省际间合作，加快区域内基础设施、公共服务和社会管理等方面的对接与整合。完善地方政府间定期联席会议机制，加快形成多层次区域合作体系。

第十一章 保障规划实施

加强指导协调，落实保障措施，完善政策体系，调动各方面积极性，确保规划作用的发挥和规划任务的实现。

第一节 强化政策扶持

国务院有关部门要明确职责分工，继续加大对中部地区的支持力度，不断充实和调整“两个比照”政策，创新支持方式，拓展支持范围和领域，进一步完善促进中部地区崛起的政策体系。

完善财税支持政策。加大对中部六省转移支付力度，重点向有利于促进基本公共服务均等化的领域倾斜。强化中央财政对中部地区“三农”的投入。继续利用中央外贸发展基金支持中部地区外经贸事业发展。继续对中部地区国家级经济技术开发区和高新技术开发区公共基础设施项目贷款实施贷款贴息。

加大金融支持力度。鼓励和支持各类金融机构按照政策规定到中部地区设立机构，开办业务。引导各商业银行扩大自主贷款规模，增加创新型企业授信额度。在坚持县(市)法人地位长期稳定和市场化原则的前提下，积极支持具备条件的县市级农村信用社改制为农村合作银行或农村商业银行，允许有条件的农民专业合作社开展信用合作。支持中部地区培育股权投资机构，发展创业投资。鼓励有条件的地区建立中小企业信用担保基金和区域性再担保机构，发展小额贷款公司和中小企业投资公司，设立高技术创业投资引导基金。加快发展政策性农业保险，扩大试点范围，增加险种，加大中央财政对中部地区保费补贴力度，探索建立农村信贷与农业保险相结合的银保互动机制。培育和拓展保险市场，积极发展专业性保险公司、保险中介机构和各类保险资金运作机构。研究开放短期出口信用保险市场。引导银行业金融机构在自主审贷、风险可控的前提下，对重大关键技术和设备引进给予信贷支持。

制定投资促进政策。对中部地区能源原材料、汽车、石油化工、装备制造、高技术等产业发展，以及重大水利、交通基础设施工程建设给予支持。定期调整《中西部地区外商投资优势产业目录》。对公益性及以公益性为主的农村基础设施、生态环保、社会事业等领域的项目建设，进一步加大支持力度，取消县及县以下农村公益性项目资金配套。

实施体现中部地区特点的土地利用政策。建立城乡统一的建设用地市场，逐步实现集体建设用地与国有土地同地同价。稳步开展城镇建设用地增加与农村建设用地减少相挂钩试点，支持中部地区发展较好的省级开发区升级为国家级开发区。

第二节 加强组织协调

中部六省人民政府要切实加强规划落实，研究制定规划实施意见和具体工作方案，编制重点领域的专项规划，按照本规划确定的发展重点和空间布局，选择和安排建设项目，协调推进各项改革和体制机制创新。国务院有关部门要研究制定本部门支持中部地区发展的具体政策措施，在有关专项规划编制、政策实施、项目安排、体制机制创新等方面

给予积极指导和支持。发展改革委要强化对规划实施的组织指导，开展对规划实施情况的跟踪分析和监督，组织开展规划实施中期评估。加强与“十二五”规划、主体功能区规划和其他相关规划的衔接，针对实施中出现的新情况新问题，适时对规划进行调整，重大问题及时向国务院报告。

国家发展和改革委员会

二○○九年九月

黄河三角洲高效生态经济区发展规划

前言

黄河三角洲位于渤海南部的黄河入海口沿岸地区，在环渤海地区发展中具有重要的战略地位。国家高度重视黄河三角洲可持续发展，在国民经济和社会发展“十五”计划、“十一五”规划纲要中明确要求这一地区大力发展高效生态经济。在新的历史条件下，为进一步推进黄河三角洲高效生态经济发展，完善全国沿海经济布局，特制定黄河三角洲高效生态经济区发展规划。

本规划的范围包括山东省的东营市、滨州市，潍坊市的寒亭区、寿光市、昌邑市，德州市的乐陵市、庆云县，淄博市的高青县和烟台市的莱州市，共 19 个县（市、区），陆地面积 2.65 万平方公里。本规划是指导黄河三角洲地区今后一个时期发展改革的行动纲领和编制相关专项规划的依据。规划的近期目标到 2015 年，远景展望到 2020 年。

一、发展背景

经过多年的开发与保护，黄河三角洲地区经济社会发展取得巨大成就，生态建设和环境保护成效显著，已具备发展高效生态经济的良好基础，具有在新的起点上进一步实现科学发展、建设生态文明的优势条件，也面临重大机遇和挑战。

（一）发展优势

土地资源优势突出。土地后备资源得天独厚，目前区内拥有未利用地近 800 万亩，人均未利用地 0.81 亩，比我国东部沿海地区平均水平高近 45%。未利用地集中连片分布，其中盐碱地 270 万亩，荒草地 148 万亩，滩涂 212 万亩，另有浅海面积近 1500 万亩，黄河冲积年均造地 1.5 万亩，随着沿海风暴潮防护体系的建设和完善，土地后备资源还将逐步增加，具有吸引要素集聚、发展高效生态经济的独特优势。

地理区位条件优越。位于京津冀都市圈与山东半岛的结合部，与天津滨海新区最近距离仅 80 公里，和辽宁沿海经济带隔海相望，是环渤海地区的重要组成部分，向西可连接广阔中西部腹地，向南可通达长江三角洲北翼，向东出海与东北亚各国邻近，具有深化国际国内区域合作、加快开放开发的有利条件。

自然资源较为丰富。有已探明储量的矿产 40 多种，其中石油、天然气地质储量分别达 50 亿吨和 2300 亿立方米，是全国重要的能源基地。地下卤水静态储量约 135 亿立方米，岩盐储量 5900 亿吨，是全国最大的海盐和盐化工基地。海岸线近 900 公里。风能、地热、海洋等资源丰富，具有转化为经济优势的巨大潜力。生态系统独具特色。处于大气、河流、海洋与陆地的交接带，是世界上典型的河口湿地生态系统，多种物质和动力系统交汇交融，陆地和淡水、淡水和咸水、天然和人工等多类生态系统交错分布，具有大规模发展生态种养殖业、开展动植物良种繁育、培育生态产业链、发展生态旅游的优越条件。

产业发展基础较好。经过多年的开发建设，形成了一批竞争力较强的支柱产业、实力雄厚的骨干企业和市场占有率较高的知名品牌。原油、原盐、纯碱、溴素、金矿等产量分别达到 2774 万吨、2222 万吨、220 万吨、18 万吨和 19 吨，占全国的 15%、37%、12%、85%和 6%，原油一次加工能力、石油装备制造业产值、黄金加工量、纺织和造纸生产能力分别达到 4650 万吨、435 亿元、90 吨、1600 万纱锭和 398 万吨，占全国的 11%、40%、32%、17%和 5%。高技术产业发展势头良好，形成了一批国家循环经济示范园区和示范企业。县域经济发展迅速，特色产业初具规模。

（二）机遇挑战

当前，黄河三角洲高效生态经济发展面临着良好机遇。经济全球化和区域经济一体化深入发展，国际国内合作交流不断加强，产业转移步伐加快，为黄河三角洲壮大特色优势产业、提升发展水平提供了有利条件；国家高度重视黄河三角洲开发建设，加大对高效生态经济发展的支持和指导，为黄河三角洲又好又快发展创造了良好的政策环境；我国正处于发展方式转变和经济结构转型的关键时期，发展高效生态经济，推进生态文明建设，为黄河三角洲资源综合开发利用和可持续发展带来了前所未有的机遇。

同时，黄河三角洲区域经济发展的结构性矛盾和深层次问题仍然存在，经济社会与人口、资源、环境协调发展的任务繁重，发展高效生态经济面临着较为严峻的挑战。重大交通基础设施相对滞后，港口建设规模较小、功能较弱、配套能力不强，缺少疏港铁路及与周边区域连接贯通的干线铁路，内联外接的高速公路网络尚未形成；产业结构层次偏低，传统农业比重大，工业技术含量偏低，服务业发展滞后；成陆时间较短，生态环境比较脆弱，淡水资源相对贫乏，近海地区生态保护及堤防修复压力较大；大企业嵌入式特征明显，开放型经济发展滞后。

（三）战略意义

推进黄河三角洲高效生态经济发展，有利于实现开发建设与生态保护的有机统一，开创高效生态经济发展新模式，为其他地区提供有益借鉴；有利于增创区域发展新优势，加快环渤海地区一体化发展，完善全国沿海经济布局；有利于加快培育环境友好型产业，保护环渤海和黄河下游生态环境，实现区域可持续发展；有利于拓展发展空间，为我国有效应对国际金融危机冲击，保持经济平稳较快发展发挥重要作用。加快这一地区发展，不仅是贯彻落实科学发展观、构建社会主义和谐社会的迫切需要，也是推进发展方式转变、促进区域协调发展和培育新的增长极的重要举措。

专栏 1：高效生态经济内涵

高效生态经济是指具有典型生态系统特征的节约集约经济发展模式。在产业类型上，形成由清洁生产企业组成的循环经济产业体系；在产业布局上，形成由若干生态工业园区组成的生态产业群；在生产工艺上，做到无废或少废，实现生产过程再循环、再利用，最终表现为整个经济体系高效运转，经济、社会、生态协调发展。黄河三角洲高效生态经济的发展，要体现可持续发展理念，推进产业结构生态化、经济形态高级化，促进经济体系高效运转和高度开放，实现开发与保护、资源与环境、经济与生态的有机统一。

二、总体要求

（一）指导思想

高举中国特色社会主义伟大旗帜，以邓小平理论和“三个代表”重要思想为指导，深入贯彻落实科学发展观，以资源高效利用和生态环境改善为主线，着力优化产业结构，着力完善基础设施，着力推进基本公共服务均等化，着力创新体制机制，率先转变发展方式，提高核心竞争力和综合实力，打造环渤海地区具有高效生态经济特色的重要增长区域，在促进区域可持续发展和参与东北亚经济合作中发挥更大作用。

（二）发展原则

坚持生态优先，实现可持续发展。牢固树立生态文明观念，在保护中开发，科学确定区域功能定位和产业空间布局，积极发展园区经济，大力发展高附加值产业和高端产品，维护渤海湾和黄河下游流域生态安全。

坚持统筹兼顾，推进一体化发展。实行区域发展统一规划、陆地海洋统一布局、重要资源统一管理、重大基础设施建设统一推进，发挥比较优势，促进生产要素合理流动和优化配置。

坚持互利共赢，促进共同发展。加快与天津滨海新区、辽宁沿海经济带及山东半岛在重大基础设施建设、产业发展、企业合作等方面的全面对接，提升区域合作层次和水平，促进环渤海地区互动并进、共同繁荣。

坚持改革开放，推动创新发展。着力构建有利于高效生态经济发展的体制机制，全方位拓展对外开放的广度和深度，为区域可持续发展提供制度保障和市场空间。

（三）功能定位

全国重要的高效生态经济示范区。高效利用区域优势资源，推进资源型城市可持续发展，加强以国家重要湿地、国家地质公园、黄河入海口为核心的生态建设与保护，实现经济社会发展和生态环境保护的有机统一，为全国高效生态经济发展探索新路径、积累新经验。

全国重要的特色产业基地。大力发展循环经济，推进清洁生产，突破制约产业转型升级的关键技术，培育一批特色优势产业集群，构筑现代生态产业体系，建成全国重要的高效生态农业基地和循环经济示范基地。

全国重要的后备土地资源开发区。发挥盐碱地和滩涂资源丰富的优势，统筹规划土地资源开发利用，合理划分农业、建设和生态用地，探索土地利用管理新模式，推进土地集约高效开发，为环渤海地区拓展发展空间提供有力的土地资源保障。

环渤海地区重要的增长区域。充分利用两个市场、两种资源，扩大对内对外开放，重点加强与环渤海地区和东北亚各国的经济技术交流合作，提升综合实力和竞争力，协调推进经济社会发展和生态文明建设，成为支撑环渤海地区发展的又一重要区域。

（四）发展目标

到2015年，基本形成经济社会发展与资源环境承载力相适应的高效生态经济发展新模式，力争人均地区生产总值翻一番。生态环境不断改善，节能减排成效显著；产业结构进一步优化，循环经济体系基本形成；基础设施趋于完善，水资源保障能力和利用效率明显提高；公共服务能力得到加强，人民生活质量大幅提升。

到2020年，人与自然和谐相处，生态环境和经济发展高度融合，可持续发展能力明显增强，生态文明建设取得显著成效，形成竞争力较强的现代生态产业体系，开放型经济水平大幅提高，社会事业蓬勃发展，率先建成经济繁荣、环境优美、生活富裕的国家级高效生态经济区。

专栏2：主要发展指标

指 标 2008年2015年 2020年 属 性

地区生产总值（亿元） 4756 9300 15000 预期性

人均地区生产总值（元） 4833 690000 140000 预期性

核心保护区面积（万亩） 400 550 550 约束性

单位GDP能耗降低（%） — 2215 约束性

万元工业增加值用水量降低（%） — 2015 约束性

工业固体废弃物综合利用率（%） 90 9597 约束性

主要污染物排放总量降低（%） — 2015 约束性

城市污水集中处理率（%） 72 8085 约束性

林木覆盖率（%） 18.7 2528 约束性

总供水能力（亿立方米） 29.6 4045 预期性

农业灌溉水有效利用系数 0.55 0.57 0.59 预期性

城镇化水平（%） 42.5 5460 预期性

城镇居民人均可支配收入（元） 17000 30000 44000 预期性

农民人均纯收入（元） 6449 12500 20000 预期性

三、空间布局

依据总体功能定位和资源环境承载能力，统筹考虑生态保护、经济布局和人口分布，优化空间结构，形成核心保护区、控制开发区和集约开发区合理分布的总体框架。

（一）核心保护区

主要包括自然保护区、水源地保护区和海岸线自然保护带，约占区域面积的14%左右。要严格限制各类开发建设活动，稳定生态系统结构，维持生物多样性等生态服务功能，构筑生态安全屏障。

自然保护区。要结合主体功能区规划编制，调整核定保护区面积，实行严格的环境保护制度，加大投入力度，完善保护区管理体制，引导人口有序转移，促进自然保护区生态环境良性发展，实现污染物“零排放”，重点发展生态旅游业，适度开发绿色食品。

水源地保护区。对河流源头、沿岸水源涵养区和水库库区实行强制性保护，加快实施流域综合治理，加强库区周边植被修复与保护，严禁发展有污染的产业，合理安排城镇建设，严格控制人口规模。

海岸线自然保护带。合理划分海岸线功能，保护海域资源，实施集中集约用海，搞好浅海护养，加强人工造林，重点发展滨海旅游、生态旅游、绿色种植、健康养殖等产业。

专栏3：核心保护区重点区域

山东黄河三角洲国家级自然保护区。位于东营市东北部的黄河入海口，北临渤海，东靠莱州湾，与辽东半岛隔海相望，现有控制面积230万亩，其中核心区87万亩，缓冲区20万亩，实验区123万亩。

滨州贝壳堤岛与湿地系统国家级自然保护区。位于滨州市无棣县北部，渤海西南岸，现有总面积120.7万亩，其中核心区42.8万亩，缓冲区40.1万亩，实验区37.8万亩。

山东昌邑国家海洋生态特别保护区。位于渤海莱州湾南岸，昌邑市防潮坝以北，东起盐场西防潮坝，西至堤河，南至海岸线，北至增养殖区，总面积 4.4 万亩。

潍坊市莱州湾湿地自然保护区。位于莱州湾南岸，东起胶莱河口，西至淄脉河口，北到浅海—6 米，南到潮上带以北，总面积 162.6 万亩。

山东大芦湖湿地自然保护区。位于淄博市高青县东部，北到黄河大堤，南至北支新河，东依滨博高速，西至艾李湖，总面积 16 万亩。平原水库水源地保护区。广南、孤北、耿井、韩店、思源湖、东郊、峡山等平原水库及周边区域。

河流水源地保护区。黄河、小清河、广利河、淄河、支脉河、潍河、小沽河、白浪河、弥河、马颊河、胶莱河、漳卫新河、德惠新河、沾利河、徒骇河等河流的区内河道及流域。

（二）控制开发区

主要包括沿海岸线的浅海滩涂、高效生态农业区以及黄河现行和备用入海流路。综合开发利用滩涂资源，因地制宜发展农副产品生产和加工、观光休闲农业等产业，在资源环境承载能力相对较强的特定区域，适度发展低消耗、可循环、少排放的生态工业。

浅海滩涂。充分考虑区域生态环境相对脆弱的特点，适度发展养殖业，有序发展原盐业，加快发展滨海旅游业，合理开发海水资源、滩海油田和风能，严禁发展重化工业。

高效生态农业区。按照优质、高效的原则，着力发展生态农业，合理利用渔业林业畜牧业生产空间，促进农产品生产向优势产区集中，提高农业综合生产能力，严格保护基本农田，加强农田水利工程设施建设，支持黄河三角洲荒碱地综合治理，有计划地对荒碱地进行开发治理及改造中低产田。到 2015 年，治理荒碱地 100 万亩，改造中低产田 300 万亩，发展节水灌溉面积 250 万亩。

黄河入海流路区。在黄河现行流路区严格限制生产建设活动。在备用流路区控制城镇建设和人口迁入居住，实行依法有序利用。

专栏 4：高效生态农业区

优质粮棉区。主要分布在乐陵、庆云、阳信、惠民、高青、邹平、博兴、广饶、利津等区域，潮土类型区重点发展粮食生产，盐化潮土类型区重点发展棉花种植。

生态渔业区。主要分布在无棣、沾化、河口、利津、垦利、寿光、莱州等近海区域。

生态畜牧区。主要分布在利津、垦利、河口、沾化、惠民、阳信、寒亭、寿光、昌邑、乐陵、庆云、高青等区域。

绿色果蔬区。蔬菜产区主要分布在寿光、广饶、高青等区域，果品产区主要分布在乐陵、庆云、沾化、河口、寒亭、莱州、无棣、阳信等区域。

（三）集约开发区

主要包括陆域沿海防潮大堤内以盐碱荒滩地为主的成块连片未利用地和国家级及省级开发区、城镇建设用地，是集聚产业、人口的重要区域和推进工业化、城镇化的重点开发空间。

产业布局。要充分发挥区域内未利用土地资源丰富的优势，着力发展生态产业和循环经济，依托“四点”，建设“四区”，打造“一带”。四点，即东营、滨州、潍坊港和烟台港莱州港区，要强化东营港的区域中心港地位，加强莱州港区建设，加快滨州港、潍坊港扩能。四区，即东营、滨州、潍坊北部、莱州四大临港产业区，要依托港口和铁路交通干线，加强基础设施建设，大力发展临港物流和现代加工制造业，推动生产要素的合理流动和优化配置，促进产业集群式发展。一带，以四个港口为支撑，以四大临港产业区为核心，以经济技术开发区、特色工业园区和高效生态农业示范区为节点，形成西起乐陵、东至莱州的环渤海南岸经济集聚带。

专栏 5：四大临港产业区

东营临港产业区。位于东营市东北部和东部临海地区，主要为国有荒滩盐碱地。发挥高效生态经济区建设的龙头带动作用，重点发展精细化工、能源工业，大力发展高技术产业、生态旅游业和高效生态农业，打造全国重要的石油装备制造基地，建设区域物流中心和产品集散中心。

滨州临港产业区。位于滨州市无棣、沾化北部沿海地区。建成国家级循环经济示范区、环渤海地区物流中心和油盐化工、船舶制造、清洁能源、生物制药等产业聚集区。

潍坊北部临港产业区。位于潍坊市寒亭、寿光、昌邑的北部沿海地区。依托潍坊滨海经济开发区，打造船舶发动机和汽车制造、科技兴贸创新和全国最大的海洋化工基地，建成国家级循环经济示范区。

莱州临港产业区。位于莱州北部沿海。积极发展现代物流，建成电力、冶金、精细化工、机械制造、滨海旅游、生物育种等产业聚集区。城镇布局。推进大城市、县（市）城镇和重点镇建设，形成空间布局合理、服务功能健全、城乡一体化发展的城镇体系。加快发展大城市，东营和滨州要扩大城市规模，提升综合实力，完善服务功能，增强辐射带动能力，建成适宜创业和人居的城市。积极发展县（市）城镇，加强基础设施建设，统筹规划工业园区、商贸园区、居民社区，促进企业、服务、居住相对集中。集约发展重点镇，依托港口、大型企业、重要商品集散地和风景旅游区，建设一批集聚辐射功能较强、特色鲜明的小城镇。优化调整农村居民点，加快社会主义新农村建设。

四、加强生态建设和环境保护

按照建设生态文明的要求，切实加强生态建设，加大环境保护力度，节约集约利用资源，推进资源节约型、环境友好型社会建设，全面增强区域可持续发展能力。

（一）推进生态建设

加强生态林、自然保护区、水源涵养区、重要地质遗迹、湿地、草地、滩涂和生物物种资源的保护，维护生物多样性和植物原生态，恢复和增强生态服务功能。加强沿海防护林体系工程建设，完善基干林带，实施泥质海岸防护林封育试点。构筑近海生态防护屏障，促进渤海湾生态环境改善。加快水系林网、道路林网和农田林网建设，因地制宜推进连片成片造林，推行林经间作和枣粮间作。实施城乡绿化和水系整治，加强城市园林绿化建设，建设优良人居生态环境。加强对水源地保护区、矿区地面塌陷区、落地油污染区、海（咸）水入侵区等生态脆弱区和水土流失、海沙开采退化区的综合治理。适度增加黄河口生态用水指标，保持河口地区生态平衡。逐步完善生态环境补偿机制。建设海洋自然保护区和特别保护区，实施典型海洋生态系统修复示范工程。到 2015 年，国家级自然保护区全部达到规范化建设要求，东营、莱州、寿光、昌邑、邹平、博兴、乐陵等基本达到生态市（县）建设标准。

（二）强化环境保护

坚持预防为主、综合治理，严格执行环境保护标准和污染物排放总量控制制度，加强环境共同保护、共同治理，切实提高环境承载能力。加快城市（镇）垃圾、污水集中处理设施建设，加强对已建成污染处理设施的运行监管。加大工业治污力度，依法关停超标排放企业，杜绝工业污染向农村地区转移。加强农村环境保护，以畜禽养殖污染、土壤污染、农村生活垃圾污染治理为重点，有效控制农村面源污染。加大重点河流污染治理力度，加强小流域综合治理。完善生态环境监测预警和监督执法体系，落实污染物减排考核和责任追究制度。加强对海洋工程、海上油气勘探开发及海洋倾废的环境保护监管，实施海洋环境监测预警预报工程。探索建立排污权有偿使用和排污权交易市场。力争到 2015 年，重点行业及年耗能 5000 吨标煤、年取水 30 万立方米以上的重点企业 70%开展清洁生产审核；城市生活垃圾无害化处理率和饮用水源地达标率分别达到 90%、98%。

（三）集约节约利用资源

积极探索资源集约节约和持续利用的有效途径，建立完善资源开发保护长效机制，推进土地、水、矿产和海域资源高效利用。

土地资源。按照功能分区，统筹土地资源的开发利用和保护，推动土地集约化利用、规模化经营。合理确定新增建设用地规模、结构和时序，提高单位土地投资强度和产出效益。在保护生态环境的前提下，有序推进盐碱荒滩地等未利用地集中成片开发，防止乱占滥用。开展基本农田整理、中低产田改造、撂荒地复垦、盐碱涝洼地综合治理，加快高标准农田建设，提高农业用地综合效益。引导农民集中居住，推进乡村适度合并，鼓励农民向城镇搬迁，提高农村建设用地利用效率。

水资源。大力推进节水型社会建设，提高水资源集约利用水平。加大城市节水力度，强制推行节水设备和器具，鼓励再生水、中水回用，限制发展高耗水行业，支持企业实施节水技术改造。积极推广农业旱作技术，大力发展节水灌溉农业，加大云水资源开发利用，提高地面蓄水能力。严格水资源管理，建立和完善总量控制和定额管理相结合的用水管理制度。推进水价形成机制和水资源管理体制改革，建立水权转让制度和水权交易市场。加快更新改造供水配水管网，提高工业用水重复利用率和再生水回用率。到 2015 年，工业用水重复利用率达到 90%，再生水回用率达到 80%。

矿产资源。依法管理矿产资源，严格开发资格认证和许可管理，严禁滥采，杜绝矿产资源流失。加强地质勘查，增强后备资源保障能力，合理开发石油、黄金、卤水和岩盐等矿产资源。加大对石油、黄金等资源产区发展的政策支持力度，国家安排中央分成的矿产资源补偿费适当对黄河三角洲地区给予倾斜。按国家有关规定建立资源型企业可持续发展准备金，专项用于环境治理与生态恢复、接续替代产业发展和解决相关社会问题。推进东营资源型城市可持续发展试点。鼓励金融机构设立促进资源型城市可持续发展专项贷款。

海域资源。依据海洋功能区划，统筹协调各行业用海，合理利用沿海滩涂资源，开展海岸与近岸海域整治与修复，在围填海指标和滩涂利用上给予倾斜，适度围海造地，实现集中集约用海。

（四）发展循环经济

按照减量化、再利用、资源化的原则，建设全国重要的循环经济示范区。加强工业园区建设，提高园区产业集聚能力，新建工业项目要在园区布局建设，鼓励现有工业企业向园区转移，实现集聚生产、集中治污、集约发展。推进国家循环经济试点企业加快发展，发展一批新型环保企业，发挥示范带动作用。加强高效能、可循环技术研发，推广循环生产模式，加快化工、电力、建材、轻工等行业技术改造，构筑生态环保产业链。推进环境友好型产业集群发展，建设一批特色生态化工园区，推动清洁生产，加快传统化工向低排放、可循环、精细化方向转变。支持延伸石油化工产业链，综合利用海水、卤水和岩盐资源，推进海水梯级利用、油盐化工产品接续利用等重大循环经济项目建设。支持企业兼并重组，整合提升炼化企业，加强与国内外大型石油石化企业集团合作，建设国内竞争力强的新型化工基地。大力加强节能减排，加大节能技术研发和推广，突出抓好化工、电力等重点行业节能，加强能源生产、运输、消费各环节的制度建设和监管，健全和落实节能评估审查制度。加强环境准入管理，推进清洁生产审核。全面推行工程减排、结构减排和管理减排，大力削减 COD 和 S02 排放量。

专栏 6：生态环境保护重点工程

水污染治理。黄河、南水北调东线工程和小清河流域水污染治理，马颊河、德惠新河、漳卫新河、徒骇河、淄河下游大型污水处理厂建设工程。海咸水入侵治理。莱州水生态修复工程，广饶县引水补源工程。

大气治理。燃煤电厂全部安装脱硫、脱硝装置。

防护林和生态林工程。农田林网、路域林网、水系林网“三网”合一绿化工程，沿海防护林体系建设。实施林场扩建、新建和河道淡水水系生态林示范工程。

自然保护区建设。建设和完善一批自然保护区，实施濒危野生动植物保护和物种拯救工程。

地质遗迹保护与开发利用。建设黄河三角洲国家地质公园。

生态环境监测系统建设。建设和完善天地一体的现代立体监测体系。

循环经济示范园区。东营经济开发区、胜利工业园、华泰工业园、海科临港化工工业园、万达橡胶轮胎工业园，滨州鲁北化工生态工业园、西王集团工业园、铁雄能源工业园，潍坊滨海经济开发区、寿光渤海精细化工园、昌邑沿海经济开发区、山东海龙工业园、寒亭建材工业园，莱州银海工业园，高青经济开发区，乐陵高新技术开发区。

节能重点工程。热电联产和热电冷联产工程，电力、交通运输等节油工程，燃料乙醇等石油接续替代品生产，石化企业系统能量优化，节能建筑材料、高效节能照明及节水系统推广。

五、构建高效生态产业体系

按照生态建设和经济发展协调推进的要求，充分发挥区位和资源优势，推动产业结构优化升级，形成以高效生态农业为基础、环境友好型工业为重点、现代服务业为支撑的高效生态产业体系。

（一）加快发展高效生态农业

按照高效、生态、创新的原则，大力发展现代农业和节水农业，建设全国重要的高效生态农业示范区。到 2015 年，粮食总产量达到 700 万吨，畜产品 210 万吨，水产品 200 万吨，蔬菜 980 万吨。

绿色种植业。实施引进、试验、示范、繁育与推广工程，推广立体高效农业、生物质能多层次利用和多能互补等技术，积极发展耐碱、耐旱、节水、优质、高产、生态、安全种植业。加大中低产田改造力度，推进连片规模开发、集约高效发展。完善良种引进—工厂化繁育—种植—加工—保鲜—销售产业链，提高种植业标准化生产水平，建设全国重要的优质粮棉、特色果蔬生产加工出口、经济林草基地。

生态畜牧业。发挥牧草资源丰富的优势，集约化规模化发展奶牛、肉牛、肉羊、肉鸭等畜牧业，加强动物疫病防治，建成一批特色养殖基地。规划改良天然草场和规模较大的饲料粮种植区，配套建设畜禽加工和生产安全保障设施，支持现代畜牧业示范园建设，打造饲草种植—饲料加工—畜禽养殖—奶业—屠宰加工—冷藏—销售产业链，促进农工贸一体化、产供销一条龙发展，推动循环种养、生态养殖和绿色能源建设有机结合。

生态渔业。重点发展水产增殖业、健康养殖业和精深加工，大力发展远洋渔业和休闲渔业。实施渔业资源修复行动计划，保护近海滩涂主要经济生物资源，加大水域环境管理与治理力度，有效恢复渔业生态。加快浅海滩涂和沿黄盐碱涝洼地规模化开发，推进优势特色水产品标准化生产，建设环渤海地区重要的水产品物流贸易中心。加强渔政渔港设施建设，发展渔港特色经济。

专栏7：高效生态农业重点工程

种植业。重点推进荒碱地治理与高效种养、绿色农产品标准化规模化生产、绿色控害技术综合运用和农业机械化。推广寿光农村沼气与蔬菜大棚结合技术。

畜牧业。百万亩天然草场建设工程，形成肉牛200万头、奶牛30万头、生猪500万头、肉鸭亿只的养殖能力，建成全国重要的生态养殖和畜产品活体储备基地。

水产养殖加工。培育和引进高产、优质、高抗逆的海淡水养殖新品种，建设良种场、区域育种中心和现代渔业养殖加工区。种养业良种工程。建设农作物种质资源库、农作物改良中心、良种繁育基地、畜禽水产原良种场、水产遗传育种中心、种质资源场和区域性检测中心。

动物防疫体系。建设和完善区域性动物疫病监测预警、预防控制、检疫监督、兽药质量监察及残留监控、防疫技术支撑、防御物质保障六大系统。农产品质量安全检测体系。建设区域性农产品质检中心和县级农产品检测站。

渔港和渔港经济区建设工程。重点建设东营、滨州、潍坊、莱州沿海现代渔港经济区。

渔业资源修复与保护工程。每年渤海湾增殖放流对虾、海蜇、梭子蟹等主要水产苗种10亿尾（粒）以上，建设6处濒危水生野生动植物保护区和15处渔业资源保护区。

标准化生态鱼塘整理工程。建设100个具有区域特色的标准化生态健康养殖园区，整理改造标准化鱼塘300万亩。

（二）积极发展环境友好型工业

坚持走新型工业化道路，以园区为载体，大力发展循环经济，提升产业整体素质，促进产业集群化发展。到2015年，规模以上工业增加值达到6000亿元。

高技术产业。加强创新能力建设，大力发展电子信息、生物工程、新材料等产业，培育海洋生物医药、海洋功能食品、海洋工程材料、海水综合利用等海洋高技术产业，加快形成一批高成长、带动能力强的骨干企业，开发一批具有自主知识产权的核心产品，建设以新型油田化学品、盐化工为特色的新材料产业基地。支持东营软件产业、莱州和寿光种业发展。

装备制造业。着力提高研发系统设计、加工制造、系统集成和关键总成技术整体水平，壮大产业规模，培育优势品牌，形成技术先进、竞争力强的装备制造业体系。石油装备，依托优势企业，加强技术引进和自主创新，提高石油成套设备研发能力，开发生产系列配套产品，重点发展石油钻采装备和石油工程技术服务，形成集研发制造服务于一体的石油装备高端产业链，着力打造特色鲜明、技术高端、国内一流的石油装备产业基地。在东营设立国家石油装备工程技术研发中心。加强协作配套，提高汽车发动机、关键零部件技术水平，壮大产业集群，打造全国重要的汽车零部件生产基地。按照"专、精、特"的要求，积极发展船舶及海洋工程装备配套设备和船舶维修等。加快发展纺织装备、通用飞机及零部件、工程机械、体育装备器材和风力发电、海水淡化、输变电设备等制造业。

轻纺工业。加快装备更新、工艺革新和产品创新，严格控制污染，提升纺织、造纸工业技术含量和产品附加值，建设全国重要的轻纺工业基地。开发时尚、健康、个性化高档家纺服装产品，培育自主品牌，促进棉纺、化纤、织布、印染、家纺、服装配套发展。因地制宜推进林浆纸一体化，积极发展生态造纸。

专栏8：环境友好型工业发展重点

电子信息产业。重点发展激光电子产品、新型元器件和高性能电子元器件、网络通信产品以及软件和集成电路等六大产业。

生物产业。开发耐盐碱转基因植物新品种，开发生物药物及治疗肿瘤、心脑血管、老年病等新型高效药物，建设中药种植GAP、生产过程GMP标准化体系。发展L—乳酸、聚乳酸生产。

新材料产业。重点发展热超导、电子、无机传热、环保、高分子等新材料产业。石油装备。东营重点发展钻机、磁悬浮抽油机、通井机、钻井平台等石油机械及油气集输设备和油田专用汽车制造业。

汽车及零部件。东营、滨州和潍坊滨海经济开发区重点推进特种车辆生产，发展船用柴油机、重型发动机、高档大型发动机等系列产品及特种活塞、OE 刹车片、汽车轮胎等制造业。

通用飞机及零部件。重点推进滨州通用航空飞行器及发动机和德州庆云飞机刹车盘项目建设，带动机械零部件、橡胶制品、电子、电气、复合材料等配套产品发展。

设备制造业。发展风力发电、电厂脱硫、海水淡化、燃气发电、地热利用等配套设备制造业。

轻纺。建设滨州、东营、淄博高青纺织家纺服装产业基地，发展寿光、广饶生态造纸业。

（三）大力发展现代服务业

按照市场化、产业化、社会化的方向，重点发展生产性服务业，积极发展消费性服务业，加快构筑结构合理、功能完备、特色鲜明的现代服务业体系。

现代物流业。依托交通枢纽、中心城市和重要货物集散地，完善物流基础设施，建设一批特色物流园区和集散、存储、加工配送中心，重点建设临港物流基地，形成多层次、开放式、社会化的物流体系。积极推广现代物流管理技术，建立和完善物流网络和信息平台，提高物流信息化和标准化水平，引导物流企业向专业化、规范化和国际化发展。大力发展第三方物流。鼓励兼并重组，推动物流企业向物流园区集中，促进物流企业集群化发展，建成环渤海南部的区域性物流中心。

专栏 9：现代物流业发展重点

东营。建设临港物流园区、中心城物流园区、空港物流园区、广饶物流园区和广利港渔业交易中心，形成石油、成品油、钢材、建材、精密部件、农产品和零散集装箱运输集散地。

滨州。建设西城物流园区、东城物流园区、临港物流园区和鲁北航空物流中心，形成机械纺织原材料、原盐、煤炭、石油、化工产品和农副产品集散地。

潍坊。建设临港物流园区、寿光农副产品物流园区、寒亭食品药品和民俗产品物流园区、航空物流中心，形成化工产品、机械装备、蔬菜、干散货和集装箱运输集散地。

莱州。建设临港物流园区、液体化工物流园区、农副产品物流园区，形成

矿石、煤炭、汽车零部件、集装箱和散杂货集散地。

乐陵。建设乐陵（义乌）国际商贸物流园区。

庆云。建设庆云国际物流园区。

高青。建设陶瓷建材物流园区。

生态旅游业。按照发展大旅游、开发大市场、建设大产业的要求，加强旅游基础设施建设，推动旅游资源整合，突出神奇黄河口、生态大观园、梦幻石油城、黄河水城、武圣故里、宋代古城、世界风筝之都、摩崖石刻、海岛金山寺、滨海渔盐、枣林等特色，开发生态观光、文化会展、休闲度假、体育健身和古贝壳自然遗迹等产品。着力打造黄河入海口、滨海旅游度假、红色旅游和民俗文化四大精品旅游线路。支持黄河口生态旅游区、黄河水城、孙子文化旅游区建设，逐步建成国家级旅游区。

金融保险业。创新合作发展机制，完善区域金融服务体系。整合城市商业银行，引进战略投资者，支持在黄河三角洲地区设立地方性银行，条件成熟后适时上市。支持国内外金融机构在区域内开设分支机构。加快发展信托公司信托业务、金融租赁公司租赁业务，支持符合条件的企业上市和发行债券。丰富保险服务品种，拓展保险市场，进一步发展和完善农业保险体系。

商务服务业。积极发展远程教育和医疗、数字及网络电视、数据处理等新型信息服务业，规范法律、经济鉴证类服务，支持发展投资与资产管理、市场调查、工程和管理咨询、资信服务等服务业，鼓励发展专业化工业设计，积极发展服务外包。

六、强化基础设施支撑

加强基础设施一体化建设，形成配套完善的水利设施、快捷畅通的交通网络和安全清洁的能源保障体系，增强发展高效生态经济的支撑能力。

（一）加强水利设施建设

加快防风暴潮和引供水体系建设，加大黄河入海流路治理力度，构筑生态保护和经济发展的安全屏障，提高水资源供应保障能力。

防潮堤。按照新建和改造加固并重的原则，加大对防潮堤建设的支持力度，高标准规划建设防潮体系。关键岸段堤坝按50年一遇建设，根据实际需要对部分堤坝适当提高标准，充分发挥防潮堤的防潮减灾、交通旅游、生态建设、滩涂增殖、产业开发等综合功能。到2015年，新建防潮堤400公里，改造加固400公里；到2020年，沿海防潮体系基本建成。

引供水设施。按照兴利除害、开源节流的原则，加强水利设施建设，提高水资源保障能力。统筹调配淡水资源，科学利用地表水，合理利用地下水，控制地下水超采。利用南水北调东线工程引调长江水。按照水量分配指标，在保障河道最低生态用水的前提下提高黄河水利用效率。扩大再生水、海水和微咸水利用规模。适度建设平原水库，实施现有水库加固衬砌增容工程。推进城市河道改造与污水处理设施、景观建设相结合，提高水利工程综合效益。实施一批重点河道治理工程和灌区改造工程，重点加强大型灌区续建配套与节水改造项目建设，增强农田灌排设施抗御自然灾害和防洪除涝排碱供水能力。大力推进海水直接利用，适度发展海水淡化。加大黄河口治理力度，完善分洪、退洪设施，提高防洪减灾和利用洪水能力。稳定现有黄河入海流路，留足备用流路。

专栏10：水利重点工程

防潮堤。新建防潮堤400公里，改造加固400公里。其中，东营市新建154公里、改造加固75公里，滨州市新建132公里、改造加固158公里，潍坊市新建92公里、改造加固138公里，莱州市新建21.8公里、改造加固30公里。

平原水库。新建一批平原水库，实施水库衬砌增容和除险加固、河道拦蓄工程及河道水网改造替代平原水库节地示范工程。

引节水工程。实施南水北调配套和西水东调干线工程，加强引黄灌区、大型灌区续建配套与节水改造。

河道治理。实施黄河口治理、骨干河道综合治理工程，加强城市河道综合治理。

农村饮水。实施农村饮水安全和自来水工程。

（二）加快交通设施建设

按照统筹规划、适度超前的原则，加快重大交通设施建设，打通连接京津冀、长三角和东北地区的陆海通道，形成便捷、通畅、高效、安全的现代综合运输网络。

港口。统筹规划港口发展，积极建设散杂货、多用途和液体化工等深水泊位以及航道、防波堤等公用基础设施建设，扩大通过能力，提升综合服务功能。东营港主要服务胜利油田、石化基地和东营临港产业区的开发建设。潍坊港和滨州港主要为两市临港产业服务，以散杂货运输为主，兼顾石油化工产品的运输。莱州港区重点发展油品、液体化工品中转储运，积极发展散杂货和集装箱喂给运输。适应经济社会发展需要，逐步拓展港口功能，形成分工明确的黄河三角洲港口群。加强港口与铁路、公路的连接，构建港口快速集疏运体系，推进与环渤海其他地区港口的合作对接，拓展周边地区和内陆腹地。

铁路。重点建设黄骅至大家洼、德州至龙口至烟台等铁路，配套建设相关支线和疏港铁路，鼓励大企业、工业园区、物流园区建设专用线，加快现有铁路扩能改造，推进铁路站点和货场的建设升级，完善铁路路网结构，提高技术等级和装备水平。加快区域内城际快速通道建设。公路。加快高速公路建设和普通路网升级改造，进一步优化路网结构，提高通达能力。重点建设滨州、东营、潍坊公路运输枢纽，推进各县（市、区）中心客运站的建设和改造。加强农村公路建设，加快县乡公路改造，完善路网体系。机场。合理规划机场布局及规模，积极增加航线航班，加快发展通用航空，建设区域性支线机场。到2015年，机场客运量争取达到80万人次。

（三）推进能源设施建设

优化能源结构，提高利用效率，多渠道、多途径增加能源供给。稳步发展石油，加强油田调整挖潜，稳定生产规模，加快油气管网和石油储备设施建设，鼓励有实力的企业开展商业储备，建设区域石油流通枢纽和交易中心。优化发展电力，建设超临界和超超临界生态环保型燃煤电厂，积极发展热电联产，加快城乡电网升级改造。大力发展新能源，支持在滩涂和浅海建设风力发电站，积极利用生物质能、地热能、太阳能和潮汐能，实施农村沼气推广工程和太阳能、地热能应用示范工程。

专栏 11：交通能源重点工程

港口。东营港、滨州港、潍坊港建设多用途泊位、液体化工品泊位和散杂货泊位，莱州港建设通用泊位和航道疏浚工程，重点实施东营港码头扩建工程、疏浚治理航道工程。

铁路。建设黄骅—大家洼铁路、德州—龙口—烟台铁路、博兴—广饶铁路、小营—滨州港铁路、利津—东营港铁路、潍坊滨海经济开发区—诸城铁路和疏港

铁路、物流园区和企业铁路专用线，扩能改造淄东、益羊铁路和滨沾铁路。

公路。建设滨州—德州、潍坊—日照、济南—乐陵、东营—滨洲—济南高速和东青高速南延工程，建设沿海高等级公路，完善疏港公路。

机场。扩建东营机场，形成区域中心空港，适时开展潍坊机场异地迁建论证工作。

能源。建设莱州等大型电源项目。

七、加快社会事业发展

以保障和改善民生为重点，大力发展各项社会事业，推进基本公共服务均等化，形成覆盖城乡、设施完善、适应生态经济发展的公共服务体系。

（一）大力发展科技事业

整合区域科技资源，构建开放型区域创新体系，努力提高自主创新能力，增强科技对经济增长的支撑作用。依托黄河三角洲可持续发展研究院等机构，加强创新平台建设。加快建设中国石油大学国家大学科技园及其“生态谷”、潍坊滨海科教创新园区，形成一批高水平的科研机构、重点创新和产学研合作平台。构建国家与地方创新联动机制，加强与国家科研院所、大专院校联合攻关，重点在河口生态治理、盐碱地改良、生态农业、环境保护、循环经济、资源综合利用等关键领域和核心技术方面取得突破。加快发展技术市场，培育区域科技创新服务中心和科技中介组织，促进科技成果产业化。支持建设重大创新能力项目，推动黄河三角洲国家可持续发展实验区建设。

（二）优先发展教育事业

加大教育投入，深化教育改革，优化教育结构，促进教育事业协调发展。推动公共教育资源向农村和贫困地区倾斜，实施校舍安全工程和学校标准化建设，以改革农村教师补充机制为重点，加强教师队伍建设，推进城乡义务教育一体化。加强职业教育基础能力建设，整合职业教育资源，推行工学结合、校企合作、半工半读、顶岗实习培养模式，扩大职业教育办学规模，鼓励发展集约化、规模化的职业教育集团，提升职业教育实训能力。支持地方优化高等教育结构，提升高等教育质量，加强发展高效生态经济所需人才的培养，提升高等学校创新与服务能力。重视发展学前教育，加快发展成人教育和继续教育，引导民办教育健康发展，形成多层次、开放式的终身教育体系。加强人力资源建设和人才培养，设立区域人才发展专项资金，积极引进国内外优秀人才。

（三）积极发展医疗卫生事业

强化政府责任，动员社会力量参与，进一步深化医药卫生体制改革，构建覆盖城乡居民的基本医疗卫生制度。加强城乡公共卫生服务体系建设，提高疾病防控、卫生监督服务水平，增强突发公共卫生事件应急处理能力。积极发展社区卫生服务，完善以社区卫生服务为基础的新型城市医疗卫生服务体系。落实公立医院政府补助政策，加强卫生技术和管理队伍建设，提高医疗服务水平。完善新型农村合作医疗制度，建立健全农村药品供应和医疗服务网络，提高农村居民医疗保障水平。完善医疗救助制度，切实解决城乡困难群众的基本医疗保障问题。建立健全人口计划生育服务体系和利益导向政策体系，全面开展人口出生缺陷预防，采取综合措施有效治理出生人口性别比升高的问题，完善流动人口计划生育服务和管理。

（四）繁荣文化体育事业

加强公共文化服务体系建设，加快培育黄河三角洲生态文化，促进文化事业发展。加大基层公共文化设施建设投入力度，建设具有时代气息和地域特色的标志性公共文化设施。鼓励社会力量捐助和兴办公益性文化事业。加强潍坊杨家埠木版年画、吕剧等一批国家级非物质文化遗产保护，在文物藏品比较丰富的地方建设一批市县级博物馆。加强文化信息资源共享工程建设，拓展服务功能。充分发挥黄河三角洲地区文化资源优势，培育和壮大文化企业。实施全民健身计划，加强公共体育设施和健身场地建设。实现县县有较高水平图书馆和文化馆，乡镇和街道有规范的综合性文化站、社区有文化中心，每个行政村拥有适宜的文体活动场所。

（五）完善就业和社会保障体系

建立城乡统一的人力资源市场，促进劳动力在地区间、城乡间合理有序流动。积极拓宽就业渠道，增加社会公益性岗位，鼓励发展就业容量大的劳动密集型产业。增加政府财政投入，加大促进就业政策支持力度。完善公共就业服务体系，加强对城镇失业人员、新增劳动力和农村富余劳动力的就业服务和职业技能培训，重点建设公共技能实训基地，促进以创业带动就业。努力扩大社会保障覆盖面，逐步提高保障标准，逐步建立社会保险、社会救助、社会福利相衔接的覆盖城乡居民的社会保障体系。重点建设街道(乡镇)和社区(村)基层服务平台，完善公共就业和社会保障管理服务体系。加强养老服务设施建设，完善高龄老人津贴制度，以居家养老为基础，社区养老为依托，机构养老为骨干，建立多层次、多元化的养老服务体系。调整住房供应结构，加快实施保障性安居工程，加大廉租住房、经济适用住房建设和棚户区改造力度，大力发展公共租赁住房，增加面向中低收入家庭的普通商品住房供应，多渠道解决中低收入家庭住房困难。

八、创新体制机制

进一步深化改革开放，形成经济发展与生态保护有机结合、良性互动、协调推进的体制机制，为高效生态经济发展提供强大动力和制度保障。

（一）推进重点领域和关键环节改革

行政管理体制改革。加快转变政府职能，强化政府社会管理和公共服务职能，推进政企分开、政资分开、政事分开、政府与市场中介组织分开，减少和规范行政审批。优化政府组织体系和运行机制，减少行政层次，降低行政成本。创新区域经济管理模式，建立统筹协调、权责一致、精简高效的管理体制。合理调整行政区划，推进统一高效开发。完善政务信息发布制度，实现政府行政管理方式向规范有序、公开透明、便民高效的根本转变。财税体制改革。围绕推进基本公共服务均等化和功能区建设，调整财政支出结构，重点支持社会事业发展、自然生态保护与修复、循环经济发展、重大基础设施建设，加大对财政困难县转移支付力度。

金融改革与创新。按照相关管理办法，建立黄河三角洲产业（股权）投资基金。组建开发担保公司，提供融资担保服务。完善农村信用社管理体制，坚持县（市）法人地位的长期稳定，组建农村商业银行。支持办好邮政储蓄银行，引导邮政储蓄资金回流。支持发展村镇银行、小额贷款公司等新型农村金融组织，建立健全农民小额信用贷款和农户联保贷款制度。积极稳妥发展产权交易市场。支持在流转土地使用产权、林权和海域使用权抵押融资方面先行先试。

土地管理体制改革。在坚持实行最严格的耕地保护和节约用地制度的前提下，适应黄河三角洲高效生态经济发展的需要，改革土地管理和土地利用方式。加强土地利用总体规划的管控和引导，积极探索土地利用规划动态管理模式。实行土地利用计划差别化管理，对重大项目建设特别是使用未利用地的建设项目，国家在安排用地计划时予以倾斜。鼓励对宜农土地后备资源进行开发，新增耕地在保证规划确定的耕地保有量和基本农田保护面积不减少的前提下，允许在省域内用于占补平衡。组织实施国家级重大土地整治工程。稳步推进城乡建设用地增减挂钩。强化土地节约集约利用，建立评价与考核制度，将评价结果与土地利用年度计划指标的分配相挂钩。做好土地确权登记工作，规范推进农村土地管理制度改革。支持开展未利用地开发管理改革试点。

（二）构建开放型经济体系

构建对外开放平台。支持有条件的省级开发区升级为国家级开发区，鼓励开发区创建国家生态工业示范园区。依托东营和莱州临港产业区，根据实际业务需要设立保税仓库、出口监管仓库，为设立综合保税区创造条件。加快转变外贸发展方式。大力扶持机电产品、高新技术产品和有机农产品出口，提高高附加值产品的出口比重，加快建设科技兴贸出口创新基地。积极发展进口贸易，扩大能源、重要资源性产品、关键零部件、先进技术和设备进口。积极承接国外中高端制造业转移，促进加工贸易转型升级，大力发展服务贸易。积极推动与日韩的经贸合作，全面加强与欧美的经贸合作。

提高利用外资水平。结合优化产业结构，创新利用外资方式，扩大利用外资规模。利用国际金融组织贷款和外国政府优惠贷款，支持节能减排和生态建设。积极引进跨国公司和全球行业龙头企业，设立区域性总部、研发中心和生产基地。鼓励外资参与企业改组改造和城市基础设施建设。严格限制低水平、高污染、高能耗的外资项目进入。加快“走出去”步伐。依托大企业在境外开发战略资源，重点加强能源开发合作。创新对外投资和合作方式，推动石油装备、纺织、化工等优势产业到境外投资。鼓励有实力的企业对外承包承揽工程，采用BOT、租赁、承包等多种形式开发境外工程市场。

（三）加强区域合作与交流

主动加强与周边地区特别是天津滨海新区、辽宁沿海经济带等的经济交流和技术合作，形成优势互补、错位发展的新格局。加强规划对接，发挥各自比较优势，推动生产要素合理流动和优化配置。加强产业对接，积极承接山东东部和天津滨海新区产业转移，提高产业集中度和协作配套水平，实现互利共赢、共同发展。加强交通基础设施对接，打通连接周边地区的通道和出口。有序推动异地联合兴办开发区，支持庆云县和天津红桥区合作建设高新技术产业园、乐陵市和天津塘沽区合作建设循环经济示范园，打造承接产业转移的载体。加强区域间高层互访，建立定期联系机制，推动各层次对口交流与协作。加强与长江三角洲、珠江三角洲等国内其他地区的经济联系，深化与港澳台地区的经贸合作。

九、规划实施和保障

山东省人民政府要切实加强对规划实施的组织领导，制定实施方案，明确工作分工，完善工作机制，落实工作责任，推动规划实施。要按照规划确定的功能定位、空间布局和发展重点，制定和调整相关专项规划，切实加强生态建设和环境保护，有序推进重点项目建设。要逐级建立目标责任考核制度，确保落实规划目标任务。

国务院有关部门要加强调查研究，指导解决规划实施中遇到的重大问题，通过现有渠道加大对重大项目、重点工程和特色产业的支持力度，指导和推动土地、金融等重要领域的改革创新。

国家发展和改革委员会要加强对规划实施情况的跟踪分析和督促检查，适时组织开展规划实施情况的评估，并将实施情况向国务院报告。完善社会参与和监督机制，拓宽公众参与渠道，引导社会力量参与规划实施和监督。

国家发展和改革委员会

二〇〇九年十二月

鄱阳湖生态经济区规划

前 言

鄱阳湖位于长江中下游南岸、江西省北部，是我国最大的淡水湖，是四大淡水湖中唯一没有富营养化的湖泊，同时也是具有世界影响的重要湿地。在未来发展中，鄱阳湖地区既肩负着保护“一湖清水”的重大使命，又承载着引领经济社会又好又快发展的重要功能。在新的历史时期，从国家战略全局和长远发展出发，为积极探索经济与生态协调发展的新模式，建设好鄱阳湖生态经济区，为我国大江大湖区域综合开发提供良好示范，特编制鄱阳湖生态经济区规划。

规划范围包括南昌、景德镇、鹰潭 3 市，以及九江、新余、抚州、宜春、上饶、吉安的部分县(市、区)，共 38 个县(市、区)，国土面积 5.12 万平方公里，2008 年实现地区生产总值 3948 亿元，年末总人口 2006.6 万人。

本规划是指导鄱阳湖生态经济区建设的纲领性文件和编制相关规划的重要依据。规划期为 2009 年至 2015 年，远期展望到 2020 年。

第一章 发展背景

第一节 现实基础

鄱阳湖是长江的重要调节器，年均入江水量达 1450 亿立方米，约占长江径流量的 15.6%，水质长年保持在Ⅲ类以上，鄱阳湖水量、水质的持续稳定，直接关系到鄱阳湖周边乃至长江中下游地区的用水安全。鄱阳湖承担着调洪蓄水、调节气候、降解污染等多种生态功能，拥有丰富的鱼类、鸟类等物种资源，是全球 95%以上的越冬白鹤栖息地，在保护全球生物多样性方面具有不可替代的作用，是我国重要的生态功能保护区，是世界自然基金会划定的全球重要生态区，是我国唯一的世界生命湖泊网成员，在我国乃至全球生态格局中具有十分重要的地位。千百年来，鄱阳湖地区为中华文明的发展作出了重要贡献。

鄱阳湖地区位于沿长江经济带和沿京九经济带的交汇点，是连接南北方、沟通东西部的重要枢纽；毗邻武汉城市圈、长株潭城市群、皖江城市带，是长江三角洲、珠江三角洲、海峡西岸经济区等重要经济板块的直接腹地；该区域基础条件较好、发展潜力较大，是中部地区正在加速形成的增长极之一，在我国区域发展格局中具有重要地位。

鄱阳湖生态经济区以江西省30%的国土面积，承载了全省近50%的人口，创造了60%以上的经济总量，具有良好的发展基础。改革开放特别是新世纪以来，江西省对鄱阳湖地区的开发治理做出了不懈的努力，先后实施了山江湖开发治理工程、昌九工业走廊建设、九江沿江开发等一系列重大战略，在推动经济社会发展、保护生态环境方面取得了显著成就。该区域生态农业发展势头良好，有机食品产量位居全国前列，是我国著名的鱼米之乡和重要的商品粮油基地；新型工业初具规模，初步建立了以汽车、航空及精密仪器制造、特色冶金和金属制品加工、中成药和生物制药、电子信息和现代家电产业、食品工业、精细化工及新型建材等为核心的产业体系；基础设施条件较好，初步形成了便捷的立体交通网络，构建了安全可靠的电力供应体系；旅游业发展较快，是我国中部地区重要的旅游目的地；教育、文化、卫生等公共服务体系较为完善。

第二节 挑战与机遇

未来一段时期是鄱阳湖生态经济区工业化、城镇化加速推进的重要时期，能源资源需求将大幅增加，节能减排任务更加艰巨，环境保护压力更加突出；与我国经济发达地区相比，鄱阳湖生态经济区的综合经济实力不强，区域竞争力较弱，优势产业和优势企业不多，社会事业发展滞后，人力资源开发培养不足，生态经济区经济社会发展的基础较为薄弱；重开发、轻保护的传统发展模式惯性依然较大，有利于科学发展的政绩综合考评体系尚未建立，有利于促进资源整合、强化污染综合防治的宏观统筹机制仍然存在障碍。尤其值得重视的是，由于区域内外生态环境的持续变化和全球气候变暖，鄱阳湖水位变化异常，连续多年出现历史罕见低水位，鄱阳湖水体污染呈日益加重趋势，保护“一湖清水”的压力不断增大，直接威胁鄱阳湖的生态功能，同时，低水位一定程度上助长了血吸虫孳生繁殖，威胁着湖区群众身体健康和经济社会发展。上述问题和矛盾，都需要在鄱阳湖生态经济区建设中予以重视和解决。

同时，建设鄱阳湖生态经济区也面临良好的机遇。国内外对可持续发展已形成广泛共识，保护生态环境是当代人类生存发展的必然选择，资源节约的发展模式、山川秀美的生态环境正在成为新的竞争优势；我国确立了节约资源、保护环境的基本国策，提出了走可持续发展道路、建设资源节约型和环境友好型社会、建设生态文明等一系列战略思想和重大举措，初步形成了比较完善的生态环境保护法律法规体系，生态建设和环境保护力度不断加大；国家促进中部地区崛起战略深入推进，中部地区的发展条件逐渐改善，战略地位不断提升。所有这些，为鄱阳湖地区转变发展方式，努力走出一条生态环境和经济社会协调发展的新路子，奠定了良好基础。

第三节 战略意义

鄱阳湖流域既是一个相对独立的生态系统，又对长江流域生态环境有着重要的影响。建设鄱阳湖生态经济区，对于促进区域协调发展、实现人与自然和谐和可持续发展具有重大意义。

——有利于探索生态与经济协调发展的新路子。鄱阳湖地区是江西综合实力最强的地区，环境承载能力较大。推进鄱阳湖生态经济区建设，遵循产业经济生态化、生态经济产业化的理念，改变传统的生产方式和消费方式，创新体制机制、合理利用资源、发展生态经济，有助于推动工业文明向生态文明迈进，为转变发展方式、实现科学发展提供示范。

——有利于探索大湖流域综合开发的新模式。大湖流域的开发和保护，是当今世界面临的重大课题。推进鄱阳湖生态经济区建设，保护和修复湖泊生态系统，有效控制滨湖和江河源头地区的人为破坏，合理开发环湖平原地区，探索大湖流域保护、治理、开发的新经验，有助于保护“一湖清水”，维护湿地复合生态系统的完整性和生物多样性，保障长江中下游水生态安全。

——有利于构建国家促进中部地区崛起战略实施的新支点。鄱阳湖地区自然资源丰富、区位条件优越、产业基础较好。推进鄱阳湖生态经济区建设，着力发展高效生态农业，突出发展先进制造业，大力发展高技术产业，积极发展现代服务业，有助于培育长江中游地区新的城市群，形成中部地区崛起的重要战略支点，加快实现中部地区“三个基地、一个枢纽”的战略目标。

——有利于树立我国坚持走可持续发展道路的新形象。鄱阳湖是我国唯一的世界生命湖泊网成员，是国际重要湿地，也是亚洲最大的越冬候鸟栖息地，国际社会高度关注。推进鄱阳湖生态经济区建设，推广生态文化，为世界生态环境保护作出应有贡献，有助于为我国开展国际生态经济合作交流提供重要平台，向国际社会展示我国负责任的大国形象。

第二章 总体要求

第一节 指导思想和基本原则

高举中国特色社会主义伟大旗帜，以邓小平理论和“三个代表”重要思想为指导，深入贯彻落实科学发展观，以促进生态与经济协调发展为主线，以体制创新和科技进步为动力，转变发展方式，创新发展途径，加快发展步伐，努力把鄱阳湖地区建设成为全国生态文明与经济社会发展协调统一、人与自然和谐相处的生态经济示范区。

——坚持生态优先，促进绿色发展。把生态建设和环境保护放在首要位置，把资源承载能力、生态环境容量作为经济发展的重要依据，探索建立反映资源环境成本和生态效益的绿色国民经济核算体系，保护“一湖清水”，建设绿色家园，发展生态产业，实现在集约节约利用资源中求发展，在保护生态环境中谋崛起。

——坚持科学布局，促进协调发展。遵循区域生态经济功能特性，把握开发节奏、时序和强度，明确功能分区，优化空间布局，促进人口、产业、资源集聚，推动经济社会发展与资源节约、生态环境保护相互协调、相互促进。

——坚持改革开放，促进跨越发展。加大重点领域和关键环节改革力度，率先创新生态补偿、水权交易、综合开发、资源节约和环境保护等体制机制。加强区域融合与对接，扩大国际生态经济交流与合作。

——坚持以人为本，促进和谐发展。以保障和改善民生为重点，大力发展各项社会事业，让生态文明建设的成果惠及广大人民群众，促进社会和谐进步。

第二节 发展定位

——全国大湖流域综合开发示范区。正确处理经济建设、人口增长与资源利用、环境保护的关系，鼓励率先探索生态、经济、社会协调发展的新模式，走出一条生态良好、生产发展、生活富裕的文明发展之路，为全国其他湖区综合开发和治理发挥示范作用。

——长江中下游水生态安全保障区。发挥保障长江中下游水生态安全的重要作用，大力加强生态建设和环境保护，切实维护生态功能和生物多样性，着力提高调洪蓄水能力，努力创造一流水质、一流空气、一流生态、一流人居环境，构筑区域生态安全体系。

——加快中部崛起重要带动区。培育一批具有较强竞争力的核心企业和知名品牌，建成全国粮食安全战略核心区和生态高效农业示范区，建成区域性的先进制造业、商贸和物流中心，培育若干在全国有重要影响的重大产业集聚基地，建设国际知名的生态旅游区和休闲度假区，争当中部地区崛起的排头兵。

——国际生态经济合作重要平台。切实保护鄱阳湖“一湖清水”，全方位、立体式展示中国坚持生态与经济、人与自然和谐发展的新成就；广泛开展国际经济和技术交流，积极借鉴国际生态经济发展的经验和模式，充分发挥鄱阳湖生态经济区的自身特色，探索建立国际生态经济合作新机制。

围绕上述定位，着力构建安全可靠的生态环境保护体系、调配有效的水利保障体系、清洁安全的能源供应体系、高效便捷的综合交通运输体系；重点建设区域性优质农产品[15.47 -0.45%]生产基地，生态旅游基地，光电、新能源、生物及航空产业基地，改造提升铜、钢铁、化工、汽车等传统产业基地。

第三节 主要目标

按照统筹规划、分步实施的原则，分阶段推进鄱阳湖生态经济区建设：2009 年～2015 年为先行先试、强基固本阶段，主要任务是创新体制机制，夯实发展基础，壮大生态经济实力，初步形成生态与经济协调发展新模式；2016 年～2020 年为深入推进、全面发展阶段，主要任务是构建保障有力的生态安全体系，形成先进高效的生态产业集群，建设生态宜居的新型城市群，为到本世纪中叶基本实现现代化打下良好基础。

2009～2015 年重点规划期的主要奋斗目标是：

——生态建设取得显著成效。水资源得到有效保护，鄱阳湖水质稳定在Ⅲ类以上；空气质量达到国家Ⅱ级标准；湿地保护面积持续稳定，湿地生态功能不断增强；生物多样性得到有效保护，珍稀濒危动植物数量有所增加；河道行洪通畅，防洪抗旱治涝减灾能力进一步提高；森林覆盖率和森林质量不断提高，水土流失面积持续减少；工业污染和农业面源污染防治取得明显成效；城镇公共绿地面积不断扩大；流域综合管理能力大幅增强，区域生态环境质量继续位居全国前列。

——生态产业体系初步形成。高效生态农业、资源节约型和环境友好型工业以及现代服务业逐渐居于主导地位，经济实力明显增强，人均地区生产总值达到全国平均水平；节能减排取得新进展，资源综合利用达到新水平，经济发展方式明显转变；科技创新体系初步建立，自主创新能力不断增强；循环经济发展模式广泛推广，清洁生产机制初步建立。率先在欠发达地区构建生态产业体系。

——生态文明社会初步构建。生态文化氛围浓厚，生态环保理念深入人心，资源节约型、环境友好型的生产和生活方式初步形成；社会就业更加充分，社会事业繁荣发展，社会保障制度日益健全，社会管理、社会服务、应急处理和公共安全保障能力明显提高，基本公共服务主要指标达到或超过全国平均水平；城乡统筹发展取得积极进展，城乡基本公共服务均等化有所突破，城乡居民生活水平明显提高；创建生态城镇、绿色乡村取得明显成效，生态文明建设处于全国领先水平。

第四节 功能分区

根据自然生态系统的不同特征和经济地域的内在联系，将鄱阳湖生态经济区划分为湖体核心保护区、滨湖控制开发带和高效集约发展区。依据各区域资源环境承载能力、发展现状和开发潜力，界定区域功能，明确发展方向。

——湖体核心保护区。范围为鄱阳湖水体和湿地，以 1998 年 7 月 30 日鄱阳湖最高水位线(吴淞高程湖口水位 22.48 米)为界线，面积 5181 平方公里。区域功能是：强化生态功能，禁止开发建设。基本要求是：稳定湖体水质，维护湿地功能，改善候鸟栖息环境；规范采砂、捕鱼、养殖等经济行为，严格执行采砂管理的相关规定，全面取消湖泊禁养区的围网养殖、肥水养殖，严禁围湖造田、围湖养殖；认真执行封洲禁牧各项措施，切实控制血吸虫病传播；加强旅游和船舶污染防治，各类旅游设施必须配备污水及污染物处理装置，入湖机动船舶必须按标准配备使用防污设备，集中停泊区必须设置污染物收集处理设施。

——滨湖控制开发带。范围为沿湖岸线邻水区域，以最高水位线为界线，原则上向陆地延伸 3 公里，核定面积 3746 平方公里。区域功能是：构建生态屏障，严格控制开发。基本要求是：加强尾闾疏浚，提高行洪能力；推进植树造林，建设环湖防护林，开展水土流失综合治理，减少泥沙入湖；限制施肥量大的农业生产活动，严禁施用高毒、高残留农药，防治农业面源污染；提高工业企业污染排放标准，加强污染综合防治，依法依规强制淘汰落后生产能力，鼓励控制开发带内现有企业搬迁异地改扩建。

——高效集约发展区。范围为区域其他地区，面积 4.22 万平方公里。区域功能是：集聚经济人口，高效集约开发。基本要求是：稳定提高生态空间，集约整合生活空间，优化拓展生产空间。遵循主体功能区的理念，科学划分生态保护、农业发展、城镇建设和产业集聚区域；严格保护自然保护区、自然文化遗产、风景名胜区、森林公园、地质公园以及饮用水源地、水源涵养区，积极建设沿河、沿湖、沿路生态廊道和城市公共绿地；严格保护基本农田，大力提高粮食综合生产能力，促进优势农产品布局区域化、种养标准化、生产规模化、经营产业化；大力推进新型工业化、新型城镇化,促进人口向城镇集中、产业向园区集中、资源向优势区域与优势产业集中，从严控制“两高一资”项目，积极发展生态产业、推广低碳技术，加快形成并壮大产业集聚区和特色块状经济；全面推进对外开放，积极承接国际国内产业、技术、资金和人力资源转移，大力提高参与国际国内分工与合作的能力和水平。

第三章 生态建设和环境保护

以湖体保护、滨湖控制、生态廊道建设为重点，建立流域综合管理体制，强化宏观管理和综合协调，统筹湖区及流域上下游、干支流的生态建设和环境保护，推进流域综合治理，提高环境容量和生态功能，增强可持续发展能力。

第一节 湿地保护

采取工程治理与自然修复相结合的方式，加大湿地恢复治理力度，增强净化水质、涵养水源、休养生息的能力。

加强湿地保护与恢复。巩固退田还湖、还泽、还滩成果，实施鄱阳湖湿地生态恢复工程，建立湿地自然恢复区，完善引水设施体系，实施水位和水文周期调节，恢复湿地植被；治理乱堵堰、乱栽树、乱排污，严禁一切破坏湿地的行为。加强柘林湖、仙女湖等库区湿地保护，实施小型湖泊、山塘、港汊、农田、溪流湿地保护工程，禁止非法侵占。加强人工湿地建设，加快湿地动态监测体系和基础数据平台建设，合理建设城市河段、湖泊湿地，提升国家级湿地公园建设管理水平。

加强野生动植物保护。加强候鸟保护，严厉打击非法捕猎、贩运、销售候鸟行为，加快完善候鸟疫病监测防治体系。实施鱼类资源保护工程，落实休渔措施，妥善安排因实施渔业资源养护措施造成生活困难的部分渔民生活；加强鄱阳湖鳜鱼、翘嘴红鲌等国家级水产种质资源保护区的建设与管理，为鱼类洄游、繁殖、生息提供优良场所。严格保护和封育湖区沙洲天然植被，禁止垦荒放牧。加强珍稀濒危野生动物保护，建设鄱阳湖珍稀濒危野生动物救护与繁育中心，重点加强白鹤、江豚、鲥鱼等濒危物种保护，维护种群数量。加强鄱阳湖国家级自然保护区、南矶山国家级湿地自然保护区建设和管理，完善国家、省、县三级自然保护区体系，形成生物多样性保护网络。

第二节 污染防治

坚持防治并举，统筹生产生活、兼顾城市乡村，实行最严格的污染防治政策，全面提高污染防治水平。完善防控监测体系，提高环境监管能力，加快防污治污工程建设，落实污染物排放总量控制制度，加强水功能区监督管理，化学需氧量、氮(总氮或氨氮)、总磷、二氧化硫等主要污染物排放及削减量原则上优于国家要求，并加以分解落实。

加强生活污染防治。加快建设城镇生活污水处理设施，完善管网收集系统，到2015年所有市县和重点镇建成污水处理厂，污水集中处理率达到85%。污水处理厂出水达到一级排放标准，对排放湖泊水库的执行更严格的标准。采取分散与集中相结合的方式，积极开展村镇生活污水处理设施建设，率先建成滨湖控制开发带乡镇污水处理设施。科学划定饮用水水源保护区，完善标识与警告设施，严禁设置排污口，严禁可能危害水源功能的开发建设及活动。加快建设城乡生活垃圾处理设施和收集系统，提高固体废弃物减量化、无害化和资源化水平，统筹城乡收运处理体系，因地制宜采取适宜技术和运行机制，推进农村生活垃圾处理，推行“村收集、乡转运、县处理”的城乡垃圾一体化处理模式，到2015年所有市县建成城镇生活垃圾处理设施，生活垃圾无害化处理率达到80%以上。推进县级医疗废弃物集中处置中心建设。

加强工业污染防治。提高产业准入门槛，所有工业企业必须按照国家要求做到持证排污和达标排放，防止产业承接中的污染转移。淘汰工艺落后、污染严重、不能稳定达标排放的生产能力，污染排放不达标或对当地环境影响严重的企业必须实行“关停并转”，建立并实施水污染排放强度大的工业企业退出机制。鼓励工业企业在稳定达标排放的基础上进行深度治理，推行清洁生产。加强“五河”22个重点污染河段治理，有效削减氨氮、总磷、重金属和高锰酸盐等主要污染物排放量。加快园区工业废水处理设施和雨污分流系统建设。推进电力、钢铁、有色、化工、建材等重点行业二氧化硫和粉尘防治。加快重点污染企业排污在线实时监测体系和环境监测预警体系建设，加强高污染、高危险物品和放射源安全监管和应急体系建设，加快危险废弃物处置设施建设。

加强农业面源污染防治。推广测土配方施肥技术，鼓励使用有机肥和农家肥；推广生物防治技术，鼓励使用高效低毒低残留农药，减少农药施用量；大力推广高效节水灌溉技术，提高农业水、肥、药的利用效率；合理布局畜禽水产禁养区和集中养殖区，推广畜禽排泄物收集与再利用模式，加大畜禽养殖场改造和大中型沼气工程建设，加强污水和粪便无害化处理，禁止未处理排放；加强水产养殖污染治理，推广生态健康养殖；大力推广秸秆综合利用技术，加强农膜、地膜回收利用，推广使用可降解材料。

第三节 绿色屏障建设

围绕全省森林覆盖率达到63%的目标，加强林、草业生态体系建设，形成密布城乡、点线面结合的绿色屏障，进一步增强生态系统功能。

构建生态廊道。坚持宜林则林、宜草则草原则，积极建设沿湖、沿河、沿路生态保护带。在滨湖控制开发带建设鄱阳湖防护林，在“五河”沿岸积极开展绿化带建设，大力实施交通沿线绿色通道工程，推进实施农田林网工程，合理布局城镇和产业密集区周边的开敞式绿色生态空间。

加强植树造林。重点加强“五河”及一、二级支流源头保护区的水源涵养林、水土保持林以及森林公园建设，积极实施造林绿化工程，加大造林补植、低效林改造、阔叶树补植力度。加快建设油茶林，因地制宜发展工业原料林、能源原料林、药用林等经济林。加强森林防火和病虫害防治，在生态比较脆弱、水土流失比较严重的区域和森林公园等地区实行封山育林、禁伐天然阔叶林。巩固林业产权制度改革成果，落实退耕还林后期扶持政策。扩大生态公益林补偿范围，提高补偿标准。

强化水土保持。以小流域为单元，综合治理水土流失。加大工程治理力度，加强坡耕地、崩岗、荒山、荒坡、残次林、沿湖沙山、沿河沙地及交通沿线侧坡等水土流失易发区的治理。大力推进水土保持生态修复工程，加大封育保护力度，促进水土流失轻微地区植被恢复。加强对开发建设项目的水土保持监督管理，做好城镇化过程中的水土保持工作。

第四节 血吸虫病防治

以控制传染源为重点，建立健全政府主导、部门配合、社会参与的工作机制，降低疫情、压缩疫区，有效控制血吸虫病。

加强综合治理。全面推行以控制血吸虫病传染源为主的综合防治策略，在有螺洲滩实施封洲禁牧；在重疫区全面推广以机代牛工程；在三、四类疫区村推广无害化卫生厕所，实施饮用水改造工程；大力推进抑螺血防林、水利血防工程、耕地血防沟渠和低洼地沉螺池建设；加大疫区血防健康教育，提高群众自觉防治意识。加大查螺力度，重点压缩垸内及垸外易感地带钉螺面积。进一步强化人、畜的查病和治病措施，积极救治血吸虫病患者。

提升防治能力。加强血防机构能力建设，改善业务用房和装备条件，提高科技含量，强化专业队伍素质，提高血吸虫病预防控制和突发疫情应急处理能力。建立人畜血吸虫病疫情监测体系，加强血吸虫病预警预测、疫情风险评估。开展鄱阳湖区钉螺分布调查，对血吸虫病预防控制关键技术和重大问题组织攻关，加强对血吸虫病防治的科学指导。

专栏 1：生态环境保护体系建设工程

● 鄱阳湖湿地保护与恢复工程：重点建设湿地示范保护区、湿地保护区，建设湿地公园，恢复湿地植被50万亩以上，治理五河入湖口湿地30万亩。

● 鄱阳湖珍稀候鸟保护工程：重点建设候鸟保护监测站(点)、鸟类保护监测设施、野生动物救护中心、鄱阳湖区水禽疫源疫病检测站(点)。

● 鄱阳湖水生生物资源保护工程：重点建设鄱阳湖江豚自然保护区以及翘咀红鲌等水生生物种质资源保护区，建设若干县级水生生物资源增殖放流基地。

● 水源涵养林建设与保护工程：在“五河”源头及两岸、主要支流源头及两岸、大型水库库区周边实施封山育林、人工造林、补植补造、水源涵养林建设与保护工程。

● 造林绿化“一大四小”工程：围绕江西省森林覆盖率达到63%这一总体目标，实施市县、乡镇、村庄所在地以及基础设施和工业园区等四个重点区域的绿化。

● 森林资源保护工程：对流域内的2100万亩天然阔叶林全面实行禁伐，对5100万亩生态公益林实行严格保护，恢复3018万亩受灾生态公益林植被和1000万亩受灾毛竹；新建一批自然保护区和森林公园。

● 农区草地开发利用工程：重点开展天然草地改良、人工种草、草田轮作等建设，保护生态环境，提高草地生产力，促进草产品加工业和草地农业发展。

● 水环境治理和保护工程：建设流域内水源保护地，重点建设物理隔离防护和水源保护区内的点源、面源及内源污染治理设施；治理源头和支流的水土流失，加固整治“五河”干流，取缔工矿污染源，治理养殖污染湖库。

● 农业面源污染控制工程：重点建设流域内乡村清洁工程示范村、畜禽标准化养殖场(小区)、规模养殖场大中型沼气工程；新增12万户以上户用沼气池，建设3500处沼气集中供气工程、7000处村级沼气服务网点；建立水稻等作物病虫害安全用药示范区。

● 城镇污水和垃圾处理工程：重点建设流域内85座县(市)污水处理厂及城镇、工业园区、企业污水处理设施，配套建设管网约4200公里，新增日污水处理能力约500万吨；建设一批县(市)生活垃圾填埋场及部分乡镇垃圾处理设施，新增日处理生活垃圾能力1.5万吨。

● 血吸虫病防治工程：综合治理河道3000公里；建设饮水安全工程48000处，解决饮水不安全人口290万人、牲畜71万头；硬化灌区渠道5400公里。建设血防生态林30万亩。

第四章　环境友好型产业发展

按照生态与经济协调发展的要求，改造提升传统产业，发展生态经济，努力构建以生态农业、新型工业和现代服务业为支撑的环境友好型产业体系。

第一节 发展高效生态农业

坚持用现代手段装备农业，用现代科技改造农业，用现代经营形式发展农业，巩固和加强粮食主产区地位，大力发展高产、优质、高效、生态、安全的现代农业。

提高优质粮食生产能力。进一步强化国家粮食主产区地位，明确维护国家粮食安全的责任，执行最严格的耕地保护制度，稳定提高粮食播种面积。根据《全国新增1000亿斤粮食生产能力规划(2009-2020年)》，加强农业基础设施建设，提高优质稻谷综合生产能力；大力推进农业综合开发、基本农田整治和农田水利设施建设，增加土地复垦和中低产田改造的投入，实施土地整治重大工程、沃土工程和测土配方施肥工程。落实国家支农惠农政策，完善各项补贴，加大对粮食主产区财政奖励和粮食生产项目扶持力度。

开发绿色有机农产品[15.47 -0.45%]。依托山水资源条件和生态环境优势，大力推广“猪(牛)-沼-果(粮、鱼、油、菜)”生态农业发展模式，重点开发特种水产、有机绿茶、特色果业、无公害蔬菜、食用菌、优质生猪和水禽等一批各具地方特色的绿色、无公害、有机农产品，实现区域农产品无公害生产。创建一批规模化的绿色食品原料标准化生产基地，壮大一批竞争力强的绿色食品、有机农产品加工龙头企业，建立和培育壮大一批优质农产品出口专业基地。

推进农业产业化经营。着力推进以“企业＋合作组织＋基地＋农户”为主的农业产业化经营模式，完善企农利益联结机制。做强做大龙头企业，提高农产品加工增值能力、运储保鲜能力、市场开拓能力和带动农民增收致富的能力。推进农产品精深加工，延长产业链条，实现农产品多层次、多环节的转化增值，提高农业综合效益。加强农产品品牌建设，扶持并促进特色资源农产品进行地理标志登记，强化农产品注册商标和地理标志保护，加大品牌整合和推介力度，培育一大批影响力大、竞争力强、具有鄱阳湖地域特色的农产品品牌。

建立生态农业服务体系。加快培育适应区域化、专业化、规模化发展要求的农民专业合作组织，培养专业化服务人才。加强基层农业技术推广体系建设，培育农技推广服务组织，加快生物技术、良种培育、丰产栽培、节水增效、有机农产品、疾病防控、防灾减灾等领域科技创新和推广应用。加快制定农产品生产基地生产、加工、包装、储运标准和生产技术规范，全面建设省(部)、市、县(场)和批发市场四级农产品质量安全检测检验体系。推进农产品产地批发市场、物流配送分发中心、大中城市销地市场建设，严格执行绿色通道政策，加快形成流通成本低、运行效率高的农产品营销网络。

专栏 2：优质农产品生产基地

● 新增优质稻谷生产能力工程：建设标准农田、新增粮食生产用地，实施基本农田建设工程；实施科技提升和防灾减灾能力建设工程，建设良种繁育基地、高产创建示范片、机插育秧与推广示范基地，推广高产稳产优质品种，扩大水稻机插面积；实施生态农业服务体系建设工程，完善乡级农业综合技术培训体系，建设耕地质量监测区域站、病虫灾害监测预警与防控区域站及监测网点、水稻新品种和新技术集中展示区，培育植保专业防治、农机专业作业服务组织，扶持粮食生产合作组织和种粮大户。

● 优质油菜基地建设工程：在油菜主产县建设标准油料生产基地和油菜良种繁育基地；建设油菜高产创建示范片，每年推广轻简高效栽培技术 800 万亩以上；建设 150 万亩油菜的机械化生产示范基地，到 2015 年油菜机开沟免耕直播应用面积达到 80%；建设 50 片 1000 亩以上病虫害防控和耕地地力提升示范区；建设油料作物病虫灾害监测预警与防控区域站及监测网点。

● 鄱阳湖水产品生产能力建设工程：重点实施标准化池塘改造工程、水产良种繁育工程、渔业生态环境监测体系建设工程。改造标准化池塘水产健康养殖基地；改扩建苗种繁殖能力 5 亿尾以上规模的大宗水产苗种扩繁场和鄱阳湖特色资源性品种良繁场；建立鄱阳湖渔业生态环境监测体系。

● 生态柑桔基地建设工程：重点实施优质高产标准化生态桔园建设工程、柑橘良种繁育体系建设工程、采后处理加工能力建设工程和病虫防控体系建设工程。新建和改造生态桔园，建设国家级良繁场，扶持现代化柑橘生产加工企业。

● 生态茶园建设工程：重点实施有机生态茶园建设工程、采后处理加工能力建设工程和茶叶市场体系建设工程，完善良种繁育体系。新建有机生态茶园，改造传统茶园；建设国家级无性系茶树良繁场；配套建设南昌绿茶专业批发综合市场。

● 食用菌生产加工基地：依托鄱阳湖生态优势和重点龙头企业技术优势，建设绿色食用菌生产及深加工基地，配套建设相应研究开发中心、交易中心以及生态农业观光园区。

● 优质蔬菜基地建设工程：重点建设 100 万亩优质蔬菜基地，包括标准化设施蔬菜基地、以供应香港为主的无公害标准化出口蔬菜基地、现代集约化蔬菜育苗场，培育现代蔬菜加工企业。

第二节 创建新型工业体系

突出特色、严格准入、优化布局，以工业园区为平台，以骨干企业为依托，推广循环经济发展模式，推进节能减排降耗，着力增强自主创新能力，积极承接国内外产业转移，促进项目集聚、产业集群，形成科技含量高、经济效益好、资源消耗低、环境污染少的新型工业体系。

大力发展循环经济。淘汰高耗能落后装备，对拟建高耗能项目先行开展节能评估和审查。突出抓好资源综合利用，按照资源－产品－废弃物－再生资源的反馈式循环利用模式，全面改造工业制造、矿山开发等方面的流程工艺，大力推广清洁生产，着力推进废旧资源及工业废渣、废水、废气再利用，提高矿产的采选率、冶炼回收率。推进重点行业、重点企业循环经济发展，着力推进钢铁、化工和有色金属等行业改造生产流程、优化生产工艺、延伸产业链，提高单个企业生产全过程的资源能源循环利用程度，实现企业间副产物和废物交换、能量和废水梯级利用，实现资源利用最大化和废物排放最小化。积极创建一批融生态产业链设计、资源循环利用为一体的生态工业园区和循环经济工业园区，合理规划园区企业结构，将原料生产企业和初级产品、中间产品、最终产品生产企业有机组合、相对集聚；加强园区数字化系统建设，实现园区与外界信息共享，推进资源和能源流动转换，拓展园区循环经济发展空间。

改造提升传统优势产业。加快运用高技术和先进适用技术改造传统产业，实施传统产业信息化工程，促进工业结构 调整和节能减排。依托景德镇陶瓷传统优势，充分利用现代科技，大力促进艺术陶瓷精品化，提升建筑陶瓷和日用陶瓷的市场竞争力。在严格控制产能总量的前提下，依托现有钢铁企业，改进生产工艺流程，淘汰落后产能，开发应用新技术，提高产品层次和市场竞争力。加快淘汰立窑等落后水泥生产能力，积极推广窑尾余热发电等节能和环保技术，支持建设节能环保型建材项目。依托永修星火有机硅基地、樟树和新干盐化工基地，重点发展有机硅深加工产业，积极培育盐化工、氟盐化工产业链。依托纺织服装特色工业园区，积极承接产业转移，加快技术进步，培育自主品牌，扶持发展一批服装设计机构，振兴南昌、九江、抚州三个纺织工业基地。加快发展绿色、智能型家电，建设南昌家用电器制造、出口基地。

大力发展先进制造业。加强信息技术、生物技术、现代管理技术与制造业的融合，按照环境友好、集群发展的要求，重点在特种车船、装备制造、高精铜材、光伏产业等领域实现突破。加快现有整车生产能力配套，重点发展新型环保汽车、特种专用车、大中型内河船舶、海运支线船舶，积极开发高精度船用导航系统、船用机电一体化设备，建设汽车及零部件产业基地和九江船舶制造基地。着力发展环保机械、工程矿山机械、港口搬运机械、大功率装载机等制造业，重点开发中小型发电成套设备和特殊用途的专用电机以及高效、节能、大容量输变电设备，推动循环流化床系列锅炉大型化。以江铜集团为龙头，重点发展高精度、高性能、高附加值产品，着力延伸产业链、发展配套产业，努力打造现代铜产业基地。

加快发展高技术产业。坚持全面提升与重点突破相结合，突出自主创新，加快科技成果产业化，重点发展电子信息、生物、航空、新能源和新材料等高技术产业。大力发展新能源产品，加快高纯硅材料、薄膜太阳能电池、光伏电池及组件等产业技术的升级，建设全球重要的光伏产业基地。依托南昌半导体照明工程产业化基地和一批核心企业，大力推进硅衬底发光材料生产新工艺产业化，重点发展半导体发光材料和器件、新型显示器、节能照明产品，提升产业层次，延长产业链，扩大产业规模。依托南昌生物产业国家高技术产业基地，发挥生物医药的比较优势，着力抓好传统中药的二次开发、创新药物的研发及产业化，争取在新型中药制剂、治疗艾滋病新药、抗癌原料药和医疗器械等领域取得新突破，开发一批具有国际领先水平的新产品。依托南昌国家高新技术产业开发区，重点发展显示器、存贮器等信息器件和计算机等终端电子产品，扶持第三代移动通信产品和应用软件产品开发。依托大型航空工业集团以及重点研究所，积极发展民用飞机，研制开发高级教练机、多用途直升机，积极参与我国大飞机部件研制和生产，提高飞机部件专业化生产能力，大力推进南昌航空高技术产业基地建设。

专栏 3：新型工业产业基地

● 光电产业基地：以南昌为中心，重点建设硅衬底发光二极管(LED)芯片及器件项目、LED 照明光源项目、高亮度 LED 显示屏项目、LED 背光源项目、有机发光器件(OLED)项目、计算机等终端电子产品项目、第三代移动通信产品研发及产业化项目。

● 新能源产业基地：以南昌、新余为中心，重点发展高性能且资源高效利用的高纯硅材料、太阳能电池组件与发电系统、兆瓦级以上风电设备和螺杆膨胀发电机组等项目。

● 生物产业基地：以南昌、樟树为中心，依托南昌生物产业国家高技术产业基地和樟树中药产业传统优势，重点推进中药现代化，建设治疗艾滋病新药、抗癌原料药、新型功能糖、血细胞分析仪器、磁共振成像系统等产业化项目，积极培育生物医药、生物农业等新兴产业，形成从生物医药到生物医疗器械、生物医学工程、生物农业的完整产业链。

● 铜冶炼及精深加工产业基地：以鹰潭、南昌为中心，以江铜集团为龙头，提高铜冶炼水平，重点开发铜引线框架、铜板带、铜箔、特种漆包线等高精度、高性能产品。

● 优质钢材深加工基地：以超量或等量淘汰省内落后钢铁产能为前提，依托新钢、萍钢、南钢现有生产能力，以区域市场需求为导向，重点发展船板、弹簧钢、建筑用钢、线材等钢材深加工产品，提升钢材深加工水平。

● 炼油及化工产业基地：以九江为中心，实施九江石化油品质量升级工程，适时实施化肥原料路线改造项目，落实环保措施；以永修为中心，重点发展有机硅单体和有机硅系列深加工；以樟树、新干为中心，积极开发离子膜烧碱、纯碱以及无机氯产品和有机氯产品。

● 航空产业基地：以南昌、景德镇为中心，积极参与民用飞机制造，承担国际航空转包生产任务，重点建设南昌航空工业城。

● 汽车及零部件生产基地：以环湖中心城市为重点，重点开发乘用车、商用车、特种车、混合动力汽车和纯电动汽车，以及小型高速柴油机、汽油发动机、变速器、柴油车超低排放后处理装置。

第三节 培育现代服务业

适应经济社会发展的需要，加快发展现代服务业，改造提升传统服务业。发挥鄱阳湖地区生态资源优势和交通区位优势，依托中心城市，重点发展节能环保、生态旅游、特色文化、商贸物流、金融保险等服务业，不断提高服务业的比重，充分发挥服务业配套、支撑和引领作用。

积极培育节能环保服务业。加大政策支持力度，积极培育、扶持节能、环保服务企业和机构发展，提升专业化、社会化服务水平。推行合同能源管理，加快发展能源审计、节能项目设计、节能咨询等服务业。积极推行污染治理特许经营，大力发展环境保护技术科研开发、环境保护产品经销、环境工程、环境保护技术咨询等服务。积极培育环保产品市场、环保技术市场、环保人才市场、环保资金市场，促进生产要素的合理流动与组合，逐步构建环保服务产业体系。支持一批技术先进、管理科学、竞争力强的环保服务企业加快发展，努力打造一批具有影响力的服务品牌。鼓励加强同外国政府、国际组织、学术团体和企业的环保科技交流与合作，提高环保服务业技术水平。

着力发展旅游业。按照政府引导、社会参与、市场运作的原则，加强旅游要素配套建设和管理与服务平台建设，全面提升旅游产业竞争力。突出“红色摇篮、绿色家园”整体形象，进一步做大红色旅游品牌，大力开发湿地生态游、珍禽观赏游、文化山水游、休闲度假游、科普科考游、陶瓷艺术游、乡风民俗游、健身养生游、宗教朝觐游等旅游产品，在南昌、九江、鹰潭、抚州等地建设环鄱阳湖生态旅游商品研发基地。推进旅游资源整合，强化区域协作，开发旅游精品线路，加强庐山、龙虎山、柘林湖等重点景区和南昌、景德镇、九江、鹰潭等重点城市旅游服务设施建设，构建以鄱阳湖为中心的大旅游网络，成为国内著名的红色旅游目的地、国际知名的生态旅游和观光休闲度假旅游目的地。

努力打造特色文化产业。充分挖掘陶瓷文化、稻作文化、戏曲文化、中药文化、茶文化等特色文化资源，培育一批特色文化产业品牌，实施精品工程和名牌战略。大力发展景德镇陶瓷文化创意产业、鹰潭道教文化以及广播影视、文娱演艺、新闻出版、动漫游戏等文化产业，开发具有核心竞争力的特色文化产品和文化服务项目，做大做强一批特色文化产业集团，形成若干具有较强竞争力的特色文化产业集群。积极运用高新技术创新文化生产方式，培育新型文化业态，丰富文化产品创造。加强文化队伍建设，努力培养高水平的创作群体和领军人物。建立健全非物质文化遗产名录体系和传承人认定体系，落实保护措施，推动国家级非物质文化遗产项目申报工作，促进非物质文化遗产的保护、传承和发展。

大力发展商贸物流业。以水运为基础，航空口岸物流为重点，铁海联运为突破口，建立全方位、多层次、立体式的口岸物流平台，形成铁路、航空、水运、公路多式联运的口岸物流商贸网络群。依托交通干线和重要枢纽，充分发挥长江和鄱阳湖水系航运作用，加快南昌中心物流枢纽和九江、鹰潭等区域物流基地建设，提高区域内物流的组织化、集约化程度，实现流通环节全过程管理。积极发展第三方物流，鼓励生产与流通企业改造业务流程，剥离、分立或外包物流业务。着力推进行业经营连锁化、物流配送化、管理网络化、企业规模化、业态新型化、服务系列化、设施现代化，提高商贸物流现代化水平。

大力拓展金融服务。以拓宽融资渠道和扩大融资规模为重点，大力引进境内外银行和股份制金融机构，发展地方性金融机构，促进为中小企业和“三农”服务的新型金融服务机构发展。加快建立市场化、商业化操作的多形式保险服务体系，开发为生态经济发展服务的新型险种。规范发展区内证券、期货、信托、租赁等机构。

完善外汇管理制度，推进区内现代支付系统、同城票据交换系统、银行卡系统建设，建立健全社会信用体系和信用担保体系，优化金融服务环境。

专栏 4：服务业重点项目

● 生态旅游基地：重点实施鄱阳湖旅游基础设施建设工程，升级改造 18 个国家 4A 级以上精品景区旅游基础设施，建设一批鄱阳湖旅游码头和环湖生态旅游公路网；实施鄱阳湖生态旅游名村名镇建设工程，重点打造一批示范点、生态旅游名镇(名村)；避开蓄滞洪区，开发建设都昌亲水探秘体验游、永修湿地候鸟观赏游、星子金色沙滩风情游等基地；扩建南昌都市候鸟公园。

● 传统文化产业园：依托景德镇世界瓷都文化基础，建设明清御窑厂和刘家弄民窑遗址、陶瓷历史文化博览区及手工制瓷技艺等非物质文化遗产传统技艺展示区；以"生态、民俗、古韵、风情"为主题，建设鄱阳湖民俗风情博物院；依托八大山人纪念馆，建设"八大山人"文化产业园；依托文港镇传统毛笔产业优势，进一步提升"华夏笔都"品牌。

● 红色旅游文化产业：扩建南昌"八一"起义、小平小道等革命传统教育基地，配套加强红色题材图书出版、影视、情景歌舞、红歌会以及红色旅游纪念商品设计、生产、汇展等。

● 服务外包体系建设工程：建设以南昌高新技术开发区为中心的国家级服务外包示范区，建立数据处理、财会核算、技术研发、工业设计、动漫创意平台。

● 现代物流基地：依托南昌昌北国际机场，发展国际、国内航空运输服务，打造航空物流枢纽；依托九江沿江区位优势，加快城西港区建设，扩大港口吞吐能力。

● 特色产业公共服务体系建设工程:建设特色产业创新公共服务平台和技术服务平台以及南昌服务外包产业基地等，为信息、技术、培训、研发、维权、产品展示、质量检测、品牌创建等方面提供公共服务和公共产品。

第五章 重大基础设施建设

坚持统筹布局、适度超前、安全环保、集约用地原则，加快水利、交通、能源和信息等重大基础设施建设，大力提升共建共享、互联互通水平，形成与建设生态经济区相适应的基础设施支撑体系。

第一节 强化水利设施

按照兼顾防洪与抗旱、生产与生活、当前与长远的要求，加快构建调控有力、配置合理的现代化水利保障体系，确保防洪安全、饮水安全、粮食安全和生态安全。

推进重点水利工程建设。加快推进峡江、浯溪口水利枢纽工程建设，继续实施病险水库除险加固工程，启动大中型病 险水闸除险加固工程。重点研究、适时推进鄱阳湖水利枢纽工程建设。按照调枯不调洪、增加有效灌溉面积、保护湿地、控制血吸虫的原则，在科学评估论证工程对湿地、候鸟(尤其是白鹤等珍稀濒危鸟类)、鱼类洄游、防洪、水质、泥沙淤积等的影响以及江湖关系变化的基础上，进行环境影响评价，开展工程特征水位、调度运用方案等关键技术的研究，进行物理模型试验，为工程立项建设创造条件。

加强主要圩堤和河道治理。完成鄱阳湖区重点圩堤、"五河"重点段防洪整治工程，提高南昌等设防中心城市防洪标准，进一步完善县级以上城市防洪排涝体系，使之达到长江流域防洪规划确定的防洪标准；因地制宜开展中小河流治理、山洪灾害防治和鄱阳湖蓄滞洪区安全建设，实施乌沙河综合整治、河湖疏浚和尾闾河道整治工程。

完善灌溉排涝系统。建设廖坊水利枢纽灌区，继续推进大型灌区续建配套，建设和改造中型灌区和小型灌区；加快排灌泵站更新改造。

第二节 完善交通体系

推进陆、水、空各种交通方式一体化协调发展，形成连接南北、沟通东西的综合运输通道格局，构建高效便捷的综合交通运输体系。

铁路建设。推进铁路干线建设，完善联港出海、连接东南、沟通东部、安全便捷的铁路通道网络。重点建设南昌至九江铁路客运专线、向莆铁路、九景衢铁路、皖赣铁路增建二线、沪昆铁路客运专线杭长段、京九电化、武九铁路扩能工程等干线铁路。

公路建设。加快国家高速公路网和中心城市主通道建设，完善环鄱阳湖公路体系。重点建设杭瑞高速公路、济广高速公路等国家高速公路网路段和南昌至德兴、彭泽至湖口、永修至武宁等地方加密高速公路，改造干线公路，建设一批港区与干线公路衔接的疏港道路。

水运建设。以九江、南昌港口建设为重点，加快鄱阳湖水系的航道建设，建立联系紧密、运行高效、环境优良的生态水运体系。重点建设鄱阳湖高等级航道，加强长江九江段、赣江下游、鄱阳湖湖区的港口码头等航运设施建设。

机场建设。推进干支线机场建设，形成广覆盖、大密度的航空通道。完成昌北国际机场和景德镇机场扩建，建设南昌国际航空港，推进建设宜春明月山机场，适时建设赣东上饶三清山机场。

第三节 保障能源供应

坚持“适度超前、因地制宜、电为中心、多元发展”的方针，统筹利用区内外资源，增强能源供应能力，加快能源结构调整，积极开发利用新能源和可再生能源，加强能源输送网络建设，构建清洁高效、保障有力、安全可靠的能源体系。

建设重大能源项目。优化区域内火电项目布局，重点建设新昌电厂、贵溪电厂、九江电厂和景德镇电厂上大压小工程，全面淘汰区内低效、高耗的小火电机组；建设洪屏抽水蓄能电站调峰机组，增强电网调峰能力；开工建设彭泽帽子山核电站，做好核电站选址及站址资源保护工作；开工建设新余简家井煤矿，加快推进丰城南神岭泉港煤矿前期工作。

开发可再生能源。在对候鸟栖息地和候鸟越冬保护等问题系统论证的基础上，继续推进鄱阳湖风电开发，建设长岭、老爷庙、大岭等风电场；建设大中型生物质集中供气和发电示范项目；实施农村小水电代燃料工程；建设太阳能发电示范项目，开展城市建筑利用浅层地热能制冷采暖试点。

完善电力传输网络。建设 500 千伏双回路中部环网，扩大 220 千伏电网覆盖面，形成以 500 千伏输电线路为主骨架、以 220 千伏输电线路为分输网的安全可靠的电力传输网络。开展新一轮农村电网改造，提高线路技术标准，增强供电可靠性。

加快油气管网建设。重点建设川气东送江西支线工程、西气东输二线江西境内干线，根据天然气资源落实情况，推进环湖省级管网及城市燃气管网建设与改造工程，形成区内清洁、高效的燃气供应体系，逐步实现环湖县级以上城市及工业园区天然气全覆盖；加快建设原油管道运输工程，完善成品油加油站点；建立健全油气储备体系。

推进能源节约。启动南昌、九江、新余等工业城市的区域性热电联产工程，充分利用电厂余热余压集中供热供冷，淘汰燃烧效率低的锅炉，推广机动车节能省油技术。

第四节 健全信息网络

发挥多方面积极性，突破区划、部门、行业界限，合理布局互联网、通信、广播、电视等传输通道，形成以南昌为中心、连接环湖城市、覆盖区内乡村的信息传输网络。

信息基础设施建设。加快部署和建设新一代移动通信网络，推进宽带信息网“最后一公里”和宽带互联网建设，完善城市数字电视网络和农村有线电视网络。统筹信息基础设施规划、建设和管理，加快推进电信网、有线电视网和互联网“三网”融合。

电子政务统一应用平台建设。按照国家统一政务网络的要求，完善全省政务信息网，加快重点领域、重点单位公共信息资源库和业务系统建设，重点建设人口管理、法人单位、空间地理、自然资源、法律法规和宏观经济数据库，有序推进金税、金关等金字系列信息系统建设。

电子商务基础平台及服务系统建设。建立“信用江西”企业及个人信用认证系统，加强认证权威(CA)系统应用，保障电子商务安全；完善网上一体化支付平台，畅通交易渠道；鼓励大型专业批发市场和物流企业建立网上信息平台，促进网上洽谈、网上采购、网上交易和网上支付。

农村信息网络建设。进一步加强农村通信基础设施建设，扩大互联网在农村的覆盖面，逐步实现宽带进乡入村；整合涉农网络系统、信息资源和服务体系，提升装备水平，加强农村综合信息服务平台建设，提高农情、农资、市场信息和灾情预报服务水平，增强服务效果。

专栏 5：重大基础设施建设工程

● 水利保障体系工程：建设峡江水利枢纽、浯溪口水利枢纽；新建白梅、四方井、井山、东谷等水库，续建万安水库；实施鄱阳湖及“五河”重点堤防工程；完成重点大型灌区续建配套和大型泵站更新改造，建设和改造一批中小型灌区。加快实施鄱阳湖蓄滞洪区安全建设和乌沙河综合整治工程。

● 综合交通运输体系工程：实施国家高速公路网工程和地方高速公路加密工程，实施杭州至长沙铁路客运专线和向莆铁路等干线铁路建设工程，实施京九铁路电气化、皖赣铁路电气化项目；实施九江沿江和“五河”

沿岸重点港口建设工程和航道建设工程；实施机场建设工程，扩建南昌国际机场、景德镇机场，新建宜春明月山机场，适时建设赣东上饶三清山机场。

● 能源供应体系工程：重点实施清洁能源工程，建设彭泽核电站、洪屏抽水蓄能电站、太阳能发电示范项目、鄱阳湖沿岸陆地风电场，形成800万千瓦核电、240万千瓦水电、20万千瓦风电和10兆瓦太阳能装机容量；实施常规火电建设工程，重点实施火电上大压小工程和新(扩)建工程；实施天然气管网建设工程，形成1290公里天然气管道。

第六章 构建生态文明社会

以培育生态文化为先导，以建设绿色乡村、生态城镇为抓手，以改善民生为重点，努力构建生态文明社会。

第一节 建设绿色乡村

大力推进社会主义新农村建设，改善农村生产生活条件，提高公共服务水平，促进农村经济社会全面进步，建设富裕文明、安宁祥和的美好家园。

优化村庄布局。加强规划引导，重点建设中心村和中心集镇，推进农村土地整治，加大空心村整治力度，逐步取消零星分散的农村居住点，加强乡村规划与城镇规划的衔接，形成布局合理、节约用地、城乡贯通的村镇建设格局。保护具有历史文化价值的传统村镇，加大农村非物质文化遗产、文物古迹、名镇名村、古树名木保护力度。

打造生态家园。加强基础设施建设，全面硬化入村通道和村内道路，完善村内供水管网和排水沟渠，推广实施以电代燃项目。加快沼气、秸秆、太阳能等可再生能源利用，形成清洁、经济的农村能源体系。实施以奖促治，大力开展农村环境综合整治。以改善村容村貌为重点，实施农村清洁工程，加快实施改水、改厨、改厕、改圈，开展垃圾集中处理，因地制宜建设农村生活污水处理设施，加强村旁、路旁、宅旁、水旁绿化，不断改善农村卫生条件和人居环境。在有条件的地区大力推进农家乐等乡村休闲游。开展绿色生态家园创建活动，建成一批全国环境优美乡镇和生态村。

树立文明乡风。广泛开展文明村镇、诚信集市、十星家庭、环保志愿服务等群众性精神文明创建活动，倡导农民崇尚科学、诚信守法、抵制迷信、移风易俗，形成男女平等、尊老爱幼、邻里和睦、勤劳致富的社会风尚。大力开展送戏下乡活动，实施农村电影放映工程，丰富农民闲余文化生活。加强农村党组织和基层政权建设，推进村务公开和民主管理，依法保障农民自治权利。

第二节 创建生态城镇

尊崇城镇自然风貌，突出历史文化传承，提升城镇功能品位，打造富有特色魅力、宜居宜业宜游的生态城镇。

营造宜居环境。着力优化城镇空间结构，合理布局城市工业区、生活休闲区、商业服务区，注重历史文化遗迹保护。加强绿地建设，依托城镇公园、广场、社区、道路、湖泊、湿地，实施绿化净化美化工程，提高城镇绿化率，扩大城镇绿地空间；实施交通畅通工程，大力发展公共交通，重点建设和改造连接主要功能分区的城市干道，建设大中城市快速环路，加快推进南昌城市轨道交通工程建设；全面落实总量控制和定额管理相结合的用水管理制度，改造城镇供水设施，建设重点城市应急备用水源工程；加强城镇环保基础设施建设和市容市貌综合整治，塑造城镇文明形象。

引导绿色消费。鼓励使用节能节水节材产品和可再生产品，形成健康文明、节约资源的生产和生活方式。推动新建住宅和公共建筑节能，推进城市公共照明系统节能改造，引导节能环保型汽车消费，推广使用太阳能产品和浅层地热能利用设备；淘汰落后用水技术设施，推广使用节水型器具，提高中水回用及污水再利用率；禁止使用实心粘土砖，控制产品过度包装，逐步取消一次性餐具；推进废旧物资和可再生资源回收利用，支持发展废弃物回收再利用产业，提高资源循环利用率。在政府采购中优先购买环境标志产品和强制采购节能产品范围内的产品。

完善社区功能。围绕构建和谐社区，进一步完善社区综合服务中心、就业服务中心、社会保障服务机构、社区卫生服务中心和健身娱乐文化等设施。加强社区基层组织建设，健全社区居民自治、民主管理等相关制度，强化规范化管理，提高服务水平。

第三节 促进社会和谐

加强生态意识教育，培育生态文化，着力改善民生，切实解决教育、就业、养老、医疗、住房等直接关系人民群众根本利益和现实利益问题。

推进生态文明建设。培育人们的生态文明自醒意识，倡导全社会的生态文明自觉行为，建立有利于生态文明的自律机制。加强党政干部、企业经营者、社会公众、中小学生等的生态环保教育，提高公众对湿地、流域水资源水环境保护的认知水平，推进形成崇尚自然、善待万物、遵循自然规律的生态价值理念。健全公众参与机制，开展绿色政府、绿色学校、绿色社区、绿色医院、绿色饭店、绿色企业等示范单位创建活动，完善社会监督和信息公开机制，建立生态破坏和环境污染案件举报系统，实行环境质量公告制度，保障公众对环境保护的知情权、监督权和参与权。实施生态文化工程，建设鄱阳湖博物馆，建立国家级鄱阳湖生态经济研究机构，加快省部共建鄱阳湖重点实验室步伐。

强化人才支撑和就业服务。适应生态经济发展的需要，优化高等院校学科专业结构，加快紧缺专业人才培养，加强重点学科、重点实验室建设，推进产学研结合，提高科技创新与服务能力；加强职业院校和技能培训机构能力建设，大力推行校企合作、工学结合的人才培训模式，加快技能型人才培养，提高劳动者的就业、创业能力。坚持实施积极的就业政策，以创业带就业，以就业促创业，推动创业型社会建设。加强公共就业服务体系建设，完善各级各类公共就业服务机构的就业服务功能。在实施生态保护工程和企业迁移过程中，对受影响的农民和职工给予就业安置和经济补偿。完善困难群体就业援助制度，通过公益性岗位援助等多种途径，对所有就业困难人员实行优先扶持和重点帮助。加强对大专院校毕业生的就业指导。建设统一规范的人力资源市场，统筹城乡、区域劳动者就业。认真贯彻实施《劳动合同法》及实施条例，加强劳动保障监察，保障劳动者合法权益，构建和谐劳动关系。

完善社会保障体系。扩大城乡基本养老保险覆盖面，重点做好非公有制经济从业人员、外来务工人员的参保工作，解决好失地农民养老保障问题，完善企业职工养老保险制度，加快实现基本养老保险省级统筹。开展新型农村社会养老保险试点，进一步完善新型农村合作医疗制度。推进工伤预防与工伤补偿、工伤康复相结合的三位一体工伤保险制度建设。落实住房保障的各项优惠政策，加大国家对生态移民、农村危房改造以及城市、工矿、国有林场棚户区改造的支持力度。完善社会救助体系，以低保、医疗、教育、住房等专项救助为重点，突出政府救济的主体作用，大力推动社会互助，加快发展并规范社会慈善事业和社会福利事业。

专栏 6：生态文明社会建设工程

● 生态创建工程:按照人与自然和谐发展的要求，统筹生态建设、环境整治和经济社会发展，建成一批国家级生态市、生态县和国家环境优美乡镇。

● 生态景观工程:加强城市公园、街道、江河沿岸景观建设，加大居民社区、企事业单位绿化建设力度，建成若干国家园林城市和一批城市景区。

● 非物质文化遗产保护工程：建设一批非物质文化遗产专题博物馆、民俗博物馆、展示中心和传习所，加强婺源的徽州文化生态保护区建设。

● 新农村建设示范工程:支持 1 万个行政村建设新村庄、发展新产业、塑造新农民、培育新经济组织、形成新风貌、创建好班子。重点建成一批国家级和省级生态文明村。

● 农民知识化工程:开展职业技能教育和实用技术培训，建成若干农民学习专用网站和农业技术推广示范点。

● 社会保障服务中心建设工程：加快建设市县两级社会保障服务中心，完善服务功能。

第七章 促进区域协调发展

充分发挥鄱阳湖生态经济区龙头作用，以长江、浙赣铁路和京九铁路为依托，以沿江、沿线城市为支撑，形成“干”字形区域发展格局，引领带动周边地区和革命老区加快发展。

第一节 发挥中心城市的辐射带动作用

以省会城市为核心，区域其他 5 个中心城市为重点，加快构建鄱阳湖城市群，形成以点带轴、以轴促面的城镇集群发展模式。

南昌：全面提升中心城区的高端要素集聚、科技创新、文化引领和综合服务功能。强化昌北经济开发区、高新技术开发区和出口加工区的引领作用，重点发展汽车、航空、医药食品、电子信息、新型材料等产业，全面提升先进制造业基地水平；加快发展金融、商贸、物流、会展、旅游、服务外包等现代服务业，建设区域性商贸物流、金融、旅游集散中心，(全国重要的服务外包示范基地。加快形成南昌一小时经济圈，联动发展新建、安义、进贤、余干、南昌县城和丰城、樟树、高安市区。

九江：进一步发挥通江达海的区位优势，加快临港产业开发，积极发展商贸旅游业，建成赣北区域中心城市、现代化港口旅游城市、区域性物流枢纽和长江沿岸重要工业基地。以九江城区为中心，联动发展瑞昌、沙河、湖口、彭泽沿江城镇板块以及德安、共青、永修、星子、都昌南部城镇板块。

景德镇：依托千年瓷都的产业基础和品牌优势，积极推进资源枯竭城市转型，大力发展功能陶瓷、结构陶瓷、生物陶瓷、工艺陶瓷和精品建筑陶瓷，培育陶瓷文化创意产业，建设世界瓷都、赣东北工业重镇和文化生态旅游城市。以景德镇城区为中心，联动发展浮梁、鄱阳、万年县城和乐平市区，形成以景德镇为中心的赣东北城镇群。

鹰潭：发挥铜产业基础、交通枢纽、旅游资源优势，建设世界铜都、赣东北物流中心和道教文化旅游城市；依托中心城区，向东逐步与贵溪城区连接成片，向南逐步建成宝山片区，进一步建设余江县城。

新余：着力发展光伏、钢铁和旅游产业，建设光伏产业基地、特种钢材制造基地和赣西区域中心城市；以主城区为依托，重点建设下村、罗坊工业基地。

抚州：大力发展特色农产品加工、医药轻纺和文化产业，创建工业新城和文化生态旅游名城；以新城区为依托，联动建设东乡县城，加快融入南昌一小时经济圈。

进一步加强各中心城市的协调互动，开展工业园区和产业基地共建，加强上下游产业的配套协作，推进市场体系、基础设施、体制机制对接，打造鄱阳湖城市群。积极推动鄱阳湖城市群与省内其他城市的联动发展，推广生态经济区成熟的经验和做法，增强辐射带动作用，形成优势互补、各展所长、协同发展的新格局。

第二节 统筹城乡发展

按照构建新型工农、城乡关系的要求，以城乡规划、产业布局、基础设施建设为突破口，促进公共资源在城乡之间均衡配置、生产要素在城乡之间自由流动，推动城乡经济社会发展融合。

推进城乡一体化发展。统筹土地利用和城乡建设，实行城乡建设用地增减挂钩试点，合理安排市县域城镇（农场）建设、农田保护、产业聚集、村落分布、生态涵养等空间布局。统筹城乡基础设施建设，大力提升农村公路的通行通达能力，完善城乡供电网络，保障城乡饮水安全。统筹城乡产业发展，优化农村产业结构，发展农村服务业和乡镇企业，引导城市资金、技术、人才、管理等生产要素向农村流动。统筹城乡劳动就业，加快建立城乡统一的人力资源市场和公平竞争的就业制度，依托县、街道（乡镇）、社区社会保障平台提供就业服务，在充分利用已有的公共就业服务及培训设施的基础上，加强职业技能培训体系建设，做好就业培训工作。统筹城乡社会管理，推进户籍制度改革，放宽中小城市落户条件，促进农民向城市有序转移。选择有条件的城市开展统筹城乡发展综合配套改革试点。

提高基本公共服务均等化水平。国家支持在区域内开展基本公共服务均等化试点。把社会事业建设的重点放在农村，全面提高农村公共事业财政保障水平。促进城乡教育均衡发展，完善农村义务教育经费保障机制，提高义务教育经费保障水平，加大投入力度，实施中小学校舍安全工程，加快农村寄宿制学校建设，改善农村学校办学条件。以农村为重点，大力发展职业教育，逐步实现农村中等职业教育免费。重点加强农村中小学教师队伍建设，提高教学质量。妥善解决农村留守儿童教育问题。加强县级疾病预防控制机构建设和县级卫生监督所能力建设。进一步加强农村医疗卫生服务体系建设，着力提高乡镇卫生院服务能力和水平，采取多种形式支持村卫生室建设。加快构建覆盖城乡的公共文化服务体系，推进文化信息资源共享工程，加强县级图书馆和文化馆、乡镇综合文化站、社区文化中心和村文化室等建设。建立健全公共文化服务运行保障机制。完善农村困难群体帮扶机制，加快乡村敬老院建设。加快中心村镇体育设施建设，开展农民健身活动。

壮大县域经济实力。把发展县域经济作为实现城乡统筹的基本载体，大力改善县域基础设施条件，着力提升工业园区发展水平，不断提高公共服务水平和行政效能，营造良好的发展环境。全面推行财政省管县，建立县级财政稳定增长机制，促进财力与事权相匹配，赋予县级更大发展自主权；加快新型工业化步伐，着力壮大资源加工型、劳动密集型、产业配套型和科技应用型的工业企业，不断提高资源利用效率，特别注重生态环境保护，形成特色明显、竞争有力、前景广阔的产业支撑体系。

第三节 带动革命老区发展

坚持国家扶持和自身努力相结合，突出重点，兼顾一般，因地制宜，分类指导，全面落实各项扶持政策，着力做大做强特色产业，提升自我发展能力，把带动革命老区发展作为实现区域协调的重点，使老区人民共享改革发展成果。

提升发展能力。充分发挥鄱阳湖生态经济区的辐射、服务和带动功能，形成梯度发展、分工合理的多层次产业群和优势互补、互利共赢的产业协作体系。根据自身区位条件、产业特点、资源优势状况，加快开放开发，着力培育特色经济。不断完善综合交通体系，加强优势资源开发和产业协作，建设纺织原料、林业加工和绿色有机食品基地。充分发挥红色品牌和绿色生态优势，大力发展旅游产业，建成全国红色旅游示范区。

推进扶贫开发。坚持开发式扶贫方针，按照新的扶贫标准，全面实施扶贫政策。继续实施整村推进、以工代赈和移民扶贫搬迁工程。对贫困人口集中、资源条件较好的革命老区和贫困地区，加大产业扶贫力度，改善基本生产生活条件，开辟增收途径；对具备生存条件的革命老区，实行就地扶贫；对生存条件恶劣的革命老区和贫困地区，实行易地扶贫；对缺乏劳动能力的贫困人口，加大救济和救助力度，实现农村最低生活保障制度和扶贫开发政策有效衔接；对有劳动能力的贫困人口，实行技能培训和转移就业扶贫，鼓励自主创业和劳务输出；实施农村危房改造，改善困难群众居住条件；实施教育扶贫，阻断贫困代际传递。

加大扶持力度。把中央的帮扶政策与建立省内区域间挂钩帮扶机制相结合，创新帮扶方式。加大资金项目支持力度，对涉及改善农村生产生活条件和生态建设领域的项目安排、资金分配采取倾斜政策。加快形成中央财政转移支付和社会事业中央财政投入稳定增长机制，推进革命老区经济社会全面发展。

专栏 7：区域协调发展建设项目

● 农村中小学校舍改造工程：区域内农村中小学校舍基本消除现有危房。

● 特殊教育学校建设工程：建设和改造特殊学校，力争实现区域内所有设区城市和 30 万人以上的县(市)有 1 所独立设置的综合性或单一性特殊教育学校，现有特殊教育学校办学条件得到明显改善。

● 农村卫生服务能力建设工程：在全省建立基础设施齐全的农村卫生服务网络，使 95%以上的县级综合医院、县中医院、中心卫生院和全部一般卫生院、行政村卫生室达到建设标准。

● 社区卫生服务能力建设：在全省设区市城市和有条件的县级市建成较为完善的城市社区卫生服务体系，社区卫生服务机构设置合理，服务功能健全，人员素质较高，运行机制科学，监督管理规范，95%以上的社区卫生服务中心、90%以上的社区卫生服务站建设达到标准，基本实现“两个 100%覆盖”，90%以上的城市居民出行 15 分钟可以到达社区卫生服务机构。

● 城乡公共卫生体系建设：95%以上的县级疾病预防控制机构实验室建设达到国家基本要求，所有的县妇幼保健机构达到建设标准，突发公共卫生事件报告和应急响应及时率达到 100%。

● 城乡养老服务设施建设工程：新建一批农村敬老院，新建、改(扩)建一批设区市和县(市、区)社会福利中心，建设一批社区居家养老服务站。

● 救助站建设项目：新建一批市级、县级救助站。

● 文化信息城乡共享工程：新建一批文化信息资源共享工程县级支中心和村级服务点。

● 整村推进工程：以行政村为单元，采取分批实施的办法，综合治理山水田林路，改善特困村农村生产生活设施。

● 以工代赈工程：重点在 21 个国家扶贫开发重点县实施农村公路、农田水利、人畜饮水和小流域治理工程，落实劳务报酬政策，增加农民收入。

● 扶贫搬迁工程：对居住在缺乏基本生产生存条件的深山区、石山区和地质灾害区的特困群众实施移民扶贫搬迁，完成搬迁人口 30 万人。

● 农村危房改造工程：采取政府补助、农户自筹相结合的方式，帮助农村低保户、五保户和优抚户等困难群众家庭进行危房改造，改善困难群众居住条件。

第八章 深化改革开放

不断深化改革，创新体制机制，鼓励在生态环保方面先行先试，形成有利于生态与经济协调发展的体制环境。加强区域合作和国际交流，大力发展开放型经济，不断提升发展水平。

第一节 推进重点领域改革

推进行政管理体制改革。强化政府在生态建设和环境保护等公共服务领域的职能。进一步完善公共财政体制，加大生态环境因素在公共财政分配中的权重。建立多元化的投资体制和规范高效的运营机制，逐步放开公用事业的建设和经营市场。以水资源管理为核心，积极开展流域综合管理体制改革试点工作。注重规划和政策调控，注重协调和信息引导，减少和规范行政审批。推进政务公开，提高行政效率，降低管理成本。建立健全公众参与、专家论证和政府决定相结合的行政决策机制，推进依法决策、科学决策、民主决策。

推进所有制结构不断完善。深化国有企业改革，推进重点行业跨所有制、跨区域联合重组；积极推进国有企业公司制、股份制改革，大力发展混合所有制经济；创新国有资产运营和监管模式，建立健全国有企业风险管理体系，完善国有资本有进有退、合理流动的机制。大力发展非公有制经济，落实放宽市场准入的各项政策。依法保护各类产权，创造各种所有制经济公平竞争的环境，形成多种所有制经济相互促进、共同发展的生动局面。

推进市场一体化。进一步打破生态经济区内各行政区的行政性垄断和地区封锁，加强与周边地区市场对接，健全统一开放、竞争有序的现代市场体系，促进生产要素合理流动和资源优化配置；围绕转变发展方式、保护生态环境，完善市场信用体系，建立健全失信惩治制度；着力统一准入标准和技术标准，建立市场准入和质量互认制度；积极推进行业协会建设，培育以企业为主体的新型行业协会，鼓励行业协会开展区域合作。建立公共资源统一交易平台。加快发展统一规范的产权交易市场。规范推进农村土地管理制度改革。稳步推进大交通改革和城际交通公交化试点。

第二节 推动生态环保机制创新

探索建立绿色国民经济核算考评机制。研究绿色国民经济核算方法，开展环境污染、生态破坏成本以及水、湿地、森林等资源价值等方面的核算，探索将发展过程中的资源消耗、环境损失和生态效益纳入经济发展水平的评价体系，为环境税费、生态补偿、自然资源管理、产业结构调整、产业污染控制政策制定以及公众环境权益维护等提供科学依据。建立体现科学发展的政绩考评机制，将提升经济发展质量、保护生态环境作为领导干部考核的重要内容；切实落实环境保护责任，严格执行领导干部环境保护一票否决制，引导树立正确的政绩观，逐步实现从单纯追求经济增长向注重生态与经济协调发展的转变。

建立健全生态环保长效机制。建立健全跨界污染联合治理机制和污染事故应急处理机制，严格执行重大环保事故责任追究制度；逐步建立城镇污水、垃圾处理市场化运营和监管机制；强化产业政策、环境影响评价制度、环境准入和污染物排放标准的约束作用。

积极推进相关改革试点。加快推进水、电、矿产等资源型产品及要素价格改革；在国家有关部门指导下，开展排污费改环境税试点；探索建立水权交易制度，开展水资源取(使)用权出让、转让和租赁；积极推进生态合作、产业共建、财政支援、异地开发、生态资源交易等多种方式的生态补偿试点，探索开展鄱阳湖流域湿地生态补偿试点；探索建立上下游生态补偿机制以及排污权有偿使用和交易机制；创造条件设立南方林业产权交易中心；建立以资源节约、环境保护技术为主要特色的技术交易市场。

第三节 扩大开放合作

全面提升开放水平。坚定不移实施大开放主战略，全面推进与港澳台以及国际经济的对接和融合，积极参与全球经济分工合作。以工业园区为开放平台，进一步拓宽利用外资领域，扩大外商直接投资规模，切实提高利用外资质量和水平，着力引进投资规模大、技术含量高、带动能力强、节能环保的重大项目，逐步实现从引进资金为主向引进资金、先进技术和高素质人才并重转变，从制造业为主向制造业与服务业并重转变。坚持出口市场多元化和以质取胜战略，确保对外贸易稳定增长，大力发展绿色贸易，加快形成一批具有国际影响和鄱阳湖特色的知名品牌和符合国际要求的绿色产品认证体系，与贸易伙伴建立检验结果相互认可的长期合作机制，进一步简化绿色产品通关手续；着力提升政府服务水平，继续清理不规范的地方性法规，为外资企业营造良好的发展环境。

切实加强国内区域合作。推进与沿海发达地区和周边重点区域开展多层次、全方位的合作互动。积极推进基础设施对接，加快交通、天然气、信息网络等对接工程建设；着力建设一体化区域市场，深化劳动力市场、旅游市场、现代物流、绿色农产品[15.47 -0.45%]通道和口岸大通关等方面合作。依托生态环境、产业基础、农产品资源、矿产资源、劳动力资源等综合优势，参与长三角、珠三角、海峡西岸地区的产业分工，采取共建园区等方式承接产业转移；密切与武汉城市圈、长株潭城市群、皖江城市带的联系，实现互利共赢和错位发展。

积极推进国际生态合作。加强与联合国所属机构、相关国际组织和国家的联系，在维护生态安全、应对全球气候变化、发展低碳技术和绿色经济等重大领域广泛开展交流。创建鄱阳湖国际论坛，宣传我国大湖流域综合开发治理的成效，分享生态与经济协调发展的宝贵经验；务实推进生态项目合作，积极争取国际资金技术支持，加快山江湖可持续发展示范区、山地资源综合开发、生态扶贫、清洁发展机制等方面的项目建设；加强与相关国际组织合作，共同开展鄱阳湖湿地、候鸟和珍稀濒危野生动植物资源保护研究，共同保护好世界自然遗产、世界文化遗产、世界地质公园。

第九章 保障措施

充分认识建设鄱阳湖生态经济区的重大意义，切实加强对规划实施的组织领导，完善规划实施机制，坚持自身努力和国家支持相结合，确保规划目标的顺利实现。

第一节 加大国家支持力度

加大财税政策支持。健全财政转移支付办法，加大对生态建设和环境保护以及改善农村特别是湖区、老区农(渔、牧)民生产生活条件项目的支持力度；加大中央财政对区域内资源枯竭城市转移支付力度；加大中央财政性建设资金投入，重点安排区域内重大基础设施、生态环境保护等项目建设；对资源综合利用、替代能源和清洁生产、节能节水、环境保护专用设备等符合国家产业政策的产品，以及国家需要重点扶持的高新技术企业，按规定给予税收政策支持。

加强金融政策支持。支持按照相关管理办法设立鄱阳湖生态经济区股权(产业)投资基金、区域生态环境保护基金和行业性的创业投资基金；支持区域内城市商业银行改革发展，引进战略投资者，并支持符合条件的中小银行跨区域设立分支机构；按规定程序和条件给予再贷款、再贴现资金支持；支持符合条件的企业发行企业债券；加强与国际金融组织合作，探索推进金融支持节能减排和绿色信贷的示范项目；加大对政策性险种财税支持力度；鼓励保险公司开设农业保险、环境保险和科技保险等专业保险品种；开展保险资金投资未上市公司股权试点。

给予重大项目支持。国家在有关规划、重大项目布局及项目审批、核准等方面予以重点倾斜；将鄱阳湖流域纳入国家重点流域治理范围，支持区域内重大环保设施和生态工程建设；国家在土地开发整理、农业综合开发、标准农田建设等项目资金上优先安排鄱阳湖生态经济区；推进开发区、工业园扩区升级，建设一批生态农业示范园、生态工业示范园、循环经济实验区和生态旅游示范区；支持符合条件的地区设立海关特殊监管区。

第二节 强化组织实施

国务院有关部门要按照职能分工，切实加强对鄱阳湖生态经济区建设的指导和协调。依据本规划的要求，制定本部门支持鄱阳湖生态经济区建设的具体政策措施，在有关规划编制、政策实施、项目安排、体制创新等方面给予积极指导和支持。加强部门之间的沟通协调，指导和帮助地方解决本规划实施过程中遇到的困难和问题，为鄱阳湖生态经济区建设创造良好的政策环境。

江西省要切实加强组织领导，确定综合协调机构加强对区域内市(县)的工作指导，建立区域内城市之间和省直部门之间的协商沟通机制；加快完善有利于生态环境保护的地方性法规和规章，创造良好的政策环境；在国家有关部门的指导下，编制重点领域的专项规划，按照本规划确定的功能定位和发展重点，抓紧推进相关项目的组织实施；进一步完善公众参与和民主监督机制，做好规划及相关信息的公开工作，建立规划实施情况定期公告制度，保障社会公众通过法定程序和渠道参与规划的实施和监督。

第三节 加强监督检查

国家发展和改革委员会要会同有关部门加强对本规划实施情况的跟踪分析，做好对重大政策和重大建设项目实施的督促检查工作，会同江西省定期组织开展规划实施情况的评估。在规划实施过程中，要注意研究新情况，解决新问题，总结新经验，重大问题及时向国务院报告。

国家发展和改革委员会

二〇〇九年十二月

建设交流篇

北京·亦庄，从开发区走向“数字化”产业新城

北京经济技术开发区

北京经济技术开发区位于北京市东南，是北京市唯一同时享受国家级经济技术开发区和国家高新技术产业园区双重优惠政策的国家级经济技术开发区。

北京经济技术开发区于1992年开始建设。1994年8月25日，被国务院批准为北京唯一的国家级经济技术开发区。1999年6月，经国务院批准，北京经济技术开发区范围内的七平方公里被确定为中关村科技园区亦庄科技园。2007年1月5日，北京市人民政府批复《亦庄新城规划(2005-2020年)》，明确指出以北京经济技术开发区为核心功能区的亦庄新城是北京东部发展带的重要节点和重点发展的新城之一。

北京经济技术开发区按照面向国际市场的高端产业园区的目标，坚持产业集群化、资源集约化、环境和谐化、服务专业化、管理法治化的发展思路，以吸引重大项目、龙头企业为重点，着力引进高端、高附加值、高辐射力，低耗能、低污染的高新技术产业。目前，已初步形成了电子信息通信、生物工程与新医药、汽车、装备制造四大主导产业。围绕主导产业集群化发展的要求，开发区大力推进以诺基亚为龙头的通讯产业集群、以京东方为龙头的显示器产业集群、以中芯国际为龙头的微电子产业集群、以GE为龙头的医疗设备产业集群、以拜耳为龙头的生物制药产业集群及以奔驰-戴姆勒·克莱斯勒为龙头的汽车产业集群的发展，加快发展生产性服务业和高附加值服务业，不断优化产业结构。

截至目前，已有来自全球30多个国家和地区的2000多家企业入驻。奔驰-戴姆勒·克莱斯勒、诺基亚、通用电气、博世、康宁、金佰利、乐金化学、康明斯、拜耳、ABB、松下、施耐德、德尔福、安万特、中芯国际、京东方等一批世界知名企业纷纷在此投资建厂。

按照国际高端产业园区的目标，北京经济技术开发区正在不断优化区域投资环境，不断完善基础设施及配套服务功能，不断提高政府服务和产业发展水平，努力将北京经济技术开发区建设成为中国最具吸引力的产业基地。

北京经济技术开发区目前正着力以信息化手段建设宜业、宜居、宜研、宜商的亦庄新城。未来五年内，北京经济技术开发区将按照“两网一区五平台”的战略思路发展信息化，将突破建设模式，吸引社会力量和资源投入开发区的信息化建设中。

为提升北京经济技术开发区的信息网络环境水平，现已依托“无限亦庄”工程初步建成了覆盖北京经济技术开发区核心区域的无线城市宽带网，实现了基础设施“十通一平”，未来将加大建设第三代移动通信网；为推动北京经济技术开发区电子信息产业的持续蓬勃发展，将研究如何更好、更有效地推动信息化与工业化融合，建设信息化与工业化融合发展示范区；为全面推进信息强政、信息兴业和信息惠民战略，将建设电子政务、电子商务、数字化园区、数字化社区和数字化智库五大核心应用，使之成为支撑北京经济技术开发区新发展的5e应用平台。

在北京新城规划中，以北京经济技术开发区为核心功能区的亦庄新城是北京东部发展带的重要节点和重点发展的新城之一，也是辐射带动京津城镇走廊产业发展的高新技术产业中心。亦庄新城的打造，将为开发区和高科技产业不断融合、发展提供很好的配套环境和发展机会。

一、如何打造亦庄新城？

根据北京市的部署，亦庄定位于国际高端产业新城，要“以业兴城”、“以城促业”。为了实现这一目标，亦庄开发区将主要采取以下措施。

一是继续优化发展环境。今后将在金融、物流、研发、信息服务等生产性服务方面做更多工作，同时，完善教育、文化、卫生等公共服务。

二是继续做大做强特色产业园。除四大主导产业园外，亦庄开发区还要打造绿色能源、数字产业园，建设生态工业园，以宜业、宜居的理念构建区域工业共生体系。同时，大力打造第三产业，力争把开发区建设成一个以工业共生、物质循环、自然和谐为特征的高科技示范园和生态友好型的开发区。

三是继续提高政府部门的服务水平。亦庄开发区已在做领导负责制的尝试，每个领导为项目做全程服务。开发区设有大项目服务组，专门提供项目审批、建设以及建设完后的保障服务。此外，它还在试行审批办法的创新。

二、从工业园区向产业新城转变

目前，亦庄开发区正处于从工业园区向国际高端产业新城转变的关键时期，在推动主导产业优化升级的基础上，现代物流业、现代金融业、工业设计业、服务外包、酒店管理等生产性服务业将成为开发区今后发展的重点。

亦庄开发区今后还将通过资金扶持、税收返还等形式，进一步推动总部经济、金融业、中介服务业的发展，建设世界一流的宜业宜居高端产业新城。

目前，最关键的是要处理好新城建设与产业和人口的关系，把开发区建设成为重点产业功能区。要围绕产业发展建设新城，以业为主，以业兴城，不盲目吸引与产业无关的人口。生活保障等配套设施建设要符合产业健康发展的需要，符合开发区创业型人群的需要，符合被征地农民农转居的需要。

三、“绿色”、“人文”成为关键词

围绕“产业”和“人”做文章，“绿色”、“人文”已成为亦庄选择“科技”之后两个新的关键词。在亦庄，节能减排现已成为众多企业的共识。凡是到开发区投资落户的企业，首先要过一道“绿色门槛”：对每一个项目，都实行环保一票否决制。此外，亦庄开发区还结合产业特点，制定了不同行业企业入区的万元产值能耗标准，搭建了循环经济招商体系。

从工业区到经济技术开发区，再到国际高端产业新城的发展目标，这种轨迹无疑预示着一轮新的发展高潮将在亦庄兴起。北京亦庄经济技术开发区将全力打造成 e-Town，建设数字化产业新城。e-Town 战略的实施包括三个方面：一是“无线的亦庄”，即在宽带亦庄的基础上，全面进入无线城市时代，建设无线城市宽带网和第三代移动通信网（两网）；二是“两化融合的亦庄”，即在开发区的核心区，建成信息化与工业化融合发展示范区（一区）；三是“数字化亦庄”，即在亦庄新城全面推进信息强政、信息兴业和信息惠民战略，建设电子政务（e-government）、电子商务（e-business）、数字化园区（e-park）、数字化社区（e-community）和数字化智库（e-knowledge）等五大核心应用，使之成为支撑亦庄新发展的 5e 应用平台。三者中，“两网”是适应新的时代要求的信息化基础，为一区建设和 5e 平台确立了高起点；“一区”是“两网”和 5e 平台的产业基础，是亦庄新城经济增长方式转变的载体；“5e 平台”是 e-Town 的核心。

以科学发展观为指导，树立科学的信息化发展观

天津经济技术开发区

一、前言

随着信息技术的迅猛发展，信息化对世界政治、经济、军事、科技、文化、社会等领域及人们的生活和工作方式正在产生着越来越大的影响，导致经济增长方式、经济体制、政府职能以及社会各方面发生重大变革，信息化水平已成为衡量一个国家和地区的国际竞争力、现代化程度、综合国力和经济成长能力的重要标志。

天津市经济技术开发区（以下简称开发区）自建区以来，经过 20 多年的建设，取得了举世瞩目的成就。“十一五”期间，中央将滨海新区建设纳入国家总体战略布局给开发区的发展带来了新的契机。信息化是开发区抢抓机遇、提升综合竞争力的重要途径，信息产业是开发区经济发展的主要推动力。开发区要抓住滨海新区开发开放这一难得的历史机遇，进一步加快信息化建设和信息产业发展，全面推进现代化进程，实现开发区经济社会全面、协调和可持续发展。

二、开发区信息化发展现状

（一）取得的成绩

“十五”期间，开发区信息化建设取得了较大的发展，“数字泰达”初步显现，为全面改善投资环境，提升区域竞争优势，实现开发区乃至滨海新区的跨越式发展创造了良好的信息基础条件。

1.信息化基础设施建设达到国际一流、国内领先水平

——信息网络设施实现数字化、宽带化和综合化，基本建成全光纤、全交换宽带城域网，实现了千兆到小区、百兆到企业、十兆到家庭的宽带接入能力，为开发区乃至滨海新区的信息化建设打下了良好的基础。

——有线电视网完成光纤化、数字化、平台化改造，数字电视整体平移正式启动，实现了从模拟电视向数字电视的跨越，对于提升开发区、保税区乃至滨海新区的城市信息化和现代化水平将产生积极作用。

——华北地区最大的互联网数据中心 IDC 在开发区建成，为开发区政府、企业等用户提供国际一流水平的 IT 外包技术服务，极大地提升了开发区乃至滨海新区的信息化服务水平。

——市电子政务专网滨海新区核心节点在开发区投入使用，该节点作为区域的中心，辐射整个滨海新区，承担区域内各汇聚节点的接入，是市政务专网在滨海新区的枢纽，对于促进开发区乃至滨海新区的电子政务建设将发挥巨大的作用。

2.电子政务建设极大提高了政府办事效率，改善了投资服务环境

——在全国率先全面实现了公文和信息的网络化传输，委办局间公文的流转已实现文档一体化管理，领导批示管理、议案管理、档案管理、接待管理、人民来信来访等办公业务也实现了网络化，工商、税务等部门已开始探索面向公众的网上办公。

——形成了泰达政府门户网、企业在线、投资网、人才热线、贸促网等政府服务网群，为企业和居民提供网上政务服务，实现了政府与企业、居民的双向互动，成为向境内外投资者、区内企业和居民提供信息服务的重要平台。

——开通了全国首个政府呼叫服务中心，在国内首次将计算机和电话一体化的 CTI 技术引进到政府服务当中来，24 小时不间断地提供咨询、查询、投诉、抢修等政府服务，成为开发区为投资者、企业、居民提供服务的重要窗口。

——实施了口岸信息平台建设，口岸通关速度明显提高，为提高通关效率发挥了巨大的作用。

3.企业信息化及电子商务建设有效提升了企业竞争力和开发区软配套能力

——实施了“建一个企业门户，出十家行业精品网站，促百家、千家企业上网”的企业信息化促进方案，推出了各种有针对性的优惠措施来推动企业尝试信息化应用，搭建了由开发区企业信息化服务平台和泰达 IT 经理人俱乐部、信息化服务商、信息化专家三支队伍组成的企业信息化服务体系，有效促进了区内企业特别是中小企业信息化水平的提高。

——国际手机采购网（www.eglobalpurchase.com）为海内外手机整机生产厂商和零部件厂商提供一个实时的、永不落幕的交流平台，受到了业界的广泛关注，已经成为国家商务部电子商务应用试点，在业界已成为极具权威性的专业网络媒介。

4.社会信息化建设为区内居民和外来务工者提供良好的信息化环境

——宽带网络覆盖整个开发区，区内居民可以通过宽带网络进行 VOD 视频点播、网上游戏、网上购物，并可享受电子报刊、气象信息、新闻、股票、金融、交通、旅游信息等多种便民服务，同时也可以通过社区服务网站了解开发区体育、影视的最新动态。

——教育信息化起点高、基础好，具有良好的发展基础和潜力，各校信息化组织机构比较健全，基础设施建设水平居全市领先水平，信息化应用初见成效。南开大学泰达学院与校本部之间建立了光纤宽带网，实现了实时、交互、全数字化、高清晰度的远程教学系统，在国内首次实现了广播级网上教育。

——建成亚洲最大的现代化心血管病专科医院泰达国际心血管病医院，拥有 5000 余个语音数据点，建有国际一流的医院信息系统、医院影像系统、手术和重症监护系统、全自动前处理装置检验系统、自动装药机，是国内第一家无胶片和无纸张的、堪与国际先进医院媲美的数字化医院。

5.信息资源开发利用逐渐成为开发区信息化建设的核心

——政务信息资源开发初具规模，各部门在业务系统建设中逐渐积累了一定的信息资源，工商、质监、税务等部门的信息资源初步实现共享。

——泰达图书馆成为具有区域特色的电子信息资源平台，该馆是全国数字化水平最高的图书馆，是国内唯一的集图书、情报、档案一体化管理的文献信息服务机构，为各企业提供信息咨询、管理咨询和战略咨询等多种服务。

（二）存在的问题

开发区信息化建设已取得非常优异的成果，但与更高的要求相比，还存在一定的差距。如：某些应用系统在与业务流程的匹配程度上还有所缺欠，网上交互办公有待进一步改进；企业信息化建设程度随企业规模不同而发展的水平不同，小企业信息化建设相对滞后；电子商务的发展仍处在起步阶段，且发展很不均衡，存在着应用范围不广、水平不高等问题，核心企业带动区域电子商务发展的作用不明显；社会信息化在为社区居民服务、给社区居民带来便利和实惠方面发挥的作用仍然有限；信息资源的整合、共享需要进一步完善等。

（三）面临的机遇

未来几年，经济全球化和全球信息化的趋势将进一步加快，信息技术发展日新月异，为信息化建设和信息产业发展带来了新的机遇。

“十一五”期间，我国将继续大力推进信息化，坚定不移地实施“以信息化带动工业化，以工业化促进信息化，走新型工业化道路”的战略举措，为信息化建设和信息产业发展指明了方向。全社会对信息化的认知程度和各级政府、各行业的建设热情不断高涨，也为信息化发展奠定了坚实的基础。

中央将滨海新区建设纳入国家整体发展大格局，滨海新区开发开放的加快，也对信息化建设提出了更高的要求，为开发区信息化发展带来了难得的历史机遇。

总之，“十一五”期间，开发区信息化建设不进则退，必须趋利避害，应对挑战，以科学的发展观为指导，树立科学的信息化发展观，推动以深入应用为特征的信息化持续全面健康发展，从而促进开发区经济发展和社会进步。

三、信息化建设重点任务

（一）发展思路

1. 指导原则

坚持以邓小平理论和“三个代表”重要思想为指导，全面贯彻科学发展观，贯彻信息化建设的“统筹规划，国家主导；统一标准，联合建设；互连互通，资源共享”24字方针，围绕以信息化带动工业化，实现信息化建设和信息产业发展的良性互动，相互促进，完善“新九通一平”投资软环境，为开发区经济实现跨越式发展提供保障。

开发区的信息化建设在滨海新区信息化建设过程中要发挥带头和示范作用，要成为滨海新区信息化建设的先行区，并进一步成为滨海新区信息服务的后台和大本营；不仅要服务于开发区的经济发展，更要能够为滨海新区的经济发展提供支撑，在区域整合、港区联动、口岸通关等方面发挥重要作用。

2. 总体思路

开发区信息化建设的总体思路可以概括为：“512”工程。“5”是指在信息基础设施层面做好基础信息网络、数字集群通信网、有线电视数字网、市电子政务专网滨海新区核心节点和数字认证体系五方面的建设；“12”是指在电子政务、企业信息化及电子商务、社会信息化、信息资源开发利用四大应用领域实施12项重点任务。

3. 发展目标

到“十一五”末期，开发区将成为信息基础设施先进，信息技术应用广泛，信息资源总量丰富，电子政务服务便捷，电子商务交易便利，信息安全保障有力的国内先进地区，建成滨海新区信息化样板区，形成以人为本、要素集聚的最适宜创业和人居的现代化滨海生态城市，信息化建设达到发达国家中心城市的水平。

至2010年，开发区宽带骨干网人口覆盖率达到100%，宽带家庭接入率超过90%；政府机关全部实现网络化办公；构建行业电子商务平台，95%的企业实现电子商务及高端信息化应用，建成社区服务信息网络及其服务支撑体系。

（二）重点任务

1. 信息基础设施

信息基础设施是开发区进行信息化建设、提供信息服务的重要载体，更是开发区投资环境的重要组成部分。“十一五”期间，开发区将发挥市场调节作用，鼓励企业发展，优化信息网络，建成世界一流的信息高速公路。

（1）建设先进的基础信息网络。以现有宽带网为基础，建设以智能光网络为核心的下一代网络（NGN）、以 IPv6 为基础的下一代 IP 网（NGI）和以 3G 和后 3G 为重点的下一代无线通信网，全力提升开发区信息基础设施水平。

（2）推动数字集群通信网建设。加强数字集群频率集中管理，建设面向社会服务的集群共网，有特殊需求的部门可适当考虑建设专网。

（3）完善有线电视数字网建设。继续做好数字电视基础设施以及小区接入网的规划设计、建设、运行、维护等工作，为有线电视数字化信息服务的开展奠定基础。

（4）完善市电子政务专网滨海新区核心节点建设。推动核心节点于各基层节点的联通和应用，基于该核心节点建立市电子政务专网异地备份中心。

（5）建立数字认证体系。依托天津市数字证书认证中心（TJCA）提供的数字证书认证服务，在开发区设立 TJCA 的 RA 子节点，并通过 TJCA 根节点实现与其他 CA 之间的交叉认证。

2. 电子政务

“十一五”期间，开发区电子政务建设要根据国家和全市的总体部署，加强电子政务网站和应用系统建设，推动开发区与天津市两级政务系统垂直应用，更好地为区内企业与居民服务。

（1）继续推动电子政务网群建设，构建多元化公共服务体系。以泰达政务门户网为公共服务主要平台，突出服务的广度；投资网、企业在线、人才网、贸促网作为专业化服务平台，突出服务的深度，网站之间互动关联，并扩大在国内外的影响力，成为服务投资者、企业和居民的网上虚拟社区。

（2）建设突发事件应急处置指挥系统。发挥体制优势和应急信息平台的技术优势，建立应急机制，提高政府管理水平和应急处理反应能力。

（3）推动开发区与天津市两级政务系统垂直应用。积极推动开发区各政府职能部门与天津市各对口委办局联网，把天津市各政务系统延伸到开发区。

（4）完善口岸通关服务信息平台。以建成北方国际航运中心为目标，建设滨海新区电子口岸，与环渤海地区、全国和世界主要口岸联网，实现口岸通关无纸化和异地报关，提供一站式服务，提高业务办理效率，降低贸易成本，加强口岸业务系统之间的沟通，加快口岸业务的流转。

3. 企业信息化及电子商务

“十一五”末期，开发区要形成完整的企业信息化服务体系，大型企业的信息化外包广泛实施，企业信息化应用得到普及，中小企业完成对“数字鸿沟”的跨越。同时，要将开发区建成国家级的电子商务应用示范区，企业应用电子商务的比例居国内领先地位，电子商务交易额占区域贸易总额的比重达到发达国家标准。

（1）层次推进区域企业信息化建设。发挥居于产业链核心位置的龙头企业在信息化建设中的带动作用，建立激励机制，鼓励龙头企业带动配套企业加强信息化建设；完善区域信息服务环境，鼓励大企业实施信息化外包；鼓励大中型企业加强管理信息化建设，积极协助企业争取国家和天津市的示范项目，并给予相应的资金支持；鼓励并支持第三方机构建设 ASP 模式平台，支持中小企业信息化建设。

（2）依据区域特点，积极推进行业、骨干企业电子商务应用。结合开发区产业特征，建立电子信息、汽车、生物、化工四大行业电子商务网站群；鼓励行业龙头和第三方服务机构依托开发区电子通讯、汽车制造、化工、生物医药等优势产业，依据区域和行业特色，建设行业性电子商务平台集群，拉动产业聚集，提升区域配套能力，促进开发区的支柱产业的进一步发展，形成行业电子商务先发优势；鼓励配套企业积极应用国际和国家的电子商务标准，采取措施降低中小企业应用电子商务的门槛。

（3）完善区域企业信息化和电子商务服务体系建设。完善开发区企业信息化服务平台，促进区内信息化服务商、信息化专家和企业应用者的广泛交流，为广大中小企业提供信息化公共服务；加强企业 IT 人员队伍的建设和对企业管理者、企业信息化应用人员的培训；大力培植信息化中介服务机构，为中小企业提供信息化建设的咨询监理和评价服务，配合 ASP 服务平台的建设，降低中小企业信息化建设的实施风险。

4. 社会信息化

“十一五”期间，开发区要大力推进社会信息化建设，使各种社会公共服务通过网络进入社区和居民家庭，营造和改善社区和家庭信息化环境，促进开发区城市生活现代化，使信息化在开发区区域发展环境改善、和谐社会构建方面发挥重要作用。

（1）加强教育信息化建设。开发区内各中小学校园网接入天津科研宽带网，完成开发区二级平台构建和教育视频会议系统建设；初步建成开发区教育服务门户网站和“虚拟教研中心”，加快区域教育信息资源库的建设和发展；促进信息技术在各级各类教育中的应用与普及；形成较为完善的远程公共教育服务体系。

（2）建成天津市一卡通工程的试验区和示范区。在轻轨公司和泰达公交公司实现一卡通用的基础上，在全市率先向其他公共服务领域加以推广，为天津市一卡通工程建设提供示范作用，并推动相关服务业的发展。

（3）大力发展有线电视数字化信息服务。以数字电视多媒体业务为主要发展方向，以传输网络为纽带，为开发区政府、企业、居民提供丰富的信息服务。在数字电视节目运营基础上，搞好B平台的建设，即数字宽带技术的建设，增加电视商务功能、IP电话、IP电视等增值业务；围绕数字电视进行业务拓展。

5.信息资源开发利用

“十一五”期间，开发区要继续加强信息资源建设，突出信息资源开发利用在信息化建设中的核心地位，为开发区乃至滨海新区的信息化建设服务。

（1）加强基础数据库建设。整合信息资源，统一平台，统一标准，形成“四库”，即建立人口、法人单位、空间地理和自然资源、宏观经济等四个基础数据库。

（2）完善数字图书馆及档案馆建设。依托数字图书馆及档案馆，提供特色信息服务，建成中国重要的信息资源集散地，并利用发达的本地宽带网络，服务企业和居民，成为滨海新区主要的信息资源服务平台。

完备体系 健全体制 构建一体化电子政务框架

大连经济技术开发区

同全国其他城市和地区一样，大连开发区的电子政务建设也经历了自发建设的一个过程，在某一业务应用系统方面取得了一定的成绩，同时，也产生了各自为政，盲目分散建设，信息孤岛严重等问题。为了解决上述问题，我们提出了建设一体化电子政务框架。所谓的一体化的电子政务框架，就是对全区电子政务进行统一规划，整合基础性、公共性的信息化设施，初期是网络整合、门户网站整合，进而是服务渠道层、应用支撑平台的整合，按统一标准进行应用系统建设，以此建立形成较为完整、完善的一体化地区电子政务框架。

一、建成全区政务数据交换中心（GDEC），搭建一体化电子政务的核心枢纽

凡是一个大的应用系统建设，必然需要一个标准的机房环境，为了解决分散建设造成的资源浪费和水平不高等问题，大连开发区率先在国内建成了GDEC，GDEC拥有恒温恒湿的空调、气体消防设施、80KW大功率不间断电源系统、260kw柴油发电机组、水电气环境监测和安全监控系统、防雷防静电保护设施的可以容纳100个机柜，承载500台服务器的专业电子政务机房，可以为管委会机关提供全面的服务器和应用系统托管服务。

二、建成全区统一的政务专网，搭建一体化电子政务的基础网络平台

GDEC建成后，同时实施的GDEC连接大楼外（包括：财政局、行政执法局、国土局、工商局、地税局、国税局、公安局、检察院、法院、交通局、人才广场）等的有关机关事业单位的骨干网，网络骨干网覆盖至管委会辖区的7个街道，2个镇，1个工作处，并与保税区管委会、金石滩旅游度假区、开发区海关等机构互联。实现了管委会所属各部门1500多台终端可以共享管委会统一的网络平台，统一的网络安全和防病毒系统，统一的互联网出口，统一的服务器存储。

三、建成开发区统一的门户网站，搭建政府与企业、公众一体化互动平台

准确定位网站的三大功能：政务公开、网上办事和公众交流。使用一个平台统一制作了管委会所属的44个委办局、驻区机构和镇街的子网站，为网站信息的日常更新维护提供了便捷的技术环境。

四、探索内部办公新模式，搭建一体化政务协同办公平台

在管委会及其所属委办局统一建设政务办公平台，通过该平台可以将各部门的有关通知、信息和工作情况集中展现出来，并为个人提供工作平台，实现处室、局及管委会的工作协同，政务通将提供在线即时通信功能。该平台的使用，将为机关各部门提供统一开放的工作界面，方便工作人员使用。

五、完善项目建设工作程序，整合一体化电子政务应用系统

对于全区各委办局提出的建设有关业务应用系统建设项目，由信息办汇总后进行统一审核立项，对于能够整合建设的服务器、系统软件和数据库等采取统一利用政务数据中心的资源，具体软件采取统一的标准进行开发建设。通过这项工作的开展，逐步改变了过去各部门各自为政，盲目分散建设，所造成的资源浪费、重复投资以及信息孤岛问题，也开创了地方政府电子政务应用系统建设新的工作模式

六、完成有关标准规范制定，实现一体化电子政务科学规范

规范分两大部分：

第一部分包括《大连开发区政府门户标准规范》、《大连开发区目录体系标准规范》、《大连开发区交换体系标准规范》和《大连开发区政府数据共享规范》。侧重对开发区未来信息化建设大系统大项目以及系统之间的共享交换的指导作用。在规范的制定过程中，在对规范需求进行细致研究的基础上,就初稿多次与清华大学进行面对面的沟通，对初稿进行多次检查和校对。通过多次修改，使这部分标准更符合大连开发区的实际情况，更具大连开发区特点，而不是简单地采用一般通用性标准。注重实用，剔除规范中与实际关系不紧密的内容，使规范内容更精炼，更易于实际工作中更使用。目前该部分已经完成待审。

第二部分包括《大连开发区电子政务网络及信息安全标准规范》、《大连开发区电子政务信息资源标准》、《电子政务应用系统设计指南》和《托管服务细则》。侧重解决当前开发区电子政务建设工作中面临的实际问题，补充工作中缺乏的技术及管理方面的指导性文件。包括电子政务中心设备、网络建设管理需要的标准规范，电子政务项目方案指导等。这些标准规范以开发区信息化建设已经形成的基础设备和基础应用平台为基础，以有效服务于当前开发区电子政务建设为目的，内容简洁明了，注重可操作性。

七、健全组织架构,构建一体化电子政务工作体系

电子政务工作并非是信息中心自己的事，是全开发区各部门共同完成，为此，信息办下文要求各部门成立信息化工作领导小组及其办公室，并指定信息化专干，全区44个单位递交了信息化工作负责人和信息化专干，适时召开了全区信息化专干工作会议，明确了信息化专干的责任，全区的信息化工作体系基本形成，改变“孤军奋战”为“众手合擎”。在门户网站内容建设以及信息化项目申报和实施过程中，信息化专干的作用已经显现出来。

总之,通过近几年的努力,整个开发区的一体化电子政务框架基本建成,开发区电子政务走上了正确的轨道。

从战略高度构建“数字园区”，进一步提升国际竞争力和品牌影响力

苏州工业园区

面对国内外的严峻挑战，苏州工业园区确定了大力推进“国际化、信息化、人才强区、区域协调”四大战略，通过推进园区信息化建设，大力提升开发区的核心竞争力。

一、新局面："无线园区"迈出第一步

经过多年发展，苏州工业园区信息化建设取得了显著成效。覆盖环金鸡湖和独墅湖高教区的"无线园区"宽带网络正式开通启用。除此之外，园区的网络、IDC机房等信息基础设施建设基本完善；搭建了成熟、稳定的地理信息基础软件平台，开展了土地管理、房地产建设和地下管线管理相关应用系统建设；建成了人才新干线，提供工作机会、人才招聘、档案保管、社会保险等综合服务；建设了50多个实用性强的政府业务系统，有效支撑了园区管理和服务功能。此外，建立了一站式服务大厅，实现了网上预审，方便了园区企业；建设了中小企业信息化服务平台，帮助中小企业提高管理水平；实现了电子报关、报检，提高企业进出口效率；进行了智能公交试点，开通了"69111服务热线"，统一受理供水、污水处理、供气和供热等服务。

"无线园区"为政府、企业、市民架设沟通的网络

二、新高度：结合实际，实施战略构建新模式

苏州工业园区今年首次将信息化建设提到了战略高度，提出要积极构建以信息化为主要手段的新型商务模式、政务模式和生产生活模式，努力打造"数字园区"。那么，未来园区信息化建设将走向何处？后续工作又将如何开展呢？

业内专家指出，园区未来的信息化建设必须考虑到园区的人口组成及中新合作的独特背景两个主要因素。首先，园区是先进的IT电子集成制造业聚集区，60%的产业与IT相关。园区人口平均年龄26岁，58%的外来人口，一万多外籍人员入住园区。这群人对IT的热情度非常高，同时对信息化的要求也相对很高。其次，中新合作的独特背景，先进的服务理念，独特的政策扶持，数字化基础完善。园区的信息化建设要在这个基础上不断进行完善。

三、新阶段：高平台建设"数字园区"

虽然园区信息化建设取得了显著成绩，但目前还存在不少问题。可以说，当前园区信息化建设已从注重各部门专业应用系统建设转向了多系统资源综合开发利用、跨部门信息整合的新阶段。园区管委会有关负责人提出，要顺应国内外信息化发展趋势，进一步分析园区在信息化发展中面临的问题和制约因素，借鉴国内外先进地区的信息化建设经验，加强宏观规划和协调，高起点、高标准进行信息化建设，推进园区信息化在高平台上进一步发展。

根据规划，园区力争通过三年左右的时间，初步建成"数字园区"，使信息化成为推动园区工业化、城市化、市场化、国际化的重要力量，进一步提升苏州工业园区的国际竞争力和品牌影响力。

循序渐进推动信息化建设之路

秦皇岛经济技术开发区

作为首批对外开放的国家级开发区，我们一直把推动全区信息化建设作为开发区改善投资环境、实现跨越式发展的重要战略举措。早在1995年，开发区开始了信息化建设之路。通过十几年的发展，在信息化硬件平台、网站建设、内部公文流转方面都取得一定进展，但还有许多工作需要推进，需要循序渐进努力去做好。

一、信息化建设基础设施日益完善，网络整合初见成效

电子政务工作是开发区信息化工作的重中之重，不仅是实现行政管理现代化的必然要求，也是优化投资环境的重要举措。为切实抓好全区电子政务建设，进一步完善全区网络运行模式，加大网络监管力度，增强网络安全性，全面提升开发区信息化建设工作水平，我们采取技术手段对全区网络平台进行了必要整合和优化，取得了很好的效果。

1. 全区网络运行的现状

在工、管委领导的高度重视和大力支持下，开发区网络建设经过几年的发展取得了长足进步，网上办公机制得到明显加强，有效地加快了政府职能的转变，提高了机关服务意识。面对国内大环境的发展趋势以及电子政务信息化工作的不断深入，我区的网络建设也明显地暴露出不足，主要体现在：

1）网络分散重复建设，费用重复支出严重。

2）网络监管困难，缺乏安全保障体系。

3）信息资源共享性差，平台功能应用不足。

2. 网络整合改造的目标和优势

1)理顺开发区电子政务管理体制，组建统一信息网络管理中心，形成电子政务“四统一”的新机制(统一平台，统一管道，统一标准，统一管理)。

2)进一步推动办公自动化OA系统在机关的广泛应用，把应用外延至管委大楼外其他各个部门，实现管道畅通，数据共享。

3)加强、规范网络安全运行机制，提升网络监控职能，保障网络和数据安全，创建稳定、高效、安全、保密的机关计算机网络环境。

3. 全区网络整合改造的具体内容

本着从简节约的原则，以满足工作需要和保障网络安全两个方面为切入点，规划网络平台标准和整合条件，并从技术面上进行多次探讨、论证，最终制定出开发区网络改造的具体实施方案。主要内容如下：

1）制定了整合网络平台的总体规划。

2）网络线路通道的规划：考虑到自铺光纤不仅在实际施工中会遇到各种问题，而且还要延长网络整合的时间，多方面衡量后决定租用网通公司裸纤，实现与楼外单位网络的连接，安全和维护上都能得到保证，而且租用成本相对比较低。

3）管委大楼机房基础设施改造：从提高设备的综合利用能力和降低改造成本的角度考虑，同时增加业务服务板和模块，实现中心机房与楼外单位网络连接接口；增加网络监管设备用来制定网络安全策略，分配带宽流量及信息发布监测，防止机密信息泄露，杜绝上一些与工作无关的网站；安装安全隔离设备（网闸）用来实现公务内网的隔离，增加数据的安全性。

4）应用系统的改造：基础设施改造完成后，开发区政务网络平台基本上形成了一个完整的体系，有利于办公业务的广泛开展，政务外网、政务内网（办公自动化OA系统）能够得到进一步的延伸和应用，在数据的共享和传递以及安全方面得到有效保障。

二、开发区门户网站功能不断完善，已成为对外宣传的窗口

1998 年我区国际互联网网站首次投入试运行，同年开发区专用电子邮件服务器正式开通。之后对“秦皇岛开发区之窗”综合网站进行了全面的改造，重新设计了网站构架，采用了动态数据库管理技术，融合了视频在线播放等多媒体技术，增加了若干新栏目。特别是我区自主开发了由区内各职能局（室）子网站组成的开发区政务信息网，该网站系统下设单位概况、组织机构（科室分工）、人员岗位公开、工作动态、法规政策、服务指南、反馈交流（留言板）共 7 个栏目（政策法制局、区检察院等达 14 个版块），更好地发挥了我区网站在沟通管理机关与企业、社区的联系，方便群众，增强透明度，树立政府新形象等方面的作用。

2000 年，在河北省开放办举办的全省开发区网上招商工作总结研讨会上，我区荣获网上招商工作评比第一名。我区综合网站还分别于 2003 年、2005 年荣获秦皇岛市对外宣传局“互联网新闻宣传工作先进单位”称号。

目前，开发区网站经过升级、完善后，内容更加丰富，信息量逐渐增加，界面活泼新颖，视频在线播放等多媒体技术的采用使得我区投资环境的对外宣传更加生动逼真。尤其是动态交互式网页技术的实现，便于各部门自主维护、管理本职相关的网页信息内容，提高了信息发布的时效性，最大限度的做到政务公开。

三、 全面推行办公自动化内网应用

我区 2002 年提出应当建立电子政务系统，同时提出了相应的方案思路,该建议得到有关领导的肯定。2003 年督导完成了我区电子政务项目第一期软件开发，并进行了系统试运行的前期准备工作。2005 年初我区办公自动化（OA）系统投入试运行。

开发区内部办公网主要以机关办公自动化系统为主体，整合各部门内部办公信息子系统，建立的一个网上政府内部网站。主要栏目有通知公告、最新文件、开发区新闻、学习交流园地、各种信息简报和外网信息，内容更新及时，成为楼内机关大多数员工每天必看的网站。办公自动化系统是工作重点，它的推广和实现，大大地提高机关内部的工作效率，杜绝一些人为的不可控因素，增加政府部门办事的透明度。

2006 年内部办公网圆满地完成了系统软件的升级工作，为办公自动化系统的稳步推广和成功应用打下了良好的基础。目前在办公自动化系统中公文流转、信息的审批发布、督查督办、会议管理、内部邮件等业务已通过网上实现，安全可靠、方便快捷、丰富完善的网上办公平台已经搭建起来。办公大楼内机关各部门都能在网上起草文件、收阅文件和浏览内网相关信息。

经过不懈努力，机关办公自动化系统的推广已经取得了初步进展。今后，我们将全力组织好 OA 系统在区内机关各部门的推广应用，探索更有效的工作方式，让系统用户愿意参与并使用办公自动化系统。在总结现有系统运行经验的同时，力争使办公自动化系统在功能上得到充实和完善，不断规范办公自动化系统的维护和管理程序，提高应用水平，为机关政务信息化建设提供更好更快的服务。待开发区城域网建成时，将积极开通办公大楼外各局室的电子政务 OA 系统。

经过多年的探索和建设，我区信息化工作无论是硬件设施还是网站建设以及办公应用都有了较快发展，目前形成了以开发区政务网 、开发区招商网、开发区内部办公网、开发区企业网为主体的网络系统。

以信息化引领“无线星沙”蓝图建设

长沙经济技术开发区

近年来，国家级长沙经开区坚持以信息化为主抓手，以信息化带动工业化，以工业化促进信息化，全面推进“无线星沙”蓝图建设进程，即以电子政务、电子商务、公共服务为主要内容的“三务合一”工程，以数字政府、数字企业、数字居民为主要内容的“三位一体”工程，以免费上网、免费乘坐巴士、包费打国际国内长途电话为主要内容的“两免一包”工程。目前，“无线星沙”蓝图各大工程建设正稳步推进，一个引领潮流、率先发展的国际型时尚社区正逐步展现在世人面前。

一、“无线星沙”蓝图工程建设整体情况

（一）“三务合一”工程建设基本情况。作为国家级开发区，电子政务、电子商务、公共服务的水平如何，直接作为开发区建设的软环境水平影响到企业来区投资建设的热情。近年来，我们不断加强“三务合一”工程建设：在电子政务方面，严格贯彻落实温家宝总理在今年全国政府工作报告中的讲话精神，投入了大量的人力、物力和财力用于电子政务建设，全面实施网上政务公开，把政府网站作为经开区信息公开的主渠道，确保了企业和公民的知情权、参与权和监督权；逐步启动OA办公系统建设，实行网上全程审批制和一站式审批，一般性审批事项从50个工作日降至20个工作日，不断加快电子政务和政府网站建设，显著提高信息更新速度，全面提高机关行政效能，增强了政府执行力和公信力。在电子商务方面，我们专门开辟了网上招商栏目，优惠政策、重点招商领域及招商动态一目了然，逐步尝试实现网上招商的全程互动。目前，已开始着手制定电子商务实施方案，争取尽快完成电子商务的全程设计。在入区企业的电子商务方面，已有近1/2的企业实现了产品的网上订购、销售、咨询等服务，近4/5的企业开辟了企业主页，确保了电子商务各项工作的顺利开展。在公共服务方面，作为省会城市崛起的工业新城，长沙经开区20余万居民中，有60%以上属于外地人口，为逐步提高他们的幸福指数，我们不断拓宽公益服务范围，主要注重开发和利用教育、科技、卫生、社会保障等与公众生活密切相关的公益性信息资源，努力为来区居民提供各类便民服务，同时，按照企业至上的要求，及时向企业提供相关的行业、政策等相关信息服务，不断完善公共服务网络体系。

（二）“三位一体”工程建设基本情况。为使开发区内的各个主体，包括政府、企业、居民，以及园区内各项活动和行为，都能够在网络化的数字空间中合理有序的进行，长沙经开区全面启动了“三位一体”工程建设。在数字政府建设方面，我们着力为园区管理、科技创新、企业发展、居民生活提供良性服务，不断树立开发区在网络建设方面开发开放的新标杆，全面加快了政府监管环境、经济发展环境和社会生活环境等数字化生态环境建设，方面于企业和居民随时随地与开发区管委会进行无缝连接，全面了解开发区的最新动态，真正营造人人热爱开发区大家庭的良好氛围。在数字企业建设方面，着力引导企业加大信息化建设投入，引导企业运用网络开展经营管理，科技研发网络化，大力加强信息化工程建设。如，区内远大空调有限公司利用其远程网络监控系统，可以随时监控在全球区域范围内的每台远大空调主机的运行情况，以便随时掌控其使用状况，显著提高了售后服务水平，在监控的同时，也便于研发部门更新研发成果，提高产品质量，从而进一步开拓国际国内市场。在数字居民建设方面，我们主要是通过网络基础设施建设和数字化政府、企业提供的服务，使园区内所有的居民在园区内的任何地点和时间都能享受到数字化对日常生活所带来的便捷，如各类免费政务公开信息化查询系统、广场上大型的视听系统、覆盖全区的广播系统等等，从而使他们更加享受美好的数字化学习、工作和生活。

通过以上两大工程建设，在条件成熟的情况下，我们将在区域范围内全面启动“两免一包”工程，即免费上网，免费乘坐巴士，包费打国际国内长途电话，以聚集人气，提高开发区显示度，真正把开发区建设成为区域特色凸显、主体功能突出、发展潜力强势的一流国家级经济技术开发区。

二、主要措施

（一）领导重视，权责到位。为加强信息化工程建设，长沙经开区先后投资了1100余万元用于信息化工程建设，在组织保障方面，成立了管委会主任杨懿文同志任组长的长沙经开区信息化工程领导小组，管委会各职能部门一把手亲自挂帅，对本部门的信息化建设工作负总责、牵总头，切实明确部门信息化工作责任。在机构设置方面，设立了信息中心作为管委会机关信息化工程建设的专门机构，配备了专门工作人员，明确了信息中心工作职责，对信息化建设的相关权责进行了详细分解。在制度建设方面，先后制定出台了《机关计算机信息系统管理制度》、《一卡通管理制度》等规章制度，确保了“无线星沙”蓝图工程建设能够得到有序开展。

（二）运作规范，服务到位。作为一个国家级开发区，管委会整个计算机网络系统由办公计算机、网站、邮件、统计联网直报、一卡通、会议投影、LED电子显示、触摸电子查询、保安电子巡更管理等20余套子系统构成。区域范围内企业的信息化系统更是各有不同，为确保这些系统能正常有序运行，一方面，我们不断规范园区内各项信息化系统工程的运作规程，明确了“谁牵头，谁负责”的基本原则，确保园区内各种信息化系统运作能够正常运行。另一方面，不断加强对区内企业信息化进程的指导和服务，设立了24小时值班电话，企业

在信息化过程中出现了任何难以解决的问题，我们都会及时派遣专家前去协助解决，确保了园区内企业信息化工程的正常有序运行。

（三）**全员参与，培训到位**。培训是用好、用熟、用足各类信息化系统的前提条件。一方面，为提高全员对信息化工作的熟练程度，以进一步提高机关政府行政效能，管委会人手配备一台电脑，为使全体干部职工尽快熟悉并随信息化更新程度随时深入再学习，管委会机关每年均会组织 2—3 次信息化工作培训，特别是对于专业的业务系统，我们通过邀请专家前来指导，将整套系统的各项功能向工作人员进行分解，在各套业务软件的安装上线、功能测试、系统修改、复测等过程中，均安排了专业技术培训，工作人员通过在专家讲解系统、自己动手操作系统、提出修改意见、检验系统逐步完善的过程中提高应用能力，同时也能够帮助其他同志共同提高应用系统的能力。另一方面，针对开发区管委会比较专业的统计联网直报系统等，每年均会组织企业举办 1—2 次申报培训班，确保了企业能够准确、及时申报各类数据，较大地提升了开发区信息化工程建设的进度。此外，为提高机关干部的信息化水平，我们每年都会不定期组织机关干部职工前往发达地区学习信息化工作的先进经验和做法。

（四）**常抓不懈，考核到位**。首先，在园区信息化工程的建设过程中，无论是党工委、管委会领导，还是普通的干部职工，都能切实做到解放思想、开拓进取、求实创新，并把对“开发区的信息化建设工程作为一项长期的重点工程来抓紧抓好抓出实效”的认识提高到了一个新的高度上来操作和执行。其次，在日常的信息化建设工作中，我们从严管理，细化目标，分解责任，每年进行一次全面考核，对考核优秀的单位和个人进行表彰奖励，对考核不合格的单位和个人进行处罚，以进一步提高全员参与信息化工程的积极性。

总的来说，开发区的信息化建设与一般的政府职能部门信息化建设有着一定的区别，是一项更具开拓性和创新性的工作，没有太多的模式可以借鉴。这就需要我们不断强化信息化这个主抓手，以信息化带动工业化，以工业化促进信息化，真正让“无线星沙”蓝图工程得到全面实现，使开发区的信息化工程建设再迈上一个新的台阶。

构建信息时代高效政府

武汉经济技术开发区

武汉经济技术开发区管委会是武汉市政府的派出机构，行使着市委、市政府赋予的各项行政职能，管辖着 1000 多家企业和 10 余万社区居民，但其行政办公人员却不到 200 人。为缓解管委会“人少事多”的矛盾，提高机关行政办公效率，由开发区信息中心负责实施的《开发区移动办公平台解决方案》孕育而生。武汉开发区办公自动化系统(OA)于 2007 年 5 月正式投入使用，这是一个将手机、无线虚拟专用网络与机关内网无缝衔接的办公自动化系统，首创性地提出了移动 OA 的概念。

武汉开发区办公自动化系统借助 CDMA 1X 无线网络与互联网连接，采用 CDMA 1X VPDN 与机关内网无缝衔接的技术，用户可通过三种方式种的任意一种登陆 OA 系统进行操作。第一种是通过管委会机关楼群内任一台接入内部网的电脑使用 IE 浏览器登录 OA 系统；第二种是在中国境内任何地方，用户可选择手机+数据线+电脑，采用拨号建立连接的方式，通过 VPDN 虚拟专用网络通道登陆 OA 系统；第三种是用户在没有电脑的情况下，可通过 CDMA 1X 移动终端(手机)上的专用 WAP 模块实现对 OA 系统的访问。当用户采用第二种或第三种方式登陆 OA 系统时，系统会自动进行手机 UIM 卡号验证，验证通过后，用户根据自己的权限进行使用和管理。

武汉开发区办公自动化系统采用动态 JSP 技术设计开发，包括内部局域网模块、CDMA 1X 移动终端(手机)上的 WAP 模块以及 VPDN 专线和短信触发机制三大部分，具有公文流转、通知公告、会议安排、督办管理、个人事务、工作日志、工作安排、工作动态、理论学习、信息交流、身份认证、系统管理等功能。用户按照各自的账号及权限进行管理和使用。除有关未定待批的人事任免、纪检事项和涉密文件外，所有红头公文（含上级来文）、请示报告件、督办件、内部通知公告、会议安排、工作安排和工作完成情况等均在 OA 内公布或流转。

武汉开发区办公自动化系统采用了短信触发机制，系统会自动提醒用户有关待办和未办事宜，用户尚未阅读的最新通知公告、会议通知、督办单等，并以短信的方式发到用户手机上。

武汉开发区办公自动化系统因为可以不受时间和空间的限制，随时、随地、安全的访问内部网络，进行公文流转处理等办公操作，大大提高了机关干部工作效率，被机关干部亲切的喻为不受时间和地域限制的“网上办公桌”。

武汉开发区办公自动化系统项目实施的成功与否，既有技术的障碍，也有观念和制度上的革新，武汉开发区 OA 系统的成功实施，关键是做好了以下几个方面的工作。

1. 从上至下转变思维模式，彻底变革传统的办公方式。

针对部分机关工作人员对 OA 系统使用上存在的畏难和抵触情绪，管委会主要领导亲自抓并带头使用，使机关干部转变了原有思维模式，由“要我用”转变为“我要用”，真正做到把 OA 平台当成自己的移动办公桌。

2. 创新的移动办公设计，使得 OA 系统更加实用和人性化。

武汉开发区 OA 系统将运用于手机上的 WAP 技术和 VPDN 虚拟通道技术与 OA 进行了整合，成功地解决了 OA 保密要求和效率之间的矛盾，为 OA 的顺利推行奠定了坚实的基础。

3. 严格考核机制、明晰责任，从体制上保障 OA 系统的平稳实施。

为推动 OA 系统的实施，开发区管委会出台了《电子政务建设实施办法》，结合岗位职责规定了各部门各工作人员在 OA 系统中的职责和角色，并明确提出各种通知、红头文件、内部请示报告、督办单等文件不允许以纸介质进行流转。此外在还将 OA 的使用和实施作为基本工作目标之一，列入各部门年度工作目标考核，占考评总权重 5%，从体制上保障了 OA 系统的顺利实施。

武汉经济技术开发区移动办公平台的推行使用，在政府行政办公中取得了良好的绩效：

一是加快了公文制发速度。平台使用前，管委会制发文件一直实行纸质文件运行。由于纸质文件的下发需经过多次出清样、多轮纸质校对及打印等环节，因而下发速度慢。平台使用后，公文的起草、审核、校对均以电子公文形式在网络传输，公文印发速度明显提高。

二是降低了行政成本。移动办公平台的推行使用，实现了虚拟办公、无纸传输，加快了管委会部门之间的信息交换，大幅减少了通讯、纸张、印刷等办公费用，节省了大量的人力、物力、财力，有效降低了行政成本。

三是提升了政府形象。移动办公平台的推行使用是对政府机关传统工作方式的一次变革，通过网络信息的共享利用、部门间的协同办公等，提高了行政效能，规范了行政行为，强化了服务意识，向社会公众展示了服务型政府的全新形象，向打造服务型机关、建设效能型机关迈出了坚实的一步。

将手机网络与政府办公平台互联并用于政府机关行政办公这种工作方式在武汉市党政机关尚属首创，武汉经济技术开发区管委会移动办公平台的成功搭建和使用，在武汉市党政机关起到了非常好的示范效应。

倾力打造“数字小河”

贵阳经济技术开发区

贵阳经济技术开发区始建于 1993 年 3 月，2000 年 2 月获国务院批准，升格为贵州省唯一的国家级经济技术开发区，同年 3 月又经国务院批准建立市辖行政区，总面积 63.13 平方公里，2007 年总人口 12 万余人，共有规模以上工业企业 49 家。2007 年，实现生产总值 33.6 亿元，财政总收入 7.7 亿元。目前，开发区已初步形成了以航空航天、工程机械及汽车零部件、电力器材及家用电器、烟草医药等优势产业及其配套项目的产业聚集效应。同时，信息化建设蓬勃发展，建区以来，工委、管委高度重视信息化建设，通过加强领导和科学规划，不断加大财政资金和人力资源投入，倾力打造“数字小河”。为加速信息化建设，制定了《贵阳经济技术开发区（小河区）“十一五”（2006-2010 年）信息化发展规划》，并设立了“信息化发展专项资金”。

一、信息化基础设施建设逐步完善

开发区设有电信分局，现安装有国际先进水平的程控交换机 5 万余门。通过光纤与市区联网，可为用户提供国内、国际电话、电报、传真、无线通讯、可视电话、数据传输等多项网络服务，区内宽带接入网络已开通。

全区安装程控电话用户(含宽带、窄带)约五万多户，区内 17 个行政村也实现了村村通电话，并在 6 个行政村建设了“农村信息化超市”。同时，开发区光纤接入环网已建成贵阳→小河→二戈寨和贵阳→小河→甘荫塘→花溪的大对数光纤骨干网、主干网和接入网，在各主要干道、主要建筑物均预留光节点，可以很方便地实现光纤到大楼、到小区的接入，不仅能满足传统的话音窄带业务，还能提供高速率、高带宽、高可靠性的各种宽带数据业务的接入，为开发区的通信需求提供了网络资源保障。

开发区管委、区一中、区民族中学等单位已通过电信宽带成功纳入国际互联网、远程教育网，具有电视电话会议、在线教育等功能。针对区内住宅小区多、厂矿单位集中的特点，贵阳电信公司制定了多种宽带接入方式，如 ADSL，ISDN、FTTX+LAN 等，可轻松实现“百兆到小区、十兆到桌面”的宽带接入，从而能为机关单位、商业客户和个人用户提供各种差异化的数据通信服务，同时支持话音、数据、图像等多种接入服务等。

开发区目前已实现有线电视数字化，有线电视的安装管理和维护，都直接由省市有线电视台负责。建立了远程教育 B 级站，视频会议中心和三个社区党工委以及村级接收站。为 17 个村配置了 29 英寸大屏幕彩电和 DVD 播放器，实现了卫星接收、有线传输、光盘播放“三位一体”的农村党员干部现代远程教育模式，为开展农村党员干部现代远程教育，实现信息资源共享创造了良好条件。

二、电子政务逐步推进

自 2000 年以来，开发区工委、管委逐年加大对政府信息化工作的投入力度，逐渐完善了基础设施建设和部分应用系统的开发，在行政中心大楼内接入贵阳电信 100M 光纤实现了与国际互联网的互联互通。

总投资 200 万元的开发区城市 GIS 系统，目前一期工程（基础平台）已经完成地图数据及应用系统的开发，WEB GIS（电子地图）已经在网站发布并提供测试，包含在城市综合地理信息系统中的第一个管理信息系统（MIS）——环保综合管理信息系统已经基本完成软件的开发和 α 测试，正在进行 β 测试。招商引资信息网与 GIS 系统的集成工作也正在进行。经贸信息平台、安监信息平台已开发完成并投入使用。

三、信息产业快速发展

开发区的信息产业主要是以贵阳海信电子有限公司为代表的电子信息产品制造业和应用软件开发产业。电子信息产品制造业已成为带动区域经济增长和产业结构升级的支柱产业之一。

电子信息产品制造业。贵阳海信电子有限公司目前已运行的大屏幕、快速生产流水线，可生产从 20—47 英寸、从 CRT 到高清晰产品等不同规格、不同档次的彩电产品，单班日产可达到 1500 台，是一家产值上 10 亿的企业。目前，该公司已形成以数字彩电、等离子彩电、液晶彩电为高端产品，背投彩电、胶片彩电为中端主流产品，普通数字化彩电为低端产品的电子信息产品制造格局。

信息服务业和软件业。区内信息服务业和软件业产业总量较小，应用软件开发企业主要有贵州卫虹医药电子商务有限公司、贵州纬度科技发展有限公司。贵州卫虹医药电子商务有限公司为贵州省卫生系统开发的药品招标代理服务平台，为药品集中招标采购提供药品信息采集、网上药品交易、配送与结算、实时交易监控与汇总分析等在线中介服务，该服务平台已获得省药监局和省卫生厅的批准，并得到省内多家地市级医院采用，省卫生厅已要求在全省县级医院推广。

四、企业信息化水平大力提升

开发区在推进政务信息化的同时，积极推进企业信息化建设，开发区在应用技术研究与开发资金中设立了专门的信息化发展资金，作为企业信息化建设专项资金，通过项目扶持，有效提升了区内制造业的 CAD、4CP、CAPP、CAM、ERP 及电子商务等应用水平。在贵阳市实施的企业信息化“1050 工程”及省制造业信息化“3010 工程”中，贵航集团、贵阳海信电子有限公司、贵州红林机械有限公司、贵州詹阳机械工业有限公司等 20 余家企业分别被认定为省、市信息化示范企业。开发区企业信息化建设在全省取得了良好的示范作用。

企业信息化建设是数字化开发区建设的重要组成部分

连云港经济技术开发区

近几年来，我们根据国家和省市关于信息化建设的有关要求，结合开发区实际，在突出“招商引资，服务企业”这个主题的基础上，通过采取编印下发《开发区“十一五”企业信息化发展规划》、定期公布《中小企业信息化应用示范单位和服务示范单位》、不定期开展企业信息化建设及运行情况调查、建立中小企业信息化推进工程项目库、与中小企业发展专项资金的申请相结合等措施，引导中小企业利用现代信息技术建立信息网络系统，集成整合企业的信息流、资金流、物流和工作流，不断提高企业管理的效率和水平，实现资源的优化配置，进而提高企业经济效益和竞争能力。

一、开展企业信息化调查，扎实推进企业信息化进程

我区企业信息化建设起步于2001年，结合当时区级网络系统和网站系统的建设，我们对区内企业开展了信息化建设初期的抽样调查。从那时起，每年一次的抽样调查就成了我们了解企业信息化情况的重要手段。2001-2005年的调查表明：在企业内部信息系统的建设和整合中，实现计算机辅助设计系统、办公自动化系统、信息管理系统的企业，2001年不足4%，2005年为9%；作为企业电子商务最核心的企业资源计划系统，2001年实现的企业不足1%，2005年为3%；2001至2005年期间企业电脑普及率得到了明显提高，但电脑的联网水平低。上互联网仍多是拨号方式，速率低下，拥有局域网和服务器的企业仍属少数；企业网站建设方面，2001年只有几家大型企业在其它网站做了几个网页的简单介绍，2005年发展到22家企业建立了企业网站。

针对存在的问题，区信息化工作领导小组进行了认真研究和布署，制定了整改措施：一是完善了《开发区“十一五”企业信息化发展规划》；二是在改版开发区门户网站时，重点就“企业展馆”和“信息服务”两个子网站进行了加强和完善，将区内各企业的产品和介绍在政府网站上进行发布，让企业了解电子商务的益处；三是与电信部门及经济管理部门配合，共同开展企业上网宣传和动员工作，并明确要求企业根据自身实际，把信息化纳入企业发展规划以及年度工作计划。

经过近几年的重点推进，至2008年，企业信息化工作取得初步成果：首先是成功建成了覆盖各园区的内外网完全物理隔离的开发区城域网，并在开发区门户网站中建立了各企业页面介绍或企业网站链接；其次是实现了政府与企业利用在线数据传输实现自动交换信息，并选择了1家信息化软件开发企业进行重点扶持；第三是在经济效益和管理水平较好的中小型企业中，信息化普及率已达55%，实现了多数中小型企业内部的网络连接和与Internet连接，并对开发区自行开发的管理软件进行了推广应用，在3户企业中开展了企业对企业电子商务试点工作。

二、建立健全中小企业信息化应用示范单位评审机制，有效推进企业信息化进程

2003年初，在区信息化工作领导小组的领导下，我们选择了软硬件条件较好的连云港杜钟氨纶有限公司作为全区信息化推广和应用工作的突破口。该公司是连云港氨纶厂与世界500强之一的美国杜邦公司合资企业，是国家经贸委公布的全国520户重点企业之一。该公司一期投入60万元建设内部网络系统，一是布线，将语音、数据通信系统纳入综合布线系统；二是升级计算机集散控制系统(DCS)和部分计算机硬件系统。DCS系统填补了我国氨纶生产采用DCS控制系统的空白。不仅提高了氨纶生产系统自动化控制水平和生产过程的管理水平，还为公司增收节支约300万元。2005年初，公司果断决定实施信息化二期工程，投入了460万元新建了公司自己的网站系统、工厂一卡通系统、数字化视频监控系统和集采购、物料管理、销售与分销、生产计划、设备管理、财务会计、成本控制（管理会计）与一体的ERP项目。实现了整个企业范围内的数据、知识的共享与转移。使工作在不同业务部门之间传递更为流畅，大幅提高了管理效率和效益。通过ERP系统的实施，大大提高了管理决策水平，增加了管理透明度，从而压缩了库存资金，减少了采购费用，规范了生产计划管理，理顺了物流。

我们以杜钟氨纶公司为典型，多次组织召开信息化工作现场会，现身说法，让中小企业现场感受信息化带来的明显效益：该公司直接的经济效益每年近二千万元；降低了设备意外事故发生率；改变了公司管理的技术基础；提高了公司产品产量与质量；提高了员工素质，也为员工的培训与再提高提供了一个新的平台。在区有关部门的大力支持下，杜钟氨纶公司荣获2005年度全国化纤行业信息化先进单位，并获得了国内外客商的认可，市场销售额和企业知名度均大幅提高。

评审、宣传、学习企业信息化应用示范单位已成为我区推动企业信息化工作的有力手段，2003-2008年，我们每年评选一至二家企业进行重点扶持。

三、遵循信息化工作原则，稳步推企业信息化进程

结合2008年中小企业发展专项资金的评审和正在开展的2008年企业信息化调查，我区正逐步建立中小企业信息化推进工程项目库，彻底改变了过去手法单一、缺乏约束措施和激励办法的被动局面，为今后加快推进中小企业信息化工作打下了较好基础。

一是坚持以企业为主体的原则。企业信息化工作必须与建立现代企业制度有机结合起来，我们明确要求企业围绕生产经营目标，把信息化纳入企业发展规划以及年度工作计划，要求企业一把手要亲自抓信息化工作；同时经济管理部门要把信息化关键指标作为企业“评优、评先”的重要指标，推动企业实施信息化。

二是坚持全方位和多渠道培养吸引人才的原则。首先是鼓励中小企业与高等院校、有关科研院所配合，开设各种信息化应用技术课程和短期培训班；其次是鼓励企事业单位选派有一定业务经验的职工，到国内较好的集成开发与服务机构实践进修，培养中高级具有综合实施能力的人才；第三是灵活运用各级政府出台的人才政策，引进国内外信息化方面的高中级人才，各企业根据自身条件，建立相应的吸引和稳定人才的体制和机制。

三是坚持加强领导、加大投入、全方位推进的原则。资金方面：建立以企业投入为主体，信息产业专项资金、各类科技计划经费、科技型中小企业技术创新资金等多渠道支持中小企业信息化建设投入体系，并引导金融、风险投资等资金投向中小企业信息化建设；政策方面：要用足国家和地方出台的有关政策，对中小企业信息化成绩显著的单位和个人在高新技术企业认定、中小企业技术创新基金、科技立项、信贷、成果评定、技术要素出资入股、职称评定等方面给予支持和鼓励，依据“效益优先”、“重点优先”、“水平优先”的原则，对开展中小企业信息化积极性高、工作成效大的企业，对其申报的开发项目给予优先扶持。

随着现代计算机技术和网络科技的不断发展，结合《开发区“十一五”企业信息化发展规划》，至2010年我们的预期目标是：力争2户企业成为省级企业信息化建设示范企业，中小型企业普遍实现信息化，建立起采购链、供应链、研发链、制造链等众多应用系统，基本实现企业对企业（B to B）和企业对消费者（B to C）的电子商务化，具有自主知识产权的软件企业得到发展壮大，开发区软件及系统集成业达到相当规模，成为开发区外包服务的支柱产业，助推开发区经济实现率先发展，科学发展。

产业化和信息化相互融合 助推青岛开发区全面发展

青岛经济技术开发区

进入21世纪，经济全球化日益增强，科技迅猛发展，市场竞争更加激烈，加快推进信息化成了国家促进经济和社会发展，提高人民生活水平的战略选择。青岛开发区作为首批14家国家级经济技术开发区，高度重视信息化工作，近年来，随着政务信息化、信息化带动工业化等战略的实施，全区信息化水平快速提高，政务信息化、企业信息化和社区信息化等方面取得可喜成绩，全区信息化达到较高的水平。

一、青岛开发区经济社会和信息化建设基本情况

青岛开发区1984年10月经国务院批准设立，1985年3月动工兴建，规划面积20.02平方公里。1992年青岛开发区与黄岛区体制合一，同年，经国务院批准，在区内兴建了国家级保税区和新技术产业开发试验区。1995

年，经山东省人民政府批准，设立了凤凰岛旅游度假区。2006年，经国务院批准，在区内设立了国家级青岛西海岸出口加工区，2007年顺利通过验收并正式封关运行。目前全区总面积274.1平方公里，总人口55.3万人，其中户籍人口32.7万人。近年来，青岛开发区管委坚持以科学发展观统领全区经济社会发展全局，注重经济发展速度、质量和效益的有机统一，国民经济保持又好又快发展的态势，主要经济指标连续十余年持续快速增长。2007年，全区实现地区生产总值590亿元，增长23.1%；工业总产值1403亿元，增长32.7%；全口径财政一般预算收入57.4亿元，增长40.2%；全口径外贸进出口102.3亿美元，其中进口58.9亿美元；社会消费品零售总额62亿元；城镇居民人均可支配收入19689元，增长19.7%；农民人均纯收入8463元，增长14.9%。投资环境综合评价指数继续保持国家级开发区第5位。青岛开发区已发展成为投资环境良好、开放型经济健康协调发展、社会各项事业日益繁荣的现代化新城区。

近年来，随着经济社会的快速发展，青岛开发区信息化建设也取得了长足进步。青岛开发区管委积极开展信息化知识的教育、推广、普及，形成了“政府搭台推动、企业参与互动、全社会上下联动”的良好发展局面，极大地推动了全区信息化建设的进程，在全区形成了信息化建设的浓厚氛围，信息化建设呈现谋划早、起点高、发展快的特点。2001年底全面地开展信息化区的建设工作以来，至目前已建成政府信息网、金宏协同办公网、决策资源网、党员远程教育网、财政专网、质量监督监控网、计划生育网、教育网、公安三级网、农经网、商检监控网、热电监控网、交警路口监控网和平安西海岸视频监控系统等专网十多个，另有13家大、中型企业单位实现了局域网互联。2003年，青岛开发区被列为青岛市首批制造业信息化示范区之一，历经5年时间，区内80%以上的制造业企业都完成了信息化建设。结合“四型社区”建设，青岛开发区社区信息化建设亦达到较高水平。

二、青岛开发区信息化建设的主要做法

一是加快发展信息产业，营造良好的信息化发展环境。电子信息产业的迅猛发展为信息化建设提供技术支持和良好发展环境。青岛开发区始终坚持大公司、大企业发展战略，积极引进国有大企业和跨国公司，走集群化发展道路，区内集聚了海尔、海信、新都理光、瑞智精密机电和松下电子等企业为核心的工业企业和以高校软控、太阳软件、惠信科技等企业为骨干的软件企业，电子信息产业获得突飞猛进地发展。2005年，我国首批国家电子信息产业园—国家（青岛）家用电子产品产业园落户青岛开发区。 2007年全区电子信息产业主营业务收入563.5亿元，利税27.7亿元。一个规模庞大、产业链条日益完整的电子信息产业集群为全区信息化建设提供有力地支持和保障。

二是扎实推进电子政务建设。政府电子政务是推进信息化建设的切入点。政府是推进国民经济与社会信息化、建设信息社会的主导者，对各行业、各领域信息化起到龙头示范作用。通过电子政务建设，推进社会信息化综合应用，强化对市场的引导和培育。2003年初，青岛开发区管委计算机中心、区信息化办公室与区网通公司一起制订了全区信息化建设的方案。在此期间，区网通公司出面邀请了人民邮电报社总编辑武锁宁来区就数字区、信息区的建设进行了专题讲座，进一步坚定了建设信息区的决心和信心。2003年8月，青岛开发区管委邀请了国务院信息化办公室、政策规划组范世涛博士、国家发展和改革委员会中国开发区协会梅彦川主任、省信息化专家、中国海洋大学、青岛大学的计算机教授一起就我区信息化发展方案进行了探讨，一致认为方案具有较强的可操作性、有一定的超前性。之后，青岛开发区管委加大对信息化建设方面的资金投入，在短短2年时间内，建成了管委、街道办事处、社区（企业）三级政务信息化网络，1100多台计算机终端组成了一个庞大的政府信息网——金宏网。去年以来，青岛开发区管委在政府信息网基础上，又投资建设了决策资源网和金宏协同办公网，全面实现无纸化办公，通过现代化的手段为领导的正确决策提供坚实的基础，也充分利用金宏网的网络资源，达到以内容促进应用的目的。

三是企业信息化建设取得突破。企业信息化是信息化建设的主体。随着市场竞争的加剧，中小企业要生存发展，大型企业要做大、做强，越来越依赖信息化。近年来，我们加快推进制造业信息化，实施信息化带动工业化战略，引导企业用信息技术改造传统产业，全面提高管理水平和经济效益。我们依托高科技创业中心，通过与石油大学、山东科技大学等高校携手，从政策上进行扶持，加强企业与高校的联合，大力推动信息技术在企业的推广和应用，提升全区制造业信息化水平。青岛家电的三大巨头海尔、海信、澳柯玛在青岛开发区的生产基地，纷纷把加强信息化建设作为优化产品设计水平与质量，增强企业产品与技术创新能力，提高管理水平，增强核心竞争力的重要途径，建成一大批信息化水平较高的项目。赛轮股份有限公司将信息技术应用到传统轮胎制造业中，实现生产、销售、售后服务各环节高度的信息化控制，大大提高轮胎质量和售后服务保障水平，

使得企业在短短五年内成长为国内轮胎行业的重点企业，成为青岛市和开发区制造业信息化的示范单位，并且通过信息技术输出，带动了国内一大批轮胎生产企业的信息化改造进程，提高了全省乃至全国轮胎行业的信息化水平。

随着青岛市委、市政府“挺进西海岸，构建青岛经济发展重心”战略决策的深入实施和青岛港外贸集装箱航线的全面西移，青岛开发区的物流产业发展迎来了前所未有的历史机遇。众多物流企业在开发区的落户，使得它们迫切需要彼此之间以及与全国的信息化交流。青岛开发区管委因势利导，顺应大物流带来的信息需求，积极搭建物流信息化大平台，服务全区物流企业发展。在管委的积极配合和支持下，区内远洋大亚物流公司已经研制出具有国际领先水平的物流信息操作技术，第四方供应链、捷丰、裕龙、海丰等物流企业也纷纷把提高信息化程度作为提升企业核心竞争力的重要手段，积极推进信息技术在本企业的应用。全区物流业信息化水平迅速提高。

四是推进“平安西海岸”建设，以信息化手段促进社会和谐。平安城市建设作为一项事关全区和谐社会建设、涉及老百姓切身利益的一项重要工作，受到青岛开发区管委的高度重视，有关部门创新工作思路，高起点、高标准提出发展视频监控系统推进“平安西海岸”建设方案，由区网通公司全部投资并负责建设和维护，区管委以租赁方式使用。平安西海岸视频监控系统以区公安分局为监控指挥中心，派出所为实战单位，派出所建设治安动态监控室，直接管控各监控点图象信息。监控指挥中心可以上联市公安监控指挥中心，各级监控中心可以接入有需求的社会其他单位的视频图像和公安专网连接，共享公安网内资源。该系统覆盖全区 270 余平方公里，共铺设监控光缆 248030 米、电缆管道 19581 米、监控电源线 81500 米，总投资 4000 万元。到目前，设有 458 个监控点，12 个道路监控卡口，1 个主监控中心、6 个监控分中心，覆盖全区 95%以上的道路路口。

该系统是应用现代先进的视频处理、数字传输及计算机控制技术建设的全天候、大范围视频控制平台，对全区治安卡口、交通要道、大型人财物聚集场所、治安复杂区域、要害单位等部位的治安情况进行实时动态的视频监控，以及时发现并利用监控录像资料打击违法犯罪活动的综合信息应用工程，是现代通信技术手段在社会公共服务领域应用的成功示范。目前，通过管委推动、企业运作的模式，随着一些智能化管理水平较高的社区和公众场所不断接入，平安西海岸视频监控系统覆盖范围的正在不断扩大。

五是加快推进社区信息化和居民小区智能化建设。社区信息化是全社会信息化的基本结点。为实现“整合各种社会信息资源，在互联网、电话网上搭建社区信息化综合服务平台，推动社区信息化的建设，实现社区的管理、服务工作以及社区居民的学习、生活的数字化、信息化”的目标，青岛开发区管委要求区民政局作为社区信息化的牵头单位，区网通公司提供全面的网络和技术支持，结合“四型社区”建设，学习先进经验，加快推进社区信息化建设。目前，开发区 206 个社区中信息化达标率 76.7%。其中长江路街道办事处社区宽带普及率到达 65.6%。

居民小区智能化程度是推进信息化建设的重要基础工作。目前居民小区智能化要求越来越高，要实现智能化首先必须信息化。在青岛开发区管委协调推动下，规划建设部门、设计单位、区网通公司、项目开发商各方面的配合协作，把居民小区信息化、智能化建设摆在重要位置，在新建居民小区的规划、设计、基础设施施工过程中全面考虑信息化、智能化的要求，为居民小区智能化建设打下坚实的硬件基础。

三、发展展望

几年来，青岛开发区信息化工作取得一些成绩但与先进地区相比，仍存在不小的差距，今后我们将以科学发展观为指导，借鉴先进经验，找准突破点，推动全区信息化建设达到更高的水平。一是进一步提高政务信息化水平，推进电子政务建设，充分发挥政府信息化的示范带动作用，为全社会信息化建设做出表率；二是继续全面推进企业信息化，推动信息技术在生产、销售和售后服务各环节的应用；三是进一步扩大平安西海岸视频监控系统覆盖范围，提高使用效率，将该系统建成全省乃至全国的先进典型；四是继续探索社区信息化建设的发展模式；五是推进全社会信息化资源的整合，推进各系统间的连通融合，实现资源共享，形成合力。

规划助推“数字化园区”建设

乌鲁木齐经济技术开发区

一、乌鲁木齐经济技术开发区基本情况介绍

1. 简介

乌鲁木齐经济技术开发区（以下简称开发区）是1994年8月25日国务院正式批准设立的国家级经济技术开发区，位于乌鲁木齐市西北部，目前控制规划面积36.55平方公里（一期4.34平方公里，二期9.87平方公里，二期延伸区5.57平方公里，兵团十二师合作区15.1平方公里），给投资者提供了宽广的创业地域空间。

2003年3月10日国务院批准设立国家级乌鲁木齐出口加工区，位于开发区二期，规划面积3平方公里，首期围网0.4平方公里，于2005年7月28日通过国家九部委的联合验收、封关运作，开发区发展外向型经济拥有了广阔的平台和更大发展空间。开发区依托乌鲁木齐市区，距乌鲁木齐国际机场1.5公里，距火车北站仅2公里，距市中心10公里，乌昌高速公路及312国道穿越开发区，交通十分便捷。

到“十一五”末，地区生产总值达到70亿元，年均增长27.5% ；工业总产值185亿元，年均增长35.5%；工业增加值55.5亿元，年均增长36.3%；全口径财政收入17.1亿元，年均增长26.5%，其中：本级财政收入8.6亿元，年均增长23.5%以上；工业增加值占全市工业增加值比重由“十五”末的5.9%提升到12.9%，综合实力排名进入西部13个国家级开发区的前5位。

2. 信息化情况介绍

开发区信息化工作起步较晚，但是开发区领导对信息化工作却极为重视，并提供了大力的支持，使开发区的信息化工作在近两年内得到了飞速的发展，在乌鲁木齐各区县中逐渐进入了前列。

2007年开发区两委领导提出了打造“数字化园区”的宏伟目标，数字园区建设是增强开发区软实力的重要途径和手段，也是综合竞争力的体现，开发区信息化建设应该高标准、高起点，迎头赶超。

2008年，开发区被列为新疆维吾尔自治区电子政务建设重点区。开发区与北京大学科技开发区部签署了乌鲁木齐经济技术开发区数字化园区规划协议书》，根据协议规定，北京大学科技开发部派出专家组对开发区各委、办、局，街道办事处，直属事业单位，市政府派驻机构、驻区企业等进行了数字化规划调研，详细了解了各部门的工作情况和具体需求。目前《数字化园区需求调研报告》和《数字化园区需求分析报告》已经通过了专家的评审，最终的《数字化园区规划建设方案》将于年底完成。

今后，开发区将根据《数字化园区规划建设方案》，加快以互联网为核心的“数字化开发区”建设，重点建设好“五个平台”，按照“定规划—建平台—上应用—成体系”的步骤，至少投入2000万元资金，争取用3-5年时间把开发区建设成为“国内领先，西部一流”的数字化园区，努力打造招商引资软环境，提高开发区的综合竞争力，为开发区企业服务。

二、乌鲁木齐经济技术开发区数字化园区规划

乌鲁木齐经济技术开发区“数字化园区”建设是在园区信息化建设特点的基础上，以互联网应用为核心，以完备的电子政务和电子商务为基础的数字化园区，它包括：电子政务系统、电子商务系统、电子社区和发达的高科技信息基础设施。核心思想是提高区域内政府和区内企业的工作效率，降低运作成本，提高园区与企业、企业和企业、区内与区外的联系紧密程度，最终提高园区整体的竞争优势。

数字化园区拥有建设完善、运行稳定、技术先进的通讯基础设施，为入园企业提供高质量的通讯服务，开展多方位的网上应用建设，提供网上增值服务，利用先进的信息技术创建高水平的园区软环境、提升园区品质，为园区创建一流的研发环境、人才培训环境、市场开拓环境和生活环境提供支持，最终实现园区的数字化、信息化、商业化，为招商引资提供新的手段。

三、乌鲁木齐经济技术开发区“数字化园区”基本构成

随着开发区范围不断扩大，给开发区的土地、规划、行政管理等带来了新的挑战，“数字化园区”的建设提高了工作效率，使信息化为开发区招商引资、行政管理、产业发展和社会管理服务。

1. 逻辑构成

数字化开发区建设不是简单的现行电子政务流程的电子化，而是要找到合理的跨部门协调以及运转流程，实现物理上多个部门，逻辑上一个核心（政府），克服以前行政服务中心和电子政务各自单独发展的状况。通过数字化开发区的建设，使整个开发区成为一个文化的城市，一个富有组织活力的城市。

在充分以往建成的平台、网络，以互联网为平台，将信息孤岛联系起来。要保证每个社区、每家企业、每个政府组成部门都配有终端设备，并实现联网。从实际需要出发，立足于有利于信息共享和业务协同，实现所有部门共用一个专网。

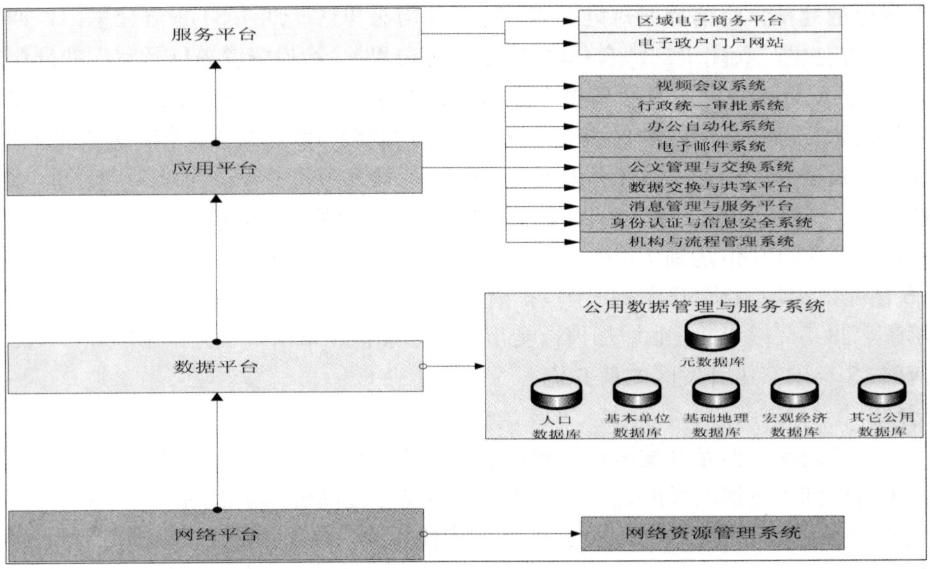

2. 应用构成

（1）两委领导决策智能化。营造“数字化开发区”，关键在于两委机关。开发区推行了电子政务，兴起政府上网工程。通过上网，两委将管理城市的大政方针在网上公布，及时传达到各个单位，同时，市民对开发有什么意见和建议，也可以通畅地反映给相关部门，极大地促进了上情下达和下情上达，对实现政府决策的科学化和民主化功不可没。

（2）交通管理自动化。“智能交通系统”，就是在城市交通领域，将汽车、司机、道路以及相关的服务部门相互联结起来，该系统将采集到的各种道路交通及服务信息经交通管理中心集中处理后，传输到运输系统的各个用户，出行者可实时选择最优交通方式和最便捷的交通路线；交通管理部门可以自动进行合理的交通疏导、控制和事故处理；运输部门可随时掌握车辆运行情况，进行合理调度。从而，使路网上的交通运行处于最佳状态。

（3）城市规划仿真化。通过城市形象模拟仿真软件，建立可视化三维图像的平台，在平台上建立形象直观的模拟城市，可以随心所欲地构建理想的城市形象，可以将不同的城市形象在平台上加以比较、遴选和优化，充分吸收各方的意见，将理想的城市形象在实际城市改造中仿真。

（4）城市治安预警化。城市社会治安管理电子化是维护社会稳定的重要手段。首先是城市秩序的监控，在城市的敏感地区和重要区域，可广泛采取电子监控手段，采取电子预警系统，可以对突发事件做出灵敏的反应，把事件控制在萌芽状态，防止事态的扩大和蔓延。公安执法机关可以通过专业软件将全市全部的住宅和建筑物在平台上进行三维的显示，一旦出现警报，可以迅速在控制中心模拟案发现场，迅速制定应对方案，采取必要的措施，有利于对案犯的控制。

3. “数字化园区”平台建设

（1）覆盖全区的统一的公共基础数据平台。根据自治区的要求，按照“统一规划、分步实施”的原则，建立开发区法人基础信息库、人口基础信息库、空间地理信息库、宏观经济数据库，逐步形成开发区公共基础数

据平台，实现各部门信息集成、信息共享和业务流程的统一管理和对外服务，提高信息资源的开发利用效率。

（2）电子政务应用平台。结合开发区实际，扎实推进电子政务建设，建立延伸到企业、街道和社区的电子政务公共服务平台，实现“一站式”办事流程和实时交互式服务，将开发区的“一厅式办公”实现电子化和网络化，提高工作效率。

按照统一规划分布实施的原则，基于空间信息数据和数据交换共享平台，首先开发“宏观经济决策分析系统”、“ 数字城管”、“ 数字房产”、“ 数字国土”、“ 重点项目决策分析系统”、“ 规划成果展示子系统”、“ 应急指挥决策分析系统”等，逐步开发服务于各部门的业务应用系统。

（3）电子商务平台建设。电子商务是现代企业发展的必然趋势，可以实现开发区企业产品的网上交易、信息资源的集中开发和共享，为开发区企业提供与国际接轨的标准化公共服务环境，促进开发区重点产业的快速发展。

建设集供应链交易管理、经销管理、客户关系管理等系统为一体的企业信息管理系统，供区内中小企业低费租赁使用，实现企业商机发布、信息查询、招商引资、商品交易等功能。通过完善数字证书认证(CA)体系、支付手段、网络平台等相关基础设施，营造企业运用电子商务技术的服务环境，快速提升区内中小企业信息化建设水平。

配合开发区物流体系建设，建设电子物流管理平台，实现完全的网络化交易平台，按照专业化、一体化、标准化的要求，完成商品的到货、发货、保管、搬运、运输等作业的计划、控制和反馈过程的信息搜集、汇总、查询和分析，以达到提高物流配送效率，降低物流配送成本，为开发区产业发展提供有力支撑。

（4）数字社区建设。结合开发区实际，“十一五”期间，从建设数字社区着手，通过社区服务网络的建设，完善数字园区的功能，建设“数字化公众信息服务系统”和“数字化社区综合信息服务系统”为建设“数字园区”奠定基础。

“数字化建设，规划先行”，开发区将按照“统一规划、分期实施”的原则，体现“因地制宜、注重实效”的精神，要突出数字化建设与开发区战略发展目标和组织文化的融合，体现开发区的特点。积极与上级部门和国内外顶尖的科研机构合作，根据开发区的自身特点和实际需求进行详细而深入的调研，制定切实可行的规划建设方案，突出规划的前瞻性、战略性、科学性和有效性，围绕开发区建设的全局和实际需求，以网络为基础、应用为重点，信息化软环境为保障，带动开发区企业和社会信息化，分批分阶段的实施。

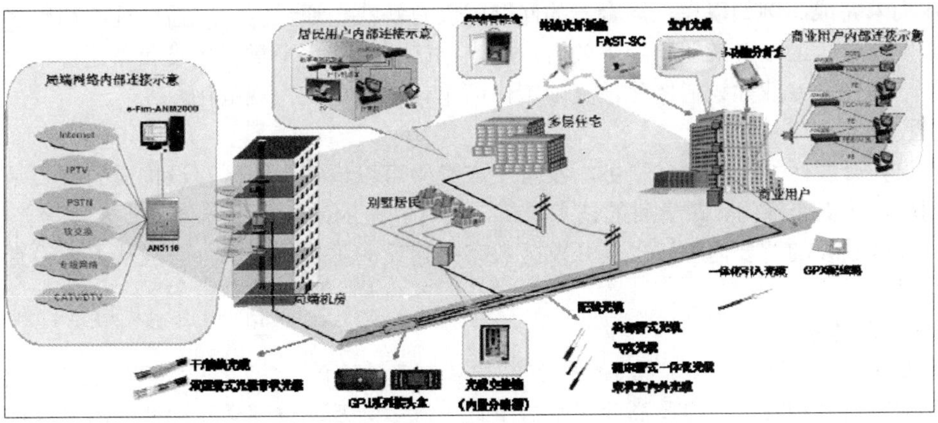

数字化园区基础网络建设拓扑图

四、“数字化园区”的建设和应用模式

1．政府主导，市场运作

发挥政府统筹规划、宏观调控、组织推进、统一标准等作用，结合区情，对信息化建设全局予以指导。遵循市场经济规律，充分发挥市场的资源配置作用，推动体制改革和机制创新，面向有效需求，取得较好的经济效益和社会效益。

2．联合共建，整合发展

积极争取自治区和市委、市政府的支持和帮助，整合开发区各部门对上的和平行的各种应用系统。从开发区的全局出发，打破部门、单位之间的界限，调动各方面积极性，发挥开发区信息化建设的整体优势。

3．突出重点，加强服务

配合乌鲁木齐市发展的总体战略和重大发展机遇，围绕开发区发展的重点、热点和难点，集中力量解决关系到全局发展的关键问题，确实体现信息化的倍增效益，围绕企业和公众的迫切需求和要求，利用信息化的手段来解决为企业和公众服务的关键问题，使人民群众能够享受到现代信息社会的服务质量。

4．技术创新，跨越发展

开发区信息化建设要紧紧跟踪世界信息化潮流，学习国内外的先进经验，避免弯路，积极探索，不断强化科技创新，重点研发区域信息化的关键技术，形成自主知识产权，努力实现跨越发展。

5．服务为龙头，客户为中心

信息化建设要以企业为主体，以技术进步为依托，以服务为龙头，客户为中心，培育一批具有竞争能力的电子信息企业，带动整个信息产业发展。

五、乌鲁木齐经济技术开发区“数字化园区”建设的注意事项

1．找准定位

数字化园区是新生事物，普遍缺少这一方面的先进经验，对未来开发区的持续发展举足轻重，从这些实际条件出发，我们认为建设步骤应当“不能贪大求全，要对症下药，量体裁衣”的。就是定位于以信息化推动商业化，企业化，利用网络平台招商引资，花小钱，办大事。以信息化带动整个开发区的发展也是我们的责任。要探索出开发区自己的特色。不断完善，成为经济、社会发展的有力支撑。

数字园区建设是一个极为复杂的项目工程，也是一个极为繁复的组织变革与演进过程，任何一个小动作，都需要各种资源的配合才能做到完美。数字园区建设必须建立切实可行的发展规划以保障项目的建设和运营，减少在建设中的随意性和重复性，才能真正实现数字化建设与园区发展战略相融合的共赢目标。

进一步细化乌鲁木齐经济技术开发区信息化建设的特点，从地理位置、人员、信息化现状、经济条件、各类应用及开发区自身特点。确定科学的建设方法，指导思想。

2．继续抓好基础设施建设

“数字化开发区”不仅是一种未来的经济、社会发展目标，而且需要巨大的技术工程和基础设施加以支撑。最基础的电缆、光纤以及控制软件需要的数目十分巨大，如何建立网站，如何实现联通，如何成为便民的窗口，这里还有大量的工作尚未完成。例如现在三网合一的问题就没有解决。通讯网、广播电视网和数字网，如何相互联通，彼此兼容，发挥最大的社会效益和经济效益，应当彻底避免低水平重复建设和“龙多不治水”的混乱现象。做到多维工作一体化，专业知识通俗化，复杂工作简单化，简单工作规范化。

3．人才队伍建设

数字化开发区建设在开发区是一种全新事务，没有现成经验可以借签，园区建设构成的首要是一支高技术的、一支勇于管理创新，一支跨部门、跨学科的技术队伍，要有完美的的组织保障体系、人才培养和协调机制。人才保障是数字化开发区建设的重要内容，也是开发区数字化建设的重要构成部分。应从人才设置上保证数字化开发区建设的顺利进行。

4．建立法律法规保障体系

营造“数字化开发区”，离不开一个完整、统一的法律和制度体系。“数字开发区”的营造必然涉及到个人资料和隐私，涉及国家机密和安全，涉及商业秘密等事宜，许多涉及单位都会找种种理由进行推托，因此，建立一个完整的法规体系刻不容缓。

5．横向走模块化建设的路子

数字开发区是综合运用GIS、遥感、网络、多媒体及虚拟仿真等技术对城市的基础设施、功能机制进行信息自己采集、动态监测管理和辅助决策服务的技术系统，它具有城市地理、国土资源、生态环境、城市规划、人口、经济、社会等复杂系统的数字化、网络化、虚拟仿真，优化决策支持和可视化表现等强大功能。

实现了企业物流、资金流和信息流的三流合一。在出口型企业中电子商务得到了广泛应用，企业减少了运营成本，改善了业务流程，提高了生产经营效益，要始终把握设计一块，建设一块，应用一块，见效一块的总原则，继承开发区建设史上逐步开展、分段进行的优良传统，按搭积木的方式逐步实现数字化园区的建设。

6．纵向按层次稳步推进

开发区数字化建设要始终体现政府服务功能，为民服务是最重要的目的，也是最终目标。从满足城市各类

人群的实际需求出发，与现实城市的功能配套，相辅相成，最终的目标是，能在数字城市平台上实现的城市功能，尽量都具备。在规划前期就要弄清数字化城市建设在技术、市场、执行、规划、需求、形式、内容等方面的问题，做好布置、做好指挥，做好监管，推进数字化要突出应用。

7．科学细化项目建设不同阶段的战略目标

梳理各类综合需求，制定综合整体解决方案与各阶段实施方案，细化制定出信息化综合的业务模型、安全模型、管理模型、技术模型与标准体系。确保项目建设成功和可持续发展。明确数字化开发区为各级领导、各企业、百姓各提供什么服务。各项应用的投入产出比。确定不同阶段的战略与实施目标按计划实现。

按需求出发，统一整合，循序发展来推进信息化工作

上海虹桥经济技术开发区

引 言

我党十七大报告根据新世纪新阶段的时代要求，对我国信息化发展赋予了新的重任，在论述深入贯彻落实科学发展观时强调，必须“全面认识工业化、信息化、城镇化、市场化、国际化深入发展的新形势新任务，深刻把握我国发展面临的新课题新矛盾，更加自觉地走科学发展道路，奋力开拓中国特色社会主义更为广阔的发展前景”。

作为统一负责管理上海虹桥经济技术开发区开发、建设、经营与管理的开发区管理公司——上海虹桥经济技术开发区联合发展有限公司（简称：虹联公司），一直将信息化工作作为不断加强开发区管理、提升开发区品质、发展壮大企业的重要工作之一。

在此将从公司实际经营当中的信息化需求出发，对公司现有经营管理模式和业务流程进行全面分析，结合已有的信息化成果，配合企业未来发展战略的需要，以实现统一管理、整合资源为主要战略，思考公司信息化建设，为循序渐进地推进自身信息化工作提供参考支持。

一、公司信息化需求分析

1．公司经营发展战略和目标

跨入新世纪，面对经济全球化、“长三角” 联动发展及上海新一轮城市发展的机遇和挑战，公司坚持以科学发展观为统领，确立了“立足虹桥、完善虹桥、走出虹桥、发展虹桥”的发展战略，提出把公司建设成为核心产业大、支柱产业强、相关产业实的综合性投资管理公司的奋斗目标，明确了“更新观念、优化资源、加强管理”的保障举措。

2． 公司主要经营管理体系分析

公司目前利用三大辅助管理体系（人事管理、财务管理、行政管理）围绕高层决策管理体系形成公司整个神经系统，保障公司整体的良性运转。在五大基础活动体系(开发区管理、公司投资项目管理、公司工程项目管理、分子公司管理、公司物业租售)的支持下，支撑起虹联公司庞大的业务躯干。

3．公司主要管理控制过程分析

公司内部的主要管理与控制有下列过程：

（1）行业市场、资本市场信息收集、整理、研究与分析

（2）业务运营企业经营信息收集与监控

（3）企业发展战略制定与战略管理

（4）投资机会分析与投资管理

（5）公司财务管理与控制

（6）公司人力资源管理

（7）公司工程项目管理

（8）公司决议督办管理

（9）开发区事务管理

4．经营管理方面的主要挑战

随着开发区的带动，综合性商业商贸商务功能区正在以我们虹桥开发区为中心逐步形成。面对周边地域崛起所带来的挑战，虹联公司对信息化工作的高度重视，希望通过加强现有的管理模式和手段，提升开发区和公司竞争力。

鉴于上述情况，经过与公司就业务现状和未来的探讨和初步调研，公司现有管理模式与管理手段面临以下几个挑战：

（1）如何进一步向“客户导向”转变，形成高效的协同合作？

信息化手段将帮助公司建立起这种“客户导向”的模式。同时，管理信息化会加强公司业务信息的积累和传承，形成自身的竞争力。部门间的协同合作也将更加完善。

（2）如何加强公司管理体系的执行力？

针对公司的定位和管理模式，已有的一整套相互完善的管理体系（如制度体系、计划体系、预算管理、成本管理、岗位体系、督办管理等）。统一集成的信息系统将加强这套管理体系的执行力。

（3）如何进一步加强公司内外的沟通能力？

信息化统一平台将有助于整合公司已有的沟通手段，避免信息孤岛的形成，达成内外统一的管理和沟通，进一步加强公司的沟通能力。

5．公司信息化现状与未来需求

公司对信息化工作十分重视，很早就开始了计算机在辅助企业管理方面的应用，办公室、人事部和财务部都有正在使用的管理软件和管理系统。具体表现如下：

（1）公司领导对企业信息化建设的重要性有正确的认识。

（2）公司各部室以及下属单位的主要部门都对对信息化建设有比较明确的需求。

（3）企业的计算机应用已经具有相当的规模。

（4）随着计算机的应用，管理基础工作有了一定的提高。

（5）信息化安全建设初具规模，并不断完善。

（6）企业业绩在逐步提升，能对信息化建设不断进行资金投入。

鉴于以上五点，我们完全可以认为公司在信息化工作中总的趋势是好的，具备了进一步推进企业信息化工作的基础。

经过调查，采用一分为二的认识问题的方法，发现公司在信息化过程中还存在着一些需要完善和扩充的地方，主要表现为：

（1）信息化涉及内容不够广泛；

（2）各种软件分散，统一集成水平不高，容易形成信息“孤岛”。

（3）内部信息化利用程度各不相同，数据的标准化和规范化程度不够，信息资源完全共享还有难度。

（4）信息化建设的组织机构职责权限不够清晰。

（5）开发区管理尚未建立用于服务区内客户的统一信息平台。

通过对公司的初步调研，我们认为存在下列需要推进信息化工作的需求：

（1）需要建立科学的信息化管理模式。以贯彻和落实公司高层领导的战略意图和先进的管理理念，将有公司特色的管理经验固化为具体的工作规范和信息化工作流程。

（2）需要从传统的面向职能管理转变为面向信息化流程管理，利用完备可靠的信息化系统将业务的审核与决策点定位于业务流程执行的地方，缩短信息沟通的渠道和时间，提高核心竞争力。

（3）尽可能实现最大化增值，减少无效的或不增值的企业活动，实现整体流程全局最优的目标。

（4）需要通过优化组织管理，统一平台建设，实现公司整体资源优化匹配和整合，降低管理费用和成本。提高业务处理流程上的人员素质与团队合作精神，同时构建具有学习机制的有机组织。

（5）加强风险控制。建立完整的成本核算手段和控制体系，财务管理从核算型转向成本费用管理控制型。从而实现对管理模式与优化后的管理流程的有效支撑与集成。

二、对公司信息化建设指导方针和发展思路的思考

1．公司信息化建设的指导方针

为了保证公司信息化工作的顺利进行，结合公司的实际情况，公司信息化指导方针应涉及如下内容：全面规划、统筹安排；效益驱动、应用为先；分步建设、稳健推进；标准统一、资源共享；积极借鉴、鼓励创新；强调积累、全面进步。

2．公司信息化建设的发展思路

公司信息化的发展思路为：

（1）以应用系统建设为主体，重点建设完善关系企业未来发展前景的应用系统，如决策管理、人事管理、办公自动化管理、财务管理四大管理体系；

（2）以基础系统建设为起点，建设先进、合理的应用系统基础平台，如设备、架构、安全等，这将影响各类系统的运转性能；

（3）以信息资源开发、利用为重心，强调信息收集的及时性、广泛性、真实性和有效性；

（4）加大资金投入的力度，为信息化建设的顺利进行提供保障；

（5）重视信息化人才的培养和信息化经验的积累。

三、对公司未来信息化建设的规划与思考

1．公司信息化建设的重点

（1）建立公司综合管理信息平台，主要包括如下几个方面内容的统一整合：

- 公司和开发区的信息门户
- 企业邮件系统
- 办公自动化系统
- 人力资源管理信息系统
- 财务管理信息系统

（2）建立公司财务管理信息系统，主要包括如下几个方面内容：

- 即时检查、监督管理信息系统
- 及时数据汇总、合并管理信息系统
- 公司资金集中管理信息系统
- 管理会计、预算管理信息系统

（3）建立安全高效的网络平台

- 加强信息安全建设
- 强化内部控制机制
- 服务器等关键设备建设
- 内部计算机更新

2．公司信息化的主要阶段

将公司信息化项目预想划分为三个阶段：

一期（2008～2010）实施内容：

网络基础建设(关键：公司内部控制（AD）及信息安全规划、实施)、企业信息门户、OA 系统、邮件系统、人力资源管理、财务管理软件、开发区管理系统。

二期（2010-2011）实施内容：

公司各管理系统（完善）、客户关系管理系统 CRM（初步）、公司流程管理系统（初步）

三期（2011-2012）实施内容：

客户关系管理系统 CRM（完善）、公司流程管理系统（完善）

3．公司信息化阶段目标

一期目标

（1）建立一个安全高效的公司信息化基础架构；

（2）强化内部控制管理

（3）建立公司与开发区统一的“信息门户”平台，加强开发区管理，树立公司和开发区品牌，增强公司和开发区的竞争力；

（4）通过业务子系统的优化和升级，有效改进工作方式，帮助企业管理模式顺利革新；

二期目标

（1）在总部的统一规划和指导下，建立各级下属单位主要信息管理软件平台，从而提高全公司的信息化能力和水平；

（2）通过“CRM 客户关系管理系统”、“公司流程管理系统”等软件系统的初步使用，初步建立“服务营销”模型；

（3）提高公司财务管理水平，利用软件系统实现公司并账、公司目标预算与控制等高端财务管理内容；

三期目标

（1）在有效整合企业内部各种资源，理顺各种工作流程，提高管理能力和水平的基础上，向企业外部延伸；

（2）通过“CRM 客户关系管理系统”、“公司流程管理系统”等软件系统，整合资源，减少各种交易的中间环节，降低成本；

（3）通过交易门户的建立，实现由单一“信息门户”向综合型“功能门户”转变，完成企业的电子商务建设。

4．公司信息化工作的主要战略

（1）优化管理模式，统一管理，建立集成管理平台。主要体现下列五点：流程化管理、整合资源、强化企业增值活动、层次化运作、积累经验建立企业信息数据资源库。

（2）整合资源，提升综合竞争力。

一方面，建立基于业务流程和基于战略需求的信息化架构，形成一个前后台集成的、开放式的信息共享平台，实现如下内容：

a．实现对战略决策、业务运营和业务创新的有力支撑。

b．实现在公司信息平台基础上，公司内资源整合和快速响应。

c．建立客户知识获取战略，建立向客户学习的机制，以此为导向整合资源和实现快速响应需求，使公司获得差异化的竞争能力。

另一方面，通过公司信息化管理模式、业务流程优化等方面的设计，形成企业管理和业务处理融合的公司基础平台，从而加强下列竞争力要素的开发与管理：资金、人力资源、服务规范与快捷服务和内外部信息的收集与利用。

5．信息化建设主要管理控制体系的建立

（1）建立公司领导挂帅的信息化指导委员会，组织信息化规划，审核和批准信息化规划，确保信息化实施的预算、投资、人员等资源。

（2）建立项目组织实施小组，根据信息化系统项目的实施范围，负责项目的资源使用，计划和控制。

（3）建立业务职能组，根据信息化系统项目的实施范围，由部门业务人员组成，负责本部门的实施工作。

（4）对每一个信息化系统项目将配备一名由信息化指导委员会指定的负责人，配合合作伙伴开展项目实施管理。

6．培训

根据企业经营业务的特点和信息化系统实施计划，在信息化项目开展的前期和在实施阶段，系统地开展涉及计算机操作基础、信息化实施方法及其他专门业务知识的教育与培训。

培训的层次应将高、中层和业务运作层分开进行，按侧重不同进行组织和安排。

四、公司信息化项目实施原则及风险分析

1．信息化建设项目实施的主要原则

信息化建设项目实施的主要原则体现在以下三个方面：

（1）实施的关键要素

实施具体的信息化项目的关键要素包括：技术、数据和人。

（2）项目实施所需时间

项目的时间长短取决于以下因素：项目的规模和复杂程度、用于实施过程中的资源、领导的参与程度、实施队伍的实力以及运行的环境。另外必须注意两点：不能操之过急，不能把时间拖得太长。

（3）项目实施必须循序渐进

由于信息化项目涉及广泛、系统复杂，它的实现过程并不是一蹴而就的事情，必须循序渐进按部就班。

2. 项目实施主要风险分析

公司信息化建设项目实施涉及范围广、软件种类多、应用面大且历时长，加之应用人员的情况不同，在实际实施应用过程中，不可避免的会存在一些问题和风险。

在项目实施过程中应尽量避免的风险因素主要有如下几个方面。

（1）企业的高层领导的决心与认识不够坚定

（2）实施目标不明确或者企业要求的目标不符合实际情况

（3）企业总是希望将软件系统套用现在管理模式

（4）项目小组成员时间不能保证

（5）不能按照计划逐步执行实施过程

（6）互相推脱、互相埋怨

（7）实施方没有经验、人才、案例

以联动为纽带，合力打造“新金桥”发展新优势

上海金桥出口加工区

上海金桥出口加工区是1990年9月经国务院批准设立的国家级经济技术开发区，位于上海市浦东新区东北部，规划面积27.38平方公里，分为北区和南区两部分。北区规划面积19.94平方公里，南区规划面积7.44平方公里（含规划面积为2.8平方公里海关监管区，一期已封关1.55平方公里）。2010年1月，根据浦东新区区委、区政府关于调整开发区管理体制的意见，金桥出口加工区管理委员会作为政府派出机构，对上海金桥出口加工区、上海南汇工业园区和上海浦东空港工业园区（原机场镇临空产业园区、川沙镇工业小区、祝桥空港工业区、老港化工工业区）实行一体化管理，管辖区域面积67.79平方公里。按照产业功能的关联性，形成以高端制造业、装备制造业、新能源装备和生产性服务业为核心的先进制造业产业带，实施联动开发、联动发展。

2010年是上海世博会举办之年、浦东开发开放20周年，也是全面推进浦东二次创业之年，更是金桥出口加工区确立新目标、迈向新里程、实现新发展的关键一年。金桥出口加工区将围绕开发区体制调整的历史发展机遇，按照区委、区政府对新金桥发展的战略定位和新要求，深入研究金桥面临的机遇和挑战，积极推进开发区内资源、规划、政策、项目和工作的多方联合，做好“大金桥”五个“产”字文章，培育形成“五大优势”，全力推进经济平稳、健康、持续发展。

一、注重产业规划的引领与助推，培育开发区经济发展优势。

1. 加强规划编制研究，明确开发区发展目标。主动对接国家十大产业振兴规划、上海市高新技术产业化九大重点领域，在原有产业规划基础上，深入研究产业经济发展的方向、重点和路径，精心编制开发区“十二五”发展规划，使金桥产业发展能更好地服从服务全市产业发展大局。同时根据产业发展规划，及时梳理、整合、调整、完善原有规划，做到产业规划、土地使用规划和土地利用规划“三规合一”，继续加强土地集约利用，提升土地使用价值。

2. 加强产业联动研究，拓展产业发展空间。充分利用金桥出口加工区、南汇工业园区、空港工业园区产业关联度高、互补性强等特点，发挥一体化管理优势，主动思考产业联动发展的模式和机制，形成产业联动的集聚效应。对单位土地产出率低、能耗高的产业项目进行“腾笼换鸟”，形成和扩大“大金桥”在发展空间上的整合效应。

3. 加强结构调整力度，加快开发区转型升级。金桥的产业结构调整将在“优二进三”方面下功夫，努力形成先进制造业和生产性服务二元融合、创新推动的产业格局。一是大力发展生产性服务业，以创建“国家级ICT

产业创新基地”为抓手，加快引进地区总部、工业设计、服务外包、新一代移动通讯及视频网络文化等项目，形成集聚效应。二是加快支柱产业的升级与创新，通过政策引导、增资扩股、专项资金资助等多种途径帮助企业加强新能源产业、航空制造业、新型数字家电和自动化控制等新产品开发，不断提高产品的科技含量、附加值和市场竞争优势。三是培育新兴战略支柱产业，根据国家新兴战略产业发展规划，重点引进和培育绿色 IT、新能源和环保科技等低碳经济产业，努力形成金桥新兴战略产业的亮点。

二、注重产业资源的整合与利用，培育开发区经济联动优势。

1. 全力以赴抓好招商引资工作。一是健全与金桥集团公司、南汇工业园区和空港工业园区工作对接机制，定期座谈分析和研究项目引进、政策争取、规划调整、难题协调等事宜。二是拓展招商思路，积极探索风险基金、私募基金、社会资金等招商引资的新方式，以大项目带动整个开发区联动发展，努力形成政府、开发公司、进区企业、社会机构联动互补的局面，实现必要的统筹协调和资源共享工作机制。三是加强招商引资队伍建设，建立招商引资、投资促进项目跟踪制度，完善项目协调月报制度，确保大项目引得进、落得下。四是加强和改进开发区对外宣传，继续举办投资环境说明会、产业论坛和专题招商主题活动，扩大招商宣传范围，努力提升金桥的知名度、吸引力和影响力。

2. 全面提升服务企业水平和质量。拓宽企业服务的工作领域，完善服务企业的组织体制、工作制度和信息网络，形成定期与企业沟通联系长效工作机制，主动与工商、税务、统计、公安、海关、检验检疫等部门建立开发区政企合作的服务机制和平台，定期为开发区企业提供服务和业务指导，营造亲商稳商和经济发展的良好环境。

三、注重产业政策的研究与落实，培育开发区经济服务优势。

1. 积极争取有利于制造业发展的政策支持。配合新区有关委办局进行政策调研，重点研究促进金桥出口加工区先进制造业、生产性服务业、新能源产业、航空物流业等加快发展的区域性政策扶持与财力保障框架体系，争取从土地资源、招拍挂转让、大项目补贴、高新技术企业认定等方面提出有利于先进制造业发展的对策和措施。

2. 落实新区“十一五”、“十五”跨期财政扶持政策。按期完成年度上海市高新技术发展专项资金、项目申报、项目审核工作。及时受理浦东新区“十一五”、“十五”跨期财政政策和开发区楼宇经济政策扶持工作，定期组织开展“送政策到企业”、“送培训到企业”、“送发展到企业”等活动，加强政策宣传力度，促进国家、上海市和浦东新区各类政策措施落地和扶持到位。

3. 贯彻《浦东新区推进高新技术产业化实施方案（2009～2012）》。以上海市知识产权试点园区创建为契机，结合新区推进高新技术产业化重点任务，发挥金桥国家高新区功能，形成研发创新和产业化发展良性互动格局。引进一批具有市场竞争优势的高新技术龙头企业和培育一批本地中小科技企业，依托企业组织实施科技攻关和高新技术产业化，不断提高核心技术自主开发能力，进一步形成金桥工业“引领、辐射、带动”效应。

四、注重主导产业的聚集与辐射，培育开发区经济竞争优势。

聚焦主导产业、重点企业，加大扶持力度，逐步形成若干个行业领先的龙头企业和优势项目，发挥主导产业的集聚和辐射作用。坚持优先发展先进制造业，推动制造业向高端化发展，大力支持电子信息整机及配套件制造业，加强 3G、4G 等技术研发，大力支持汽车及零部件制造业，大力发展新型家电及配套制造业，大力培育半导体装备制造业。依托商飞总装项目，发挥地缘优势、人脉优势和空间优势，大力发展航空制造业。坚持打造生产性服务业中心，重点聚焦研发设计、总部经济、服务外包、物流和供应链服务等生产性服务。坚持高起点推进南汇工业园区新能源产业化基地建设，大力发展以太阳能光伏产业为核心，逐步形成从太阳能光伏电池及组件到光伏产品应用的产业链，力争在较短时间内使新能源基地建设步入全市先进行列。

五、注重产业基地的和谐与稳定，培育开发区经济环境优势。

1. 打造低碳制造、绿色生活的生态工业园区。在规划引领上，以园区规划和源头产业为切入口，加强生态环保工作，合理调整产业结构，提升产业能级，进一步拉动园区经济高质量快速增长。在生态效应上，大力推动和鼓励园区企业循环经济建设，集中培育和示范推广园区节能减排先进企业典型，力争达到园区物质利用最大化和废物产生最小化。在政策引导上，积极争取上级相关部门支持，设立专项创建资金，鼓励园区企业广泛开展清洁生产、节能减排和优化环境等各项工程，引导企业积极融入生态工业示范园区创建。

2．整合园区资源，全力维护开发区稳定。树立“预防为主、深入基层、主动排查”工作理念，完善维稳工作联席会议制度，健全定期信访稳定分析机制，努力做到“小事不出企业，大事不出开发区，难事不上交”。加强开发区安全生产管理，逐步建立适合开发区特点的安全监管长效机制。巩固和扩大“迎世博600天行动计划”成果，落实开发区市容环境长效管理。

园区开发商的信息化攻略

AMT 咨询

一、园区开发商业务模式特性及发展趋势

1.行业第二波高潮——理性开发，和谐发展，成为增长引擎

开发区的设立与发展，是中国改革开放的一大创举。自1984年9月25日开始，我国开发区建设史已有二十多年，期间出现过几次大起大落。概括来说，开发区行业经历了1984～90年代初的“优惠政策主导”阶段、90年代中～21世纪初“基础环境主导”阶段、2003～2005年的清理整顿阶段，正迎来行业的第二波高潮，逐步走向理性开发、和谐发展的第四阶段。

2008年，54个国家级经济技术开发区，以全国0.4%的建设用地，实现了全国15.1%的进出口总额、全国5.1%的GDP、全国21.1%的外商投资及全国4.6%的税收——开发区已成为国民经济增长的引擎。

2.模式之变——单一土地开发向综合服务提供商转型，行政管理向市场化运作转变

作为开发区的核心执行者，园区开发及经营者也伴随着开发区的建设逐步成长。

园区开发商的经营环节包括了筹措资金、土地开发、建设基础设施、开发经营项目、招商引资、提供产业服务和功能配套等。与普通房地产开发商不同，园区开发商的利润主要来源于后期的经营。这一行业具有“投资大、衔接紧密、增值服务多、回报稳定”等特性。一方面，开发企业将区内土地进行深加工，在土地和区域环境上实现升值；另一方面，通过招商引资，为入驻企业提供空间解决方案和横跨整个生产供应链的配套服务来实现投资回报。

我国园区开发商的发展主要分为四大阶段：

开发初期阶段 开发企业除少量的注册资本金和启动资金外，主要通过土地使用权的抵押、财政的贴息和担保进行土地一级开发及市政基础设施建设，并快速招商，引进项目。该阶段的开发商主要借助银行借贷和财政拨款，以投入为主。

发展阶段 随着入区企业建成投产形成税收，开发区管委会根据国家政策将留存的税收按比例拨付给开发公司。开发企业将土地转让收入和财政拨款两部分资金捆绑使用，用于区内土地开发和基础设施建设，从而实现了“滚动开发，良性循环”的运作。此阶段开发企业的收入以一次性的土地批租和财政返还收入为主。

市场化运营阶段 随着园区建设和入驻企业达到一定规模，开发商的主营业务逐渐由单一的土地开发和基础设施建设转变为与企业自身发展或园区功能相吻合的多元化布局。绝大部分开发商继续立足区域土地和房地产开发，在主营业务上下游产业链进一步拓展。小部分则围绕园区的产业定位，提供与园区功能相配套的服务性产业。该阶段的开发商通常已形成租售并举的房地产经营格局，物业出租和园区服务等经常性收入的占比逐渐提升。

跨区发展 一部分运作良好、资金实力雄厚的开发商由于园区内土地资源逐渐的利用殆尽，为谋求进一步的发展与突破、做大做强主业，已开始走出开发区，在市场竞争中获取资源。通常区外拓展的业务都立足园区多年开发建设经验所形成的自身优势基础，与房地产开发或基础设施建设相关。

目前国内领先的开发企业主要处于第二、三阶段。

伴随着开发企业的发展，园区开发模式正逐步由管委会完全行政管理式开发向工业房地产开发商为主导的市场化运作转变。

同时，从园区的开发、融资及招商模式来看，也有了关键的转变：

开发模式：由“单一工业园开发”转向“三位一体、四位一体的综合开发”

融资模式：由“依靠政府财政扶持”转向“市场化融资建立自体造血机能”

招商模式：由“全面播种随机招商”转向“产业集聚的链式招商”

3. 经营重心——企业战略导向下的价值链关键环节参与

不同战略导向的园区开发商，各自参与的开发价值链环节是不同的。比如，以房地产投资为导向的企业（大连软件园发展公司、金融街等）的盈利环节在于土地开发与招商、房地产开发与销售、物业持有与管理等业务，对房地产开发与销售的参与程度也相对较高；而以产业投资为导向的企业（荷兰泽尼科）的盈利环节偏重于物业持有、产业服务和产业投资，在这些业务领域内的参与程度也更高；综合导向的企业（张江高科、东湖高新）涉足较广，但更积极参与土地开发与招商这一环节。

不同的参与方式，对园区开发商的运营能力也有不同的要求，对以房地产投资为导向的企业，运营能力的重点在于资本运作、市场营销及建设项目管理；针对产业投资导向的企业，在于资本运作、服务管理和投资管理的能力；对综合导向的企业，则需要资本运作、政府关系及建设项目管理的能力。

4. 发展趋势——运营、多元化、品牌/管理输出、整合

未来园区开发商的经营模式发展有以下四个趋势：

（1）房地产经营模式的转变：从“开发商”转向“运营商”

（2）业务领域多样化

（3）依靠输出品牌和经营模式进行战略扩张

（4）加强整合并提供各种特色资源

对园区开发商来说，经营重心正在向产业链下游转移和拓展，成为房地产开发和运营商。

园区开发商的经营业务范围除原有房地产开发业务外，服务和投资业务已成为新的利润增长点。

（作者：张丽锋 AMT 咨询 咨询经理 陆凯亮 AMT 咨询 咨询顾问）

二、园区开发商信息化规划启动时机及切入方式

1. 启动时机——基于四大关键因素寻找最佳时机

根据 AMT 的经验，很多企业在厘清信息化规划的概念和作用之前，就匆匆启动信息化规划项目。这种做法会有两种风险：

一是，在项目进行中，随着对信息化规划的认识加深，发现它不是企业真正需要的，或者现阶段对企业的作用不大，导致了项目半途终结；

二是，由于内部还没有准备完善，在项目开展过程中进展缓慢、困难重重，最终的成果也是差强人意。

经过多次详细的分析和讨论，笔者认为，要判断企业是否适合启动信息化规划项目，需要从企业的信息化现状、领导层的决心和认识、企业战略及财务稳定性四个方面进行综合分析：

企业信息化现状

根据诺兰模型，企业信息化发展将经历六大阶段，分别是初始阶段、普及阶段、控制阶段、整合阶段、数据管理阶段及成熟阶段。在控制阶段之前，企业的信息化投入主要呈分散状态且主要应用的部门为支撑部门而非一线业务部门。这时，企业的信息化投入较小，系统和应用整合的难度较小。在控制阶段之后，企业将开始大规模投资业务系统，由于业务系统深入到企业运作的方方面面，整合的难度相当大。考虑规划的成本和收益，企业在控制阶段启动信息化规划项目是一个非常好的时机。另外，从企业员工的准备来看，在控制阶段启动信息化规划项目也是很好的选择。通过了解支撑性软件，员工对企业信息化有了一定的认识，对信息化也有了比较明确的要求，支持的力度也比较高。这时候启动信息化规划，最终的成果能反映员工的真实需求，对企业未来信息化建设的指导意义非常大。相反，如果在控制阶段之后启动信息化规划，很多员工出于对业务系统的失望，对项目的支持力度就不会很大，规划报告的指导意义相对就比较小。

领导层的决心和认识

管理层的决心和认识在咨询项目中通常都会起到关键性的作用。管理层是否真的理解信息化规划的价值及其实际工作内容和成果、是否对信息化规划达成了基本一致的看法、并能给予最大的帮助，对信息化规划项目的成功有举足轻重的作用。

企业战略

这里所说的企业战略主要是指战略中对业务模式的规划。根据AMT的经验，成功开展信息化规划项目的企业，其业务一般有三类特征：业务大规模急速扩张；业务由蓝海向红海转变，市场竞争进入白热化阶段；业务模式大规模调整。这三类特征的形成，来自于企业对信息化带来价值的正确判断。

第一类特征下，企业规模急速扩张，但整体管理水平很低，导致边际成本不断提升、边际效益降低。对于某些行业，急速扩张带来的风险将成指数式递增，此时引入信息化规划项目，用信息化支撑企业的大规模扩张，不仅能提高企业的利润率，也能有效降低风险。

第二类特征下，企业将通过精细化管理来提高业务的有效性，提高市场占有率。但是精细化管理也将同时带来管理成本的增加。通过信息化规划，能有效降低管理成本，提高企业利润率。

第三类特征下，信息化规划将推动企业业务发展。软件中其实蕴含了大量的先进管理思想。先进的软件可以帮助企业在开展新业务时降低业务及财务的风险，提升决策的准确率和业务转型的成功率。

财务的稳定性

经过信息化规划，企业将进入信息化的建设期，需要大量的资金。稳定的财务不仅是信息化建设成功的保障，也是信息化规划成功的一个重要影响因素。信息化规划项目的成功需要员工的大力配合，但是如果企业并没有足够的资金来支持后续的信息化建设，员工对信息化规划的成果及作用将提出质疑，配合程度将会降低，成果的价值也将被削弱。而如果有充足的资金作为支持，员工会了解到其提出的需求将在不远的将来得到解决，员工的积极性会提高，项目的成功更有保障。

2. 切入方式——结合企业状况选择合适的抓手

根据AMT的经验，信息化规划的切入有三种典型“抓手”：

以点带面 从某一点（比如财务/成本管理）入手，以点带面，由某一主导部门牵头，开始信息化的规划建设工作。这种模式的优点在于相对见效快。但因为可能缺少统一的规划，导致后期的信息化建设考虑不周；

全面规划 基于企业的战略及业务模式，对客户进行整体规划。这种模式一般适合于内部没有或很少信息系统的情况，中小型的企业比较常用。

结合现状的整体规划 从整体入手，充分考虑不浪费现有的信息系统，避免重复投资。先从战略、业务模式分析入手，分析信息化对企业的商业价值，然后详细分析企业的信息化现状，从而决定信息化蓝图中各模块是否需要替换、新建、升级。并可从数据、信息共享的角度切入，进行数据标准化工作，即分析业务过程中可能涉及到哪些数据，它们在信息系统中如何分布、如何连接，从而打通现有的系统壁垒，实现数据的共享，为系统的整合奠定基础。

目前，绝大部分企业都有了一定的信息化建设，如何充分基于现状进行规划并充分利用已有的信息系统，是信息化规划需要重点考虑的问题之一。

（作者：陆凯亮 AMT咨询 咨询顾问　张丽锋 AMT咨询 咨询经理）

三、园区开发商信息化规划整体思路及关键注意点

1. 信息化规划是开始，而不是结束

信息化规划的核心是厘清企业的信息化战略，描绘未来3～5年的信息化愿景，即信息化蓝图和实施步骤，为企业信息化建设指明方向，促进内部凝结共识，尽量规避风险。

信息化规划的成果需要通过系统实施建设来体现。或者说，信息化规划成功与否，需要在规划的方案具体使用后来衡量。因此，在规划之前，首先要理解信息化建设的一般规律，认清信息化建设全过程的具体组成。

AMT认为，企业的信息化建设应该紧密结合发展战略及业务模式，在充分分析企业运作模式和核心流程的基础上，进行信息化的规划、系统建设以及系统维护，实现信息化对管理的有效支撑，因此，企业的信息化建设全过程如下图所示：

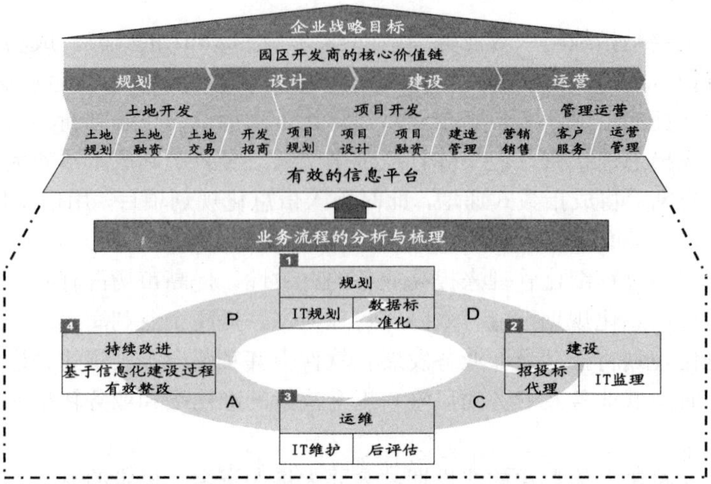

图 3-1 园区开发商信息化持续建设全过程

规划 信息化建设全过程的先引阶段为规划阶段。在此阶段，需要进行整体的信息化规划，从业务模式入手，分析梳理出需要信息化手段支撑的具体业务流程，进行 E 化梳理。同时，结合现状分析，给出未来信息化建设的整体蓝图。然后，分解未来信息化建设子项目，排定具体的后续工作计划，并结合未来子项目建设的需要，先期探讨适合管理要求和特点的信息化治理架构，保证在信息化建设及运维时期的有序管理。

另外，考虑到一般园区开发商已经建成若干信息系统，为了保证资源的有效利用与投资的合理化，需要对现有的信息系统进行系统整合，在规划阶段同步进行数据标准化工作。

建设 建设阶段为整个信息化建设的关键阶段，基于前期的规划分析，在明确建设内容的基础上，需要引入合格的系统（软件/硬件）供应商，为园区开发商提供合适的信息系统解决方案。在此阶段，软件方主要提供软件及实施服务；咨询方可以介入的工作主要分为两部分：招投标代理和系统建设过程的信息监理。

运维 在运维阶段主要有两方面工作：一是信息系统的运营维护；二是信息系统的验收评估。

持续改进 为保证信息化对业务的持续有效支撑，需要基于建设和运维过程进行有效的跟踪改进，及时调整发现问题，并定期进行专题的整改，保证信息化建设能够在规划的方向上持续前进。

2. 成熟的方法论是规划成功的保障

作为全国最大的“管理+IT”的咨询公司之一，AMT 已经为超过 100 家企业提供过信息化规划服务。这些企业来自不同的行业，包括房地产、钢铁制造、电信、金融、快消品等；规模也不尽相同，既有产值上千亿的国家特大型企业，也有产值刚过亿的民营企业。经过多年积累，AMT 已经在信息化规划方面形成了成熟的方法论（如下图所示），大多数服务过的企业都对 AMT 提供的规划成果表示认可。对园区开发商来说，这个方法论也特别适用。

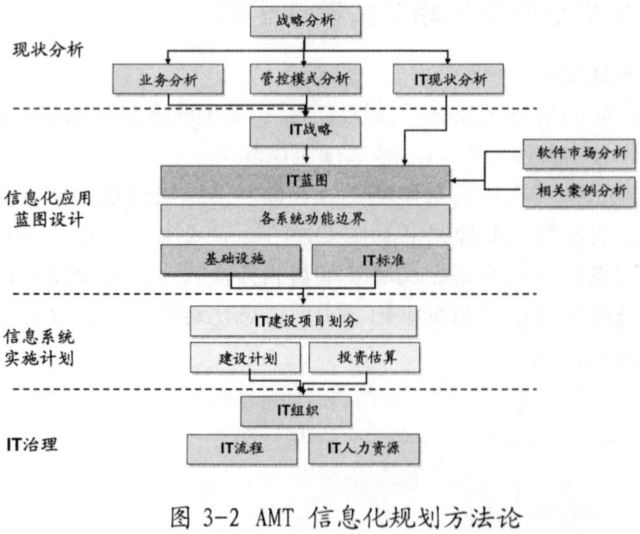

图 3-2 AMT 信息化规划方法论

3. 关注园区开发商特性

为园区开发商进行信息化规划时，必须要注意到园区开发类企业和普通的房地产开发公司的区别，不能照搬房地产企业的规划经验。相比普通的房地产开发商，园区开发企业大多是由直属各开发区管委会管辖的集团公司控股的，具有很强的国资背景。多数园区企业有一级土地开发资质，业务运作相对普通的房地产开发公司更加复杂。

为园区企业进行 IT 规划，必须要结合园区企业的特点来展开，例如：（1）由于园区企业管理大量土地，GIS 系统在企业运作中起到关键作用；（2）园区企业的厂房类资源在租赁时有特殊性要求，会根据客户要求作不同的划分和组合，也提供不同的报价，相比住宅类资源的租赁，要求更高的灵活性。

另外，经过多年的开发，很多园区类企业已经进入成熟期，都在寻找公司业务的转型路径。在为企业做 IT 规划的时候，要充分考虑企业的发展之路，为企业的成功转型提供保障。

（作者：张丽锋 AMT 咨询 咨询经理 何玄鹤 AMT 咨询 高级顾问）

三、园区开发商如何选择合适的信息化解决方案

从传统定义上来说，房地产开发商、园区开发商、房地产中介机构都属于不动产经营的范围，虽然经营方式和营利模式存在着很大的差异，但在软件厂商眼里几乎是一样的。“只要和房子占边，我的软件你就能用”。于是“万科、中海、金地”等一系列排名靠前的房地产厂商的信息化解决方案被推到客户的眼前，“他们用的是我的软件，很配套，你也买吧”。这样的销售往往会让大多数希望在信息化方面有所提升的园区开发商迷惑，“我该不该信你，你的软件对我真的适合吗？”

园区开发商就是这其中一个非常典型的例子，中国有 2000 多家不同规模的园区，然而在软件厂商眼里他们几乎等同于一般的房地产开发商。我们承认传统的房地产信息化方案已日趋成熟，然而专门园区性质的信息化成熟解决方案几乎难求一例。可叹红海中绞杀得你死我活，而如此大的蓝海竟无人光顾，这不能不说是中国软件企业的不成熟。但是园区要发展壮大，信息化是重要的支撑，园区企业也不能坐等成熟的信息化整体解决方案出台而错失发展的良机，所以只能退而求其次，“有总比没有强，矮个中拨高个，先用着以观后效、边实施边修改”等等成为园区企业进行信息化建设的无奈选择。

1. 集成——房地产企业走过的路

在企业信息化建设的过程中，财务系统通常是最先被纳入的一个系统，很少说现在有哪家园区企业连财务软件都没有；而若要满足企业各个管理领域的需求，财务系统必须与核心业务系统集成来实现数据的交换。所谓“术业有专攻”，要在专业化程度都很高的财务领域与业务领域同时具备很强的竞争力也的确让软件厂家勉为其难。于是，集成之路成为了房地产企业无可奈何的选择，当某房地产龙头公司迈出这一步时，他的尝试却被奉为其他后行者的标杆，更成了相关软件厂商鼓吹自己品牌的最佳宣称与广告。可是集成之路伴随的是管理与开发成本的直线上升，当企业考虑上第 N 套系统时，就意味着需要与 N－1 个系统进行集成。N 越大，复杂度越高，出现问题的频次也越高。当 N＝14 时，这家公司终于不堪重负了，他开始重新审视当初的规划方案，最终也发现这样走行不通。他的决定让很多一直以房地产龙头公司为信息化向导的企业一时间茫然不知所措，就像《阿甘正传》中阿甘在跑了两年多后突然转身说“我要回去了”时，他身后的一群追随者猛地傻了眼－－我该怎么办？

2. 选择——其实并不少

上述案例给了大家一个警示，无休止的集成是一条不归路，于是一体化解决方案成为众多企业的追捧，而随着软件厂商本身也逐渐成熟与发展，市场细分也越做越好，虽然针对园区企业还很少有整体的解决思路，但各个领域的功能模块已经逐步完善。只要把眼睛擦亮，明确自身的需求，选择贴合自己需要的一家或几家软件厂商已成为可能。当然，选择并非易事，这里笔者根据自己的经验提供一些可供参考的解决方案：

房地产整体解决方案的专业型厂商

此类软件厂商在房地产行业有过丰富的经验，有着较为成熟的整体解决方案和典型案例。他们专注于房地产企业，目标客户明确，研发目的清晰，经过 10 到 15 年左右的软件开发服务，对房地产企业已经有了自己的理解和方案。虽然与园区企业没有太多的接触，但在很多适合房地产方面的功能模块上，如项目管理模块、客户关系管理模块、门户系统等，进行稍加改良后还是能一定程度地满足园区企业的需求。典型企业如明源、普华、科耐等。

跨行业大型软件厂商

这类软件厂商一般是以财务模块开始逐渐发展起来的，由于财务软件具有普遍的通用性，因此在很多行业都有稳定的客源，渐渐地在各行各业（包括房地产行业）都形成了相对成熟的行业解决方案。同时，他们技术力量雄厚，研发实力强大，并且能有效地解决财务业务一体化的问题。然而由于这类厂商追求的是规模化复制和扩张，二次开发的研发配合相对较差、产品的灵活性也不够。若园区开发商需要的功能应用与厂商的标配软件相配套，那的确是事半功倍的好选择；但若配不上，那企业就有苦头吃了。典型的企业如 SAP、ORACLE、金蝶和用友。

基础平台型软件厂商

这类软件厂商通常以协同办公平台为核心模块，主要特点是灵活、扩展性好、可配置性强，在办公自动化领域有成熟的解决方案，同时以平台为基础，既能开发客户需要的功能，也可以集成别的软件厂商。而且服务周到，研发实力较强，只要是合理的要求，他们都会爽快地答应——“这个可以有”。当然这类企业最大的不足是缺乏对园区企业、甚至是房地产企业的理解，没有系统的企业经营管理理念和思想。如果园区企业，尤其是信息化刚刚起步的企业，对自己各领域的管理认识特别清晰，而且对功能的要求并非很专很深，基础平台型软件是一个不错的选择。典型的有微软 Dynamics、起步和源天软件等。

3. 适用才是硬道理

软件产品的选择，除了产品本身的特性之外，软件产品与企业业务之间的匹配程度也是一个重要的考虑因素。并不是说越完美的产品就越能成功实施并带来预期的收益。只要适用，只要能满足当下及未来 2－3 年内的需求，就能为提升企业的管理水平作出贡献。因此，在园区开发商进行软件选型前，需要进行谨慎、完善的信息化规划，全面思考信息化建设应该顾及的各方面因素和准备条件后，才能做到有的放矢，既省钱又满意。

（作者：何玄鹤 AMT 咨询 高级顾问 张丽锋 AMT 咨询 咨询经理）

全面加强区域合作，形成以开发区为重点的新型工业化发展模式

国家信息中心宏观政策动向课题组

一、区域协调发展政策已初见成效

自 5 月份国务院常务会议讨论并原则通过《关于支持福建省加快建设海峡西岸经济区的若干意见》后，《江苏沿海地区发展规划》、《横琴总体发展规划》、《关中-天水经济区发展规划》以及《辽宁沿海经济带发展规划》于近日相继获得国务院批复。中国区域经济战略布局呈现出全面开花态势。

目前我国初步形成了以促进东部、西部、中部和东北四大板块协调发展为核心内容的区域发展总体战略。为把四大板块的区域发展总体战略落到实处，近年来，国家在区域政策方面着力采取了两方面的措施。一方面，努力增强区域政策的有效性。根据各地方的特点和需要，加强对地方发展的具体指导。通过组织制定省级或跨行政区的经济区规划或政策文件，细化国家区域发展总体战略要求，指导各地方明确发展定位。

另一方面，努力增强区域发展的协调性。注重对不同类型区域的分类管理，对于发展条件比较好的地区，特别是一些城市群、都市圈，鼓励其继续加快开发开放步伐;对于少数民族聚居区、贫困地区和边疆地区，加大扶持力度，坚持实行有中国特色的扶贫协作、对口支援和民族区域自治政策，促进这些地区发展经济和改善民生。

在区域发展战略和区域规划、政策的推动下，中国区域发展格局正在发生三个方面的明显变化。一是区域发展的协调性增强。2008 年，东部地区以占全国 9.6%的土地和 37%的人口，实现了约占全国的 54.3%的经济总量，继续保持全国经济发展重要引擎地位。中部和西部地区加快发展的积极性、主动性明显提高，发展活力竞相迸发，经济发展明显提速。2008 年经济总量分别占全国的 19.3%和 17.8%，比 2005 年提高 0.5 和 0.8 个百分点，东北地区经济增速跃居四大板块首位，与东部地区的发展差距趋于缩小。

二是区域优势进一步发挥。各个区域发挥比较优势，明确发展方向，发展重心更加凸显，经济协调发展和平稳较快增长的基础逐步形成。

三是重点地区带动作用进一步增强。长江三角洲、珠江三角洲和京津冀都市圈等东部沿海发达地区继续加快发展，更好的发挥了辐射和带动周边的功能，与此同时，中西部地区又涌现出了一批经济增长活力强、潜力大的城市群和都市圈，逐步成为带动中国经济持续快速增长的新的增长极。

二、区域经济轮动在政策引领下将成现实

随着长三角、珠三角和京津冀经济圈的辐射作用日益增强，武汉城市圈、长株潭城市群、重庆市、成都市、深圳经济特区综合配套改革试点(试验)推进，上海国际金融中心和国际航运中心加快建设，海峡西岸经济区和广西北部湾经济区发展提速等，我国区域间经济发展将更趋协调、互补和可持续，区域经济在政策引领下，将出现轮动高潮，也将成为经济增长的亮点之一。

1．区域发展理念变化为区域经济轮动创造条件

进入 2009 年，区域合作进一步深入。京津冀共同签署交通一体化合作备忘录，推进一批具体项目有效对接;上海与武汉签署了《关于进一步加强沪汉全面战略合作的协议》，深入开展七个方面的合作;浙沪经济合作洽谈会举行，会上签约了 76 个合作项目，总投资额 193.7 亿元，协议引资额 191.3 亿元;长三角地区金融协调发展取得进展，长三角地区已成为跨省、市资金流动最为活跃的地区;泛珠三角区域合作与发展已进入到以环环相扣的细节推动区域合作竞争力形成的阶段，形成了多方面、多层次、多形式的区域合作新局面，泛珠三角区域合作机制基本建立。区域合作的稳步推进，将为区域经济的轮动创造体制、机制环境。

2．经济圈逐步形成使得区域轮动成为可能

随着城际铁路和高速铁路网建设，扩大内需以及东亚经济一体化加深，核心经济圈带进入多元化调整重组过程。一方面，沿海核心经济圈提升和拓展。即：以首都圈为核心，以山东半岛、辽中南地区为两翼，提升和拓展环渤海经济圈;以两岸交流合作的深化、国务院关于长三角地区进一步改革发展意见的实施和海峡西岸经济区建设为契机，加速形成东海经济圈;以珠三角地区改革发展规划纲要的实施、广西北部湾经济区建设以及中国-东盟自由贸易区建立为引擎，加速形成南海经济圈;另一方面，依托产业、人力资源、市场转移升级，内地将形成新的三个极化核心经济带，即：以武汉城市圈、长株潭城市群、成渝地区、昌九地区为依托的长江中上游经济带；以中原地区、关中地区以及国家能源基地为依托的黄河中游经济带。

未来，经济圈的合理布局与综合开发，将成为推进国民经济持续快速健康发展的重要力量。因为现代信息技术、快速交通技术与经济全球化的交互作用，既为生产要素的空间流动创造了条件，也为集聚经济超越单体城市和单一都市圈，在大城市群的空间尺度上实现更多、更高层级的发展红利提供了可能。

3．经济发展现实也促发区域经济轮动

随着中国现代化建设从“点”向“面”的发展和提升，从长三角、珠三角、京津冀等板块，到西部大开发、中部崛起、振兴东北老工业基地战略等，东、中、西、东北等各个经济区域的发展呈现全面隆起之势。

沿海地区具有市场化、工业化、城镇化、国际化水平高的特点，是中国的发达地区，但是遭遇到市场需求缩减、要素价格上升等方面的压力。迫切需要加快结构转型和升级，大力发展先进制造业与高新技术产业。

东北地区具有城镇化水平高、城镇熟练劳动力比重高、商品粮基地面积大的优势，但是也存在老工业基地的体制转换与资源型转型等现实问题。一方面需要通过体制改革、技术改造、市场化重组等形式，尽可能盘活存量资源。另一方面也需要面向国内外扩大开放，引入新的投资主体，扶持新兴产业，加强产业创新与技术创新，在体制机制创新中形成一批带动性强、影响力大的主导产业群。

中部地区整体距离沿海发达地区较近，又有一定的矿产与土地资源优势，但是中部地区具有城镇化水平较低和资本相对缺乏的问题，并或多或少具有老工业基地、资源型城市转型以及贫困区域脱贫等问题。中部崛起过程中，一方面，要提高中部产业的专业化与价值增值水平;另一方面，要利用沿海地区与国外产业转移的机遇，促进中部与沿海的一体化发展。

西部地区虽然地域面积大、资源相对丰富，但面临的不仅有整体不发达的问题，还有防范生态环境恶化的现实问题。在西部地区基础设施供求矛盾得到缓和的基础上，构筑起西部稳定的生态屏障，发展以资源开发与加工、特色农副产品产业化等特色产业是其主要目标。

三、区域经济发展中存在的现实矛盾与问题

1．区域规划有待进一步完善

当前，在我国区域规划中，主要存在如下一些问题：一是不同类型、不同层次的规划内容交叉、冲突较多，各类规划既各自独立，又互相交织，不同空间尺度的区域规划内容缺乏针对性，之间缺少必要的衔接和协调。二是规划内容偏重物质建设规划，对如何确保人们在获得教育、医疗、就业等公共服务机会均等方面重视不够。即使涉及，也是空泛的方向性的东西较多，可操作性的具体政策措施较少。三是规划内容受"政绩考核"影响较大。

2．财政转移支付还需进一步规范

目前专项转移支付名目繁多，一般性转移支付规模偏小。按照形成主体功能区的要求，完善区域政策，调整经济布局，还需要在机制上进一步完善，如资源和生态补偿机制就尚未形成。

3．公共服务均等化差距较大

由于公共服务需要加大政府投入，一些地方政府缺少应有的财力，从而缺乏提供基本公共服务的能力。这种由经济发展程度的差别导致基本公共服务的差距，经济发展水平决定基本公共服务水平的情况，仍有进一步扩大的趋势。尤其是在中西部地区，地方平均负债水平比较高，有的地方政府连正常开支都难以为继，不可能保证基本公共服务的大规模投入。

4．地区保护主义抬头，影响生产要素跨区域合理流动

在目前的经济体制条件下，各行政区域实际上成为经济发展的重要单元，政府事实上承担着本地经济发展的重要责任。正因为如此，各地方政府以"我"为主，着力强化经济发展目标，着力提高自我发展能力，着力实现比较优势最大化。在竞相加快发展的同时，必然要形成一定程度的竞争，各自追求利益最大化的结果，有可能诱发地区保护主义行为。最近，为保本地经济增长，有的地方出台"购本地货"的优惠措施，还有的提出优先保证本地居民就业等，就是比较典型的地区保护主义。

四、未来区域经济发展趋势

2009年以来，在中央政策的积极鼓舞下，多个地方的基础设施建设启动，对当地去库存、经济拉动明显。日前，不少地区密集出台政策，积极落实中央政策。在中国区域战略调整的大背景下，预计未来几年，中国区域发展将呈现出以优化开发区为龙头、以重点开发区为主导，以限制与禁止开发区为依托，促进东、中、西部地区优势互补，减轻资源环境承载压力，实现区域间统筹协调全面发展的趋势。

华东与华北部分地区作为国家主体功能区的优化开发区域，将成为提升国家竞争力的重要区域，全国重要的人口和经济密集区，以及带动全国经济社会发展的龙头地区。政策上将把提高这一区域增长质量和效益放在首位，保持区域经济持续增长，提升参与全球分工与竞争的层次，率先提高自主创新能力，率先完善社会主义市场经济体制。

长三角发展路径选择是主攻附加值和产业能级高、发展空间大的高端、现代制造业，现代服务业也迸发出勃勃生机。比如，江苏省增强有效投入，加快了调结构、促转型的步伐。今年上半年，江苏三次产业全面增长，其中服务业增加值增长12%以上，高于地区生产总值1.1个百分点。全省新医药、新材料、新能源和环保四大新兴产业快速增长，尤其是新能源产业实现63%的增幅，光伏产业、风电装备产业的规模、产值、销售额均居全国前列。来自江苏省科技部门的信息表明，今年以来，江苏高新技术产业完成投资额、新开工项目、高新技术新产品增幅以及专利申请量，均居全国前列。

在政策的指引下，预计未来长三角区域的产业结构将进一步向第三产业倾斜，金融、文化、软件、信息、旅游等服务业与高技术产业将成为今后这一区域的主导产业;同时船舶制造、精密仪器制造等高端制造业也将有一定发展;经济增长将继续保持稳定。目前，这种结构趋势已初露端倪。

中南、东北地区，国家在政策取向上将在实施促进中部崛起与振兴东北老工业基地战略的同时，进一步落实区域发展总体战略，拓展发展空间，控制开发强度，在优化结构、提高效益、节约资源、保护环境的基础上加快经济发展，承接优化开发区域的产业转移，承接限制开发和禁止开发区域的人口转移。预计未来中南、东北地区在新区域战略的影响下，重化工业化产业、机械装备制造业以及电子信息、生物技术等高技术产业比重与规模将逐渐扩大;城市化、工业化发展将呈现出双加速态势;区域经济增长速度仍将持续提高，在产业升级与城市化加速的带动下，其发展速度将高于全国平均增速。

西北、西南地区，国家在政策取向上将在进一步推进西部大开发战略的同时，限制大规模、高强度的工业化和城镇化开发活动，保护其现有的生态环境与自然资源，通过相应的财政补偿，使其公共服务和生活条件得到改善;通过提高人口受教育水平，人口自愿并有能力转移到其他区域，减轻人口压力和就业压力。西部地区由于担负着维护生态与保护环境的使命，所以能源消耗相对较大、污染较为明显的工业制造业将不会进一步向西部转移，可能保持现有产业格局，基础设施建设和旅游业未来将成为西部地区主导产业。在工业进一步大规模扩张受到限制的条件下，增长速度难以有大幅提高。

当然，随着一系列政策安排、项目布局落实到位，中西部地区的基础设施建设、产业发展水平将再上新台阶，将为中西部地区承接东部产业转移、培育新的增长极创造良好的发展条件。

五、促进区域协调发展的对策建议

新经济(310358 基金净值,基金吧)地理学派对内生区域增长差异的研究表明，由于报酬递增条件下区域差异演化的路径依赖作用，区域政策既不是可有可无的，区域政策的使用又必须慎重行事。不能因为区域差异随运输成本的下降而先扩大后缩小就消极地实行地区封锁，人为地设置和扩大地区间贸易壁垒只会延长“核心一周边”发展差距的存续时间。积极的区域政策应该是在促进区域开放的同时，扶助和鼓励落后地区大力改善基础设施和交通环境，以本地区的优势资源为依托培育和发展具有强劲产业联系的加工制造业，变资源优势为产业优势，形成产业集聚的良性循环，缩小与发达地区的差距，最终走出不发达陷阱。

1. 完善区域经济的基本制度框架

区域经济学的理论认为，区域利益获得机制与规则是区域经济关系形成与演变的基本原因。区域框架作为趋于制度的基础是区域经济关系协调的中心。在缺乏基本的制度基础时，政策与规划本身很难科学化、合理化。而区域制度基础的完善有两个标志，即区域管理机构设置合理和区域划分框架明确合理。

行政区域和经济区域的关系从根本上说是上层建筑与经济基础的关系。行政区域应以一定的经济区划为基础，使行政区划与发挥区域优势相结合，与实现区域经济发展战略相结合，与依托中心城市组织合理的经济网络相结合。一方面，行政区划应以经济区划为基础，适当调整行政区划及其建制;另一方面，经济区划应尽可能保持一定行政区域的完整性，力求行政区划与经济区划的协调与统一，这是我国地方体制改革的重要方向。

2. 重视规划的非经济内容与可操作性

首先，更加重视非物质发展规划的内容。一方面，强化人民生活质量的内容，可适当增加就业、老龄化、房地产、科技文化教育、社会福利、娱乐休闲等事项;另一方面，重视对文化和历史的保护与利用，在开发建设中要注重提高包括文化、地方性以及历史传统的挖掘和保护。其次，以空间资源配置为重点，强化空间的指导和约束功能。要以空间资源配置为重点，更加注重按照开发力度和强度进行空间划分和引导，提出相应的规划策略，而不是停留在按照空间利用的具体功能进行空间配置上，从而为规划方案对空间利用的弹性应对和对空间开发的刚性控制，提供可操作的引导。再次，更加重视政策表述，强化区域政策设计。确立以政策表述为主的区域规划内容，特别是要强化空间政策表达，实现区域规划和政府行为的衔接。

3. 明确区域政策，培育市场体系

现在，我国资源配置是依靠市场机制来进行的，区域产业政策的制定和实施必须适应市场机制作用的要求，为此，要加快培育市场体系即包括理顺价格关系，发展商品市场特别是要素市场，改造区域市场，建立统一、开放、竞争、有序的全国市场体系等，以市场的发展和完善增强区域产业政策制定和实施的推动力。市场的主体是企业，区域产业政策的效果如何，最终看企业对他反应的灵敏程度，通过企业的具体活动，实现区域产业政策的目标。

4. 进一步优化国土开发格局

打破行政区划的界限，构建资源共享、优势互补的各类经济区，增强区域经济的活力和带动力。优化国土开发格局，就是要在调整国土开发格局的基础上，按照资源、环境与人口、经济相均衡的原则，统筹规划、优化开发、合理布局。引导人口相对集中居住，产业相对集聚发展，形成以开发区为重点的新型工业化发展模式，以城市群为主体形态的城镇化发展模式，构建均衡、和谐、高效和可持续的国土开发格局。

5. 全面推进区域合作，引导生产要素跨区域合理流动

遵循市场经济规律，突破行政区划界限，形成若干带动力强、联系紧密的经济圈和经济带。通过区域经济一体化促进区域发展均衡化，也就是在经济区内以发达地区带不发达地区，形成区域整体发展，引导生产要素跨区域合理流动，核心是促进人流、物流、资金流加快流动。首先是产业一体化，重新规划区内产业发展，以资源优化配置、效率最大化为原则，加强产业分工合作，形成区内产业的有机联系;其次是市场一体化，形成区

内市场资源和要素的有效组合，促进贸易顺畅发展，要素自由流动;第三是基础设施规划建设一体化，形成区内公共资源共享。

6．加大转移支付力度，加快推进基本公共服务均等化

保障各地居民享有大体相同的公共服务、实现各地区生活条件的基本一致是促进区域协调发展的重要目标。为促进区域协调发展，近年来中央财政不断加大税收返还和转移支付力度，力争使全体公民都能享受基本公共服务，享受改革开放的成果。今年，中央财政进一步完善财政转移支付制度，加大转移支付力度，落实促进区域协调发展的财税优惠政策，推进地区间基本公共服务均等化。

今年中央对地方税收返还和转移支付合计的金额将达到28889亿元，增长31.3%。尽管财政转移支付制度对于平衡各地财力，特别是保障落后地区政府的正常运作起到了一定的积极作用，但目前中国各地财力差距依然十分巨大。需要继续加大财政转移支付力度，加大对落后地区特别是广大农村义务教育、公共卫生、基本医疗、社会保障等方面的投入，深化收入分配制度等领域改革，继续扶持贫困地区发展，努力消除贫困，使各地区的人民都能享有均等化的基本公共服务。

7．强化“经济导向”，协调利益主体关系

中央和地方博弈关系深层次的原因在于制度。当区域经济增长与环境问题发生矛盾时，从经济利益的角度来讲，地方政府一般都会倾向于看得见摸得着的政绩评价指标——当前利益。因此中央政府应积极改变博弈参数、引导博弈方向，推进政策制度体系创新，实现有利于政策执行的博弈均衡。未来应进一步整合中央和地方利益，健全监控和责任追究制度，完善政府间信息沟通机制，转变政府政绩考核导向，确立地方政府“执行文化”。

巡礼中国开发区成长轨迹，探寻未来发展之道

赛迪顾问

中国开发区的产生起源于改革开放，以1978年在广东蛇口创办我国首个出口工业区为标志。开发区的发展历程就是中国对外开放的过程。中国的对外开放是一个梯次发展的过程，是从建立深圳等四个经济特区，到沿海、沿江、沿边城市，从东部到中西部，全方位、多层次、宽领域的全面开放的过程。1980年8月26日，我国批准建立深圳、珠海、汕头和厦门等经济特区；1988年4月国务院批准海南办省建特区；20世纪90年代，我国兴办浦东新区和国家级经济技术开发区。国家级经济技术开发区以吸收利用外资、拓展外贸出口及发展现代工业为发展目标。从20世纪80年代开始，国家开始重视经济、科技和教育体制的改革，特别是强调科学技术与经济建设的紧密联系。1988年5月，国务院批准建立了中国第一个国家级高新技术产业开发区——北京市新技术产业开发试验区(于1999年6月正式更名“中关村科技园区”)。1999年，国务院提出实施西部大开发战略，开发区开始从沿海、沿江城市逐步向内陆中心城市推进并不断发展壮大。目前，我国已有国家级经济技术开发区54个，国家高新技术产业开发区54个，加上苏州工业园区形成“54+1”的发展格局，保税区15个，省级开发区245个。众多经济技术开发区、高新技术产业开发区、出口加工区、保税区等特殊经济功能区作为我国吸收外资的重要平台，将开放模式延伸到全国，充分发挥了产业集聚效应和区域辐射效应，成为实现“东部率先”“中部崛起”“西部开发”“东北振兴”战略目标的重要支撑点。

作为改革开放的“试验田”，我国开发区的成长历程见证了改革开放30年的历史。开发区承载了国家对外开放战略，发挥了窗口作用、示范、辐射和带动作用，成为中国经济实现腾飞的重要引擎。目前，开发区已形成投资环境优势、管理体制优势、产业聚集优势、各类人才优势等显著优势，初步形成了参与国际分工的开放型经济体系，在体制改革、制度创新、科技创新、城乡建设、对外开放、调整产业结构、集约利用土地等方面进行了积极尝试，积累了重要经验，取得了明显成效，成为促进本地区经济结构战略性调整和区域经济协调发展不可或缺的重要力量。

成就篇——助推经济腾飞的引擎

一、产业转移的承接地

国际产业转移是指发达国家或地区通过国际贸易和国际投资等多种方式，将产业（早期主要是制造业或劳

动密集型产业）转移到发展中国家或地区，从而带动移入国产业结构调整和优化升级的现象。迄今为止，历史上已发生了 5 次大规模的国际产业转移，最近的一次就是 20 世纪 90 年代以来全球制造业向中国的转移，使中国成为名副其实的全球制造业基地。在此过程中，开发区以其相对低廉的劳动力成本、土地等资源成本、税收等综合性商务成本优势，和完善的基础设施、健全的法律法制、优惠的政策及较少的政府干预等优势，成为产业转移的首选之地。

开发区已成为现代制造业和高新技术产业集聚区，以及我国引进外资的重点区域和对外贸易的重要基地。近年来，我国开发区通过大力发展现代制造业和服务业，聚集了一批现代制造业集中、产业聚集效应突出的城市新功能区和开放型综合产业园区。产业集聚进一步加快，众多电子信息、生物技术、新材料、光机电一体化、航空航天、环境保护、海洋技术等领域的高新技术产业群迅速崛起，逐步形成了我国发展高新技术产业的重要基地。截至 2007 年年底，国家级开发区共吸引外商投资企业 2.42 万家，世界 500 强公司投资兴办项目 1470 个。在这片欣欣向荣的沃土上创造了巨大的经济价值。2007 年，国家级经济技术开发区 GDP 达 12696 亿元，增长 25.84%，比全国增幅高 14.02 个百分点；实现税收收入 2037 亿元，增长 29.73%，占全国税收收入的 4%以上。2007 年，全国 54 个国家级高新技术产业开发区企业总数超过 4.8 万家，营业总收入达到 52840.2 亿元，工业增加值达 10629 亿元，出口创汇 1878.9 亿美元，实现净利润 2733.9 亿元。

二、技术创新的孵化地

党的十七大报告提出，将建设创新型国家作为当前中国的国家发展战略。推动经济发展从资源依赖型向创新驱动型转变。技术创新资源的优势逐步取代了交通、成本、劳动力等自然资源的优势，成为促进开发区发展的核心动力因素。一些研究导向型的大学或研究机构集中地成为开发区技术创新的摇篮，如美国的硅谷和 128 公路技术带，中国的中关村科技园。开发区作为我国自主创新前沿阵地的地位日益突显，已成为企业科技创新的重要载体。2007 年，全国 54 家国家级高新区企业创新活动更加活跃，科技活动人员和经费大幅增长，科技活动成果丰硕。高新区企业全年 R&D 经费支出为 1348.8 亿元，比上年增加 294.8 亿元。R&D 经费投入排名前五位的高新区分别是中关村科技园区、上海张江高新区、深圳高新区、广州高新区、西安高新区。2007 年，高新区申请专利数量为 55252 件，其中发明专利申请量为 29166 件，占全国企业发明专利申请量（161897 件）的 18%。2007 年，高新区专利授权量达到了 24552 件，其中发明专利授权量为 7658 件，占全国企业授权总量（47447 件）的 16%。作为“国家知识产权试点园区”的苏州高新区，积极推进知识产权战略，全区知识产权事业呈现出蓬勃发展的良好势头，全区专利研发的投入、研发人员、研发机构、专利申请量 90%来源于企业。2008 年 1-8 月，全区共申请专利 834 件，其中发明专利为 198 件，授权专利达到 496 件，全区累计已授权专利数量近 3000 件。高新区已成为知识创新的“核心区”，为自主创新和经济发展提供了有力支撑。

三、自主品牌的发育地

随着开发区积极落实自主创新战略，推进品牌战略，鼓励加工制造企业特别是民营企业由 OEM 代工生产向自有品牌产品生产转变，发展品牌连锁等新型组织形式，建立多层次的品牌销售渠道，加强品牌价值维护和提升。目前，开发区已诞生出我国拥有自有品牌、具有一定国际竞争力的产品，涌现出一批获得国家级、市级名牌产品和驰名、著名商标称号的企业，例如联想、华为、中兴、用友、清华紫光、方正科技、浪潮软件等一批高新技术产品品牌，以及家电、汽车及零部件、纺织服装、食品饮料等传统行业的一批传统优势产业品牌，如海尔、海信科龙、奇瑞、东风、双星等。山东潍坊滨海经济开发区是我国高科技生态海洋化工生产和出口基地。该开发区纯碱和氯化钙出口分别占全国的 23%和 45%，溴化物出口占全国 70%以上，出口产品中具有自主品牌的高附加值产品占出口总额 60%以上。该开发区已被国家商务部、科技部认定为海洋化工领域首家“国家科技兴贸出口创新基地”。

企业品牌与园区品牌相映呈辉。近年来，开发区在大力推进企业品牌发展的同时，也不断加强园区自身品牌建设。近日，2008 年度“上海品牌园区”推选活动正式启动，将从本市国家级、市级开发区、物流园区、特色产业园区和产业基地以及园区内的企业，推选产生首批“上海品牌园区”、“上海品牌建设优秀园区”、“上海园区自主品牌企业”。在张江高科技园区、金桥出口加工区、漕河泾开发区、上海化工区等国家级开发区以及市级工业区，产业集聚效应和品牌效应已经凸现。

四、新兴企业的成长地

开发区承担着科技成果转化和创新企业孵化的重要功能。围绕产业发展需求，构建中小企业孵化服务体系，为企业营造良好的办公、生产、技术研发、资本运作、人才开发、信息交流的开发环境。在不同阶段满足企业的不同需求，如提供高科技企业认定、政策资助申报、创业项目资助、风险投资、担保、产（股）权转让、融资、培训、企业诊断、ISO9001 认证、产业链配套等服务。1987 年，武汉东湖新技术创业者服务中心的诞生，拉开了我国科技创业服务事业的序幕。目前，全国 54 个高新区都建立了自己的科技企业孵化器，它们通过提供场地、中介、咨询等全方位的服务，吸引了大批科技人员到高新区创新创业。到 2006 年，全国共有各类科技企业孵化器 548 个，数量仅次于美国，居世界第二位。2006 年，在孵企业达到了 41434 家，孵化场地总面积达 2008 万平方米，吸纳了 1.3 万留学回国人员、46 万科技人员和众多大学生从事创新创业活动。截止 2006 年底，累计毕业企业 19896 家，培育出 569 家年收入过亿元的科技企业和 53 家上市公司，涌现出厦门弘信电子科技有限公司、成都国腾实业集团、无锡尚德太阳能电力有限公司等大批高成长性科技企业。

近年来，有约 6000 项省部级以上科技成果在高新区实现了产业化，为高新区的持续快速发展注入了强大活力。目前，全国已建立华北、华东、中南、东北、西部 5 个大区的孵化器协作网络，成立 20 多个省市孵化器协会，并依照孵化器和创业者、科技企业及相关中介机构的需求开展活动。与此同时，科技企业孵化器这种有效形式已经走出高新区，开始在更大的范围内推广开来，并且出现了创业服务中心、大学科技园、留创园等新的形式。开发区作为创新创业的重要基地，加快了科技成果向现实生产力的转化，较好地解决了科技与经济两张皮的矛盾，进一步丰富和完善了国家创新体系。

五、高级人才的培养地

人才是经济发展的第一资源。开发区的发展历程同时也是集聚人才共同创业的历程。开发区作为各类创新要素汇聚结合的热土，依靠良好的创业环境，为高层次人才施展才华提供了广阔舞台。各级开发区积极营造良好的创业、居住环境，制定灵活的人才政策，放宽人才引进政策，通过多种途径，拓展人才引进渠道，创造吸引人才的竞争机制，为精英人才脱颖而出创造机会。2006 年，中国研究开发人员总量为 142 万人，仅次于美国，居世界第 2 位。2006 年，仅国家级高新区有就业人员已达 573.7 万人。高新区大专学历以上人员占到高新区从业人员总数的 40.4%。具有学士学位毕业生 103.8 万人、硕士学位毕业生 16.8 万人、博士学位毕业生 2.5 万人，并且吸引了近 2.2 万名留学归国人员回国创业。高新区从事科技活动的人员超过 98.6 万人，占到高新区从业人员总数的 17.2%。其中研发人员达到 59.8 万人，占到科技活动人员总数的 60.7%。通过吸引海内外优秀人才，提升人才队伍的整体素质，为开发区发展提供“人才支撑”。

展望篇——实现两化融合的载体

展望未来发展蓝图，开发区将继续发挥诸多发展优势，并扮演更为重要的角色，进一步推进信息化与工业化的融合，走出一条中国特色新型工业化之路，成为两化融合的重要载体。

一、实现产业集聚，增强产业与市场的黏合作用

产业集群(Industrial Cluster)是“指在某一特定区域下的一个特别领域存在着一群相互关联的公司、供应商，关联产业和专门化的制度和协会”(Porter, 1990)。产业集群被看作当今世界经济中在地域空间上形成的颇具特色的产业组织形式。可以说，产业集群是市场经济条件下工业化进行到一定阶段后的必然产物，是现阶段产业竞争力的重要来源和集中体现。从国际范围来看，产业集群的形成与发展是工业化进程的普遍现象，而且日益成为国际贸易的重要驱动力。在发达国家，竞争力强的产业通常采取集聚的方式发展。产业集群的形成，不仅促成生产阶段中企业间的联系和互动，更将为整个产业面向共同市场提供了有力的保障条件，是增强产业与市场联系的黏合剂。

开发区和产业集群有着千丝万缕的联系。从地理空间上看，二者都是产业的集中区域。而从组织形态上看，开发区以多种类型的产业形态和产业组织类型的集中为基本特点，而产业集群则以产业链和产业功能联系为纽带将相关的产业集中在一起。产业集群的一个重要特点是集群内各部分存在各环节上的功能联系，不仅是生产过程，更涉及到研发、服务等各个阶段。

国内外众多优秀开发区都以自身的特色产业集群发展为特色和亮点的。德国慕尼黑高新技术开发区，集中了德国的顶尖的电子科学研究中心，拥有几百家电子公司，仅西门子公司一家生产的电子表、集成电路产品就占世界总产量的 30%左右，包括生产性服务机构在内的支撑体系也非常健全，成为电子产业的集群代表。我国的长春经济技术开发区以汽车及零部件为支柱产业，汽车产业呈现集群发展态势，形成了以富奥集团、圣戈班、海拉车灯、福耀玻璃等为代表的汽车零部件产业生产企业组团，同时在西门子威迪欧汽车电子、中兴汽车、长铃集团等多个研发中心，以及相关的行业协会和机构在集群的形成中也发挥着重要作用。

实现产业开发区产业发展升级的重点之一就是强化产业集群，依赖产业集群提升区域的产业竞争力。当前我国开发区产业集群的脚步正在加快，企业之间的联系日益紧密，可以预见，产业集群必将成为开发区产业发展的新特点。同时，对开发区现有产业集群的功能提升，从多角度发挥集群的效能将是开发区未来发展的重要方向。

二、开展制度创新，促进服务业发展提升服务效能

在开发区走过的风雨历程中，创新成为开发区活力展现的最佳形式。在开发区的未来发展进程中，以制度创新推动科学发展，将成为开发区未来发展的重要方向。

模式多样化是制度创新的首要任务，在开发区为园区企业单位提供生产保障和服务的过程中，其发展模式呈现多样化的特点，开发区管理和服务的职能既有政府特点又有企业特色，还带有某些产业协会的特征。谙熟“发展是硬道理”，怎样有利于发展就怎样去做，才能将开发区的制度创新之路走好走对。

责权明晰化是制度创新的重要前提。以往开发区的发展靠政策支持取得了飞速的发展，随着国家各部门对企业认证的规范和严格，开发区固有的政策优势正在逐渐弱化。如科技部和各级科委对高新技术企业的认证更加严格，影响到开发区经济政策的具体实行，开发区能做什么不能做什么，能为园区企业争取怎样的权利，对企业有哪些具体的要求，这都需要开发区对自身责权明晰化，以更好发挥其管理和服务职能。剥离当前开发区的部分服务职能，引入专业化的生产性服务企业和机构，共同完善开发区发展环境将成为开发区未来发展的必然。

运作市场化是开发区制度创新的原则，市场是发展最好的衡量标准，在加强监管的前提下，推行运作市场化有利于开发区服务资源的最有效配置和服务能力的迅速提升。当前开发区公共事业服务功能市场化的特点已经展现，如温州开发区积极探索市政公用事业市场化运营模式，在市政基础设施投资建设、维护、管理等方面，通过引进市场化运作、社会化服务，使各项维修通过公开招标，市场化运营，使平均总造价下降了40%，市政道路费率下降33.2%，提升了服务水平，增强了资金利用效能。

三、探索资本运作，带动有形资产与无形资产增值

随着开发区的不断发展，资本运作成为开发区突破投融资瓶颈的一个重要的手段。开发区已经走过了唯土地资源的“圈地运动”时代，进入了依靠开发区环境、产业竞争力、开发区品牌来招商的发展阶段。资本运作对于这一阶段的开发区来说尤为重要。在开发区的发展理念中，变“管理开发区”为“经营开发区”已越来越深入人心，开发区企业的实力和开发区整体的投资环境都得到了质的飞跃。

开发区自身的资本运转能力需要进一步提升。一方面，开发区的现有土地资源是最重要的有形资产，通过“腾笼换鸟”避免闲置，实现土地的高效和集约利用，已经成为开发区经营的重要内容。针对区内现有企业的闲置占地、长期无法正常运转的不良企业等，采用协议收购、合同到期回购、回购后反租、招商替换等方式，实现盘活闲置资源。在实现土地增量困难的情况下，成为挖掘土地存量潜力、重新构筑新型工业开发区活力的制胜法宝。另一方面，在无形资产上，“经营”的概念应得到进一步挖掘，如开发区品牌、现有产业体系、入驻的龙头企业的影响力等等，都构成了开发区的“软实力”和无形资产，更需要以资本运作的观点来看待，从而不断提升园区的吸引力和竞争力，获得更多的无形资产增值。

四、重视中小企业，完善直接与间接相结合的投融资渠道

开发区发展过程中，通过政府支持、企业投资、银行贷款、社会融资等多种方式，不断拓展投融资体系，特别注重对中小企业投融资难题的解决。与此同时，利用开发区整体形象，对中小企业进行整合宣传与担保，力促投融资体系的通畅化和完善化，将成为开发区完善投融资渠道重要发展方向。

中小企业往往有旺盛的生命力和创新潜力。中小企业从创立到发展的各个阶段都要面临如技术、管理等一系列难题，而融资难题是伴随中小企业成长各阶段的一大“顽疾”。对于开发区来说，促进创投业的发展，建立和完善退出机制，鼓励中小企业上市融资，积极推出创业板，出台优惠政策促进担保业的发展，提高中小企业获得银行贷款的可能性等，都是在摸索和尝试中找到的种种办法。除了通过热衷于科技型中小企业的风投、私募的支持外，大多数中小企业的融资需要借助政府的支持削减其融资成本。开发区如何为中小企业提供有效的融资帮助是需要深入探讨的话题。

南京软件园和江苏软件园抓住软件企业特点，主打中小企业的整合形象宣传牌，赢得了投资者的青睐。通过南京软件博览会、南京软件名城的建设等工作，树立园区整体的形象，南京的“中国服务外包基地城市”和“国家软件出口创新基地”的光环使得投资者感到放心。2007年南京市软件产业销售收入达362.8亿元，软件产业“两园多基地”总建筑面积达300万平方米，软件企业数累计突破1100家，进入2007年中国软件业务收入百强企业的有7家。南京市出台的《进一步推进软件产业发展的若干政策意见》等鼓励性政策，使得投资者对园区企业的发展前景持续看好。正是开发区整体发展和园区企业的个性发展的良性互动，促进了南京软件中小企业融资问题的有效解决，更推动了南京软件产业的加速发展。

五、应用信息技术，实现信息化与工业化融合

信息技术的广泛应用，为开发区信息化工作的深入发展、实现园区信息化与工业化的更快融合提供了有力支持。大连保税物流园区作为首个实现信息化管理的物流园区，对信息技术的应用不断深入，大大提升了园区的服务管理水平和运行效率，节约了成本。从园区企业向海关提出转入申请，海关审核并向港务公司发送提箱指令，到货物经港区卡口、园区一线卡口验放后进入园区，园区企业通过信息化系统申报进境备案清单，生成仓库账册的整个过程，都通过大连保税物流园信息系统进行。大大提高了整个物流园的通关效率，为企业带来了便利和实惠。物流园区体现着现代物流技术发展的四个主要方向，即物流技术装备的自动化、物流运作管理的、物流运作流程的智能化及多种技术和软硬件平台的集成化。目前来看现代物流的信息化、集成化发展迅速，这一点在横向领域里更为普及。在纵向领域里，现代物流信息化的发展方向是一体化和智能化。

对园区企业来说，将信息化融入到生产过程中，将极大促进工业化的新发展。结合具有数据挖掘功能的数据库技术、以及综合管理软件系统在企业信息化中的应用，企业可以从发现更多有用信息，对设计、生产、宣传、销售等环节的改善提供支持。例如，数据挖掘技术通过分类知识发现、数据总结、数据聚类、关联规则发现、序列模式发现、依赖关系或依赖模型发现、异常发现、趋势预测等方法及其综合应用，挖掘蕴藏在海量物流数据中大量未知的和有价值的信息，为企业提供各种决策信息，减轻管理者从事低层次信息处理和分析的负担，提高其管理和决策的效果。园区信息化建设与企业信息化的融合，将是提升企业信息化应用的有利推手。开发区通过信息化平台建设可以帮助企业，特别是中小企业拓展信息技术的应用能力和水平，这将是未来开发区发展的一项重要内容。

六、发展循环经济，实现经济效益与社会效益并举

循环经济是未来生产的大势所趋，也是开发区发展的重要方向。当前单位GDP能耗、绿色GDP已经成为众多开发区的考量指标之一。开发区应从产品链和废物链两个方向完善生态工业链网，引进补链项目，构建工业共生网络，形成企业间互利共生及区域层面的物质循环，增强抗风险能力，促进产业结构生态化。如抚顺矿业集团国家生态工业示范园区立足煤矿日益枯竭的实际，选择废弃资源再生利用，以煤矿枯竭后的油母页岩富矿为原料，建设页岩炼油加工，利用页岩中的热量资源，供给发电厂作为燃料，废渣生产高质量的矿渣水泥，剩余页岩，作为煤矿开采后的充填。

在开发区产业发展中，强调以资源再利用和废弃物资源化为主的静脉产业是发展的一个重要环节。如青岛新天地生态工业园中的青岛危险废处置中心项目和废旧家电及电子产品回收与综合利用示范项目作为重点项目，主要处理青岛城市废弃物，以及医疗废弃物，以及电子废物产品并可将其中的金属、塑料、贵金属混合物等资源再利用，一定程度上解决了城市废弃物的污染，在获得经济效益的同时产生了巨大的环境效益。未来开发区发展中，注重循环经济建设，对现有产业进行“生态补链”，将成为开发区和谐发展的优选路径。

从规划阶段开始，应将开发区基础设施建设和城市新区发展相结合，注重原有生态环境保护。合理布局开发区工业产业的格局，注重工业和居住功能区的区划合理性，并维护和强化整体山水格局的连续性。如东莞松山湖科技产业园区，依托松山湖生态背景，注重园区自然生态和谐，合理布局工业区、商住配套、行政办公、旅游休闲和科研教育等区域，实现园区基础设施建设同时，建立起和谐发展的城市新区。在开发区未来的发展中，将更多考虑到与城市功能的衔接与平衡，将开发区与城市功能相统一，并融入到城市发展和产业升级的步伐中。

综上所述，开发区经历了一个从单一功能到综合功能，从低层次零散型到高层次集约型的发展过程，这一发展过程反映了开发区在不同历史条件下的不同功能和定位。目前，开发区正处在一个历史的转型期。其承载的使命也要与时俱进，即从追求数量和规模转向追求质量和效益；从引进资金和技术，转向带动区域经济的科学发展。只有这样，国家赋予开发区的各项政策优惠和便利条件才能最大限度地发挥作用，开发区在未来的发展和与各方的利益关系协调中才能争取主动。

作者：开发区咨询中心

信息化建设是当前我国园区竞争力提升的关键

赛迪顾问

信息技术的出现和发展，使传统的园区发展模式发生了革命性变化。园区信息化是指园区各个主体（政府、企业、科研机构及社会公众）在网络化的数字空间中有序进行各项信息活动和行为，这些信息行为可以使政务、商务、科教、社区等各个方面实现全面的信息交流。园区信息化将信息技术、自动化技术、与现代管理技术相结合，带动园区管理模式的创新、园区间协作关系的创新，实现园区管理的信息化、控制的智能化、制造的数字化和服务的网络化。2000年以来，伴随着我国园区不断壮大，园区信息产业的快速持续发展，信息技术应用的不断普及，信息化对区域国民经济和社会发展的推动作用日益明显。信息化成为推动园区企业进一步发展的动力，是实现我国园区跨越式发展的必要手段，是用信息技术改造园区传统产业、实现园区两化融合的突破口。

在过去几年的发展中，中国园区制造业信息化建设从盲目的上项目到根据自身特色来选择适合自己的方案，信息化建设水平日趋成熟。2007年中国园区制造企业信息化建设投资规模达到了17%的增长速度。目前，国内很多园区的信息化水平已经处于综合性系统应用阶段，90%以上的园区已经建立了负责信息化建设的专门机构。2008年是国家“十一五”规划的攻坚年，也是园区信息化加速发展的一年。

国外实践经验证明，培育和发展信息化是壮大产业规模、提升产业竞争力的有效途径，也是提升园区经济综合竞争力、推进工业化向高级阶段发展的必然选择。信息化对于园区的可持续发展起着至关重要的作用，园区可以通过信息化降低成本、提高效率、扩大市场，进而增强核心竞争力。具体来说，信息化对于园区竞争力的提升的关键性作用，主要体现在以下几个方面：

第一、加速园区产业升级，提高园区国际竞争力。

信息化是现代化的突出标志。十七大报告首次提出了“信息化与工业化融合发展”的崭新命题，充分反映出党中央对信息化的认识不断深化，对信息化的重视程度不断提升。信息化主导着新时期工业化的方向，使工业朝着高附加值的方向发展；工业化为信息化的发展提供了物资、能源、资金、人才以及市场。信息化与工业化融合，互相促进，共同发展，这是具有中国特色的跨越式发展之路。

企业只有实现信息化，利用信息技术改造传统产业，推动企业全面管理变革，才能最终赢得竞争优势。当前，经济全球化趋势正在加速，中国工业产业的发展面临激烈的国内外竞争。推进企业信息化建设，也是我国产业结构调整和优化升级的需要，更是参与国际竞争的需要。目前我国园区建设处于历史新起点，面临产业结构升级、转变发展方式等艰巨任务。园区信息化建设将有力推动园区产业结构调整，大大提高各种资源的利用效率，大大提高园区企业在市场经济中的竞争力，实现产业结构升级。抓住信息化这个机遇，将真正实现园区经济发展方式从规模数量型的粗放式增长转变为质量效益型的集约式发展，从而保持和提高我国园区工业在国际上的竞争优势。以青岛开发区为例，2003年，青岛开发区被列为青岛市首批制造业信息化示范区之一，历经5年时间，目前区内80%的企业已完成信息化建设，结合“四型社区”建设，青岛开发区信息化建设已经位居国内开发区前列。2007年，全区实现地区生产总值590亿元，增长23.1%；工业总产值1403亿元，增长32.7%；全口径财政一般预算收入57.4亿元，增长40.2%。开发区投资竞争力综合评价指数位居国家级开发区第5位。

从国际形势看，实施园区信息化是园区应对经济全球化、提高竞争力的迫切需要，是以信息化带动工业化，促进传统园区结构调整和优化升级的必然选择。目前我国园区大多数产业仍处在工业化进程之中，很多方面距离现代化还有相当差距。工业化的进程是不可逾越的，但是在信息时代工业化的过程是可以缩短的。充分利用后发优势，大力推进园区信息化，以信息化带动工业化、以工业化促进信息化，可以促进园区生产力的跨越式发展，加速园区产业升级。

第二、促进园区管理模式的转变，提高园区整体生产力水平。

目前，园区企业发展中面临的最大问题之一就是信息交流不畅导致的管理效率低下。这种信息交流的障碍既表现在园区内部缺乏充分的沟通，同时也表现在园区与外部缺乏有效、可靠、安全的信息交流方式。因此，从信息化建设角度寻求解决方案，借助信息技术实现超常规管理是园区发展的契机。信息化可以加速园区从以事务为中心的传统管理模式向以服务为中心的管理模式的转换；信息化建设有利于园区借鉴国外优秀园区管理经验，实现园区经营模式和管理模式的同步发展；可帮助园区建立起基于管理模式的新型业务系统，通过信息化实现企业之间更为便利的沟通。这不仅可以提高园区的开放度，而且能够实现沟通意见的快速反馈，增强园区竞争力。近年来四川工业园区数字园区建设和信息化管理平台发展迅猛，以现代信息技术和网络技术为手段，借鉴国外先进经验和模式，汇集多方面的力量和资源，搭建面向整个工业园区高水平信息化管理服务平台，进一步增强了四川政府、工业园区和园区企业间联系，改善了园区的管理模式，提升园区和企业的信息化水平和综合竞争力。目前园区工业经济总量已占四川省工业总量的80%以上，成为了四川经济增长新的支撑点。

园区在不断发展壮大的过程中，对内要不断完善自己的管理水平，对外要迎接日益激烈的市场竞争，信息技术可为它提供最好的解决途径。截止2007年12月，96%的国家级园区和89%的省级园区已经建立了信息化运行平台，园区信息化管理模式已经成为园区管理的主流。目前这种新型园区信息化管理模式不仅集中了传统的一站式服务系统、审批系统、OA办公系统等，而且将信息化应用到更深层次，如电子物流和电子交易等，引入园区管理系统，对物流、人力资源、商务等进行管理，可使园区内部管理趋于合理化。相信随着园区的入驻企业数量的不断增加和园区规模的不断扩大，园区信息化工作将对其生产力水平的提高起到巨大的推动作用。

第三、加速制造业产业转移、促进西部园区的发展。

随着经济全球化的加快，资金、技术和人才在内等各种生产要素流动和配置的范围越来越大。目前国内生产要素流动现象也日益明显，部分制造行业正在逐步向中国特别是西部地区转移。在经济全球化和区域经济一体化的背景下，近年来中国东部地区的产业迁移不再是零散的小规模进行，而是向中西部地区整体性的大规模迁移，出现了产业集群"西进"的新态势。西部在承接东部产业企业迁移时也发展到了更注重产业集聚的阶段，渐渐接受产业迁移由零散化转向集群化。为了尽快提高园区的整体素质和竞争力，必须大力推进园区信息化。在现有制度要素下，产业转移要比产业升级快得多，这是推动中国经济增长的一个重要引擎，产业集群转移意味着产业转移目前开始进入高潮。这种情形下，信息化对于产业整体的提升和各产业间的有机协调作用就显的尤为重要。信息化在产业转移中的主要作用体现在为产业转移过程中产业结构变化提供了有利的指导。

最后我们需要看到，园区信息化是一个十分复杂的过程，园区在实施信息化的过程中面临着许多的困难，从信息系统的需求分析、系统设计、系统实施和运行维护，特别是在信息技术不断发展、市场环境发生变化时，还要能够根据新的经营运作[运营]需求升级信息系统或者对其进行快速重组，所有这一切都对信息系统的设计实施提出了非常高的要求。如何实施一个既能够满足当前园区需求，又具有可持续发展能力，功能强大又具有良好柔性的信息系统成为摆在工业园区园区信息服务平台建设者面前的一道难题。

作者：开发区咨询中心

政策指导篇

关于进一步推进长江三角洲地区改革开放和经济社会发展的指导意见

国发〔2008〕30号

各省、自治区、直辖市人民政府，国务院各部委、各直属机构：

长江三角洲地区是我国综合实力最强的区域，在社会主义现代化建设全局中具有重要的战略地位和带动作用。改革开放特别是推进上海浦东开发开放以来，长江三角洲地区经济社会发展取得巨大成就，对服务全国大局，带动周边发展做出了重要贡献，积累了丰富经验。在当前国际经济环境发生重大变化、国内各项改革深入推进的新形势下，为进一步推进长江三角洲地区改革开放和经济社会发展，现提出以下意见：

一、进一步推进长江三角洲地区改革开放和经济社会发展的重要意义、总体要求、主要原则和发展目标

（一）重要意义。长江三角洲地区包括上海市、江苏省和浙江省。进一步推进长江三角洲地区改革开放和经济社会发展，有利于推进区域经济一体化，提高自主创新能力和整体经济素质；有利于增强对中西部地区的辐射带动作用，推动全国区域协调发展；有利于提高开放型经济水平，增强我国国际竞争力和抗风险能力；有利于推进体制创新，促进建立健全充满活力、富有效率、更加开放的体制机制。

（二）总体要求。高举中国特色社会主义伟大旗帜，以邓小平理论和“三个代表”重要思想为指导，深入贯彻落实科学发展观，进一步解放思想、与时俱进，进一步深化改革、扩大开放，着力推进经济结构战略性调整，着力增强自主创新能力，着力促进城乡区域协调发展，着力提高资源节约和环境保护水平，着力促进社会和谐与精神文明建设，实现科学发展、和谐发展、率先发展、一体化发展，把长江三角洲地区建设成为亚太地区重要的国际门户、全球重要的先进制造业基地、具有较强国际竞争力的世界级城市群，为我国全面建设小康社会和实现现代化做出更大贡献。

（三）主要原则。坚持科学发展，努力提高自主创新能力，切实加强资源节约和环境保护，推进经济发展方式的转变；坚持和谐发展，着力保障和改善民生，加强社会主义民主法制建设，维护社会公平正义；坚持率先发展，加强与周边地区和长江中上游地区的联合与协作，强化服务和辐射功能，带动中西部地区发展；坚持一体化发展，统筹区域内基础设施建设，形成统一开放的市场体系，促进生产要素合理流动和优化配置；坚持改革开放，继续在体制创新上先行先试，率先在重要领域和关键环节取得突破，为又好又快发展提供制度保障。

（四）发展目标。到2012年，产业结构进一步优化，服务业比重明显提高；创新能力显著增强，科技进步对经济增长的贡献率大幅提升；区域分工和产业布局趋于合理，对外开放的质量和水平明显提升；单位地区生产总值能耗低于全国平均水平，重点地区生态环境恶化的趋势得到遏制；社会保障体系覆盖城乡，公共服务能力进一步增强，基本实现全面建设小康社会的目标。

到2020年，形成以服务业为主的产业结构，三次产业协调发展；在重要领域科技创新接近或达到世界先进水平，对经济发展的引领和支撑作用明显增强；区域内部发展更加协调，形成分工合理、各具特色的空间格局；主要污染物排放总量得到有效控制，单位地区生产总值能耗接近或达到世界先进水平，形成人与自然和谐相处的生态环境；社会保障水平进一步提高，实现基本公共服务均等化。再用更长一段时间，率先基本实现现代化。

二、加快发展现代服务业，努力形成以服务业为主的产业结构

（五）优先发展面向生产的服务业。加快以上海国际航运中心和国际金融中心为主的现代服务业发展。进一步整合港口资源，加强港口基础设施、集疏运体系建设，加快发展现代航运服务体系，努力提高管理水平和综合服务能力，尽快建成以上海为中心、以江苏和浙江港口为两翼的上海国际航运中心。依托区域综合交通网络，大力推进现代物流业发展。积极探索金融机构、金融产品和服务方式等多种金融创新，健全多层次金融市场体系，引进和培育高层次金融人才，大力改善金融业发展环境，提高金融服务业发展水平。扶持和培育技术创新型第三方服务企业，大力发展科技服务业。运用信息技术和现代经营方式改造提升传统商贸业，加快现代

商贸业发展步伐。整合建立区域内综合性的软件服务公共技术平台和公共信息应用平台，培育创新型特色化的软件服务和信息服务企业，积极发展增值电信业务、软件服务、计算机信息系统集成和互联网产业。

（六）积极发展面向民生的服务业。大力发展旅游业，进一步拓展市场、整合资源，建设世界一流水平的旅游目的地体系。加快发展广播影视、新闻出版、邮政、电信、文化、体育和休闲娱乐等服务业。积极扶持电子书刊、网络出版、数字图书馆、网络游戏、电影特技制作、数字艺术设计、数字媒体、虚拟展示等新兴数字创意产业发展。

（七）大力改善服务业发展环境。加快建设区域服务业联动机制，开展多方面的交流与协作。研究建立区域现代服务业标准规范体系，加强面向现代服务业技术、产品与服务的认证机制建设。加快建立市场化运作的企业和个人信用服务体系，制定行业标准，完善监管制度。大力开展现代服务业人才培训与职业教育，多层次培养现代服务业复合型人才。

三、全面推进工业结构优化升级，努力建设国际先进制造业基地

（八）做大做强高技术产业和优势支柱产业。继续巩固和提高实体经济发展水平，集中力量积极发展电子信息、生物、新材料、新能源等战略性高技术产业，培育更多新的增长点。进一步做大做强石化、钢铁、汽车、船舶及先进装备制造等优势支柱产业，加快形成核心关键技术和提升规模水平。大力发展总部经济和研发、设计、营销中心，促进产业链条向高端延伸。加快淘汰落后生产能力，积极推动传统产业的升级改造和梯度转移。大力培育建设与全球先进制造业基地相适应的优秀经营管理人才和高级技工队伍。

（九）进一步优化空间布局。以沪宁、沪杭甬沿线为重点发展具有先导效应、发展潜力大的电子信息、生物、新材料和先进装备制造等产业；在沿江、沿海、杭州湾沿线优化发展产业链长、带动性强的石化、钢铁、汽车、船舶等产业。促进企业向产业带集中、向园区集聚，引导关联企业集聚发展。加快连云港、温州等发展潜力较大地区的发展，形成新的经济增长点，带动江苏沿海、东陇海沿线、浙江温台沿海、金衢丽高速公路沿线发展。

（十）进一步提升企业竞争力。鼓励和支持优质资本、优势企业跨行政区并购和重组。在电子信息、石化、钢铁、汽车、船舶、装备制造、轻纺、商贸、旅游等重点领域和优势行业，加快培育形成一批拥有自主知识产权的世界级品牌、具有国际竞争力的大企业，形成以大企业为龙头，中小企业专业化配套的协作体系，提升产业整体素质，增强竞争能力。

四、统筹城乡发展，扎实推进社会主义新农村建设

（十一）大力发展现代农业。着力发展高附加值的特色农业、设施农业、生态农业、观光农业、都市农业和现代养殖业。支持创建名优品牌。充分发挥江苏沿海等地区滩涂资源丰富的优势，建立现代农业示范区，积极发展规模化高效农业。稳定发展粮食生产，积极推进大型优质商品粮基地建设。依托沿江靠海的优势，发展现代渔业。积极改造和提升传统农业，大力提高农业机械化水平和土地集约利用水平。加强优势农产品产业带和规模化养殖基地建设。大力支持农业产业化经营和标准化生产，培育一批带动能力强的龙头企业。鼓励扩大农产品出口，进一步做大做强外向型农业。

（十二）加快完善农业生产、经营、流通等服务体系。加快培育生产性的专业服务组织，构建新型农业服务体系。大力发展农村现代物流，在农村培育一批大型流通企业。积极培育、发展农民专业合作社和农业行业协会、学会等各类组织，加快农业信息服务网络建设。改善农村金融服务，发展农村信用担保和农村小额贷款，加快建立农业保险体系。

（十三）全面深化农村改革。坚持农村基本经营制度，稳定和完善土地承包关系，按照依法、自愿、有偿的原则，健全土地承包经营权流转市场，有条件的地方可以适度发展多种形式的规模经营。深化集体林权制度改革。探索集体经济有效实现形式。加快农村投融资体制改革，合理划分各级政府的财政投入职责，加大政府对农业和农村的投入，引导各类资本进入农业社会化服务体系和合理开发未利用农业资源。建立健全多层次、广覆盖、可持续的农村金融体系，不断完善对“三农”的金融服务。扎实推进农村综合改革，强化乡镇政府的社会管理和公共服务职能，逐步建立起精干高效的农村基层行政管理体制。建立健全村民自治机制，完善村民一事一议制度，积极推进奖补措施，推广民主恳谈会、村民议事会等有效的民主形式。

（十四）稳步推进城乡一体化进程。统筹城乡基础设施建设，推动城市基础设施、公共服务和现代文明向农村延伸。进一步做好村庄规划，节约农村建设用地。加强城市饮用水安全保障工作，加快实施农村饮水安全工程建设和中小河流及湖泊河网水环境整治，推进农村节能减排，加强城乡绿化美化一体化建设。统筹城乡社会事业发展，逐步实现城乡基本公共服务均等化。全面落实被征地农民基本生活保障制度，确保做到即征即保，探索建立农村养老保险制度，积极做好城乡社会保障制度的统筹衔接。提高农村最低生活保障水平，逐步实行城乡统一的低保制度。统筹城乡劳动就业，逐步建立城乡统一的人力资源市场和公平竞争的就业制度。

五、大力推进自主创新，加速建成创新型区域

（十五）构建具有国际竞争力的区域创新体系。抓紧编制自主创新规划，加快构建技术创新体系。引导创新要素向企业集聚，支持有条件的企业建立技术研发机构和创办海外研发机构，鼓励有条件的企业与高校、科研院所建立技术创新战略联盟。整合自主研发力量，建设一批一流的研究型大学、科研机构和创新型企业，加强国家重点实验室、工程技术（研究）中心、国家重大科学工程的建设，建设开放共享的科技基础条件平台和产业共性技术研发试验平台。构建区域创新网络，建立和完善技术转移转化的公共服务平台和中介服务机构，重点办好若干区域性重点科技园区。实行科技资质互认制度。

（十六）实现关键领域和核心技术的创新突破。重点推进电子信息、生物、先进制造、新能源、新材料、航天航空等领域的自主创新，加强区域联合协作，共同攻克产业核心技术、共性关键技术，组织开展新技术开发和推广示范。充分发挥高新技术产业园区在产业集聚和创新载体方面的作用，协同推进原始创新、集成创新和引进消化吸收再创新。支持区域联合承担国家重大科技专项。

（十七）营造鼓励自主创新的政策环境。加大财政对竞争前技术和共性技术研发、引进技术消化吸收再创新、初创型科技中小企业的引导性投入。抓好企业研发费用税前抵扣和高新技术企业优惠政策的贯彻落实。进一步改善创新创业投融资环境，鼓励发展创业风险投资和私募股权投资，支持区域内国家级开发区中高新技术企业进入股权代办转让系统，鼓励发展金融租赁业，积极发展小企业信用担保体系。推动形成市场化、专业化的创新服务体系。加大知识产权保护力度，加强知识产权的集成、运营和管理。

（十八）加强创新型人才的培养和引进。调整完善高等教育的学科布局和专业设置。鼓励企业依托高等院校、职业院校和科研机构，建立区域高新技术和高层次应用型人才、高技能人才培养基地。加强国际合作交流，发展和完善多种形式的科技创新人才国际化培养模式。加大人才引进力度，重点引进高层次人才、高科技人才以及经济社会发展需要的紧缺人才。

六、走新型城市化道路，培育具有较强国际竞争力的世界级城市群

（十九）构建完备的城镇体系。加快建设以特大城市和大城市为主体，中小城市和小城镇合理发展的网络化城镇体系。发展基础较好、已初步形成城市带的各个城市，要进一步密切相互间的经济、技术、文化联系，促进要素流动和功能整合，发挥同城效应。苏北、浙西南等开发强度相对不高、发展潜力较大的地区，要大力引导产业、人口有序集聚，形成新的城镇发展带。

（二十）完善和提升各类城市功能。继续发挥上海的龙头作用，加快建成国际经济、金融、贸易和航运中心，进一步增强创新能力和高端服务功能，率先形成以服务业为主的经济结构，成为具有国际影响力和竞争力的世界城市。进一步提升南京、杭州等特大城市的综合承载能力和服务功能，扩大辐射半径。其他大城市要按照自身优势，形成特色，提升功能。中小城市和小城镇要进一步增强实力，完善服务功能。

（二十一）提高城乡规划和建设管理水平。合理规划城市规模，优化城镇建设布局。严格控制新增建设用地规模，促进城镇集约紧凑发展。统筹规划建设城镇供排水、供电、通信、垃圾处理和覆盖城乡的区域性防洪排涝、供水、治污工程等重大基础设施。加强城镇防灾减灾和应急管理能力建设。统筹新区开发与旧城保护，切实维护城镇历史文化风貌。

七、积极推进重大基础设施一体化建设，增强区域发展的支撑能力

（二十二）完善综合交通运输体系。铁路要以客运专线和城际轨道交通建设为重点，加快区域对外通道、区域内省际通道、城际快速通道以及跨长江通道、重要枢纽客运设施等建设，优化路网结构，提高路网质量。公路要以加强关键工程和断头路段建设为重点，加快国家高速公路网建设，加强区域对外通道、区域内省际通

道、重要的城际快速通道、跨海湾和跨长江通道及重要疏港高速公路建设。抓紧编制实施沿海港口发展总体规划，加强港口群协调发展。提高长江“黄金水道”、京杭运河等高等级航道通航标准，完善集装箱运输系统、外贸大宗散货海进江中转运输系统、江海物资转运系统和客运系统。积极推进空域管理和使用方式改革，科学利用空域资源，加强航空枢纽与配套支线机场建设。

（二十三）**构建区域能源安全体系**。进一步优化能源结构，鼓励发展可再生能源和清洁能源。加快石油、天然气基础设施建设，共同推进石油和液化天然气码头建设，完善油气输送管道网络，加强油气战略储备，加快建设区域石油流通枢纽和交易中心，研究建立区域天然气交易中心。改善煤炭运输条件，研究规划建设大型储煤基地。优化电力基础设施建设与布局，重点在沿海、沿江地带布置电源点，加快西电东送、北电南送和皖电东送输变电线路等的规划和建设，建设过江电缆通道。加快核电的规划和建设，进一步做好江苏沿海等地区的风电项目规划建设。

（二十四）**改善水利基础设施**。按照水资源和水环境承载能力，统筹协调区域水利基础设施建设，构筑防洪减灾体系、水资源合理配置和高效利用体系、饮用水安全保障体系以及水生态环境保护体系。加快实施太湖流域第二轮治理、长江口综合整治、淮河治理和沿海防浪堤及防护林等重点工程建设，加强城市防洪排涝能力建设，继续实施病险水库除险加固，加强蓄滞洪区建设和管理，加强低洼易涝地区和山洪灾害易发区综合治理。加快水源工程等水资源调蓄和配置工程建设，继续加强重点地区、重点城市河湖治理和水生态修复工程建设。加快水文、水资源和水环境实时监控系统建设。加强水资源统一管理，完善流域综合管理体制。

（二十五）**改进和健全信息基础设施**。统筹规划，加快推进区域信息一体化，统一数据标准，完善信息资源共建共享机制。完善信息网络基础设施，不断提高网络性能和技术水平，务实推进“三网”（电信网、广播电视网、计算机网）融合，组织推进光纤接入等高速接入技术的试点，促进传统电信网向宽带综合信息服务网络发展，强化网络信息安全与应急保障基础设施建设。加快区域空间信息基础设施建设，提高地理空间信息社会化应用与共享程度。推进综合性网络应用工程、公益性信息服务工程、企业信息化等重点应用项目建设。促进高速公路电子收费系统、交通信息联网、危急抢险信息联网建设。

八、推进资源节约型和环境友好型社会建设，全面提高可持续发展能力

（二十六）**提高土地节约和集约利用水平**。坚决实行最严格的土地管理制度，严格执行土地利用总体规划和土地利用年度计划，切实保护耕地和基本农田，加强土地资源需求调控，实行更严格的区域土地供应政策和市场准入标准，制定并实行合理的新建项目土地使用率标准，严格控制新增建设用地。加强对存量建设用地的调整和改造，加大对闲置土地行为的处罚力度，积极盘活闲置和空闲土地。积极开展土地复垦，大力加强农村土地整理，适度开发宜耕后备资源。加强围海造地的管理和调控，合理有序开发利用滩涂资源。

（二十七）**全面推进节能降耗**。加强区域产业政策和环保政策的衔接，完善节能减排地方性法规。对新建、改建、扩建等涉及新增能力的项目，率先实行国际先进水平的能耗、物耗、水耗等标准。突出抓好高耗能行业和重点耗能企业的节能降耗工作，全面实施节能降耗重点工程，着力推进节能降耗科技进步。到2010年全部淘汰国家产业政策明令禁止的落后生产能力。着力抓好高耗水行业的节水改造和水的循环利用，加强工业、农业和城市节水，全面推进节水型社会建设。大力推动发展节能省地环保型建筑，推进政府办公建筑及大型公共建筑节能运行与改造，新建筑严格实施节能强制性标准。大力发展资源再生和环保产业。大力发展循环经济，实现清洁发展。落实节能降耗目标责任制。

（二十八）**强化环境保护和生态建设**。加强区域生态环境的共同建设、共同保护和共同治理。落实《太湖流域水环境综合治理总体方案》和《淮河流域水污染防治规划》，加强杭州湾、长江沿岸、长江口和近海海域污染综合治理和生态保护。实行更严格的环境保护标准。完善区域污染联防机制，推进区域环境保护基础设施共建、信息共享和污染综合整治。加快规划和建设城乡污水处理和生活垃圾处理设施，强化对已建成污染治理设施的运行监管。治理农村面源污染，加大畜禽养殖污染防治力度。加大江河湖库饮用水源地建设，加强饮用水水源地保护，确保饮用水安全。坚决关停达不到污染物排放标准的企业，治理工业污染，大幅减少燃煤电厂二氧化硫和汽车尾气排放，控制高架源氮氧化物的排放。加大水土流失综合防治力度，加强水土保持清洁型、生态型小流域综合治理。严格执行开发建设项目“三同时”（建设项目环保设施与主体工程同时设计、同时施工、同时投产使用）和水土保持方案报告制度。加强林业生态建设，增强涵养水源等能力。强化地下水资源保护，遏制地下水超采，建立区域联动机制，防治地面沉降，保护地质环境。建立海洋重大污染事件通报和海区

关闭制度。健全环境违法行为联合惩处机制，加强联合执法检查，完善跨界污染防治的协调和处理机制。披露环境信息，建立健全社会公众参与和监督机制。落实污染减排考核和责任追究制度，实行环境保护一票否决和问责制。研究推进排污权交易和建立生态环境补偿机制。

九、加强文化建设和社会事业建设，促进经济社会协调发展

（二十九）**切实加强社会文化建设**。运用生动活泼、寓教于乐的形式，广泛开展社会主义核心价值体系宣传普及活动，大力弘扬爱国主义、集体主义、社会主义思想，为和谐社会建设注入精神动力。切实加强社会公德、职业道德、家庭美德和个人品德建设，形成文明健康的社会风尚。建立区域文化联动发展协作机制，制定区域文化发展规划。不断深化文化体制改革，着力推进文化创新，加快文化产业基地和区域性特色文化产业群建设。建立完善覆盖城乡的公共文化服务体系，重视城乡区域文化协调发展，着力丰富农村、相对落后地区和进城务工人员的精神文化生活。加强网络文化建设与管理，营造良好网络环境。加强中华优秀文化传统教育，认真做好文物和非物质文化遗产保护，不断扩大对外文化交流。

（三十）**着力推进社会事业发展**。整合区域社会事业资源，强化教育、卫生、体育等领域的合作与交流。推进义务教育实现“双高普九”，率先基本实现教育现代化，基本普及包括学前教育、义务教育和高中阶段教育在内的15年教育，全面提高高等教育质量，显著提升高校科技创新与服务能力。大力发展职业教育，加快建立完善的区域职业教育培训体系。建立更加完善的现代国民教育体系和终身教育体系，加快学习型社会建设。着力构建覆盖城乡的公共卫生服务体系、医疗服务体系、医疗保障体系、药品供应保障体系。建立健全区域内疾病预防控制、卫生监督、突发公共卫生事件应急处理协调机制和联防联控网络。积极发展体育产业，加快构建全民健身服务体系。

（三十一）**加快完善就业和社会保障体系**。制定统一规范的劳动用工制度，完善转移就业的政策制度，建立区域人力资源市场。逐步完善就业服务、社会保障服务、信息服务和劳动维权等人力资源市场管理体系。鼓励自谋职业和自主创业。加快建立覆盖城乡居民的社会保障体系，继续完善城镇企业职工基本养老保险制度，加快实现省级统筹，积极推行农村养老保险制度，切实做好被征地农民就业培训和社会保障工作。完善城镇职工基本医疗保险制度，推进城镇居民基本医疗保险制度试点和新型农村合作医疗制度建设。完善失业保险制度，扩大工伤和生育保险覆盖面。鼓励发展补充性保险。加快社会保障服务中心建设，随着经济发展适当提高社会保障标准。规范灾民救助制度和农村五保供养制度，健全教育救助、医疗救助、住房救助、司法救助等专项救助制度，率先建立较为完善、覆盖城乡的社会救助体系。发展适度普惠型社会福利事业，扩大社会福利覆盖范围。大力培育各类慈善组织。率先建立更加科学合理的收入分配调节机制和宏观监测机制，努力缩小城乡、地区和居民间的收入差距。

（三十二）**加强外来人口服务和管理**。改革区域户籍制度，逐步实行以居住证为主的属地化管理制度。保障外来务工人员子女的同等受教育机会。完善和落实国家有关农民工的政策，切实维护农民工的合法权益。在国家统一规划指导下，建立社会保险关系跨统筹区转移制度和信息网络，完善参保人员社会保险关系转移、衔接的政策措施。建立健全区域内流动人口管理与服务协调机制。健全流浪乞讨人员救助管理制度。

十、着力推进改革攻坚，率先建立完善的社会主义市场经济体制

（三十三）**大力推进行政管理体制改革**。切实转变政府职能，全面实现政企分开、政资分开、政事分开以及政府与中介组织分开，进一步强化社会管理和公共服务职能，加快构建责任政府和服务政府。创新政府管理模式，减少和规范行政审批，积极利用市场机制和法律法规进行管理，必不可少的行政审批尽可能采取核准和备案方式。深化机构改革，优化政府管理层次，加强社会管理机构，完善经济调节机构，合并职能相同或相近的政府部门，规范各种类型的办事机构，减少行政层级，提高运行效率。

（三十四）**继续推进非公有制经济发展和国有企业改革**。推进公平准入，改善融资条件，优化政策环境，促进非公有制经济发展，支持有条件的中小企业做大做强。开展相关试点工作，探索、引导和推动个体、私营企业制度创新，优化产业结构，提高自主创新能力，实现科学发展。加强和改进对非公有制企业的服务和监管，切实维护企业和职工合法权益。加快国有大型企业和国有垄断企业公司制股份制改革和战略并购重组，鼓励发展具有国际竞争力的大企业集团。运用多种有效方式，推动国有资本、民营资本和外资经济的融合，积极发展混合所有制经济。平等保护各类产权，推动形成各种所有制经济平等竞争、相互促进的新格局。

（三十五）**加快市场化进程**。建立统一开放的产品、技术、产权、资本、人力资源等各类市场，实现生产要素合理流动和资源优化配置。进一步整顿和规范市场秩序，以信贷、纳税、合同履约等信用记录为重点，建立区域社会信用平台与体系，构建经济、金融信息共享平台。实施统一的准入标准和技术标准，建立区域市场准入和质量互认制度。抓紧清理和修订阻碍要素合理流动的法规和政策，逐步统一企业创业和经营的地方性法规。完善财税管理体制。建立科技、人力资源共享和联动机制以及人力资源的合理流动机制，建立信息资源的开放共享机制，建立知识产权的协调保护机制。

（三十六）**着力构建规范透明的法制环境**。进一步清理、修订、完善现有政策和各类法规，建立稳定、规范和可预见的政策环境以及与国际通行做法相适应的法制环境，加快建立与国际接轨的法律规则。大力推进依法行政，加强政府法制建设。加快推进政务公开，建立公开、透明的行政体制和问责机制，实行投诉制、评估制、公示制和监察制，建立完善的监管制度。加强区域立法工作的合作与协调，形成区域相对统一的法制环境。

（三十七）**继续推进重大改革试验**。深化上海浦东综合配套改革试点，推广相对成熟、行之有效的改革政策。对具备一定人口规模和经济实力的中心镇赋予必要的城市管理权限。在国家批准的范围内，实行城镇建设用地增加和农村建设用地减少挂钩的改革试点，在严格执行土地用途管制的基础上，促进农村集体建设用地依法流转。积极探索互利共赢的财政政策，有序推动异地联合兴办开发区。深化金融改革，扩大金融改革试点。推动外汇管理改革创新，优化企业跨区域外汇业务规程，支持中外资金融机构提供多样化的外汇服务。推进地方中小金融机构和农村金融机构改制、重组和上市。

十一、健全开放型经济体系，全面提升对外开放水平

（三十八）**加快转变外贸增长方式**。进一步优化进出口结构，鼓励高附加值产品、服务产品出口，大力支持自主品牌和自主知识产权产品出口。鼓励能源、原材料、先进技术装备、关键零部件进口。率先实现加工贸易转型升级，严格执行加工贸易禁止类和限制类产品目录，推动加工贸易由代加工逐步向代设计、自主品牌转变，推动加工贸易梯度转移。率先推行符合国际惯例的质量、安全、环保、技术、劳工等标准，强化企业社会责任。加快推进海关特殊监管区域整合，推进大通关建设。

（三十九）**着力提高利用外资质量**。统筹协调对外开放政策，完善涉外经济管理体制。继续积极有效利用外资，更加注重引进先进技术、管理经验和智力资源。创新外商投资管理方式，试行对外商投资企业合同、章程的格式化审批。进一步优化外资结构，引导外资投向高新技术产业、基础设施领域和高端制造环节。大力承接国际服务外包。积极拓展利用外资方式，规范和引导外国投资者以多种方式参与国有企业改组改造以及向上市公司战略投资。在有条件的地方，扩大离岸金融试点。规范招商引资行为，实行相对统一的土地、税收政策，营造公平、开放的投资环境。

（四十）**加快企业“走出去”步伐**。鼓励各类有条件的企业开展对外投资与合作，在海外建立生产加工基地、营销网络和研发中心，在境外投资、海关通关、人员出入境、税收等方面予以支持。加大对企业境外重点开发项目的支持力度。鼓励对外工程承包，简化境外工程承包相关物资出口的退税审批手续，简化对境外工程承包相关设备出境的外汇管理。鼓励国内商业银行进一步扩展海外网点和业务，为企业境外并购融资。选择有条件的企业开展国际贸易人民币结算试点。

十二、加强组织协调，全面落实各项任务

（四十一）**加强统筹协调**。推进长江三角洲地区改革开放和经济社会发展是一项系统工程，各有关方面要认真贯彻落实本指导意见提出的各项目标和任务。两省一市要根据本指导意见的要求，研究制订切实可行的实施方案，落实各项工作任务；要深入实际调查研究，及时总结经验，扎实推进，重大问题要及时向国务院报告。由国家发展和改革委员会牵头，抓紧编制《长江三角洲地区区域规划》，并做好与相关规划的衔接协调、组织实施和各项政策措施落实的督促检查工作。国务院各有关部门要加快职能转变，增强服务意识，根据本指导意见研究提出本部门支持和推进长江三角洲地区改革开放和经济社会发展的具体措施。

（四十二）**完善合作机制**。要积极探索新形势下管理区域经济的新模式，坚持政府引导、多方参与，以市场为基础、以企业为主体，进一步完善合作机制，着力加强基础设施建设、产业分工与布局、生态建设与环境保护等方面的联合与协作。积极推进泛长江三角洲区域合作，要进一步加强与中西部地区经济协作和技术、人才合作，带动和帮助中西部地区发展。积极推进与港澳台的经济联系与合作。

实现长江三角洲地区又好又快发展，事关国家改革开放和现代化建设大局。两省一市和国务院各有关部门要加强合作，团结奋斗，真抓实干，创造性地开展工作，努力促进长江三角洲地区在高起点上争创新优势、实现新跨越。

国务院

二〇〇八年九月七日

关于支持福建省加快建设海峡西岸经济区的若干意见

国发〔2009〕24号

各省、自治区、直辖市人民政府，国务院各部委，各直属机构：

为贯彻落实党的十七大精神、国民经济和社会发展“十一五”规划纲要的部署，支持和推动福建省加快建设海峡西岸经济区，促进该地区又好又快发展，现提出以下意见：

一、充分认识支持福建省加快建设海峡西岸经济区的战略意义，明确总体要求和发展目标

（一）重大意义。海峡西岸经济区东与台湾地区一水相隔，北承长江三角洲，南接珠江三角洲，是我国沿海经济带的重要组成部分，在全国区域经济发展布局中处于重要位置。福建省在海峡西岸经济区中居主体地位，与台湾地区地缘相近、血缘相亲、文缘相承、商缘相连、法缘相循，具有对台交往的独特优势。近年来，福建省大力推进海峡西岸经济区建设，综合实力不断增强，为进一步加快发展奠定了坚实基础。当前，两岸关系出现重大的积极变化，为海峡西岸经济区加快发展和开展与台湾地区合作提供了重要机遇。支持福建省加快海峡西岸经济区建设，是进一步发挥福建省比较优势，实现又好又快发展的迫切需要；是完善沿海地区经济布局，推动海峡西岸其他地区和台商投资相对集中地区发展的重大举措；也是加强两岸交流合作，推进祖国和平统一大业的战略部署，具有重大的经济意义和政治意义。

（二）总体要求。高举中国特色社会主义伟大旗帜，坚持以邓小平理论和“三个代表”重要思想为指导，深入贯彻落实科学发展观，从维护中华民族核心利益、促进祖国统一的大局出发，牢牢把握两岸关系和平发展的主题，着力推进两岸交流合作，促进两岸互利共赢；着力转变经济发展方式和增强自主创新能力，提高经济发展质量和水平；着力统筹城乡和区域发展，提高经济社会发展的协调性；着力深化改革开放，增强发展的动力和活力；着力改善民生，推进社会主义和谐社会建设；着力加强生态文明建设，提高可持续发展能力，将海峡西岸经济区建设成为经济持续发展、文化更加繁荣、综合竞争力不断增强、人民群众安居乐业的和谐区域，为全局做出更大贡献。

（三）战略定位。

——两岸人民交流合作先行先试区域。发挥海峡西岸经济区独特的对台优势和工作基础，努力构筑两岸交流合作的前沿平台，实施先行先试政策，加强海峡西岸经济区与台湾地区经济的全面对接，推动两岸交流合作向更广范围、更大规模、更高层次迈进。

——服务周边地区发展新的对外开放综合通道。从服务、引导和促进区域经济协调发展出发，大力加强基础设施建设，构建以铁路、高速公路、海空港为主骨架主枢纽的海峡西岸现代化综合交通网络，使之成为服务周边地区发展、拓展两岸交流合作的综合通道。

——东部沿海地区先进制造业的重要基地。立足现有制造业基础，加强两岸产业合作，积极对接台湾制造业，大力发展电子信息、装备制造等产业，加快形成科技含量高、经济效益好、资源消耗低、环境污染少、人力资源优势得到充分发挥的在全国具有竞争力的先进制造业基地和两岸产业合作基地。

——我国重要的自然和文化旅游中心。充分发挥海峡西岸经济区的自然和文化资源优势，增强武夷山、闽西南土楼、鼓浪屿等景区对两岸游客的吸引力，拓展闽南文化、客家文化、妈祖文化等两岸共同文化内涵，突出“海峡旅游”主题，使之成为国际知名的旅游目的地和富有特色的自然文化旅游中心。

（四）发展目标。

——到 2012 年，在优化结构、提高效益、降低消耗、保护环境的基础上，人均地区生产总值接近或达到东部地区平均水平，着力科学发展先行，力争在一些领域走在全国前列；城乡居民收入显著提高，基本公共服务水平明显改善；地方财政收入较大幅度增长；单位生产总值能耗持续下降；生态环境继续改善；服务两岸直接“三通”的主要通道基本形成并不断完善，两岸人民交流合作的前沿平台功能更加凸显。

——到 2020 年，率先建立充满活力、富有效率、更加开放、有利于科学发展的体制机制。统筹协调能力明显提高，社会就业更加充分，社会保障体系健全，人民生活更加富足，社会更加和谐。资源利用效率明显提高，生态环境优美，可持续发展能力增强，生态文明建设位居全国前列，科学发展达到新的水平，实现全面建设小康社会的目标。闽台经济融合不断加强，促进形成两岸共同发展的新格局。

二、发挥独特的对台优势，努力构筑两岸交流合作的前沿平台

（五）建设两岸经贸合作的紧密区域。按照同等优先、适当放宽的原则，以信息、石化、机械、船舶、冶金等产业为重点，提升台商投资区和国家级经济技术开发区的载体作用，密切与台湾相关行业协会、企业的联系，促进两岸产业深度对接，形成以厦门湾、闽江口、湄洲湾等区域为主的产业对接集中区。发挥海峡两岸农业合作试验区、现代林业合作实验区的窗口、示范和辐射作用，促进对台农业资金、技术、良种、设备等生产要素的引进与合作。推动对台离岸金融业务，拓展台湾金融资本进入海峡西岸经济区的渠道和形式，建立两岸区域性金融服务中心，推动金融合作迈出实质性步伐。建立海峡两岸旅游合作机制，共推双向旅游线路，培育“海峡旅游”品牌。加强与台湾现代服务业合作，建设海峡西岸物流中心。实行更加开放的对台贸易政策，扩大对台贸易。健全涉台法律法规，依法保护台胞的正当权益，为台胞投资兴业、交往交流提供便利条件和优质服务。制定相关政策措施，鼓励和支持有条件的企业到台湾投资兴业，推动建立两岸产业优势互补的合作机制，促进两岸经济共同发展。

（六）建设两岸文化交流的重要基地。全方位、多层次开展与台湾地区的交往，推动文化交流、人员互动。加快推进闽南文化生态保护实验区建设，提升闽台缘博物馆的交流功能。深入开展两岸文化对口互动活动，深化两岸科技、教育、卫生、体育等方面合作。加强祖地文化、民间文化交流，进一步增强闽南文化、客家文化、妈祖文化连接两岸同胞感情的文化纽带作用。

（七）建设两岸直接往来的综合枢纽。加快完善两岸直接“三通”基础条件，提升对台开放合作整体功能。规划建设对台交通通道，推进对台直接航运。进一步扩大口岸开放，加强口岸基础设施和大通关机制建设，实现福建电子口岸互联互通和信息共享。健全两岸人流、物流往来的便捷有效管理机制，促进海峡西岸经济区与台湾地区直接往来。增设直接往来货运口岸，推动空中直航，把该地区建设成为两岸交流交往、直接“三通”的主要通道和平台。

三、加快现代化基础设施建设，强化发展保障

（八）加强综合交通运输网络与对外通道建设。按照促进海峡西岸经济区发展和两岸直接“三通”的要求，大力推进交通基础设施建设，形成内地到福建的便捷交通走廊。整合港湾资源，形成以厦门港、福州港为主，布局合理的东南沿海地区港口发展格局。集中力量加快海峡西岸经济区高速公路网建设，尽快打通省际间的断头路，加强纵深推进、南北拓展的高速公路建设，加快建设北京至福州高速公路，尽快形成高速公路网络。将海峡西岸经济区铁路发展项目纳入国家中长期铁路网调整规划，加快建设温福、福厦、厦深、龙厦、向莆铁路，规划建设北京至福州、昆明至厦门高速铁路以及城际铁路和一批港口铁路支线，形成连接海峡西岸经济区与长三角、珠三角以及中西部地区的大运力快捷铁路运输通道。完善厦门、福州等机场两岸空中直航的设施条件，合理布局支线机场，开辟国内外新航线，形成以福州、厦门国际机场为主的干支线机场相结合的空港布局。

（九）加强沿海能源基础设施建设。充分利用优良港口条件，积极利用国际国内两种资源，强化能源保障，优化能源结构。结合沿海煤运港口的建设，合理布局沿海大型煤电，适时推进超临界、超超临界火电建设。进一步完善核电厂址前期工作，加快推进宁德、福清核电等项目建设。积极发展风力、潮汐等新能源。进一步完善电网建设，加强与华东电网的联网，加快开展与南方电网联网的前期工作。布局建设石油储备基地和煤炭中转基地。加强台湾海峡油气资源的合作勘探和联合开发。结合液化天然气接收站的布局，加快输气管网建设，逐步提高民用燃气覆盖率。

（十）加强城乡公共设施建设。改善城市间道路交通条件，加强对外交通与内部道路的衔接。完善城市内道路路网结构，提高路网密度。推进福州、厦门、泉州等城市轨道交通发展，提高城市道路标准。进一步健全城市道路桥梁、供水、供气、防洪、污水和垃圾处理等市政基础设施功能，提高人口承载能力。努力改善乡村交通、饮水安全、人居环境等条件。加强水源与供水工程建设，适时开工建设一批具有防洪、灌溉、供水等功能的综合水利枢纽。合理规划和建设跨区域、跨流域水资源配置工程，确保城乡供水安全。切实解决沿海岛屿供水问题，适时推进向金门、马祖等地供水、供电及铺设海底通信缆线工程建设。

四、增强自主创新能力，推进产业结构升级

（十一）加强海峡西岸区域创新体系建设。采取更加有效的政策措施，大力推进集成创新和引进、消化、吸收再创新，努力打造特色鲜明的区域创新体系。健全多元化科技投入体系，建立稳定的各级财政科技投入增长机制。整合科技资源，推动跨部门、跨区域的科技合作。支持信息、医药、生物、新材料、新能源、海洋等领域应用基础研究，加强高技术和产业关键共性技术开发，造就一批竞争力强的优势企业和知名品牌。鼓励、支持台商投资高新技术园区，吸引台湾科研机构和科技人员共同创建创新平台。建设海峡西岸高新技术产业带，使之成为承接台湾高新技术产业与技术转移的载体。加强国家重点实验室、工程技术（研究）中心和公共服务平台建设。加快科技成果转化与应用，提高科技对经济增长的贡献率。

（十二）大力发展现代农业。按照高产、优质、高效、生态、安全的要求，加快转变农业发展方式，促进农业结构优化升级，构建现代农业产业体系。加快农业科技创新，加强农业新品种、新技术、新肥料、新农药、新机具的推广应用。加强对农业的支持和保护。稳定发展粮食生产，努力保持粮食自给能力不降低。大力发展畜牧业、园艺业、林竹产业、水产业等优势产业，积极培育水产品、蔬菜、水果、食用菌、茶叶、花卉等特色农产品。大力发展品牌农业，支持培育一批农产品加工示范园区、示范企业和示范项目，扶持壮大农业产业化龙头企业。加强闽台农业合作，推进农产品出口加工基地建设，扩大特色优势农产品出口。加强农业基础设施建设，提高土地产出率、资源利用率。加快农产品质量安全体系建设，建立健全新型农业社会化服务体系。

（十三）建设海峡西岸先进制造业基地。坚持走新型工业化道路，加快转变经济发展方式，提升产业发展水平。着力发展先进制造业，重点发展电子信息、装备制造、石油化工等产业。加快发展集成电路设计和软件、光电、消费电子、生物医药、精密仪器、环保、新材料等高新技术产业，着力应用高新技术和先进适用技术改造提升建材、冶金、纺织、食品等传统优势产业。实施品牌带动战略，扶持重点骨干企业发展，培育一批拥有自主知识产权、主业突出、竞争力强的大企业、大集团。鼓励建立与台湾产业配套的以及大陆台资企业所需的零部件、原辅材料中心。加快培育特色优势产业，着力培育产业集群，形成具有较强竞争力的现代产业体系。

（十四）加快发展现代服务业。积极承接台湾现代服务业转移，依托中心城市、产业集聚区、货物集散地、交通枢纽和港口资源，建设福州、厦门、泉州等物流节点和一批现代物流中心。依托临港工业和台资企业集中区，合作建设物流配送或专业配送中心。依托保税港区、保税物流园区，建设连结海峡两岸的现代物流中心。依托福州、厦门软件园，发展软件服务外包、动漫游戏产业，培育承接服务外包业务的专业企业，吸引台湾企业乃至世界跨国公司服务外包转移。积极发展信息服务业。大力吸引台湾企业到海峡西岸经济区设立地区总部、配套基地、采购中心、物流中心、营运中心和研发中心。积极发展面向台湾及海外的会展业。以滨海旅游、生态旅游、红色旅游和文化旅游为重点，进一步整合旅游资源，加强旅游景点及配套设施建设，办好各类旅游节庆活动，丰富旅游产品，开拓旅游市场，培育一批有特色、有影响、有效益的旅游精品。

（十五）建设现代化海洋产业开发基地。充分利用海洋资源优势，推进临港工业、海洋渔业、海洋新兴产业等加快发展。坚持高起点规划、高标准建设，将沿海港口作为大型装备制造业项目布局的备选基地，合理布局发展临港工业。以厦门湾、湄洲湾等为依托，建设以石化、船舶修造等为重点的临港工业集中区，成为带动区域经济发展的新增长点。推广名优新品种和生态养殖模式，建设生态型海水养殖和海水产品加工基地。加快渔港建设。加强海上通航和救援合作，推动建立海上救援协作机制，完善台湾海峡防灾减灾体系。加强海洋科技中试基地及研发平台建设，加快培育海洋药品、保健食品、海水综合利用等新兴产业，形成若干以港湾为依托具有较强竞争力的临港经济密集区。

五、统筹区域内协调发展，促进互动融合

（十六）推进形成科学合理的主体功能区。发挥发展基础较好、环境资源承载能力较强等有利条件，把海峡西岸沿海具备条件的地区作为全国主体功能区的重点开发区域，推进新型工业化和城镇化，进一步提高人口与经济聚集程度。在山区贯彻以保护为主、开发为辅的原则，最大限度地保护山川秀美的生态环境。按照贯彻落实科学发展观的要求，做好主体功能区规划编制，科学划分主体功能区域，完善区域发展政策，创新管理体制，强化陆海统筹、山海联动，优化基础设施和产业布局，促进经济社会发展和资源环境相协调。

（十七）统筹城乡协调发展。加强海峡西岸城市群发展的规划协调，提高城市建设与管理水平，增强产业和人口承载能力、辐射带动能力，逐步形成以区域中心城市为骨干、中小城市和小城镇为基础的城镇体系。统筹好土地利用总体规划、城乡规划、基础设施建设、就业、社会保障等的发展，加快建立城乡基础设施共同发展机制、城乡公共服务均等供给制度、城乡衔接的社会保障体系，促进基础设施向农村延伸、公共服务向农村拓展、社会保障向农村覆盖。各大中城市要切实履行市带县、市帮县的责任，加大城市人才、智力、资金等对农村的支持，加快社会主义新农村建设，实现以城带乡，统筹发展，加快形成城乡经济社会一体化发展新格局。

（十八）促进欠发达地区发展。加快海峡西岸经济区的革命老区、原中央苏区县、少数民族地区、海岛、水库库区等欠发达地区的发展，加大财政转移支付力度，增加对这些地区在教育、医疗、社会保障、基础设施等方面投入，不断改善生产生活条件，逐步实现基本公共服务均等化。立足资源优势和市场需求，大力扶持特色产业发展，提高农产品和特色资源深加工水平，推进农村扶贫开发。加大劳动力就业技能培训，合理有序推进农村劳动力转移。进一步完善和落实沿海对山区对口帮扶工作机制。积极推动包括台资企业在内的符合环保要求的沿海地区劳动密集型产业向福建山区转移，促进这些地区加快发展。

（十九）推动跨省区域合作。加强海峡西岸经济区与长三角、珠三角的经济联系与合作，促进优势互补、良性互动、协调发展，进一步完善沿海地区经济布局。发挥闽浙赣、闽粤赣等跨省区域协作组织的作用，加强福建与浙江的温州、丽水、衢州，广东的汕头、梅州、潮州、揭阳，江西的上饶、鹰潭、抚州、赣州等地区的合作，建立更加紧密的区域合作机制。加强重大项目建设的协调，推进跨省铁路、高速公路、港口等重大基础设施项目统筹规划布局和协同建设，畅通海峡西岸经济区港口与腹地的通道。加强电子、机械、旅游、物流等产业的对接，推动产业集群发展和合理布局，形成产业对接走廊。加强市场开发，建设区域共同市场，促进人流、物流、资金流、信息流的无障碍流动。统筹协调区域内对台交流合作的功能分工，提升海峡西岸经济区与台湾地区的对接能力。

六、全面深化改革开放，增强经济社会发展动力活力

（二十）增创体制机制新优势。进一步发挥厦门经济特区在体制机制创新方面的试验区作用。从海峡西岸经济区的实际出发，围绕建立有利于科学发展的体制机制和扩大两岸交流合作的需要，先行试验一些重大改革措施。继续深化农村综合改革，推进城乡统筹综合配套改革试验，建立以工促农、以城带乡的长效机制。在严格执行土地用途管制的基础上，促进农村集体建设用地依法流转，逐步建立城乡统一的建设用地市场。深化金融改革与创新，扩大金融改革试点，在多种所有制金融企业、离岸金融业务等方面进行改革试验，完善创业风险投资机制。深化行政管理体制改革，着力转变政府职能，提高行政效能。加强法制建设，大力推进依法行政，着力构建规范透明的法制环境。进一步改善民营经济发展环境，激发民营经济发展活力。大力推进外贸、港口、社会管理等领域改革，探索建立有利于扩大两岸交流合作的新机制。

（二十一）积极合理有效利用外资。提高利用外资水平，更加注重引进先进技术、管理经验和智力资源。创新外商投资管理方式，简化审批程序。进一步优化外资结构，引导外资投向主导产业、高新技术产业、现代服务业和节能环保等领域。积极研究海峡西岸经济区范围内的国家级开发区扩区、调整区位和省级开发区升级，拓展开发区的功能，提高土地利用率。加强海关特殊监管区域建设，积极推进各类海关特殊监管区域的整合。支持在台商投资区和台资企业密集地区开展海关保税物流中心试点。规范招商引资行为，实行统一的土地、税收政策，营造公平、开放的投资环境。

（二十二）加快转变外贸增长方式。进一步优化进出口结构，鼓励高技术含量高附加值产品、服务产品和农产品出口，大力支持自主知识产权、自主品牌产品出口，严格限制高耗能、高污染、资源性产品出口。积极扩大对台进出口贸易。鼓励经济发展急需的先进技术、关键设备和重要资源进口。加快加工贸易转型升级，引

导加工贸易向产业链高端发展。鼓励优势企业参与海外资源开发，建立境外生产、营销和服务网络，带动商品出口和劳务输出。积极推进保税加工、保税物流业发展，大力发展国际中转、配送、采购、转口贸易和加工制造等业务。

（二十三）深化与港澳侨合作。充分利用内地与港澳更紧密经贸关系安排的机制，进一步提升闽港澳经济合作的层次和水平。加强与港澳在服务业领域的合作，引入港澳资金、先进技术和管理经验，加快发展现代服务业。吸引更多的港澳金融机构到福建设立分支机构或投资参股，支持符合条件的福建企业到香港上市融资。利用香港的融资渠道和营销网络，积极开展联合招商，推动福建企业到香港设立营销中心、运营中心，扩大对港贸易和转口贸易。加强福建与港澳的物流业合作，建立跨境物流网络。加强闽港澳旅游合作，推动旅游线路对接延伸。充分发挥福建海外华侨华人众多、爱国爱乡的优势，充分利用各种有效平台作用，积极引进侨智，大力吸引海外侨胞来闽投资，引导更多的华侨华人支持和参与海峡西岸经济区建设。

七、加快社会事业发展，促进社会和谐

（二十四）大力推进人力资源建设。以人才资源能力建设为核心，着力培养学术技术带头人、科技领军人才和一线创新人才，抓紧培养先进制造业和现代服务业所需的高技能应用型人才，为海峡西岸经济区建设提供坚强的人才保证和智力支持。加强人的能力素质建设，支持发展职业教育，培养高素质劳动者和实用性、技能型人才。调整高校学科设置，加快培养经济建设紧缺急需的人才，建立起与两岸产业对接相适应的人才培养结构，提升高等教育质量和水平。进一步拓展两岸职业教育合作，支持开展两岸校际合作、职业培训、资格考试和认证、职称评定、人才引进和人力资源开发等试点工作。健全人才政策体系，鼓励台湾科技、教育等领域人才到海峡西岸经济区创业，形成广纳群贤、充满活力的吸引人才和使用人才的良好风尚。

（二十五）加强文化基础设施建设和文化产业发展。大力推进文化基础设施建设，加快建立覆盖城乡的公共文化服务体系，建立健全运行保障机制。加大投入力度，加强图书馆、博物馆、文化馆、文化站等文化设施建设，积极推进文化信息资源共享、广播电视“村村通”和农村电影放映等文化工程建设，进一步完善城乡公共文化服务网络。加强网络文化建设和管理，营造良好网络环境。整合文化资源，打造一批地域特色明显、展现海峡西岸风貌、在国内外具有影响力的文化品牌，重点保护发展闽南文化、客家文化、妈祖文化、红土地文化、船政文化、畲族文化、朱子文化等特色文化。加强文物、非物质文化遗产保护，完善历史文化名城等基础设施，妥善保护历史文化街区。推动文化与经济融合，大力发展文化创意产业，建立海峡两岸文化产业合作中心，着力培育专、精、特、新文化企业，努力使海峡西岸经济区成为全国重要的文化产业基地。

（二十六）着力改善民生。巩固提高九年义务教育，把义务教育重点放在农村，调整农村义务教育布局结构，完善义务教育经费保障机制。实施积极的就业政策，改革劳动和就业管理体制，完善公共就业服务体系，建立城乡统一、区域协调的人力资源市场和平等的就业制度。加强城市社区、农村卫生服务体系建设，全面推行城镇居民基本医疗保险和新型农村合作医疗。大力推进各项社会救助制度建设，特别要关注对困难台胞台属的救助，加快完善覆盖城乡居民的社会保障体系。健全社会保障性住房制度，切实解决城市低收入家庭住房困难。加强和完善社会管理，维护社会安定团结，保障人民安居乐业。

八、加快生态文明建设，实现经济社会可持续发展

（二十七）全面推进节能减排。落实节能减排目标责任制。强化固定资产投资项目节能评估和审查，对新上项目严把产业政策关、资源消耗关、环境保护关。大力实施重点节能工程，突出抓好高耗能行业和重点耗能企业的节能减排工作。引进台湾先进节能环保技术，积极推进和支持重点台资企业的节能减排。积极发展循环经济，开展国家循环经济试点。建立和完善再生资源回收体系，促进重点行业废弃物再利用和城市生活垃圾资源化利用，提高工业用水循环利用率。建立淘汰补偿机制，加快淘汰落后生产能力。

（二十八）加强生态建设和保护。积极推进集体林权制度改革，提高林地保护和管理能力，加强森林资源的抚育更新，保持森林覆盖率居全国前列；优化森林资源结构，提高森林资源质量，强化森林资源的生态功能。加强水资源管理，完善取水许可和水资源有偿使用制度，加强水资源总量控制和定额管理，健全流域管理和区域管理相结合的管理体制。完善闽江、九龙江等流域上下游生态补偿办法，推动龙岩、汕头、潮州建立汀江（韩江）流域治理补偿机制，推进生态环境跨流域、跨行政区域的协同保护。

（二十九）**强化环境综合整治**。从源头上控制环境污染，加强污染治理、监测和监管。继续推进自然保护区和生态示范区、生态农业示范县、生态示范区、可持续发展实验区建设。加强台湾海峡海域、重要流域水环境综合治理、重点流域沿岸乡镇垃圾集中处理和规模化畜禽养殖场污染治理，提高流域水环境质量。推进主要江河水源地、严重水土流失区和生态脆弱区的综合治理与生态重建。加强沿海防护林体系工程建设，切实保护近岸海域生态系统。实施对重要生态功能区的抢救性保护、重点资源开发区生态环境强制性保护、生态环境良好区和农村生态环境积极性保护、风景名胜资源严格保护，维护生态平衡，保障生态安全。

九、加强组织领导，落实保障措施

（三十）**加强统筹协调**。支持海峡西岸经济区加快发展是中央确定的重要工作方针，国务院各有关部门要明确责任，从自身职能出发，抓紧制定细化方案和具体措施，将政策措施落到实处。

加强规划指导。由发展改革委会同福建省及相关地区，商有关部门抓紧编制《海峡西岸经济区发展规划》，以指导和促进海峡西岸经济区充分发挥后发优势，在更高的起点上实现又好又快发展。在规划编制过程中，要注重与其它规划和相关政策的衔接。

加大资金投入和项目支持。中央财政转移支付、中央预算内专项资金和中央预算内投资，以及其他中央专项资金，都要加大对海峡西岸经济区的扶持力度，特别要加大对原中央苏区县、革命老区、少数民族地区的扶持力度。安排中央预算内投资等资金时，福建革命老区、少数民族地区等参照执行中部地区政策，福建原中央苏区县参照执行西部地区政策。适当降低中央投资项目地方投资比例，支持发展特色产业和重大项目建设，对海峡西岸经济区的基础设施建设给予专项补助。对具有全国或区际意义、有助于形成海峡西岸经济区整体竞争力的项目，在项目布点与审批、土地利用等方面给予重点支持。

（三十一）**赋予对台先行先试政策**。建设海峡西岸经济区，符合两岸人民的根本利益。要以中央对台工作总体方针政策为指导，在两岸综合性经济合作框架下，按照建立两岸人民交流合作先行区的要求，允许在对台经贸、航运、旅游、邮政、文化、教育等方面交流与合作中，采取更加灵活开放的政策，先行先试，取得经验。

支持扩大两岸经贸合作。按照同等优先、适当放宽的原则，鼓励承接台湾产业转移，允许国家禁止之外、不涉及国家安全的各类台商投资项目在海峡西岸经济区落地，加快台商投资项目审批。积极推动海峡两岸双向投资，对赴台投资项目简化审批程序，加快审批和核准节奏。在两岸建立长期、稳定的经贸合作机制过程中，允许海峡西岸经济区在促进两岸贸易投资便利化、台湾服务业市场准入等方面先行试验，适当增加对台合作的用地指标。设立对台农产品出口加工基地和台湾农业技术、新品种推广中心，增设台湾农民创业园。扩大“区港联动”政策覆盖范围，在现有海关特殊监管区域政策的基础上，进一步探索在福建沿海有条件的岛屿设立两岸合作的海关特殊监管区域，实施更加优惠的政策。探索进行两岸区域合作试点。积极推动建立两岸金融业监管合作机制，在此机制下，优先批准台资银行、保险、证券等金融机构在福建设立分支机构或参股福建金融企业，支持设立两岸合资的海峡投资基金，进一步扩大两岸货币双向兑换范围，逐步建立两岸货币清算机制。

支持两岸交流交往。把福建沿海机场、港口等作为两岸直接“三通”的首选地。适时增加福建沿海港口为对台海上货运直航口岸。推动福建机场与台湾实现空中直航，增加航班、航线。支持福建作为对台邮件总包交换中心。支持开拓对台旅游市场，适时扩大大陆居民从福建口岸赴台湾旅游。支持福建试行便利两岸人员往来的管理办法，包括为台湾本岛居民办理来往大陆通行证和大陆居民赴台旅游证件等。进一步发挥福建作为两岸事务重要协商地的作用。

支持平台载体建设。适时推进厦门、福州台商投资区扩区和新设立泉州台商投资区。支持继续办好涉台重大经贸文化活动。推动妈祖文化申报世界非物质文化遗产。设立海峡两岸文化产业园，建设一批对台文化交流与合作基地。

（三十二）**强化组织实施**。福建省要加强领导，周密部署，进一步解放思想，创新机制，明确工作责任，确保各项任务和政策措施落到实处。对与两岸经济交流比较密切的浙南、粤东、赣东南地区以及其他台商投资相对集中地区，也要予以积极支持。各地区各部门要认真学习贯彻党的十七大精神，深入贯彻落实科学发展观，积极支持配合本意见的实施，同心协力，扎实工作，努力把海峡西岸经济区经济社会发展推向新的阶段，在促进祖国和平统一大业和全国发展大局中发挥更大作用。

国务院
二〇〇九年五月六日

关于进一步实施东北地区等老工业基地振兴战略的若干意见

国发〔2009〕33号

各省、自治区、直辖市人民政府，国务院各部委、各直属机构：

实施东北地区等老工业基地振兴战略五年多来，振兴东北地区等老工业基地工作取得了重要的阶段性成果。以国有企业改革为重点的体制机制创新取得重大突破，多种所有制经济蓬勃发展，经济结构进一步优化，自主创新能力显著提升，对外开放水平明显提高，基础设施条件得到改善，重点民生问题逐步解决，城乡面貌发生很大变化。实践证明，中央实施振兴东北地区等老工业基地战略的决策是及时的、正确的。但也要清醒看到，东北地区等老工业基地体制性、结构性等深层次矛盾有待进一步解决，已经取得的成果有待进一步巩固，加快发展的巨大潜力有待进一步发挥。在当前形势下，认真总结振兴工作实践经验，进一步充实振兴战略的内涵，及时制定新的政策措施，既是应对国际金融危机、促进全国经济平稳较快发展的需要，也是推进东北地区等老工业基地全面振兴的需要。为此，现提出以下意见：

一、优化经济结构，建立现代产业体系

（一）**加快推进企业兼并重组**。要坚持市场主导和政府引导相结合，进一步打破地区、行业、所有制界限，优化资源配置，推动企业兼并重组，培育具有国际竞争力的大型企业集团。东北地区企业联合重组涉及“债转股”资产处置的，应根据实际情况试行新的处置方式，合理处置“债转股”股权。支持中央大型企业集团和地方企业相互联合重组。鼓励民营企业、外资企业等各类投资主体参与老工业基地企业改革重组。优先支持实现兼并重组的企业进行技术改造。

（二）**大力发展非公有制经济和中小企业**。创造公平竞争环境，平等保护各类产权，促进非公有制经济加快发展。落实融资、财税及市场准入等方面的政策，积极支持民间资本进入基础设施、公用事业、金融服务和社会事业等领域。推动国有资本、民营资本和外资经济的融合，积极发展混合所有制经济。允许职工在企业改制中持有一定比例股份。引导中小企业创新体制机制，提高经营管理水平和市场竞争力。充分发挥东北地区等老工业基地大企业聚集的优势，鼓励中小企业与大企业形成产业链的协作配套关系，促进其向“专精特优”方向发展。完善中小企业创业融资服务，继续推动中小企业信用体系和信用担保体系建设，支持东北中小企业信用再担保公司及其分支机构扩展业务。

（三）**做优做强支柱产业**。贯彻落实重点产业调整振兴规划，加大结构调整力度，加快淘汰落后，防止重复建设。积极推进信息化与工业化融合，用现代信息手段改造传统产业，提高数字化、智能化水平。提高对东北老工业基地调整改造项目的中央预算内资金支持比例。支持东北老工业基地优势产业、骨干企业、重要品牌扩大市场份额。大力发展东北地区具有优势的大型铸锻件、核电设备、风电机组、盾构机械、先进船舶和海洋工程装备、大型农业机械、高速动车组、大功率机车、高档数控机床等市场急需产品及关键配套件。鼓励采购国产设备和推广应用首台（套）重大技术装备。进出口银行每年安排一定的信贷额度用于支持东北地区重大技术装备出口，人民银行和外汇局要在政策上给予支持。努力促进东北地区汽车产业调整结构，重点发展自主品牌汽车、小排量汽车、新能源汽车及关键零部件。继续调整钢铁工业产品结构，加强节能减排，淘汰落后产能，提高市场竞争力，同时加大资源勘探开发和对外合作力度，提高矿石资源的保障水平。优化提升石化产业，抓紧组织实施大型炼油、乙烯项目，提高加工度，发展精细化工、化肥等。

（四）**积极培育潜力型产业**。依托装备制造业整机制造能力强的优势，发展基础配套零部件、加工辅具和特殊原材料等。依托国防军工企业汇集的优势，发展军民两用技术，促进军民融合，增强军工企业的辐射带动作用。依托原材料加工基地的优势，努力发展下游特色轻工产业。依托农林产品商品量大、品质好，畜牧养殖业发达的优势，大力发展农林畜产品精深加工业。依托北方中药材资源优势，发展现代中药（北药）产业。依托地处东北亚中心的地缘优势，加强与周边国家的能源和资源开发合作。积极发展航空航天、电子信息、生物医药、新能源、新材料等新兴产业。鼓励地方政府设立专项扶持资金，支持潜力型产业发展。

（五）加快发展现代服务业。继续支持中外金融机构在东北地区设立分支机构和办事机构。鼓励有条件的城市进行金融改革创新，积极稳妥地发展中小金融机构。推动设立汽车金融公司，拓宽汽车消费融资渠道。推进东北产权交易平台互联互通、区域整合和功能拓展。支持大连商品交易所建设亚洲重要期货交易中心，在做精做细现有上市期货品种的基础上，推出东北地区具有优势、符合大连商品交易所功能定位的期货品种。推进现代物流业发展，研究制定东北地区物流业发展专项规划，统筹建设一批重点区域物流园区。加快发展软件和服务外包产业，重点建设好大连、哈尔滨、大庆三个服务外包示范城市，积极支持延吉、绥芬河等城市利用独特区位优势发展软件和服务外包产业。贯彻落实文化产业调整振兴规划，支持文化创意、出版发行、影视制作、演艺娱乐、文化会展、数字内容和动漫等文化产业加快发展，打造具有东北地方特色的文化品牌。加强公共文化基础设施和文化惠民工程建设，完善公共文化服务体系。加大文化遗产保护力度，扩大对外文化交流。大力发展旅游业，抓紧研究出台东北地区旅游业发展专项规划，加强旅游基础设施建设，发展一批特色鲜明、吸引力强的旅游目的地，提高管理服务水平，建立大东北无障碍旅游区。

（六）扶持重点产业集聚区加快发展。推动辽宁沿海经济带、沈阳经济区、哈大齐工业走廊、长吉图经济区加快发展，建设国内一流的现代产业基地。组织编制发展规划，支持沈阳铁西老工业基地调整改造暨装备制造业发展示范区和大连“两区一带”等装备制造业集聚区发展，打造具有国际竞争力的先进装备制造业基地。推进内蒙古东部地区能源重化工基地、黑龙江东部煤电化工基地和辽西北煤化工基地建设，提高资源转化利用水平。充分发挥沈阳、长春、哈尔滨、大连和通化等高技术产业基地的辐射带动作用，形成一批具有核心竞争力的先导产业和产业集群。支持有条件的地区建设一批有影响、有规模的特色产业园区，加快长春汽车产业开发区和轨道交通装备产业园发展，抓紧研究创建大连国家生态工业示范园区（静脉产业类）。加快推进东北地区符合条件的国家经济技术开发区扩区和重点省级开发区升级工作。

二、加快企业技术进步，全面提升自主创新能力

（七）加大企业技术改造力度。企业技术改造是老工业基地调整改造的重要内容，也是振兴工作取得成效的一条重要经验。要继续加大对企业技术改造的支持力度，从现有相关投资专项中分离设立东北地区等老工业基地调整改造专项，以及利用新增中央预算内投资，支持东北地区等老工业基地企业技术改造和技术进步，近期筛选一批项目予以重点支持。中央国有资本经营预算资金用于东北老工业基地中央企业的比例应有所增加。抓紧完成装备制造产业投资基金设立工作，重点支持东北地区装备制造企业技术改造和兼并重组。

（八）提高自主创新能力。充分发挥东北地区等老工业基地的人才优势，建立健全鼓励自主创新的体制机制。要在老工业基地重点发展领域，依托重要骨干企业、重大工程项目，组织实施一批带动力强、影响面广、见效快的技术创新和高技术产业化项目。要充分利用东北地区等老工业基地的科研和产业优势，通过国家重大科技专项和创新能力建设专项，支持建设一批工程研究中心、工程实验室和企业技术中心，突破一批核心技术和关键共性技术。支持企业有效吸纳利用国际创新资源，提高集成创新和引进消化吸收再创新能力。支持老工业基地引进一批重点行业发展急需的创业、研发领军人物及团队。国家“千人计划”、“百人计划”等项目要重点支持东北老工业基地的海外高层次人才引进工作。鼓励采取技术入股、期权激励等更加灵活的政策措施，为引进高端人才并使其发挥作用创造良好的环境。

（九）促进自主创新成果产业化。大力推广应用自主创新成果，努力将其转化为先进生产力，培育新的经济增长点。加大对新能源、新材料、生物、信息、航空航天、高速铁路等高技术领域自主创新成果产业化的支持力度。积极推动产学研用相结合，鼓励高等院校和科研机构向企业转移自主创新成果，鼓励更多科技人员创办科技型企业。优先支持符合条件的科技型企业在创业板上市融资。继续组织实施振兴东北老工业基地高技术产业发展专项，重点用于东北老工业基地国家高技术产业基地建设、自主创新成果产业化和创新能力建设等。有关地方政府要制定政策，支持老工业基地自主创新成果产业化。

三、加快发展现代农业，巩固农业基础地位

（十）大力发展现代农业。东北地区具有发展现代农业得天独厚的条件。要围绕提高土地产出率、资源利用率和劳动生产率，抓紧研究制定加快东北地区现代农业发展的政策措施。结合实施全国新增1000亿斤粮食生产能力规划，加强东北地区粮食生产能力建设，形成稳固的国家粮食战略基地。加大粮食丰产科技工程实施力度，大力推广高产优质、节本增效新技术。优化农机结构，提高农业机械化水平。加大农机具停放场库和机耕

道建设力度。研究实施深松等重点环节农机作业补贴。抓紧研究稳定玉米、大豆生产的长效机制，适时对东北地区玉米、大豆继续实行国家收储政策。发挥国有农场在建设现代农业、保障国家粮食安全等方面的积极作用，大力开展“场县共建”，为地方农业发展提供示范和社会化服务。加强东北地区农业对外合作，支持有条件的企业到周边国家和地区从事农业合作开发。

（十一）加强农业和农村基础条件建设。开展以水利为重点的农业基础设施建设和以水、电、路、气等为重点的村镇基础设施建设。推进引嫩入白、三江平原灌区、尼尔基水库下游灌区、绰勒水利枢纽下游灌区、大安灌区、大型灌溉排水泵站更新改造等重大水利工程建设，加快实施病险水库除险加固、节水灌溉示范和小型农田水利工程。实施农户科学储粮专项，推广科学储粮技术，支持粮食银行等新型粮食仓储流通业态发展。推进散粮“入关”铁路直达，提高散粮铁水联运比例，建设大型粮食物流基地、节点和战略装车点，以及粮食仓储和烘干设施。积极推进农业信息化，建立和完善农业科技支撑和社会化服务体系，提高服务水平。统筹城乡发展，结合社会主义新农村建设，加快小城镇和中心村发展，全面改善村镇居民生产生活条件。加快解决农村饮水安全问题。取消农村公益性建设项目县及县（场）以下资金配套。

四、加强基础设施建设，为全面振兴创造条件

（十二）加快构建综合交通运输体系。开工建设京沈、沈丹、哈齐客运专线和吉图、大丹、哈牡、哈佳等铁路，推进牡绥等既有线路改造和东北沿边铁路、伊尔施—阿日哈沙特铁路、白音华—赤峰—锦州港煤运专线、同江铁路大桥、沿海疏港铁路建设。统筹干线和支线机场建设，完善东北地区机场布局，抓紧推进“十一五”期间东北地区机场的改扩建和新建迁建工作，做好“十二五”期间机场改扩建、新建迁建的前期工作。根据东北地区公路建设相对滞后和高寒地区的特点，进一步加大对黑龙江、吉林和内蒙古东部地区的高速公路和“村村通”公路建设投资力度。成立东北地区交通基础设施建设协调推进组，协调、指导和推进东北地区交通设施建设，组织编制东北地区综合交通运输规划。

（十三）优化能源结构。抓紧开工建设内蒙古东部和东北两大千万千瓦级风电基地、内蒙古东部和黑龙江煤电外送通道等项目，加快辽宁红沿河二期工程、徐大堡和吉林核电项目的前期工作。加强东北地区电网建设，大力推进既有电网改造，提升骨干电网送电能力。加大农村电网特别是粮食主产区和林区的电网改造力度。研究解决风电等分散电源上网问题。率先在东北电网开展智能电网建设试点。

五、积极推进资源型城市转型，促进可持续发展

（十四）培育壮大接续替代产业。发展接续替代产业是资源枯竭城市实现经济转型的根本出路。组织实施好资源型城市吸纳就业、资源综合利用和发展接续替代产业专项，扶持引导资源型城市尽快形成新的主导产业。鼓励开发银行等各类金融机构加大对资源型城市可持续发展的支持。对资源型城市发展接续替代产业，在产业布局、项目审核、土地利用、贷款融资、技术开发、市场准入等方面给予支持。支持资源型城市接续替代产业园区建设，积极承接产业转移。组织研究制定资源型城市接续替代产业发展规划并做好实施工作。

（十五）构建可持续发展长效机制。抓紧出台资源型城市可持续发展准备金制度，由政府统筹部分准备金专项用于解决资源型城市环境治理等问题。在资源开采处于成长期或成熟期的资源型城市开展可持续发展试点。抓紧研究制定《资源型城市可持续发展条例》。省级人民政府要切实负起责任，出台支持资源型城市可持续发展的政策措施，并将转型工作情况纳入资源型城市人民政府主要领导干部综合考核评价体系。

（十六）进一步加大财政政策支持力度。加强对资源枯竭城市转型工作的指导，提高资源枯竭城市财力性转移支付使用效益。中央财政要加大对资源型城市特大型矿坑、深部采空区治理的支持力度。危机矿山接替资源找矿专项资金在安排上要向东北老工业基地资源枯竭城市倾斜。支持资源枯竭城市资源型企业开发利用区外、境外资源。

六、切实保护好生态环境，大力发展绿色经济

（十七）加强生态建设。坚持以生态为主导的林业和林区经济发展方向，进一步调减东北地区国有重点林区木材采伐量，促进林区经济转型和可持续发展。继续实施天然林保护工程，完善政策措施，加大支持力度。巩固退耕还林成果，加强育林和管护。高度重视大小兴安岭的生态屏障作用，组织编制大小兴安岭林区生态保护与经济转型规划。全面推进集体林权制度改革，稳步推进国有林权制度改革试点。切实加强天然草场恢复和

保护、黑土区水土流失综合防治等生态工程建设。切实加强湿地保护与恢复、沙化土地治理和矿山环境整治等生态工程建设，组织实施黑龙江扎龙湿地核心区生态移民。

（十八）**积极推进节能减排**。严格执行相关法律法规、规划和产业政策，加强重点污染源总量控制。限制高耗能、高污染行业扩张，关停小火电、小钢铁、小造纸、小水泥等污染严重的小企业。以能源、原材料、装备制造和农产品加工等行业为重点，加强对各类工业园区的建设管理，推行清洁生产。支持开发和应用低碳技术。鼓励发展循环经济。大力推广应用节能技术产品，发展节约能源、节省土地的环保型建筑和绿色建筑，组织实施好节能产品惠民工程。

（十九）**加强环境污染治理**。加强松花江、辽河等重点流域的水污染防治，支持松花江流域开展主要污染物排放量有偿取得和排污权交易试点。加大城市垃圾和污水处理设施建设力度，推广垃圾分类回收、清洁焚烧，逐步提高城镇污水、垃圾处理以及排污收费标准。严格监控和防治工业污染，统筹解决农业面源污染。全面推进农村环境综合整治工作，创建环境优美的农村新面貌。

七、着力解决民生问题，加快推进社会事业发展

（二十）**千方百计扩大就业**。要切实把就业工作摆在更加突出的重要位置，落实促进大学生、农民工和困难群体的就业政策，确保就业形势稳定。发挥好政府投资和重大建设项目带动就业的作用，积极开发公益性工作岗位，努力使“零就业家庭”实现至少一人就业。积极落实扶持创业的各项政策措施，以创业带动就业。鼓励服务业、中小企业、非公有制经济更多吸纳就业，引导和支持困难企业采取灵活用工、弹性工时、技能培训等办法，尽量不裁员。

（二十一）**积极完善社会保障体系**。加快推进城镇职工养老保险省级统筹，适当提高企业退休人员基本养老金标准。进一步完善城乡最低生活保障制度。积极推进农村新型养老保险试点，全面提高新农村合作医疗保险覆盖面。做好被征地农民社会保障工作。完善工伤保险政策法规，进一步扩大工伤保险覆盖面，抓紧解决“老工伤”人员待遇纳入工伤保险统筹管理问题。

（二十二）**解决好住房、冬季取暖等突出民生问题**。做好群众来信来访工作，下大力气解决好群众反映强烈的民生问题。加大城镇廉租房、经济适用房建设规模和国有林区棚户区、国有垦区危房、农村危房、危旧校舍改造力度，继续做好煤矿棚户区改造工作。支持开展城市棚户区改造工作。加大对东北高寒地区热电联产项目支持力度，加快东北地区城市集中供热管网改造，解决好城市低保户冬季取暖问题。推进农村开发式扶贫，扶持更多农村贫困人口脱贫致富。

（二十三）**促进教育、卫生等社会事业发展**。研究和推进各级各类教育改革，提高办学质量，为老工业基地全面振兴提供人才支撑。充分发挥东北地区高等教育资源丰富的优势，提高重点高校的办学层次和水平。结合老工业基地产业结构优化升级，合理确定职业教育专业和办学规模。继续加大对东北地区职业教育实训基地、职业教育基础能力建设支持力度。推进医疗卫生体制改革，加快建立覆盖城乡居民的基本医疗保障体系，健全基层医疗卫生服务体系，扩大城镇职工和居民的医疗保险覆盖面。

八、深化省区协作，推动区域经济一体化发展

（二十四）**推进区域一体化发展**。鼓励东北地区实行跨省（区）经济合作，促进生产要素合理流动，提高一体化发展水平，近期先行组织开展旅游、物流、交通和科技方面的一体化协作。认真组织实施《东北地区振兴规划》，做好规划任务落实、督促检查工作，加快规划内重大基础设施一体化建设。推进内蒙古东部地区与东北三省的产业对接和合理分工。进一步研究支持东北地区等老工业基地调整改造的税收政策。

（二十五）**建立东北地区合作机制**。建立东北地区四省（区）行政首长协商机制，定期研究协调跨省（区）重大基础设施项目建设、产业布局，以及区域协调发展等问题，并对老工业基地调整改造的重大事项提出意见建议。

九、继续深化改革开放，增强经济社会发展活力

（二十六）**深化国有企业改革**。加快推进国有企业改革，努力建立健全现代企业制度，进一步增强老工业基地经济活力。在企业改制过程中，要坚持依法按程序办事，公开透明操作，切实维护职工的合法权益，防止国有资产流失。东北地区各级人民政府要加快推进厂办大集体改革试点工作，有关部门要抓紧总结前期试点工

作，进一步完善试点政策。妥善处理中央企业和中央下放地方政策性关闭破产企业及地方依法破产国有企业退休人员医疗、工伤保障和社会职能移交等问题。抓紧完成东北地区装备制造业银行不良贷款处置工作。加快推进粮食、商贸、建筑、农垦、森工、文化等领域的国有企业改革。

（二十七）加快推进其他领域改革。尽快确定东北符合条件的地区开展国家综合配套改革试点。积极推进省直管县财政管理方式改革，研究建立县级基本财力保障机制。完善企业债券发行政策，探索多样化的企业债信用增级方式。大力发展多种形式的新型农村金融机构，推进农村金融产品和服务创新。加快发展农业保险，扩大试点范围、增加险种，加大中央财政保费补贴力度。建立健全农村土地承包经营权流转和林业要素交易市场，规范管理，加强服务。清理涉及企业的行政事业性收费，落实好符合条件企业缓缴社会保险费、降低费率和扩大失业保险基金支出范围等政策措施，进一步减轻企业负担。推进城市供热体制、农村水利管理体制改革。

（二十八）进一步扩大对外开放。加快推进辽宁沿海经济带和长吉图地区开发开放。推动《中国东北地区老工业基地与俄罗斯远东地区合作规划纲要》早日签署并协调组织实施。抓紧编制实施黑瞎子岛保护与开放开发规划。把沿海沿边开放和境外资源开发、区域经济合作、承接国内外产业转移结合起来，支持符合条件的地区建设边境贸易中心、经济合作区、出口加工区、进口资源加工区。研究建立中俄地方合作发展基金，支持中俄地区合作规划纲要项目的实施。利用境外港口开展内贸货物跨境运输合作，推进黑龙江、吉林江海陆海联运通道常态化运营。积极探索海关特殊监管区域管理制度创新，加快推动以大连大窑湾保税港区为核心的大连东北亚国际航运中心建设，抓紧建设好绥芬河综合保税区和沈阳保税物流中心，促进东北地区保税物流和保税加工业的发展。开展货物贸易人民币结算试点。推动东北地区与港澳台地区加强经贸合作。

实现东北地区等老工业基地全面振兴是一项长期艰巨的历史任务。东北地区等老工业基地各级人民政府和国务院有关部门要深入贯彻落实科学发展观，进一步解放思想，开拓创新，齐心协力，真抓实干，推动东北地区等老工业基地在应对国际金融危机中实现新的跨越，加快形成具有独特优势和竞争力的新的增长极，为全国经济发展做出更大贡献。

国务院

二〇〇九年九月九日

关于进一步促进广西经济社会发展的若干意见

国发〔2009〕42号

各省、自治区、直辖市人民政府，国务院各部委，各直属机构：

广西壮族自治区地处华南、西南结合部，是我国面向东盟的重要门户和前沿地带，是西南地区最便捷的出海大通道，在促进区域协调发展、深化与东盟开放合作、维护国家安全和西南边疆稳定中具有重要战略地位。改革开放特别是实施西部大开发战略以来，广西各族干部群众团结奋斗、开拓进取，经济社会发展取得巨大成就。由于历史等特殊原因，广西发展还存在不少困难，为进一步促进广西经济社会又好又快发展，现提出以下意见。

一、促进广西经济社会发展的总体要求

（一）重大意义。广西是我国少数民族人口最多的自治区，也是革命老区、边疆地区。既有北部湾沿海等发展条件好、潜力大的地区，又有大石山区等集中连片的贫困地区；既有丰富的矿产、旅游、特色农业等资源，又有制约资源优势转化为经济优势的交通、能源、人才瓶颈；既有参与国际国内区域合作的有利区位条件，又存在深化开放合作的体制机制障碍；当前，既有加快发展的难得机遇，又面临国际金融危机的严峻挑战。在国内外经济环境发生深刻变化的新形势下，进一步促进广西经济社会发展，有利于形成我国沿海经济发展新的增长极，促进西部大开发和东中西互动；有利于全面实施国家周边外交战略，深化我国与东盟战略伙伴关系；有利于进一步巩固民族团结和边疆稳定，实现各民族共同发展、共同繁荣；有利于克服当前国际金融危机影响，化危为机，促进经济社会发展迈上新台阶。

（二）指导思想。高举中国特色社会主义伟大旗帜，以邓小平理论和“三个代表”重要思想为指导，全面贯彻落实科学发展观，坚持和完善民族区域自治制度，深入实施西部大开发战略，进一步解放思想，深化改革开放，转变发展方式，着力推进新型工业化和优化产业结构，着力促进城乡和区域协调发展，着力提高资源综合利用和生态环境保护水平，着力发展社会事业和解决突出民生问题，着力扩大对外开放和加强国际区域合作，充分调动和发挥各方面的积极性，努力实现科学发展、和谐发展、跨越发展，在西部地区率先建成全面小康社会。

（三）基本原则。坚持科学发展、以人为本，推动经济社会发展与人口资源环境相协调，确保各族群众共享改革发展成果；坚持改革开放、创新机制，推进重点领域改革和全方位开放，为又好又快发展提供强大动力；坚持立足当前、着眼长远，既要切实解决当前经济社会发展面临的突出问题，又要从全局和战略高度谋划长远发展；坚持统筹兼顾、突出重点，既要把握全局统筹规划，又要抓住关键环节实现突破；坚持自力更生、国家支持，既要充分发挥地方的积极性和创造性，又要加大中央的支持力度。

（四）战略任务。

——打造区域性现代商贸物流基地、先进制造业基地、特色农业基地和信息交流中心。充分发挥广西北部湾经济区和西江经济带集聚辐射带动作用，完善产业布局，加快发展先进制造业、高技术产业和现代服务业，大力发展特色农业，构建特色鲜明、集群发展、协调配套、竞争力强的现代产业体系。

——构筑国际区域经济合作新高地。加快建设并完善与东盟合作平台，拓展合作领域，扩大合作范围，创新合作机制，在中国-东盟自由贸易区中发挥更大作用，增强参与国际经济合作和竞争的能力，提升经济国际化水平，构建内外联动、互利共赢、安全高效的开放型经济体系。

——培育我国沿海经济发展新的增长极。依托沿海港口，进一步加强西南出海大通道建设，构建连接多区域的国际通道，积极发展临海现代产业，优化沿海经济布局，充分发挥后发优势，形成我国沿海新的经济增长极。

——建设富裕文明和谐的民族地区。坚持各民族共同团结奋斗、共同繁荣发展的主题，认真落实各项民族政策，珍惜和维护社会主义新型民族关系，加快民族地区经济社会发展，巩固和发展经济繁荣、社会进步、民族团结、边疆稳固的良好局面。

（五）发展目标。

当前和今后一个时期，要把应对国际金融危机冲击、保持经济平稳较快发展作为首要任务。从实际出发，认真贯彻落实中央的各项决策部署，保增长、保民生、保稳定，继续保持广西良好的发展势头。

到 2015 年，人均地区生产总值达到西部地区中等水平，基本公共服务能力进一步提高；产业结构进一步优化，综合经济实力明显增强；体制机制创新取得新进展，开放型经济发展格局基本形成；城乡居民收入水平显著提高，社会保障体系基本覆盖城乡；特殊类型贫困地区生产生活条件明显改善，贫困人口持续减少；单位地区生产总值能耗明显下降，主要污染物排放总量得到有效控制。

到 2020 年，实现全面建设小康社会目标；人均地区生产总值达到全国中等水平；基本公共服务能力达到全国平均水平；基本形成布局合理、结构优化、资源节约、竞争力较强的现代产业体系；建成我国沿海经济发展新的增长极和更具吸引力的与东盟合作新高地；城乡居民收入基本达到全国平均水平，城乡居民收入差距趋于缩小；各民族群众生活质量、健康水平、文化素质明显提高；八桂大地山青水秀、海碧天蓝、生态优良、环境优美，可持续发展能力显著增强。

二、推进沿海沿江率先发展，完善区域发展总体布局

（六）充分发挥北部湾经济区引领带动作用。按照高起点、高水平、高标准的要求，加快实施广西北部湾经济区发展规划，坚持合理布局、有序开发，尽快将广西沿海打造成为西部大开发战略高地和重要的国际区域经济合作区。充分利用沿海港口优势，积极引进国内外大企业，重点发展石油化工、钢铁、林浆纸、修造船、电子信息、粮油加工、新能源等产业，培育壮大临港产业集群，加快形成临海先进制造业基地和现代物流基地。当前，要加快淘汰落后产能，积极推进企业兼并重组，进一步调整产业结构，适时建设防城港钢铁精品基地、钦州炼油二期、北海铁山港石化等重大项目。加快建设南（宁）北（海）钦（州）防（城港）一小时城市圈，加强与周边地区铁路、高速公路、航空等基础设施的对接和共建，增强城市群要素集聚作用，形成连接多区域的重要交通枢纽。鼓励在行政管理、财政、金融、投融资、土地和涉外经济等改革方面先行先试。落实鼓励类

产业的税收优惠政策，开展城镇建设用地增加与农村建设用地减少挂钩试点。对已列入规划的项目，要加快核准、审批，提高行政办事效率。

（七）积极打造西江经济带产业集聚优势。桂东、桂中、桂北沿西江地区，面向珠江三角洲，背靠西南腹地，交通运输便利，工业基础较好，要进一步整合资源、集聚优势，加快形成西江经济带。要加快西江黄金水道开发，提高通航能力，形成铁路、公路、水路相互衔接、优势互补的综合交通运输体系，有效降低综合物流成本，为产业拓展、提升、集聚提供强有力的支撑。以区域内重点城市为节点，以产业园区为载体，完善空间布局，形成分工明确、优势明显、协作配套的产业带。柳州要加大产业结构调整力度，做优做强汽车、机械、冶金、化工等产业，加快建设先进制造业基地。桂林要充分发挥旅游资源优势，打造国际旅游胜地，推进机械、汽配、橡胶、医药、特色农林产品精深加工等产业升级换代，进一步办好国家高新技术产业开发区。来宾要提升糖蔗综合加工利用水平，积极发展铝、锰深加工，培育壮大新兴资源加工型产业。梧州、玉林、贵港、贺州等地要加快与珠江三角洲地区的市场对接，改善投资环境，增强配套能力，主动承接东部产业转移，壮大产业规模，提升发展水平。抓紧研究制定西江经济带发展规划。

（八）增强资源富集的桂西地区自我发展能力。桂西地区矿产、水能、旅游等资源富集，要积极实施优势资源开发战略，大力发展特色产业，积极探索老少边山穷地区加快发展的新路子。百色重点打造全国重要的铝工业基地和红色旅游目的地，加快发展煤炭、电力、农产品加工等产业。河池重点打造有色金属、水电和生态旅游基地，加快发展特色食品、桑蚕等产业。崇左重点发展糖业和锰深加工，加快发展旅游、水泥、剑麻深加工等产业。崇左、百色要利用沿边优势，加快发展边贸物流和出口加工业。

三、加快发展现代农业，夯实经济社会发展基础

（九）切实加强粮食生产。确保口粮产销平衡，努力提高粮食自给率。实行最严格的耕地保护制度，稳定粮食播种面积。加大土地整理和中低产田改造力度，加强农业基础设施建设，积极推广良种良法，建成一批水稻、玉米和冬种马铃薯等优势产区。落实国家新增粮食生产能力政策，建立促进粮食增产增效的长效机制，落实对产粮大县的支持政策，切实保障种粮农民的合理收益。加强粮食流通设施建设和维修改造，发展区域性粮食现代物流。建立粮食应急加工和供应体系，进一步完善粮食储备体系。

（十）大力发展特色农业。发挥特色农业资源优势，积极开发名特优新农产品，建设成为我国亚热带农产品重要产区。稳定和合理调控甘蔗种植面积，完善制糖企业与蔗农利益共享、风险共担机制。加强甘蔗良种研发、繁育和推广，支持主产县（市、区）改善生产条件，稳步推进甘蔗生产机械化，提高单产水平和含糖率。在继续发展桑蚕、亚热带水果、木薯生产的同时，着力加强加工储运能力建设，延长产业链，巩固和提高在全国的领先地位。加大对甘蔗、桑蚕等优势特色农业发展的支持力度。充分利用山地资源，因地制宜发展速丰林、经济林、木本油料、花卉和林木种苗产业。发展生态农业和观光农业。积极发展畜牧水产业，重点发展奶水牛和草食畜禽，支持水产健康养殖池塘标准化改造，扩大对虾、罗非鱼、珍珠等优势产品养殖规模。支持建设北海国家农业科技园区。完善动植物防疫体系，建设边境重大动物疫病防控阻截带。充分发挥广西农垦的龙头带动作用，推进特色农业产业化。

（十一）发展壮大县域经济。围绕富民、强县、奔小康目标，积极发展农村二、三产业，多渠道增加农民收入。以特色农产品加工和优势资源型工业为重点，加快发展与大中城市、大型企业集团相配套的产业集群，推动中小企业与大企业协作，打造一批工业强县。鼓励城市工商企业到农村建设原料生产和加工基地，合理布局建设工业集中区，促进城市资金、技术、人才、管理等生产要素向县域流动。推进县域企业重组改造，培育壮大乡镇企业，积极发展农村商贸、物流、旅游等服务业。大力推进农业产业化经营，支持在农产品主产区建立较为完备的加工体系，运用财政贴息、补助等办法支持发展龙头企业和专业合作经济组织。加快发展县城和重点镇，推进户籍制度改革，进一步放宽中小城市落户条件，使在城镇稳定就业和居住的农民有序转变为城镇居民。试行自治区直管县财政管理体制，增强县级财政统筹能力。

（十二）加强农村基础设施和公共服务能力建设。把基础设施建设和公共服务的重点放在农村，切实改善农村生产生活条件。加强小型农田水利建设，加快灌区配套改造，扩大农田有效灌溉面积。实施农村饮水安全工程，提高乡村自来水普及率。加快县乡公路建设，推进农村公路乡镇“通畅”和乡村“通达”工程，开展建制村通沥青（水泥）路建设试点，提高路网密度和县乡村屯通达率。建设农村户用沼气池、农村沼气乡村服务

网点、大中型沼气工程、养殖小区和联户沼气工程等项目。加快农村电气化县和小水电代燃料工程建设，完善农村电网。把华侨农林场、农垦、国营林场的基础设施建设逐步纳入地方规划。推动医疗卫生、教育培训、农业科技、新闻出版、广播电视、体育健身等公共服务向农村延伸。积极开展扩大农村危房改造试点。对中央投资安排河池、百色的公益性建设项目，适当减少市级配套资金。

（十三）深化农村改革。稳定和完善农村基本经营制度，健全严格规范的农村土地管理制度，赋予农民更加充分而有保障的土地承包经营权，保持现有土地承包关系稳定并长久不变。按照依法、自愿、有偿的原则，允许农民采用多种方式流转土地承包经营权，探索建立土地承包经营流转服务市场。严格宅基地管理，依法保障农户宅基地用益物权。建立现代农村金融制度。开展省级农村信用联社改革试点，在保持农村信用社县级法人地位稳定的前提下加快组建农村商业银行。培育发展村镇银行、贷款公司、农村资金互助社等新型金融机构，建立健全农民小额信用贷款和农户联保贷款制度。加快农村信用担保体系建设，增加农村有效担保物种类，允许有条件的农民专业合作社开展信用合作。扩大邮政储蓄银行涉农服务范围，加大对“三农”的信贷支持力度。探索建立农业贷款风险损失补偿机制。推进集体林权制度改革，用5年左右时间基本完成明晰产权、承包到户的改革任务。推进以工促农、以城带乡机制建设。按照体制融入地方、管理融入社会、经济融入市场的方向，推进华侨农林场改革发展，当前要重点加快道路、供水、供电等基础设施建设。

四、坚持工业化主导方向，推动产业结构优化升级

（十四）大力发展先进制造业。积极培育特色优势产业集群，优化资源开发利用方式，坚持走新型工业化道路，加快资源优势向经济优势转变。大力发展以铝为主的有色金属、经济型轿车为重点的汽车、制糖为主的食品、炼油为主的石化、钢铁为主的冶金、工程机械为主的机械制造等支柱产业，促进产业链向精深加工延伸，打造知名品牌，建设全国重要的糖业、有色金属、石化、钢铁基地。加快发展建材、造纸、修造船、茧丝绸、服装、木材加工、林产化工、医药等优势产业，壮大产业规模，提升产业层次。发展以壮药为重点的民族医药产业。推进行业结构调整，淘汰冶金、造纸、化工等行业的落后产能。鼓励大型企业集团联合重组，加快培育一批销售收入超百亿元的企业。支持建设糖业循环经济示范省区，完善国家与地方两级食糖储备调控机制，研究把甘蔗生产燃料乙醇列入中央财政生物能源和生物化工非粮引导奖励专项资金支持范围。对柳州、桂林、南宁、梧州、玉林老工业基地城市的国有企业，在处置不良资产、技术改造升级方面比照实施振兴东北地区等老工业基地政策。适当降低工业用地最低价格标准，支持现有矿山深部和外围找矿工作。当前，要认真实施重点产业调整和振兴规划，继续实施农机具购置补贴政策，落实汽车、摩托车和家电下乡，以及技改贴息、税收优惠、重要工业品储备、增发企业债券等政策，帮助企业渡过难关。

（十五）加快发展高技术产业。立足现有基础，优化产业结构和布局，促进产业集聚，增强产业竞争力。建设以南宁、北海为主体的北部湾经济区高技术产业带，推进南宁生物国家高技术产业基地建设，支持桂林、柳州高技术产业开发区发展。优先发展生物、新材料、新能源、电子信息、海洋等高技术产业，延伸产业链，支持高技术产业发展项目建设。建设中国-东盟科技合作与技术转移平台、西南濒危药材资源开发国家工程实验室、国家非粮生物质能源工程技术研究中心。加强中小企业科技孵化平台和技术产权交易市场建设。建设重点优势产业公共检测技术服务平台，开展重要技术标准研究。

（十六）提升企业自主创新能力。加强科技攻关，加大研发投入，构筑人才高地，整合创新资源，打造一批创新型企业。围绕现代产业发展，大力推进关键领域的引进消化吸收再创新和集成创新，鼓励原始创新，加快创新成果转化。实施支柱产业重大科技攻关工程。加大对科技研发和技改贴息投入力度，建立科技创新风险投资机制。强化企业在自主创新中的主体地位，加快建设一批企业技术中心、工程中心、工程实验室和中试基地，引导和支持创新要素向企业集聚。积极培养高素质的科技创新人才，大力引进国内外领军人才，加强大企业博士后工作站建设。加快培育有利于企业家成长的良好环境。整合企业、高校、科研院所创新资源，形成科技创新的强大合力。在优势领域培育壮大一批创新型企业。

（十七）加强工业园区建设。根据区域发展总体战略，进一步优化工业园区布局。鼓励多种投资主体参与园区基础设施建设，增强园区产业配套和商务服务、物流配送等综合服务能力，完善生活配套设施，创新人才引进和园区管理体制，搭建产业集群发展平台。提高园区土地集约利用水平，大力发展循环经济，积极推进清洁生产。进一步推动企业向工业园区集聚，引导产业关联度高的企业进入园区，努力做强做优工业园区。支持

和推动钦州港经济开发区、北海铁山港工业区、柳州阳和工业园区、防城港企沙工业区、玉林玉柴工业园等重点园区发展，促进产业结构升级。支持柳州高新技术产业开发区等符合条件的高新技术园区升格为国家级园区。

五、加快发展服务业，提升产业现代化水平

（十八）优先发展生产性服务业。充分发挥生产性服务业对先进制造业、现代农业的支撑服务功能，重点发展现代物流、金融服务、会展服务、信息服务等。建设汽车、工程机械、内燃机、有色金属和大宗农产品专业物流体系。加强与粤港澳和东盟金融合作。引进各类金融机构，加快中小银行重组改革步伐，拓展证券、保险、期货等各类金融业务，构建南宁区域性金融中心，形成现代金融服务体系。完善信用担保体系，促进设立中小企业信用担保和再担保机构，充分发挥融资担保作用。大力开发企业理财服务、结算服务、电子银行服务。支持办好已有的综合性、专业性展会。加快建设国家级服务外包基地。培育研发设计、营销策划、工程咨询、中介服务等专业服务机构。推进地方特色产品国家质量监督检验中心建设。

（十九）积极发展消费性服务业。适应居民消费扩大和结构升级的需要，加快发展商贸流通、旅游休闲等服务业。加强商贸流通基础设施建设，完善商品市场体系和商业网点布局，大力发展新型流通业态，做强做优大型流通企业。加快实施“万村千乡”、“双百市场”、“新农村现代物流”工程，完善农村商品流通网络。加快建设大型工业品、粮食和农副产品批发市场和专业市场，进一步完善柳州食糖现货交易市场。建立健全粮食、猪肉、食用油等重要消费品储备体系。建设桂林、南宁、北海、梧州旅游目的地和游客集散地，发展一批旅游强县和特色旅游小城镇。加强重点旅游景点景区基础设施建设。建设桂林国家旅游综合改革试验区，开发建设北海涠洲岛旅游区，依托崇左大新跨国瀑布景区和凭祥友谊关景区设立中越国际旅游合作区。积极发展社区服务、教育培训、体育健身、养老保健、文化娱乐等需求潜力大的服务业。

（二十）营造服务业发展的良好环境。放宽服务业市场准入，从土地、金融和价格等方面支持服务业发展。建立中国与东盟合作的现代服务业标准规范体系和现代服务业技术、产品与服务的认证体系。规范服务业市场秩序，保护自主创新，维护消费者合法权益。积极推进与东盟国家在服务业人才培训方面的交流与合作，加快培养现代服务业复合型人才。

六、加强基础设施建设，增强跨越发展的支撑能力

（二十一）加快建设综合交通运输体系。构建连接周边省份和东盟国家的铁路、公路、水运和航空综合交通运输网络。规划建设云桂铁路和黄桶-百色、玉林-合浦、合浦-河唇、柳州-肇庆、河池-南宁铁路，加快实施广西沿海铁路和湘桂铁路南宁至凭祥段扩能工程，提高铁路网密度和技术等级。加快实施国家高速公路网规划建设项目；推进云南文山-那坡-崇左-钦州、六景-钦州、玉林-铁山港、南宁外环、梧州-贵港-来宾-平果、三江-柳州-贵港-北海、百色-龙邦等高速公路建设，提高国道省道路网等级结构，重点建设国家公路运输枢纽。加强沿海港口公用码头、专用泊位、集装箱泊位以及深水航道建设，改善防城港进港航道条件，新建北海邮轮码头，增开北部湾港国际海运航线。大力发展西江水运，重点支持西江航运干线、柳江黔江、红水河、右江等航道建设，推进百色水利枢纽和龙滩水电站通航设施建设，实施长洲水利枢纽船闸扩建、沿江主要港口扩能等重点工程。建设南宁机场新航站区，建成面向东盟的门户枢纽机场。加快桂林机场改造，建成国家重要的旅游机场。完善区内支线机场布局。规划建设南宁国际区域性和柳州、梧州国内区域性综合交通运输枢纽。加大对交通基础设施建设的政策支持力度，具有省际通道功能的高速公路项目建设用地执行国家高速公路项目同等政策，重大铁路建设项目可申请先行用地。建立沿江过坝通航联合调度、统筹管理的有效机制。

（二十二）构筑安全可靠的能源体系。深度开发水电，优化发展火电，积极发展核电，大力发展可再生能源和新能源，建设安全可靠的输变电网络，为经济社会发展提供多元、稳定、经济、清洁的能源保障。研究论证龙滩水电站蓄水 400 米方案，扩建岩滩水电站。优先建设“上大压小”火电项目，合理布局内陆保障电力供应安全的支撑电源和热电联产项目。加快防城港红沙核电站建设，规划建设新的核电项目。鼓励发展风能、生物质能和其他可再生能源发电，建设可再生能源示范省区。加快电网建设与改造，重点规划建设南宁、柳州、桂林以及沿海城市电网。创新铝电、锰电联营新模式。在百色、来宾、河池等地对符合条件的大用户开展直供电试点。采取股份制方式推进主电网与地方电网联合重组。鼓励企业建设沿海原油、成品油储备设施，支持利用西气东输二线、中缅管道天然气和进口液化天然气。加强与西南地区和东盟国家的能源合作，提高能源供给保障能力。

（二十三）加强水利工程体系建设。以提高水利保障能力为核心，建设综合防洪防潮减灾体系、水资源保障体系、水生态保护体系。加快实施桂林城市防洪及漓江补水工程，抓紧开工建设桂中治旱乐滩水库引水灌区工程，积极开展大藤峡、柳江洋溪和落久等重大水利工程的前期工作。合理规划建设部分重大产业项目供水水源工程。加大水利基础设施建设投入力度。完善防灾减灾体系，加强重点城市防洪工程和标准海堤建设，加大山洪灾害防治力度。加快西江干流沿岸内涝防治区治理，实施南流江、钦江河口水闸整治和大中型病险水库（水闸）除险加固工程。加快大中型灌区续建配套与节水改造步伐，加强左江旱片、右江旱片和桂西北旱片综合治理。

（二十四）推进信息网络设施建设。统筹规划，建立和完善信息资源共建共享机制，提高信息化水平。建设数字化城市管理信息系统。加快建设电子政务工程和基础数据库，建立北部湾数据资源和交换平台。建设广西数字认证中心，构建面向中国-东盟的数字证书认证体系。大力发展电子商务。加强广西特别是边境地区无线电频谱监管设施建设，建立城市应急联动信息系统。支持网络信息安全与应急保障基础设施建设。加强企业和个人征信体系建设。

（二十五）加强城镇体系及基础设施建设。强化规划引导，建设特色明显、功能完善、布局合理、资源节约、生态良好的城镇体系。合理调整城市行政区划，完善城市功能。以区域中心城市为依托，加快构建以南宁为核心的北部湾城市群和桂中、桂北、桂东南城镇群，培育右江河谷走廊、黔桂走廊、桂西南、桂东北城镇带。加快城镇道路、桥梁、给排水、供气、电力、环保、通信、有线电视等基础设施建设。支持发展承载量大、快速便捷的城市公共交通网络和城际快速轨道交通，实施南宁轨道交通工程等重点项目。适时修编城乡建设规划，推进城市新区建设。促进房地产业平稳有序发展，加大对中小套型、中低价位普通商品住房建设的信贷支持，实施“城中村”和城镇危旧住房改造工程。加强城市综合防灾减灾和应急管理能力建设。

七、加大扶贫开发力度，支持特殊类型地区加快发展

（二十六）加快大石山区脱贫致富步伐。桂西大石山区是集中连片贫困地区，也是少数民族聚居地区，是扶贫攻坚主战场。要瞄准交通运输基础薄弱、文化水平较低、农业生产条件落后等基本制约因素，坚持开发式扶贫方针，创新扶贫开发模式，加大政策支持力度，到 2020 年基本消除绝对贫困现象。继续采取行之有效的“大会战”方式，规定时限、集中财力人力物力，开展公路、水利等基础设施建设，突破瓶颈制约。开展教育扶贫试点，立足提高人的素质和就业技能，把加大教育投入与劳务经济相结合，加快劳动力跨区域就业转移。加大整村推进、连片开发、易地扶贫搬迁、以工代赈等扶贫开发力度，切实改善困难群众生产生活条件。积极稳妥开展贫困村互助资金试点。发展特色产业及民族特需商品生产，增加群众收入。支持生态严重退化区域实施生态移民，搞好异地搬迁安置地配套设施建设。加快少数民族村寨连片木屋防火整治以及村庄整治，大力改善大石山区教育、医疗、文化基本公共服务。创新对口支援方式，加大对口帮扶力度，鼓励东部发达省市和有条件的企业定点帮扶大石山区脱贫致富。加大对人口较少民族的扶持力度。

（二十七）推进边境地区加快发展。加大对边境 8 县（市、区）支持力度，大力实施“兴边富民行动”计划，建设经济繁荣、生活宽裕、设施配套、边防巩固的新边疆。加强边境基础设施建设，改善居民生产生活条件，提高边境口岸城镇建设水平，树立国界新形象。推进边境地区农村危房改造试点，加快乡村公路、饮水安全、农村电网、中小学校舍、卫生院（室）、广播电视、文化站、邮政所等建设。加快中越边境地区水利设施建设，加强国境界河治理。加大对边境地区发展的政策扶持力度，大力发展特色产品生产和边境贸易。对承担守边任务的边民给予一定补助。制定和落实受陆地勘界影响边民生产生活的有关扶持政策，扶持受北部湾海域划界影响的渔民转产转业。

（二十八）切实改善库区矿区生产生活条件。落实大中型水利水电工程移民安置和后期扶持政策，在解决遗留问题的基础上，建立水库移民共享发展成果、逐步走向富裕的长效机制。采取调整概算、调整电价、业主帮扶、中央和地方扶持等多种方式筹集资金，用于解决库区移民长远生计问题。加大库区基础设施建设和公共服务投入，抓紧解决饮水难、行路难、上学难、就医难、用电难等突出问题。积极推进教育扶贫工作，全面落实库区移民适龄儿童义务教育阶段免学杂费、免费提供教科书、补助家庭经济困难寄宿生生活费政策，探索教育移民新模式。扶持库区发展矿产开发、经济林、畜牧水产养殖、旅游等特色产业。开展大中型水利水电工程受益地区对淹没地区的对口帮扶，协调解决跨省（区）库区移民遗留问题。探索建立在政府引导协调下，业主、移民、社会多方参与的库区经济发展新体制。加强矿区环境治理和土地复垦，加强重特大安全生产事故隐患整治，支持资源枯竭城市发展接续替代产业。加快库区矿区危旧房改造。

八、推进生态环境建设，促进可持续发展

（二十九）**加强生态建设和环境保护**。构建以山区生态林为主体、珠江防护林和沿海防护林为屏障、自然保护区为支撑的生态安全格局。巩固退耕还林成果。加强森林防火基础设施建设，支持开展林业灾后重建。加强生物物种资源和生物安全管理。加快珠江流域和沿海防护林建设，加大水生生物资源增殖放流力度，加强珍稀濒危物种及沿海红树林、海草床、河口港湾湿地等重要海洋生态系统的生态保护和修复，建设涠洲岛-斜阳岛珊瑚礁等重要海洋生态保护区。采取恢复自然植被、封山育林育草、小流域水土保持等综合措施，稳步推进石漠化治理。健全矿山环境保护和恢复治理保证金制度，加大矿山环境恢复治理力度。切实加强地质灾害防治。探索建立流域水资源保护等生态补偿机制，进一步完善生态公益林补偿政策。从2010年起对属集体林的国家级公益林，适当提高中央财政补偿标准。

（三十）**切实加大污染防治力度**。加强水环境综合治理，加大城市集中式饮用水水源地保护力度，加快推进城镇污水处理及配套管网、生活垃圾处理、危险废物处置等环保基础设施建设。探索发行城镇环境基础设施定向债券。加快西江流域重点江河和大中型水库库区水污染综合治理，加强省界水质监测和入河排污口监管，建立健全水资源保护、水污染防治的跨省协作机制。在制糖等重点企业大力推进清洁生产，实现达标排放。加强清洁生产技术服务能力和网络建设。治理农村面源污染，开展重点区域土壤污染治理和修复。加强畜禽养殖业污染防治，鼓励发展清洁养殖。实施农村清洁工程。控制船舶等流动源污染，加快海岸、港口和船舶、海洋工程的污染防治设施建设，加强港口区、海上油田环境风险监测和控制能力建设。建立入海污染物排放总量控制、区域污染物排放指标有偿使用和排污权交易机制。完善边境地区和近海海域环境监测预警体系，提高环境突发事故应急处置能力。

（三十一）**积极推进资源集约节约利用**。大力推广节地、节能、节水、节材，促进资源高效综合利用。强化土地利用总体规划的整体控制作用，土地利用计划指标优先用于重点发展地区和重大基础设施、产业结构调整和升级、科技创新、民生等领域。加强围海造地的管理和调控，探索海域使用与土地管理相衔接的新机制，合理有序开发利用滩涂资源。实施燃煤工业锅炉（窑炉）改造、余热余压利用、绿色照明、节能监测和技术服务体系建设等节能降耗重点工程。加强水资源综合管理，健全用水总量控制和定额管理制度。积极发展资源再生利用、节能服务和环保产业，建设梧州、玉林再生资源循环利用示范园区。开展百色生态铝工业基地循环经济试点，鼓励河池有色金属工业和来宾、贵港、崇左糖业发展循环经济。支持三水铝土矿综合开发。加强矿山尾矿规模化综合利用。

九、加快社会事业发展，提高公共服务水平

（三十二）**优先发展教育事业**。巩固提高义务教育，大力发展职业教育，稳步发展普通高中教育，积极发展高等教育，逐步缩小与全国教育平均水平的差距。完善农村义务教育经费保障机制，实施中小学校舍安全工程，加大农村教师培训力度，推进农村义务教育阶段学校教师周转房建设。建设一批乡镇示范幼儿园。加强职业院校基础能力建设，扩大对特殊困难地区的招生规模。提高高中阶段毛入学率。在高等院校设置、招生和生源计划、重点学科建设等方面加大支持力度。继续通过“省部共建”、对口支援等多种形式帮助地方高校提升办学水平。大力发展民族教育事业，加强民族团结教育。落实扶持政策，促进民办教育健康发展。加强国际教育交流与合作，面向东南亚扩大来华留学生规模。

（三十三）**加快发展城乡医疗卫生事业**。加快建立覆盖城乡的基本医疗卫生制度，实现人人享有基本医疗卫生服务的目标。推进县、乡、村三级医疗卫生服务机构建设。加强基层卫生人员培训，重点培养少数民族聚居地区乡村医生。实施城市社区居民健康保障工程，扶持欠发达地区建立健全城市社区卫生服务体系。完善公共卫生体系，加强卫生监督机构、疾病预防控制实验室和应急医疗救治能力建设。加强艾滋病防治，加大结核病、乙型肝炎等重大疾病防控力度。加强贺州、来宾、崇左、贵港、防城港等新设地级市医疗卫生机构以及桂林、北海等旅游城市综合性医院和专科医院建设。加强食品药品监管能力建设，完善检验监测体系，建设食品药品质量安全追溯体系和基本药物质量安全保障体系，推进南宁中国-东盟食品药品安全检验检测中心建设，建立农村集体聚餐食品安全监管机制。促进中医药和民族医药事业发展，实施壮瑶医药振兴计划，建立质量标准体系。推动广西药用植物园升级改造，建设中国-东盟传统医药科技文化合作交流中心。坚持计划生育基本国策，稳定低生育水平。继续实施农村独生子女户和双女户长效节育措施奖励制度。加快基层计划生育服务体系建设，

加强婚前和孕前优生健康指导，开展地中海贫血筛查，降低出生缺陷和先天性残疾发病率。实施母婴安康工程，实行农村孕产妇住院分娩补助政策，降低孕产妇和婴儿死亡率。

（三十四）**大力发展文化体育事业**。加快公共文化基础设施建设，推进文化信息资源共享，加强乡镇和社区文化服务能力建设，建立健全公共文化服务运行保障机制。深入挖掘民族文化资源，加强民族历史文化遗产和非物质文化遗产保护，加大对历史文化名城、名镇名村、风景名胜区和民族特色村镇保护利用的扶持力度。大力发展文化产业，建设中国-东盟文化产品物流园区、中国-东盟文化产业人才培养基地。支持广西出版物市场和互联网监管平台、扫黄打非设施、出版物发行网络体系建设。支持广西少数民族文字挖掘、整理、出版，加快少数民族语言文字出版数字资源整合和排版制版技术开发。加快实施广播电视村村通工程，加大西新工程实施力度。加强壮语广播影视节目译制制作，扩大播出覆盖面。实施农村电影数字化放映工程。加快边境地区全民健身和红水河流域民族体育设施建设，加强少数民族传统体育保护和传承，积极发展体育产业。

（三十五）**完善就业和社会保障制度**。完善覆盖城乡的公共就业服务体系，建立健全与经济发展水平相适应的社会保障制度。加强面向城乡的公共就业服务体系及信息网络建设，开展职业技能培训。积极培育新型农民，提高农村劳动力技能，加强与广东等沿海发达省市及东盟国家的劳务合作，扩大劳务输出规模。开拓劳动力就业市场，采取小额贷款、技能培训、工商扶持等措施鼓励农民工返乡创业。落实有关税收优惠政策，在信贷、工商登记等方面加大对自主创业、自谋职业的支持力度。扩大社会保障城乡覆盖面，重点解决非公有制经济从业人员、农民工、被征地农民、灵活就业人员和自由职业者参保问题。开展新型农村社会养老保险改革试点，加强农村五保供养服务设施建设。完善适合农民工特点的养老、医疗、工伤等社会保障政策。统筹解决关闭破产企业退休人员和困难企业职工的医疗保障问题。完善城乡居民最低生活保障制度，实现应保尽保。加强流浪未成年人保护、儿童福利、残疾人、养老、优抚安置服务设施建设。加大城镇经济适用住房、廉租住房建设力度。修缮边境烈士陵园。健全各级救灾物资储备体系，推进南宁救灾物资储备库、灾害监测预警网络、卫星减灾区域分中心和减灾工程设施建设，支持国际人道主义紧急救援广西园区建设。加强公安、司法系统执法能力建设，切实维护社会稳定。

十、深化改革开放合作，增强发展活力动力

（三十六）**创新体制机制**。坚持把深化改革作为促进发展的根本动力，消除体制机制障碍，激发创造活力。深化行政管理体制改革，转变政府职能，优化组织结构，创新管理和服务方式。加大国有企业改革力度，进一步推进政企分开。采取多种有效方式，推进国有资本、民营资本和外资的融合，发展混合所有制经济。鼓励中央企业参与地方企业联合重组，培育具有竞争力的大企业集团。推动电力等垄断行业改革，促进地方经济发展。大力发展非公有制经济，落实放宽市场准入的各项政策，支持非公有制企业进入基础设施、公用事业、金融服务和社会事业等领域。规范发展民间金融机构，依法拓展直接融资方式。加快投资体制改革，落实企业投资决策自主权。规范发展土地市场，完善国有土地使用权出让制度，建立工业用地集约利用机制。建立统一规范的人力资源市场。完善和进一步发展产权交易、技术转让市场。

（三十七）**构建开放型经济**。扩大对外贸易规模，提高利用外资水平，实施“走出去”战略。优化进出口结构，重点支持优势产品扩大出口，重点开拓东盟市场，积极拓展欧美、日韩、中东和俄罗斯市场，加大国内短缺能源、原材料进口。创新利用外资方式，吸引外商投资特色优势产业，扩大基础设施、教育卫生、生态环保、扶贫开发等领域利用外资规模。推动企业在国外建立资源开发和农产品加工基地，开展境外资源合作开发、工程承包、劳务合作、合作办厂。加大对开放型经济的政策支持力度。加快建设柳州国家汽车及零部件出口基地、桂林国家科技兴贸创新基地，推进南宁和钦州加工贸易梯度转移重点承接地建设。支持有条件的地方设立海关特殊监管区域，加快推进钦州保税港区、凭祥综合保税区和南宁保税物流中心建设。扩大防城港、钦州、北海港口岸和边地贸口岸对外开放范围，将钦州保税港区列为整车进口口岸。推进中越边境跨境运输和口岸通关便利化。在有条件的口岸探索建立跨境经济合作区和进口资源加工区。开展与东盟、港澳地区货物贸易人民币结算试点，扩大边贸中央财政转移支付资金规模，国家级边境经济合作区享受国家级经济技术开发区优惠政策，进一步加大国家对口岸建设资金的补助力度。

（三十八）**深化区域合作**。全方位、多领域拓展区域合作空间。充分利用中国-东盟自由贸易区平台，推进泛北部湾经济合作与大湄公河次区域合作，深化与港澳台合作，加强与国内其他区域合作。继续办好中国-东盟博览会及商务与投资峰会、泛北部湾经济合作论坛。设立中国-东盟合作办事机构，发展面向东盟的商务总部经

济。在南宁建设中国-东盟现代农业科技合作园区。深度参与大湄公河次区域合作，推动有关合作项目纳入合作框架。进一步加大对泛北部湾经济合作的支持力度，推动合作平台和机制建设，构建南宁-新加坡经济走廊。推进中越“昆明-老街-河内-海防-广宁”、“南宁-谅山-河内-海防-广宁”经济走廊和环北部湾经济圈（“两廊一圈”）合作，实施交通、能源、旅游、农业等领域的一批重点合作项目。加快建设海峡两岸（广西玉林）农业合作试验区。积极参与泛珠三角区域合作，加强与长三角、环渤海等区域合作。

十一、加强组织领导，切实落实各项保障措施

（三十九）做好指导协调和实施工作。广西壮族自治区人民政府要切实加强组织领导，完善工作机制，明确工作责任，制定实施措施，加强与国务院有关部门的沟通衔接，全面落实各项工作任务。国务院有关部门要按照本意见的精神，提出本部门支持广西经济社会发展的具体政策措施，完善相关规划。要加大中央财政转移支付资金、中央预算内投资对广西的投入力度，落实和完善相关税收政策。要加强对意见实施的指导，深入调查研究，及时总结经验，帮助解决实际工作中出现的问题。

（四十）做好跟踪检查工作。国家发展和改革委员会要会同有关部门做好与相关规划的衔接协调，督促检查重大项目、重大政策落实工作，跟踪分析本意见实施情况，重大问题及时向国务院报告。

促进广西经济社会又好又快发展，事关民族团结、边疆稳定和区域协调发展大局。要坚定信心，抓住机遇，锐意进取，创造性地开展工作，推动广西在新的历史起点上实现新跨越。

国务院

二〇〇九年十二月七日

关于发挥国家高新技术产业开发区作用
促进经济平稳较快发展的若干意见

为贯彻落实《国务院关于发挥科技支撑作用促进经济平稳较快发展的意见》（国发[2009]9号），充分发挥国家高新技术产业开发区(以下简称“国家高新区”)的支撑作用，制定本意见。

一、充分认识发挥国家高新区作用促进经济平稳较快发展的重要意义，明确总体要求

（一）重要意义。建设国家高新区是党中央、国务院作出的重大战略部署，经过近20年发展，国家高新区已经成为我国高新技术产业发展的一面旗帜。在当前应对国际金融危机过程中，国家高新区迎难而上，保持了较好的发展势头，为经济平稳较快发展提供了重要支撑。充分发挥国家高新区的作用，对战胜金融危机、转变发展方式、坚持中国特色自主创新道路、实现国民经济实现依靠创新驱动发展具有重要意义。

（二）指导思想。全面贯彻党的十七大和十七届三中全会精神，以邓小平理论和“三个代表”重要思想为指导，全面贯彻落实科学发展观，深入贯彻《国务院关于发挥科技支撑作用促进经济平稳较快发展的意见》，以增强自主创新能力为核心，以改革创新为动力，始终坚持“四位一体”的发展目标，承担起战胜金融危机、促进经济率先复苏崛起的责任，承担起依靠科技创新、促进经济又好又快发展的责任，承担起深化改革、探索新形势下加快发展高新技术产业新路的责任。

（三）基本原则。一是坚持科技与经济社会发展紧密结合。与实施扩大内需、重点产业调整和改善民生的部署相结合，推动产业结构优化升级。二是坚持改革创新。探索建立适合高新区发展的管理体制和运行机制，完善法制保障和政策措施。三是坚持标本兼治，增强经济发展的后劲。把科技措施同提高经济发展质量和效益相结合，把帮助企业解决现实困难同增强企业自主创新能力相结合。四是坚持技术攻关和产业化相结合。解决制约产业发展的关键技术，营造产业化环境，加速自主创新成果的转化和产业化。五是坚持长远与近期结合。应对金融危机的近期措施，同转变发展方式的要求相结合，培育经济增长新动力。

（四）战略任务。国家高新区要充分发挥在引领高新技术产业发展、支撑地方经济增长中的集聚、辐射和带动作用，加快实施科技重大专项，培育战略性高新技术产业；加快科技成果推广应用，支撑重点产业振兴；大力支持企业提高自主创新能力，完善产业技术创新链；加快发展高新技术产业集群，提升高新技术产业在区

域经济中的比重；支持科技人员服务基层，加强高层次人才引进和培育；着力体制机制创新，整合资源，形成发展合力。

二、加快高新技术产业集聚，提升产业整体竞争力

（五）抓紧实施重大专项，培育战略性产业，形成产业集群。围绕新能源、生物、新材料、信息、航空航天等战略性高新技术产业，组织企业和产业技术创新战略联盟参加国家重大专项等科技计划，促进战略性产业布局和发展。大力发展创意、动漫、游戏、应用软件以及软件服务外包等新兴产业，形成产业集群。深入做好世界一流园区、创新型园区和特色产业园区的创建工作。

（六）加速重大技术和成果推广应用，支撑重点产业振兴。结合自身实际，针对产业振兴的共性技术和关键技术，推广一批能有效促进产业升级、技术改造和节能减排的自主创新技术和产品，推动发展方式转变。大力推进节能与新能源汽车、半导体照明等一批重大产业技术的应用，培育新的经济增长点。结合主导产业需求，开展国家高新区产业升级路线图行动试点。

（七）加快省级高新区的升级工作。按照“坚持原则、积极审慎，以升促建、加强指导，择优选择、区域平衡，完善指标、科学评估”的工作原则，对有优势、有特色、符合条件的省级高新区，按照国家有关规定，加快审批，升级为国家高新区。加强对省级高新区建设的指导和培育，提高对区域结构调整、促进经济平稳较快发展的支撑能力，为升级工作打好基础。

三、增强自主创新能力，完善公共创新平台和人才队伍建设

（八）深入实施技术创新工程，激发企业创新活力。推进创新型企业建设，带动企业提高竞争力。依托工程技术研究中心、重点实验室等公共科技资源，提高为企业技术创新服务的能力，帮助企业特别是中小企业开发新产品、调整产品结构和开拓市场。建立以企业为主体、产学研相结合的产业技术创新战略联盟。

（九）鼓励科技人员服务企业，加强人力资源建设，促进高校毕业生就业。高新区要动员科研院所和高校的科技力量，深入基层为企业发展和技术进步服务。以实施“千人计划”为重点，加强高层次创新创业人才、特别是产业领军人才的引进和培育，开展项目推介和人员引进活动。鼓励高新区与高等学校共建毕业生实训基地，开展就业实习、模拟创业和技能培训、创业培训。

（十）支持公共创新平台建设。优先支持国家高新区建设国家工程技术研究中心、国家重点实验室，增强为企业技术创新的服务能力。优先支持园区内符合条件的科技中介机构申报国家级孵化器、国家级示范生产力促进中心、国家技术转移示范机构，加快先进技术的辐射转移。优先支持国家高新区建立创意等新兴产业的国家级产业化基地。加大对国家高新区大型仪器设备共享等平台建设的支持强度，促进开放共享。

（十一）促进创新创业和科技中介体系建设。国家高新区要支持生产力促进中心开展面向中小企业的工业分包、工业设计、节能减排、咨询诊断等专业化服务。支持孵化器引入创业导师模式，提升服务质量，帮助企业开拓市场。实施国家大学科技园支撑高新区产业发展专项行动，依托高校科研资源和成果转化提升发展质量。强化技术转移机构的增值服务能力，建设专利数据库。

四、创新体制机制，鼓励政策“先行先试”

（十二）加大体制机制创新力度。国家高新区要坚持精简高效的管理理念，在管理体制、运行机制、政策环境等方面深化改革，不断完善“小机构、大服务”的管理和服务体系，积极争取各方面力量和资源支持科技创新和高新区发展。各级科技部门和高新区所在地的城市人民政府，要把鼓励科技创新的政策在高新区先行先试，充分发挥高新区的试点示范作用。

（十三）加强金融政策创新。完善中关村科技园区非上市股份公司代办转让系统的相关制度，加快扩大在国家高新区进行试点。鼓励和引导银行在国家高新区的分支机构设立科技专家顾问委员会。建立适合科技型中小企业特点的风险评估、授信尽职和奖惩制度。推动银行贷款模式创新，开展股权质押、知识产权等无形资产质押贷款试点。深化科技保险试点，推广发行中小企业集合债，支持企业通过债券融资。鼓励国家高新区设立创业投资引导基金，为初创期企业提供服务。

（十四）加强财税扶持。落实促进自主创新的政府采购政策，鼓励地方政府支持高新区内的自主创新产品在政府投资项目等方面的推广应用。建立使用首台（套）装备的风险补偿机制。进一步落实企业研发费用加计

扣除、孵化器税收减免、创业投资税收优惠、高新技术企业税收优惠等政策。扩大国家高新区基本建设贷款贴息规模。

（十五）探索科技资源配置新模式。支持国家高新区内企业和机构参与承担国家重大专项、863 计划、支撑计划等国家科技计划项目，同等条件下优先支持。鼓励国家高新区组织各方面力量承担对当前产业发展和扩大内需具有直接作用的攻关任务。加大科技型中小企业创新基金、火炬计划、科技型中小企业公共技术服务补助资金等支持力度，提升高新区内科技型中小企业的技术创新能力。加大科技型中小企业创业投资引导资金扶持力度。

五、加强组织领导，落实各项任务

（十六）科技部将加强对国家高新区和省级高新区的业务指导。把高新区建设的重大问题纳入部省会商，加强与地方人民政府的沟通，共同推进高新区的建设发展。定期组织国家高新区的评估，提高业务指导的针对性和实际效果。逐步完善省级高新区的统计和评价体系。

（十七）省级科技部门应加强对国家高新区和省级高新区的规范管理和指导。制定本省范围内的高新区发展规划，集成科技和创新资源，支持高新区建设和发展。要探索与高新区所在地的城市人民政府建立共商机制，共同解决高新区发展的关键问题。

（十八）国家高新区所在地的城市人民政府应发挥高新区促进经济平稳较快发展的作用。制订必要措施，支持高新区深化改革，创新体制机制，促进国家高新区在集聚高新技术产业、完善公共服务平台、加强人才队伍建设、建立金融支撑体系等方面取得新的成效。鼓励有条件的地方设立高新区发展专项资金。

（十九）国家高新区要根据本意见制订具体落实方案，并组织实施。坚持把增强自主创新能力作为战胜金融挑战、实现结构调整、提高竞争力的中心环节，努力成为依靠自主创新、实现科学发展的先行区和示范区。省级高新区可在省级科技部门的指导下，制定具体落实方案并组织实施。

科学技术部

二〇〇九年七月

关于支持福建省加快海峡西岸经济区工业和信息化发展的意见

海峡西岸经济区是两岸人民交流合作先行先试区域，服务周边地区发展新的对外开放综合通道，是东部沿海地区先进制造业的重要基地，在全国区域经济发展布局中处于重要位置。福建省在海峡西岸经济区中居主体地位，支持福建省加快推进海峡西岸经济区建设，是党中央国务院立足全国改革发展大局、加强两岸经贸合作作出的重大战略决策。为贯彻落实《国务院关于支持福建省加快建设海峡西岸经济区的若干意见》（国发〔2009〕24 号），加快福建省海峡西岸经济区（以下简称“海西”）工业的发展和信息化建设，提出以下意见：

一、支持闽台加强产业交流与合作

（一）支持福建省在海峡两岸产业合作方面先行先试。发挥海峡西岸经济区独特的对台优势和工作基础，努力构筑两岸产业合作的前沿平台和紧密区域，采取更加灵活开放的政策，按照同等优先、适当放宽的原则，支持台商在闽投资符合节能环保要求并采用先进技术的电子信息、船舶、机械、钢铁、有色金属、石化、建材、新能源、新材料、生物医药等项目，鼓励和支持有条件的大陆企业到台湾投资兴业，推动建立两岸产业优势互补的合作机制，争取闽台在产业合作、投资贸易、市场对接等方面取得较大突破。鼓励海西引进台湾高层次专业技术人才和管理人才。

（二）积极推动闽台产业对接。密切与台湾相关行业协会、企业的联系，支持国家相关行业协会在福建举办两岸产业研讨、展览、对接等大型经贸活动，促进两岸产业深度对接；鼓励建立与台湾产业配套以及大陆台资企业所需的零部件、原辅材料中心，支持设立“闽台信息产业合作交流促进中心”，建设以厦门湾、闽江口、湄洲湾等区域为主的闽台产业对接集中区。会同福建省人民政府、国台办在福建联合主办“海峡论坛”及相关活动。积极推进两岸信息产业等领域技术标准对接与合作。加快推进两岸直达通信光缆建设，积极研究和推动台资企业在厦门等地先行开展离岸呼叫中心业务试点等相关工作。

（三）加快福建省台商投资区建设。支持以现有台商投资区和各类产业基地建设为依托，积极承接台湾先进制造业和现代服务业转移；支持在福建建立具有特色的台商产业专区，在福建沿海建设海峡两岸信息产业等合作试验区；支持福州、海沧、集美、杏林四个台商投资区改造提升，支持在泉州等地设立台商投资区；支持台商引进关键的零部件进行加工、生产和销售。

二、支持海西先进制造业发展

（四）做强电子信息产业。加快电子信息产业基地和产业园区建设，支持福州软件园、厦门软件园、海峡西岸软件及信息服务外包示范区建设。支持建设海西国家级电子废弃物综合加工利用示范基地、海峡西岸半导体照明产业化及应用示范基地。支持福建省重点发展消费电子、软件和集成电路、平板显示、LED、新型电子元器件、移动通信终端等特色优势产业，促进产业结构进一步优化升级。

（五）发展壮大装备工业。做强做大工程机械、汽车零部件、船舶、环保设备等优势装备产业，加快发展全自主智能机器手、农业机械、光伏制造设备、新能源汽车等新兴装备产业，培育发展具有福建特色的纺织服装、日用陶瓷、包装、建材、塑料、食品加工等产业装备。坚持高起点规划、高标准建设，将福建沿海港口作为大型装备制造业项目布局的备选基地，引导大型石化、冶金等大型成套装备企业在福建沿海布局，支持汽车、船舶等企业与台湾等地区的大型企业集团联合重组，形成若干具有特色和知名品牌的装备制造业产业集群。

（六）优化提升原材料工业。充分发挥区域优势，积极发展临港工业，加快湄洲湾、漳州古雷等石化基地建设，支持建设湄洲湾闽台石化合作专区；结合淘汰落后、联合重组，研究制定福建钢铁行业结构调整的方案；支持优势矿产资源开发，加快建设一批高精铝板带、稀土深加工、玻璃深加工、石材深加工和高档建筑卫生陶瓷配套等项目，推动资源型产业向精深加工发展；加强产业链上下游重组整合，提升重点企业的竞争力。提升产业技术装备水平，支持行业装备向自动化、信息化、清洁化方向发展。

（七）改造升级消费品工业。支持对纺织服装、食品、日用陶瓷、鞋业、塑料、电池制造等传统优势产业实施技术改造，发展传统产业技术支撑等服务体系，提高产品加工深度和附加值，促进传统产业优化升级；支持沿海部分产业向龙岩、三明、南平等山区转移；支持特色工艺品产业发展，加大传统工艺技术保护和创新力度；支持盐业体制改革，理顺产销关系，推动盐场改制重组；支持中药材生产和重大新药研制及产业化工作，加强对医药用品和器械应急储备的指导和支持。

（八）促进军工及配套产业发展。支持福建军工发展，支持和指导雷达、导航仪器、舰载装备、光学仪器、通讯器材和关节轴承等产品和企业的发展，支持为国防服务的工程机械、发电设备、特种车辆的技术进步和产品升级，推动重大军民两用技术的转化和推广应用，支持福建民爆行业雷管生产线安全和扩能改造。

（九）推动自主创新，培育新兴支柱产业。指导和支持福建省技术创新公共服务平台建设、创新能力建设以及行业重大关键技术、共性技术研究开发，提升海西自主创新能力。支持建设国家级企业技术中心，支持外资、台资企业在福建设立研发中心。瞄准国际前沿， 充分发挥比较优势抢占科技和产业制高点，培育发展新一代移动通信、新能源、新材料、精密仪器、生物医药及海洋生物资源开发、创意产业等新兴产业。支持福建省人民政府每年在福州举办中国·海峡项目成果交易会，并作为主办单位之一，推动科技成果转化和产学研用深度结合。支持部属院校、科研机构与福建企业对接，在福建设立分支机构或共建实验室、研发机构。鼓励和支持相关单位在福建开展TD产学研联合攻关。

（十）促进节能减排与循环经济发展。加强对福建省工业节能减排、清洁生产、资源综合利用工作的政策指导，强化工业及通信业固定资产投资项目节能评估和审查，加大企业清洁生产审核力度，支持清洁生产中高费项目实施，提高清洁生产水平。支持福建重点节能减排工程建设，促进重点节能减排技术和高效节能环保产品在冶金、化工、建材、电子信息等行业的推广应用，鼓励闽台就节能减排先进技术进行交流与合作。推动循环经济发展，建设循环经济产业基地、园区和循环经济示范企业；加大对福建省重大节能、节水项目，以及清洁生产、资源综合利用等示范工程的资金支持。

三、支持信息化与工业化融合

（十一）加快“两化”融合。着力应用信息技术改造提升传统产业，加快推进企业研发设计、生产过程控制和企业管理的信息化，加强企业信息化标准建设。支持福建省纺织服装行业率先开展“两化”融合试点。积极培育新兴产业和信息服务业，推动信息技术应用“倍增计划”项目在福建省的试点和示范。支持福建开展通信业与制造业融合互动试点推广工作，支持福建推广电子签名和证书应用，加快推进福建移动电子商务产业发展。

（十二）推进信息化建设。加快推进第三代移动通信网、宽带通信网、下一代互联网等信息基础设施建设，优化和完善通信基础设施网络布局，大力推动电信基础设施共建共享，提升海峡西岸互联网接入能力，共同加大对党政专用通信、应急通信的投入力度，增强党政专用通信和应急通信保障能力。加快福建省农业和农村信息化公共服务平台建设，共同推进福建省20户以上已通电自然村通电话工程、农村宽带建设工程、移动通信“三网惠三农”工程、农业和农村信息技术推广工程、农村党员干部现代远程教育等试点进程，开展“信息下乡”活动，建设全国农村信息化综合信息服务示范基地。支持福建省扩展和完善TD产业链，加快TD无线城市建设，推广TD行业应用。

（十三）加强无线电管理。加快实施《海峡西岸区域无线电管理“十一五”规划》，协调相关部门继续加大无线电频率占用费中央财政转移支付力度，加强海峡西岸无线电管理基础设施和技术设施建设。支持福建省无线电行业协会在我部指导下与台湾无线电行业协会开展沟通协调，探索建立闽台无线电频率协调机制，有效解决海峡两岸无线电信号相互干扰问题。

四、支持海西产业集群和中小企业发展

（十四）推动海西产业集群转型升级。支持福建省以各类专业园区、产业基地为载体，龙头骨干企业为基础，创新发展环境，完善服务平台，加快培育形成晋江及莆田制鞋、泉州服装纺织、德化陶瓷、福州显示、厦门光电、闽西北林产加工、厦门及龙岩工程机械、福安电机、南安石材等一批特色鲜明、竞争力强的产业集群。在制定产业集群发展规划、建立产业集群公共服务平台、开展产业集群示范等方面，优先安排海西产业集群项目。支持福建省创建国家重点产业发展基地。

（十五）促进中小企业健康发展。鼓励和引导中小企业走“专、精、特、新”发展道路，加强技术创新，推动产业升级；加快中小企业信用担保体系建设，在税收优惠、建立风险补偿机制等方面予以支持；加快推进中小企业服务体系建设，培育核心服务机构，建设中小企业公共服务基础设施，为中小企业创业和发展提供服务；支持和引导中小企业在海西投资兴业，鼓励两岸中小企业合资、合作和共同开拓国内外市场。

五、加强对海西工业发展和信息化建设的政策支持

（十六）加强规划指导。进一步加强对福建省海峡西岸工业和信息化发展规划编制和实施的指导力度。在国家工业和信息化发展总体规划、行业规划及专项规划的产业布局和重大项目安排中，充分考虑福建省尤其是海西地区优势和特色产业的发展需求，指导福建省编制特色工业发展规划，制定和完善节能降耗、淘汰落后、发展循环经济等方面的政策措施。

（十七）支持开展行业管理工作。指导福建工业经济运行、监测分析工作，支持开展标准制定和质量管理等工作。加强对福建建立工业、通信业应急体系的指导，支持建立两岸应急工作交流平台。支持大用户直购电试点工作。加强福建通信业管理工作，积极支持战备应急通信、网络信息安全、信息动员保障等工作，积极指导基础电信运营企业加强福建省应急通信设备和队伍建设，落实各项网络信息安全责任，满足福建省处置各类突发事件的应急通信保障和网络信息安全需求。

（十八）加大中央专项资金和重点项目建设的支持力度。加大原中央苏区县、革命老区、少数民族地区的扶持力度，比照中西部地区适当降低中央投资项目地方投资比例，支持发展特色产业和重大项目建设。对福建产业结构调整及转型升级技术改造重点项目，符合国家规划和产业政策的装备制造、钢铁、有色金属、石油化工、建材、电子信息、新兴支柱产业的重大项目，在项目核准、资金扶持以及其他专项计划等方面予以优先安排，引导、支持石化、钢铁、有色金属、建材、汽车、船舶、装备制造等领域的企业联合重组。

工业和信息化部

二〇〇九年十月

关于进一步加强技术创新工作的通知

各省、自治区、直辖市、计划单列市及新疆生产建设兵团工业和信息化主管部门：

为深入贯彻落实党的十七大精神，实施《国家中长期科学和技术发展规划纲要（2006-2020 年）》，落实《关于发挥科技支撑作用促进经济平稳较快发展的意见》（国发[2009]9 号）和《国家产业技术政策》（工信部联科[2009]232 号），积极落实应对国际金融危机、促进经济平稳较快发展的各项措施，大力推进以企业为主体、市场为导向、产学研相结合的技术创新体系建设，加快提升产业技术创新能力，增强产业核心竞争力，现就进一步加强技术创新工作通知如下：

一、充分认识加强技术创新工作的重要性。在当前形势下，进一步加强技术创新工作，是应对国际金融危机、促进经济较快平稳增长的一项重要任务，也是推进产业结构调整，转变经济发展方式、提高产业核心竞争力的一项战略任务。抓紧做好技术创新工作，建立创新型企业，引导和支持创新要素向企业集聚，是促进科技成果向现实生产力转化，加快工业经济发展方式转变得重要手段；对强化企业技术创新，优化经济技术资源配置，增强企业发展后劲，促进高新技术发展应用，实现工业化和信息化融合都有重要意义。

二、加强技术创新发展战略、规划和政策的研究制订工作。抓紧贯彻落实《国家产业技术政策》，结合本地产业发展实际，研究制订工业、通信业和信息化领域的产业技术政策和产业技术发展规划，引导和推动行业、企业技术创新与技术进步，为经济发展提供有力支撑。根据产业发展趋势，加强规划、政策、标准对技术创新的引导和激励作用。研究提出支持技术创新资金投入的具体措施，加大对技术创新的投入力度。

三、大力推进技术创新体系建设。把加快建立以企业为主体、市场为导向、产学研相结合的技术创新体系建设作为一项重要工作职责，切实做好国家、省（市）级企业技术中心认定和建设工作，以企业技术中心为核心推进技术创新体系建设。针对本地区实际，指导协调本地区技术创新体系的建设工作，整合社会创新资源，推动技术创新有效运行机制的建立。加强对产学研工作的指导，实现企业、高等院校和科研机构的有效结合，发挥工业骨干企业市场优势，提高企业竞争力。积极构建为中小企业服务的技术平台，建立面向中小企业的科技中介服务体系。支持组建产业技术联盟等多种形式开展重大技术创新活动。鼓励以技术创新能力强的骨干企业为龙头，形成具有特色的产业集聚，促进区域支柱产业发展。

四、加快用高新技术和先进适用技术改造提升传统产业。积极推广应用新技术和新工艺，促进产业技术升级，提高产业发展的整体水平。以质量品种、综合利用、环境保护、节能减排、安全生产等为重点，实施产业技术示范工程，为加快推进技术改造提供技术支撑。围绕汽车、钢铁、船舶、石化、轻工、纺织、有色金属、装备制造、电子信息等重点产业调整和振兴规划，以突破制约产业发展的核心关键技术瓶颈为目标，积极组织技术攻关，实施产业技术研发项目。研究通过技术创新促进本地区“两化融合”的战略和措施、信息化发展的重大问题，指导企业信息化，推进重点领域信息技术应用，做好典型重大信息化项目的实施和推广工作。

五、积极推进高新技术产业发展和科技成果转化。把高新技术产业发展作为促进产业结构调整、加快工业经济发展的重要内容，结合区域特点和优势认真研究并组织制订、实施涉及生物医药、新材料、航空航天、信息产业等高技术产业的发展规划和政策。引导企业提高技术开发能力和系统工程集成能力。把科技成果转化摆在突出位置，积极实施标准战略，推进拥有自主知识产权的技术成果转化，加速规模化生产和应用。

六、切实落实责任，加强指导监督。按照国家有关技术创新工作的方针政策和规划的总体要求，切实落实好技术创新的工作职责，加强对本地区技术创新工作的指导。建立和完善工作管理制度，明确工作职能，实行逐级负责；转变工作作风，创新工作方式，形成高效协调的工作机制；结合地方特点，充分发挥中介组织的作用，认真研究工业、通信业和信息化发展中的技术创新问题，引导和推动产业和企业的技术创新工作。

请各地工业和信息化主管部门结合本地市级，认真调查研究和总结创新政策落实及规划实施的成效与经验，研究提出相关政策建议和措施，及时将有关情况和建议上报我部。我部将进一步研究推进技术创新工作的指导意见。

工业和信息化部
二〇〇九年九月

创建国家新型工业化产业示范基地管理办法（试行）

第一章 总 则

第一条 为全面贯彻落实科学发展观，加速推进中国特色新型工业化进程，加快转变经济发展方式，促进信息化与工业化融合，进一步调整优化产业结构，引导产业集聚发展、集约发展，特制定本办法。

第二条 国家新型工业化产业示范基地（以下简称示范基地）是指以可持续发展为前提，以产业集聚为主要特征，以工业园区为主要载体，主导产业特色鲜明、水平和规模居全国领先地位，在产业升级、“两化融合”、技术改造、自主创新、军民结合、节能减排、效率效益、安全生产、区域品牌发展和人力资源充分利用等方面走在全国前列的产业集聚区。

第三条 示范基地的范围包括：依法设立的各类开发区、工业园区（集聚区），及国家规划重点布局的产业发展区域等。

第四条 创建示范基地遵循公平、公正、公开原则，统筹规划，合理配置资源，规范、有序推进。

第五条 工业和信息化部负责创建示范基地的相关管理工作。

各省、自治区、直辖市工业和信息化主管部门负责组织本地区创建示范基地的申报工作，并配合工业和信息化部对示范基地进行指导和管理。

第二章 基本条件

第六条 产业集聚区应有较完善的创建示范基地工作方案和产业发展规划，申报名称须反映区内主导产业特色，符合分类规范。

第七条 示范基地应具备的基本条件：

（一）符合国家有关法律法规和产业政策的规定，符合国家土地利用总体规划、城市总体规划、主体功能区规划及国家相关产业规划。

（二）集约程度高，规模效益好。主体园区内工业建筑容积率一般应大于 0.6，单位土地平均投资强度 3000 万元/公顷以上、平均产值（销售收入）3000 万元/公顷以上。企业销售收入达 200 亿元/年以上，年上缴税收 2 亿元以上，全员劳动生产率居国内同行业前列。骨干企业辐射力强，专业化配套体系完善，主导产业突出，规模和水平居国内同行业前列。

（三）资源消耗低，环境污染少。切实推进资源节约、清洁生产和循环经济。超额完成国家或省级政府下达的年度节能目标。主体园区单位产值能耗、单位工业增加值用水量和污水集中处理率处于国内同行业先进水平。工业“三废”排放、固体废物综合利用率指标全部达到国家或行业标准。主体园区内规模以上企业全部达到清洁生产企业水平，强制清洁生产审核实施率达到 100%。

（四）创新能力强。产业集聚区内研发投入占销售收入比重原则上不低于 2%（国家另有规定的从其规定）。有 1 家（含）以上主导产业方面的国家级企业技术中心或研发机构，或 3 家（含）以上主导产业方面的省级企业技术中心或研发机构。有效发明专利拥有量居国内同行业前列。

（五）技术水平高，产品质量优。主体园区内骨干企业工艺技术和装备先进，企业普遍采用国际质量管理体系认证，产品质量处于国际或国内同行业先进水平，拥有国际国内知名品牌。

（六）安全有保障。企业安全生产管理体系完善，安全生产责任制健全，达到安全生产国家标准或行业标准，近三年未发生重大安全生产事故。

（七）信息化水平较高。主体园区信息基础设施比较完备，规模以上企业宽带接入率达到 100%，企业在研发设计、生产制造、企业管理、电子商务、物流配送等主要环节信息化应用达到国内同行业先进水平。

（八）人力资源充分利用。产业集聚区所在地有健全的人才工作领导体制，较完善的人才培养、评价、流动、激励等工作机制，设有职业教育或专业培训机构。认真贯彻执行《劳动合同法》，社会保障体系健全，劳动关系和谐。

（九）公共服务体系完善。产业集聚区内技术开发、检验检测、金融服务、市场开拓、现代物流、人才培养等公共服务设施齐全，功能完善。

（十）所在地政府大力支持。产业集聚区所在地各级政府在发展规划、财政政策、政务服务和人才发展等方面进一步加大对产业集聚区的支持力度，产业集聚区政府管理机构或地市（县）政府设立一定规模（每年原则上不低于1000万元）专项资金，用于技术改造及公共服务平台建设。

第三章　工作程序

第八条　创建申请

创建示范基地的申请由所在地政府管理机构或地市级政府向省级工业和信息化主管部门提出，由省级工业和信息化主管部门审查后上报工业和信息化部。

第九条　申报材料

（一）申报材料包括：

1、申报单位所在省、自治区、直辖市工业和信息化主管部门的上报文件；

2、《国家新型工业化产业示范基地申报表》；

3、创建示范基地的工作方案；

4、示范基地产业发展规划及省级工业和信息化主管部门组织的专家论证意见（原件）；

5、能够证明申报单位所在地政府落实示范基地专项资金的有关文件。

（二）申报材料中的有关数据以各级统计机构和职能部门公开数据为准。

（三）上述申报材料要求提供原件三份及电子版（《国家新型工业化产业示范基地申报表》可在工业和信息化部门户网站www.miit.gov.cn下载）。

第十条　审　　核

工业和信息化部组织对申报材料进行评估和必要的实地考察，提出审核意见，并在工业和信息化部门户网站公示十五个工作日。

第十一条　批复及授牌

工业和信息化部对符合条件的产业集聚区进行批复，并授予"国家新型工业化产业示范基地（示范内容·所在地）"称号。工业和信息化部每半年集中批复和授牌一次。

第四章　示范基地管理

第十二条　示范基地名录及发展情况将在工业和信息化部门户网站公布，并适时更新。

第十三条　示范基地每年4月30日前将上一年度发展情况及需要协调解决的问题通过省级工业和信息化主管部门报工业和信息化部。

第十四条　工业和信息化部在规划布局、技术改造及资金安排等方面，对示范基地予以重点指导和支持，并逐步将其纳入工业和信息化经济运行监测体系。

第十五条　工业和信息化部对示范基地实行动态管理，依据管理办法每三年进行一次复核，对合格的示范基地予以确认，对不合格的撤消称号、发布有关公告并摘牌。

第十六条　对已经授牌的示范基地，如发现弄虚作假，除撤销批复文件、称号外，暂停所在省、自治区、直辖市下一年度的申报工作。

第五章　附　则

第十七条　各省、自治区、直辖市工业和信息化主管部门可比照本办法，组织开展创建省级示范基地工作。

第十八条　本办法由工业和信息化部规划司负责解释。

第十九条　本办法自发布之日起施行。

工业和信息化部

二〇〇九年七月

关于印发《政府网站发展评估核心指标体系（试行）》的通知

各省、自治区、直辖市、新疆生产建设兵团及计划单列市、副省级城市信息化主管部门，国务院各部门政府网站工作单位：

为进一步引导和促进政府网站健康发展，深化电子政务应用，工业和信息化部将《政府网站发展评估核心指标体系（试行）》印发你们，请结合工作实际参考使用。

本核心指标体系重心放在政府信息公开、网上办事、政民互动三个环节，不是政府网站评估所需的全部指标，不替代各地区、各部门已有的评估指标体系。

工业和信息化部（信息化推进司）负责对本核心指标体系的解释，在总结各地区、各部门经验及做法的基础上，不断完善政府网站发展评估核心指标体系。

2009年起，工业和信息化部不再委托评估机构开展全国性政府网站综合评估工作，按照"谁评估、谁公布、谁解释"的原则，鼓励有经验、有实力、有信用的评估机构开展政府网站发展评估，向社会公开发布评估结果，并负责对发布结果的解释。

各地区、各部门可以根据实际工作需要，围绕提高政府网站信息公开质量、增强办事服务能力、注重政民互动实效等要求，以核心指标为基础进行扩展、细化、裁剪，建立和完善本地区、本部门政府网站发展评估指标体系，做好政府网站发展评估工作。

请各地区、各部门及相关评估机构将使用本核心指标体系进行评估的情况、建议和意见及时报工业和信息化部（信息化推进司）（联系电话：010-68208290）。

附件：政府网站发展评估核心指标体系（试行）

一、指标及要点

一级指标	二级指标	评估要点
政府信息公开	主动公开信息量	政府网站实际主动公开政府信息的总数量
	依申请公开量	全年公众通过政府网站申请公开信息的数量
	年度新增量	全年政府网站实际主动公开政府信息的新增数量
网上办事	网上办事量	政府网站实际提供的各类网上办事服务事项的数量
	网上办事度	公众通过政府网站办理相关服务事项中，政府网站提供网上办事服务的办理程度。
	网上办事率	全年通过网站办理的服务事项的件数，占该事项全年通过各类办事渠道办理的总件数的比例。
政民互动	公众参与量	全年公众通过政府网站参与各类互动活动的总事件（人次）数。
	参与答复量	全年对公众通过政府网站参与建议的各类互动活动，给予答复的总件（条）数。
	参与便捷度	政府网站为公众提供参与互动的渠道种类和数目，互动服务便捷程度满意的人数占使用政民互动服务总人数的比例。

二、指标说明

（一）政府信息公开

1．主动公开信息量：是按照《中华人民共和国政府信息公开条例》中对县级以上各级人民政府及其部门、乡（镇）人民政府应主动公开信息内容的规定，政府网站上实际主动公开政府信息的总数量，统计以件（条）为单位。

2．依申请公开量：是按照《中华人民共和国政府信息公开条例》对"依申请公开信息"申请的规定，全年公众通过政府网站申请办理"依申请公开信息"的件数，统计以件（条）为单位。

3. 年度新增量:是按照《中华人民共和国政府信息公开条例》中,对县级以上各级人民政府及其部门、乡(镇)人民政府应主动公开的重点信息内容的规定,全年政府网站实际主动公开政府信息的新增数量,统计以件(条)为单位。

(二)网上办事

1. 网上办事量:是政府部门依据职能通过政府网站面向社会公众提供各类网上办事服务的总件数,统计以件为单位。

2. 网上办事度:是政府网站网上办事服务全流程覆盖的实现程度。网上办事全流程应覆盖五项服务,即办事指南、表格下载、网上咨询、网上申请、结果反馈。服务等级分为三级:一级,政府网站网上办事中 1/2 以内的网上办事事项实现网上全流程五项服务的覆盖;二级,政府网站网上办事中 1/2 至 2/3 的网上办事事项实现网上全流程五项服务的覆盖;三级,政府网站网上办事中 2/3 以上的网上办事事项实现网上全流程五项服务的覆盖。

3. 网上办事率:网上办事率=(通过网站办理的服务事项的总件数)÷(通过各类办事渠道(网站和非网站方式)为公众办理的服务事项的总件数)。

(三)政民互动

1. 公众参与量:是全年公众通过政府网站参与提问、咨询、访谈、投诉、建议等政民互动活动的总事件(人次)数。

2. 参与答复量:是全年政府对公众通过政府网站参与提问、咨询、访谈、投诉等各类互动活动,给予答复(包括采纳、不便采纳但答复等)的总件(条)数。

3. 参与便捷度:(1)通过统计政府网站实际提供的政民互动参与渠道种类和数目,评估政府网站提供政民互动渠道的能力,反映公众通过政府网站参与互动的方便性。(2)对政府网站政民互动参与渠道种类、数目及互动服务界面友好、使用方便等便捷程度的满意人数占参与互动服务总人数的比例。

工业和信息化部

二〇〇九年四月二十二日

关于加快国家高技术产业基地发展的指导意见

发改高技〔2009〕3211 号

各省、自治区、直辖市及计划单列市、副省级省会城市、新疆生产建设兵团发展改革委:

为深入贯彻落实科学发展观，充分发挥高新技术在产业结构优化升级中的带动促进作用，加快培育形成一批创新能力突出、产业链完善、产业特色鲜明的高技术产业基地，推进创新型国家建设，特制定如下指导意见:

一、国家高技术产业基地的内涵

（一）国家高技术产业基地是指在信息、生物、航空航天、新材料、新能源、海洋等高技术产业领域，经国家发展改革委认定的，对高技术产业发展和区域经济发展具有支撑、示范和带动功能的特色高技术产业集聚区。

（二）国家高技术产业基地包括专业性国家高技术产业基地和综合性国家高技术产业基地。专业性国家高技术产业基地是指基地内多数企业的生产和服务集中于高技术产业的某一特定领域，具有专业化的特征；综合性国家高技术产业基地是指基地同时在高技术产业的多个领域具有国内领先的技术优势并已形成了产业集聚。

二、充分认识加快国家高技术产业基地发展的重要意义

（一）加快国家高技术产业基地发展是在新的历史条件下提升高技术产业国际竞争力、壮大产业规模的迫切需要。随着世界经济进入调整期，各国竞相加快发展生物、新能源、新材料、信息、航空航天等战略性新兴产业，各国之间围绕技术、资金、人才等的争夺更加激烈。同时，我国国内经济发展正处于调整经济结构和转变发展方式的关键时期。面对新形势，我国必须加快发展国家高技术产业基地，进一步营造良好的局部优化环境，努力向上下游延伸，更大范围、更深层次地参与国际分工与合作，提升我国高技术产业国际竞争力，抢占国际竞争制高点。

（二）加快国家高技术产业基地发展是辐射带动区域经济发展的客观要求。近年来，我国区域经济快速发展，但存在区域间发展不协调、产业结构层次较低等问题。加快发展国家高技术产业基地，能够进一步发挥东部地区人才、技术优势，整合区域科技资源，完善区域创新体系，着力推进科技进步和自主创新，促进东部地区产业结构升级和转型；能够发挥中西部地区的资源优势和东北等老工业基地技术、人才相对集中的特点，培育具有鲜明地域特色和比较优势的特色产业，积极承接国内外产业转移，促进西部大开发、中部崛起战略的实施和东北等老工业基地振兴。

（三）加快国家高技术产业基地发展是面向未来产业发展方向，培育战略性新兴产业的重要举措。加快培育新兴产业，形成新的经济增长引擎，是世界经济从根本上走出金融危机影响的必然要求，是我国应对未来竞争、实现长远可持续发展的必然选择。当前，我国生物、新能源、新材料、信息、航空航天等新兴产业发展迅速，已经形成了一批集聚区，但与发达国家相比还存在很大差距，特别是在创新条件、投融资等发展环境方面还不完善。迫切需要加大力度，进一步促进知识、技术、人才等在区域内集中，加快科技成果转化为现实生产力，积极培育一批新兴高技术企业，努力抢占未来竞争的制高点，使我国经济发展上水平、有后劲、可持续。

三、加快国家高技术产业基地发展的指导思想、主要原则和发展目标

（一）加快国家高技术产业基地发展的指导思想是以科学发展观为指导，以发展特色高技术产业为目标，以提升自主创新能力、推动科技成果转化、促进高技术产业集群化发展为重点，在发挥市场配置资源的基础性作用的同时，通过宏观引导，实施政策倾斜，创新体制机制，将发展高技术产业基地与发挥区域比较优势相结合，与产业结构调整、培育战略性新兴产业相结合，促进高技术企业、资金、技术、人才等资源向高技术产业基地集中，努力形成一批创新能力强、产业配套完备、各具特色的高技术产业集群。

（二）加快国家高技术产业基地发展的主要原则是突出特色、科学规划，促进集聚、创新发展，优化环境、加强引导。

突出特色、科学规划。围绕国家高技术产业发展规划，根据区域的技术优势、产业基础、人力资源等条件，明确高技术产业基地布局，建设具有鲜明特色的高技术产业基地。

促进集聚、创新发展。以特色优势资源、现有龙头企业等为依托，坚持以点带线、以线带面，加强产业链条的培育和建设，促进产业集聚。把提高自主创新能力作为高技术产业基地发展的主线，推进产学研合作，引导企业加强原始创新、集成创新和引进技术消化吸收再创新。

优化环境、加强引导。充分发挥市场配置资源的基础性作用，加强政府扶持引导，着力营造有利于激励企业自主创新、有利于产业链构建、有利于产业集聚发展的体制政策法制环境，促进高技术产业基地的形成和发展。

（三）加快国家高技术产业基地发展的目标，是力争经过10年左右的发展，在信息、生物、航空航天、新材料、新能源、海洋等高技术产业领域，形成百个左右产业特色鲜明、创新能力强、产业链完善、产值规模超过千亿元的专业性国家高技术产业基地，在此基础上形成若干具有国际先进水平的综合性国家高技术产业基地，使国家高技术产业基地产值占全国高技术产业总产值的比重大幅度提高，形成我国高技术产业发展的重要载体，成为产业结构升级和区域经济发展的重要引擎。

四、加快国家高技术产业基地发展的主要任务

（一）建立产学研结合的技术创新体系，增强自主创新能力。大幅度增加基地研究开发投入，使研究开发投入占基地生产总值的比例、高新技术产品产值占全部产品产值的比例、研究开发和工程技术人员占全部就业人员的比例等显著高于其他区域。整合和优化配置资源，建设开放式公共服务平台，建立健全知识产权保护体系，建立以企业为主体、市场为导向、产学研结合的技术创新体系。

（二）加强特色产业链条建设，提高产业配套能力。促进高技术企业、资金、技术、人才等资源向基地集中，有效提高资源利用率和降低创新创业成本。结合区域比较优势和资源优势，延伸产业链条，提高产业配套能力，积极促进优势特色高技术产业发展，壮大高技术产业基地规模。

（三）提升产业层次，促进产业结构优化升级。支持基地吸引高端创新领军人才，大力发展高端产业。加快培育一批具有自主知识产权和国际竞争力的跨国经营龙头企业，积极推动创新型中小企业发展。引导高技术制造业向中西部地区基地转移。

（四）促进国际合作，提高国际化发展水平。支持基地在新一轮国际产业转移中大力吸引跨国公司投资，

提高利用外资的质量和水平。抓住全球服务外包发展机遇，加快基地信息技术外包服务、生物医药外包服务发展。

（五）建立符合高技术产业发展规律的运行机制。积极推进体制创新，建立精简高效的管理体制。大力推动中介机构发展和行业协会建设，积极发展技术专利代理和鉴定机构、创业投资机构、信息与咨询公司、会计事务所、法律事务所等专业性服务机构。

（六）增强对高技术产业发展的辐射带动作用。充分发挥基地的技术创新优势和集聚作用，加强重大技术的研发和产业化，积极推广基地成功经验，加强基地辐射区建设，带动全国高技术产业迈上新台阶。

五、加大力度支持国家高技术产业基地发展

（一）加大政府引导力度。国家高技术产业基地所在地人民政府要根据地方财力和实际情况，研究设立专项资金对基地建设给予支持，协调办理基地及基地内建设项目的土地、环保等相关手续。国家发展改革委对国家高技术产业基地创新能力基础设施、公共服务条件、产业化等项目建设择优给予一定资金补助。

（二）加快发展创业投资。国家发展改革委和财政部产业技术研发资金创业投资试点将重点扶持符合条件的国家高技术产业基地企业，特别是通过政府引导、社会参与的方式，支持国家高技术产业基地设立行业性创业投资基金，引导并带动民间资金支持高技术企业发展。

（三）支持企业利用资本市场融资。优先支持国家高技术产业基地符合条件的企业在国内主板、中小企业板和创业板上市融资。支持国家高技术产业基地内符合条件的企业发行企业债券。开展国家高技术产业基地内具备条件的企业进入证券公司代办系统进行股份转让试点工作。支持金融机构在国家高技术产业基地实施金融创新试点，建立和健全中小高技术企业投融资担保体系，发挥金融机构对国家高技术产业基地建设的支持作用。

（四）鼓励产学研结合。充分利用产学研联盟等各种有效机制，推动国家高技术产业基地与高等院校和科研院所建立紧密的合作关系。鼓励高校、科研机构在国家高技术产业基地建立分支机构。

（五）加强公共服务平台和创新基础能力建设。支持依托基地服务商、骨干企业或产业联盟等形式，建设公共技术研发平台、检测试验平台、技术转移机构等公共服务平台。支持基地建设工程研究中心、工程实验室、企业技术中心等创新基础能力。

（六）加强人才培养和引进。加强高素质技术和管理人才培养。鼓励本地区、国内乃至世界的优秀人才进入国家高技术产业基地投资兴办企业。完善人才使用激励机制，创造优良的工作环境、创业环境和生活环境。

（七）加强国际交流与合作。推动国家高技术产业基地参与国家发展改革委与有关国家政府及大型跨国公司间的合作计划。鼓励跨国公司在高技术产业基地设立地区总部、研发中心、采购中心、培训中心。鼓励外资企业技术创新，增强配套能力，延伸产业链。鼓励基地企业到境外投资建设生产基地和设立研发中心。

（八）支持省级高技术产业基地发展。鼓励有条件的地区建设省级专业性高技术产业基地。对满足国家高技术产业基地条件的，经评估认定可以升级为国家高技术产业基地。

六、加强国家高技术产业基地管理

（一）完善管理体制。国家高技术产业基地的认定、考核和宏观指导工作，由国家发展改革委负责。基地所在省、自治区、直辖市、计划单列市发展改革委依据基地发展规划，负责对基地建设和发展的具体指导和协调工作。基地所在城市应因地制宜地设立相应机构，负责日常管理和服务工作。

（二）国家高技术产业基地的申报与认定。申报国家高技术产业基地，由申报城市所在省级发展改革委组织编制规划并经省级人民政府同意后向国家发展改革委提出申请。国家发展改革委组织经济、技术等方面的专家对申报的国家高技术产业基地的功能定位、产业总规模、集聚程度、增长速度、创新能力、国际化程度、发展环境、发展目标、发展潜力、地方政府扶持措施等进行评估。评估通过后，国家发展改革委批准认定为国家高技术产业基地。

（三）国家高技术产业基地的考核。省市发改委要定期（每一年度）将基地发展状况（包括生产总产值、增加值、进出口、研究与开发投入、申请和授权的专利数量等指标）报国家发展改革委。国家发展改革委组织专家对国家高技术产业基地进行定期考核，考核结果将和国家对基地的扶持力度挂钩并向社会公布，具体办法另行制订。

国家发展改革委

二〇〇九年十二月十六日

关于推进国家创新型城市试点工作的通知

各省、自治区、直辖市及计划单列市、副省级省会城市、新疆生产建设兵团发展改革委：

为深入贯彻科学发展观，全面落实自主创新战略，我委决定在推进深圳市创建国家创新型城市试点工作的基础上，扩大试点范围，围绕完善区域创新体系，增强可持续发展能力，加快实现创新驱动发展，继续指导和推进一批城市开展创建国家创新型城市试点。现将有关工作通知如下：

一、试点城市

原则同意大连、青岛、厦门、沈阳、西安、广州、成都、南京、杭州、济南、合肥、郑州、长沙、苏州、无锡、烟台等城市申报的创建国家创新型城市总体方案，支持以上十六个城市开展创建国家创新型城市试点。

二、指导思想和目标

创建国家创新型城市要以实现创新驱动发展为导向，以提升自主创新能力为主线，以体制机制创新为动力，以营造创新友好环境为突破口，健全创新体系、聚集创新资源、突出效益效率、着眼引领示范，探索区域创新发展模式，培育一批特色鲜明、优势互补的国家创新型城市，形成若干区域创新发展增长极，增强国家综合实力和国际竞争力，为实现创新型国家建设目标奠定坚实基础。

三、主要任务

（一）加强统筹规划协调，强化城市创新功能。制订创新型城市建设规划，以自主创新统筹经济、科技、教育发展，实施创新型城市建设重大工程，系统推进创新型城市技术创新、产业创新、企业创新，加强自主创新基础能力建设，强化城市创新功能，增强城市创新发展能力，实现发展模式转型，促进经济社会又好又快发展。

（二）健全区域创新体系，突出企业主体地位。增加教育和科技投入，建设和引进高水平教育与研究机构，增强区域创新人才和技术有效供给能力。鼓励和扶持创新公共平台和中介机构发展，增强创新服务能力。探索财政、税收和政府采购政策支持产学研合作创新的新模式，支持企业创新基础能力建设，加速创新要素向企业集聚，强化企业技术创新主体地位，培育有国际影响力的行业龙头企业。

（三）推进城市产业升级，优化区域产业结构。围绕城市主导产业发展需要，实施产业自主创新工程，加大创新能力建设投入力度，推进创新型城市主导产业升级。培育新能源、新材料、生物医药等战略性新兴产业，发展高技术产业和现代服务业，促进产业创新集群发展，加快高新技术改造传统产业进程，优化产业结构。

（四）建设创新友好环境，促进创新创业发展。制订和实施创新型城市相关配套政策与措施，建立创新政策落实效果监测与反馈机制，不断优化区域创新环境，形成创新友好型政策法律制度环境。围绕创新型城市建设总目标，弘扬科学思想，尊重首创精神，激发创造热情，营造鼓励创新、宽容失败的创新文化氛围，促进创新创业发展。

四、工作要求

（一）加强组织领导。各试点城市要成立创建国家创新型城市工作领导小组，加强对城市创新发展的领导，明确相关部门分工，将各项工作分解落实到具体单位。

（二）制定发展规划。请各试点城市根据创建国家创新型城市的总体方案，抓紧研究编制创建国家创新型城市的详细规划，细化和落实建设任务。

（三）认真组织实施。具备条件后请各试点城市抓紧组织实施创建国家创新型城市的总体方案和详细规划，落实专项经费，制定切实可行的政策措施，全面推进创新型城市建设工作。

（四）及时总结经验。请各试点城市在创建国家创新型城市工作中，进一步解放思想、大胆实践、突出特色，积极探索创新驱动发展的新模式。并及时总结经验，将有关情况报告我委。

我委将会同有关部门，加强对创建国家创新型城市工作的指导、监督和考核，并对试点城市的自主创新和高技术产业发展工作优先予以支持。

国家发展改革委

二〇一〇年一月六日

甘肃省人民政府关于进一步加快全省开发区发展的意见

各市、自治州人民政府，省政府各部门：

为进一步加快我省开发区建设和发展，更好地发挥其产业集聚、对外开放、体制创新等方面的示范、辐射和带动作用，促进区域经济发展，推进工业化和城镇化进程，现就加快全省开发区（包括国家级、省级开发区以及工业集中区）发展提出以下意见：

一、指导思想、基本原则、功能定位和发展目标

（一）指导思想。坚持以科学发展观为指导，认真贯彻落实省委、省政府提出的“四抓三支撑”总体工作思路和“工业强省”战略，依据“布局集中、用地集约、产业集聚”的要求，进一步创新发展思路，完善体制机制，加大投入力度，努力把全省开发区建设成为实施“工业强省”战略的重要载体、发展循环经济的示范区、扩大对外开放的窗口和推进全省经济又好又快发展的重要增长极。

（二）基本原则。

1. 解放思想、创新发展的原则。创新发展理念，革新发展模式，积极探索有利于开发区发展的体制机制，用足用活用好各项政策措施，促进开发区跨越式发展。

2. 科学规划、质量与速度并重的原则。按照全省生产力布局的总体要求，科学合理、适度超前规划开发区的建设与发展，实现质量、速度、结构和效益协调统一。

3. 集聚集约、可持续发展的原则。充分发挥开发区产业集聚功能，推进用地集约、产业集聚，加强资源综合利用，加快发展循环经济，按照“减量化、资源化、再利用”的理念，建设环境友好、社会和谐的开发区。

4. 分类指导、共同发展的原则。统筹对不同层次、不同类型和不同区域开发区的发展，针对各级各类开发区的不同特征，采取灵活的政策措施，引导和推进开发区分工协作、以强带弱、资源共享、联动发展。

（三）功能定位。国家级开发区要完善高新技术产业孵化功能，培育产业集群，转变为综合性开发区，成为全省开发区加快发展的领头羊。依托老工业基地或资源型城市的省级开发区，要逐步向专业性开发区转变，成为当地大型骨干企业发展升级和中小企业协作配套的主要空间载体。其它省级开发区要突出主导产业、发挥比较优势，成为区域经济发展的重要支撑。工业集中区要突出当地产业特色，成为县域经济发展的重要载体。

（四）发展目标。开发区主要经济指标年增长幅度应高于全省平均水平 5—10 个百分点，万元工业增加值综合能耗低于全省平均水平。力争到 2015 年，建成年销售收入超过 100 亿元的开发区 8 个。其中 1000 亿元以上的 1 个，500 亿元以上的 3 个，300 亿元以上的 2 个。

二、健全完善管理体制

（五）加强组织领导。成立甘肃省开发区建设发展领导小组，由常务副省长任组长，分管副省长任副组长，省政府办公厅、省发改委、省经委、省科技厅、省财政厅、省人事厅、省劳动保障厅、省国土资源厅、省建设厅、省商务厅、省国税局、省地税局、省工商局、省环保局、省统计局、省政府金融办、省政府法制办、省政府研究室为成员单位。领导小组办公室设在省发改委，办公室主任由省发改委分管领导担任。

领导小组的主要职责：统筹规划、指导全省开发区建设与发展工作，协调解决影响开发区发展的重大问题，研究制定并督促落实有关政策措施。领导小组办公室负责具体日常工作。

各市州也要成立相应的开发区建设发展领导小组，协调指导开发区建设。

（六）落实管理权限。各市州政府要按照精简、高效、服务、规范的原则，设立开发区管理委员会(以下简称“管委会”)，并明确管理职能。国家级及省级开发区管委会行使当地政府部门经济管理权限，省市有关行政管理部门，应根据当地经济社会发展实际，相应赋予行政管理和审批权限。各开发区应有相对独立的财政管理权限，实行封闭式管理。工商、国土资源、税务等部门应在开发区设立机构，实行“一站式服务”和限时办结制。省直有关部门、各级地方政府要采取切实有效措施确保赋予开发区管委会的各项经济管理权限落到实处。

（七）实行属地化管理。开发区所在市州政府按照国家和省上的相关规定，负责开发区建设、发展、运营等管理工作。主要职责是：

1.编制本地区开发区发展总体规划，指导编制建设规划，并对规划进行审核。

2.制订本地扶持和促进开发区发展的政策和措施。

3.建立健全开发区建设发展协调机制。

4.加大政府投入，引导各类资金投资开发区基础设施建设，增强开发区的产业聚集能力。

5.负责指导、协调、督查和考核开发区招商引资工作。

（八）明确开发区管委会职责。开发区管委会代表市州政府对开发区实行统一领导、管理和服务。主要职责是：

1.编制和组织实施开发区建设规划。

2.负责开发区的土地开发和基础设施的规划、建设和管理。

3.负责开发区招商引资和对外经济技术合作。

4.负责开发区国有资产的经营管理。

5.负责开发区内规划、财政、建设、科技、劳动、安全、人事、环保、统计等工作。

6.负责开发区内企业设立、入驻、审核等工作，协调、管理和服务开发区内企事业单位，指导开发区内分支机构或派出机构的工作。

7.定期向市州政府及开发区建设发展领导小组报告开发区建设和发展情况。

8.承担开发区建设发展领导小组交办的事宜。

三、规范开发区的设立及扩区审批

（九）开发区的设立和审批。开发区设立实行两级审批制度。申请设立国家级开发区，由所在市州政府向省开发区建设发展领导小组（以下简称“省开发区领导小组”）提出申请，经省开发区领导小组审查后，由省政府报国务院审批。申请设立省级开发区，由所在市州政府向省开发区领导小组提出申请，经省开发区领导小组审查后，报省政府审批。工业集中区由省开发区领导小组审批。

（十）开发区的扩区和升级。国家级开发区的扩区和迁址，由所在市州政府向省开发区领导小组提出申请，经省开发区领导小组审查后，由省政府报国务院审批。省级开发区的扩区和迁址，由所在市州政府向省开发区领导小组提出申请，经省开发区领导小组审查后，报省政府审批；省级开发区的升级由所在市州政府提出申请，经省开发区领导小组审查后，由省政府报国务院审批。

四、科学制定开发区发展规划

（十一）规划编制的主体。省开发区领导小组负责指导全省开发区的规划编制工作。各市州政府负责编制本地区的开发区发展总体规划。

（十二）规划编制的依据和要求。编制开发区规划要遵循国家产业政策，符合国民经济和社会发展规划、土地利用总体规划、城镇建设总体规划和环境保护规划，综合考虑区域发展现状、资源禀赋条件、产业基础和特色，体现循环经济发展理念。已有的开发区要修编建设规划，拟新建或扩区的开发区要编制建设规划。没有开发区的县市区，原则上要按照主体功能区规划，结合当地实际，设立1个工业集中区，为工业发展留有空间。一个开发区原则上不超过3个主导产业，主导产业的产值应占开发区总产值的70%以上。编制开发区规划要广泛听取各方面意见，组织专家论证，确保规划的前瞻性、科学性、可操作性。

（十三）规划的审查和审批。各市州开发区发展总体规划由市州政府报省开发区领导小组，经省开发区领导小组审核后，报省政府审批。开发区建设规划（含规划修编）和工业集中区规划，经市州政府审查后报省开发区领导小组审批。

五、加快基础设施建设，强化土地管理和环境保护工作

（十四）加快开发区基础设施建设。切实加强政府资金的引导作用，积极鼓励各类投资主体以多种形式 参与开发区基础设施建设，尽快形成开发区建设的多元化融资机制。要科学预测发展速度，按照整体规划、分期实施、滚动发展的思路，高标准、严要求、适度超前建设区内基础设施。

（十五）规范和集约利用土地。开发区用地要纳入所在市州年度用地计划进行单列，占用农用地必须纳入所在市州国民经济和社会发展年度计划中的农用地转为建设用地计划，实行总量控制。严格执行占用耕地补偿制度。不得擅自改变规划土地用途。新上工业项目，原则上要进入开发区或工业集中区。已在开发区外取得国有土地使用权而尚未建设的工业项目，应引导其将土地调整到开发区内进行建设。原有分散零星的工业企业要向开发区集中。研究制定开发区单位土地面积投资强度、产出强度、容积率和绿化率等标准，努力提高土地使用效益。

开发区建设征用农民集体所有土地，要严格按照法定标准及时足额支付土地补偿费和安置补助费。要将符合条件的失地农民纳入城镇就业体系和城镇社会保障体系，积极研究制定农民分享土地增值收益的政策措施，保障失地农民合法权益。

（十六）加强开发区环境保护和节能减排。倡导发展生态开发区，鼓励按循环经济模式规划、建设和改造开发区。开发区的规划和建设必须按照《环境影响评价法》的规定进行环境影响评价。开发区内建设项目必须遵守《建设项目环境保护管理条例》（国务院第253号令）的规定，严格执行“三同时”制度，开发区的建设规划要对排污总量控制、污染防治、生态保护等提出对策措施。对已存在的高污染、高耗能企业应设立专区，集中管理，实现节能降耗、减污增效的目标。严禁在限制和禁止开发区域特别是生态保护区、生态功能区、风景名胜区、森林公园、生态公益林建设区、水源涵养林保护区、饮用水源地保护区等区域内设立开发区。限制在人口密集区的上风向设立以冶金、化工、建材等为主的开发区。

六、扶持开发区发展的政策措施

（十七）财政扶持政策。省政府设立开发区发展专项资金，重点用于国家级和省级开发区基础设施项目建设。省直有关部门要优先安排开发区的基础设施、节能减排、环境保护以及企业技术改造和技术创新等重点项目资金。各市州要安排一定专项资金支持开发区发展，并将开发区新增税收留成部分重点用于开发区建设。

（十八）用地政策。各级国土资源部门要进一步加大对开发区建设用地的支持，对符合“布局集中、产业集聚、用地集约”要求的开发区，优先安排建设用地指标。各级各类开发区的土地收益除按规定用于农业土地开发和农村基础设施建设等支农支出外，剩余部分原则上由当地政府安排用于开发区基础设施建设和土地开发。开发区内工业项目所需耕地占用指标，由国土资源部门在开发区所在市州范围内调剂解决，特殊用地在全省范围内调剂解决。

（十九）产业转移政策。支持通过多种途径有序推进省内区域间的产业转移。对因产业结构调整以及“退二进三”（指城区的二产企业向郊区转移，利用城区资源发展第三产业）搬迁入园的工业企业，其原有用地在符合城市规划的前提下，由政府依法收回并按规定处置，形成的政府土地收益可部分用于支持搬迁企业发展和开发区建设。

（二十）科技创新政策。鼓励开发区吸引各类资本参与科技孵化器建设，加强与大学科技园、留学人员创业园和科研院所合作，增强自主创新能力。对技术改造成效明显的企业，符合高新技术企业申报条件的，积极组织认定“高新技术企业”，并享受国家有关优惠政策。

（二十一）融资措施。建立开发区风险担保体系和中小企业融资担保体系，鼓励发展风险投资，支持有条件的企业自愿相互担保融资，建设公共融资平台。积极支持国家政策性银行、商业银行及非银行金融机构在开发区内设立分支机构。优先推荐国家政策性银行、国际金融组织和外国政策的优惠贷款支持开发区的基础设施建设和高新技术项目发展。优先推荐开发区内的优秀高新技术企业到境内外证券市场上市。支持外汇管理部门改进对进出口企业的结售汇账户、进出口收付汇核销等外汇管理方式。

（二十二）创新人才管理制度。各级开发区管理部门要引入市场竞争机制，公开选拔选聘优秀干部。建立绩效考核制度，职务、工资与绩效挂钩。鼓励具有高级职称的专业技术人员、高级管理人员以及留学回国人员到开发区创业。对以上创业人员，经管委会审查，不受单位性质、人员编制和进城指标的限制，由公安部门办理迁移、落户手续，其配偶、18周岁以下未成年子女可以随迁，并在应聘、入学、入伍、社会保障等方面与当地城市居民同等对待。

（二十三）完善服务体系。鼓励国内外和省内外大企业、科研机构、高等院校在开发区设立研发中心、技术服务中心、职业培训中心、物流中心、采购中心、运营中心、信息网络中心等公共机构，努力搭建服务平台。

积极引进和发展专利事务所、法律事务所、会计事务所、产权交易中心、人才交流中心等中介机构，完善开发区服务体系。

（二十四）**建立激励机制**。各级政府要建立健全经济发展的考核评价体系和激励机制，进一步完善开发区投资环境考核办法，建立以开发区生产总值、工业增加值、固定资产投资、招商引资实际到位资金、节能减排、财政收入等指标为主要内容的考核评价体系。省上每年对开发区工作进行考核，对成绩显著的开发区和做出突出贡献的个人给予表彰奖励。对发展缓慢的开发区提出限期整改要求，在规定时限内达不到整改要求的，通过有关程序予以撤销。

二〇〇九年五月十四日

山东省科学发展园区指导意见

为贯彻党的十七大和省第九次党代会会议精神，全面落实科学发展观，指导开发区顺应国内外形势发展变化要求，转变经济发展方式，增强自主创新能力，深化体制机制改革，提高开放型经济水平，增创发展新优势，今后一个时期，我省将在开发区内开展创建科学发展园区活动，以科学发展园区的示范带动作用，推动全省经济开发区实现又好又快发展。现提出以下意见。

一、指导思想和目标原则

（一）**指导思想**。以邓小平理论和“三个代表”重要思想为指导，全面落实科学发展观，进一步解放思想，坚持改革开放，以提高吸收外资质量为主，以发展现代制造业为主，以优化出口结构为主，致力于发展高新技术产业，致力于发展高附加值服务业，促进开发区向多功能综合性产业区转变。坚持提高质量效益与扩大总量规模相统一，发展制造业与服务业相匹配，利用外资与内资相并重，扩大国际与国内市场相结合，经济、社会、生态三者相协调，带动区域经济社会实现科学发展、和谐发展、率先发展。

（二）**主要目标**。努力把开发区建设成为区域经济发展和扩大对外开放的结合体；成为跨国公司和国际知名企业转移高科技高附加值加工制造环节、研发中心和现代服务业的重要承接基地；成为资源集约型和循环型、资本密集型和高效利用型集聚区；成为履行社会责任、城乡和谐发展和推进城市化、新型工业化进程的重要力量；成为体制、机制、科技、管理等创新型体系的排头兵。

二、基本要求

（一）**节约集约利用土地资源**。严格按照土地利用总体规划和城市总体规划进行开发建设，积极配合做好新一轮土地利用总体规划修编工作，合理确定开发区未来发展建设用地空间。充分利用现有建设用地、未利用地和废弃地，鼓励开发利用地上地下空间，注重产业结构调整与土地使用调整的结合。建设用地必须以现代制造业、高新技术产业和承接服务外包业为主。严格控制项目进区的准入条件和动工、竣工期限，严格制定土地利用结构、开发利用强度、投入产出效率等指标要求，严格执行国家实行工业用地最低出让价和闲置土地处置政策。推进土地资源的市场化配置，提高土地利用率。对符合“布局集中、产业集聚、用地集约”要求的开发区，优先考虑扩区和安排建设用地指标。对区内盘活的存量土地和农村改造腾出的集体建设用地，由开发区管委会在保障农民合法权益的基础上，按规划安排项目，其土地使用权收益除上缴国家部分外，全部留开发区。

（二）**提升自主创新能力**。把对外开放所形成的各种优势转化为自主创新能力，努力实现提高利用外资质量与提升自主创新能力相融合，促进经济增长从资源和投资导向型向科技型、创新型和质量效益型转变。编制开发区高新技术产业规划，加大财政科技投入对企业自主创新的引导和支持，建立自主创新资金投入长效机制。推进以企业为主体的创新体系建设。鼓励建立多种形式的高新技术产业联盟，推动设立研发机构，引导和支持高新技术产业集聚，形成高技术产业基地。设立专项扶持资金，重点支持科学发展园区发展高新技术产业和企业自主创新，并对跨国公司投资的大项目、高科技项目给予支持。

（三）**促进产业配套和转型升级**。根据全省产业发展布局，结合各地产业特色，培植一批专业化园区。按照“优势互补、错位发展”和“人无我有、人有我优”的思路，构建“一区多园、各具特色、关联配套”的园区发展格局。大力提升制造业发展水平，优先引进符合《中国鼓励引进技术目录》的国外先进技术，重点发展制造环节中核心零部件和关键材料的生产与制造、产业价值链前端的创意、研发、设计、检测等环节的高新技术项目。通过引进和培育一批具有较强关联带动作用的产业集群骨干项目，带动相关产业的集聚和配套，实现上下游企业的集聚和产业链的延伸。鼓励发展现代物流、工程装备配套服务、信息服务、科技研发与技术服务、工业咨询服务等生产性服务业和高附加值服务业。有条件地发展服务外包产业，主动承接国际服务外包业务，开展服务外包企业人员培训，建立公共信息平台，公共技术平台，完善服务外包体系，创建服务外包基地。

（四）带动区域协调发展。坚持把开发区发展与母城的发展紧密结合起来，依托母城，服务母城，建立相互促进、良性循环的互动机制。完善东西园区互动发展措施，建立投资合作平台，支持东部科学发展园区成立投资公司，与西部开发区合作，共同开发建设产业园，争取省财政在用水、用电、基础设施建设等方面给予政策扶持，实现资源、建设、招商、信息等方面的互利共赢，使园区在更大范围内实现资源的优化配置。支持开发区按照产业类别、投资国别设立专业化园区，提高产业聚集度，形成外资集聚区。加强开发区与保税区、出口加工区等特殊政策功能区联动发展，建立物流信息化、物流技术应用合作关系，实现保税功能“飞地”发展。

（五）加强节能减排和环境保护。按照循环经济模式，对开发区企业提出土地、能源、水资源利用及废物排放综合控制要求，探索园区集约用地、集中供热和废物集中处理方式。推动节能减排技术、可再生能源和新能源、新材料的研发和产业化应用。引导企业利用国家对节能环保企业及其设备投资实施的税收优惠政策，重点扶持一批具有循环经济和产业生态化改造效应的项目。严格控制新建高耗能、高污染项目，加大淘汰落后产能的力度。加强开发区环境保护监管职能，加大财政对环保基础设施建设的投入力度，采取有效方式吸纳社会资金，重点加强环境基础设施建设。发挥企业节能减排主体作用，推动企业环境管理体系贯标认证工作，培育一批污染物排放量少、资源利用率高、经济效益显著的示范企业，推动开发区创建循环经济和生态工业示范园区。

（六）深化体制机制改革。以建立统一、协调、精简、高效、廉洁的管理体制为目标，完善开发区行政管理体制，保持其体制运行的稳定性和高效性。强化开发区管委会在城市规划建设、土地开发管理、环保市容管理、项目审批、高新技术企业认定、财政税收管理、社会事业发展等方面的管理权限。深化行政审批制度改革，进一步完善以充分授权的“一站式”服务为核心的行政审批制度，最大限度地简化审批环节和减少审批项目，加快推行网上备案和网上审批。创新招商引资体制，逐步建立政府规划引导、市场配置资源的招商引资新机制，提高招商引资专业化、市场化、信息化水平。继续推进开发区土地使用、干部管理、社会保障、收入分配以及投融资体制创新。完善公共服务体系，在开发区管委会和直属行政事业单位推行 ISO9001 质量管理体系，通过电子化、网络化手段，提高服务和管理的规范化、标准化和国际化水平。各市依据国家、省有关规定，制定本区域内支持开发区发展的意见，把精简高效、务实亲善的开发区管理体制和运行机制制度化。

三、组织实施

（一）加强协调指导。省外经贸厅会同有关部门认真贯彻落实省政府《关于进一步搞好园区建设加快经济发展的意见》（鲁政发[2003]78 号），督察科学发展园区落实情况。加强对科学发展园区宏观指导工作，采取灵活有效措施，帮助解决科技、产业、土地、规划、资金、政策落实和基础设施配套等方面的问题。按照科学发展观的要求，进一步完善开发区考核评价体系，制定科学发展园区标准，实行动态管理。

（二）加强组织领导。各开发区所在地人民政府要围绕全面贯彻落实科学发展观，积极构建科学发展园区，研究促进开发区增创发展优势的措施意见，赋予开发区同级政府必要的管理职能，确保和不断创新开发区体制机制优势，加强对开发区的领导和管理，为开发区全面协调可持续发展创造良好的制度环境和政策环境。

（三）加快科学发展园区建设。各开发区要正确判断和分析开发区发展面临的新形势，把构建科学发展园区摆在更加重要的位置，根据本意见和科学发展园区标准，制订和实施具体落实方案。通过自身努力，更好地发挥在扩大对外开放，推动科学发展，促进社会和谐以及全面建设小康社会实践中的窗口、示范、辐射和带动作用，努力实现全面协调可持续发展。

（四）申报批准。符合条件的开发区，由开发区管委会向所在市外经贸局提出申请，转报省外经贸厅，由省外经贸厅组织验收后批准为省级科学发展园区。各市外经贸局要加强对争创科学发展园区工作的指导，主动服务，为开发区排忧解难，为开发区事业又好又快发展贡献力量。

二〇〇九年一月

关于建设广州市国家级信息化和工业化融合试验区的工作方案

信息技术是经济增长的倍增器、发展方式的转换器、产业升级的助推器，是产业现代化的主要推动力。当前，我市正处于工业社会向后工业社会和信息社会转型的阶段。建设国家级信息化和工业化融合试验区，探索信息化与工业化融合的新思路、新机制、新做法，有利于率先突破关键环节和薄弱环节，取得新一轮发展优势；有利于提升产业创新能力、集群发展水平，增强产业国际竞争力；有利于发展新兴产业，调整优化产业结构，培育新的经济增长点，加速现代产业体系建设；有利于加快转变发展方式，发展数字经济，走技术含量高、经济效益好、资源消耗低、环境污染少、知识与人力资源优势得到充分发挥的新型工业化道路。为贯彻落实《珠江三角洲地区改革发展规划纲要（2008-2020年）》，加快推进广州市国家级信息化和工业化融合试验区建设，促进广州信息化与工业化融合创新，提升“广州制造”、“广州创造”和“广州服务”的国际竞争力，特制定本工作方案。

一、主要思路

以科学发展观统领全局，进一步解放思想，以增强城市产业国际竞争力和综合服务功能为目标，以体制、机制、技术和管理创新为动力，以优化产业结构、提高产业层次为导向，以提升产业装备技术水平、强化服务功能、突破关键技术、开发信息资源和培育新兴产业为重点，大胆突破，敢于创新，探索信息化和工业化融合的有效路径，总结推广融合创新和发展的成功经验，促进信息化与工业化更高层次、更多维度的融合渗透，推动产业高端化、管理精细化、服务网络化，打造一批优势产业，走出一条特色鲜明、全面协调可持续发展的新型工业化道路，强化国家中心城市和综合性门户城市功能。

二、基本原则

（一）先行先试，大胆突破。树立新观念，开拓新思路，探索新做法，加强部门协同、政企协同、产学研协同，着力破除制约信息化和工业化融合的观念桎梏，突破体制机制障碍，努力构建良好的信息化和工业化融合发展软环境。

（二）融合创新，提升优势。充分发挥信息技术的创新催化器作用，全面推进研发设计、生产过程、管理决策、供应链和服务等领域的广泛深入应用，开发利用信息资源，提高技术和管理创新能力，增强供应链协同和服务，提升优势产业集群效应，增强产业核心竞争力。

（三）政府引导，市场主导。重视政府引导，强化政策指引和公共服务，创造良好的融合发展环境。发挥市场配置资源的基础性作用，调动企业作为投资和创新主体的积极性，引导企业建立信息化与工业化融合的有效机制，促进社会资源向信息化与工业化融合，形成内生动力。

（四）重点突破，协调发展。集中有限资源，优先突破数控装备、工业设计、电子商务、物联网络和嵌入式软件等关键领域，打造融合引擎，形成支撑和带动作用。把握信息化与工业化融合的全局性，统筹推进信息化在各领域的融合发展，根据行业和地域特色，分类指导，以点带面，培植特色，协调发展。

三、发展目标

至2012年，有效转变资源扩张型的产业发展模式，改变传统的企业运作方式，推动自主创新信息技术的研发和推广应用，基本实现研发设计数字化、生产自动化、产品智能化、管理网络化和商务电子化，信息资源成为重要的战略资源，信息技术产业对经济发展贡献显著提高，构建产业高端化、集聚化、集约化的现代产业体系，探索出一条特色鲜明的信息化与工业化融合发展道路，成为全国信息化与工业化融合的示范市。

具体目标为：

（一）产品和服务信息技术含量显著提高。汽车、船舶、机床等电子信息化率达35%，消费电子产品的电子信息化率超过65%，中高端数控系统国内领先，信息化服务手段成为企业服务的主流模式。

（二）企业全流程信息化水平大幅提升。企业信息化研发设计、生产、管理、营销和服务等一体化集成应用水平显著提升，信息资源开发利用水平大幅提高。70%的大中型企业进入集成应用阶段，中小企业互联网普及率超过 80%、电子商务应用率超过 50%。

（三）信息技术对节能、降耗、减排和循环经济发展作用显著。节能电子信息技术广泛应用，石化、钢铁等行业重点耗能企业普遍建立在线环境监测和污染源监控系统，通过信息技术应用降低能源和原材料消耗 5%，减少企业污染物排放 5%，经济发展与资源环境的矛盾有效缓解。

（四）行业资源整合和服务能力显著增强。整合行业资源，依托创新型服务企业，建成一批面向行业的网络协同设计、协同制造和供应链服务平台，建设一批面向行业和产业集群中小企业的信息服务和电子商务平台。

四、主要内容

（一）着力推进三大领域渗透融合。

1．改造提升重点优势制造业，做强“广州制造”。

（1）汽车、船舶制造业。大力应用全数字化建模、三维数字化设计、数字测控、工业机器人和虚拟仿真等技术，提高产品设计、制造和测试水平，实现装配生产线的数字化、集约化和自动化。推广柔性制造、敏捷制造等先进生产技术，发展个性化定制生产模式。利用产业国际化、标准化和订单化生产的特点，发展对接国际、整合产业链的供应链系统，推动产业链融入国际供应链，提升产业发展水平。以汽车电子、船舶电子为重点，发展发动机电子控制、传动和行驶电子控制、电子导航、安全报警及检测等技术，提高信息技术应用水平，提高电子产品在整机中的比例。

（2）装备、电气机械产业。大力发展装备电子、软件、现场总线、数字测控技术和模糊控制等先进技术，推动装备制造的技术创新和产品创新，提高大型装备整体技术水平。重点研发高档数控系统、工业机器人、智能仪表、高压变频调速系统、虚拟仪器、光电检测设备等信息技术含量高的光机电一体化产品。研究开发重大技术装备的关键共性信息技术，提高重大技术装备研制水平和自有知识产权比重，提高成套设备集成能力。提高装备产品的数字化、智能化、开放化和网络化水平，应对生产线、制造系统、制造企业对信息集成的需求，满足敏捷制造、虚拟企业、全球制造等新的生产模式要求。加快推进信息技术、自动化、现代管理与制造技术的融合，推动装备制造业上下游产业链的整合，带动产业配套和产业集群发展，提升产业核心竞争力。

（3）钢铁、石化和造纸行业。推广集散控制、现场总线控制、集成制造和敏捷制造等技术，开发利用生产和工艺信息资源，建立专家系统，提高质量控制水平，实现精益高效生产。以龙头骨干企业的企业资源计划（ERP）系统为基础，整合上下游产业链，建设协同化、产供销一体化的供应链平台。强化高能耗、高物耗、高污染企业生产过程的在线监测预警和自动控制，改造优化传统工艺和生产流程，促进节能降耗和防污减排。

（4）医药行业。大力利用高性能计算和云计算技术推动医药产品创新，综合运用化学、生物信息、计算机辅助药物设计等技术对新产品进行分析筛选，促进自主知识产权新药的研发。加快中医药产品标准化和生产规范化，加强质量保证体系建设，完善行业信息化管理基础。建设医药企业原材料生产、采购、药品生产、物流、销售全过程信息化监控管理体系，构建区域医药电子商务平台。

（5）纺织服装和皮革行业。以设计数字化和管理信息化为核心，发展虚拟化、数字化在线设计平台，开发建设设计资源库，提升企业创意设计能力，发展网络制造模式，推动向时尚产业转变。推动服装、皮革行业电子商务营销平台与生产设计平台无缝连接，发展信息交流、三维展示、交易支付和知识产权保护于一体的专业性展示交易平台。

2．融合发展高新技术产业，做活“广州创造”。

（1）电子信息制造业。加快发展平板显示、集成电路等战略性产业，实施平板显示、集成电路和新一代无线移动通信等重大专项，重点加强嵌入式中央处理器、数字信号处理器、微控制器、数字音视频芯片和通信芯片等集成电路设计，突破关键核心技术，提升原始设计创新能力。加强资源整合能力，着力推进产业链分工和集群发展，加快产业高端化发展。着力推进三网融合，发展计算机、通讯和消费电子（3C）融合为核心的数字家庭产业，牵头制订一批国家标准，聚集一批国家和国际标准产业化项目，构建数字家庭“专利池”，促进数字视听产品升级，加快国家数字家庭应用示范产业基地建设。

（2）软件和信息服务业。大力发展嵌入式软件、行业应用软件和信息安全等软件，加快信息技术外包、业务流程外包、知识流程外包等服务外包业发展。完善信息资源开发利用政策法规，优化信息资源配置，建设一批经济领域的行业性、综合性海量信息资源库，发展网上咨询服务，拓展网上信息服务市场。推动电信、广电网和互联网等三网业务融合，大力发展基于互联网、数字电视网和宽带无线移动网等的新兴增值服务产业，优先发展在线软件、在线咨询、在线设计等创新型信息服务，培育一批具有全国性、国际性影响力的信息服务骨干企业和品牌。加快推进国家移动电子商务示范工程，建设区域性移动电子商务平台，全面推广在线支付等移动电子商务应用。

（3）新材料、新能源和生物产业。大力发展新型电子材料，利用计算机模拟仿真等技术，提高新材料研发能力。突出发展半导体照明、光伏电池、有机发光显示器（OLED）等新兴产业，加快半导体照明、薄膜太阳能、背光源等技术产业化，发展绿色能源和节能产品。加快生物信息、生物芯片等关键技术和产品研制。充分利用信息技术，开展创新药物筛选与评价，提高新药研制能力。

3．融合创新服务业，做大“广州服务”。

（1）物流业。围绕物流资源和物流环节整合，完善物流信息编码、单证、信息交换和接口标准，推进物流自动化、智能化和标准化；大力推进卫星导航技术、地理空间信息系统（GIS）和射频识别（RFID）等技术在物流各个环节的融合渗透，构建与制造产业链各环节衔接、配置优化的物流供应链体系，提高物流、信息流和资金流一体化水平。加快发展第三方物流，提高对先进制造业和现代服务业的支撑水平。继续完善广州电子口岸大通关物流信息平台，加快建设南方国际物流信息平台，提高物流整体效率。

（2）金融保险业。建立金融保险预测、预警和监管信息系统，完善金融调控部门、金融监管部门之间的信息共享机制建设；积极开发电子商务衍生新型金融产品，发展网上保险、网上证券、网上信贷、网上基金、网上理财等在线金融服务，推动金融创新。继续推广应用现代化支付系统、支票影像交换系统等支付系统，发挥这些系统在满足企业和居民日常支付需求的积极作用；推动银行卡等非现金支付工具的普及和创新，推广农民工银行卡、公务卡，扩大银联卡国际网络，鼓励网络支付、电话支付和移动支付等电子支付领域的创新，改善电子支付环境，提高支付服务效率。建设安全度高、信用好的跨行、跨区域第三方电子商务支付平台，培育在线支付服务品牌，打造电子商务区域交易支付中心。

（3）商贸会展业。以现代百货和连锁业为主体，广泛应用供应链管理（SCM）、商业智能（BI）和决策支持系统，推动企业网上交易和网上结算，依托品牌优势，培育网上百货和网上连锁市场，增强地域辐射力。加快推进皮革皮具、珠宝、服装、玩具礼品等专业市场信息化建设，发展“前店后厂”型网上商务平台，整合联动产品设计、生产链条，加快产品创新和市场反应速度，延伸产业链，带动产业集群发展。围绕大宗原材料、工业产品和可标准化农产品，建设大宗货物的电子交易市场，构筑新型电子交易体系，积极推进商品交付标准化、交易透明化和监管规范化。优先建设金属、石油、塑料、煤炭、粮食、建材等电子交易中心，积极发展化工、纸品、电子元器件、花卉、装备等网上交易市场。大力推进大型展会宣传推广、注册、商务、票务、旅行、展位等“一站式”网上服务，积极利用三维模拟、虚拟现实等先进技术，发展网上展会和网上交易会。

（4）新兴衍生产业。通过信息化与汽车制造业、船舶制造业、装备制造业、医药业、商贸业等的融合，大力发展汽车电子、船舶电子、装备电子、医疗电子、商贸电子等新兴电子产业。利用信息化与工业化融合的契机，推动制造业服务化转变，推动电子商务服务、物流信息服务、研发设计服务、行业咨询信息服务等衍生产业大繁荣、大发展，不断提高产业支撑服务能力，发展新的经济增长点。

（二）组织实施八大重点工程。

抓住关键环节和重点领域，组织实施一批重点工程，加快设计数字化、生产自动化、产品智能化、管理网络化和商务电子化，全面提升产业效率，创新运作模式，实现产业高端化、发展集聚化。

1．实施电子信息产业重大专项工程。

实施平板显示、现代信息服务、数字家庭、集成电路、新一代宽带无线移动通信等重大专项，大力发展液晶显示、移动通信、软件和信息服务等高增长产业，突破发展集成电路等战略产业，加速培育数字家庭、移动互联网、半导体照明等高潜力产业，着力发展高端电子信息制造和现代信息服务等现代信息产业，培育信息服务新模式新业态。

2．实施传统工业数字化技改提升工程。

围绕汽车、石化、电子、装备、船舶、钢铁和医药等重点产业，组织实施传统工业数字化技改提升工程，重点利用信息技术改造生产装备及工艺、开展数字化协同设计、优化管理模式、创新营销模式，增强企业设计、生产、产品、管理和营销的一体化集成应用水平，建成一批面向行业的网络协同设计和协同制造平台。4 年内培育 50 家以上数字化制造示范企业，

3．实施产业链整合提升工程。

以现代物流和信息服务为突破，组织实施产业链整合提升工程，重点利用信息技术整合供应链和价值链资源，建设面向产业链、产业集群的共性服务平台，发展南方物流公共信息服务平台、新居网等新型服务，实现区域和行业产业链、价值链协同，增强服务创新能力，提升产业链整体竞争力。力争 4 年内培育 20 家左右产业链整合创新服务企业。

4．实施数字化装备关键突破工程。

以装备数字化为核心，重点发展装备电子、汽车电子和船舶电子，突破关键零组件核心技术及产业化，推动嵌入式软件、工业软件、数控系统在机械制造、电气装备等应用，提高大型装备产品整体技术水平，推动产业高端化。组织实施数字化装备关键突破工程，4 年内发展 30 个以上数字化装备示范项目，突破一批关键核心技术，促进装备制造业进入国内先进水平。

5．实施电子商务应用创新工程。

以电子商务模式创新为重点，围绕重点专业市场、骨干企业供应链电子商务和电子商务交易平台，建设一批具有全国性影响力的专业市场电子交易平台、电子交易中心和供应链电子商务系统，促进产业流通服务，逐步形成“广州价格”。深化骨干企业电子商务应用，整合上下游企业相关资源，加快发展供应链电子商务，提升产业集群竞争力。依托中国进出口商品交易会等大型会展，建设面向全球的大型国际采购电子商务平台。培育发展第三方电子商务平台，加快推进中小企业电子商务。推进政府采购电子商务应用。加快推进国家移动电子商务示范工程，建立国家移动电子商务产业园，建设区域性移动电子商务平台，全面推广具有在线支付功能的移动电子商务应用。健全电子商务政策法规，加快信用、认证、支付、标准等电子商务支撑体系建设，推广电子支付，普及数字证书、数字签名、电子印章应用，保障网上交易安全。

6．推广中小企业信息化应用工程。

围绕优势产业、潜力产业和新兴产业，建设一批中小企业公共信息服务平台、行业知识和协同服务平台，增强中小企业间、中小企业与骨干企业间的协作。从管理和市场着手，引导和扶持第三方信息服务机构为中小企业提供研发设计、市场营销、客户关系管理、财务管理、物流配送等服务，提升中小企业的创新能力和市场竞争能力。制定财政补贴扶持政策，降低中小企业使用信息服务的门槛和应用成本。从金融服务着手，加快建设企业信用体系，推进金融机构与有实力的第三方电子商务服务商在中小企业信用评估方面的合作，以信息化推动中小企业间联保模式的创新，提升中小企业的融资能力，切实帮助中小企业解决融资难问题。

7．实施协同创新工程。

建设区域创新网络，推动创新资源集聚，围绕汽车、装备、石化、电子信息、服装、物流供应链等重点产业领域，建立专题标准库、专利池和知识服务系统，建设研发测试和行业信息等公共信息服务平台，推动企业集聚创新和协同创新，降低研发成本。强化企业自主创新能力建设和自主创新主体地位，引导创新要素向企业集聚，推动建设以企业为主体、产学研结合的协同创新网络平台，建立专业知识库，推动知识共享和协同研发。建设知识产权保护和交易平台，发展网上技术交易市场，建设网络版权保护和交易平台，加强知识产权保护。充分利用海内外资源，发展网络培训教育和协作平台，提高创新资源配置能力。

8．加快建设网络新都工程。

加速建设连接国际、汇集珠三角的大容量骨干网络，建设国际先进水平的城域网、无线宽带接入网和无线移动通信网，建成广覆盖、多业务的领先型综合信息基础设施，扩大网络带宽。建立一批金融、贸易、汽车等国际级行业信息数据库，建设国家级容灾备份中心，大幅提高国际出口带宽和互联网络交换能力，提升广州信息化与工业化融合的支撑能力。

五、保障措施

（一）加强组织管理。建立市信息化和工业化融合工作联席会议制度，统筹组织领导国家级信息化和工业化融合试验区推进工作。联席会议成员由市政府相关部门组成。积极探索推进信息化与工业化融合的行之有效管理体制，联席会议各成员按照职责分工，加强协调配合，落实推进任务，形成工作合力。各区（县级市）政府要参照市的做法，加强信息化和工业化融合的组织领导。

（二）加强政策引导。研究制定促进信息化与工业化融合的政策措施，在自主创新、政府采购、用地、融资、人才引进等方面给予支持。政府采购要优先采购本地融合创新的产品，优先支持信息化和工业化融合示范企业上市融资、发行债券和用地需求等。加强信息化和工业化融合的绩效测评体系，探索建立信息化和工业化融合的绩效考评制度。探索建立与后工业社会相适应的现代企业管理体系，以国有骨干企业为试点，大力推广建立首席信息官制度。

（三）加大资金投入。充分发挥财政资金引导作用，加大现代服务业、电子商务、技术创新和扶持企业发展等专项资金对信息化和工业化融合项目的支持力度。各区（县级市）政府要根据自身实际，安排资金有计划地培育当地融合示范企业和项目，对列入市融合重点项目工程和试点示范企业，给予配套资金支持。同时，要强化企业投资主体意识，鼓励企业加大对信息技术应用的资金投入。

（四）加强示范建设。全面推进信息化和工业化融合示范建设。按照制度创新、业务创新、技术创新等不同领域，组织开展试点示范工程，分类型、分行业、分地域建立一批信息化和工业化融合的试点示范企业，突破难点和热点问题，总结剖析经验教训，统筹推进信息化与工业化融合工作。同时，选择推进工作积极、条件较好的区（县级市），建立区（县级市）信息化和工业化融合示范区。

（五）加强人才支撑体系建设。建立信息化与工业化融合专家人才库，发挥我市大专院校、科研院所的智力资源优势；支持高等院校和职业技术院校根据市场需求设置相关专业，加强前沿性学科和专业的教学力量，培养实用型信息技术人才。鼓励校企合作，联合培养信息化与工业化融合的复合型人才。加强对信息化高级人才、复合型人才的引进、培养和使用。鼓励发展社会性、市场化的信息化培训机构，建立信息化与工业化融合人才的社会化服务体系。对企业中层以上管理人员有针对性地组织开展专题培训，每年培训100名以上企业骨干，提高企业高层信息化意识和信息化决策管理水平。

（六）推动产学研联动。加强政府引导，建立产学研联合互动的机制，优势互补，加大力度攻克信息化和工业化融合中的关键技术。发挥行业协会、市场化社会服务机构、高等院校和科研院所的作用。组织行业协会、院校、科研院所和企业的行业专家和信息化专家，组成专家小组，为信息化和工业化融合提供技术咨询和决策支持；筹建信息化和工业化融合产业联盟，凝聚产业合力，推动信息化和工业化融合发展。

（七）加强公共服务和宣传。加强行业信息化服务平台建设，构建面向中小企业的信息化公共服务平台，提供全流程信息化服务，降低我市中小企业信息化成本。广泛开展信息化与工业化融合的宣传教育，凝聚社会共识，形成全社会参与的良好氛围。组织开展专题会议、展览、培训、参观、考察等交流活动，促进信息化与工业化融合知识传播。

广州市人民政府办公厅秘书处印发

二〇〇九年九月七日

关于我国“十二五”信息化发展的基本思路

一、信息化发展趋势及对我国经济社会的影响

（一）信息化发展趋势

信息化是充分利用信息技术，开发利用信息资源，促进信息交流和知识共享，提高经济增长质量，推动经济社会发展转型的历史进程[2006-2020年国家信息化发展战略]。

信息化发展对中国经济/社会具有十分重大的影响。我国信息化的五大应用领域如下：

经济领域的信息化，包括农业信息化、工业信息化、服务业信息化、电子商务等；

社会领域的信息化，包括教育、体育、公共卫生、劳动保障等；

政治领域的信息化，包括OA、门户网站、重点工程等；

文化领域的信息化，包括图书、档案、文博、广电、网络治理等；

军事领域的信息化，包括装备、情报、指挥、后勤等。

中国科学院2009年6月10日发布的“创新2050：科技革命与中国的未来”系列报告指出，当今世界正处在科技创新突破和新科技革命的前夜，在今后的10年至20年，很有可能发生一场以绿色、智能和可持续为特征的新的科技革命和产业革命。为了全面实现小康社会和现代化建设目标的战略任务，面对可能发生的新科技革命，我国必须及早准备。该报告中的路线图同时提出了必须着力解决22个影响我国现代化进程的战略性科技问题。其中，包括6个信息领域的战略性科技问题：“后IP”网络的新原理/新技术研究和试验网建设、高品质基础原材料的绿色制备、资源高效清洁循环利用的过程工程、农业动植物品种的分子设计、泛在感知信息化制造系统、艾级（1018）超级计算技术。这些技术的突破将对我国的信息化进程产生重大影响。

由IBM公司提出的“智慧地球”描述了信息社会的远景。“智慧地球”的核心是：以一种更智慧的方法通过利用新一代信息技术来改变政府、企业和人们相互交互的方式，以便提高交互的明确性、效率、灵活性和响应速度。通过信息基础架构与高度整合的基础设施的完美结合，使得政府、企业和人们可以做出更明智的决策。智慧方法有三方面特征：更透彻的感知，更广泛的互联互通，更深入的智能化。

（二）信息化发展对中国经济/社会的影响

信息化的发展将对我国的产业结构、经济体系、组织体系和社会结构产生重大影响[周宏仁]。

1．信息化发展对产业结构的影响。主要表现在以下方面：传统工业在国民经济中不再占有支配性的地位；传统产业通过信息化改造，实现了“产业升级”，造就了信息化的第二产业；催生了众多新兴的产业部门（其中特别重要的是支撑整个信息化进程的信息产业，尤其是微电子和软件产业）；导致了现代服务业的诞生和迅速发展。

2．信息化发展对经济体系的影响。主要表现在以下方面：在土地和资本与各种物质资源依然重要的同时，信息资源正在成为信息社会经济系统最重要的资源基础；信息技术和信息资源使社会生产力结构发生巨大变化，信息系统则改变了社会经济系统运行的方式；引起国民经济的基础发生革命性变化，包括产业结构、地区经济结构和一、二、三次产业结构的变化；促进了社会经济体系的全球化。

3．信息化发展对组织体系的影响。主要表现在以下方面：促使组织体系全球化；以互联网为基础的网络化管理正在取代传统的金字塔式的管理结构；推动了政府和社会管理体制的变革。

4．信息化发展对社会结构的影响。主要表现在以下方面：使传统意义上的产业工人在社会就业结构中的比例大大下降；工作方式以及社会就业形态将发生相当大的变化；从事信息与知识处理的人员将会大量增加，可能出现新的社会两极化现象。

二、我国信息化工作进展及面临的主要问题

（一）我国信息化工作进展

党的“十七大”提出“五化并举”、“两化融合”是新时期党中央审时度势、高瞻远瞩作出的重大判断和战略选择，是新时期中国实现现代化的新模式。

目前，我国的信息化建设正在进入一个更加深入、更加扎实的新的阶段。

经济信息化：IT促进增长与创新的作用日益显著，“两化融合”成为基本方针，信息化建设更加注重实效，改造提升传统产业、促进结构调整与增长方式转变成为重点；

社会信息化：应急管理、信用体系、社区服务等需求旺盛，“信息化惠及全民”成为努力方向；

政府信息化：政府创新与电子政务互相促进，跨部门业务协同进入攻坚阶段，工作重心转向公共服务；

文化信息化：文化资源的数字化、网络化水平快速提高，网络文化与现实文化日益融合，文明的冲突与融合共存，互联网治理面临新课题。

（二）我国信息化面临的主要问题

目前，我国的信息化整体水平处于世界平均水平，应用度、影响度还有待进一步提高。例如：根据世界经济论坛对网络准备度指数排名，2007-2008年度中国排名为57位；联合国对电子政务准备度排名，2008年度中国排名为65位。存在的主要问题包括：“硬技术”与“软环境”发展不均衡；行业/区域信息化发展不均衡；信息化发展深度不够，缺少带动性强的项目；各级政府部门间协调不够，缺少合力等。在“十二五”期间要着力解决上述问题，使我国的信息化进程继续快速、健康地发展。

1．“硬技术”与“软环境”发展不均衡。我国在推进信息化进程中投入了大量的资源建设和完善硬件环境，使我国信息化的硬环境水平达到了比较高的水平，但是在信息化的“软环境”建设方面，如商业模式、标准/规范、信息化教育等方面还有大量工作要做。

2．行业/区域信息化发展不均衡。同样，我国的区域信息化发展也呈现出明显的不均衡现象，东部、中部、西部地区的差距较大：东部地区是信息化最为发达的地区，如上海、北京、深圳、广州等地，单位计算机拥有量90%以上，家庭计算机拥有量接近70%，上网人数比例超过50%，总体信息化水平接近国际水平；中部和西部很多地区尚处于发展阶段，单位计算机拥有量30~50%，家庭计算机拥有量10~20%，上网人数比例10~30%。

3．信息化发展深度不够，缺少带动性强的项目。目前，我国信息化发展的广度已经形成了一定的规模，例如：截至2008年6月，中国的网民人数已达2.53亿，其中宽带网民数已达到2.14亿人；我国的IPv4地址总数已达到1.58亿，超过日本，位居全球第二，仅次于美国；网站数量已经超过191万（www.cnnic.cn 2008.06）。

但是，从总体上来看，信息技术产业、信息内容产业、信息服务产业、信息基础设施等发展的深度不够，中国网民普及率尚低于全球平均值，互联网应用水平差距较大，等等。在“十二五”期间，应该设立一些带动型强的项目（如装备制造业信息化工程等），通过这些项目的实施，带动信息技术产业、信息内容产业、信息服务产业、信息基础设施等共同向纵深发展。

4．各级政府部门间协调不够，缺少合力。各级政府部门在推进我国信息化建设进程中发挥了重要的引导和调控的作用，分别制定了不同的信息化发展规划。如国家发展和改革委员会、工业与信息化部、国家863计划、国家支撑计划、国家973计划和国家自然科学基金等都分别设立了相应的研究和应用项目，但是这些项目的研究内容有较多的重复，项目之间协调不够，缺少合力。

5．其他问题。我国信息化面临的其他问题如下：

信息基础设施方面：三大网络的渗透率有待提高，解决“最后一公里”问题成为重点；

信息产业方面：信息产业由大变强还需进一步努力；

信息资源开发利用方面：公益信息资源整合难度大，商务信息资源市场专业化、产业化水平不高；

信息化人才培养方面：国民信息能力亟待提高；

信息化环境方面：保障体系有待进一步完善。

三、“十二五”信息化发展思路及目标、重点

（一）“十二五”信息化发展思路

以科学发展观为指导，以“两化融合”为切入点，重点解决我国经济和社会发展过程中出现的对信息化的重大需求，从三个层次全面、协调地推进信息化进程，实现我国经济、技术和社会的跨越发展。

推进信息化的三个层次为：1.重大产业化层面；2.重大应用层面；3.重大核心技术研发层面。

（二）“十二五”信息化发展目标和重点

《国家信息化的战略目标（2006-2020）》明确制定了我国到2020年应该达到的一系列重要目标，包括：

1.综合信息基础设施基本普及；2.信息技术自主创新能力显著增强；3.信息产业结构全面优化；4.国家信息安全保障水平大幅提高；5.国民经济和社会信息化取得明显成效；6.新型工业化发展模式初步确立；7.国家信息化发展的制度环境和政策体系基本完善；8.国民信息技术应用能力显著提高；9.为迈向信息社会奠定坚实基础。

“十二五”期间，应该重点完成以下工作：

以“两化融合”为切入点，带动其它方面的信息化进程，根据“有所不为才能有所为”的指导思想，应该找准“两化融合”的重点领域，并提出相应的技术路线图，重点加以突破。可以概括为“4、5、6”

1．“两化融合”的4个重大产业化领域包括：

① 嵌入式系统（芯片及软件）；② 工业软件；③ 数控、DSC（集散控制系统等）、MES（制造执行系统）、工业总线；④ 工业传感器及系统

2．5个重大领域包括：

① 装备制造业信息化应用；② 国家重大专项应用；③ 制造服务；④ 节能降耗中的信息技术应用等。⑤ 中小企业信息化共性支撑应用

3．6个重大核心技术研发领域：

① 现代设计/制造技术；② 集成与协同支撑平台；③ XG工业应用支撑技术；④ 下一代工业网络关键技术；⑤ 传感器网络及智能信息处理技术；⑥ 面向核心应用的信息安全技术等

上述重大应用、产业化与核心技术互有交叉，但重点目标不同，这些方面都可望在十二五期间获得重要进展以至突破性进展。其特点是：显示度好、带动性强、覆盖面广、具有较强的前瞻性和战略性。

四、“十二五”信息化发展的重大举措建议

1. 以“两化融合”带动我国信息化的发展

“两化融合”是生产力发展的必然结果，是中国特色新型工业化道路的本质特征，是科学发展的内在需求。“两化融合”是指信息化与工业化互相依存、互相促进、共生共荣的历史进程。这个进程是客观存在的，已经经历了相当长的时间，而作为国家层面的重要政策，则是“十七大”提出的。

信息化与工业化可以在技术、产业结构/经济体系、文化/政治/社会等不同层次进行融合。“两化融合”的重点在制造业，制造业的重点在装备制造业，装备制造业的重点在充分利用信息技术，实现装备产品的信息化以及装备产品制造和使用/服务过程的信息化。

必须在全面借鉴30年来国内外历史经验教训，全面分析中国经济社会发展面临一系列新问题的基础上，对“两化融合”的发展战略进行全面深入研究。

信息化与工业化的融合是一个双向的过程，相互渗透、相互影响、相互促进。“两化融合”本质上是一个需求（主要是工业化的需求）牵引、技术（主要是信息技术）驱动的过程。在这个过程中有不同的主体，这些主体具有不同的重要性、起不同的作用，如政府、大型制造企业、中小制造企业、IT企业、服务企业、科研机构等。应该对不同主体如何在“两化融合”过程中更好地发挥作用提出一些建设性建议。

信息化与工业化融合的带动性极强，可以通过大力推进“两化融合”进程，带动其他领域的信息化。

2. 充分发挥各级政府在信息化进程中的宏观调控和引导作用

协调好不同国家科研计划，如国家发展和改革委员会及工业与信息化部有关研究项目，国家863计划、国家支撑技术计划、国家自然科学基金项目的关系，选准重点研究方向，尽可能避免重复研究，产生更大的合力。

必须建立健全协调一致、职责明确、运转有效的监管体制，完善法律法规和技术手段，强化监管工作。充分发挥各级政府在信息化进程中的宏观调控和引导作用。

从政府和管理部门的角度来说，为了提高全社会的信息化水平，需要建立和完善有效管理体制。这是一个新的课题，与管理产品市场是有很多区别。

3. 注意行业/区域信息化均衡发展，相互促进

针对我国行业/区域信息化发展中呈现出明显的不均衡现象，设立相关研究课题，提出操作性强的解决方案，争取在“十二五”期间明显改变上述情况。

4. 从核心技术、产业发展和普及应用三个层次全面推进我国信息化发展

应该在核心技术、产业发展和普及应用三个层次全面推进我国信息化发展：

① “核心技术”包括信息化的核心技术的研发和产业化，如通信标准与专利、下一代网络关键技术、传感器网络及智能信息处理技术、面向核心应用的信息安全技术等；

② “产业发展”包括发展信息化的新兴产业以及传统产业的信息化改造和产业升级；

③ “普及应用”包括在政治、经济、社会、文化等各个领域普及信息化的应用，促进信息产业和信息化的发展，加快经济与社会转型。

5. 进一步完善信息资源开发利用工作的保障环境

主要工作包括：

① 加强组织协调和统筹规划；② 增加资金投入和提高资金使用效益；③ 加快法律法规建设；④ 加强标准化工作；⑤ 推进关键技术研发和成果转化；⑥ 营造公众利用信息资源的良好环境；⑦ 加强信息内容安全保障工作；⑧ 加大人才培养力度等。

6. 改革不适应信息化发展的体制、机制

① 促进跨部门跨行业的协调合作，推动信息化在各行业的应用；② 推动三网融合，为社会信息化和信息产业的发展开辟更广阔市场；③ 推动军民融合、寓军于民，为国防信息化服务；④ 通过政府采购和创新激励，加大对具有自主知识产权的信息技术和产品开发的支持力度

主要参考文献

[1] 国家中长期科学和技术发展规划纲要（2006 ¯ 2020年），中华人民共和国国务院

[2] 高举邓小平理论伟大旗帜，把建设有中国特色社会主义事业全面推向二十一世纪，江泽民在中国共产党第十五次全国代表大会上的报告

[3] 全面建设小康社会，开创中国特色社会主义事业新局面，江泽民在中国共产党第十六次全国代表大会上的报告

[4] 胡锦涛在中国共产党第十七次全国代表大会上的报告

[5] 中国科学院，“创新2050：科技革命与中国的未来”，2009年6月10日

[6] 周宏仁，《信息化论》，人民出版社，2008年8月第1版

[7] 张新红，中国信息化形势分析，国家信息中心信息化研究部，2008年

[8] 董宝青，国家信息化宏观政策择要介绍，2006年6月

[9] IBM公司，智慧地球赢在中国，www.ibm.com.cn，2009年6月

中国工程院“十二五”规划信息化专题组

2009年6月15日

工业和信息化部积极推进工业园区健康发展

按照国家产业政策要求和国家级工业园区（基地）的认定标准（条件），5年内国家级基地数量将严格予以控制。 积极推进工业园区（基地）健康发展，既是优化产业结构和布局的客观要求，又是加强行业管理的工作重点。

一、园区建设取得长足发展

近年来，我国各行业的园区建设取得了长足的发展，各地积极创建了一批国家级工业园区，包括各种形式的工业集聚区、高新技术区、科技设计园区、循环经济区等。其中化工园区的发展和建设尤为迅速，很多园区根据石化工业的内在规律和客观条件，按照石化工业产业链的上下游关系，优化配置资源，集中集约化布局，突出功能和特色。经过各方面的共同努力，已涌现出一大批石油化工、盐化工、煤化工、精细化工等产业集群。

当前，以工业园区为主要载体的产业集聚发展已成为世界范围内产业发展的基本趋势。近年来，我国各类工业园区（开发区）发展迅速，已成为许多地区经济发展的重要支撑力量，成为我国现代制造业发展的重要载体。积极推进工业园区（基地）健康发展，有利于优化产业结构，转变经济发展方式；有利于集约使用土地资源，集中进行环境治理；有利于促进信息化和工业化融合，对于加快走中国特色新型工业化道路具有十分重要的意义。

二、推进工业园区健康发展

积极推进工业园区（基地）健康发展有几个基本原则：一是科学规划、有序推进。严格按照国家产业政策要求，遵循工业园区（基地）发展内在规律，结合区域优势和特色，科学规划、合理布局。二是示范带动、全面提升。依托国家已公告的产业集聚区，创建一批具有代表性的国家级工业园区（基地）。三是突出特色、创新发展，充分体现新型工业化特色，发挥产业集聚、专业化配套，提升特色经济发展水平，推动优势要素资源向“基地”集中。

对于国家级工业园区（基地）的认定条件，主要考虑因素：一是符合国家有关法律法规和产业政策；二是要具备明显的产业集聚效应；三是自主创新方面具备较高水平；四是配套服务体系完善；五是节能减排等指标达到国家有关标准；六是有地方财力支持。

（来源：中国工业报，工业和信息化部原材料工业司司长陈燕海在2009年5月27日举行的2009中国化工园区发展论坛上的讲话摘编）

工业和信息化部提出2010年九项工作任务

在2009年12月21日召开的2010年全国工业和信息化工作会议上指出：根据中央确定的经济增长8%左右的预期目标，提出将工业增速指标定为11%左右，既保持一个适度的增速，又不追求过高的目标。主要是在保持工业平稳较快发展的同时，引导地方、行业和企业把工作重点放到转变发展方式、调整结构、提高工业增长的质量和效益上。为实现这一目标，工业和信息化部2010年要重点做好九个方面工作。

一、继续落实中央一揽子计划，促进工业经济平稳较快发展。

切实增强内需特别是消费需求对工业增长的拉动作用。一是落实完善促进消费各项政策。二是改善工业产品供给结构。三是开拓新型消费领域。抓住3G发展、宽带建设、三网融合、农村信息化的市场机遇，引导企业加强新技术新业务开发推广。扶持数字家庭、无线城市等各类市场应用，加快网络动漫等数字内容产业发展，促进信息服务消费。

继续实施重点产业技术改造。党中央国务院对技术改造工作高度重视，要继续用好技改专项资金，创新技改贴息方式，引导企业和地方加大技改投入，充分发挥对投资结构的优化作用。明年技术改造要围绕产业调整振兴规划，针对品种质量、节能降耗、环境保护、改善装备、安全生产以及两化融合等工业发展的薄弱环节，组织项目和安排资金，重点实施续建项目，尽早建成发挥效益，做好督查评估。尽快修订发布产业结构调整指导目录，推动出台相关法规规章，协调完善财税、金融等方面的支持政策，健全投资监测分析体系。总结管理和实施经验，理顺管理关系，减少环节，提高效率。

推动落实稳定外需政策。继续落实出口退税、出口信贷等政策，努力扩大国际市场份额。稳定劳动密集型产品出口，扩大传统优势产品和自主品牌产品出口，积极承接软件等服务外包，保障出口产品品种质量，提高出口产品交货值。配合做好应对贸易摩擦工作，完善重点行业产业损害预警机制。配合有关部门进一步规范铁矿石进口秩序，加强对重要矿产品、稀有金属等资源性产品的进出口管理，支持进口先进技术装备和能源资源。支持企业“走出去”开展境外投资，收购品牌、研发机构和销售网络。加强能源原材料等大宗商品市场跟踪分析。

推动区域协调发展。做好国家新型工业化产业示范基地创建工作，研究出台配套支持政策，培育一批在自主创新、节能减排、安全生产、公共服务体系建设等方面具有明显优势的基地和园区。落实促进中西部、东北和东部重点区域发展的规划和政策措施，根据地方资源、环境实际情况，研究制定区域性产业政策，支持各地发展特色优势产业。协调相关地方政策，引导中西部地区积极有序、科学合理承接产业转移。支持新疆、西藏等边疆民族地区经济社会发展。扎实推进汶川地震灾区恢复重建。

二、推动结构调整取得实质性进展，突出抓好兼并重组、淘汰落后和节能减排。

以重点产业调整振兴规划确定的目标任务为重点，逐项落实实施细则，力争在控制总量、淘汰落后、兼并重组、节能减排等方面取得显著进展。

抑制部分行业产能过剩和重复建设。贯彻落实关于抑制部分行业产能过剩和重复建设、引导产业健康发展若干意见，坚决抑制部分行业盲目扩能和个别新兴产业无序发展。抓紧制定完善产业政策，进一步提高钢铁、水泥、平板玻璃、煤化工等产业在能耗、环保、资源综合利用等方面的准入门槛。联合有关部门，加强对产能过剩行业项目的审批管理，三年内暂停审批现有造船企业船坞、船台的扩建项目，原则上不再核准新建、扩建电解铝项目，不再核准和支持单纯新建、扩建产能的钢铁项目。引导企业客观分析市场和产能状况，审慎决策，以需定产，规避投资和市场风险。配合建立联动联控和信息共享发布机制，开展专项督查，接受社会监督。

加大兼并重组协调推进力度。尽快制定推进企业兼并重组的指导意见，出台钢铁、有色、建材、汽车、船舶等行业兼并重组的实施意见。协调财政、国土资源、社会保障等部门出台针对性配套政策，消除跨地区跨所有制兼并重组障碍，减轻企业重组成本。将兼并重组和扶优扶强有机结合，支持一批企业通过兼并重组做强做大。建立重大兼并重组项目的备案制度，防止不规范操作，避免形成垄断。各地要加强协调、指导和服务，化解矛盾，充分尊重企业市场主体地位，避免地方保护和市场分割。

加快淘汰落后产能进程。推动出台加快淘汰落后产能的指导意见，严格执行节能、环保、质量、安全等标准和法律法规，以市场竞争、优胜劣汰为基础，综合运用经济、法律和必要的行政手段，推动落后产能加快退出。按照国务院提出的目标任务，制定分行业实施方案，将钢铁、电解铝、水泥以及电石、铁合金、焦炭等行业2010年度淘汰目标分解落实到各地，落实责任，加强督查。加强部门间协调配合，用好淘汰落后产能专项资金，发挥企业、地方、行业协会的积极性和社会舆论的监督作用。各地要抓紧制定计划，严格执行政策，确保"十一五"淘汰落后产能任务完成。

加强节能降耗和减排治污。一是推动重点行业企业节能降耗。分行业制定工作计划，推进行业企业对标达标，落实产品能耗物耗限额标准，完善工业投资项目节能降耗评估和审查制度。抓好工业节水、节材及电力需求侧管理，大力倡导节约生产。二是加强工业减排治污。制定原材料等重点行业减少温室气体排放指导意见，推动削减钢铁、有色、化工、水泥等行业大气污染物排放量。促进工业清洁生产，开展造纸、化工、酿造、印染等行业污水治理专项监督检查，研究开展重金属等减排治污工作。三是促进综合利用，发展循环经济。制定工业循环经济指导意见，实施示范工程，促进尾矿、赤泥、工业副产石膏等综合利用，开展废旧电子电气产品回收再利用示范，继续推进机电产品再制造试点。四是推进新能源和节能环保产业发展。制定专项规划，建立准入标准，引导多晶硅、风电装备等产业突破关键技术，实现有序发展。加快研发和推广节能减排新技术、新工艺、新设备和新材料，编制重点技术推广专项规划和推荐目录。

三、全面落实促进中小企业发展的政策措施，不断优化发展环境。

认真贯彻落实国发36号文件，是当前和今后较长时期中小企业工作的重点。我部作为中小企业发展工作领导小组的牵头部门，责任重大，任务艰巨。

完善配套政策措施。加强部门间协调配合，细化国发36号文件明确的各项分工，逐一推动落实。尽快出台政府采购等财税配套政策，修订和颁布中小企业划型标准，重点扶持小企业和微型企业。协调扩大中小企业发展专项资金安排额度，加快设立国家中小企业发展基金。落实对年应税额在3万元及以下的小型微利企业所得税减半优惠，以及困难中小企业缓缴社会保险费或降低费率政策。继续推进中小企业成长工程，进一步清理乱收费、乱罚款和各种摊派，切实减轻企业负担。

切实缓解小企业融资难问题。协调落实支持中小企业特别是小企业的金融政策。落实我部与四大国有商业银行的合作备忘录，完善小企业信贷考核体系，鼓励各地建立小企业贷款风险补偿基金，支持探索建立村镇银行。加快建立国家和各地区再担保机构，继续对符合条件的中小企业信用担保机构实行营业税减免政策，完善财政风险补助机制，推动银保平等互利合作。结合创业板市场的开通，积极参与中小企业上市育成工作。鼓励符合条件的中小企业集合发债，实施区域性知识产权交易市场试点。

支持中小企业技术进步和服务体系建设。技术改造专项资金继续安排一定额度扶持中小企业，各地要加大资金投入，支持中小企业技术改造和技术进步。建立100个产业集群示范，引导企业加强配套协作和产业集聚，鼓励走"专、精、特、新"和与大企业协作配套路子。制定中小企业服务体系规划，支持建设一批小企业创业基地，建成150个公共服务平台。继续实施银河培训工程，完成20万名中小企业经营者管理培训。出台中小企业信用体系建设指导意见，推动建立信用数据库和社会化服务平台。支持有条件的中小企业境外发展。

组织和引导企业强化管理提高素质。引导各类企业"眼睛盯住市场、功夫下在现场"，加强内部管理。分行业研究制定加强企业管理的指导意见，引导企业采取针对性措施，切实强化班组管理、现场管理、工艺管理等各项基础管理，练好内功，在节能减排、增收节支、降本增效上下功夫，提升自身素质。总结不同类型企业加强内部管理的有效做法，交流推广典型企业、典型行业、典型地区的经验。

四、加强科技创新和成果转化，持之以恒抓好质量品牌建设。

加强关键技术研发和成果转化。一是组织实施好7个国家科技重大专项，优先安排、加快实施能够尽快形成产业化能力的重点项目，努力推动核心技术和关键技术攻关，实现"十一五"阶段性目标。编制"十二五"专项实施计划，改进管理，加强监督，加快海外高层次人才引进。二是制定产业技术创新专项规划，注重引进先进技术与自主创新相结合，推进引进技术的消化吸收再创新，集中力量攻克一批制约行业发展的共性关键技术，加快产业化。继续促进新技术和先进适用技术推广，在每个行业推广一批先进适用技术，结合企业技术改造加快落实。三是扎实开展标准制修订工作，修订制定标准 3400 项，启动五年以上行业标准复审，建立标准资源数据库。全面加强行业知识产权工作，建立行业知识产权预警机制，在信息技术等重点领域开展知识产权态势发布，促进技术创新、标准与知识产权良性互动。

加大对企业自主创新的政策支持。指导各地做好各级企业技术中心认定和建设工作，构建以企业为主体的产业技术创新体系。鼓励以优势企业为主体建立产学研联盟，推动高校和科研院所为企业创新提供技术支撑。加快推动出台新的鼓励软件和集成电路产业发展政策，发布首台（套）重大技术装备认定和示范项目实施办法。会同有关部门研究设立鼓励使用国产首台（套）重大装备风险补助资金，继续用好电子发展基金，协调设立装备发展基金。帮助企业落实研发投入抵扣企业所得税政策，通过政府采购等措施鼓励使用自主创新产品和技术。

持之以恒抓好质量品牌建设。落实加强工业产品质量的相关政策措施，引导企业牢固树立质量第一的观念，创新品种、提高效益、创建品牌和改善服务，建立全员全过程全方位的质量管理体系和质量诚信体系。落实关于加强工业产品质量工作的指导意见，制定质量规划，做好产品质量法、标准法的宣贯，抓好促进企业创新品种、提高质量的技改项目，配合执法部门开展专项整治。加强先进质量管理方法推广应用。大力实施品牌战略，在服装、家纺、家电等行业深入推进自主品牌建设，培育国际品牌。各地要落实质量管理职责，严格管理、持之以恒、抓出成效。

五、培育发展战略性新兴产业，促进形成新的竞争优势和经济增长点。

结合“十二五”规划编制，初步考虑把信息网络、先进制造业、生产性服务业和新能源、新材料、生物医药等领域作为培育重点。制定专项规划和产业政策，加强研发支持，力争形成一批自主技术和标准，加快推动产业化，促进结构优化升级。

信息产业。一是以 3G 和 TD 发展为契机，加快推进通信业转型发展。继续支持 3G 建设，做好 TD 及演进技术研发、标准研制与产业化。加强对增值电信业务政策支持，促进融合型技术和业务发展，推动向融合化、多媒体化和集成化综合信息服务转型。推进三网融合取得实质性进展，促进电信和广电业务双向进入。二是规划引导下一代网络发展。加快培育物联网产业，制定技术产业发展规划和应用推进计划，发展关键传感器件、装备、系统及服务。推进国家传感信息中心建设，促进物联网与互联网、移动互联网融合发展。三是加大对集成电路、新型显示器件、专用电子设备和材料、基础软件等领域的支持，实现关键技术自主可控。调整电子信息制造业产品结构，努力扩大国内市场。引导芯片设计企业和整机企业加强合作，促进国产基础软件和国产芯片互动发展，加快推进液晶、等离子的产业化和下一代显示技术研发，加快彩电工业转型升级。

先进制造业。一是加快推进高档数控机床与基础制造装备、极大规模集成电路制造装备自主化，结合重大专项实施加快技术研发，利用实施重点建设工程形成的市场需求推进产业化，带动基础配套产品发展。二是加快混合动力汽车、纯电动汽车及燃料电池汽车等新能源汽车发展，支持关键技术研发、系统集成和产业化示范，完善市场推进措施，力争实现突破。统筹兼顾新能源汽车发展和现有传统能源汽车节能减排，实施专项行动计划。三是按进度实施大型飞机重大专项，加快推进新支线客机、先进中型多用途直升机研制进度。积极推动通用飞机、高新技术船舶、海洋工程装备及配套等重点项目。

生产性服务业。以支撑新兴产业发展和传统产业升级为目标，以软件信息服务为抓手，促进制造业和服务业融合互动发展。推动工业软件和行业应用解决方案研发，开展应用示范试点。完善软件公共服务体系，培育信息技术服务市场，落实服务外包发展政策，务实创建中国软件名城。加快发展电子商务、现代物流、工业设计和管理咨询，支持地方拓展各具特色的生产性服务，促进服务业规模化、品牌化、网络化经营。

同时，在新材料、生物医药等领域，要结合我国已具备的技术和产业基础，着重从核心技术突破和产业化推进两方面下功夫，拓宽产业发展空间。

六、建设先进国防科技工业，推动军民融合式发展。

紧紧抓住工业化、信息化加速发展的有利时机，以信息技术改造提升国防科技工业。以保军品、强能力、调结构、促转变为中心，统筹军民优势资源，推动军民融合式发展。

保障重点武器装备和重大工程任务顺利完成。进一步密切与军队和各部门、单位的协同配合，切实做好重大事项组织协调，为顺利完成重点武器装备科研生产任务创造良好条件。组织实施好新一代运载火箭研制，配合完成载人航天等重大任务。注重统筹规划，做好评估论证，围绕重点型号、重大设施和自主创新，加强核心能力建设，提高重点工程保障能力。扩大核与航天领域的国际合作与交流。

完善军民结合、寓军于民的武器装备科研生产体系。一是加强顶层设计和宏观指导，推动健全高层协调机制和部际工作机制，联合发布推进军民融合式发展的指导意见。做好国防与民用“十二五”相关规划的衔接，推进制定有利于公平竞争的税收、财政政策。二是配合军队装备采购制度改革，完善军品市场准入和退出制度，加强公共服务，使更多符合条件的民用企事业单位合法参与军品市场竞争。三是按规定筛选解密一批具有自主知识产权的先进军工技术，编制发布军用技术转民用推广目录，研究军民技术标准相结合的可行性，加强军民共用标准制修订。四是统筹落实扶持政策，加快核能、航天、航空、船舶、电子信息等军民结合型产业发展。开展多种形式的军地合作，建设军民结合产业基地，推动国防科技工业与地方经济融合发展。五是支持部属高校继续发挥优势，加强国防特色学科专业建设和重点实验室建设，积极参与国家基础研究和科技重大专项，加强基础性、前沿性探索研究。

七、推进两化融合向纵深发展，促进社会领域信息化。

抓住切入点，做好两化融合试点示范。总结试点成功经验，制定推进信息化与工业化融合的若干意见，继续从企业、行业、区域三个层面推进融合工作。企业层面，围绕研发设计、过程控制、企业管理、物流市场、人力资源开发、新兴产业和技术改造等七个环节，支持一批试点示范企业和项目，带动企业信息化上水平，深化基于互联网平台的中小企业信息化服务。行业层面，深化信息技术行业应用，继续开展原材料、装备、消费品工业两化融合典型经验交流和推广，扩大行业融合发展水平评估范围。区域层面，支持区域两化融合促进中心建设，加大对地方两化融合项目的支持力度，鼓励支持各地对传统工业改造提升，发展特色工业，扩展现代物流，提升两化融合试验区发展水平。同时，进一步加快工业应用电子产品和解决方案的发展，夯实融合的技术基础。支持汽车电子、机床电子、工业控制及检测等产品和系统的研发，引导信息技术企业与工业企业开展多层次的合作。

围绕改善民生，推进社会领域信息化。加强统筹规划和指导协调，推动信息技术在社会相关领域的应用。促进电子政务的信息共享和业务协同，推进信息资源开发利用和网络新技术应用。推动工程建设领域信息公开和诚信体系建设。继续推进村村通电话工程，重点由信息基础设施建设向信息服务拓展。全面开展“信息下乡”活动，规范加强农村综合信息服务站建设。

八、把网络与信息安全放在更加突出的位置，维护国家安全和社会稳定。

互联网发展迅速，创新活跃，应用广泛，已成为现代社会重要的信息基础设施。但同时，网络与信息安全问题也日益突出，对国家经济安全、政治安全、社会安全、文化安全带来新的挑战。要深刻认识维护网络与信息安全的重要性、艰巨性，认真落实中央决策部署，明确工作定位，坚持发展与管理并重，以安全保发展、在发展中求安全。

抓好四个方面重点工作。一是全面贯彻落实国务院关于加强新时期网络与信息安全工作的意见，协调推进法制建设、基础信息网络和重要信息系统安全保障。二是加强保障手段和技术能力建设。三是督促企业严格落实网络信息安全责任，用一年左右的时间集中开展依法打击手机淫秽色情专项行动。四是完成上海世博会、广州亚运会等重点活动通信、无线电和网络信息安全保障任务。

九、要扎实做好“十二五”规划编制工作。

2010 年是“十二五”规划编制的关键时期。要按照体现科学发展、统筹兼顾、开拓创新、注重实效、民主决策的要求，按照国家的统一部署，做好规划编制各项工作。结合各地实际，深化重大问题研究，抓紧研究确定规划体系，明确重点领域，提出新思路、新举措。注重加强部门沟通协调，做好专项规划与国家总体规划、区域规划的衔接。各级工业和信息化主管部门要高度重视，加强领导，落实责任，精心组织，高质高效完成规划编制工作。

应用推荐篇

中国电信“信息园区”整体解决方案助力开发区信息化建设

为贯彻落实信息化与工业化融合发展的总体战略目标，进一步提升开发区信息化建设的整体水平，中国电信积极支持开发区建设，为开发区提供多层次、全方位、数字化、智能化、综合化、个性化的信息通信服务,充分发挥信息化先导优势,全力推进开发区信息化建设进程。

一、园区信息化需求分析

园区信息化的发展阶段一般分为规划建设期、发展期和成熟期，每个阶段的信息化需求各有不同。

在园区规划建设期，信息化主要服务于提升园区专业服务能力和基础设施现代化水平，提升园区形象和品牌，重点是做好信息化规划，包括网上服务中心、办公内网、指挥中心、生活信息服务平台等。

在园区发展期，信息化是搭建园区技术孵化平台、促进知识共享、加速产业升级的关键保障。园区管委会需要提升信息化程度以吸引更多企业入驻；入驻企业希望园区提供一站式入驻、退出服务，提供基础网络、信息服务等特色信息化服务，以帮助其低投入高产出，同时在企业文化生活中享受丰富的娱乐和生活信息。

在园区成熟期，信息化的作用体现为形成价值联盟，实现园区的全面价值创新和可持续发展。园区管委会通过为园区企业和公众提供良好的服务和公共管理，促进进一步的招商引资；企业享受园区提供的信息化服务，促进企业发展水平。

二、中国电信为开发区信息化建设提供融合信息通信应用的整体解决方案

中国电信在商务领航平台提供的强大服务基础上，整合电信各种信息化解决方案，为开发区物业管理部门及企业提供全新的信息化管理手段，打造一个开发区管理服务平台和商务平台，为客户提供一揽子的信息化解决方案和电子商务服务，推动开发区向“数字园区”迈进，实现开发区的高效率、高智能管理，帮助开发区企业提升管理水平及商务经营能力，提高效益，增强企业竞争力。

中国电信为开发区提供的信息化整体解决方案包括：

为开发区提供一流且易于灵活扩容的信息化基础设施，包括商务七彩铃音、企业总机、会易通、全球眼、园区传输管线、FTTH、ADSL、LAN、WIFI、IDC、手机、固话、小灵通等。

为开发区管理机构提供便利的信息应用系统，包括门户网站、OA、一站式政务、信息化规划咨询、物业管理系统等。

为入园企业提供一揽子的整体信息化解决方案，包括公共电子商务（园区重点产业、物流）、公共人力资源（培训、招聘）服务、信息化 ASP 服务、园区一卡通；以及网络集成、安全外包、机房无忧、国际国内互联网保障、网络设备租赁、网络维护外包、呼叫中心维护外包等服务。

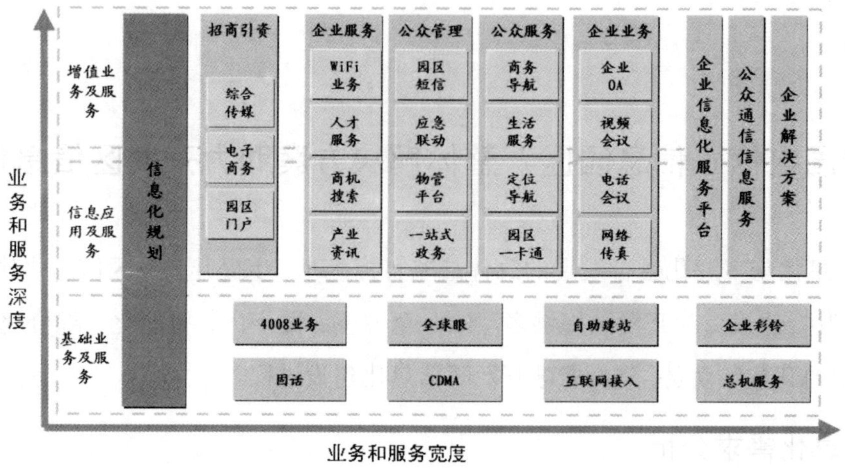

中国电信“信息园区”整体解决方案框架图

三、“信息园区”解决方案助力开发区信息化发展

中国电信整体信息化解决方案，能够充分满足开发区管理信息化需求，提高管理水平；满足区内企业事业办理需求，企业落户办事网上处理、一站服务；满足区内基础设施建设需求，方便企业内外沟通；满足入园企业信息化建设需求，轻松实现信息化；共享整合电信网络资源和客户关系资源，信息化低投入，招商推广更高效。

●满足园区管理信息化需求，园区管理更高效 。

“数字园区”大大提高了园区的管理水平和运作效率，促进园区可持续发展。借助具备信息公告发布、费用管理、文件收发等功能的综合物业管理系统，园区物业管理处各部门之间、企业和物业管理处之间，可快速便捷实现文件、数据、公文的共享及日常办公文件的网络传送，

●满足园区内企业事务办理需求，企业落户办事网上处理、一站服务 。

园区平台提供网上办公、电子存档、库存管理、园区企业管理等功能，园区企业、人员足不出户，就可办理园区内的各项业务。园区企业从中获益良多。

●满足园区基础设施建设需求，方便园区企业内外沟通。

依托中国电信强大的公共话音通信平台及宽带网络资源，帮助企业在原来基本的话音通信的基础上，实现更强大、更方便、更高效、更经济的通信方式，保证企业在目前激烈的竞争环境中，与客户、分支机构、供应商的充分沟通。

●满足园区企业信息化建设需求，轻松实现信息化。

中国电信整合设备供应商、应用供应商、服务提供商资源，通过宽带网络向园区和企业客户提供管理类信息化服务，使企业不需投入设备和专门的 IT 人员就可以实现办公自动化、管家婆 ERP、内网安全、CRM 等信息化应用。使企业专注于核心业务，帮助中小企业省心、省力、省时、省钱。

●共享整合电信网络资源和客户关系资源，信息化低投入，招商推广更高效。

中国电信依托自身强大的网络资源优势、专业的呼叫中心、多年的黄页业务发展，为企业客户提供多种便捷经济的企业形象宣传、产品推介、客户关怀等方面的工具，帮助企业在商务活动中处处争先。

中国电信助力打造“数字浐灞”信息开发区

西安浐灞生态区成立于2004年9月，是西安市重点发展的“四区二基地”之一，也是西安市“十一五”规划的建设重点之一。建设浐灞生态区是西安市委、市政府落实科学发展观的一项战略举措。

在创立生态区之时，浐灞生态区管委会就高度重视政府、企业和社会的信息化建设，将信息化建设作为管委会和生态区十一五规划中重要的组成部分，提出“数字浐灞”十一五目标，为浐灞生态区跨越发展描绘了一幅宏伟的蓝图。

中国电信作为主导的通信运营企业，从一开始就以信息化顾问的身份，参与了浐灞生态区的信息化规划，与浐灞生态区管理委员会携手，共建“数字浐灞”。

一、信息化规划与咨询服务，助力构建西安浐灞生态区信息化宏伟蓝图

浐灞生态区信息化规划是以整个生态区的发展目标、管委会主要职能、业务流程为基础，结合开发区信息化的最佳实践以及对信息技术发展趋势的把握，确定企业信息化远景、目标，建立企业信息化发展战略，为浐灞生态区提供信息技术应用的咨询服务过程。

在规划制定过程中，战略规划是信息化建设最重要输入，承接浐灞生态区的战略规划，则是区域信息化建设的重要目标。中国电信比照国际领先的同类区域信息化建设，为浐灞生态区管委会提供了有益的参考和借鉴，在技术层面，应用业界先进理念，基于SOA等业界领先的信息化建设模式，确保了生态区信息化建设的先进性、高效性和可扩展性。

浐灞生态区信息化规划的主要活动包括策略匹配、业务规划、系统映射以及集成运行，具体完成生态区战略审视、组织结构变革、业务过程优化、业务应用系统规划和IT 资源整合等工作，并最终通过集成化运行实现信息化系统对生态区核心业务、发展战略的支撑。

中国电信结合生态区实际，提出了“以信息基础设施建设为依托，加快信息技术的普及应用，推进信息化发展。以电子政务为突破口，促进信息资源开发利用、电子商务的建设及传统方式的改造”的规划建议。经过对生态区三个主要区域的分析，将信息化需求分为四类，分别是以园区管委会为代表的园区管理需求、以世园会为代表的展会支撑需求、以住宅小区为代表的生活便利需求、以及以商务区为代表的商务服务需求。在此基础之上，中国电信针对浐灞生态区信息化建设和2011年西安浐灞世界园艺博览会，根据管委会“以信息化提升生态区品质，以信息化增强管委会管理水平，以长远的眼光看待信息化，分阶段实现生态区数字化”的要求，提出了生态化与信息化（E2）两大主线和提升服务、方便生活、成就世园的三大规划目标，助力构建了浐灞信息化框架。

2008年11月，西安浐灞信息化规划评审会顺利召开，信息产业部、中国开发区协会、西安市信息化办公室、陕西省信息化专家顾问委员会等专家教授等一致认为：西安浐灞生态区信息化规划从生态区信息

化需求入手，提出生态化与信息化（E2）两大主线和提升服务、方便生活、成就世园的三大规划目标，从总体框架、基础设施建设、体制保障等方面做了较全面的阐述与分析，同时提出了世园会的信息化建设和综合智能视频监控系统较详细的技术方案。规划目标明确，内容丰富，聚焦点清晰，有一定的超前性，符合同类生态区信息化建设的需求，基本达到了西安浐灞生态区管委会的立项要求，通过专家评审。

二、“信息园区”整体解决方案助力打造“数字浐灞”

2008年，浐灞生态区管委会携手中国电信启动了以“数字浐灞”为项目实施内容的发展计划，目的在于以“生态化、信息化”的服务理念为生态区内人居生活、办公服务、发展创业提供有效的政府服务模式。双方从浐灞生态区信息化建设与发展的实际情况出发，以“聚焦主体，柔性整合，超前规划，分步实施”为原则，共同建设“数字浐灞”。

2008年12月，在陕西二建康城花园项目、中建五局御锦城项目，由中国电信实施的施工现场远程监控系统调试运行成功。本次远程监控采用全光纤网络，分别在施工现场出入口、生活区、堆料场、施工现场安装智能高速球摄像机，建设单位、监理单位、施工企业、政府监督部门均可随时随地远程查看情况，实现工地安全生产管理、创卫创文、质量管理等远程实时监控，方便快捷。

施工现场远程监控试点的成功运行，标志着“数字浐灞”项目正式进入具体实施阶段。

按照“数字浐灞”整体规划，生态区信息化建设将围绕基础网络系统、智能监控系统、电子政务系统、应急指挥系统、宣传展示系统、游客管理系统、生态应用系统、时尚街区系统、人才交流系统等九大系统为目标，3年内完成建设和部署，其中包括：

基础网络系统：实现生态区内所有新建道路的光网络覆盖，包括管道、光纤线路铺设等，实现先进的语音网、数据网、互联网、移动网、无线WIFI网的全业务服务目标。

智能监控系统：实现生态区内道路、工地、世园会园区、楼宇等不少于1000个点位的全球眼监控建设，以满足服务于生态区内的道路安全、园区保障、应急服务的要求。

电子政务系统：完成生态区内政府的电子政务系统建设，包括：面向政府的OA系统、移动办公系统、政务门户网站、面向企业服务的网上审批系统等。同时引进国内外先进的电子政务解决方案，满足电子政务系统建设需求，力争达到国内领先，国际一流的电子政务服务系统。

应急指挥系统：完成生态区内应急指挥系统建设，包括：应急服务指挥中心、世园会应急指挥数据中心、行政会议室第二指挥中心、浐灞生态区综合GIS地理信息系统等建设，服务于生态区发展。

宣传展示系统：以区域宣传特色为目的，实现信息手段与宣传展示系统相结合，完成区域宣传展示系统平台建设，完成网上“世园会”系统建设。引进国内外先进的信息化宣传展示手段，满足区域内各种形式的宣传展示模式。

旅游管理系统：以“世园会”游客服务为契机，打造区内面向游客的综合服务管理系统，其中包括票务系统、游客管理系统，展览系统等面向于生态区内旅游服务的综合化信息系统建设。

生态应用系统：以生态建设为主线，用信息化手段完成生态区内面向河流、工地、景区、社区的生态应用系统，包括噪音、水质、水文、气象，防汛等系统建设。

时尚街区系统：以生态区内社区、楼宇、家庭，游客为服务对象，信息化应用为服务手段，通过建设数字社区、数字家庭、数字楼宇系统，打造面向于整个浐灞生态区的综合信息服务平台，服务于生态区内政府、企业、家庭、居民。

人才交流系统：利用双方各自人才优势，搭建互动交流平台，计划定期进行双方高层会晤，包括每半年高层会晤、每季度中高层主题管理交流、每月组织项目推进专题讨论会、不定期组织项目人员外出参观考察学习、每年共同组织参加至少三次项目推进现场会和双方交流联欢活动。

经过 3 年的建设，到 2010 年底，浐灞生态区将建成跨部门的应用系统和数据库，达到互联互通、资源共享，并取得良好的应用效果，为建立数字化新城市奠定基础；构建网上行政服务大厅，二十四小时接受社会申报、申请和监督；实现行政办公网络化、自动化、无纸化；建立电子商务中心，规范电子商务管理，促进经营管理方式的根本性改变；加强对信息资源的开发、利用力度；重点对区域内产业的信息化改造，推进信息化进程，向“数字浐灞”迈进。

浐灞生态区信息化总体框架示意图

三、首创“手机门票”，打造信息“世园会”

世园会是一项由主办国政府组织或政府委托有关部门承办的全球性科学技术成就展览活动，是一项历史悠久并有较大影响的非交易性博览会，被誉为世界经济与科学技术界的“奥林匹克”盛会。 2007 年，西安以浐灞生态区为平台申办 2011 年世界园艺博览会，并获得成功。

作为新中国成立以来在西安、陕西乃至西北地区举办的规格最高，规模最大的一次世界性展会，世园会将把浐灞生态区提升到一个国际水平，世园会信息化建设成为“数字浐灞”的重要组成部分，全面使用现代信息技术也成为世园会筹办之重点工作。

中国电信凭借综合信息服务优势，在激烈的竞争中脱颖而出，成为世园会通信行业合作伙伴。中国电信提出了“和谐生活、数字世园”的信息化建设理念，并结合世园会需求，设计了手机卡片式门票系统。围绕这一系统，中国电信规划和设计了世园会信息化系统的整体架构，该架构不仅融入了 3G、RFID、二维码等通信和信息技术，还纳入了众多互联网业务。手机门票的使用是本次世园会的一次大胆尝试，也是国内首创。

世园会信息化平台将主要服务于管理者、决策者、游客、展商和媒体五类用户，为此中国电信设计和建立了数据、媒体服务、游客服务、呼叫以及监控指挥五大中心，并在系统支撑层建立了信息管理、信息支付、二维码、全球眼等六大公用平台。

中国电信还规划了管理支撑、业务支撑和运营支撑三大业务系统，并在这些系统下设计了众多子系统。通过对各子系统之间的信息整合，信息平台将实现对世园会整个园区设施、环境、客流以及突发事件等各种因素的可视化管理和智能化管理。

届时，游客游览世园会将享受到一系列信息化服务，手机门票是实现这些服务的载体。

在世园会主办方构思的服务场景中，游客不仅在园区内，可通过卡片式手机门票获得游览园区的适时短信及语音提示，还能使用该手机与亲友通话，并在园区信息亭处享受到网络拍照等互联网服务。

此外，游客还可以使用该手机在园区内购买相关商品。如在游园过程中如发生意外，游客还可与服务台取得联系，服务台将即时定位游客地点并提供服务。

在手机门票的众多功能中，电子支付成为一大创新。内置了银行电子钱包、可以充值的手机门票，不仅可以在园区内购物、用餐、乘车等，同时还可以将这些应用延伸到园区外，应用到西安市的其他文化古迹区中去。

融合解决方案助南山循环经济园区降本增效

攀枝花市仁和区南山循环经济发展区于2004年12月成立，2008年7月由四川省发改委确定为循环经济示范试点园区（第二批），是以攀枝花丰富的钢铁和钒钛资源深加工为主导的知识、资本、技术密集型产业发展区，目前已签约入驻项目55个。

南山循环经济园区管委会深知，信息化是园区持续发展的重要手段，于是向中国电信攀枝花分公司提出了建设门户网站的业务需求。攀枝花分公司为此成立了专门的项目团队，与园区深入沟通，量身定制解决方案，最终于2009年初与南山循环经济园区签订数字化园区合作协议，为园区提供融合信息通信应用的整体解决方案。

一、客户需求

中国电信攀枝花分公司项目团队多次拜访客户，在与客户的沟通中逐渐了解到客户在与园区企业沟通中存在许多传统常规的手段，这类常规且传统的沟通方式和手段导致了园区管控部门内部之间、园区与企业之间的沟通效率、工作效率不能得到有效提高，同时还因这些常规沟通方式加大了管委会、企业工作人员的工作量及成本，主要表现如下：

1. 园区管委会与企业集群有些距离，开会、通知、文件报送等常规成本（时间、车辆、油料等）较高；

2. 企业与管委会工作人员沟通，若办公室找不到人，或者不知道手机号码，联系起来就会出现重复沟通的现象；

3. 管委会通知企业人员，如果企业对口人员不在，还得多次沟通，经常会出现一句话重复多次的问题。

二、电信解决方案

中国电信攀枝花分公司项目团队对客户在实际工作中遇到的上述问题进行充分分析，向客户提供了一个融合信息通信应用的整体解决方案。方案融合了总机服务、天翼手机、园区信息平台门户网站、工业园区综合办公系统、IDC业务等多种应用，实现了园区与企业的互动，提高了园区与企业之间、企业与企业之间、企业员工之间的沟通效率，为园区和企业实现可持续发展奠定了良好基础。

1. 总机服务+天翼手机

“总机服务”业务是围绕客户多样化通信与信息需求，整合中国电信综合虚拟网、企业总机、一码通商务热线（统一号码呼入）、号百商旅及信息服务、会易通等产品功能与服务，实现统一业务受理、开通服务的综合通信与信息服务业务。该服务方便客户将分散管理的固定、移动通信方式进行整合，构建本地、本省或全国范围内本单位内部的固定电话、移动电话的综合通信网络，实现内部短号互拨等功能，能有效提高内部沟通便利性，提高工作效率。

中国电信天翼手机能让客户在享受健康、低价通话的同时，还能随时随地无线高速上网，体验超值的移动互联网业务。

南山循环经济园区建立园区总机，利用总机服务统一号码的功能提升了品牌形象，并且通过直接的语音导航提升了客户感知。利用总机服务一呼同振的功能，充分实现了“来电一个不漏”。利用天翼手机作为内部的通信工具，有效提高了单位成员之间的沟通效率。

2. 门户网站+综合办公

攀枝花分公司为南山循环经济园区建设了园区信息平台门户网站，充分满足园区、企业网上办公的基础需求，还针对园区需求定制开发了园区与企业版的“综合办公”产品。

“综合办公”业务是中国电信基于固定网络和移动网络，针对客户使用的PC 终端和移动终端所搭建的支持客户综合办公需求的应用系统。该系统提供单位通讯录、信息应用、公文处理、工作安排、信息发布、移动邮件、协同通信等功能，能满足客户随时随地办公的需求。

园区及企业通过门户网站和“综合办公”业务，实现了文件、报表的及时传输和报送，有效提升了客户的办公效率。

3. IDC 业务

中国电信是国内最大的数据中心服务提供商，以高品质的机房、强大的网络资源和专业的技术支撑能力为依托，为客户提供高质量、安全可靠的主机托管、资源租用、设备代维等数据中心服务。

攀枝花分公司利用 IDC 业务，托管了南山循环经济园区的综合办公 EMA 服务器，利用 IDC 的优良功能和技术保障，保障了客户的数据安全，并为下阶段建设客户内部数据网络打下了良好的基础。

三、客户价值

中国电信攀枝花分公司为南山循环经济园区提供的整体信息化解决方案有效提升了园区整体的品牌及工作效率，极大降低了园区的整体运营成本。

目前，南山循环经济园区管委会充分利用门户网站进行公告和发文，企业使用“综合办公”报送日常报表和经营情况，有效提升了沟通效率；园区总机的建立，大大提升了客户在工作中的沟通效率；客户切切实实感受到信息化为园区发展带来的价值。

近日，攀枝花分公司协助南山循环经济园区管委会向省级管理单位提交了一份整体信息化建设报告，双方将携手合作，共同打造一流信息化园区，为实现园区“加快发展、科学发展、又好又快发展”而努力。

中财乔通
QIAOTONG
www.zcqt.net

统计网上直报辅助企业税收 网站建设促进开发区招商引资

北京中财乔通软件有限公司

北京中财乔通软件有限公司是一家以数据管理为主、专注于提供数据解决方案的独立软件开发商。中财乔通是中关村的高新技术企业，是北京市科委认定的软件企业，是北京软件行业协会的会员单位。中财乔通拥有多项自主知识产权的软件产品，WebReport 系统进入北京市科委、经信委等 5 部委的《自主创新产品目录》。

一、统计网上直报系统全面采集企业数据，辅助开发区税金返回政策

中财乔通的统计网上直报 WebReport 系统在开发区电子政务中，完成这种报表的网上报送工作。WebReport 系统能够在一分钟内完成报表的设计定义，支持年报、半年报、季报、月报等报送周期，非常适宜开发区对于报表灵活多变的、报表格式不规范的需求。

北京延庆经济开发区的张工是这样评价说：**“统计网上直报 WebReport 系统非常适合我们开发区的统计报表，在短短的 2 周时间内系统就上线了。因为 WebReport 系统的零培训特点，企业的及时上报率都在 98%以上。借助于 WebReport 系统，我们设计了《入区企业税金返还情况表》来统计企业的报税情况，以此返还、退还税金给企业，效果非常好。”**

北京延庆经济开发区于 1992 年 8 月经延庆县人民政府批准成立，2004 年升级为北京市级开发区，2006 年全区通过 ISO14001 国际环境管理体系认证，跻身于荣获国际"绿色通行证"的开发区之列。十七年来，北京延庆经济开发区已初步建成以长城服装产业园、生物医药科技园、绿色食品工业园为特色的产业聚集区。目前，延庆经济开发区正在全力推动经济地产基地以及生产性服务业基地的发展。截止到 2009 年 12 月，开发区在册经营企业 506 家，累计注册资金 44.9 亿元，实现总产值 230.8 亿元、技工贸总收入 485.5 亿元、缴纳税金总额 28.1 亿元，累计完成固定资产投资 31.1 亿元。

◆ **WebReport 系统的特点有：**

1. WebReport 系统进入北京市科委的《自主创新产品目录》。
2. WebReport 系统是国内首家也是目前唯一的客户端、服务端都使用 JAVA 研发的成熟产品，支持 WINDOWS、LINUX、UNIX 等操作系统。
3. WebReport 系统首创了 EXCEL 文件直接定义报表模板的技术，校验公式和 SARP 公式兼容，上万用户快速在线校验，灵活实用的管理员功能，多种标准的数据导入导出功能。
4. WebReport 系统最快能够在 5 个工作日内完成一个省级统计部门的网上直报系统部署。
5. 企业报送多专业报表使用一个帐户登录后，能够报送所有专业的报表。
6. 支持在线上报、离线上报、批量上报、漏报上报。客户端没有任何数据痕迹，安全性好。
7. 多种催报手段：手机短信、电子邮件、在线个性化登录后提醒等。

◆ WebReport 系统的流程图如下：

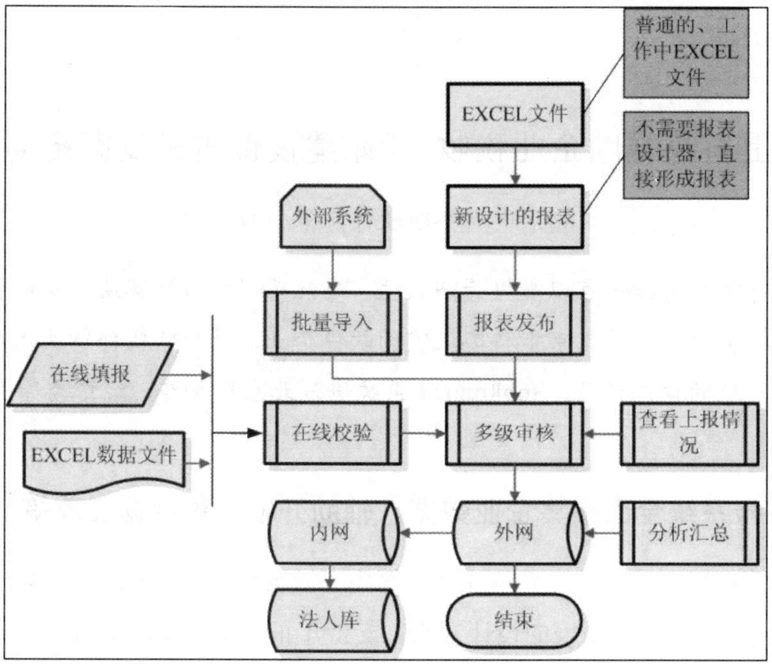

二、静态页面的网站建设 促进招商引资的利器

开发区网站是开发区招商引资、服务企业的窗口，也是开发区信息的基础。中财乔通的网站设计方案能够解决开发区网站建设的需求。

北京雁栖经济开发区的网站经过中财乔通的建设，**网站的点击率从每年的 3000 次提高到每年 32000 次，提高了 10 倍多**。我们知道，网站的点击率的上升意味着关注开发区的投资者的人数在增多，招商引资的效果也会更好。

下面是引自北京雁栖经济开发区网站的一段文字，可见优秀的网站对招商引资的巨大作用。原文如下：**"2009 年，中科院又有 10 个项目签约入区。有色金属研究总院 10 个项目集中入驻雁栖开发区用地意向协议也于 2009 年 11 月 28 日正式签约。中科院 10 个项目和有研总院怀柔分院项目总占地面积约 490 亩，计划总投资 24 亿元，入区后，将进一步增强科技研发产业的集聚效应，提升开发区的总体经济实力"**。

中财乔通网站建设的研发思路是利用软件开发的思路，结合门户网站的特点，迎合搜索引擎收录条件，采用最先进的应用技术，经过完善设计、精心打造，为开发区提供安全、稳定、实用、快速、强大、高效、易用、优秀的网站解决方案，并为网站和其他信息系统（例如 OA 系统、网上直报）的无逢连接留有完善、通用的接口。

中财乔通的网站设计方案的特点有：利用大型数据库的存储功能，采用独有的静态生成器，全网站都是纯静态页面，提高了访问速度，防止了病毒黑客的统计，提高了网站的安全度。

◆ 中财乔通的统计网上直报 WebReport 系统和开发区网站解决方案是非常成熟的产品，已经在多个开发区得到实施并且取得了圆满地效果。中财乔通愿和更多的开发区合作，促进开发区的招商引资和经济建设。

地理信息技术在规划管理中的应用

北京森迪特科技有限公司

北京森迪特科技有限公司是一家从事地理信息系统研究、软件开发及其推广应用的高新技术企业。软件开发以地理信息(GIS)技术、办公自动化(OA)技术为基础，主要从事城市规划管理信息系统、三维可视化地理信息系统、城市综合管线管理信息系统、警用地理信息系统、应急指挥地理信息系统的软件开发与系统集成。

在城市规划、建设与管理系统的开发过程中，公司承担了国家“十五”科技攻关课题《城市规划综合管理信息系统》的研究，并在此基础上开发了图文一体化的城市规划管理信息系统。同时公司还承担了建设部示范项目——《北京经济技术开发区市政公用地理信息系统》的建设。公司在城市建设领域中的主要完成的项目：

1. 北京经济技术开发区市政公用地理信息系统
2. 安阳市虚拟现实辅助决策信息系统
3. 清远市城市规划管理信息系统
4. 清新县规划环保信息系统
5. 濮阳市规划管理信息系统
6. 曲靖市规划管理信息系统
7. 云南永仁三维辅助决策支持系统
8. 云南丽江市三维规划辅助决策支持系统
9. 河南董寨自然保护区三维地理信息系统

在规划领域的应用可以分为三类：规划管理信息系统、三维辅助决策支持系统、综合管线管理信息系统，并积累了丰富、成熟的行业解决方案。

规划管理信息系统

系统概述

规划管理信息系统是一套集GIS、OA和工作流等技术于一体的、图、文、表、管一体化的规划管理办公、决策信息系统。系统以城市空间地理数据库和城市建设项目管理数据库为核心，“一书两证”审批管理为主线，通过中间件联结各业务系统，提供统一的对内对外的电子政务平台，把规划GIS系统、业务管理系统、办公自动化系统和网上交互服务和管理、信息发布有机整合在一起，形成以工作流为主线的图文一体化的规划管理信息系统，实现规划办公业务流程规范化、图文传递电子化、管理科学化的目标，为城市规划管理部门提供基于地理信息的决策支持信息。

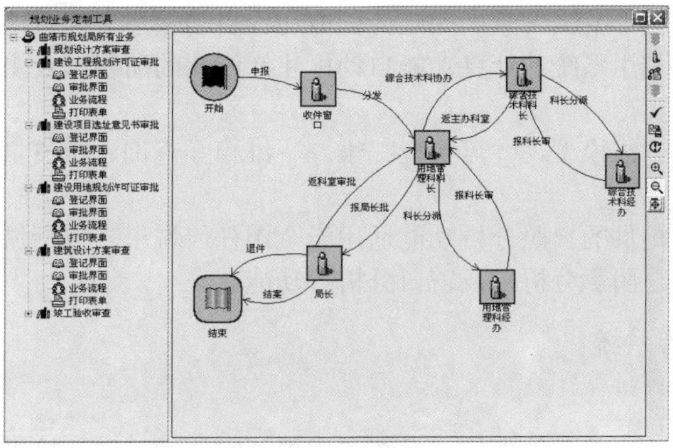

图 1 规划审批流程自定义

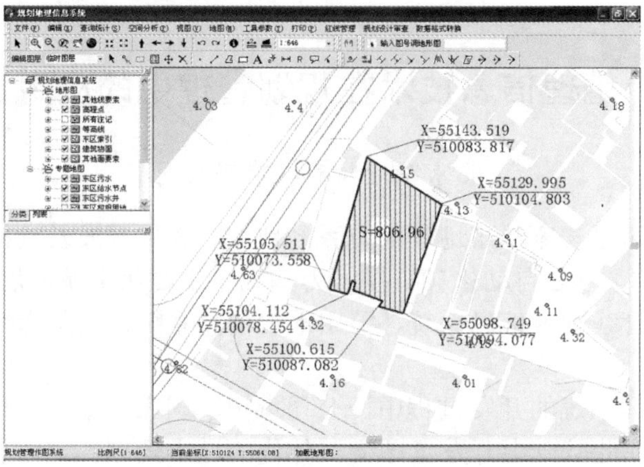

图 2 绘制用地红线

系统特点

✓ 工具化系统，支持用户自建立、自维护、自拓展。

✓ 文、表、图、管一体化，图文数据动态互访，动态更新。

✓ 强大的查询、统计功能，可实现图像、表单的即时查询。

✓ 业务审批模块完全模拟工作人员手工审批流程，可叠加用地红线、道路红线等进行审批，还可叠加航片等影像图。

✓ 系统采用工作流技术和图文一体化等关键技术。

✓ 系统将动态三维分析、日照分析等特殊功能集成在统一用户界面便于进行相关分析。

系统功能

1.系统维护

系统提供开放式的、工具化的管理，便于用户对系统的维护。通过系统提供的工具，用户可修改或自定义工作流、业务审批界面、业务审批及统计报表等，从而大大减少了用户对系统开发商的依赖程度。

2．业务审批

在业务审批过程中，审批人员往往需要查阅大量的图纸、档案以及政策法规等资料。通过系统建立的基础地形数据库、档案数据库以及政策法规数据库等，审批人员可以方便地查询各种需要的图形、文字资料，从而减轻审批人员的工作强度，大大提高了审批工作的效率。

3．项目跟踪与督办模块

项目跟踪与督办功能是为了能够有效管理项目审批的进展情况。对于授予该权限的用户，可以查询并显示所有项目的审批进展情况，对于超过时限项目给予督办意见等。

4．红线绘制与标注

系统提供了强大的图形绘制功能，用户可以根据系统提供的图形绘制工具（包括点、线、面、圆、圆弧、椭圆、文字等）以及图形编辑工具（如延伸、剪切、自动裁边、拷贝地图要素等），十分方便地绘制各种红线图。同时还可以利用系统的计算功能自动标注红线图的面积以及坐标等。

5．三维分析

根据地形图动态生成三维模型，并可实现二维、三维相互查询、距离量测等功能。

6．日照分析

城市规划管理系统中提供的日照分析功能适用于全国任何城市，包括城市地理位置设置（经纬度）、建筑高度设置、单点分析、阴影分析以及窗口分析等功能。

三维辅助决策支持系统

系统概述

三维辅助决策支持系统，基于地理信息系统和虚拟现实技术，以计算机网络为载体，以数字正射影像(DOM)、数字地面模型(DEM)、数字线划图（DLG)和数字栅格图（DRG)作为处理对象，为城市规划、管理和决策提供服务。系统利用在计算机中建立的模型、场景和数据并伴以动态图片、声音、视频等辅助手段来实时地再现现实世界中的任何物体，使得人们能在计算机的虚拟世界里就能直观地体会到现实世界中的各种感觉，如从不同的角度甚至不能到达的角度来看建筑个体对宏观的影响、观察项目在视觉上是否与周围环境协调、不同的土地用途方案对临近用地范围环境的影响等，同时通过二三维地理信息系统联动技术，在三维系统中直接查询对象属性，调用相关分析模型，进行规划决策支持服务。帮助规划设计与规划管理人员对各种规划设计方案进行辅助设计与方案评审，并为有关领导做出最终决策提供帮助。

系统特点

城市规划三维地理信息系统具有直观性强、信息负荷大、内容丰富、操作简单等特点。利用其独有三维可视化功能，可快速实现城市三维景观的实时再现，实现信息查询、统计、对象的空间分析等功能，为政府领导及相关部门提供基于三维立体景观可视化和空间分析的基础平台。

图 3 三维场景漫游

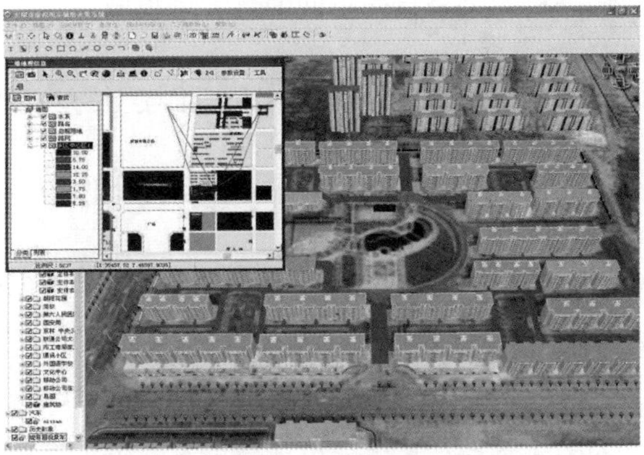

图 4 二三维联动

系统功能

1. 规划设计方案的导入

系统可以直接导入 CAD 格式的规划设计方案，系统会自动根据总平面图中提供的建筑物高度生成建筑物模型，便于规划管理者对规划设计方案进行直观地评价，形象地表现规划中的建筑对周围景观的影响。

2. 与规划管理业务的高度集成

三维地理信息技术以虚拟现实技术为核心，重在建立大范围的三维场景，采用三维地理信息系统表现城市的宏观布局和三维建模软件对微观的表现，可以获得对整个规划方案乃至城市面貌比较全面的了解。

3. 规划建设用地指标核算

容积率、建筑密度、绿地率等城市规划用地指标，是建设项目审批的重要依据，系统可在三维场景中方便的计算出这些用地指标，并以 Excel 表格方式返回结果。

4. 虚拟城市景观三维分析浏览

系统提供键盘和鼠标两种最基本的实时浏览操作，包括场景漫游方式、自动漫游方式、路径漫游方式等。规划审批人员可以在计算机中选择任意路线、方位、角度对该规划方案进行跟踪、审批与评测。并根据要求对该地段规划方案的色设计、布局、空间体量关系，以及建筑与环境之间的关系进行多方探讨与分析评价。

5. 支持多种模型各式的加载

系统提供丰富的三维建模工具，可以动态地生成各种三维模型，另外，还可以导入有 3DMax、MultiGen 等三维建模软件生成的三维模型。

通过动态修改模型参数，如建筑物高度、缩放系数，可以交互修改模型的位置和形状，从而观察对象对周围景观的影响。

6. 实现多方案比较与评审

通过系统可以自动导入多个规划设计方案，审批人员可以根据需要，在规划审批三维模型中进行如下操作：

◆ 从背景中删除已选择的目标，比如一栋建筑

◆ 对某一建筑进行编辑，比如增加一栋建筑的高度

◆ 替换另一种规划方案模型

7. 地形剖面工具

通过地形剖面分析功能，可以计算指定路径上的最小（大）坡度、最小（大）高程值等。

8. 地形分析

地形剖面分析用来分析两点间的最大、最小坡度以及最大高程等，并可以坡度为约束条件计算两点之间的最优路径。

9. 可视分析

可视分析用来分析两点间是否可视，即站立在甲位置是否可以看到乙位置。

10. 视域分析

视域分析用来分析两点间的最大可视域。

11. 路径与录像

此模块能预先设定好浏览城市三维模型的随意路线，并且可以录制成视频文件。

12. 历史影像对比

城市的发展日新月异，对于不同历史影像的数据进行对比可以直观了解城市面貌的变化。

13. 二三维联动

通过二三位联动模块，实现二维系统与三维系统间信息的交互。

综合管线管理信息系统

系统概述

综合管线管理信息系统以计算机和网络为支持，以城建档案信息、管线普查资料、基础地形信息为主要信息来源，采用“共享共建”的原则，在统一数据标准的指导下建立高效、实用、统一的地理空间数据库以及相关的属性数据库，实现信息的输入，管理、查询、统计、输出、动态更新等功能，并在此基础上建立基于 Internet/Intranet 的信息服务系统，为其他相关部门和社会公众提供网上信息服务，提高市政管理部门或规划管理部门对管线信息的处理能力和管理水平。

该系统以基础地形图、卫星影像、市政道路图、档案等为基础，以市政管线（档案测量成果）及其他相关地理信息的空间数据和属性数据为核心，利用计算机技术、地理信息系统（ GIS ）技术、数据库技术、图像处理技术和可视化技术，将反映城市现状、规划、变迁的各类空间数据（建筑物、道路、综合管线等）通过计算机进行输入、存贮、查询、统计、分析、输出，建立起一个能快速提供真实准确的地理信息，便于查询统计及决策分析的管理系统。

系统目标

1. 建立综合管网数据库、基础数据库以及各类属性数据库，实现各类信息的数字化存储，为各管线单位实现数据共享建立基础；

2. 实现对城市基础信息和综合管网信息的动态管理，为政府决策、规划建设、防灾、抢险以及各专业管线管理部门提供服务。

3. 通过建立综合管线管理信息系统，为未来各专业管网信息系统的建立打下坚实的基础，从而推动整个城市信息化的发展。

系统设计原则

系统的建设严格遵循软件工程的规范程序，在保证系统具备科学合理的结构框架基础上，力求先进性和高效性，不仅要最大限度的满足用户需求，将传统作业模式计算机化，而且要尽可能地提高各项指标，如：一致性、可扩充性、兼容性和适用性等，切实提高生产效率、体现系统的优越性。

系统建设内容

1. 系统面向基础数据管理人员，完成基础信息数据库的建设与管理（包括基础测绘图件地形图、城市规划项目图、城市道路图、建设用地审批红线图、城市管线图、市政设施施工图与竣工图等资料）。以此为基础，在数据录入的过程中发现并纠正档案中错误的空间数据。

2. 针对管线管理人员对市政设施管理过程中的图档管理需求，系统以地形图为基础，可以叠加地下

管线、道路红线、规划项目图、影像图等，强调的是查图用图、数据统计等日常业务审批中常用的 GIS 功能，以满足工作过程中查询空间信息和属性信息的需要。

3. 针对管线管理人员对市政管线的空间分析的需求。利用 GIS 强大的分析功能，直观反映市政管网的空间相互位置关系，为领导机关及管理部门提供辅助决策的支持。

4. 系统面向广大用户，以 GIS 技术为支撑平台，实现信息共享。该系统以计算机网络为信息载体，以市政公用管理信息系统为基础，以城市各个部门的业务应用为对象，服务于城市规划、土地管理、公安消防、交通管理、市政管理、工商金融、市容绿化、建筑管理、环境保护等诸多领域。

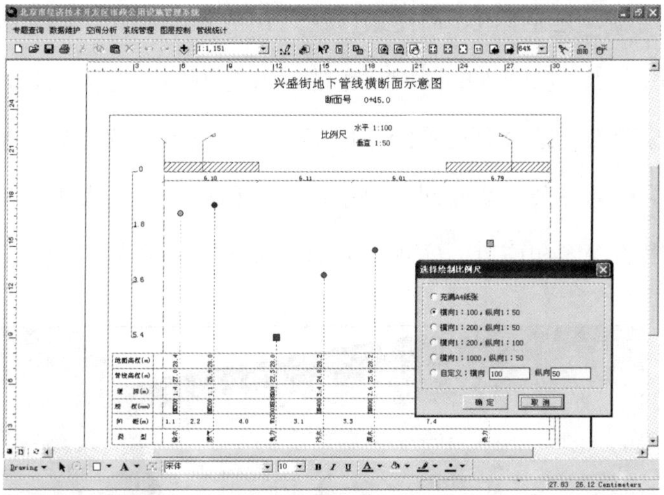

图 5 管线纵断面图

图 6 城市绿地信息查询

系统特点

1. 充分利用档案资料和其他现有资料，节约管线普查费用，提高城建档案的利用价值；

2. 动态生成管线横、纵断面，便于进行管线分析；

3. 高分辨率卫片与矢量数据叠加使用,使数据管理更加形象直观；

4. 运用计算机数据管理和图形图像技术将道路、排水、给水、供电、通信、煤气、供热、路灯等专业管线进行综合管理,避免重复建设;并以图形方式显示出来，直观的表现城市管网的综合信息；

5. 从城市管线的报建审批工作开始，进行全面有效的计算机辅助管理、辅助决策；

6. 可随时以表格、文字、图形方式输出管线的特征数据；

7. 可根据市政管线的权属单位的道路、管网的维修记录,制定维修计划。

“沃”商务：信息化 随身化

中国联合网络通信有限公司

中国联通的 WCDMA 网络，是全球 3G 商用最广泛、最成熟的制式，同时拥有明显的终端优势。中国联通充分挖掘企业行业应用需求，以强大的固网、宽带、3G 等网络资源为保障，利用 WCDMA 的高速网络带宽和强大的多媒体业务支撑能力，结合公司系统集成优势、全业务经营优势，整合产业链上下游的软件、硬件、服务提供商，开发了移动办公、物联网、电子商务、移动视频四大类一揽子“沃”商务解决方案，拓展了行业用户信息化应用的深度和广度，实现了随时、随地、随身的行业信息化应用。

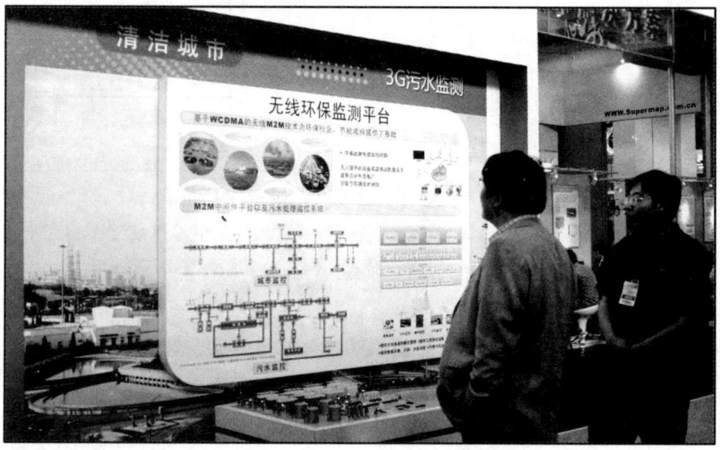

移动办公：工作随时掌控

中国联通“沃”商务移动办公业务，是一套以笔记本、手机等便携终端为载体实现的移动信息化系统，该系统将智能手机、无线网络、OA 系统三者有机结合，实现任何办公地点和办公时间的无缝接入，可以让企业经营管理人员利用随身便携的终端，无缝、安全、高速的接入企业 OA、ERP、CRM、SCM 等 IT 系统，无论是在机场、路上、公园、广场，都可以突破空间的限制，随时随地查询信息、处理公务、收发邮件，让工作尽在掌控之中。

物联网：万物智慧运转

物联网是指利用 RFID、无线数据网络等技术，通过将感应器嵌入和装备到电网、铁路、桥梁、隧道、公路、建筑、供水系统、大坝、油气管道等各种物体中，将物体的信息与互联网和 IT 系统整合起来，实现业务高效的运转。

◇ 在公交行业，智能公交是基于中国联通 WCDMA 无线宽带网络和宽带有线网络，与公交公司指挥调度系统结合，实现公交车辆的智能调度、远程监控、电子站牌等功能，提高公交系统的信息化和智能化。

◇ 在环保行业，无线环保监测以污水处理系统远程监控为出发点，面向环保行业提供远程监控的数据采集业务平台，不仅可以采集简单的数据参数信息，还可以实现视频、图片等实时监控，实现高效环境监控管理。

◇ 在汽车行业，汽车智能则通过嵌入式车载信息化终端和 WCDMA 网络，将车辆和汽车信息化服务系统相连接，为车辆用户提供车况监控、位置信息服务、车辆导航信息，以及车内通讯、上网娱乐、信息交互等服务。

◇ 在物流行业，联通提供了物流信息化业务，能为物流行业提供商品在流通运输、库存等各环节中包括温度、湿度、物流路线、物流车辆调度等内容的信息管理服务。

电子商务：拓展商务边界

电子商务系列行业应用，是依托联通 WCDMA 网络，利用通讯和信息技术，帮助企业拓展商业经营、管理和服务的边界。目前在航空运输、电子金融、销售终端管理等业务领域，中国联通都已为集团客户提供了成熟、完善的行业应用。

手机航空：中国联通的手机航空解决方案，利用手机的通话、数据传输、上网等功能，提供了手机终端的一站式航空服务，大大提升了航空业的整体效率。手机航空业务利用 WEB、WAP 和二维码技术，通过联通 WCDMA 网络和手机航空平台，航空旅客能够方便地用手机进行机票预订、机票电子支付、动态航班信息提醒、手机办理电子登机手续、机场天气查询等服务。

手机银行：使用中国联通和银行合作推出的手机银行业务，用户可以通过手机终端办理各种银行类业务，满足“实时金融”的需求。用户可以快速查询行情、汇率、要闻等金融信息，利用多重加密和认证的客户端及数据传输，高速、安全地进行账户查询、业务办理、交易处理等网上银行业务。WCDMA 的成熟技术和高速稳定和安全的网络，将带动手机银行业务进入高速发展阶段。

移动视频：信息化新“视界”

中国联通移动视频业务基于 3G 高速稳定带宽，可实现手机、笔记本电脑等移动设备多点混合接入电视会议系统；支持点对点的手机与手机、手机与固网可视电话的视频通话功能；同时具备各种终端的视频点播、直播等功能。在传统的电视会议应用中，通过在手机终端嵌入移动视频系统平台，可实现移动式电视电话会议服务，能广泛应用于政府、金融以及集团型企业等视频会议应用领域；在客户关系管理系统中，通过引入视频通讯，实现服务人员与客户的面对面交流，从本质上可以提升服务的品质；在网上销售领域，客户可以通过移动视频应用，远程查看准备购买的物品情况；在供应链管理领域，视频应用可以在产品的数量、库存等数据管理的基础上，实现通过视频进行紧急状态跟踪、定期查验等工作。

Microsoft®

共建服务外包人才培训平台，提升就业助力科学发展

微软（中国）有限公司

客户资料

江苏微软技术中心按照"江苏省人民政府与微软（中国）有限公司合作备忘录"的有关精神成立的机构。中心的具体运作平台是江苏苏微软件技术有限公司。中心在江苏省政府、南京市政府的关注与支持下，在江苏省发改委、江苏省信息产业厅和南京市科技局的具体指导下，整合国内外先进资源，搭建技术传递、技术交流、技术人才培养的平台，促进江苏省、南京市信息化的健康发展；同时中心借助微软全球的运作经验，为江苏省、南京市政府信息化建设在战略层面上提供技术支持。

背景与方案

江苏微软技术中心是微软（中国）有限公司和江苏省人民政府合作的成果，借助微软公司丰富的人才培养经验和优秀的软件企业运作机制，为江苏省打造出一支具备国际先进水准的软件技术开发和培训团队，努力为江苏打造一个具备国际先进水准的软件技术团队。在支持和服务本地软件企业的同时，通过为政府、企事业单位提供高端技术方案、技术培训、咨询和技术服务，将自己塑造成软件企业健康发展的标准和旗帜。

“微软公司在中国的长期发展战略是扎根本土，深化合作、实现共赢。一年以前我们与国家发展改革委开始了二期备忘录的准备工作，来进一步强化我们和本地信息产业的合作关系。未来五年，我们将配合中国“十一五” 计划，扎扎实实的推进实施二期合作备忘录，为中国知识经济的发展做出切实的贡献。”

—— 微软公司高级副总裁、首席技术官克瑞格·蒙迪

国际、国内外包服务市场巨大，无污染且利润远超传统的制造外包行业，是国家推动产业转型和科学发展的重要方向。立足国际国内两个市场，我们应该抓住全球经济危机给我们带来了新机遇，加快服务外包人才培养，从而提升整个产业的能力与服务水平。

基于微软公司与发改委、江苏省政府的合作备忘录，微软公司与南京市联合建立了功能完备的服务外包人才培养平台，借助微软公司全球的技术力量与先进管理经验，以及本地区的比较优势与区位优势，为服务外包行业不断培养高质量的技术人才。2008 年运营以来已成功培养人才 20000 人，90%实现本专业就业，预计到 2012 年在本地区实现 GDP 将达到 215 亿元。

国际服务外包市场，潜力巨大利润丰厚

国际服务外包已经成为全球经济中发展最快、地位最重要的核心产业，市场潜力巨大。IDC 的研究表明，到 2010 年末全球服务外包市场的产业规模将达到 12000 亿美元，ITO（IT 服务外包）和 BPO （业务流程外包）的复合增长率分别将达到 5.8%和 10%。

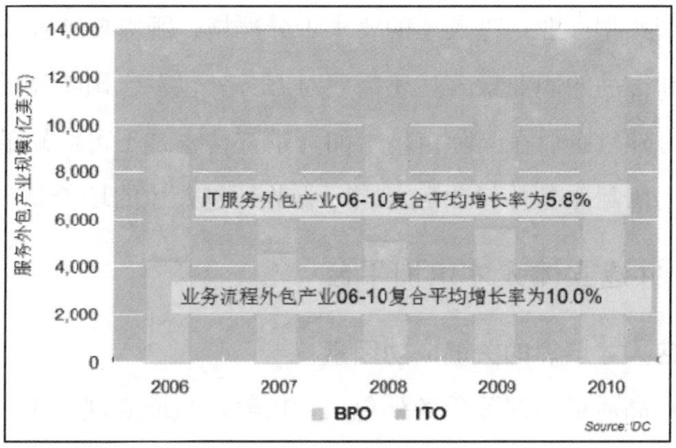

图 1: IDC 的预测图

就中国国内来讲，伴随着中国经济的高速发展和竞争的加剧，中国国内的服务外包市场也有了长足的发展。虽然目前中国国内服务外包市场主要集中在金融、制造、零售等几个竞争压力较大、经济实力较强、IT 理念较为领先的用户群体中，但科学发展、创新型企业和变中国制造为中国创造的中国经济发展战略和方向， 将会促使越来越多的行业和企业对服务外包产生浓厚的兴趣，并通过将 BPO 和 ITO 外包的方式不断提升自己的业务灵活性和竞争力。IDC 中国的研究表明，国内服务外包市场目前已处在一个兼有起步和成长期特征的时期，未来增长速度将远超世界平均水平。同时，中国作为全球企业最看重的服务外包发包地之一，国外国内两个市场的优势使服务外包产业已经成为当今中国发展最快最有潜力的产业，是中国实现经济转型的战略性产业。党和国家领导人在许多场合，都多次强调要高度重视、大力承接国际服务外包业务。

服务外包产业也因其高科技、人才密集型的特点，对教育、职业培训、人力资源等相关产业，特别是大学生就业方面起到显著的拉动作用。服务外包产业已经成为大学生就业的重要方向，今年前 5 个月服务外包业新增的 24.6 万就业人员中，大学毕业生有 19.2 万人，占 78%。就创造利润来讲，服务外包产业又是利润丰厚的无污染“绿色”产业，数据显示中国制造业生产 10000 亿美元产品获得的毛利，印度只需要 1000 亿美元服务外包收入就可以达到，这还不考虑制造业的能源消耗以及污染隐患。

服务外包加速转移中国，机遇与挑战并存

虽然目前全球软件外包市场 40%以上的份额被印度占据，占比最大，尤其对美国业务，印度几乎处于垄断地位，中国企业的市场占有率还不足 5%。但近日麦肯锡的研究表明，在当前的经济危机中主要依赖欧美市场的印度服务外包行业受到了较大的冲击，但中国的服务外包近来发展良好，这给中国在这方面追赶

印度提供了良好的机遇。来自第二届中国国际服务外包合作大会的数据也表明：今年 1—5 月，全国承接服务外包合同签约金额 35.2 亿美元(其中国际服务外包占 79.6%)，同比增长 13.2%；合同执行金额 23 亿美元(其中国际服务外包占 82.4%)，同比增长 45%。在当前外贸形势依然严峻的情况下，我国服务外包产业实现逆势上扬，成为外贸领域的一大亮点。国际金融危机影响下，全球服务外包业务正加速向中国转移，中国服务外包产业迎来了难得的发展机遇。

但国际服务外包是人才密集型产业，对人才的要求十分严格，既需要从业人员懂得行业的国际规范和标准，有非常强的动手能力和很高的职业素养；还需要对服务外包发包国特有的行业规范、文化习俗、宗教历史等有相当的了解；同时外包企业在国际市场上的营销宣传也是不可或缺的一部分。因此要抓住目前良好的机遇，大力发展中国的国际服务外包业务，国际服务外包人才的培养是最首要的任务与挑战。

项目：内外脑并用，共建立体人才培训平台

多方合作高质量服务外包人才培训的关键成功因素

经验和实践表明，要进行高质量的国际服务外包人才培养，从而实现中国国际服务外包服务的飞跃，多方合作内外脑并用是成功的关键因素。 政府的支持与产业扶持是成功的基础要件，借力跨国机构提供专业咨询意见和成熟解决方案，则非常有助于加速服务外包行业的成长与外包企业的成熟，并可以在国际市场上强化宣传推介，扩大知名度，提高权威性。此外，充分发挥国内现有教育机构、社会培训力量的积极性，也是必不可少的。

微软从 1992 年进入中国以来，不断加强在华技术合作、人才培养、软件外包等，从而支持中国的软件产品和服务迅速发展并且走向国际市场。2006 年 4 月，在首期成功合作的基础上，国家发改委与微软公司签署了关于继续加强软件产业合作的二期谅解备忘录，旨在进一步深化双方的合作，推动中国软件产业的发展。其中非常重要的内容就是微软公司将继续协助中国培养一大批软件人才，特别是世界一流的高端软件人才。并按照建设创新型国家的需要，促进中国软件企业技术创新和产品研发，增强中国软件产业的核心能力，双方将合作成立国家发改委—微软软件创新中心和分中心，建立专业的软件技术人才队伍，形成较强的软件创新能力。到目前，区域微软技术中心已达到 21 个，在帮助当地政府提高信息化建设水平及促进软件外包服务产业的发展，进而保证大学生就业率等，促进当地经济发展方面，起到了良好的作用。

南京服务外包人才培训中心，打造服务外包产业枢纽

根据发改委以及江苏省与微软公司合作备忘录的精神成立的江苏微软技术中心（公司注册为江苏苏微软件技术有限公司），2006 年建立伊始就把促进江苏人才强省战略，为当地提供高质量的 IT 人才培训作为最核心的工作内容之一。

为了推动产业转型，提升服务外包产业水平，促进大学生就业，2008 年江苏微软技术中心充分利用南京人力成本、资源上的比较优势以及位于长三角经济发达地区的区位优势，借助微软公司先进的管理经验、工作经验、技术资源及培训体系，结合自己多年的培训及服务外包经验，成功研发了涵盖服务外包产业链各环节的软件服务外包人才培训平台，利用此平台培训标准化的服务外包人才。平台的初期经营模式为政府搭台企业受益，未来将实现全面的市场化运营。商务部高新司司长李志群在中心考察时对此给予了很高的评价，认为“软件服务外包人才培训平台”对服务外包行业有很大的帮助和促进作用，值得推广。

当前软件服务外包人才培训平台已具备四大功能：开放式培训中心、从力资源专业中心、标准整合及输出中心以及研究中心和智慧平台。

图 2：结构图

开放式培训中心：培训中心本身经微软授权，使用微软完整的技术培训课程与体系，着重进行中高端软件管理和开发人才的培训。同时可引入各类培训机构，利用平台进行招生、课程教务管理、软件实训、项目协作以及人才评测等工作。平台可支撑多模式多平台的软件人才培训业务，通过对培训学员综合能力的了解和评测，据此向一流软件公司输出具有实战力、熟悉国际通行项目管理规范的职业软件工程师，缩小大学生与企业实际用人需求之间的鸿沟。

人力资源专业中心：建立培训学员人才库，向市场提供充足的、高素质的软件人才，满足服务外包行业高速发展需求，促进学生就业。平台提供终身教育和职业生涯设计，促使人才素质不断提升，与行业发展水平同步。

标准整合制定及输出中心：通过引入国际通行标准以及本地行业标准，使平台成为人才培训标准及培训机构准入标准的制定者和认定中心，同时也成为标准教学方法、标准培训课件及标准实训模式的资源输出中心。

研究中心和智慧平台：建成有自主创新能力，不断自我更新升级的智慧平台，成为国内、国际专业机构、研究所和大学研究机构积极参与的外包服务研究中心。

软件服务外包人才培训平台基于微软.Net 体系架构，并创新使用虚拟化技术，开放式的融入各类 IT 厂商及培训机构的培训课程；另外产品依托成熟的项目管理模型以及先进的开发工具，使参加培训的学员掌握业务各种先进的管理理念与开发方法。

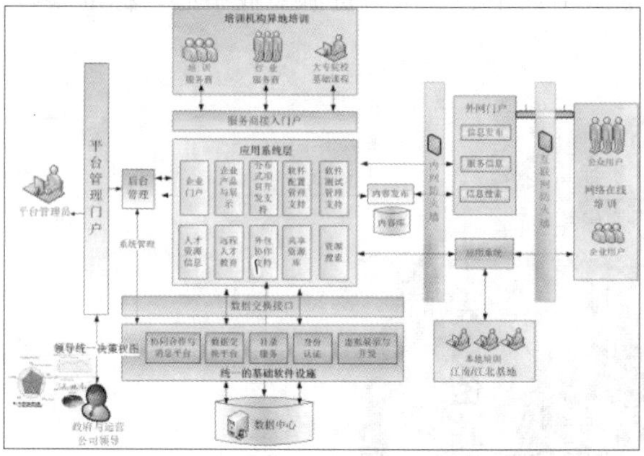

图 3：业务逻辑框架

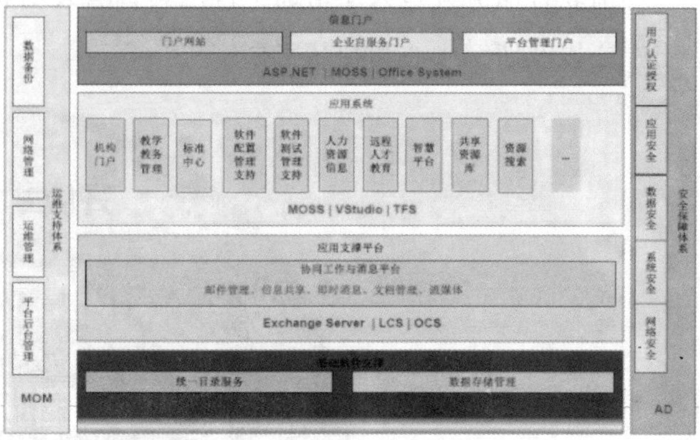

图 4：平台软件架构图

成果：有效提升就业，促进人才强省战略

服务外包人才培训平台的建设和运营，无论对江苏省乃至全国、对接包商还是发包商都会产生巨大的社会效益：

对政府来讲，平台的意义和收益主要表现为：

1. 将在提升当地政府的国内乃至国际地位和影响力；

2. 提升人才结构，增强高端国际人才储备；

3. 优化产业结构，改变增长模式；

4. 促进省、市产业结构升级，培育外商投资新增长点，推动区域经济均衡发展；

5. 缓解就业压力；

6. 提升人文环境，有助创建和谐社会，落实“科学发展观”。

对发包商来讲，平台的意义和收益主要表现为：

1. 革新企业发展模式；

2. 优化成本结构，提升企业运作效率。

对接包商来讲，平台的意义和收益主要表现为：

1. 实现由“搬箱子”向“智力加工”的业务提升；

2. 提升企业的国际竞争力

江苏微软技术中心目前已经成为江苏省级服务外包人才培训基地，是省级服务外包重点企业以及紧缺人才培养工程江苏管理中心，并已通过国际 CMMI3 级认证。服务外包人才培训平台作为技术中心的拳头产品，获得了国家、省、市各级领导的高度评价，该平台已经顺利在南京、无锡、昆山等中国服务外包基地城市投入运营使用，极大的提升了大学生的实际工作能力，促进了大学生就业；也有效推动了当地服务外包产业的发展，提升了相关城市的行业地位。截至 2009 年第三季度，服务外包人才培训平台实现人才培训数量 20000 人，就业率超过 90%，实现 90%的本专业就业。预计到 2012，可以达到年培训人才 5 万人的规模，总计培训人才数量超过 15 万人，五年总计给当地带来 215 亿元的 GDP。

关于微软（中国）有限公司

作为全球最大软件公司和最有价值的企业，微软通过自己的产品和技术改善着人们的生活、工作和交流的方式，带给人们全新的计算体验，提高个人工作效率。微软提供 Windows 平台、服务器和工具，通过商业解决方案，帮助企业提高其整体竞争力，开发新的数字化家用技术和娱乐方式，促进移动计算和嵌入式装置的发展。

目前，微软在中国的业务涉及 Windows 平台、服务器和工具的应用、商务解决方案的推广、家庭娱乐产品的开发、移动技术的推广应用，等等。微软致力于通过与中国信息产业的合作，创造出杰出的、最合适于中的软件产品，使中国向世界其他地方一样，从微软的技术和解决方案中获得最大的利益，从而为中国知识经济和信息产业的发展做出自己的贡献。

有关详细信息

欲了解更多关于微软产品和服务的信息，请拨打微软销售信息中心电话：(800) 426-9400。欲通过万维网了解信息，请登录：www.microsoft.com/china

※ 备注与引用

目前服务外包平台的培训人数以及 GDP 数据来自 ppt，部分文档内容核心及论点来自其它几篇文档和 jsmstc.com 网站。

中央政府网站：国务院关于做好当前经济形势下就业工作的通知：

http://www.gov.cn/zwgk/2009-02/10/content_1226243.htm

中央政府网站：温家宝高校就业讲话：

http://www.gov.cn/ldhd/2009-01/07/content_1198572.htm

新华社：从“世界工厂”到“世界办公室”，中国还有多远？

http://news.xinhuanet.com/fortune/2008-09/09/content_9883250.htm

中关村在线：金融危机带来机遇 中国 IT 外包追赶印度：

http://cio.zol.com.cn/120/1208726.html

人民日报：全球服务外包加速向我国转移 成大学生就业重要方向：

http://paper.people.com.cn/rmrb/html/2009-06/25/content_282128.htm

SYS-WIN Software 思源软件

信息化助力打造数字化高新技术产业园区

深圳市思源计算机软件有限公司 产品总监 陈闵

一、市场范围

伴随着中国的经济腾飞，轻型制造业和高科技产业出现了迅猛的发展，这些产业对于基础环境有着类似的要求－－优惠的政策、合理的使用成本、便利的交通运输、充足的水电供应等等，面对这些需求，各地政府纷纷划出合适的土地资源，成立了开发园区，集中引入轻型制造业和高科技产业，期望形成规模效益，进一步拉动经济大环境和片区经济的发展。

据不完全统计，截至２００９年底，全中国已经开办了国家级开发园区约200个，省（直辖市）级开发园区约1350个，市级开发园区上万个。开发园区对于中国经济发展，特别对当地的经济发展已经具有有非常重大的意义。

二、形式

目前，国内各级开发园区在开办形式上，常见的有以下这几种类型：

1. 政府投资开发、出售；

2. 政府投资开发、交由国营企业持有、运营；

3. 企业投资开发、并持有、运营。

其中对经济拉动作用最大的是后二种，而且持有运营模式也是新的开发园区的发展方向。

三、需求

鉴于业主持有、交由专业企业来运营的模式是开发园区未来的发展方向，而在此模式下，负责运营的企业最为关心的，莫过于园区的长期运营收益，毕竟利润才是企业的目标。

良好的长期运营收益需要多方面的保障，包括：充足而有效的客户资源、通畅直接的广告渠道、合理的价格体系和优惠措施、优秀的租赁服务和快速方便的签约流程等等，但要想保证园区长远的兴旺发展以带来更好的运营收益，优良的客户口碑是最为重要的。优良的客户口碑来源于企业内部管理水平，包括客户服务、设备运行保养效果、安保环保效果等与客户体验有关的业务线。

因此，运营园区的企业，都非常期望能在以下方面进一步加强管理：

1. 资产租赁运营：

领导难以方便、直观、实时地了解资产的总体运营情况；企业掌握的大量资产中，难以快速区分哪些是能给企业带来长期收益的良性资产，哪些是会让企业亏损或者不盈利的不良资产；园区较大需要分块管理，各区块之间的距离较远导致租务员工与求租者谈定的租赁合同难以及时走完流程导致客户满意度下降甚至客户非正常流失。

2. 设备运维保：

园区需要为制造业和高科技产业提供充足稳定的水、电、气、冷暖等多种资源，相关的设备在运行、维修、保养的方面，过于依赖员工的能力和责任心，难以保证稳定运行；运维保的投入和效果比例是否合理难以评估，成本难以控制。

3. 客户服务：

很多园区的物业服务是外包的，客户的服务要求在物业服务单位那边是否得到了及时有效的回应、是否满意、是否有投诉和建议？客户的服务要求分布情况如何？服务量的变动情况如何？客户对服务特别是有偿服务的需求有哪些变化？运营企业都难以监控和了解，只能被动地依赖物业服务企业提供，在及时度、真实性方面难以保证。

4. 物料管理：

园区为了保障设备运维保和客户服务的用料需求，为了保证这些工作的工作效率，必须要储备一定数量的备品备件，这些物料的每期合理用量难以界定、采购领用的审批控制效率低下，导致企业在物料成本方面的控制力度不足。

5. 协同办公

由于园区范围较大，办公场所分布较远，在园区经管企业的日常工作中，信息和公文传递等耗时长，信息共享率低，导致企业运转效率低，决策反应速度慢，而且会付出一些不必要的人力成本。

四、解决方案

1. 总体思想：全业务范围，流程化管理

将市场、广告、客源、租务，直到客户服务、设备运维保、物料等园区经营企业从最需要信息化支持的业务方向全部包容进来，以业务流为基干，实现各业务阶段的信息共享、信息推送、任务流转，实现业务订单／客户需求／工作计划驱动业务——》业务产生流程——》流程推动财务，最终实现业务财务一体化的全过程管理。

2. 四化提升企业信息化科技含量

数字化、移动化、智能化、语音化：通过新技术的应用，提高企业运作效率，加快决策者反应速度，提升客户体验。

3. BI／GIS，强化企业领导管理手段，实现实时全局掌控

通过 BI 商业智能和 GIS 地理信息系统应用，为企业领导提供“实时集中集成实时动态精准管控，随时随地响应，随机随势随需应变”的管理手段。

五、价值

针对园区运营企业各业务线的需求，上述解决方案表现出了相对应的价值：

1. 资产租赁运营：

实现全业务过程的工作流推送，从租务员工接待客户谈判形成草约，直接通过系统提交审批无须人工报送，审批时领导可以直接查看到客户资源情况和接待、谈判的全过程，供领导决策。大大提升了签约审批速度和决策能力，提升客户体验和企业的竞争力，防止企业 业绩出现不正常损失。

从系统中提取各类资产的租赁业务收入和其他业务收入，和对其进行广告投放、维修保养等的各方面支出，直接形成收益分析，加上对其未来的预测（需要根据企业自身的特色和经验搭建预测模型），形成企业所辖资产的价值分析，区分良性资产、中性资产和不良资产，对园区企业确定所辖资产处置方案，是继续长期持有运营，还是尽快转手提供数字量化的评分结果。

2. 设备运维保：

针对园区企业所辖各类设备设施，建立完善的档案，通过规范化的巡维保工作计划－》推送加提醒－》执行结果反馈－》系统监控报告升级等信息化手段，保证设备巡维保工作的正常进行。通过设备巡查结果数据化，实现从事后维修－》计划性维修－》预防性维保－》预测性维保的设备运行管理水平层次提升。在保证设备运行完好率的前提下，让企业的设备维保成本保持在一个合理的水平上。

3. 客户服务：

将物业服务企业纳入信息化系统体系之内，客户的所有服务要求物业服务企业前台直接录入信息系统，与客户档案挂钩作为客户事件，可以其他部门以后与客户联系时作为依据，包括续约时的客户信息评级等方面。

所有服务要求在信息系统中直接产生工单和派工信息，按照规定的分工，通过工作流推送给指定责任人，并通过移动化手段推送到其 PDA 和手机上，保证派工信息传递及时。

所有派工情况和执行结果由物业服务企业前台和园区经营企业质管部门同时监控，可能出现延误时系统自动报警、升级，以便前台及时干预和提醒，保证客户的服务要求得到及时、规范、有效的响应。

由物业服务企业前台完成的服务回访记录，再结合独立的客户问卷调查功能，园区经营企业可以实时了解到客户服务的真实满意度。此外还包括对客户服务要求分布、服务量（与物业服务企业的酬金相关）、客户需求变动（特别是有偿服务项目的新需求，可能会给园区运营企业带来新的利润渠道），都能从系统存储的详细数据中通过统计分析提供强有力的数字化依据。不再完全依赖于物业服务企业单方面提供的数据。

4. 物料管理：

从系统存储的设备维保数据和客户服务数据中，可以分析出各类物料的使用数量变动情况，加上一个安全值后，可以推算出企业在物料储备方面的合理数据。再根据设备维保等可预见的工作计划，考虑到已预定物料和采购在途时间，生成物料采购计划，在保证企业各类工作用料及时供应的前提下，将物料积压成本降到最合理的水平。

另外，通过与工作流的结合，在物料的用料计划、采购计划、领用计划等审批过程中，实现了业务与事务的整合，提高了企业在物料成本方面的控制力度。

5. OA 协同办公

将各业务模块中形成的数据，通过信息系统的电子化审批、数据化公文流转、任务提醒和消息推送等 OA 协同办公手段联系起来，流动起来。提升企业内部信息流转速度，提高企业领导决策支持力度，提升企业业务反应能力。使数据由积淀的“原始数据”，变为工作流中的“动态数据”，让数据为管理服务。

六、总结

综上所述，针对资产租赁运营、客户服务、设备运维保、物料管理等业务线，一套规划合理、功能完善、整合了工作流的信息化解决方案能为园区经营和物业服务行业的管理水平提升和成本控制带有巨大的帮助。

◇ 联系我们：Tel:0755—25878826　Fax:0755—25878862

饮水思源　　服务客户

物流园区管理信息系统 LogisticParkManagementSystem(LPMS)
—— 实现全方位的管理、带来形象的大提升

上海物创信息科技有限公司

上海物创信息科技有限公司致力于物流与供应链信息化的持续创新，有 10 年物流行业软件研发经验，产品汇聚数百家企业管理理念，现有 900 多在线运行的成熟模块。采用整体规划、分步实施和平滑升级的策略，有效节省客户的 IT 投资和历史数据延续，项目中 80%的功能采用已有成熟模块，20%以内个性化再开发，并提供终生的系统升级和全国范围内的分钟级的维护服务，保证客户系统的先进性和稳定运行，有力支撑客户业务的永续发展。

作为中国物流与采购联合会的会员单位，上海物创全面融入物流行业，根据物流园区的新兴特点，充分考虑用户体验，帮助园区管理层快速完成强制性的规范化管理、同时分析各个客户业务的特性，开展个性化的二次修改工作，使其有机融入到实施的系统产品中，力求在规范管理的同时，保持每个客户特有的核心竞争力。

在圈地、建设和招商后，园区信息化已经成为园区建设的重要部分，是软实力的集中体现。物创园区管理信息系统以“园区全面管理、形成区域物流中心”为核心设计理念，充分吸取物流行业管理精髓，体现各种类型物流园区的业务核心，实现综合、一体化的信息管理系统，主要包括：

标准版：物流信息网、运力整合、共享货运软件、物业管理、信息大厅展示

专业版：货运管理（TMS）、仓储管理(WMS)、货代平台、批发市场电子商务及配送

精细版：KPI 监控，行政人事和统一结算、客户关系及呼叫中心

物创物流园区信息产品，支持业务和管理的全面协同、实时监控，投资少、见效快、易扩展，具备丰富的数字设备和系统接口（GPS、移动终端和条码等），必将给客户带来精细管理、成本降低、提高客户服务水平、提升企业形象等显著优点，促成客户成为本地区和本行业的领军企业。

◆ ***上海物创信息科技有限公司***

地址：上海市浦东新区金港路 333 号金桥国际 2-2025

网址：http://www.56GL.net　服务电话 4006-388-056　传真:021-51535027

◆ ***成都研发中心***（*成都博实信息技术发展有限公司*）

地址：四川省成都市通惠门路 69 号　网址：http://www.56rj.com

电话：028-86632100 86633280　E-mail:help@bsit-soft.com

信息化构建成都高新区服务型政府

北京用友致远软件技术有限公司

◇ 成都高新区简介

成都高新区筹建于 1988 年，1991 年被批准成为首批国家高新技术产业开发区，2000 年被批准成为中国亚太经济合作组织（APEC）科技工业园区。2006 年，成为全国首批“创建世界一流园区”试点单位。

2008 年，成都高新区集中建设区完成产业增加值 317.7 亿元，电子信息、生物医药和精密机械制造是成都高新区的三大主导产业。其中，电子信息产业已形成软件及服务外包产业集群、集成电路产业集群、通信产业集群（3G 关键技术研发、制造）；生物医药产业已形成现代中药、化学药、生物制剂等领域特色；精密机械制造产业以航空维修及零部件制造和精密模具为代表，形成配套和支撑。先后引进了飞思卡尔、英特尔、IBM、SAP、华为、中兴、摩托罗拉、爱立信、阿尔卡特、诺基亚、西门子等世界知名企业入区。

◇ 信息化应用情况

1.“一把手”亲身推广信息化

成都高新区分为南部和西部两个园区，区域面积大且两部分相隔较远，区内企业与管理服务机构之间的沟通往来及公文等传递等都较为不便，需要花费不少的时间和精力在往返交通之上。

为此，园区管委会希望通过一套政务办公系统，来解决区内公文交换难，特别是路途较远的街道办事处公文交换难的问题；并减少行政开支，提高区内服务机构的工作效率。通过多方面考察，成都高新区选择了政府中广泛应用的用友致远 A6 协同管理软件政务版来实现其园区办公自动化。

“刚上线的时候，不少部门工作人员对 A6 政务协同还有抵触心理。因为新的办公方式改变了旧的模式，所有人都必须按照梳理后的流程办公，让大家很不习惯，一些抵触也是难免的，这也让我们最初的推广有一定难度……”成都高新区科技局许涛说，“但我们管委会韩春林主任，对这项工作非常支持，认为 OA 的引入是必须的而且是及时的。为此，韩主任带头使用，并要求各部门主要负责人每周必须通过 A6 将周工作日志发给管委会主要领导，从而以管委会主要领导带动部门领导，部门领导带动各部门工作人员的方式，推动了 A6 在区内的应用。”经过一段时间的推广、培训和深化应用，“大家越来越离不开 A6 来处理文件，交换工作资料。A6 让他们觉得工作越来越方便。”

目前，A6 政务协同已覆盖成都高新区政府所有部门、街道办事处（社区）等 33 个部门，解决了以往部门单独办公系统的局限性，打破了部门间的“信息孤岛”，方便了高新区管委会内部工作人员的沟通，让整个管委会运转效率大大提升。

现在，高新区在 A6 政务版协同中，设置了套红模板 252 份，收发流程 132 个，各类电子表单 38 份，实现了高新区内公文交换、政务信息、督查督办、信息报送、办公用品申领等功能。

2. 统一通信，让政企协同更全面

“一把手”工程的 A6 政务协同办公平台，使成都高新区管委会的整体办公模式进入到前所未有的信息化深入层面，但如何提高政府对企业的服务效率？如何实现内外高效协作沟通？这也让高新区管委会颇伤了一阵脑筋。

为此，成都高新区管委会采用在 A6 政务协同配合统一通信的方式，给园区管委会协同政务应用提供了更加广泛的协作方式，也让 A6 协同有了更加强大的通讯、沟通能力。通过统一通信平台，管委会可在 A6 中将文件、会议通知等通过电子邮件、手机短信、语音通话、IM 等方式告知企业，企业可通过手机短信等方式回复确认。甚至还可以通过其提供的网络电话与相关人员直接通话，大大降低沟通难度、提升沟通效率。管委会工作人员也可以使用手机访问 A6 政务协同办公系统，接收和处理待办文件。

由此，解决了高新区内政府与区内企业的沟通问题，实现了基于 A6 平台的内外高效协作。在统一通信平台支持下的 A6 协同，业已扩展为高新区政府对区内企业的服务平台，有效提高政府服务质量。

3. 建设绿色和谐的服务型管委会

A6 的引进，不仅帮助高新区管委会提升对区内企业的服务质量，更给管委会带来极大地“绿色”收益。

仅以政务工作中最常见的交换文件为例，以往高新区内文件的收发、交换，通常交换一份文件需要印刷 30 多份，然后等待各相关部门来领取，这通常需要 1-2 天才能将文件送到各相关部门；而现在只需要几分钟，需要交换的文件就能送到文件所涉及的相关领导的电脑上。同时，信息还可通过短信、邮件、电话、移动掌上 A6 等方式，让消息第一时间送达。极大地加强了管委会与区内企业的沟通，降低了工作量，更节省了费用。

在方便园区内信息交换、传递的同时，政务协同系统的应用，也为打造绿色新区做出了贡献。以一份文件 4 页纸、发 33 个部门，按照 2008 年发送文件数进行统计。通过 A6 政务办公系统，初步估计节约纸张近 30 万张！这就相当于保护了 154 棵大树！更由于协同政务系统的应用，以往仅仅为文件交换所花费的交通费用、人工费用及其他相关费用都可以节省下来，这也变相地节省了汽油等能源、更减少了二氧化碳的排放。为建设绿色新区、环保新区和可持续发展新区，起到了表率的作用。

目前，成都高新区已经建成 A6 协同政务应用范围最广、应用规模最大、应用程度最深的国内高新区，也是国内第一家将协同政务平台与统一通信平台整合应用、实现管委会与园区企业紧密联系、内外协同的高新区。

CSmail 可靠稳定是您自建邮局的最好选择

北京方标讯业科技发展有限公司

当今网络安全问题在电子邮件系统方面表现尤为突出，既要防止黑客的攻击，又要防范针对邮件系统的病毒邮件蔓延；既要防止垃圾邮件泛滥，又要提防内部敏感资料的泄漏。这些问题已经对传统电子邮件系统提出非常大的考验，使得大量企业用户期待着新一代大容量、高安全、高可靠、高稳定性、高可扩展性的邮件系统。

据调研，企业对邮件系统的要求主要有如下几大层次：

1. 大多数企业即使拥有信息技术专业人才，他们也需要“简单”的产品，以降低成本；

2. 由于涉及企业生产、经营，要求邮件系统安全、稳定、高效；

3. 不同的企业有不同的需求，而且往往需要将电子邮件系统与企业的其他应用信息系统集成起来，因此企业客户不但要求配置灵活、可裁剪性强，而且能够方便地进行二次开发。

针对这些市场状况，方标讯业依靠自身多年的技术沉淀，本着从用户出发原则，自主研发出具有自主知识产权的电子邮件系统，以其透彻的产品需求分析及深刻的行业理解，填补了邮件行业领域多项空白，满足了众多大中企事业单位的需求。

CSmail 电子邮件系统具有以下突出特点

1. 高稳定性、高可靠性，在国内上百家企事业单位和政府部门可靠稳定运行；

2. 优良的系统延展性，从几百用户到百万级用户，支持单机、双机热备及分布处理；

3. 增强企业特性支持，支持多域管理、多级分组管理、用户分级管理，方便企业系统使用和管理，API 支持与其他办公系统数据同步和单点登录；

4. 内置反垃圾邮件支持，支持系统级、域级、用户级垃圾邮件过滤措施以及选配垃圾过滤识别等。

客户自建电子邮件系统典型配置方案

1. 电子邮件系统部署

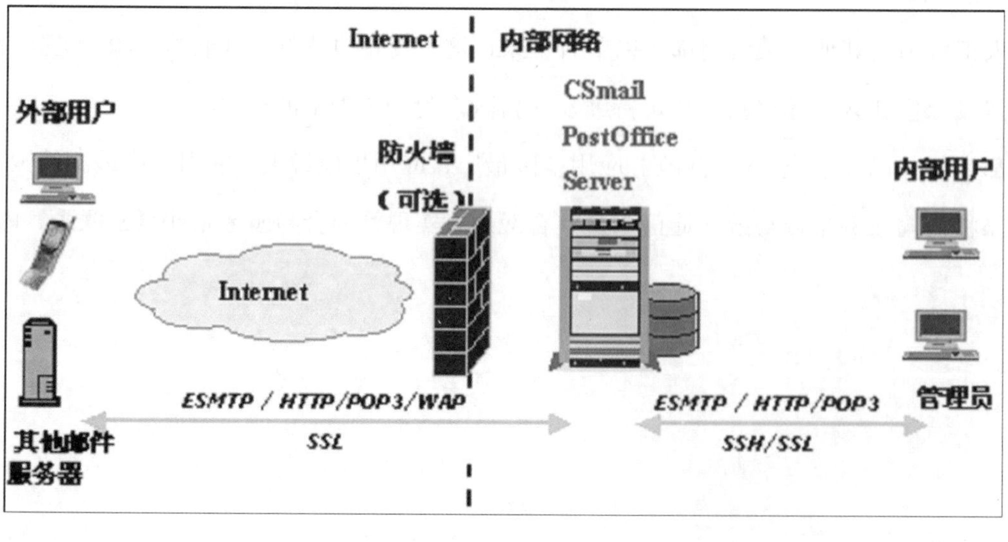

企业自建电子邮件系统一般建自己的电子邮件服务器部署在企业内部网络，有防火墙时一般部署在 DMZ 区，通过地址映射方式将邮件系统需要与外部互联访问的 IP 和端口（主要是 25 和 110）开放给互联网。

通过域名解析和 MX 记录，企业电子邮件系统实现与外部客户相互访问。

2. 服务器硬件要求

依据用户规模配置必要的硬件服务器，在 1 万用户以内时，建议采用单 CPU、2GB 内存，在 10 万用户以内时，建议采用双 CPU、4GB 至 8GB 内存，10 万用户以上时建议考虑多台服务器分布部署。

服务器硬盘容量依据用户邮件空间配额进行配置，从几百 GB 到上 TB，必要时使用专用的存储设备。

3. CSmail 基本功能

（1）SMTP 收信功能

SMTP 服务器完成本地电子邮件和远程电子邮件的接收任务，SMTP 服务器可以根据需要进行多机分布，构成服务器集群方案，满足大用户量高并发请求数的服务要求。

（2）发信代理的发信功能

发信代理完成电子邮件的本地投递和远程投递功能。发信代理可以根据需要进行多机分布，构成服务器集群方案。

（3）POP3 取信功能

POP3 服务器为电子邮件客户端提供取信服务，POP3 服务器可以根据需要进行多机分布，构成服务器集群方案，满足大用户量高并发请求数的服务要求。

（4）WebMail 功能

WebMail 后台服务器为 WebMail 页面服务器提供服务，WebMail 页面服务器完成 Web 访问时的页面显示等功能，使电子邮件用户只通过 Web 浏览器，就可以像使用本地电子邮件客户端程序一样对电子邮件进行各种操作。

WebMail 服务器为 WebMail 页面服务器的各种操作请求提供服务，WebMail 后台服务器可以根据需要进行多机分布，构成服务器集群方案，满足大用户量高并发请求数的服务要求。

（5）多语言支持

系统提供繁简英多语言支持，并提供自动转化功能。系统内部自动识别并显示不同字符集的邮件，字符集主要为：ISO-8859-1(标准英文字符集)，US-ASCII(英文字符)，GB2312(简体中文)，BIG5(繁体中文)，UTF-8(通用字符)。当邮件系统的 Webmail 显示界面在邮件显示列表中显示不同字符集的邮件标题时，可以同时正确地显示 ISO-8859-1、US-ASCII、GB2312、BIG5、UTF-8；邮件系统的 Webmail 模块的界面增加繁体风格的显示界面，供用户在简单风格界面和繁体风格界面之间进行选择使用。

（6）签名设置

设置邮件的落款信息。只要设定了签名信息，每次发出邮件时，设置好的落款信息就会自动跟在正文后面，使邮件用户发送的邮件更具个性化。

（7）自动转发与回复

当系统收到新邮件时，可根据用户设定自动将该邮件转发到指定的邮箱，类似地，当系统收到新邮件时，可根据用户设定自动回复一封已经撰写好的信件，进一步方便邮件用户的办公需要。

（8）多级分组通讯录

提供“个人通讯录”和“公共通讯录”，支持实现企业组织机构设置的多级分组通讯录及分组管理，方便企业用户管理和群发邮件。

通讯录支持以 CSV 格式导入、导出，兼容 Outlook、Outlook Express、Netscape、Foxmail 等软件的地址簿。

（9）拒收邮件功能

用户可以增加、删除拒收邮件表中的地址，以后拒收邮件表中的来信，一律由系统自动拒收，提供了对垃圾邮件的简单拦截手段。

（10）邮件分类功能

可按照收信人、发信人、主题等多种条件设定过滤条件。

可实现转发、自动回复、保存到特定文件夹、删除等多种过滤动作。

可禁止/允许/移动过滤器。

（11）远程 POP3 邮件收取功能

用户可以在系统中设定远程邮箱资料，并将远程邮箱中的信件收取到本地邮箱中。该功能遵守 RFC1939。

（12）网络 U 盘功能

将网络 U 盘功能与邮件系统进行了紧密集成，方便了企业用户协同办公的需要。

（13）短信通知（可选）

提供可供第三方产品协议开放的接口，可以与短信猫衔接，实现邮件到达通知及邮件提醒功能。

在短信功能实现中，在前端服务器采用专用短信设备——短信猫，将用户发出的邮件操作短信进行解码，并写入数据库中。同时将邮件服务器的响应通过短信返回给用户。支持 SMPP、CMPP 及 SGIP 协议，并支持手机、短信猫接口。通过专门制订一套信令格式邮件来操作短信内容。

短信猫根据端口数目分为单口、双口、4 口、8 口、16 口、24 口等，各端口根据插入 SIM 卡的不同号码，将信息自动分流。如，移动用户手机自动通过移动的 SIM 卡号发送、联通用户自动通过联通 SIM 卡号发送信息。

（14）邮件传真功能（可选）

Csmail 通过集成 G3 Fax 技术，实现邮件转到传真的功能。通过传真机收取用户邮箱中的邮件，支持附件类型包括 Microsoft Word， Adobe PDF 等。

方标讯业以高效专业的产品和优质的服务，得到了广大企事业单位的高度认可，CSmail 可靠稳定是您自建邮局的最好选择。

北京方标讯业科技发展有限公司秉承为客户“提升沟通与协同的价值”使命，自主研发了适用于企事业单位和政府机关的电子邮件系统 CSmail，自 2000 年起已经在 263 网络集团、招商局、鲁能信息港、商务部、中共中央对外联络部、人民银行总行、国家开发银行、光明日报、中国青年报、北京机械学院等上百家客户成功应用。公司网址：www.foundir.com，联系电话：010-51669977。

浪擎科技大型灾备中心解决方案

上海浪擎信息科技有限公司

浪擎科技简介

浪擎科技是国内领先的存储备份与容灾领域的软件厂商，在数据安全与容灾备份领域具备一流品牌影响力。公司 2003 年成立至今，已拥有完善的产品线，产品和解决方案涵盖了从桌面到服务器、从备份到容灾、从本地综合备份管理到异地数据中心建设等各个方面。

公司在政府、医疗、能源等行业已建设数百个典型案例，享有较高的知名度和客户美誉。作为软件产品厂商，公司着力建设广泛的渠道体系和完善的服务机制。

一、统一灾备平台介绍

统一灾备平台可实现异地数据统一灾备和集中式管理。系统具有很高的可扩展性，统一管理平台操作界面简单，功能全面，监控信息详尽。

二、统一灾备平台构成

系统由四部分组成，备份服务器；备份服务器 web 管理；支持各种服务器系统的容灾、备份代理；调度服务器。备份服务器是系统的核心部分，负责管理存储、用户、作业、备份策略、报表，以及产生报表信息； Web 管理是系统的管理平台；备份代理是支持各种应用系统来实现备份、还原功能的软件；调度服务器是备份网关，提供数据的调度和转发功能。

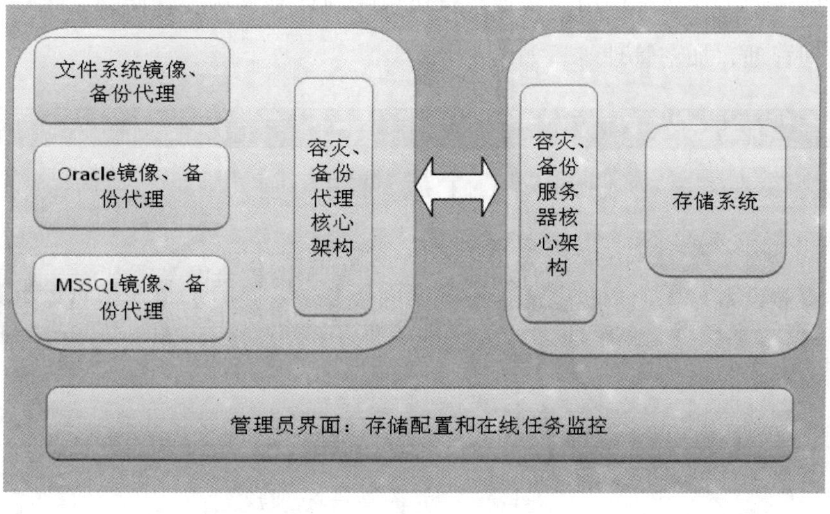

图 1.1 系统框架示意图

三、灾备平台整体建设目标

管理平台统一框架定义下，备份系统建设目标示意图如图 1.2。

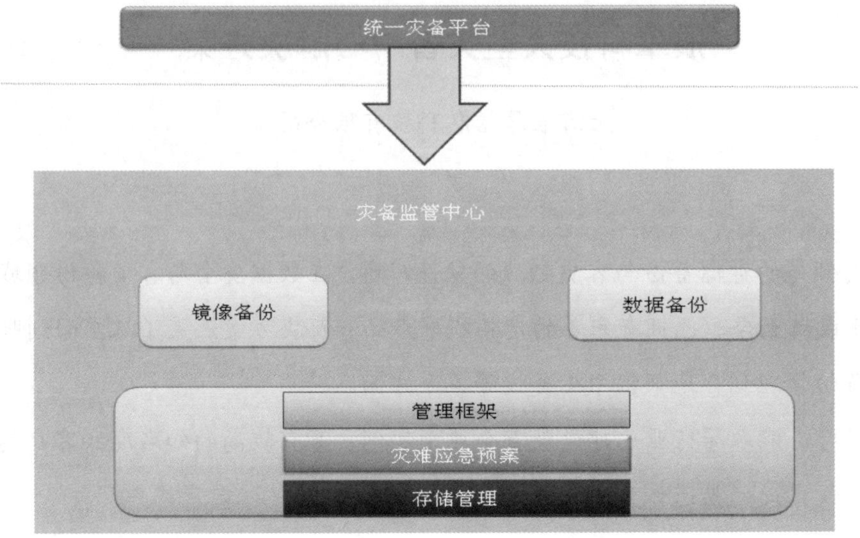

图 1.2 灾备平台统一框架

1. 建立统一备份管理框架

灾备系统主要面向各接入单位，但是管理、运营、维护、测试、演练等工作均由灾备数据中心统一协调和管理。并制定统一的灾难应急预案。

当然，这些工作需要各接入单位进行配合。

2. 建设两层管理体制

备份系统主要面向应用单位，管理工作划分为两层：全局管理和应用单位管理。

灾备中心进行全局管理，负责全局的管理、运营、维护、测试、演练等工作，并制定统一的灾难应急预案。全局系统管理维护工作包括：用户管理、备份策略与计划管理、存储管理、存储策略管理、作业监控、作业报表、代理管理、加密管理等。如图 1.3：

图 1.3 灾备平台管理规划

3. 为关键业务建立应用数据连续保护机制

为各接入单位的重要数据库，如Oracle、MSSQL数据库，这样一些极其关键的业务应用构建连续保护机制，建立高可用备用系统，保证业务数据不丢失。

连续数据保护系统不是依靠设定时间来启动，数据的每一次变化都会被系统持续不断地记录下来。对于传统备份来说，可能存在两方面的问题：一是备份频率较低。传统数据备份方式是一般适用于以天为单位的备份策略，而不适用于高频率准实时的备份；二是恢复周期较长。传统数据备份管理系统在数据恢复时，必须要将数据还原至原系统，此还原过程可能包括原系统的修复（硬件修复、软件重装或重启等），且要还原和组合相应的增量和全量的数据包。因此，还原时可能导致数据损失比较大，也使服务停止导致的费用与损失增加。

连续数据保护系统可解决上述问题，其主要优点在于：存储端的数据直接可用，而不需要通过恢复操作进行重建工作。因此通常停机的时间会非常短，对于客户端一侧来说也基本不需要重新配置。

依据连续数据保护系统，为关键重要的应用系统建立备用系统，使之能持续、可靠地提供服务是非常重要的，因此需要建立高可用性解决方案的需求。高可用性系统提供一个改进的或者比传统系统更高级的系统可用性，减少单个故障点，降低服务停止导致的费用与损失。

4. 为重要业务系统建立数据备份机制

定期将系统业务数据备份下来，以保证数据意外丢失时能尽快恢复，将用户的损失降到最低点。业务系统数据可能因人为错误、硬件故障或重大自然灾害而遭受损失，备份管理系统长期以来就是避免数据造成损失的行之有效的方法。备份管理系统能迅速恢复大量的丢失信息，可以在短时间内将整个系统恢复到原有运行能力。

5. 容灾服务器群支持更多的接入单位使用容灾服务

当越来越多的接入中心需要备份服务时，则可采用基于分流的容灾服务器群。系统管理员手工将各接入中心划分在不同的容灾服务器上。这种基于分流的服务器群机制可有效保证各服务器之间的架构独立性，并且保证多任务无需竞争存储和网络资源。

6. 建立周期性备份

为各政务系统和重要的数据库，这样一些极其关键的业务应用构建连续保护机制，建立高可用备用系统，保证业务数据不丢失。

依据连续数据保护系统，为关键重要的应用系统建立备用系统，使之能持续、可靠地提供服务是非常重要的，因此需要建立高可用性解决方案的需求。高可用性系统提供一个改进的或者比传统系统更高级的系统可用性，减少单个故障点，降低服务停止导致的费用与损失。

7. 无需新增昂贵的硬件设备，控制系统总体成本

浪擎·服务器备份系统、浪擎·镜像系统在应用层实现将捕获业务应用事务转发复制到目标系统，这种复制原理决定源主机和目标主机无需硬件规格一致，目标主机可采用低于源主机的硬件规格。系统采用独特高效的增量算法，面对海量数据仍能保证高效性和稳定性。由于仅复制增量事务，大大的减少网络传

输流量，因此无需专用传输网络。

浪擎·服务器备份、浪擎·镜像系统系统支持多对一备份、容灾方式，可根据实际业务系统环境可将多台源服务器的数据复制到一台备用服务器，大大节省硬件投入。

四、系统整体特点

◇ 对备份服务器的硬件配置无特殊需求，可使用现存的磁盘阵列作为备份存储；

◇ 独创的块级增量传输和存储算法，提高传输效率，节省存储空间；

◇ 极低的系统资源消耗，不影响业务系统的运行；

◇ 通过为业务系统建立统一的自动备份和存储策略，保证系统持续和稳定运行；

◇ 通过设置定时备份计划与存储管理策略，让系统自动运转，极大减少的系统维护和管理工作量；

◇ 可配置复杂的备份策略，形成数据备份历史，可恢复到某个备份时间点；

◇ 支持备份对象存储生命周期管理来管理历史备份数据，节省存储空间；

◇ 调度服务器和存储服务器支持远程 WEB 管理，无需进行现场维护；

◇ 支持直接在浏览器上进行备份策略设置、作业监控、存储配置、空间管理等；

◇ 作业报表格式支持 XML 标准，直接使用浏览器即可显示；

◇ 提供在线作业任务监视查询接口，并支持支持用户、任务类型、状态等查询条件；

◇ 支持历史作业报表管理，查询过往运行的所有任务；

◇ 严格的文件完整性校验和失败处理机制，保证备份内容精准无误。

关于政府 IT 服务管理体系建设的三条建议

北京中科金财科技股份有限公司　张旭

随着电子政务的建设与发展，越来越多的政府部门需要面向公众提供信息服务，政府部门对 IT 系统的依赖程度也随之不断提高。作为政府机构的 IT 部门---信息中心，目前不但要考虑 IT 系统的建设问题，更需要考虑的是 IT 系统特别是业务系统的持续、健康运行的保障问题。近年来，很多先进发达地区的单位已经开始高度关注 IT 服务管理体系的建设工作，希望借助先进的 IT 管理理念来提高自身单位的 IT 系统运维管理水平，为本单位的业务应用创造一个稳定、科学、持续优化的环境。但真正打算实施 IT 服务管理时，信息中心主任们往往面临着：国外的理论、规范与国内具体情况的巨大差异，运维管理工具市场上的鱼龙混杂，实施效益难以评估等问题，又让他们感到无从下手。有些单位盲目上马，投入了大量资金，购买了大量国外厂商的工具，但实施效果却不尽如人意，甚至完全失败，这样的 IT 服务管理项目可以说在国内比比皆是。

因此，对于政府部门而言，实施 IT 服务管理没有捷径可走，通过照搬国外的先进理论和标准，购买几套先进软件工具都不能真正解决问题。必须要寻找符合国内 IT 服务管理发展特点的道路，稳扎稳打、步步为营才能走向成功。那么什么是符合国内 IT 服务管理发展特点的道路呢，本文给出了 IT 服务管理在国内政府行业建设的三条建议，它们就是：以了解基础管理信息为基础、以 IT 基础架构管理为重点、以服务管理实现持续改进。通过这些原则来帮助信息中心的领导在建设 IT 服务管理体系的道路上把握方向。下面我们就这三部分内容分别加以论述：

一、以了解基础管理信息为基础

这条原则的核心是指了解、掌握 IT 服务管理相关对象及其基本属性信息是建设 IT 服务管理系统的基础工作。下面我们一起看一个发生在军队里面的真实例子：巴基斯坦前总统穆沙拉夫有一次深夜突抵指挥部视察部队，当时担任参谋长的基亚尼从睡梦中被叫醒，他竟然立即滚瓜烂熟地汇报出了部队调动、前线部署、后勤保障及边境疏散等问题的准确数据。穆沙拉夫当时就感慨说：“真正的职业军人就应该像基亚尼这样！”。从这个事例不难看出，做信息中心的管理工作同样需要掌握了第一手的基础数据，才能保证开展 IT 服务管理系统建设工作有稳定的基础。但基础数据的掌握并不是看看合同、台帐那么简单，这项工作可以分为以三个层次：

1. 掌握静态信息

静态信息是指记录在纸质或电子系统中 IT 资产信息，它们的来源包括采购合同、设备台帐、资产统计报表等。这些信息建立后一般很少再进行修改，因此称其为静态信息。信息中心主管掌握这些信息可以了解单位目前拥有的 IT 资产基本情况，如型号、价格、数量、用途等。

2. 掌握动态信息

IT 资产采购后就要分配到具体的使用单位，会具体应用在某一个业务系统中去，这些信息在应用过程中就被赋予了一些新的属性，如：设备会有管理单位、管理员、保修信息、IP 地址、安装位置等，这些进行会在设备的生命周期内发生变化，这些信息变化后一定要被有效的维护，否则 IT 设备的基础信息的准确性就会受到影响。

3. 掌握关联信息

IT 设备在运行中有一个显著的特点是彼此之间会产生关联性，这也就是我们常提到的配置关系。例如：一台网络设备会关联到多台主机、多台主机又会关联到多个应用系统。关联性是我们在维护系统时要重点关注的一个特性，例如：一台服务器上的电源出现故障，它的影响范围到底有多大，是只有这一台设备，还是会影响一个应用系统、一个全国性的服务交易等等。

综上所述，作为信息中心的主管，一定要绘制一张 IT 资产的知识地图，这张地图上的信息要是详细的、不断被更新的，更重要是要能反映设备之间的关联性。有了它，就像行军作战有军事地图一样重要。

这项工作在 ITIL 及 ISO-20000 中由配置管理流程负责，配置管理数据库(CMDB)是其核心。但在国内实施 IT 服务管理系统时，我们建议先着手做好准备工作，再建设流程。这也是中科金财在实施 IT 服务管理时，第一步往往就是帮助客户梳理 IT 资产及配置信息情况的原因。

二、以 IT 基础架构管理为重点

故障及业务中断对一个单位的信息系统管理部门是严重的问题，可以说对于信息中心的主管而言“故障大如山”。故障控制的关键是要建立一个完善的 IT 基础架构管理体系。在 ITIL V2 版本中专门有一个部分“信息和通信技术基础设施管理（ICTIM）”指出了解决该问题的框架及流程。其框架图如下：

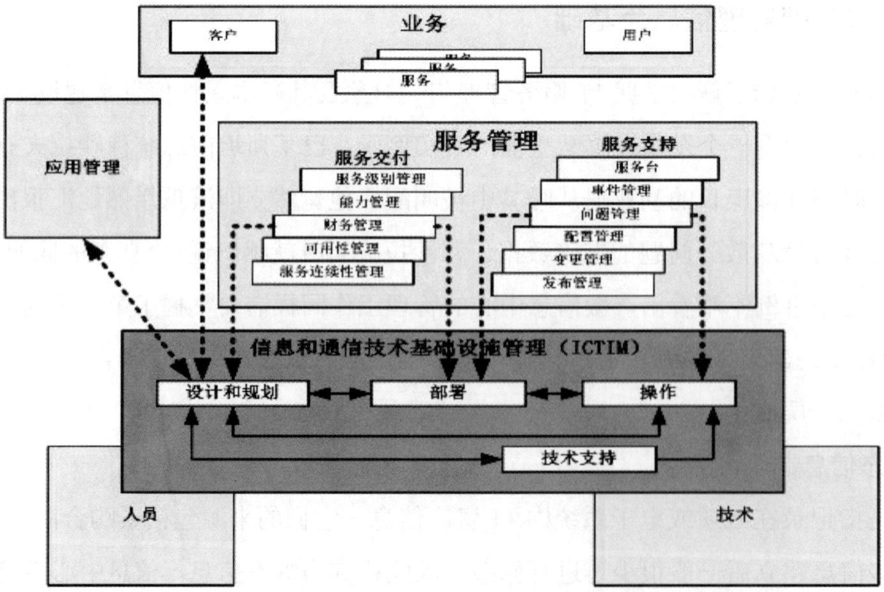

图 1：信息和通信技术基础设施管理框架（ICTIM）图

从以上的架构图上不难看出，ICTIM 更接近于底层技术和管理维护的 IT 资产对象，它是服务管理的重要基础，它向服务管理中的服务台、事件管理、问题管理流程提供了故障处理所需的基本信息，也为最终解决故障的提供直接的技术支持。ICTIM 分为四个基本流程，分别是：设计与规划、部署、操作和技术支持，其中操作（Operations）流程对于故障控制最为重要，它具体包括以下具体活动：

（1）事件，告警，故障和故障处理的管理：包括引入监控管理工具、建立人工巡检制度来及时发现、处理系统故障；

（2）信息和通信技术基础设施的端到端管理：与能力管理和变更管理相结合，对 IT 系统的配置的调整、性能进行优化；

（3）作业计划及作业管理：主要包括批处理日程管理和维护、数据输出的调度和打印管理；

（4）备份管理与日常维护：包括备份与恢复管理、配置文件的管理、数据库调度、文档维护、健康性检查、日志管理等；

（5）数据记录管理：文件和文件系统的管理、数据库管理、介质管理等。

通过以上具体活动我们不难看出，就像我们的身体需要定期做体检、平时保持良好的生活习惯一样，故障监控和日常维护是操作流程的核心内容。但在这个环节需要注意一个问题，就是监控管理工具应用问题，有些单位在建设过程中过度依靠监控管理工具，忽视日常管理维护工作的同步建设，从而并不能有效控制故障的发生。

在实施 IT 服务管理的初期，IT 基础架构管理较服务管理（服务支持流程、服务交付流程）更为基础、更为重要。因此，我们认为在第一步掌握 IT 基础信息的基础上，构建完善的监控管理体系、建立完善作业调度及日常维护管理制度是实施 IT 服务管理的第二个重要步骤。

三、以服务管理实现持续改进

服务管理在这里特指服务管理流程，它由服务支持流程、服务交付流程两个部分组成，分别包括了：事件管理、问题管理、配置管理、变更管理、发布管理、服务级别管理、可用性管理、持续性管理、能力管理、IT 财务管理。在完成了前面两个阶段的工作之后，IT 服务管理系统的建设重点应该以服务管理为长期的工作目标。这个阶段持续时间会相对较长，很多建设内容需要经历规划建设、运行、收集改进意见、再规划再建设的反复过程。这也就是 ISO-20000 和 ITIL 都非常强调 PDCA 的用意。

在这个阶段，具体包括以下几个方面：

◇ 建设前的咨询规划工作：以单位现有的服务管理现状为出发点，咨询单位要给出分步骤的咨询建设规划，重在联系单位的实际情况，发挥实际效果。避免制定太高的目标，严重脱离实施单位的具体情况而导致的项目失败；

◇ 实施过程中的咨询服务：服务管理流程的实施过程会越到很多具体问题，这是管理类项目非常显著的特点。一套完美的咨询规划很可能在实施过程中处处碰壁，因此在实施过程中，咨询服务商必须继续投入充足的力量来协助建设单位进行实施。

◇ 运行阶段的改进意见收集：项目建设完成后，在运行阶段会有很多相关的流程管理数据生成，对这些数据进行分析是判断流程应用效果的一个重要依据。其次，对流程负责人、流程服务的客户进行访谈，收集相关的改进意见也是一个非常重要后续工作。

◇ 阶段性评估和新的改进规划：咨询服务商应该每半年或一年进行一次阶段性评估，对这一阶段收集的问题进行整理、分析，并与建设单位进行集中研讨形成下一个阶段的改进规划。建立一个持续改进服务管理流程的机制非常重要。

服务管理流程的建设绝不是购买一两套软件、通过一个项目就可以解决问题的，其进展情况要取决于信息中心主管领导的思想意识的进步，要取决于信息中心组织管理模式、人员聘用机制的改革，要取决于单位技术工作、管理工作等各方面综合能力的提升。只有通过与咨询、服务商的密切合作，建立长期共赢的合作关系，才能保证 IT 服务管理系统的建设向着正确的方向前进。

通过以上内容对本文给出了 IT 服务管理在国内政府行业建设的三条建议：以了解基础管理信息为基础、以 IT 基础架构管理为重点、以服务管理实现持续改进分别加以的详细的论述。这些建议也是中科金财近年来帮助客户特别是政府行业客户开展 IT 服务管理系统建设经验积累所得，希望能够对一些准备建设 IT 服务管理系统的信息化部门主管和工作人员有所帮助。

关于我们

北京中科金财科技股份有限公司是专门从事数据分析软件及业务系统软件的咨询、开发、系统集成、运营、运维管理外包等全面解决方案的 IT 综合服务提供商，在发改委、财政行业、公安部、南水北调、水利部、工商总局、质检总局、外汇管理局、气象局、民航总局、银监会、地铁等政府公众事业部门，华夏银行、中国银行、银行间协会等金融领域迅猛发展。公司一直专注于 IT 运维综合服务业务，并倡导提高客户 IT 运维管理水平，以咨询与外包服务为核心的综合服务模式。

公司发表了国内独创的 IT 服务管理框架模型、IT 服务管理实施方法论、IT 服务管理成熟度模型，公司不仅可以为客户提供先进的工具和软件，我们还可以为客户提供专业的咨询服务、丰富的培训服务、科学的进行流程实施，以及管理外包、巡检外包、值班外包、MA 等外包服务。可以帮助用户从人员、流程、技术等方面建设一套完整的、科学的 IT 运维管理体系，通过系统的方法和全面的服务为客户 IT 服务管理水平的提升做出我们的贡献。

公司获得了系统集成一级资质、ISO20000 服务资质，代表了公司集成、服务的水平及能力达到了国内一流水平，保障了客户集成及服务项目的顺利实施。

青海省政府电子政务系统容灾备份实时数据库安全保障

北京和力记易科技有限公司

一、概述

政府行业的存储系统支持着重要的行业和政策法规应用，系统中断将影响政府部门的信息发布和接受能力，导致办事效率低下和损害政府在公众心目中的形象。如果没有容灾备份系统，任何一个环节发生故障和灾难，都会导致业务无法正常进行，造成重要数据的丢失和破坏，相关的业务系统也会受到影响，给国家带来损失，给广大用户带来不便，严重时更会带来重大的社会影响和政治影响。

目前不少部门和地方的电子政务容灾备份系统建设规划已经基本制定完毕，建设电子政务容灾备份系统，确保每份网上公共数据都可以得到拷贝备份，安全储存。建设多个互为备份的容灾备份点，为电子政务内网、外网所连接的信息系统提供安全可靠、互为备份的基础设置。电子政务容灾备份系统一般由主数据中心和备份中心组成。备份数据中心与主中心通过光纤或电信网相连接。主中心可以是单机系统也可以是多机高可用系统。主、备中心距离少于 43 公里时，主中心存储磁盘阵列可以通过光纤直接与备份中心的磁盘阵列连接。距离较远时，可租用电信的 E1/E3 信道。

当灾难情况发生，可以立即在备份中心的备份服务器上重新启动主中心应用系统，依靠实时备份数据恢复主中心业务。当主数据中心系统恢复后，备份中心存储系统的更新数据可以在应用运行不停机的情况下，一次性将数据重新拷贝回主中心继续使用。

二、青海省政府电子政务系统需建设目标:

青海省政府在电子政务信息化平台建设中充分考虑到数据安全对整个信息系统的关键性影响，在本地化实现高可用新系统同应用的同时，提出异地实时容灾备份的需求，希望可以实现 RPO 趋近于 0 的异地数据容灾备份。针对远程异地实时备份向青海省电信提出如下需求：

1. 在西宁市保障系统在工作运行中不出现意外宕机的高可用状态;

2. 提供超过百公里以上的异地实时容灾备份系统;

3. 在系统出现逻辑错误，被病毒、黑客攻击后，可以通过容灾备份系统，将数据恢复到最近破坏点，RPO 趋近于 0，最小化数据破坏，同时保障备份数据完整性。

三、UPM 实时容灾备份系统解决方案及实现功能:

UPM 实时容灾备份系统案是经过中国电信研究院测试，电信级容灾备份软件，操作简单、维护方便，完全满足青海省政府电子政务平台容灾备份需求。在该项目中：

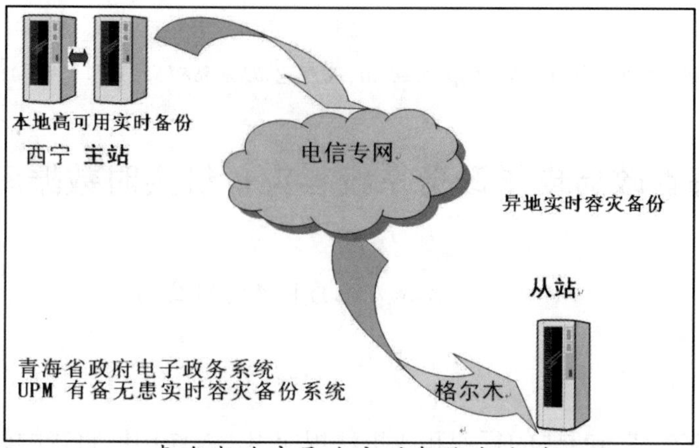

青海省政府异地实时备份容灾系统

1．在西宁电信机房通过 UPM 实时容灾备份系统实现局域网内实时备份系统，当主服务器宕机，备份服务器可以自动启动接管主服务器的工作，同时完整的备份数据启用，通过实时、接管、回退等功能实现系统高可用状态，保障业务连续运行，成功避免传统双机热备，系统存在单点故障，实现 RTP 趋近于 0 的应用。同时当本地服务器中数据出现逻辑故障时，通过备份服务器的数据回退功能，将被破坏的数据恢复到任意时间点和操作步骤，使 RPO=0，在最大程度降低信息化应用对数据的破坏；

2. 基于以上部署，青海省电信通过 UPM 实时容灾备份系统，在 800 公里以外的格尔木建设容灾备份中心，将西宁市的数据实时被分到格尔木，可实现当西宁市的机房出现故障，或者西宁市发生自然灾害等意外情况下，在 800 公里以外的格尔木还保存着 RPO=0 的完整的备份数据，最大化保障政府信息化数据应用的完整性和安全性。

基于 UPM 实时容灾备份系统的应用，中国电信将计划在西藏建设数据容灾中心，将包括青海省政府在内的重要数据进行远程异地实施容灾备份。

四、总结：

本方案在设计过程中，包含 UPM 实时容灾备份系统应用中的：实时、异地、回退、接管等功能，实现了局域网内实时容灾备份的应用，远程异地实时备份的应用，同时基于 UPM 实时容灾备份系统接管功能的应用，不但实现了信息化应用的高可用要求，同时有效地解决了传统双机所产生的单点故障问题，更规避了由于单点故障派生出来多机多柜带来的巨额的应用成本。

UPM 实时容灾备份系统实时备份、实时回退功能的应用，最大化解决了应用系统由于病毒、黑客、人为误操作造成的逻辑损坏，任意时间点和操作步骤的回退，完全实现了 CDP 技术中 RPO=0 的设想，同时标志国际领先的备份技术，规避了多版本备份产生的大量重复数据，降低了用户为删除重复数据而产生的商业成本、大量磁盘碎片所产生的维护成本以及系统应用成本。

目前 UPM 实时容灾备份系统已经成功应用于政府、医疗、教育、商超、电力、金融、军队等行业。

该系统的应用标志中国产容灾备份软件，已经毋庸置疑的跨入世界软件的高端应用领域，以国际领先的容灾备份技术为国内信息化用用的关键价值——数据提供全方位的容灾保护，其所具有的先进性、可扩充性、安全性、可靠性、实用性、经济性，为国内信息化工作者提供切实有效地应用保护，最大化降低信息化应用的风险，为广大信息工作者提供了重新审视系统应用、信息化构建解决方案的机遇。

专业化方案致力我国开发区信息化建设

北京有生博大软件技术有限公司

北京有生博大软件技术有限公司一直关注我国开发区的信息化建设，成功的实施了苏州工业园区、深圳光明新区、宁波高新区、南通市经济技术开发区、上海市金桥经济开发区、北京市经济技术开发区、湛江市经济技术开发区、山东省青岛市经济技术开发区等地的电子政务系统建设，并得到了很好的应用。

有生博大公司是一个专业的电子政务软件开发商，拥有超过10年的信息化工程项目咨询、开发、实施和服务经验。公司以珠三角、长三角和北京地区为核心，在全国各地有近1000家用户案例，拥有与开发区情况类似的近80家区县政府用户。在国家各级党政机关、发改委、统计、财政、等政府行业拥有成熟的行业解决方案。

随着业务的增长，有生公司在全国各地大力发展渠道和合作伙伴。目前，公司已经拥有北京有生博大软件技术有限公司、北京宣武分公司、北京有生博大软件技术有限公司深圳分公司、苏州分公司（有生软件基地）、北京上勤软联软件服务有限公司等分支机构，在全国发展了40家产品代理合作伙伴、30家区域项目合作伙伴，建立了覆盖全国的有生软件营销服务联盟体系，实现了有生软件产品研发、市场和营销服务的专业化分工、规模化发展。

在开发区实施的项目主要包括三大类：行政审批系统、协同办公系统、数据中心系统，并积累了成熟的行业解决方案。

一、行政审批系统解决方案

1．概述

构建阳光政府的主要目标，是构建起技术先进、行为规范、程序严密、运行公开、结果公正、监督有力的行政权力网上运行机制，实现行政权力网上运行、政府信息网上公开、行政活动网上可视、权力行使网上监控。实现行政审批项目在网上申请和查询结果，依法公开的政务信息在网上公开，政府行政许可和非行政许可审批项目电子监察全覆盖。

2．主要功能

（1）审批业务管理系统

1）审批事项管理：

主要有以下模块：委办局信息、服务窗口、审批事项、申请材料、政策依据、大小事项管理。

2）业务流程管理

主要有以下模块：流程图管理、表单设置、关联设置、文件箱、用户组管理、任务管理、工作日历。

3）处罚库管理

主要有以下模块：法律法规库、裁量信息维护。

（2）行政服务外网

行政服务外网分为公众服务和网上在线办理两部分内容，用户可以通过公众服务进行相关业务信息的浏览，查看办事指南，下载相关填写表单和申报材料以及对办理过程进行查看。通过在线办理可以进行网上预约、注册和在线填报。

（3）监督监察系统

1）监察统计设置

主要有以下模块：办结率统计、办理质量统计、部门打分统计、部门得分统计。

2）监察系统

主要有以下模块：预警纠错、督察通知、流程监控、重大项目监察、重点领域监察。

（4）数据报送系统

主要有以下模块：外网数据库、内网数据库、外网数据导入导出、内网数据导入导出、导入导出工具。

3. 总体架构

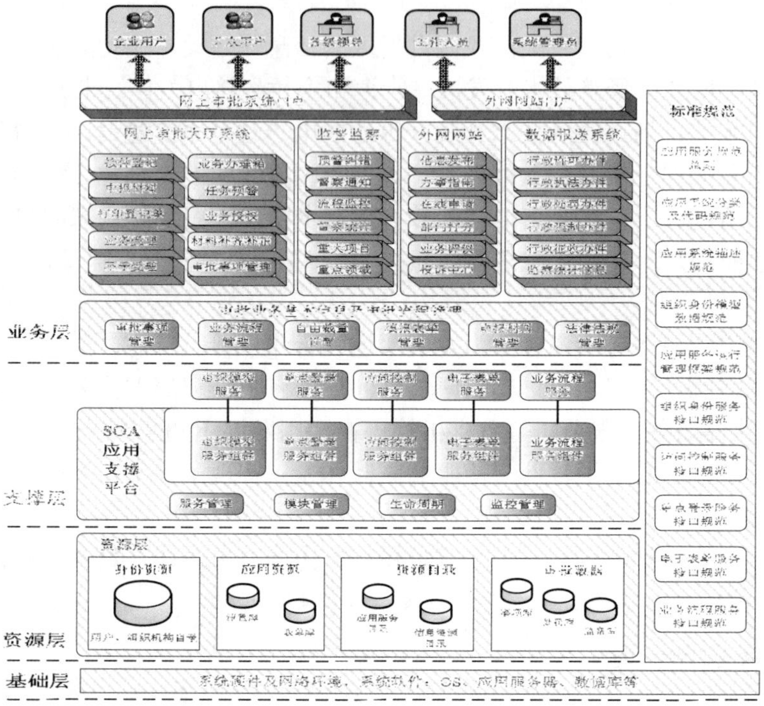

4. 系统特点

◆ 符合电子政务应用服务标准

◆ 以SOA构架思想为指导

◆ 基于SOA应用服务支撑平台构建

◆ 采用辅助OA系统（工作流）进行内部审批

◆ 表单系统工具，快速构建表单

◆ 梳理政府资源，建立政务资源数据库

◆ 支持多级联合审批、并联审批

◆ 强大的业务适应性

◆ 可整合第三方审批业务系统

二、协同办公系统解决方案

1. 概述

本系统建设将集中、统一规划和整合政府现有网络中的业务数据、信息资源及信息服务，使内部办公管理系统成为一体化、信息资源充分共享的办公平台；规范现有业务流程，实现资源共享，提高办事效率，为领导决策提供科学化平台。建成的政府办公系统可与上级单位相关业务系统进行无缝连接，支持与上级单位系统间的文件传输、任务下达等功能，并支持政府文件或审批报告向上级单位系统的信息报送功能。

2. 总体架构

系统采用主流的J2EE平台，保证跨平台部署运行，维持较好的稳定性、高可靠性和扩展性。采用SOA架构。采用目录服务技术，将网络中的资源和用户信息按有次序的结构进行组织并提供搜索功能和权限管理功能的服务机制。采用基于开放标准的应用支撑平台构建。以市级委办局应用为例，总体架构如下图：

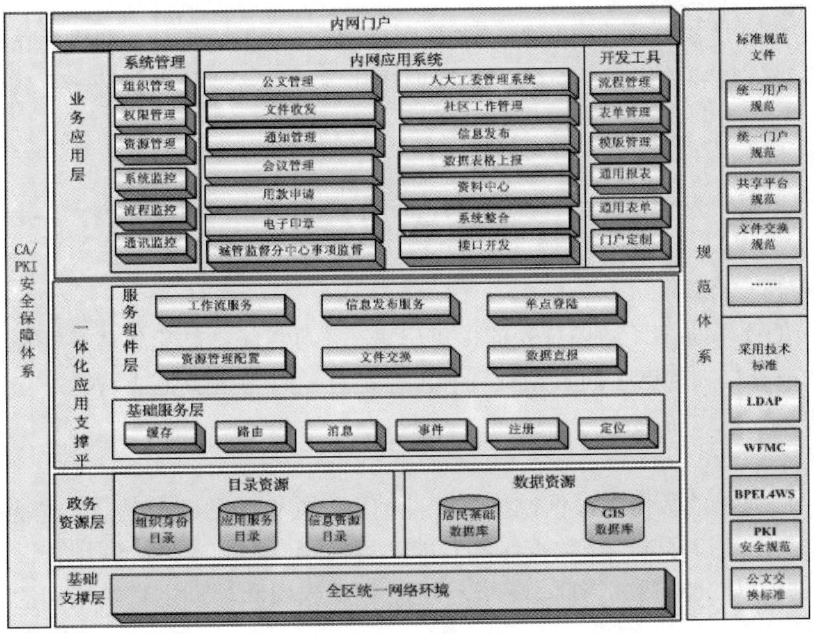

3. 系统特点

（1）基于统一的应用服务支撑平台构建协同办公系统。应用支撑平台提供规范的服务和接口，为各部门业务系统的接入和整合提供开放的基础服务。

（2）构建统一的综合办公门户。各部门业务系统利用应用支撑平台的服务实现单点登录和访问控制，实现统一入口，为多系统协同工作、来回切换提供便利。

（3）构建统一的待办事宜。将各部门业务系统和协同办公系统需要处理的事务统一整合在综合办公平台的待办事宜中，使办公人员对所有需要待办的事情一目了然。

（4）统一展现重要信息。基于应用服务支撑平台的共享交换服务，将各部门业务系统和协同办公系统的重要信息统一整合展现在综合办公门户中，各级用户通过门户直接阅读相关信息。

（5）灵活多样的部署方式。可以实现集中式或分布式部署，构建各级部门OA群。

三、数据中心解决方案

1. 概述

通过对政府各类数据资源的改造整合，建立经济数据中心，为政府及时、准确、全面地掌握各项经济数据运行态势提供信息服务，从而提高政府的科学决策能力，增强政府调控经济、驾驭市场变化、应对经济突发事件、总揽经济全局的能力。

2. 主要功能

（一）数据导入平台

包括外部数据源管理、数据映射规则管理、数据加载、数据加载日志管理等功能，支持多种数据格式（Excel、TXT等）的导入、导出服务，可自由定义原始数据源，并能对原始数据表信息进行维护。

（二）元数据管理平台

统一元数据管理平台是指标管理体系的基础，包括指标类型管理、指标管理、目录管理、报告期管理、计量单位管理等功能。

（三）用户权限管理平台

实现对用户身份统一管理；支持对部门组织结构管理；实现各类应用资源的管理；具备丰富的、多角度的授权管理功能；提供统一访问控制；具备基本的管理服务功能；支持资源整合功能，满足系统的不断扩展需要；提供开放的接口，具有良好扩展性。

（四）经济运行与社会发展数据库

简称经济数据中心库，是各类数据资源的存储中心，为经济数据的管理提供统一的管理中心，通过各类业务应用的调用为各级领导和单位提供对经济运行形势和各种经济现象进行分析、判断、综合会诊的依据和数据。

（五）综合查询系统

包括目录结构查询、原始表新表数据查询、要素查询、关联查询、模糊查询、自定义查询、查询方式定义等功能。

（六）统计分析系统

能够按照工作人员的要求将统计结果直观的提供出来，并可将统计结果生成各类图形。可以根据工作人员的要求快速、灵活地进行大数据量的查询处理和汇总统计。具备报表生成功能；支持各类统计图形的生成；提供汇总数据的综合分析功能。

（七）数据预测系统

能够从经济数据中心海量的数据中根据挖掘条件挖掘出潜在价值的数据信息，支持相关分析应用，如回归分析等。支持对主要预测指标的经济数据预测功能，可按年、季度、月份进行查询、分析、预测。提供对国民经济、财政税收、社会消费、招商引资、产业发展、人口和计划生育等指标的预测功能。

（八）数据中心门户

能够展现主要数据信息。具备查询检索功能，能够对主要经济数据信息进行查询检索。提供对门户信息的访问控制，可根据需要对门户信息的浏览权限进行设定。支持与单点登录平台的接口联通。

3．总体架构

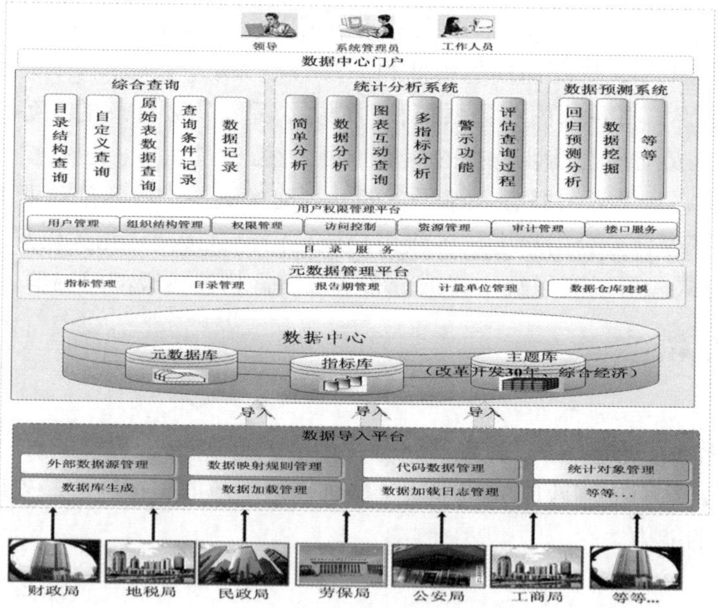

4．方案特点

◇ 采用指标化思想：通过将业务数据进行指标化，将数据分解为一个个相对独立又能够统一的指标对象（类似原子化）， 通过对指标对象的各种组合，组成各种自定义的报表和图表，从而提供面向指标的应用。

◇ 灵活的输出格式：支持多种数据格式（Excel、TXT等）的导入、导出服务，可以所见即所得。

◇ 查询汇总灵活方便：提供强大的各种方式的查询汇总。

◇ 模型化工具和引擎机制：提供了一套简单的模型开发工具和专业的ETL工具对异构数据进行整合。

◇ 海量数据存储和复杂的分析模型：由于使用ROLAP技术，整合平台的模型可以支持海量数据和多维度分析。

◇ 提供多种方式的数据接口。

图形化园区管理一体化信息平台

淄博鸿铭网络科技有限公司

◇ 公司简介 ◇

淄博鸿铭网络科技有限公司成立于2006年,是一家专业从事房地产信息化的软件企业,至今客户已遍布全国十几个省市.公司凭借多年软件开发的经验和在对高新创业园企业管理模式深刻理解基础上,成功研发出高新创业园图形化管理系统,并受到客户的好评。

一、概述

鸿铭在标准图形化高新创业园管理平台上基础上同时为客户提供个性化的二次开发及相关配套服务。让高新产业园管理者真正拥有体现自身管理特点的信息管理平台。

二、鸿铭软件特点和优势

图形化：软件采用图形化设计模式，让管理者对所管辖园区一目了然，有看图识字功能。
智能化：对合同到期、收费到期、欠费单元进行图文并茂的报警提示。
管理便捷性:可以从图形上很快捷的找到管理园区企业的各种经营信息。
灵活化：管理者可以自定义任何收费项目，每个单元可以设置不同的收费项目和标准。
优质化：本软件提供优质的服务，并且免费升级。
决策化：系统专门根据决策层的需求提供各种统计数据和图表，企业领导可以随时查阅最新的企业信息及统计资料。

三、鸿铭软件通用管理模块

基本设置：统初始化、参数设置、单位名称设置。
房源管理：管理区域设置　房源设置　房间颜色设置。
企业信息：企业日志管理、企业信息综合查询　。
房屋租赁：房屋租赁合同、租赁合同查询、生成物业收费报表、费用收取等。
帐务管理：各项费用录入、帐务费用查询、帐务管理费用分析、固定资产查询。
报表查询：收款凭证　费用查询　收款统计表/日报表　费用汇总表　帐务管理费用分析。

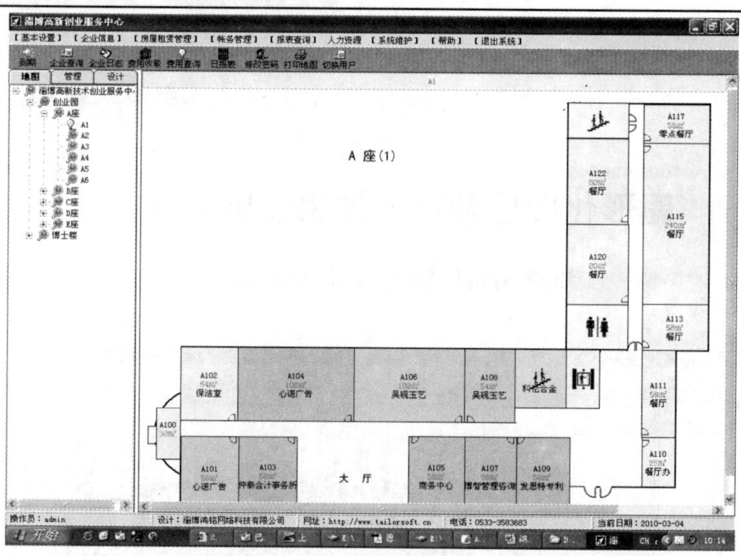

●以图形模式显示各个园区及各层楼企业的分布情况并且以不同的颜色显示空房间、孵化企业及办公类型。

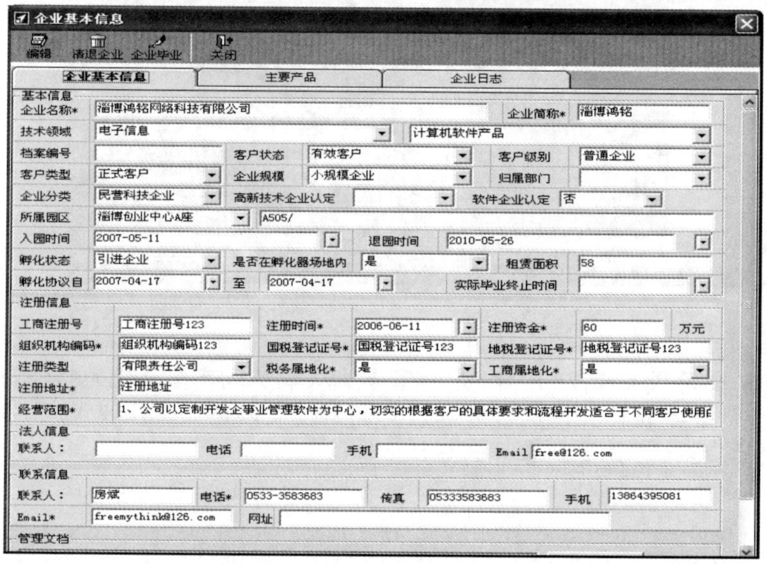

●点击图形上的房间就可以便捷的看到企业的基本信息、主要产品、企业日志等信息。

四、经典案例

淄博高科技创业园是淄博高新区管委会投资建设的创业中心的重要孵化基地，园区占地 5.04 公顷，建筑面积 8.7 万平方米，座落于高新区黄金地段，毗邻火炬大厦，面向火炬公园，环境优美，位置优越，规划起点高，建设档次高，布局合理，是一处创业者理想的科研生产场所，园区建有 A、B、C、D、E 五个楼座（五个功能区），同时配套建设了公共餐厅、多媒体报告厅、会议室、接待室、洽谈室、健身室、地上地下停车场等公共服务设施，能满足各类科技项目和企业科研、生产的需要。

五、鸿铭软件宗旨

鸿铭旨在与用户建立长期的双赢合作伙伴关系，为用户提供服务范围涉及整个系统实施流程：方案咨询及产品试用、针对性的客户化工作、用户人员的培训、系统实施应用和长期的技术支持。

◇ 联系方式 ◇

公司地址：山东省淄博市张店区柳泉路 296 号尚都国际 1313 室　　邮政编码：255086

咨询电话：0533-3583683　　传真号码：0533-6200496

业务信箱：freemythink@126.com　　公司网址：http://www.tailorsoft.cn

CR Changrong Century Digital Technology CO.,LTD 长融世纪数码科技有限公司

长融产业园区信息化管理解决方案

北京长融世纪数码科技有限公司

一、公司简介

北京长融世纪数码科技有限公司，是北京市高新技术企业，主要致力于房地产（物业管理）行业管理软件的开发，提供优秀、高端的业务基础平台，提供全面信息化管理解决方案。

长融，是技术领先的软件厂商，公司积累了多年研发的经验。基于对物业管理行业发展趋势的深刻理解，结合公司物业管理先进理念，长融世纪数码科技有限公司采用目前成熟而且领先的 .Net 3.5 开发技术,研发了真正基于 Internet 连接、适用于多组织分布式应用的 CPMS 物业管理系统。CPMS 物业管理系统是根据“集中管理、分权运作”的管理模式，以物业管理、客户服务业务为核心，集中集团总部、分公司及各地管理处于统一工作平台，实现资源共享、协同工作。通过加强集团总部对下属机构的监督，为企业的经营管理者和决策者提供实时、准确的信息依据，增强企业核心竞争力。作为软件供应商，我们首先提供一个真正意义上的软件平台，它具有极好的扩充性和良好的异构系统兼容性，能最大限度的满足多种信息系统集成的需要，促进企业的可持续发展。

二、长融产业园区信息化开发平台

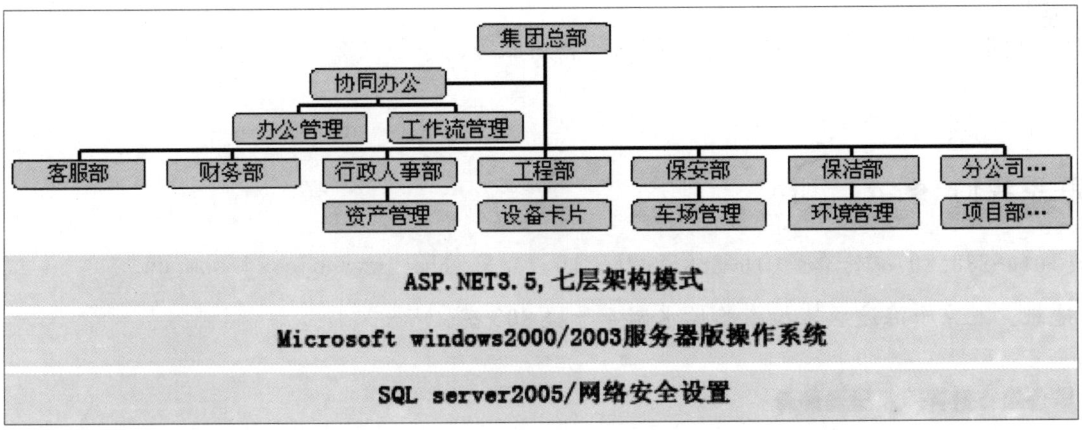

1. 面向以下专业客户

◇ 产业园区 ◇办公楼宇 ◇酒店式公寓 ◇住宅小区 ◇商业中心 ◇公众物业

2. 功能特征

◇ 集团公司对各分管处的直接监管；

◇ 各分管处对各自物业管理功能的信息化实现；

◇ 集团公司内部的信息化管理。

三、长融的竞争优势

1. 开放式 B/S 软件结构体系，融合少部分 C/S 结构使用起来更加方便，采用统一的后台数据库平台，保证数据安全且易于维护；

2. 个性化、模块化设计、客户管理为中心、分步式实施，使用户使用起来更加自然、迅捷；

3. 系统规划全面，利于系统扩展；

4. 优秀团队：公司培养了一批高素质管理及技术开发人员；

5. 客户至上，服务至上。

四、服务与支持

长融公司是一家专业从事软件开发、实施、推广的高技术公司，专著于为客户提供适用的更加个性化的软件系统，并以服务推动自身和客户的双赢。长融物业软件是公司自主开发系列软件产品的统称，长融物业软件以帮助中国企业顺利实现信息化为主要目标。

五、实施培训

培训包括分用户的定向培训。

1. 系统管理员培训

在系统开发实施过程中进行现场操作、指导，以达到和系统实施同步的目的；掌握系统有关的初始化、权限设置、数据维护等功能,及一般故障诊断、定位和排除的技能；熟练使用系统相关的开发工具以便修改扩充；熟练查阅各种技术文件及维护手册的能力；了解软件的体系结构和工作原理；了解软件的安装、测试及维护方法；

2. 针对一般业务操作员培训并提供全面的售前售后服务。

◆ 联系我们 ◆

电话：010-88858076 传真：010-88858076-810 公司网址：www.bjcrsj.com.cn

公司地址：北京市海淀区万柳东路怡水园 4 号楼 803 室。

SKYLAND

尊蓝中间件业务平台助力园区运营行业信息化

上海尊蓝信息技术有限公司

上海尊蓝信息技术有限公司从成立至今，秉承以客户需求为中心、客户业务为导向、与客户共同成长的宗旨，凭借精湛技术、专业的精神，在推进企业信息化进程中，积累了大量的成功客户以及项目经验。

在激烈的市场竞争中，尊蓝公司以独特的视角，把握重点行业，提供房地产行业、商业地产运营、物业管理、大型市政工程、企业 MIS、软件外包、网络安全等领域内的专业的信息化解决方案，经过多年的积累，尊蓝的行业方案在全国范围内已经处于领先水平；尊蓝公司可以为客户提供完整的行业企业信息化项目规划、专业软件项目定制开发、已有项目的二次开发、企业信息安全咨询、企业信息化系统集成、大型企业内部网搭建工程、互联网远程通讯建设等全方位的专业服务。

一、园区信息化管理需求概述

（一）中国园区发展现状及信息化的目标

● 发展现状

随着中国经济建设高速发展，各个省市都在大力建设园区，园区之间竞争日益加剧，特别随着全球经济增长减缓，园区面临着“同质”化所带来的恶性竞争、全球经济危机的双重考验。因此在当今特定形势下，这对园区的经营和管理者，带来更高的挑战和命题。例如：

1．如何把园区建设从单一的招商功能过渡到丰富的产业孵化和培育功能；

2．如何把园区建设从管理角色过渡到服务角色；

3．如何实现园区建设科学化、规范化管理；

4．如何从赢利模式上创新、管理手段上创新来提升园区的赢利能力；

5．如何提升园区的软实力，打造园区平台，提升企业知名度。

● 信息化目标

鉴于园区管理上的特点，信息管理平台应满足企业各个职能部门：

1．日常业务管理（办公 OA、地产资源管理、入驻企业资料管理、知识管理、财务管理、合同管理、工程设备、物资仓库、电信资源、人力资源）；

2．商业经营管理（招商租赁、产品培育、产业扶植、政策导向）；

3．客户服务（客服中心、呼叫中心、企业门户，网上便捷办事、委托服务）这三个方面的主要需求，通过信息化系统帮助企业打造园区品牌，塑造企业品牌，提升园区的软实力。

◇ 对内：实现业务管理（包含物业服务管理需求及不动产经营需求）和行政办公管理的规范化管理、流程化管理，让大家都能按照公司既定的业务方向、业务流程去有效的工作，从而实现园区下属岗位的相互督促、相互提醒、相互制约，同时，提高行政办公效率、提高业务数据核算的准确性、快速形成决策层、管理层所需要的关键业务数据，辅助领导决策。

◇ 对外：提高客户服务的水平，利用信息信息技术更好的服务于入住的商家、用户。给他们提供更好的商业经营环境，从而提升项目的软实力，打造品牌效应。

在深入分析企业实际需求，通过尊蓝软件多年来在行业内信息化建设经验，结合当今房地产市场经济的特点以，尊蓝软件将为园区打造一套完全覆盖物业后勤服务管理、不动产商业经营管理、赢利模式上创新、管理手段上创新，真正适合园区的信息化系统。

通过信息化系统，实现集中式统一管理，增强企业的执行力：标准化、制度化。为企业打造出同行业领先的管理模式。

（二）园区信息化使命

根据管理信息系统的发展趋势，结合现代化园区的物业管理特点，通过软件的实施，规范园区的物业管理，最大限度地满足园区内客户办公人员和物业公司的利益。系统融合先进的物业经营管理理念，实现物管公司各部门之间的网络化办公和高效协作。系统应以高效、便捷的体系来理顺业主或租户、物业管理人员、物业服务人员三者之间的关系。园区实施尊蓝产品后，实现安全、节能、服务三个方面目标：

◇【安全】安全管理智能化

本系统作为园区 IBMS 平台，通过集成将视频监控数字信号直接反映到系统页面，辅助查询与管理，提高安全管理的智能化水平。

◇【节能】能耗管理精细化

通过系统可精细管理园区内各客户的能耗、以及园区公共能耗使用情况，以达到节能的目的。

◇【服务】物业服务标准化

通过本系统来统一园区服务标准，为客户提供高品质物业服务，提升园区管理水平，与其他园区形成差异化竞争，有助于吸引高端客户入住。

二、解决方案概述

（一）技术方面亮点

尊蓝园区信息管理解决方案基于尊蓝长期研发的以及丰富的行业实施经验，形成了系统平台化、业务流程化、功能个性化的三大亮点：

● 系统平台化

尊蓝信息系统内的各个模块功能的实现主要基于尊蓝自主知识产权的 BizLogic 二次开发平台，实现了业务系统的平台化，可配置化。

● 业务流程化

尊蓝的园区信息化管理平台平台解决方案彻底改变了传统业务软件的数据存储、单据录入的单一应用模式，尊蓝系统通过预定义好的公司标准流程，可便捷的实现各部门间信息、工作任务流转，达到协同办公的目的，并使业务数据具备可催办、可追溯性。

统设计方面充分考虑了各个部门的业务独立性与关联性，业务部门可在系统中及时准确的处理本部门的业务，同时通过数据共享与工作单流转，还可以及时的处理跨部门的、需要多部门协作的业务，达到了部门业务独立、业务数据共享、任务跨部门流转的效果，使物业管理信息系统在实际应用中可以最大限度的促进业务开展。

● 功能个性化

通过项目的实施，尊蓝系统可根据客户的个性化要求进行部署与配置，使系统完全符合客户的个性化要求，在该平台上，客户可以任意增加、修改字段以及模块功能、流程节点，而不需要进行二次开发，大大缩短项目实施周期以及节省项目成本。

（二）业务方面亮点

在本方案中使用了由尊蓝自主开发、具有自主知识产权的各类用于完善系统功能的中间件产品，使系统的使用更加方便快捷，尊蓝公司长期专注于商业不动产管理行业，以雄厚的的技术、不断进取的精神、以客户为中心的工作态度以及专业的服务，为国内多家一级资质的集团型物业公司实施物业管理信息系统，得到了客户的高度认可。

当前，尊蓝逐渐成为本行业信息化最优秀的解决方案提供商，尊蓝将这些高端用户管理理念融产品当中，对于尊蓝的客户业务将起到大幅的提升作用，客户将不仅得到了产品和服务，更重要的是得到了更加先进的管理思想。

三、尊蓝园区整体解决方案

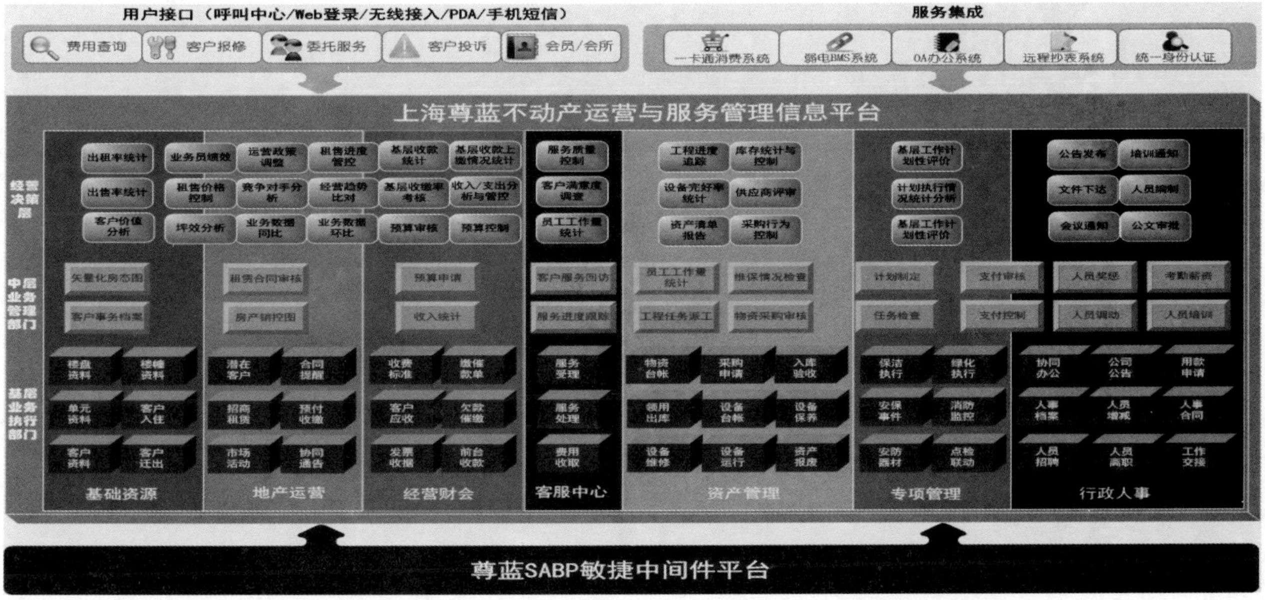

联系尊蓝

咨询热线：400-820-1940

公司网址：http://www.skyland.net.cn

（二）业务方面需求

附 录

国家级经济技术开发区

1	大连经济技术开发区	29	南沙经济技术开发区
2	秦皇岛经济技术开发区	30	大亚湾经济技术开发区
3	烟台经济技术开发区	31	乌鲁木齐经济技术开发区
4	青岛经济技术开发区	32	北京经济技术开发区
5	宁波经济技术开发区	33	合肥经济技术开发区
6	湛江经济技术开发区	34	郑州经济技术开发区
7	天津经济技术开发区	35	成都经济技术开发区
8	连云港经济技术开发区	36	长沙经济技术开发区
9	南通经济技术开发区	37	西安经济技术开发区
10	广州经济技术开发区	38	昆明经济技术开发区
11	福州经济技术开发区	39	贵阳经济技术开发区
12	上海闵行经济技术开发区	40	石河子经济技术开发区
13	虹桥经济技术开发区	41	南昌经济技术开发区
14	上海漕河泾新兴技术开发区	42	西宁经济技术开发区
15	温州经济技术开发区	43	呼和浩特经济技术开发区
16	昆山经济技术开发区	44	南宁经济技术开发区
17	营口经济技术开发区	45	太原经济技术开发区
18	威海经济技术开发区	46	银川经济技术开发区
19	福清融桥经济技术开发区	47	拉萨经济技术开发区
20	东山经济技术开发区	48	兰州经济技术开发区
21	沈阳经济技术开发区	49	南京经济技术开发区
22	杭州经济技术开发区	50	厦门海沧台商投资区
23	武汉经济技术开发区	51	上海金桥出口加工区
24	芜湖经济技术开发区	52	海南洋浦经济开发区
25	长春经济技术开发区	53	宁波大榭开发区
26	哈尔滨经济技术开发区	54	苏州工业园区
27	重庆经济技术开发区	55	廊坊经济技术开发区
28	萧山经济技术开发区	56	扬州经济技术开发区

※ 注：名单排名不分先后

国家级高新技术产业开发区

1	中关村科技园区	29	无锡高新技术产业开发区
2	武汉东湖新技术产业开发区	30	常州高新技术产业开发区
3	南京高新技术产业开发区	31	佛山高新技术产业开发区
4	沈阳高新技术产业开发区	32	惠州高新技术产业开发区
5	天津滨海高新技术产业开发区	33	珠海高新技术产业开发区
6	西安高新技术产业开发区	34	青岛高新技术产业开发区
7	成都高新技术产业开发区	35	潍坊高新技术产业开发区
8	威海火炬高技术产业开发区	36	淄博高新技术产业开发区
9	中山火炬高技术产业开发区	37	昆明高新技术产业开发区
10	长春高新技术产业开发区	38	贵阳高新技术产业开发区
11	哈尔滨高新技术产业开发区	39	南昌高新技术产业开发区
12	长沙高新技术产业开发区	40	太原高新技术产业开发区
13	福州高新技术产业开发区	41	南宁高新技术产业开发区
14	广州高新技术产业开发区	42	乌鲁木齐高新技术产业开发区
15	合肥高新技术产业开发区	43	包头稀土高新技术产业开发区
16	重庆高新技术产业开发区	44	襄樊高新技术产业开发区
17	杭州高新技术产业开发区	45	株洲高新技术产业开发区
18	桂林高新技术产业开发区	46	洛阳高新技术产业开发区
19	郑州高新技术产业开发区	47	大庆高新技术产业开发区
20	兰州高新技术产业开发区	48	宝鸡高新技术产业开发区
21	石家庄高新技术产业开发区	49	吉林高新技术开发区
22	济南高新技术产业开发区	50	绵阳高新技术产业开发区
23	上海市张江高科技园区	51	保定高新技术产业开发区
24	大连高新技术产业开发区	52	鞍山高新技术产业开发区
25	深圳高新技术产业开发区	53	杨凌农业高新技术产业示范区
26	厦门火炬高技术产业开发区	54	宁波高新技术产业开发区
27	海口高新技术产业开发区	55	湘潭高新技术产业园区
28	苏州高新技术产业开发区	56	泰州医药高新技术产业开发区

※ 注：名单排名不分先后

国家级出口加工区

1	大连出口加工区	31	漕河泾出口加工区
2	天津出口加工区	32	闵行出口加工区
3	天竺出口加工区	33	南京出口加工区
4	烟台出口加工区	34	镇江出口加工区
5	威海出口加工区	35	连云港出口加工区
6	昆山出口加工区	36	苏州高新区出口加工区
7	苏州工业园区出口加工区	37	济南出口加工区
8	松江出口加工区	38	青岛出口加工区
9	杭州出口加工区	39	沈阳出口加工区
10	厦门出口加工区	40	嘉兴出口加工区
11	广州出口加工区	41	北海出口加工区
12	武汉出口加工区	42	乌鲁木齐出口加工区
13	成都出口加工区	43	常州出口加工区
14	深圳出口加工区	44	吴中出口加工区
15	珲春出口加工区	45	吴江出口加工区
16	嘉定出口加工区	46	扬州出口加工区
17	南沙出口加工区	47	常熟出口加工区
18	惠州出口加工区	48	绵阳出口加工区
19	昆明出口加工区	49	沈阳（张士）出口加工区
20	金桥出口加工区	50	九江出口加工区
21	重庆出口加工区	51	廊坊出口加工区
22	郑州出口加工区	52	郴州出口加工区
23	宁波出口加工区	53	慈溪出口加工区
24	芜湖出口加工区	54	福州出口加工区
25	无锡出口加工区	55	福清出口加工区
26	秦皇岛出口加工区	56	泉州出口加工区
27	南通出口加工区	57	潍坊出口加工区
28	西安出口加工区	58	淮安出口加工区
29	呼和浩特出口加工区	59	赣州出口加工区
30	青浦出口加工区	60	南昌出口加工区

※ 注：名单排名不分先后

国家级保税区

1	汕头保税区	8	宁波保税区
2	厦门象屿保税区	9	福州保税区
3	海口保税区	10	广州保税区
4	大连保税区	11	珠海保税区
5	青岛保税区	12	天津港保税区
6	张家港保税区	13	深圳保税区
7	上海外高桥保税区		

※ 注：名单排名不分先后

国家级边境经济合作区

1	黑河边境经济合作区	8	凭祥边境经济合作区
2	珲春边境经济合作区	9	东兴边境经济合作区
3	满洲里边境经济合作区	10	瑞丽边境经济合作区
4	丹东边境经济合作区	11	畹町边境经济合作区
5	伊宁边境经济合作区	12	河口边境经济合作区
6	塔城边境经济合作区	13	二连浩特边境经济合作区
7	博乐边境经济合作区	14	绥汾河边境经济合作区

※ 注：名单排名不分先后

其它国家级开发区

1	大连金石滩国家旅游度假区	22	沈阳海峡两岸科技工业园
2	上海佘山国家旅游度假区	23	南京海峡两岸科技工业园
3	无锡太湖国家旅游度假区	24	福州元洪投资区
4	苏州太湖国家旅游度假区	25	珠澳跨境工业区
5	杭州之江国家旅游度假区	26	杏林台商投资区
6	武夷山国家旅游假区	27	福州台商投资区
7	湄州岛国家旅游度假区	28	集美台商投资区
8	青岛石老人国家旅游度假区	29	上海陆家嘴金融贸易区
9	广州南湖国家旅游度假区	30	钦州保税港区
10	北海银滩国家旅游度假区	31	福州市元洪投资区
11	三亚亚龙湾国家旅游度假区	32	上海浦东新区
12	昆明滇池国家旅游度假区	33	天津东疆保税港区
13	天津保税物流园区	34	宁波梅山保税港区
14	张家港保税物流园区	35	大窑湾保税港区
15	宁波保税物流园区	36	洋浦保税港区
16	厦门象屿保税物流园区	37	重庆两路寸滩保税港区
17	青岛保税物流园区	38	厦门海沧保税港区
18	深圳盐田保税物流园区	39	青岛前湾保税港区
19	洋山保税港区	40	深圳前海湾保税港区
20	满洲里中俄互市贸易区	41	广州南沙保税港区
21	东宁-波尔塔夫卡互市贸易区	42	张家港保税港区

※ 注：名单排名不分先后

省级开发区

北京			
1	北京石龙经济开发区	9	北京采育经济开发区
2	北京良乡经济开发区	10	北京大兴经济开发区
3	北京房山工业园区	11	北京兴谷经济开发区
4	北京通州经济开发区	12	北京马坊工业园区
5	北京永乐经济开发区	13	北京雁栖经济开发区
6	北京天竺空港经济开发区	14	北京密云经济开发区
7	北京林河经济开发区	15	北京延庆经济开发区
8	北京昌平小汤山工业园区	16	北京八达岭经济开发区
上海			
1	上海市北工业园区	14	上海嘉定汽车产业园区
2	上海未来岛高新技术产业	15	上海莘庄工业园区
3	上海新杨工业园区	16	上海紫竹高新技术产业园
4	上海宝山工业园区	17	上海青浦工业园区
5	上海月杨工业园区	18	上海西郊工业园区
6	上海崇明工业园区	19	上海松江工业园区
7	上海枫泾工业园区	20	上海松江经济开发区
8	上海朱泾工业园区	21	上海浦东康桥工业园区
9	上海富盛工业园区	22	上海南汇工业园区
10	上海浦东合庆工业园区	23	上海奉贤经济开发区
11	上海浦东空港工业园区	24	上海奉城工业园区
12	上海星火工业园区	25	上海金山工业园区
13	上海嘉定工业园区	26	上海化学工业园区
天津			
1	天津西青经济开发区	14	天津大港经济开发区
2	天津空港工业园区	15	天津大港石化产业园区
3	天津东丽经济开发区	16	天津武清经济开发区
4	天津军粮城工业园区	17	天津大王古经济开发区
5	天津津南经济开发区	18	天津武清福源工业园区
6	天津八里台工业园区	19	天津宝坻经济开发区
7	天津津南鑫达工业园区	20	天津宝坻九园工业园区
8	天津中北工业园区	21	天津宁河经济开发区
9	天津北辰经济开发区	22	天津潘庄工业园区
10	天津双口工业园区	23	天津子牙工业园区
11	天津塘沽海洋石化产业园区	24	天津静海经济开发区
12	天津汉沽化工产业园区	25	天津蓟县经济开发区
13	天津茶淀工业园区		
重庆			
1	重庆建桥工业园区	18	重庆正阳工业园区

2	重庆港城工业园区	19	重庆长寿化工产业园区
3	重庆北部新区工业园区	20	重庆晏家工业园区
4	重庆西永微电子产业园区	21	重庆合川工业园区
5	重庆井口工业园区	22	重庆永川工业园区
6	重庆九龙工业园区	23	重庆江津工业园区
7	重庆西彭工业园区	24	重庆潼南工业园区
8	重庆茶园工业园区	25	重庆铜梁工业园区
9	重庆同兴工业园区	26	重庆大足工业园区
10	重庆万盛工业园区	27	重庆荣昌工业园区
11	重庆双桥工业园区	28	重庆璧山工业园区
12	重庆空港工业园区	29	重庆垫江工业园区
13	重庆花溪工业园区	30	重庆武隆工业园区
14	重庆万州工业园区	31	重庆丰都工业园区
15	重庆渝东经济开发区	32	重庆梁平工业园区
16	重庆李渡工业园区	33	重庆开县工业园区
17	重庆涪陵经济开发区	34	重庆云阳工业园区
内 蒙			
1	呼和浩特鸿盛工业园区	21	内蒙古通辽经济开发区
2	呼和浩特金海工业园区	22	内蒙古霍林郭勒工业园区
3	呼和浩特裕隆工业园区	23	内蒙古赤峰红山经济开发区
4	呼和浩特金桥经济开发区	24	内蒙古赤峰松山经济开发区
5	内蒙古金山经济开发区	25	内蒙古宁城经济开发区
6	内蒙古托克托工业园区	26	内蒙古锡林郭勒经济开发
7	内蒙古和林格尔经济开发	27	内蒙古察哈尔工业园区
8	内蒙古武川经济开发区	28	内蒙古鄂尔多斯东胜经济
9	内蒙古包头铝业产业园区	29	内蒙古达拉特经济开发区
10	内蒙古包头兴胜经济开发区	30	内蒙古鄂尔多斯上海庙经济开发区
11	内蒙古包头九原工业园区	31	内蒙古鄂尔多斯苏里格经济开发区
12	内蒙古包头石拐工业园区	32	内蒙古准格尔经济开发区
13	内蒙古呼伦贝尔经济开发区	33	内蒙古鄂托克经济开发区
14	内蒙古呼伦贝尔伊敏工业	34	内蒙古巴彦淖尔经济开发区
15	内蒙古阿荣旗工业园区	35	内蒙古磴口工业园区
16	内蒙古呼伦贝尔岭东工业	36	内蒙古杭后工业园区
17	内蒙古莫力达瓦工业园区	37	内蒙古乌海经济开发区
18	内蒙古陈巴尔虎旗工业园区	38	内蒙古阿拉善经济开发区
19	内蒙古满洲里工业园区	39	内蒙古林西工业园区
20	内蒙古乌兰浩特经济开发区		
宁 夏			
1	宁夏灵武羊绒产业园区	9	宁夏吴中红寺堡工业园区
2	宁夏宁东化工产业园区	10	宁夏同心羊绒产业园区
3	宁夏贺兰工业园区	11	宁夏盐池工业园区
4	宁夏永宁工业园区	12	宁夏中卫工业园区
5	宁夏石嘴山经济开发区	13	宁夏中宁工业园区

6	宁夏石嘴山工业园区	14	宁夏固原经济开发区
7	宁夏平罗工业园区	15	宁夏固原清水河工业园区
8	宁夏吴忠金积工业园区		
	河 南		
1	河南惠济经济开发区	13	河南濮阳经济开发区
2	河南洛阳经济开发区	14	河南濮阳工业园区
3	河南洛阳工业园区	15	河南开封经济开发区
4	河南三门峡经济开发区	16	河南商丘经济开发区
5	河南焦作经济开发区	17	河南许昌经济开发区
6	河南长垣起重工业园区	18	河南漯河经济开发区
7	河南新乡高新技术产业园区	19	河南南阳高新技术产业园区
8	河南新乡经济开发区	20	河南平顶山高新技术产业园区
9	河南新乡工业园区	21	河南潢川经济开发区
10	河南鹤壁经济开发区	22	河南周口经济开发区
11	河南林州经济开发区	23	河南驻马店经济开发区
12	河南安阳高新技术产业园区		
	山 东		
1	济南经济开发区	79	山东汶上经济开发区
2	济南临港经济开发区	80	山东岱岳工业园区
3	济南槐荫工业园区	81	山东泰安高新技术产业园区
4	济南化工产业园区	82	山东泰山工业园区
5	山东明水经济开发区	83	山东新泰经济开发区
6	山东济北经济开发区	84	山东肥城高新技术产业园区
7	山东平阴工业园区	85	山东宁阳工业园区
8	山东胶南经济开发区	86	山东东平工业园区
9	青岛临港经济开发区	87	山东威海工业园区
10	山东商河经济开发区	88	山东荣成经济开发区
11	青岛环海经济开发区	89	山东荣成工业园区
12	青岛城阳工业园区	90	山东文登经济开发区
13	山东平度经济开发区	91	山东文登工业园区
14	山东即墨经济开发区	92	山东乳山经济开发区
15	山东即墨高新技术产业园区	93	山东日照经济开发区
16	山东莱西经济开发区	94	山东日照高新技术产业园区
17	山东胶州经济开发区	95	山东岚山经济开发区
18	山东淄川经济开发区	96	山东五莲工业园区
19	山东博山经济开发区	97	山东莒县工业园区
20	山东淄博经济开发区	98	山东莱芜经济开发区
21	山东张店经济开发区	99	山东莱芜工业园区
22	山东周村经济开发区	100	山东莱芜钢城经济开发区
23	山东临淄经济开发区	101	山东临沂经济开发区
24	山东齐鲁化学工业园区	102	山东临沂河东工业园区
25	山东桓台经济开发区	103	山东临沂高新技术产业园区
26	山东桓台东岳氟硅材料产业园区	104	山东苍山经济开发区

27	山东高青经济开发区	105	山东沂南经济开发区
28	山东沂源经济开发区	106	山东临沭经济开发区
29	山东枣庄高新技术产业园区	107	山东费县经济开发区
30	山东薛城经济开发区	108	山东莒南经济开发区
31	山东枣庄经济开发区	109	山东沂水经济开发区
32	山东峄城经济开发区	110	山东禹城高新技术产业园区
33	山东山亭经济开发区	111	山东德州经济开发区
34	山东台儿庄经济开发区	112	山东德州运河经济开发区
35	山东滕州经济开发区	113	山东平邑经济开发区
36	山东东营胜利工业园区	114	山东郯城经济开发区
37	山东东营经济开发区	115	山东乐陵经济开发区
38	山东广饶经济开发区	116	山东齐河经济开发区
39	山东垦利经济开发区	117	山东宁津经济开发区
40	山东利津经济开发区	118	山东夏津经济开发区
41	山东河口经济开发区	119	山东临邑经济开发区
42	山东牟平经济开发区	120	山东蒙阴经济开发区
43	山东烟台莱山经济开发区	121	山东冠县工业园区
44	山东烟台高新技术产业园区	122	山东阳谷工业园区
45	山东海阳经济开发区	123	山东高唐工业园区
46	山东莱州经济开发区	124	山东茌平工业园区
47	山东莱阳经济开发区	125	山东聊城嘉明经济开发区
48	山东栖霞经济开发区	126	山东聊城经济开发区
49	山东招远经济开发区	127	山东临清工业园区
50	山东龙口经济开发区	128	山东平原经济开发区
51	山东龙口高新技术产业园区	129	山东陵县经济开发区
52	山东潍坊经济开发区	130	山东武城经济开发区
53	山东潍坊城南工业园区	131	山东庆云经济开发区
54	山东潍城经济开发区	132	山东东阿工业园区
55	山东潍坊凤凰山高新技术产业技术开发区	133	山东滨州工业园区
56	山东寒亭经济开发区	134	山东邹平经济开发区
57	山东寿光经济开发区	135	山东博兴经济开发区
58	山东高密经济开发区	136	山东阳信经济开发区
59	山东安丘经济开发区	137	山东惠民经济开发区
60	山东青州经济开发区	138	山东无棣工业园区
61	山东诸城经济开发区	139	山东莘县工业园区
62	山东昌邑经济开发区	140	山东滨州经济开发区
63	山东临朐经济开发区	141	山东沾化经济开发区
64	山东昌乐经济开发区	142	山东菏泽经济开发区
65	山东济宁高新技术产业园区	143	山东菏泽牡丹工业园区
66	山东济宁经济开发区	144	山东成武工业园区
67	山东任城经济开发区	145	山东曹县工业园区
68	山东曲阜经济开发区	146	山东鄄城工业园区
69	山东兖州经济开发区	147	山东巨野工业园区

70	山东蓬莱经济开发区	148	山东郓城工业园区
71	山东鱼台经济开发区	149	山东东明工业园区
72	山东邹城经济开发区	150	山东定陶工业园区
73	山东邹城工业园区	151	山东单县工业园区
74	山东梁山经济开发区	152	山东兖州经济开发区
75	山东泗水经济开发区	153	山东莱州工业园区
76	山东微山经济开发区	154	山东兖州工业园区
77	山东金乡经济开发区	155	山东东营港经济开发区
78	山东嘉祥经济开发区		
河北			
1	河北辛集经济开发区	24	河北文安工业园区
2	河北藁城经济廾发区	25	河北大厂工业园区
3	河北鹿泉经济开发区	26	河北保定工业园区
4	河北承德高新技术产业园区	27	河北涿州经济开发区
5	河北张家口经济开发区	28	河北高碑店经济开发区
6	河北宣化经济开发区	29	河北沧州经济开发区
7	河北张家口沙城经济开发区	30	河北任丘经济开发区
8	河北山海关经济开发区	31	河北黄骅经济开发区
9	河北北戴河经济开发区	32	河北沧州临港化工产业园区
10	河北唐山高新技术产业园区	33	河北吴桥经济开发区
11	河北丰南经济开发区	34	河北衡水经济开发区
12	河北唐山南堡经济开发区	35	河北冀州经济开发区
13	河北昌黎工业园区	36	河北枣强玻璃钢产业园区
14	河北滦县经济开发区	37	河北景县工业园区
15	河北唐山海港经济开发区	38	河北邢台经济开发区
16	河北玉田工业园区	39	河北清河经济开发区
17	河北唐山芦台经济开发区	40	河北邯郸经济开发区
18	河北霸州经济开发区	41	河北武安工业园区
19	河北燕郊经济开发区	42	河北邯郸工业园区
20	河北固安工业园区	43	河北涉县经济开发区
21	河北永清工业园区	44	河北永年工业园区
22	河北香河经济开发区	45	河北唐山市曹妃甸工业区
23	河北大城工业园区		
山西			
1	山西太原工业园区	12	山西祁县经济开发区
2	太原不锈钢产业园区	13	山西长治高新技术产业园区
3	山西清徐经济开发区	14	山西壶关经济开发区
4	山西大同经济开发区	15	山西临汾经济开发区
5	山西朔州经济开发区	16	山西侯马经济开发区
6	山西忻州经济开发区	17	山西晋城经济开发区
7	山西阳泉经济开发区	18	山西运城经济开发区
8	山西孝义经济开发区	19	山西运城盐湖工业园区
9	山西文水经济开发区	20	山西风陵渡经济开发区

10	山西晋中经济开发区	21	山西绛县经济开发区
11	山西榆次工业园区	22	山西交城经济开发区
辽 宁			
1	沈阳道义经济开发区	22	辽宁海城经济开发区
2	沈阳辉山经济开发区	23	辽宁鞍山腾鳌经济开发区
3	沈阳棋盘山经济开发区	24	辽宁丹东东港经济开发区
4	沈阳雪松经济开发区	25	辽宁丹东前阳经济开发区
5	沈阳浑河民族经济开发区	26	辽宁瓦房店炮台经济开发区
6	辽宁新民经济开发区	27	辽宁长兴岛经济开发区
7	沈阳一欧盟经济开发区	28	大连旅顺经济开发区
8	辽宁法库经济开发区	29	大连金州经济开发区
9	辽宁康平经济开发区	30	大连甘井子工业园区
10	辽宁辽中经济开发区	31	辽宁普兰店经济开发区
11	辽宁朝阳经济开发区	32	辽宁营口高新技术产业园区
12	辽宁北票经济开发区	33	辽宁营口南楼经济开发区
13	辽宁阜新经济开发区	34	辽宁营口大石桥经济开发区
14	辽宁阜新高新技术产业园区	35	辽宁盘锦经济开发区
15	辽宁铁岭经济开发区	36	辽宁锦州经济开发区
16	辽宁抚顺胜利经济开发区	37	辽宁锦州高新技术产业园区
17	辽宁抚顺经济开发区	38	辽宁锦州沟帮子经济开发区
18	辽宁本溪经济开发区	39	辽宁葫芦岛高新技术产业园区
19	辽宁辽阳高新技术产业园区	40	辽宁葫芦岛经济开发区
20	辽宁辽阳经济开发区	41	辽宁葫芦岛杨家杖子经济开发区
21	辽宁鞍山经济开发区	42	辽宁葫芦岛八家子经济开发区
吉 林			
1	长春宽城经济开发区	19	吉林四平红嘴工业园区
2	长春朝阳经济开发区	20	吉林四平经济开发区
3	长春净月经济开发区	21	吉林公主岭经济开发区
4	长春汽车产业园区	22	吉林辽源经济开发区
5	长春绿园经济开发区	23	吉林通化经济开发区
6	长春双阳经济开发区	24	吉林梅河口经济开发区
7	长春九台经济开发区	25	吉林集安经济开发区
8	长春榆树经济开发区	26	吉林白山经济开发区
9	吉林德惠经济开发区	27	吉林临江经济开发区
10	长春农安经济开发区	28	吉林靖宇经济开发区
11	吉林经济开发区	29	吉林长白经济开发区
12	吉林龙潭经济开发区	30	吉林白城经济开发区
13	吉林船营经济开发区	31	吉林大安经济开发区
14	吉林丰满经济开发区	32	吉林延吉经济开发区
15	吉林桦甸经济开发区	33	吉林图们经济开发区
16	吉林蛟河天岗石材产业园区	34	吉林敦化经济开发区
17	吉林磐石经济开发区	35	吉林松原经济开发区
18	吉林永吉经济开发区		

黑龙江			
1	哈尔滨利民经济开发区	16	黑龙江佳木斯经济开发区
2	黑龙江双城经济开发区	17	黑龙江同江经济开发区
3	黑龙江阿城经济开发区	18	黑龙江建三江经济开发区
4	黑龙江宾西经济开发区	19	黑龙江双鸭山经济开发区
5	黑龙江依兰经济开发区	20	黑龙江七台河经济开发区
6	哈尔滨松北经济开发区	21	黑龙江密山经济开发区
7	哈尔滨平房汽车零部件产业园区	22	黑龙江鸡西完达山经济开
8	黑龙江尚志经济开发区	23	黑龙江牡丹江经济开发区
9	黑龙江方正经济开发区	24	黑龙江穆棱经济开发区
10	黑龙江齐齐哈尔经济开发区	25	黑龙江林口经济开发区
11	黑龙江富拉尔基经济开发区	26	黑龙江东宁经济开发区
12	黑龙江逊克经济开发区	27	黑龙江绥化经济开发区
13	黑龙江九三经济开发区	28	黑龙江肇东经济开发区
14	黑龙江大庆万宝工业园区	29	黑龙江海林经济开发区
15	黑龙江宝泉岭经济开发区		
陕 西			
1	西安韦曲高新技术产业园	10	陕西咸阳高新技术产业园
2	西安郭杜工业园区	11	陕西渭南高新技术产业园
3	西安浐河经济开发区	12	陕西汉中经济开发区
4	西安阎良高新技术产业园	13	陕西安康工业园区
5	西安灞桥工业园区	14	陕西榆林经济开发区
6	西安未央工业园区	15	陕西榆林神府经济开发区
7	陕西高陵泾河工业园区	16	陕西户县沣京工业园区
8	陕西蓝田工业园区	17	陕西铜川经济开发区
9	陕西岐山蔡家坡经济开发区		
甘 肃			
1	兰州永登连海经济开发区	18	甘肃山丹城北工业园区
2	兰州榆中和平工业园区	19	甘肃武威工业园区
3	兰州九州经济开发区	20	甘肃武威黄羊工业园区
4	兰州西固新城工业园区	21	甘肃定西经济开发区
5	甘肃嘉峪关工业园区	22	甘肃陇西经济开发区
6	甘肃金昌经济开发区	23	甘肃临洮经济开发区
7	甘肃永昌工业园区	24	甘肃岷县工业园区
8	甘肃白银高新技术产业园区	25	甘肃陇南西成经济开发区
9	甘肃白银西区经济开发区	26	甘肃华亭工业园区
10	甘肃白银平川经济开发区	27	甘肃静宁工业园区
11	甘肃天水经济开发区	28	甘肃庆阳西峰工业园区
12	甘肃玉门经济开发区	29	甘肃东乡经济开发区
13	甘肃酒泉工业园区	30	甘肃临夏工业园区
14	甘肃张掖工业园区	31	甘肃广河经济开发区
15	甘肃临泽工业园区	32	甘肃永靖工业园区
16	甘肃高台工业园区	33	甘肃平凉工业园区

17	甘肃民乐工业园区	34	甘肃临夏双城经济开发区
青 海			
1	青海生物科技产业园区	3	青海格尔木昆仑经济开发区
2	青海甘河工业园区		
新 疆			
1	乌鲁木齐水磨沟工业园区	7	新疆鄯善化工产业园区
2	乌鲁木齐头屯河工业园区	8	新疆吐鲁番经济开发区
3	新疆霍城经济开发区	9	新疆库尔勒经济开发区
4	新疆奎屯经济开发区	10	新疆和硕经济开发区
5	新疆昌吉高新技术产业园区	11	新疆石河子工业园区
6	新疆米泉工业园区		
江 苏			
1	江苏昆山高新技术产业园区	55	江苏连云经济开发区
2	南京白下高新技术产业园区	56	江苏海州经济开发区
3	南京浦口经济开发区	57	江苏赣榆经济开发区
4	江苏高淳经济开发区	58	江苏灌云经济开发区
5	南京化学工业园区	59	江苏东海经济开发区
6	南京栖霞经济开发区	60	江苏连云港化工产业园区
7	南京六合经济开发区	61	江苏淮安经济开发区
8	南京雨花经济开发区	62	江苏淮安工业园区
9	南京江宁滨江经济开发区	63	江苏楚州经济开发区
10	江苏溧水经济开发区	64	江苏淮阴经济开发区
11	江苏无锡蠡园高新技术产业园区	65	江苏金湖经济开发区
12	江苏无锡经济开发区	66	江苏盱眙经济开发区
13	江苏无锡惠山经济开发区	67	江苏洪泽经济开发区
14	江苏锡山经济开发区	68	江苏涟水经济开发区
15	江苏无锡硕放工业园区	69	江苏亭湖经济开发区
16	江苏江阴经济开发区	70	江苏盐都经济开发区
17	江苏江阴临港经济开发区	71	江苏盐城经济开发区
18	江苏徐州经济开发区	72	江苏东台经济开发区
19	江苏宜兴陶瓷产业园区	73	江苏大丰经济开发区
20	江苏宜兴经济开发区	74	江苏射阳经济开发区
21	江苏徐州工业园区	75	江苏阜宁经济开发区
22	江苏邳州经济开发区	76	江苏滨海经济开发区
23	江苏新沂经济开发区	77	江苏响水经济开发区
24	江苏铜山经济开发区	78	江苏建湖经济开发区
25	江苏睢宁经济开发区	79	江苏扬州维扬经济开发区
26	江苏丰县经济开发区	80	江苏扬州邗江经济开发区
27	江苏常州钟楼经济开发区	81	江苏仪征经济开发区
28	江苏常州天宁经济开发区	82	江苏江都经济开发区
29	江苏常州戚墅堰经济开发区	83	江苏高邮经济开发区
30	江苏常州新北工业园区	84	江苏句容经济开发区
31	江苏武进高新技术产业园区	85	江苏扬中经济开发区

32	江苏武进经济开发区	86	江苏镇江经济开发区
33	江苏吴中经济开发区	87	江苏丹阳经济开发区
34	江苏苏州浒墅关经济开发区	88	江苏丹徒经济开发区
35	江苏溧阳经济开发区	89	江苏镇江润州工业园区
36	江苏金坛经济开发区	90	江苏镇江京口工业园区
37	江苏常熟经济开发区	91	江苏宝应经济开发区
38	江苏相城经济开发区	92	江苏泰州海陵工业园区
39	江苏吴江经济开发区	93	江苏泰州经济开发区
40	江苏吴江汾湖经济开发区	94	江苏泰州高港高新技术产业园区
41	江苏昆山花桥经济开发区	95	江苏靖江经济开发区
42	江苏太仓港经济开发区	96	江苏江阴一靖江工业园区
43	江苏常熟东南经济开发区	97	江苏泰兴经济开发区
44	江苏张家港经济开发区	98	江苏姜堰经济开发区
45	江苏南通崇川经济开发区	99	江苏兴化经济开发区
46	江苏南通港闸经济开发区	100	江苏宿迁经济开发区
47	江苏海门经济开发区	101	江苏宿城经济开发区
48	江苏海门工业园区	102	江苏宿豫经济开发区
49	江苏启东经济开发区	103	江苏沭阳经济开发区
50	江苏通州经济开发区	104	江苏泗洪经济开发区
51	江苏如皋经济开发区	105	江苏泗阳经济开发区
52	江苏如东经济开发区	106	南京江宁经济开发区
53	江苏海安经济开发区	107	江苏沛县经济开发区
54	江苏连云港高新技术产业园区	108	江苏扬州化工产业园区
浙 江			
1	杭州余杭经济开发区	53	浙江绍兴柯桥经济开发区
2	杭州钱江经济开发区	54	浙江新昌高新技术产业园
3	杭州萧山临江工业园区	55	浙江新昌工业园区
4	杭州江东工业园区	56	浙江金西经济开发区
5	浙江富阳经济开发区	57	浙江金华经济开发区
6	浙江临安经济开发区	58	浙江金东经济开发区
7	浙江淳安经济开发区	59	浙江东阳经济开发区
8	浙江桐庐经济开发区	60	浙江东阳横店电子产业园区
9	宁波高新技术产业园区	61	浙江兰溪经济开发区
10	宁波镇海化学工业园区	62	浙江义乌经济开发区
11	浙江镇海经济开发区	63	浙江义乌工业园区
12	宁波鄞州工业园区	64	浙江永康经济开发区
13	宁波望春工业园区	65	浙江浦江经济开发区
14	浙江慈溪经济开发区	66	浙江磐安工业园区
15	浙江奉化经济开发区	67	浙江武义经济开发区
16	浙江余姚经济开发区	68	浙江衢州经济开发区
17	浙江象山经济开发区	69	浙江衢江经济开发区
18	浙江宁海经济开发区	70	浙江衢州高新技术产业园区
19	浙江温州鹿城轻工产业园	71	浙江江山经济开发区

20	浙江温州滨海工业园区	72	浙江常山工业园区
21	浙江温州工业园区	73	浙江开化工业园区
22	浙江瓯海经济开发区	74	浙江定海工业园区
23	浙江乐清经济开发区	75	浙江普陀经济开发区
24	浙江乐清工业园区	76	浙江台州经济开发区
25	浙江瑞安经济开发区	77	浙江台州化学原料药产业园区
26	浙江平阳经济开发区	78	浙江黄岩经济开发区
27	浙江永嘉工业园区	79	浙江临海经济开发区
28	浙江苍南工业园区	80	浙江青田经济开发区
29	浙江嘉兴经济开发区	81	浙江景宁经济开发区
30	浙江嘉兴秀洲工业园区	82	浙江庆元工业园区
31	浙江平湖经济开发区	83	浙江松阳工业园区
32	浙江乍浦经济开发区	84	浙江舟山经济开发区
33	浙江海宁经济开发区	85	浙江温岭经济开发区
34	浙江海宁经编产业园区	86	浙江温岭工业园区
35	浙江桐乡濮院针织产业园区	87	浙江三门工业园区
36	浙江海盐经济开发区	88	浙江天台工业园区
37	浙江嘉善经济开发区	89	浙江仙居工业园区
38	浙江湖州经济开发区	90	浙江玉环经济开发区
39	浙江吴兴工业园区	91	浙江丽水经济开发区
40	浙江南浔经济开发区	92	浙江丽水工业园区
41	浙江长兴经济开发区	93	浙江龙泉工业园区
42	浙江德清经济开发区	94	浙江缙云工业园区
43	浙江德清工业园区	95	浙江遂昌工业园区
44	浙江安吉经济开发区	96	浙江建德经济开发区
45	浙江绍兴经济开发区	97	浙江桐乡经济开发区
46	浙江绍兴袍江工业园区	98	浙江龙游工业园区
47	浙江杭州湾上虞工业园区	99	浙江岱山经济开发区
48	浙江上虞经济开发区	100	浙江路桥工业园区
49	浙江诸暨经济开发区	101	浙江云和工业园区
50	浙江诸暨珍珠产业园区	102	浙江余姚工业园区
51	浙江嵊州经济开发区	103	浙江嘉兴秀洲工业园区
52	浙江绍兴滨海工业园区		
安 徽			
1	合肥瑶海经济开发区	44	安徽马鞍山慈湖经济开发区
2	合肥庐阳工业园区	45	安徽马鞍山经济开发区
3	合肥蜀山经济开发区	46	安徽当涂经济开发区
4	合肥包河工业园区	47	安徽巢湖经济开发区
5	安徽长丰双凤经济开发区	48	安徽巢湖富煌工业园区
6	安徽肥东经济开发区	49	安徽庐江经济开发区
7	安徽肥西桃花工业园区	50	安徽无为经济开发区
8	安徽淮北经济开发区	51	安徽叶集经济开发区
9	安徽濉溪经济开发区	52	安徽霍邱经济开发区

10	安徽亳州经济开发区	53	安徽安庆经济开发区
11	安徽亳州工业园区	54	安徽裕安经济开发区
12	安徽涡阳工业园区	55	安徽寿县工业园区
13	安徽阜阳工业园区	56	安徽和县经济开发区
14	安徽阜阳经济开发区	57	安徽芜湖高新技术产业园
15	安徽固镇经济开发区	58	安徽芜湖鸠江经济开发区
16	安徽五河经济开发区	59	安徽东至香隅化工产业园
17	安徽怀远经济开发区	60	安徽芜湖工业园区
18	安徽蚌埠工业园区	61	安徽繁昌经济开发区
19	安徽蚌埠高新技术产业园区	62	安徽南陵工业园区
20	安徽蚌埠经济开发区	63	安徽宣城经济开发区
21	安徽泗县经济开发区	64	安徽宣州工业园区
22	安徽灵璧经济开发区	65	安徽宁国经济开发区
23	安徽萧县经济开发区	66	安徽广德经济开发区
24	安徽宿州经济开发区	67	安徽铜陵经济开发区
25	安徽利辛工业园区	68	安徽铜陵狮子山经济开发区
26	安徽蒙城经济开发区	69	安徽铜陵大桥经济开发区
27	安徽六安经济开发区	70	安徽池州经济开发区
28	安徽界首工业园区	71	安徽贵池工业园区
29	安徽临泉工业园区	72	安徽安庆大观经济开发区
30	安徽太和经济开发区	73	安徽安庆长江大桥经济开发区
31	安徽阜南工业园区	74	安徽桐城经济开发区
32	安徽淮南经济开发区	75	安徽怀宁经济开发区
33	安徽淮南工业园区	76	安徽枞阳经济开发区
34	安徽凤台经济开发区	77	安徽潜山经济开发区
35	安徽滁州经济开发区	78	安徽太湖经济开发区
36	安徽天长经济开发区	79	安徽宿松工业园区
37	安徽明光工业园区	80	安徽望江经济开发区
38	安徽全椒经济开发区	81	安徽歙县经济开发区
39	安徽定远工业园区	82	安徽铜陵金桥工业园区
40	安徽凤阳工业园区	83	安徽长丰双凤经济开发区
41	安徽含山工业园区	84	安徽颍上工业园区
42	安徽金寨经济开发区	85	安徽舒城经济开发区
43	安徽霍山经济开发区		
江 西			
1	南昌昌南工业园区	45	江西鄱阳工业园区
2	南昌昌东工业园区	46	江西万年工业园区
3	江西南昌小蓝经济开发区	47	江西余干工业园区
4	南昌英雄经济开发区	48	江西弋阳工业园区
5	江西新建长堎工业园区	49	江西横峰工业园区
6	江西安义工业园区	50	江西铅山工业园区
7	江西九江经济开发区	51	江西玉山工业园区
8	江西共青城经济开发区	52	江西上饶经济开发区

9	江西瑞昌工业园区	53	江西广丰工业园区
10	江西九江沙城工业园区	54	江西德兴大茅山经济开发区
11	江西修水工业园区	55	江西靖安工业园区
12	江西永修云山经济开发区	56	江西宜丰工业园区
13	江西德安工业园区	57	江西上高工业园区
14	江西星子工业园区	58	江西万载工业园区
15	江西都昌工业园区	59	江西樟树工业园区
16	江西湖口金砂湾工业园区	60	江西高安工业园区
17	江西彭泽工业园区	61	江西奉新工业园区
18	江西景德镇高新技术产业园区	62	江西丰城工业园区
19	江西乐平工业园区	63	江西宜春经济开发区
20	江西景德镇陶瓷工业园区	64	江西婺源工业园区
21	江西萍乡经济开发区	65	江西吉州工业园区
22	江西莲花工业园区	66	江西吉安高新技术产业园
23	江西芦溪工业园区	67	江西吉安工业园区
24	江西新余经济开发区	68	江西吉水工业园区
25	江西武宁工业园区	69	江西峡江工业园区
26	江西会昌工业园区	70	江西新干工业园区
27	江西于都工业园区	71	江西永丰工业园区
28	江西宁都工业园区	72	江西泰和工业园区
29	江西全南工业园区	73	江西遂川工业园区
30	江西定南工业园区	74	江西万安工业园区
31	江西龙南工业园区	75	江西安福工业园区
32	江西安远工业园区	76	江西永新工业园区
33	江西上犹工业园区	77	江西抚北工业园区
34	江西大余工业园区	78	江西抚州金巢经济开发区
35	江西信丰工业园区	79	江西南城工业园区
36	江西赣县工业园区	80	江西南丰工业园区
37	江西南康工业园区	81	江西黎川工业园区
38	江西瑞金工业园区	82	江西崇仁工业园区
39	江西赣州经济开发区	83	江西宜黄工业园区
40	江西赣州沙河工业园区	84	江西金溪工业园区
41	江西余江工业园区	85	西东乡经济开发区
42	江西贵溪工业园区	86	江西广昌工业园区
43	江西鹰潭工业园区	87	江西吉安河东经济开发区
44	江西分宜工业园区	88	江西兴国工业园区
	福　建		
1	福建闽侯青口汽车工业园	34	福建永春工业园区
2	福州福兴经济开发区	35	福建泉州经济开发区
3	福建罗源湾经济开发区	36	福建厦门翔安工业园区
4	福州高新技术产业园区	37	福建漳州蓝田经济开发区
5	福建连江经济开发区	38	福建龙海经济开发区
6	福州金山工业园区	39	福建漳州招商局经济开发区

7	福建福清江阴经济开发区	40	福建云霄常山经济开发区
8	福建福清龙田经济开发区	41	福建平和工业园区
9	福建闽北经济开发区	42	福建诏安工业园区
10	福建南平工业园区	43	福建长泰经济开发区
11	福建浦城工业园区	44	福建漳州古雷港经济开发 区
12	福建光泽工业园区	45	福建漳州金峰经济开发区
13	福建邵武工业园区	46	福建永定工业园区
14	福建宁化华侨经济开发区	47	福建上杭工业园区
15	福建三明高新技术产业园	48	福建漳平工业园区
16	福建梅列经济开发区	49	福建龙州工业园区
17	福建将乐经济开发区	50	福建武平工业园区
18	福建泰宁工业园区	51	福建连城工业园区
19	福建三元经济开发区	52	福建龙岩经济开发区
20	福建尤溪经济开发区	53	福建长汀经济开发区
21	福建仙游经济开发区	54	福建东侨经济开发区
22	福建莆田华林经济开发区	55	福建福安经济开发区
23	福建荔城经济开发区	56	福建福鼎工业园区
24	福建莆田高新技术产业园	57	福建屏南工业园区
25	福建晋江经济开发区	58	福建寿宁工业园区
26	福建洛江经济开发区	59	福建古田工业园区
27	福建泉州高新技术产业园	60	福建宁德三都澳经济开发区
28	福建惠安经济开发区	61	福建周宁工业园区
29	福建惠安惠东工业园区	62	福建长乐经济开发区
30	福建靖南高新技术产业园	63	福建建瓯工业园区
31	福建德化陶瓷产业园区	64	福建莆田湄洲湾北岸经济开发区
32	福建南安经济开发区	65	福建厦门同安工业园区
33	福建安溪经济开发区		
湖　北			
1	武汉吴家山台商工业园区	46	湖北武穴经济开发区
2	武汉江岸经济开发区	47	湖北蕲春李时珍医药工业园区
3	武汉江汉经济开发区	48	湖北浠水经济开发区
4	武汉汉阳经济开发区	49	湖北红安经济开发区
5	武汉硚口经济开发区	50	湖北团风经济开发区
6	武汉武昌经济开发区	51	湖北鄂州葛店经济开发区
7	武汉青山经济开发区	52	湖北鄂州花湖经济开发区
8	武汉洪山经济开发区	53	湖北黄石经济开发区
9	武汉汉南经济开发区	54	湖北大冶经济开发区
10	武汉蔡甸经济开发区	55	湖北阳新工业园区
11	武汉江夏经济开发区	56	湖北咸宁经济开发区
12	武汉盘龙城经济开发区	57	湖北赤壁经济开发区
13	武汉阳逻经济开发区	58	湖北通城经济开发区
14	湖北十堰经济开发区	59	湖北嘉鱼经济开发区
15	湖北十堰东城经济开发区	60	湖北荆州经济开发区

16	湖北十堰西城经济开发区	61	湖北荆州城南经济开发区
17	湖北郧县经济开发区	62	湖北公安经济开发区
18	湖北丹江口经济开发区	63	湖北石首经济开发区
19	湖北房县工业园区	64	湖北洪湖经济开发区
20	湖北郧西工业园区	65	湖北监利经济开发区
21	湖北竹溪工业园区	66	湖北松滋经济开发区
22	湖北襄樊汽车产业工业园区	67	湖北西陵经济开发区
23	湖北襄阳经济开发区	68	湖北宜昌经济开发区
24	湖北樊城经济开发区	69	湖北宜昌猇亭经济开发区
25	湖北枣阳经济开发区	70	湖北夷陵经济开发区
26	湖北宜城经济开发区	71	湖北伍家岗工业园区
27	湖北老河口经济开发区	72	湖北宜都工业园区
28	湖北谷城经济开发区	73	湖北当阳经济开发区
29	湖北南漳经济开发区	74	湖北枝江经济开发区
30	湖北荆门经济开发区	75	湖北长阳经济开发区
31	湖北钟祥经济开发区	76	湖北五峰工业园区
32	湖北京山经济开发区	77	湖北秭归经济开发区
33	湖北沙洋经济开发区	78	湖北远安工业园区
34	湖北孝感经济开发区	79	湖北随州经济开发区
35	湖北孝南经济开发区	80	湖北曾都经济开发区
36	湖北汉川经济开发区	81	湖北广水经济开发区
37	湖北应城经济开发区	82	湖北仙桃经济开发区
38	湖北安陆经济开发区	83	湖北天门经济开发区
39	湖北孝昌经济开发区	84	湖北潜江经济开发区
40	湖北云梦经济开发区	85	湖北恩施经济开发区
41	湖北大悟经济开发区	86	湖北利川经济开发区
42	湖北黄冈经济开发区	87	湖北鹤峰经济开发区
43	湖北黄州火车站经济开发区	88	湖北来凤经济开发区
44	湖北黄梅经济开发区	89	湖北宣恩工业园区
45	湖北麻城经济开发区		
湖 南			
1	长沙天心工业园区	38	湖南汉寿经济开发区
2	长沙金霞经济开发区	39	湖南临澧经济开发区
3	长沙雨花工业园区	40	湖南石门经济开发区
4	湖南浏阳生物医药产业园区	41	湖南张家界经济开发区
5	湖南望城经济开发区	42	湖南益阳高新技术产业园区
6	湖南宁乡经济开发区	43	湖南桃江经济开发区
7	湖南长沙暮云工业园区	44	湖南益阳长春工业园区
8	湖南衡阳高新技术产业园区	45	湖南沅江经济开发区
9	湖南衡阳松木工业园区	46	湖南安化经济开发区
10	湖南耒阳经济开发区	47	湖南南县经济开发区
11	湖南常宁水口山经济开发区	48	湖南郴州经济开发区
12	湖南祁东经济开发区	49	湖南郴州有色金属产业园区

13	湖南衡阳西渡经济开发区	50	湖南永兴经济开发区
14	湖南衡山经济开发区	51	湖南资兴经济开发区
15	湖南衡东工业园区	52	湖南宜章经济开发区
16	湖南醴陵陶瓷产业园区	53	湖南嘉禾经济开发区
17	湖南茶陵经济开发区	54	湖南汝城经济开发区
18	湖南株洲渌口经济开发区	55	湖南桂阳工业园区
19	湖南株洲建宁经济开发区	56	湖南临武工业园区
20	湖南湘潭高新技术产业园区	57	湖南永州凤凰园经济开发区
21	湖南湘潭双马工业园区	58	湖南零陵工业园区
22	湖南湘乡工业园区	59	湖南祁阳工业园区
23	湖南湘潭易俗河经济开发区	60	湖南东安经济开发区
24	湖南邵阳经济开发区	61	湖南宁远工业园区
25	湖南邵东经济开发区	62	湖南蓝山经济开发区
26	湖南新邵经济开发区	63	湖南江华工业园区
27	湖南武冈经济开发区	64	湖南怀化工业园区
28	湖南洞口经济开发区	65	湖南怀化经济开发区
29	湖南岳阳经济开发区	66	湖南娄底经济开发区
30	湖南岳阳云溪工业园区	67	湖南冷水江经济开发区
31	湖南汨罗工业园区	68	湖南涟源经济开发区
32	湖南临湘工业园区	69	湖南双峰经济开发区
33	湖南平江工业园区	70	湖南新化经济开发区
34	湖南湘阴工业园区	71	湖南湘西吉凤经济开发区
35	湖南常德德山经济开发区	72	湖南吉首经济开发区
36	湖南常德鼎城经济开发区	73	湖南永顺经济开发区
37	湖南澧县经济开发区		
	广 东		
1	广州白云工业园区	36	广东海丰经济开发区
2	广州云埔工业园区	37	广东陆丰东海经济开发区
3	广州花都经济开发区	38	广东东莞松山湖高新技术产业园区
4	广东从化经济开发区	39	广东东莞东部工业园区
5	广东增城工业园区	40	广东中山工业园区
6	广东珠海高栏港经济开发区	41	广东江门高新技术产业园区
7	广东珠海金湾联港工业园区	42	广东江门新会经济开发区
8	广东珠海富山工业园区	43	广东台山广海湾工业园区
9	广东汕头高新技术产业园区	44	广东阳江工业园区
10	广东汕头金平工业园区	45	广东阳江港经济开发区
11	广东汕头龙湖工业园区	46	广东阳东经济开发区
12	广东佛山禅城经济开发区	47	广东湛江临港工业园区
13	广东佛山南海经济开发区	48	广东湛江麻章经济开发区
14	广东佛山南海工业园区	49	广东湛江东海岛经济开发区
15	广东佛山顺德工业园区	50	广东吴川经济开发区
16	广东佛山高明沧江工业园区	51	广东徐闻经济开发区
17	广东佛山三水工业园区	52	广东廉江经济开发区

18	广东韶关工业园区	53	广东茂名石化产业园区
19	广东韶关曲江经济开发区	54	广东茂名茂南经济开发区
20	广东乐昌经济开发区	55	广东茂名茂港经济开发区
21	广东始兴工业园区	56	广东信宜经济开发区
22	广东翁源官渡经济开发区	57	广东高州金山经济开发区
23	广东乳源经济开发区	58	广东化州鉴江经济开发区
24	广东河源经济开发区	59	广东肇庆高新技术产业园
25	广东源城高新技术产业园区	60	广东肇庆工业园区
26	广东紫金经济开发区	61	广东清远经济开发区
27	广东梅州经济开发区	62	广东潮州经济开发区
28	广东梅州蕉华工业园区	63	广东潮安经济开发区
29	广东梅州高新技术产业园区	64	广东饶平潮州港经济开发
30	广东丰顺经济开发区	65	广东揭阳经济开发区
31	广东五华经济开发区	66	广东揭阳榕城工业园区
32	广东惠州工业园区	67	广东揭东经济开发区
33	广东惠州惠阳经济开发区	68	广东云浮工业园区
34	广东惠州大亚湾石化产业园区	69	广东汕尾星都经济开发区
35	广东汕尾红海湾经济开发区		
	广 西		
1	南宁—东盟经济开发区	13	广西贵港江南工业园区
2	广西良庆经济开发区	14	广西玉林经济开发区
3	南宁仙葫经济开发区	15	广西容县经济开发区
4	南宁六景工业园区	16	广西北流日用陶瓷工业园
5	南宁江南工业园区	17	广西钦州港经济开发区
6	广西桂林西城经济开发区	18	广西北海工业园区
7	广西灵川八里街工业园区	19	广西北海高新技术产业园
8	广西柳州高新技术产业园	20	广西合浦工业园区
9	广西鹿寨经济开发区	21	广西百色工业园区
10	广西柳州阳和工业园区	22	广西宜州经济开发区
11	广西梧州长洲工业园区	23	广西贺州旺高工业园区
12	广西梧州工业园区		
	海 南		
1	海口桂林洋经济开发区	4	海南老城经济开发区
2	海南文昌经济开发区	5	海南临高金牌港经济开发区
3	海南龙湾港经济开发区		
	四 川		
1	成都新都工业园区	21	四川资中经济开发区
2	成都锦江工业园区	22	四川隆昌经济开发区
3	成都台商投资工业园区	23	四川乐山高新技术产业园区
4	成都金牛高新技术产业园区	24	四川夹江经济开发区
5	成都武侯工业园区	25	四川遂宁经济开发区
6	四川都江堰经济开发区	26	四川南充经济开发区
7	四川彭州工业园区	27	四川蓬安工业园区

8	四川金堂工业园区	28	四川宜宾经济开发区
9	四川新津工业园区	29	四川雅安工业园区
10	四川双流经济开发区	30	四川达州经济开发区
11	四川自贡高新技术产业园区	31	四川广安经济开发区
12	四川攀枝花钒钛产业园区	32	四川巴中经济开发区
13	四川德阳经济开发区	33	四川眉山经济开发区
14	四川广汉经济开发区	34	四川彭山经济开发区
15	四川绵阳工业园区	35	四川资阳经济开发区
16	四川绵阳经济开发区	36	四川简阳经济开发区
17	四川江油工业园区	37	四川阿坝工业园区
18	四川广元经济开发区	38	四川三台工业园区
19	四川泸州经济开发区	39	成都北新经济开发区
20	四川内江经济开发区		
	贵 州		
1	贵阳白云经济开发区	8	贵州龙里工业园区
2	贵州修文医药产业园区	9	贵州凯里经济开发区
3	贵州遵义经济开发区	10	贵州玉屏大龙经济开发区
4	贵州安顺经济开发区	11	贵州六盘水钟山经济开发区
5	贵州安顺西秀工业园区	12	贵州六盘水红果经济开发
6	贵州安顺黎阳高新技术产业园区	13	贵州兴义顶效经济开发区
7	贵州都匀经济开发区		
	云 南		
1	云南嵩明杨林工业园区	9	云南文山三七药物产业园
2	云南曲靖经济开发区	10	云南西双版纳磨憨经济开区
3	云南宣威经济开发区	11	云南大理经济开发区
4	云南楚雄经济开发区	12	云南腾冲经济开发区
5	云南玉溪高新技术产业园	13	云南德宏芒市经济开发区
6	云南玉溪经济开发区	14	云南华坪经济开发区
7	云南开远经济开发区	15	云南迪庆经济开发区
8	云南蒙自经济开发区		

※ 注：名单排名不分先后

设计制作/公关策划/出版服务/会议承办/广告传媒
精信成文化
JINGXINCHENGCULTURE
精品传媒
诚信服务
力助众成
E-mail:jxcwhzx@yahoo.com.cn